Konzeption eines wertorientierten strategischen Personalmanagements

Schriften zur Unternehmensplanung

Herausgegeben von Franz Xaver Bea, Alfred Kötzle und Erich Zahn

Band 67

PETER LANG

Frankfurt am Main · Berlin · Bern · Bruxelles · New York · Oxford · Wien

Jochen Schellinger

Konzeption eines wertorientierten strategischen Personalmanagements

PETER LANG
Europäischer Verlag der Wissenschaften

Bibliografische Information Der Deutschen Bibliothek
Die Deutsche Bibliothek verzeichnet diese Publikation in der
Deutschen Nationalbibliografie; detaillierte bibliografische
Daten sind im Internet über <http://dnb.ddb.de> abrufbar.

Zugl.: Tübingen, Univ., Diss., 2003

Gefördert von der Haniel-Stiftung.

Gedruckt auf alterungsbeständigem,
säurefreiem Papier.

D 21
ISSN 0175-8985
ISBN 3-631-52033-6
© Peter Lang GmbH
Europäischer Verlag der Wissenschaften
Frankfurt am Main 2004
Alle Rechte vorbehalten.

Das Werk einschließlich aller seiner Teile ist urheberrechtlich
geschützt. Jede Verwertung außerhalb der engen Grenzen des
Urheberrechtsgesetzes ist ohne Zustimmung des Verlages
unzulässig und strafbar. Das gilt insbesondere für
Vervielfältigungen, Übersetzungen, Mikroverfilmungen und die
Einspeicherung und Verarbeitung in elektronischen Systemen.

Printed in Germany 1 2 3 4 6 7
www.peterlang.de

Geleitwort

Die Positionierung der Personalwirtschaft im System der betriebswirtschaftlichen Disziplinen ist schon seit langem Gegenstand kritischer Auseinandersetzungen. Der speziellen Betriebswirtschaftslehre „Personalwirtschaft" wird vorgeworfen, sie sei deskriptiv und damit theoriearm, vor allem aber ökonomiefern. Im Zusammenhang mit der zunehmenden Bedeutung der Institutionenökonomik hat insbesondere der letztgenannte Vorwurf an Gewicht gewonnen. Zwar konstatierten bereits im Jahre 1994 Sadowski und andere einen „Silberstreif am Horizont", nämlich in Form einer Transformation der Personalwirtschaft zu einer „Personalökonomik", doch nach wie vor ist ein beträchtliches Defizit in der ökonomischen Durchdringung der Personalwirtschaft festzustellen. Es dominieren immer noch Instrumentensammlungen und theoretisch kaum begründbare Praktikerempfehlungen. Insbesondere fehlt ein Gesamtkonzept einer ökonomisch fundierten Personalwirtschaft. Herr Schellinger hat sich zum Ziel gesetzt, genau diese Lücke zu schließen.

Mit der Wahl dieser Problemstellung hat sich der Verfasser eine gewaltige Aufgabe gestellt. Und es sei schon an dieser Stelle vermerkt, dass er keine Mühe gescheut hat, die vielzähligen und vielfältigen Arbeiten auf dem Felde der Personalwirtschaft gründlich zu durchleuchten und im Hinblick auf ihre Tauglichkeit für einen, d.h. seinen wertorientierten Ansatz zu bewerten. Als Ergebnis liefert der Verfasser eine umfassende und kritische Bestandsaufnahme der personalwirtschaftlichen Literatur und der empirischen Studien zum ökonomischen Personal-Wert-Zusammenhang und - daraus abgeleitet - ein eigenes strategisches Personal-Wertkonzept, das den Kriterien der theoretischen Fundierung und der ökonomischen Spezifizierung genügt.

Die Arbeit verdient eine große Beachtung in Wissenschaft und Praxis.

Tübingen, im Dezember 2003   Professor Dr. F. X. Bea

Vorwort

Die vorliegende Arbeit wurde im Jahr 2003 von der Wirtschaftswissenschaftlichen Fakultät der Eberhard Karls Universität Tübingen als Dissertation angenommen und entstand während meiner Tätigkeiten als wissenschaftlicher Angestellter am Lehrstuhl für Betriebswirtschaftslehre, insbesondere Planung und Organisation in Tübingen sowie im Ressort Personalwirtschaft der Daimler-Chrysler-Zentrale in Stuttgart.

Ich danke meinem Doktorvater Herrn Professor Dr. Franz Xaver Bea herzlich für die wissenschaftliche Begleitung bei der Erstellung der Arbeit. Weiterhin gilt mein Dank Herrn Professor Dr. Werner Neus für die Übernahme des Zweitgutachtens.

Bei meinen ehemaligen Kollegen am Lehrstuhl bzw. an der Fakultät, Frau Privatdozentin Dr. Elisabeth Göbel, Frau Dr. Susanne Thissen, Frau Diplom-Kauffrau Sabine Hesselmann, Herrn Diplom-Kaufmann Martin Weinmann, Herrn Professor Dr. Markus Göltenboth, Herrn Dr. Gerd Nufer und Herrn Dr. Steffen Scheurer bedanke ich mich für den konstruktiven fachlichen Austausch während meiner Lehrstuhlzeit. Ganz besonderen Dank möchte ich Frau Diplom-Kauffrau Hedwig Schmid für die kritische Durchsicht des Manuskripts und ihre Unterstützung bei der Literaturbeschaffung in der Endphase meiner Promotion aussprechen. Frau Heide-Lore Schnitzler danke ich für die Entlastung bei der operativen Lehrstuhlarbeit. Alle Kollegen haben dazu beigetragen, dass mir meine Zeit am Lehrstuhl als wertvolle Lebenserfahrung in Erinnerung bleiben wird, die ich auf keinen Fall missen möchte.

Danken möchte ich ebenfalls meinen Vorgesetzten bei der DaimlerChrysler AG, Herrn Jürgen Collet und Herrn Klaus Dietrich, die mir, trotz der umfangreichen Aufgabenstellungen und Herausforderungen für den Bereich Personalwirtschaft in den letzten zwei Jahren, ein hohes Maß an Verständnis entgegengebracht und die notwendigen Freiräume für die Fertigstellung meiner Arbeit eingeräumt haben. Ich danke auch meinen beiden Teamkollegen Marijana Filipovic und Michael Raff für ihren Zuspruch in den besonders arbeitsreichen Phasen meiner Promotion.

VIII

Weiterhin danke ich der Haniel-Stiftung für die finanzielle Förderung der vorliegenden Forschungsarbeit.

Meinen Eltern Else und Albert Schellinger danke ich für eine erfüllte und anregende Kindheit und Jugendzeit und die mir gewährten maximalen Bildungsmöglichkeiten. Großer Dank gebührt abschließend meiner Frau Christine, die mich während meiner gesamten Promotionszeit stets verständnisvoll unterstützt und immer an mich geglaubt hat. Sie hat mit ihrem unermüdlichen Einsatz dafür gesorgt, dass für unsere beiden Kinder Elena und Luca, trotz meiner hohen Belastungen durch Beruf und Promotion, ein ausgefülltes Familienleben möglich war. Ihr widme ich diese Arbeit.

Tübingen, im Dezember 2003   Jochen Schellinger

Inhaltsverzeichnis

XVIII

Verzeichnis der Abbildungen und Tabellen

Abbildungen

XXIII

Tabellen

XXIV

XXVII

Verzeichnis der Abkürzungen

AG	Aktiengesellschaft
BARS	Behaviorally Anchored Rating Scales
BCG	Boston Consulting Group
CAPM	Capital Asse Pricing Model
CFROI	Cash flow Return on Investment
Corp.	Corporation
Diss.	Dissertation
DCF	Discounted Cash flow
d.h.	das heißt
ed.	edited
et al.	et alii (lateinisch: und andere)
EUR	Euro
EVA	Economic Value Added
FTE	Full Time Equivalent
Ges.	Gesamt
ggf.	gegebenenfalls
GRATE	Gross Rate of Return on Capital
Habil.-Schr.	Habilitations-Schrift
HC	Human Capital
HCCF	Human Capital Cost Factor
HCM	Human Capital Measurement
HCRF	Human Capital Revenue Factor
HCROI	Human Capital Return on Investment
HCVA	Human Capital Value Added
HEVA	Human Economic Value Added

HP	Humanpotenzial
HPWS	High Performance Work Systems
HRM	Human Resource Management
Hrsg.	Herausgeber
hrsg.	herausgegeben
insbes.	insbesondere
i.e.S.	im engeren Sinne
i.S.v.	im Sinne von
Jg.	Jahrgang
Kult.	Kultur
Mio.	Million
MbO	Management by Objectives
MIT	Massachusetts Institute of Technology
No.	Number
O.V.	Ohne Verfasser
PIMS	Profit Impact of Market Strategies
RBV	Resource-based View (of the Firm)
ROA	Return on Average Assets
ROCE	Return on Capital Employed
ROE	(Operating) Return on Equity
ROI	Return on Investment
SAM	Systems Alignment Map
Sdy	Standard Deviation of Employee Value in Dollars
SHV	Shareholder Value
SVA	Shareholder Value Added
TPM	Total Produktiver Mitarbeiter
Univ.	Universität
US	United States

v.a.	vor allem
Vergüt.	Vergütung
Vol.	Volume
WACC	Weighted Average Cost of Capital
z.B.	zum Beispiel
ZfP	Zeitschrift für Personalforschung
zugl.	zugleich

A. Einführung

I. Problemstellung und Zielsetzung der Untersuchung

Der **Ressource Personal** kommt zu Beginn des einundzwanzigsten Jahrhunderts eine herausragende und immer wichtiger werdende Bedeutung bei der erfolgreichen Führung von Unternehmen zu. Der wachsende Wettbewerbsdruck und der damit verbundene Zwang zur Kostenreduzierung respektive Effizenzsteigerung in den Unternehmen führen dazu, dass die in modernen Wirtschaftssystemen erheblichen **Personalkosten- bzw. –investitionsblöcke** der Unternehmen kontinuierlich hinsichtlich ihrer Adäquanz in Frage gestellt werden. Vielfach trägt der Faktor Personal bzw. dessen Reduzierung als maßgebliche „kritische Masse" zur Umsetzung gravierender Kostensenkungsprogramme bei. Darüber hinaus kommt jedoch den Mitarbeitern der Unternehmen nicht nur als Objekte von Sparmaßnahmen eine wichtige Bedeutung zu, sondern auch als gestaltende Subjekte der Implementierung von Kosten senkenden Effizienzsteigerungsmaßnahmen.

Beide Aspekte einer personalen Kostenperspektive lassen sich im Speziellen auf den Personalbereich als organisatorische Einheit übertragen, die die mit dem Faktor Personal verbundenen Entscheidungs- und Gestaltungsprobleme zu lösen hat. Als interner Dienstleister und eigenständiger Potenzialträger ist der Personalbereich selbst dauerhaft Gegenstand von Effizienz- und Kostenkalkülen und steht vermehrt unter dem Druck einer kontinuierlichen existenziellen Rechtfertigung, die gegen ein Outsourcing des gesamten Personalwesens oder zumindest von Teilbereichen spricht. Die personale Kostenperspektive repräsentiert aber nur die eine Seite der Medaille. Der dynamische Wettbewerb auf den Produktmärkten zieht neben der Erfordernis einer erhöhten Kosteneffizienz auch die Notwendigkeit einer wachsenden **Qualitäts- und Kundenorientierung** der Unternehmen nach sich. Fragt man danach, was letztlich hinter diesen kompetitiven Begriffskategorien steht, so kommt man unweigerlich zum qualitätsbewussten und kundenorientiert agierenden Arbeitnehmer. Dies trifft im Übrigen auch auf den internen Dienstleistungsbereich der betrieblichen Institution Personalwesen zu. Die Mitarbeiter eines Unternehmens stellen demnach in zweierlei Richtungen essenzielle Stellgrößen des Erfolgs bei der Bewältigung von durch Wettbewerbs- bzw. Marktkräfte initiierten Veränderungszwängen dar: Auf der Kostenseite als Kostenverursacher, gleichsam aber auch -gestalter und auf der Leistungsseite als entscheidende Qualitätsdeterminante und maßgebliche Schnittstelle zu den Produkt- bzw. Leistungsabnehmern eines Unternehmens. Es gibt de facto keine betrieblichen Leistungsprozesse, die nicht in irgendeiner Form, sprich physisch oder intellektuell, mit dem Faktor Personal verbunden sind. Die Mitarbeiter verkörpern somit als Wissens- und Kompetenzträger pro-

zessübergreifende und vielfach **wettbewerbsentscheidende Kostensenkungs-
und Leistungssteigerungspotenziale**, die durch adäquate Maßnahmen aufgebaut, entwickelt und genutzt sowie gegebenenfalls auch abgebaut werden müssen. Diesem Sachverhalt wendet sich im Kern ein strategisches Personalmanagement zu, das entsprechende Planungs- und Implementierungsaktivitäten zu
entfalten hat. Mit dem Auf- und Abbau von Personalpotenzialen ist unweigerlich auch ein Interagieren auf externen Arbeitsmärkten erforderlich, die, analog
zur Situation auf den Absatzmärkten, für hoch qualifizierte und wettbewerbs-
wichtige Fach- und Führungskräfte ebenfalls durch eine hohe Wettbewerbsintensität gekennzeichnet sind. Die charakterisierte aktuelle Ausgangssituation für
ein strategisches Personalmanagement ist in Abbildung 1 veranschaulicht.

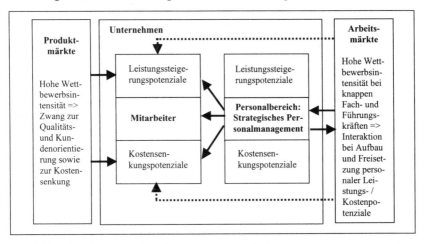

Abbildung 1: Ausgangssituation eines strategischen Personalmanagements zu
Beginn des einundzwanzigsten Jahrhunderts (Quelle: Eigene
Darstellung)

Vor dem Hintergrund der aktuellen wettbewerbsbezogenen Gegebenheiten und
der Verbreitung einer strategischen Unternehmensführungsperspektive in **Theorie und Praxis** hat sich auch auf dem Teilgebiet **des strategischen Personalmanagements** in den vergangenen Jahren viel getan: Der Umfang und die
Bandbreite der diesbezüglichen Beiträge hat stark zugenommen. Insbesondere
für den US-amerikanischen Sprachraum kann von einem *„intradisziplinären
Boom"*[1] des dort unter dem Terminus „Strategic Human Resource Management"

---

[1] Eigene kontextbezogene Begriffskonstrukte werden in der vorliegenden Arbeit kursiv gesetzt (weitere Kursivsetzungen mit anderem Bedeutungsgehalt sind aber ggf. auch in angeführten direkten Zitaten enthalten). Hervorhebungen durch Fettdruck dienen der Betonung
von inhaltlichen Kernbegriffen oder Aussagen.

verbreiteten Themengebiets gesprochen werden. Die deutschsprachige Literatur hinkt der Entwicklung in den Vereinigten Staaten zwar hinterher, kann zwischenzeitlich aber auch auf eine ansehnliche Zahl von Publikationen verweisen. Eine eingehende Analyse der einschlägigen Literatur zur Thematik (strategisches) „Personalmanagement" hat gezeigt, dass für die personale Teildisziplin noch Entwicklungsbedarf in zweierlei Richtungen besteht: Defizite in der theoretischen Aufarbeitung und Begründung bei den existierenden Publikationen machen die Erfordernis einer weiteren theoretischen Fundierung des strategischen Personalmanagements deutlich. Weiterhin wird angesichts einer Vielzahl stark verhaltenswissenschaftlich ausgerichteter Publikationen, die oftmals betriebswirtschaftliche Bezüge zur Randthematik werden lassen, die Notwendigkeit einer „ökonomischen Spezifizierung" gesehen.[2]

Eine **theoretische Fundierung** des Themengebiets strategisches Personalmanagement soll durch die Integration existierender und konsistenter betriebswirtschaftlicher Theorieentwürfe zu einem in sich stimmigen Theoriegerüst bei der Entwicklung einer eigenen Konzeption erreicht werden. Eine **ökonomische Spezifizierung** des Personalmanagements soll über die Ausrichtung an einem dreidimensionalen Konstrukt ökonomischer Stringenz erfolgen. Durch den über die Strategieorientierung zum Ausdruck kommenden Marktbezug (strategische Dimension), die normative Ausrichtung am ökonomischen Prinzip des Shareholder Value-Ansatzes (teleologisch-normative Dimension) und die Heranziehung ökonomischer Theorien im Rahmen der theoretischen Fundierung (explikativ-theoretische Dimension) strebt die hier entwickelte Konzeption eine ausdrückliche (Wieder-)Einbettung des Themengebiets in einen betriebswirtschaftlichen, ökonomisch-rationalistischen Kontext an.

Von besonderer Bedeutung für den innovativen Gehalt der vorgenommenen Analyse ist das **normative Ausgangsplateau des Shareholder Value-Konzepts**, das zwischenzeitlich nicht nur bei quasi allen Aktiengesellschaften in den USA, sondern auch in den meisten börsennotierten Großunternehmen Europas als kapitaltheoretisch fundierte Steuerungsmaxime Eingang gefunden hat. Das mit dem Shareholder Value-Ansatz verbundene Prinzip der ökonomischen Wertsteigerung bzw. der Marktwertmaximierung eines Unternehmens als Leitgedanke für alle betrieblichen Führungsentscheidungen wird auf seine Anwendungsbezüge für das Personalmanagement untersucht und dient als Fixpunkt des selbst entwickelten strategischen Personal-Wertkonzepts.

---

[2] Vgl. zum theoretischen Fundierungs- und ökonomischen Spezifizierungserfordernis eingehend Kapitel B.III.

Ausgehend vom angestrebten Ideal einer theoretischen Fundierung und ökonomischen Spezifizierung der personalwirtschaftlichen Disziplin im Zusammenhang mit einer strategischen Grundorientierung können folgende **Hauptzielsetzungen der vorliegenden Untersuchung** formuliert werden:

- Aktuelle Klärung des Gegenstandsbereichs eines modernen strategischen Personalmanagements auf der Grundlage existierender Publikationen.
- Aufzeigen theoretischer und ökonomischer Defizite bisheriger Konzeptionen.
- Analyse bestehender Unternehmenswertansätze auf ihren personalwirtschaftlichen Gehalt.
- Umfassende Bestandsaufnahme und Bewertung der wichtigsten derzeit verfügbaren Erkenntnisse empirischer Studien zu ökonomischen Personal-Wert-Zusammenhängen.
- Eingehende Analyse und Evaluation der aktuell in der personalwirtschaftlichen Literatur existierenden konzeptionellen Entwürfe zu einem unternehmenswertorientierten (strategischen) Personalmanagement.
- Entwicklung einer eigenständigen Konzeption eines am Leitbild des Shareholder Value-Ansatzes ausgerichteten strategischen Personalmanagements auf der Basis der literarischen Bestandsaufnahme, das heißt insbesondere
  - Integration adäquater ökonomischer Theoriekonstrukte zur Generierung eines kausallogischen Bezugsrahmens;
  - grundlegende Kennzeichnung eines wertorientierten strategischen Personalmanagements anhand der Fixierung konzeptioneller Eckpunkte (konzeptionelles Gerüst);
  - Konstruktion eines integrativen und multifunktionalen Phasenschemas zur Analyse ökonomischer Humanpotenziale (Analyseinstrumentarium);
  - Formulierung und Kennzeichnung von Aktionsfeldern eines wertorientierten Managements ökonomischer Humanpotenziale (Gestaltungsfelder).

Diese Zielsetzungen spiegeln sich entsprechend in der gewählten Aufbaustruktur der Arbeit wider, die im Anschluss zu einer ersten grundlegenden Orientierung erörtert wird.

II. Aufbau der Arbeit

Die Untersuchung gliedert sich in **zwei Hauptteile:** Teil B ist einer grundlegenden Darstellung des Gegenstandsbereichs eines strategischen Personalmanagements sowie dem Aufzeigen von Anknüpfungspunkten für eine konzeptionelle Weiterentwicklung vorbehalten. In Teil C werden Grundzüge eines am Shareholder Value-Ansatz ausgerichteten strategischen Personal-Wertkonzepts generiert.

Die Klärung begrifflicher und inhaltlicher Grundlagen des strategischen Personalmanagements in **Kapitel B.I** erfolgt anhand des Aufzeigens zweier parallel
verlaufender historischer Entwicklungspfade einer strategischen Personalwirtschaft im anglo-amerikanischen Sprachraum (vom Personnel Management zum
Strategic Human Resource Management) und in der deutschsprachigen Literatur
(vom Personalwesen zum strategischen Personalmanagement). Die strategische
Dimension des Untersuchungsgegenstands macht weiterhin eine strukturelle Positionierung des strategischen Personalmanagements im Gesamtkontext einer
strategischen Unternehmensführung erforderlich. Anhand von vier exemplarisch
ausgewählten Ansätzen einer strategischen Personalwirtschaft findet in **Kapitel
B.II** eine inhaltliche Vertiefung der vorangegangenen Erkenntnisse statt. Bei der
Selektion der Konzepte wurde darauf geachtet, dass zum Einen Ansätze mit
entwicklungshistorisch hohem literarischen Einfluss und zum Anderen Konzeptionen mit hohem Aktualitätsgrad herangezogen wurden. Weiterhin deckt die
Auswahl gleichermaßen den deutsch- und englischsprachigen Literaturkreis ab
und ist durch deutliche ökonomische Bezüge gekennzeichnet.

Ausgehend von der Gegenstandsklärung eines strategischen Personalmanagements werden in **Kapitel B.III** die Ansatzpunkte einer konzeptionellen Weiterentwicklung aufgezeigt: die theoretische Fundierung und die ökonomische Spezifizierung der personalwirtschaftlichen Teildisziplin strategisches Personalmanagement. Der Feststellung einer Notwendigkeit zur theoretischen Fundierung
folgt das Aufzeigen von alternativen Fundierungsoptionen und eine Diskussion
des grundlegenden Auswahlproblems spezifischer Theorieansätze. Das gewählte
Begriffskonstrukt zur Begründung eines prinzipiellen Entwicklungsbedarfs, die
„ökonomische Spezifizierung", wird in einem weiteren Schritt anhand seiner
drei Dimensionen (strategische, teleologisch-normative, explikativ-theoretische
Dimension) gekennzeichnet. Von besonderer Bedeutung sind dabei die aufgezeigten Defizite, was die Integration einer Shareholder Value-Perspektive in
personalstrategische Ansätze angeht. Diese Defizite sind zentraler Ausgangspunkt für die literarische Bestandsaufnahme und Entwicklung einer entsprechenden strategischen Personal-Wertkonzeption mit expliziter Ausrichtung am
Leitbild einer dauerhaften Unternehmenswertsteigerung sowie ökonomischer
Theorieverhaftung im nachfolgenden zweiten Hauptteil C.

Basis für die Entwicklung eines strategischen Personal-Wertansatzes sind die
zunächst in **Kapitel C.I** bei der literarischen Bestandsaufnahme relevanter Themenkreise erarbeiteten Resultate. Das ökonomische Leitbild der Unternehmenswertsteigerung wird in dreierlei Hinsicht mit dem personalen Gegenstandsbereich in Verbindung gebracht. Ausgangspunkt ist die Darstellung der Rappaportschen Wert-Perspektive als geeigneter Basis- bzw. Bezugskonzeption für ein
in der Ökonomie verhaftetes strategisches Personalmanagement. Neben der Er-

örterung des Gesamtkonzepts und der Analyse, inwieweit im Ansatz von Rappaport auch personale Problemlagen Eingang finden, werden jedoch auch andere Konzepte einer am Shareholder Value orientierten Unternehmensführung auf personalspezifische Themensegmente hin untersucht.

Der personalbezogenen Analyse von etablierten Wertkonzepten schließt sich eine eingehende Bestandsaufnahme empirischer Erkenntnisse zur ökonomischen Wertrelevanz personaler Sachverhalte an. Von besonderer Bedeutung sind dabei die Forschungsprogramme von Becker / Huselid et al. und von Watson Wyatt Worldwide, die entsprechend detailliert untersucht werden. Die Analyse der Unternehmenswertorientierung in den konzeptionellen Entwürfen und Diskussionsbeiträgen der Literatur mit personalwirtschaftlicher Ausrichtung erfolgt unter Heranziehung einer Segmentierung der Beiträge mit Wertbezug in die Grundkategorien *„holistische Bewertungsansätze"*, *„holistische Kennzahlensteuerung"* sowie *„fokale Vergütungsansätze"* und die ergänzenden Segmente fokal anderweitig ausgerichteter Beiträge sowie sonstiger Grundsatzpublikationen. Je nach Zweckmäßigkeit werden innerhalb der unterschiedlichen Kategorien Einzelkonzepte untersucht und bewertet oder summarische Einschätzungen vorgenommen. Eine Zusammenfassung der wichtigsten Resultate der durchgeführten, in Umfang und Bandbreite derzeit wohl weitestgehenden literarischen Analyse von Personal-Shareholder Value-Zusammenhängen findet sich in einem ersten Zwischenfazit vor der eigentlichen Konzeptentwicklung unter Heranziehung der abgeleiteten Untersuchungsergebnisse.

Der Einstieg in das eigene Konzept eines wertorientierten strategischen Personalmanagements in **Kapitel C.II** beinhaltet eine sukzessive theoretische Perspektivenerweiterung durch die integrative Heranziehung komplementärer Theoriemodule zur theoretischen Fundierung des Ansatzes. Beginnend mit der dem Shareholder Value-Ansatz innewohnenden finanzwirtschaftlichen Theorieorientierung werden über die Agency-Theorie als institutionenökonomische Erweiterung der Shareholder Value-Perspektive bis zur qualitativ-strategischen Ergänzung durch den Ressourcenansatz insgesamt drei ökonomische Theoriekonstrukte zu einem tragenden Theoriegerüst zusammengeführt.

In **Kapitel C.III** werden dann in einem nächsten Schritt die konzeptionellen Eckpunkte eines strategischen Wert-Ressourcen-Ansatzes fixiert. Ziel der Konzeptentwicklung ist die Kennzeichnung eines wertorientierten strategischen Personalmanagements und die Fundierung der Entwicklung eines Analyseinstruments zur wertstrategischen Ausrichtung von Personalentscheidungen in allen relevanten personalen Handlungsfeldern. Hierfür werden zunächst Grundanforderungen an ein *„strategischen Personal-Wertkonzept"* formuliert und spezifische Gestaltungs- und Entscheidungsobjekte eines strategischen Personalmanagements mit Wertbezug definiert: die *„ökonomischen Humanpotenziale"* eines Unternehmens. Nach der Klärung potenzieller Analyseebenen und Träger des avisierten strategischen Ansatzes erfolgt die Generierung eines Phasenschemas zum strategischen Analyse- und Managementprozess des eigenen Personal-Wertkonzepts bzw. eines *„Managements ökonomischer Humanpotenziale"*.

Kapitel C.IV ist der detaillierten Darstellung des integrierten Analysemodells im Rahmen eines strategischen Personalansatzes vorbehalten. Im Analyseschema der *„strategischen Personal-Wertanalyse"* findet sich die dreistufige Perspektivenerweiterung der Theoriemodule wieder, die phasenspezifisch aufgegriffen werden. Die erste Analysephase ist demnach durch die Identifikation originärer Cash-Potenziale personalstrategischer Entscheidungssachverhalte gekennzeichnet. In ihr kommen die bei der Untersuchung der holistischen Bewertungsansätze und der holistischen Ansätze einer Kennzahlensteuerung gewonnenen Erkenntnisse zum Tragen. Phase 2 ist durch die Analyse der mit strategischen Entscheidungsalternativen verbundenen Agency-Kostensenkungspotenziale charakterisiert, während die finale Phase 3 eine Analyse möglicher ressourcenspezifischer strategischer Erfolgspotenziale zur Wertsteigerung beinhaltet. Das Phasenschema mündet in die gesamthafte Portfolio-Darstellung einer *„Matrix ökonomischer Humanpotenziale"*. Das personalstrategische Analyseschema wird daraufhin abschließend einer kritischen Bewertung unterzogen.

Die Anwendungsbezüge des entwickelten strategischen Analysemodells werden bei der Diskussion der zentralen Aktionsfelder eines Managements ökonomischer Humanpotenziale in **Kapitel C.V** deutlich, die aus den grundlegenden Konzeptdarstellungen des Teils B sowie den Erkenntnissen der wertbezogenen Literaturanalyse in Kapitel C.I ableitbar sind. Es handelt sich dabei zum Ersten um das strategische Controlling ökonomischer Humanpotenziale im Unternehmen unter Heranziehung des hier entwickelten Phasen- bzw. Matrixmodells. Zum Zweiten setzt die Implementierung eines Shareholder Value-orientierten Personalansatzes entsprechend stimmige unternehmenskulturelle Rahmenbedingungen voraus. Im Ideal einer wertorientierten Unternehmenskultur spiegeln sich demgemäß zielführende Begrifflichkeiten wie Mitunternehmertum bzw. Intrapreneurship wider. Eine weitere wichtige Komponente einer wertorientierten Personalwirtschaft ist die Gestaltung Shareholder Value-orientierter strategischer Anreiz- und Vergütungssysteme. Hier bieten sich eine Reihe von Verbindungsmöglichkeiten zu den ermittelten Erkenntnissen der untersuchten fokalen Vergütungsansätze. Als viertes Hauptaktionsfeld eines wertorientierten strategischen Personalmanagements wird, in Anlehnung an die Vorgehensweise beim diskutierten klassischen Ansatz von Odiorne, eine zielgruppenorientierte Personalbeschaffung, -entwicklung und -freisetzung angesehen. Ein wertorientiertes strategisches Personalmarketing rundet das Spektrum der Handlungsfelder eines

Managements ökonomischer Humanpotenziale schließlich ab. Das konstruierte Untersuchungsraster der strategischen Personal-Wertanalyse ist nicht nur im Zusammenhang mit einem wertorientierten Personalcontrolling verwendbar, sondern weist aufgrund der in seiner Entscheidungsorientierung begründeten Multifunktionalität Einsatz- und Anwendungsmöglichkeiten über alle abgegrenzten Aktionsfelder hinweg auf.

Die wichtigsten Ergebnisse der Arbeit werden abschließend in **Teil D** noch einmal zusammengefasst und bewertet und dienen als Ausgangsplattform für eine Prognose weiterer Entwicklungstendenzen des Forschungs- und Gestaltungsfelds eines Shareholder Value-orientierten strategischen Personalmanagements. Die Strukturlogik der vorliegenden Untersuchung kann ergänzend der Überblicksdarstellung zum Aufbau der Arbeit in Abbildung 2 entnommen werden.

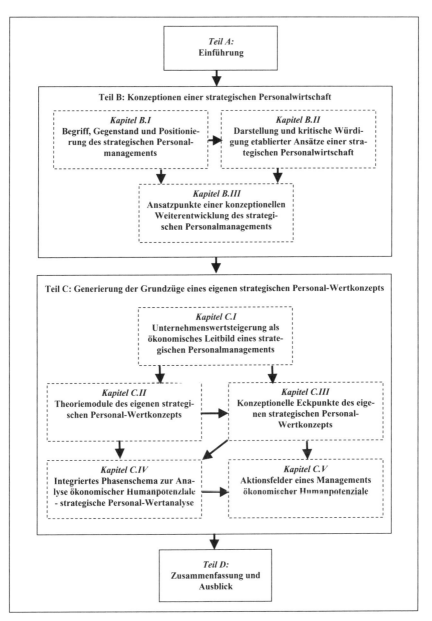

Abbildung 2: Strukturlogischer Aufbau der Untersuchung (Quelle: Eigene Darstellung)

B. Konzeptionen einer strategischen Personalwirtschaft

Eine **fundierte Weiterentwicklung** bestehender konzeptioneller Ansätze zur strategischen Führung des betrieblichen Personalwesens setzt einerseits zunächst eine in Kapitel B.I und B.II erfolgende Bestandsaufnahme der grundlegenden Aspekte des untersuchten Forschungsfeldes voraus, andererseits aber auch das Aufzeigen fruchtbarer Anknüpfungspunkte (Kapitel B.III) für die in Teil C erfolgende Entwicklung der Grundzüge eines strategischen Personal-Wertkonzepts.

Sowohl die wissenschaftlich als auch die eher pragmatisch ausgerichtete **Literatur** zum Themenkomplex „strategisches Personalmanagement" weist zwischenzeitlich eine Fülle an konzeptionellen Einzelentwürfen auf, [3] die sich trotz unterschiedlichster Schwerpunktsetzungen in vielerlei Hinsicht ähneln, was die sich anschließende prinzipielle Abgrenzung terminologischer und inhaltlicher Eigenschaften des Untersuchungsgegenstands und dessen Positionierung im Kontext eines umfassenden Unternehmensführungskonzepts erlaubt. Die charakteristischen Merkmale einer strategischen Personalwirtschaft werden daraufhin exemplarisch anhand einiger etablierter Ansätze im deutschen und englischen Sprachraum verdeutlicht, die gleichsam als Ausgangspunkt zur nachfolgenden Identifizierung von Erfordernissen einer ökonomisch-theoretischen Weiterentwicklung des strategischen Personalmanagements herangezogen werden können.

---

[3] Vgl. zu den wissenschaftlich fundierten Entwürfen etwa die neueren Ausarbeitungen von Scholz, C. (2000a); Schneck, M. H. (2000); Erdenberger, C. (1997); Festing, M. (1996); Mabey, C./ Salaman, G. (1996); Tyson, S. (1995); Schuler, R. S. (1992) oder Elsik, W. (1992); z.B. aber auch die zwischenzeitlich schon als „Klassiker" titulierbaren Entwürfe der Achtzigerjahre von Ackermann, K.-F. (1987, 1986); Staffelbach, B. (1986); Evans, P. (1986, 1987) und Fombrun, C. J. / Tichy N. M. / Devanna, M. A. (1984, 1982). Als Beispiel für die vielen zumeist nicht sehr tief gehenden „Modelle" mit betont starker Affinität zur Unternehmenspraxis sei auf die Arbeiten von Van Mechelen, R. (1996) und von Zabriskie, N. / Huellmantel, A. (1989) verwiesen.

I. Begriff, Gegenstand und Positionierung des strategischen Personalmanagements

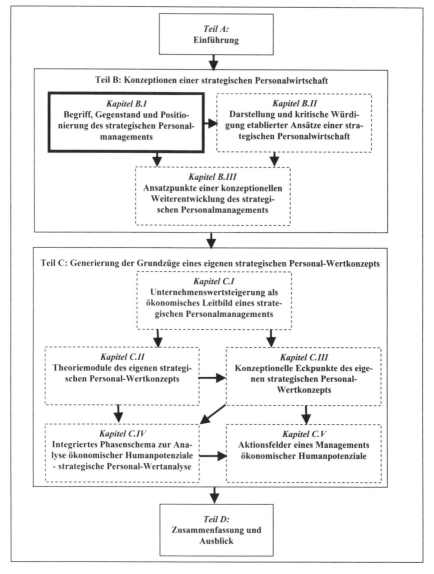

Abbildung 3: Kapitel B.I im Gesamtkontext der Arbeit (Quelle: Eigene Darstellung)

1. Terminologische und inhaltliche Vorabfixierung des strategischen Personalmanagements

Im deutschsprachigen Schrifttum findet sich eine Fülle an Oberbegriffen für die wissenschaftliche Behandlung von Problemstellungen, die sich aus dem Arbeiten und Wirken von Personen in Unternehmen ergeben. Beim **Terminus „strategisches Personalmanagement"** handelt es sich um einen dieser Oberbegriffe, der sich zwischenzeitlich als geläufiger Ausdruck für eine ganz bestimmte Sichtweise der Planung, Steuerung und Führung von Personal in Betrieben durchgesetzt hat. Die wichtigsten Wurzeln dieses Begriffs und der damit verbundenen Inhalte lassen sich eindeutig im anglo-amerikanischen Sprachraum ausmachen.[4] Es bietet sich demnach vor der terminologischen und inhaltlichen Präzisierung des deutschen Begriffs „strategisches Personalmanagement" eine Analyse der englischsprachigen terminologischen Varianten an. Von besonderer Bedeutung ist hierbei der in der Literatur vielfach synonym zum „strategischen Personalmanagement" verwendete Begriff „Strategic Human Resource Management", der in der vorliegenden Arbeit allerdings differenzierter für strategische Personalkonzepte anglo-amerikanischer Provenienz verwendet wird. Beide Termini weisen inhaltlich ein hohes Maß an Überschneidungen auf und werden nachfolgend unter dem Oberbegriff „strategische Personalwirtschaft" auch als Einheit betrachtet (vgl. hierzu Abbildung 4).

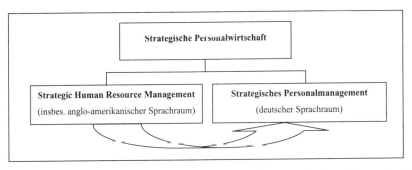

Abbildung 4: Terminologische Komponenten der strategischen Personalwirtschaft (Quelle: Eigene Darstellung)[5]

---

[4] Vgl. etwa Staehle, W. H. (1999), S. 795f.; Drumm, H. J. (2000), S. 637; (1995), S. 541ff.
[5] Der Pfeil in der Darstellung steht für die Verzwurzelung deutscher strategischer Personalmanagementansätze in vor allem amerikanischen Ursprungskonzeptionen und die auch gegenwärtig noch vorherrschende Beeinflussungsrichtung.

a) Vom Personnel Management zum Strategic Human Resource Management
   - Entwicklung und definitorische Festlegungen

Lundy macht in der englischsprachigen Literatur eine gewisse Konfusion hinsichtlich des Bedeutungsgehalts des „Strategic Human Resource Management" aus und versucht durch die Einnahme einer **begriffshistorischen Phasen-Perspektive** dessen Gegenstandsbereich herauszuarbeiten.[6] Ausgehend von der primär administrativ ausgerichteten „nicht-strategischen" Phase des Personnel-Management werden zwei Kernphasen einer strategisch-konzeptionellen Entwicklung des Managements betrieblicher Humanressourcen unterschieden, die jeweils mit spezifischen Begriffskonstrukten verbunden sind: die Human Resource Management- und die Strategic Human Resource Management-Phase.[7]

Bereits in den Siebzigerjahren zeichnete sich mit dem erstmaligen Aufkommen des Begriffs „Human Resource Management" eine fundamentale Abkehr von dem traditionell auf operative Problemstellungen fixierten **Personnel Management**[8] ab, das durch eine stark tayloristisch orientierte Fokussierung auf Effizienz- und Kostenkontrolle bezüglich des Produktionsfaktors Personal geprägt war.[9] Das hinter dieser traditionellen Personalkonzeption stehende Menschenbild war gekennzeichnet durch eine Sichtweise des Mitarbeiters im Unternehmen als grundsätzlich arbeitsscheuen, stark lohnorientierten, kaum Interesse an der Arbeit selbst zeigenden Menschen, der eingeschränkt bereit bzw. in der Lage ist, Aufgaben zu übernehmen, die Eigenverantwortung und persönliche Kreativität voraussetzen. Arbeit wird in dieser Konzeption als etwas angesehen, was

---

[6] Vgl. hierzu und zu den nachfolgenden Ausführungen insbes. Lundy, O. (1994). Der Schwerpunkt der Betrachtungen liegt hier auf der dominierenden US-amerikanischen Literatur, die jedoch inhaltlich eine recht große Schnittmenge zur britischen Fachliteratur aufweist. Zum spezifischen Kontext der terminologischen Entwicklung in Großbritannien vgl. aber Lundy, O. (1994), S. 714f. Ergänzend sei an dieser Stelle auch auf die ebenfalls in den Achtzigerjahren stattfindende Ausbreitung des Strategic Human Resource Management in Australien hingewiesen (vgl. dazu v.a. Kramar, R. (1992), S. 1ff.).

[7] Vgl. dazu auch die ähnliche Vorgehensweise von Fombrun, C. J. (1984), S. 12f., der drei Entwicklungsstadien vom Personnel zum Strategic Human Resource Management unterscheidet, die jedoch bei ihm zeitlich stärker auseinander fallen. Ausgehend von der operativen Rolle des Personalwesens um die Jahrhundertwende bildete sich demgemäß über die Zwischenstufe einer „managerial role" (Sechzigerjahre) schließlich in den Achtzigerjahren die strategische Rolle des Human Resource Management heraus.

[8] Der Begriff „Personnel Management" setzt sich ab etwa 1920 im amerikanischen Schrifttum durch (vgl. Geck (1953), S. 121).

[9] Vgl. Lundy, O. (1994), S. 690.

die Mitarbeiter zu ertragen bereit sind, sofern eine angemessene Vergütung erfolgt und eine faire Behandlung durch den Vorgesetzten gewährleistet ist.[10]

Beim **Human Resource Management-Modell** hingegen findet eine Hinwendung zu einer grundlegend neuen Betrachtungsweise menschlicher Arbeit im Betrieb statt. Die Mitarbeiter werden nunmehr - an der Tradition der Human Relations-Bewegung anknüpfend[11] - als verantwortungsbereite, nach sinnstiftenden Betätigungsmöglichkeiten suchende Personen angesehen, die größtenteils über ein hohes Kreativitäts- und Wissenspotenzial verfügen, das jedoch vielfach noch brachliegt.[12] Aufgrund der Entwicklungen im ökonomischen, demographischen und gesetzlichen Umfeld der Unternehmen wird der Ressource „Mensch" eine zentrale Rolle bei der Sicherung der Wettbewerbsfähigkeit eines Unternehmens beigemessen.[13] Wichtiger Auslöser für die wachsende Popularität dieses neuen Mitarbeiterverständnisses in den USA war die mit der „japanischen Herausforderung" der an Produktivitäts- und Innovationsschwäche kränkelnden US-Wirtschaft verbundene Erkenntnis einer unzureichenden Erschließung menschlicher Leistungspotenziale in der Vergangenheit.[14] Das Human Resource Management korrigiert dieses Defizit durch die neue Sichtweise der Mitarbeiter als Träger wettbewerbsrelevanter Leistungspotenziale und als wichtige Erfolgsfaktoren eines Unternehmens. Insofern wird hier dem Personalmanagement erstmalig eine eindeutig strategische Relevanz zugesprochen.[15] Das Aufgaben-

---

[10] Vgl. Miles, R. E. (1975), S. 35.

[11] Diese Aussage bezieht sich primär auf die Weiterentwicklung des im Human Relations-Modell enthaltenen Menschenbilds. Klimecki und Gmür verweisen in diesem Zusammenhang aber auf das bewusste Abheben des auf die Ausgestaltung von Rahmenbedingungen zur individuellen Persönlichkeitsentfaltung abzielenden Human Resource Management-Ansatzes von der auf die Beziehung zwischen Unternehmen und Mitarbeiter fokussierten Human Relations-Bewegung (vgl. Klimecki, R. / Gmür, M. (2001), S. 44). Vgl. zu den Inhalten der Human Relations-Bewegung etwa Fürstenberg, F. (1992), Sp. 626f., Klimecki, R. G. / Gmür, M. (2001), S. 14ff. und Mabey, C. / Salaman, G. (1996), S. 55f. oder umfassender die Ausführungen in Neuberger, O. (1977). Vgl. aber insbesondere die grundlegenden Werke von Mayo, E. (1946); Roethlisberger, F. J. / Dickson, W. J. (1939) und Whitehead, T. N. (1938).

[12] Vgl. Lundy, O. (1994), S. 690.

[13] Vgl. etwa Liebel, H. J. / Oechsler W. A. (1994), S. 1. Beispielhaft sei hier auf von den Verfassern genannte Einflussfaktoren wie unzureichende Produktivitätssteigerungen, steigendes Bildungsniveau mit gleichzeitiger Akademisierung der Berufsfelder, wachsende Quantität und Komplexität gesetzlicher Restriktionen etc. verwiesen. Vgl. ähnlich Wright, P. M. / Rowland, K. / Weber, W. (1992), Sp. 1142.

[14] Vgl. Fombrun, C. J. (1984), S. 6ff., der den externen Kontext des Human Resource Management näher analysiert. Vgl. auch Staehle (1999), S. 779 und Wright, P. M. / Rowland, K. / Weber, W. (1992), Sp. 1141.

[15] Vgl. Lundy, O. (1994), S. 690 und die selbe Sichtweise in Storey, J. (1992).

spektrum der Personalfunktion verschiebt sich damit weg von der klassischen Rolle als Personalbeschaffer und -verwalter hin zum Entwickler und Förderer vorhandener Mitarbeiterpotenziale.[16] Gleichzeitig werden die Interessen der Kapitalgeber und der Arbeitnehmer als nahezu kongruent angesehen.[17]

Auch Truss und Gratton[18] sehen die Anfang der Achtzigerjahre geführte Debatte zur Unterscheidung von Human Resource Management und Personnel Management als Ausgangspunkt der nachfolgenden Diskussion des Strategic Human Resource Management. Sie verweisen diesbezüglich vor allem auf die Position von Legge[19], die trotz einer gewissen Skepsis hinsichtlich einer begrifflich-konzeptionellen Unterscheidbarkeit doch **vier Abgrenzungskriterien** identifizieren konnte:

- Im Gegensatz zum auf das Vorgesetzten-Untergebenen-Verhältnis fokussierten Personnel Management konzentriert sich das Human Resource Management auf das gesamte Führungsteam.
- Den Linienmanagern kommt im Human Resource Management eine Schlüsselrolle zu.
- Das Management der Organisationskultur ist ein wichtiges neues Gestaltungsfeld des Human Resource Management.
- Human Resource Management wird als zentralere strategische Aufgabe wahrgenommen.

Andere Autoren weisen ergänzend dem Human Resource Management eine stark unitaristische Ausrichtung zu, die die Entwicklung von Individuen und deren „Commitment" in den Vordergrund rückt.[20]

Eine Forcierung der beim Human Resource Management schon anklingenden strategischen Perspektive erfolgt unter dem zunehmend Verwendung findenden Begriff **„Strategic Human Resource Management"** ebenfalls in den frühen

---

[16] Ergänzend sei an dieser Stelle aber auch angemerkt, dass es im Gegensatz zur hier angeführten Auslegung des Begriffs „Personnel Management" in der Literatur auch Positionen gibt, die auf einen synonymen Bedeutungsgehalt von Human Resource Management und Personnel Management verweisen. Lundy (vgl. Lundy, O. (1994), S. 690) verweist exemplarisch auf die Veröffentlichung von Foulkes und Livernash (vgl. Foulkes, F. K. / Livernash, E. R. (1982)), die keinen fundamentalen inhaltlichen Unterschied zwischen den beiden Begriffen erkennen können.

[17] Vgl. Klimecki, R. / Gmür, M. (2001), S. 45.

[18] Vgl. Truss, C. / Gratton, L. (1994), S. 665.

[19] Vgl. Legge, K. (1989).

[20] Vgl. Truss, C. / Gratton, L. (1994), S. 665.

Achtzigerjahren.[21] Gemeinsamer Leitfaden der unter diesem neuen Terminus erscheinenden Konzeptionen ist die Verbindung von Unternehmensstrategie und Human Resource Management bzw. Human Resource Strategy, aus dem die Forderung nach einem proaktiven, integrierten und auf strategischer Ebene angesiedelten Human Resource Management abgeleitet wird, das in der Lage ist, dem wachsenden Umweltdruck und strategischen Diskontinuitäten angemessen zu begegnen.[22] Die maßgeblichen Impulse zur Weiterentwicklung des Personalwesens in Richtung Strategic Human Resource Management entspringen wohl der Etablierung der strategischen Planung und des strategischen Managements in den Achtziger- und Neunzigerjahren. Eine Übertragung der insbesondere von Ansoff[23] und Porter[24] entworfenen und kontinuierlich ausgebauten Strategiekonzepte auf die Problemlage des Human Resource Management lag auf der Hand. Insofern lässt sich das Strategic Human Resource Management auch als Zusammenführung der beiden Forschungsströmungen kennzeichnen.[25] Der Begriff des Strategic Human Resource Management steht als Synonym für die vielen Einzelansätze, die in den Achtziger- und Neunzigerjahren konzipiert wurden.[26] Nahezu jeder dieser Ansätze weist seine eigene spezifische Definition des betrachteten Gegenstandsbereichs auf, was eine inhaltliche Abgrenzung zum Human Resource Management nicht gerade erleichtert.[27] Trotz der nicht zu leugnenden Überschneidungen der beiden untersuchten Begriffswelten hinsichtlich strategischer Ausrichtung und rationaler Planungslogik[28] kommen sowohl Lundy als auch Truss / Gratton zum Schluss, dass eine begriffliche Differenzierung von Human Resource Management und Strategic Human Resource Mana-

---

[21] Vgl. zur Begriffsentstehung auch Wright, P. M. / Rowland, K. M. / Ferris, G. R. (1994), S. 342ff.

[22] Vgl. Lundy, O. (1994), S. 694f.

[23] Vgl. hierzu die grundlegenden Werke Ansoff, H. I. (1976), (1979), (1984), (1985).

[24] Vgl. insbesondere Porter (1980) und (1985). Als Beispiel für einen Ansatz, der explizit auf das Rahmenkonzept Porters zurückgreift nennt Lundy die Arbeit von Schuler, R. A. und Jackson, S. E. (1987). Vgl. hierzu ergänzend auch Wright, P. / McMahan, G. (1992), S. 303f. und Evans, P. (1986), S. 155f.

[25] Vgl. ähnlich Lundy, O. (1994), S. 710.

[26] Zu einer Auswahl gängiger Ansätze vgl. die Ausführungen in B.II.

[27] So scheinen manche Autoren einfach den bisherigen Begriff „Personnel Management" durch „Human Resource Management" und diesen durch den Begriff „Strategic Human Resource Management" ersetzt zu haben (vgl. Truss, C. / Gratton, L. (1994), S. 666). Die von Lundy vorgenommene begriffliche Abgrenzung zum Human Resource Management ist natürlich insofern angreifbar, als die Übergänge zwischen den sich hinter den Termini verbergenden Konzeptionen offensichtlich fließend sind. Beispielsweise ließe sich das Begriffsverständnis von Poole (vgl. hierzu Poole (1990), S. 3), in dem Human Resource Management an sich schon als proaktives strategisches Führungskonzept betrachtet wird, inhaltlich sehr wohl auch der Strategic Human Resource Management-Schule zuordnen.

[28] Vgl. Lundy, O. (1994), S. 714.

gement Sinn macht. Beide sehen letzteres als theoretisch-konzeptionelles Dach, unter dem die bisherigen mehr implementierungsorientierten Human Resource Management-Aktivitäten eingebunden werden können; als übergreifenden Ansatz, der die Führung und Entwicklung von Individuen in Organisationen an in- und externe Kontextfaktoren koppelt.[29] Als explizites Ziel des Strategic Human Resource Management wird einerseits die theoretische Verbindung von Strategie- und Human Resource Management-Prozessen angesehen, andererseits sollen unter Implementierungsgesichtspunkten die besten Human Resource Management-Praktiken mit strategischen Planungstechniken verknüpft werden, um die gewünschte Strategieorientierung zu erreichen.[30] Truss und Gratton fassen diese Aspekte unter dem Wesensmerkmal einer ausdrücklichen Integration von Human Resource Management-Praktiken, strategischen Zielen und der Umwelt im Strategic Human Resource Management zusammen. Sie sehen dieses als Organisationsschema zur wechselseitig-unterstützenden Verbindung von einzelnen Human Resource-Interventionen, wobei wiederum der Delegation von Personalverantwortung auf die Linie eine wichtige Rolle beigemessen wird.[31] Präzisiert wird diese Sichtweise durch die aus der Diskussion empirischer und theoretischer Konzeptionen des Strategic Human Resource Management abgeleiteten Schlüsselkomponenten, die in jedem entsprechenden Gestaltungsmodell enthalten sein sollten: externe und interne Umwelt, Geschäftsstrategie, Human Resource-Strategien und -Praktiken und Ergebnisse des Strategic Human Resource Management.[32] Hieran anknüpfend lassen sich **vier Leitfragen** formulieren, anhand derer die spezifische Problemstellung des Strategic Human Resource Management noch deutlicher wird:[33]

- Wie funktioniert die Verknüpfung von Geschäfts- und Human Resource-Strategie?
- Welches sind die wichtigsten in- und externen Kontextvariablen, die auf das Human Resource Management Einfluss nehmen bzw. Einfluss nehmen sollten?
- Wie gestaltet sich die Verbindung von artikulierter Human Resource-Strategie und spezifischen Human Resource-Interventionen?
- Welche Beziehung besteht zwischen der verfolgten Human Resource-Strategie und den tatsächlich realisierten Leistungsergebnisssen (Outcomes)?

---

[29] Vgl. Lundy, O. (1994), S. 714 und Truss, C. / Gratton, L. (1994), S. 666
[30] Vgl. Lundy, O. (1994), S. 714
[31] Vgl. Truss, C. / Gratton, L. (1994), S. 666.
[32] Vgl. a.a.O., S. 669.
[33] Vgl. ebd. und ergänzend zum spezifisch „strategischen" am Human Resource Management auch Martell / Caroll (1995), S. 254f.

Eine Reihe weiterer Autoren führt zur Abgrenzung des Gegenstandsbereichs **charakteristische Elemente des Strategic Human Resource Management** auf. Lengnick-Hall / Lengnick-Hall[34] machen bei ihrer Analyse der diesbezüglichen anglo-amerikanischen Literatur der Achtzigerjahre das Human Resource Accounting, die Personalplanung sowie die Behandlung von Kontingenz- und Stimmigkeitsproblemen als zentrale Themengebiete der damaligen wissenschaftlichen Diskussion aus. Schuler / Huselid[35] betrachten in ihrer verhaltensorientierten Sichtweise das Hervorheben und Belohnen der zur Strategierealisierung im Unternehmen erforderlichen Verhaltensweisen als Hauptziel des Strategic Human Resource Management. Im Vordergrund steht demnach die systematische Verbindung der Humanressourcen mit der Unternehmensstrategie bzw. mit den „Needs of the Business". Zusammenfassend erfolgt eine Definition des Strategic Human Resource Management als „... all those activities affecting the behaviour of individuals in their efforts to formulate and implement the strategic needs of the business."[36] Beide betonen darüber hinaus die Notwendigkeit der Gewährleistung einer Stimmigkeit der praktizierten Human Resource-Politiken über alle Politikfelder und -hierarchien hinweg. In einer früheren Veröffentlichung[37] verweist Schuler, ausgehend von einer übergreifenden integrativen und adaptiven Perspektive des Strategic Human Resource Management, auf drei aus der Literatur ableitbare Eigenschaftsmerkmale dieses Ansatzes: Die Vielzahl verschiedener Gestaltungsfelder und -ebenen, das Bestreben zur Förderung von Kohärenz und Integration im Unternehmen und der implizite oder explizite Zweck einer effektiveren Nutzung der Humanressourcen angesichts strategischer Erfordernisse der Organisation.

Wright / McMahan[38] heben im Vergleich zu den strategiebezogenen Human Resource Management-Konzepten beim Strategic Human Resource Management die Bedeutung einer wesentlich umfassenderen organisatorischen Makro-Orientierung hervor. Ihre Definition stellt den Planungsaspekt und die Zielgerichtetheit des Strategic Human Resource Management in den Vordergrund. Dementsprechend verstehen sie unter diesem Begriff „... the pattern of planned human resource deployments and activities intended to enable an organization to achieve its goals."[39] Evans[40] sieht in dem verbreiteten Gebrauch des Begriffs „Strategic Human Resource Management" die Reflexion einer zunehmenden

---

[34] Vgl. Lengnick-Hall, C. A. / Lengnick-Hall, M. L. (1988), S. 454ff.
[35] Vgl. Schuler, R. / Huselid, M. (1997), S. 183ff.
[36] Schuler, R. / Huselid, M. (1997), S. 184.
[37] Vgl. dazu Schuler, R. (1992), S. 18.
[38] Vgl. Wright, P. / McMahan, G. (1992), S. 298.
[39] Ebd.
[40] Vgl. Evans, P. (1986), S. 149ff.

Wahrnehmung der Interdependenzen zwischen Strategie, Organisation und Human Resource Management und verweist auf die Relevanz von innerbetrieblicher Fairness und Gerechtigkeit („Equity"), einer Verbesserung der Wettbewerbsperformance, der Innovations- und Flexibilitätsförderung und der strukturellen Integration als spezifische Leistungsziele des Strategic Human Resource Management. Auf diese Leistungsziele soll bei der Beurteilung der Effektivität der Human Resource Management-Politiken zurückgegriffen werden.

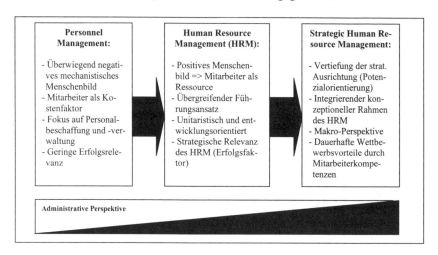

Abbildung 5: Vom Personnel Management zum Strategic Human Resource Management (Quelle: Eigene Darstellung)

Neuere Publikationen zum Strategic Human Resource Management weisen vor dem Hintergrund des „Resource-based View of the Firm" darauf hin, dass den betrieblichen Humanressourcen nicht nur eine wichtige Rolle bei der Generierung und Umsetzung von Unternehmensstrategien zukommt, sondern dass die hinter diesen Ressourcen stehenden schwer imitierbaren Kompetenzen aus sich heraus ein eigenständiges Potenzial zum Aufbau von anhaltenden Wettbewerbsvorteilen darstellen.[41] Abbildung 5 fasst das behandelte Drei-Phasen-Schema noch einmal anhand einiger identifizierter Eigenschaftsmerkmale der jeweiligen Begriffskonstrukte zusammen.[42]

---

[41] Vgl. hierzu etwa Kamoche, K. (1996) und Boxall, P. (1996). Vgl. vertiefend die nachfolgenden Ausführungen des Kapitels C.II.

[42] Es handelt sich hierbei um eine unter heuristischen Gesichtspunkten bewusst in Kauf genommene polarisierende Darstellung, die die fließenden Übergänge zwischen den einzel-

b) Vom Personalwesen zum strategischen Personalmanagement - Entwicklung und definitorische Festlegungen

Für die personalwirtschaftliche Literatur im deutschen Sprachraum lässt sich eine zur aufgezeigten englischsprachigen Begriffsentwicklung in weitem Umfang parallel verlaufende Fortführung terminologisch-inhaltlicher Aspekte des betrieblichen Personalwesens feststellen. In seinem Zustandsbericht zum Stand der wissenschaftlichen Behandlung von Problemstellungen im Personalbereich analysiert Wächter[43] die mit bestimmten Kernbegriffen verbundenen programmatischen Hintergründe. Die oben unter dem Begriff „Personnel Management" angeführten idealtypischen Eigenschaftsmerkmale lassen sich wohl am ehesten dem traditionsbehafteten deutschsprachigen Begriff **„Personalwesen"** zuordnen, der zwischenzeitlich kaum mehr Verwendung findet.[44] Die mit diesem Terminus verbundene eher administrative Perspektive wird allerdings um aus dem speziellen Kontext der Nachkriegszeit entspringende Ansprüche an die soziale Verpflichtung ökonomischen Agierens erweitert.[45]

Hinter der im deutschen Sprachraum heute sehr geläufigen Bezeichnung **„Personalmanagement"** verbirgt sich ein Verständnis der Personalfunktion, das dem amerikanischen Human Resource Management sehr nahe kommt.[46] Perso-

---

nen Konzeptionen nur eingeschränkt deutlich machen kann. Der Wandel von der administrativen zur strategischen Perspektive des betrieblichen Personalwesens nimmt insofern bereits beim Personnel Management seinen Anfang, als sich dieses Verständnis im Laufe der Jahrzehnte unter besagtem Oberbegriff in Richtung Human Resource Management stufenweise weiterentwickelt hat.

[43] Vgl. zu den nachfolgenden Ausführungen insbes. Wächter, H. (1992), S. 316ff.

[44] Nichtsdestotrotz wird der Terminus „Personalwesen" noch von einigen Autoren auch in jüngeren Veröffentlichungen weiterverwendet, jedoch mit einem anderen als hier angeführten inhaltlichen Hintergrund. Vgl. etwa Bisani, F. (1995), Aßmann, K. / Eimer, H. (1989) oder Arndt, N. (1986). Gaugler / Weber verweisen demgemäß auch hier auf eine teils synonyme Verwendung von „Personalmanagement" und „betriebliches Personalwesen", sehen letzteren Begriff aber vor allem symptomatisch für das Personal-Denken in den 50er und 60er Jahren (vgl. Gaugler, E. / Weber, A. (1995), S. 4).

[45] Vgl. Wächter, H. (1992), S. 316. Beispielhaft sei an dieser Stelle auf die sozialwissenschaftlich geprägten Veröffentlichungen von Kolbinger, J. (1961), (1962) verwiesen.

[46] Vgl. Wächter, H. (1992), S. 319; Wohlgemuth, A. C. (1987), S. 86. Vgl. dazu auch die Gegenüberstellungen von Scholz, C. (2000a), S. 1 und (1994), S. 43. Einige Autoren übernehmen in ihren deutschsprachigen Veröffentlichungen zum Personalmanagement einfach den amerikanischen Begriff „Human Resource Management" (vgl. etwa Gaugler, E. / Weber, A. (1995) oder die Beiträge in Siegwart, H. / Dubs, R. / Mahari, J. (1997)). Wächter weist zudem auf die häufigere Verwendung des Begriffs „Personalwirtschaft" hin, der von ihm als in der Tradition Gutenbergs und Schmalenbachs stehende „implizite Stellungnahme für ein enges, eher instrumentelles Verständnis der BWL" interpretiert wird (Wächter

nalmanagement wird als Bestandteil eines umfassenden Unternehmensfüh-
rungsprozesses betrachtet, der in allen Phasen von personalen Aspekten durch-
drungen ist. Der Prozess wird demnach auf personelle Implikationen und Prämissen hin untersucht.[47] Die im Personalmanagement-Ansatz zum Ausdruck
kommende Ressourcen- und Strategieorientierung ist wiederum der Ausgangspunkt für die programmatisch-konzeptionelle Ausarbeitung eines potenzialbezogenen „strategischen Personalmanagements".[48]

Die dem Strategic Human Resource Management nordamerikanischen Ursprungs entsprechende deutsche Version des **„strategischen Personalmanagements"** greift zwar in einem hohen Umfang auf die Erkenntnisse der US-
Forschung zurück, muss aber den Erfordernissen einer kontextabhängigen Ausgestaltung der strategischen Personalwirtschaft Rechnung tragen.[49] Wenngleich

---

(1992), S. 317). Die inhaltliche Abgrenzung von den Personalmanagement-Konzeptionen
wird hier jedoch als nicht zweckmäßig angesehen, da ein Großteil der Veröffentlichungen
zum Personalmanagement ebenfalls auf ökonomisch-rationale Entscheidungsfindungsprozesse Bezug nimmt und entsprechende instrumentelle Gestaltungsempfehlungen vornimmt
(vgl. hierzu etwa auch die Sichtweise der Personalmanagementlehre als Anbieter eigenständiger Methoden und Instrumente bei Scholz, C. (1994), S. 41. Scholz verwendet die
beiden Begriffe im Übrigen mehrfach synonym - vgl. z.B. a.a.O., S. 26 oder auch Scholz,
C. (2000a), S. 83). Die jüngeren Publikationen zum Thema Personalwirtschaft (vgl. etwa
Ridder, H.-G. (1999); Stopp, U. (1998); Kropp, W. (1997) oder Drumm, H. J. (2000)) lassen sich demnach vielfach konzeptionell dem geläufigen betriebswirtschaftlich begründeten Terminus „Personalmanagement" zuordnen. Vgl. zur Abgrenzung von Personalwesen und Personalwirtschaft auch Wiedemeyer, G. R. (1993), S. 34.

[47] Vgl. Wächter, H. (1992), S. 318f.

[48] Die Interpretation von „Personalpolitik" im Sinne von grundlegenden Personalentschei-
dungstatbeständen, die in eine umfassende Unternehmenspolitik eingebettet sind, entspricht laut Wächter (vgl. Wächter, H. (1992), S. 320) dem semantischen Gehalt des Wor-
tes „Personalmanagement". Die konfliktbasierte Auslegung von Personalpolitik charakterisiert ein denkbares Teilproblemfeld des umfassenderen Personalmanagement-Begriffs und
ist demnach bei der hier erfolgenden Abgrenzung nicht relevant. Dies trifft auch auf den
Terminus „Personalführung" zu, der üblicherweise auf die Kennzeichnung und Ausgestaltung von Vorgesetzten-Untergebenen-Verhältnissen abzielt (vgl. a.a.O., S. 321 und Hentze,
J. / Kammel, A. / Lindert, K. (1998), S.15) und somit auch als Teilmenge des übergreifen-
deren Personalmanagement-Begriffs auffassbar ist. Sehr oft werden die Begriffe Personalführung und Personalmanagement allerdings einfach synonym verwendet (vgl. auch Hentze, J. / Kammel, A. / Lindert, K. (1998), S. 18ff.).

[49] Unter „Kontext" sind hierbei insbesondere die historisch gewachsenen landesspezifischen
rechtlichen (z.B. Arbeits- und Tarifvertragsrecht, Mitbestimmungsgesetz etc.), institutionellen (z.B. duales Bildungssystem, Hochschulwesen etc.), demographischen (z.B. Aus-
länderanteil, Anteil erwerbstätiger Frauen etc.) und kulturellen (dominierende gesell-
schaftliche Werte und Normen) Rahmenbedingungen zu verstehen. Liebel / Oechsler weisen beispielsweise darauf hin, dass das den amerikanischen Beiträgen zum Strategic Hu-

sich für den Terminus „strategisches Personalmanagement" noch keine einheit-
liche Definition durchgesetzt hat,[50] so weisen die bislang **vorliegenden Gegen-
standsbeschreibungen** doch, analog zum Sachverhalt bei der englischsprachigen Terminologie, erhebliche Parallelen auf. Einige repräsentative Begriffsab-
grenzungen werden nachfolgend erörtert.

Staffelbach versteht unter strategischem Personalmanagement „... die Sicherstellung der Zweckursächlichkeit und -gerichtetheit des personalen und sozialen
Verhaltens von Individuen und sozialen Systemen ..."[51]. Im Vordergrund seines
Begriffsverständnisses steht damit die zielorientierte Verhaltensbeeinflussung
von Einzelpersonen und Gruppen. „Strategisches Personalmanagement heißt so
Führung der Unternehmung unter personellen und personalen Gesichtspunkten
und auf diese hin. Davon leitet sich ein Primat des Personalmanagements ab
..."[52]. Es handelt sich in diesem Falle um ein verhaltensbezogenes Führungskonzept, das mit folgenden Anforderungen verbunden ist:[53]
- Eigenständige konzeptionelle Gesamtsicht.
- Notwendigkeit der Einbindung des Personalmanagement in die Unternehmensführung.

---

man Resource Management im Regelfall zugrundegelegte Harmonisierungsmodell für europäische Verhältnisse ungeeignet ist. Die Negation von Interessenkonflikten und die einseitige Fokussierung auf Managementinteressen führen sie auf spezifische Entwicklungen
der industriellen Beziehungen zurück, die durch ein Bestreben seitens des Managements
gekennzeichnet sind, den gewerkschaftlichen Einfluss in den Unternehmen auf ein Min-
destmaß zu begrenzen (vgl. Liebel, H. J. / Oechsler, W. A. (1994), S. 13). Wächter verwendet bei seinen Ausführungen den Begriff „strategisches Personalmanagement" nicht,
sondern greift lediglich auf das amerikanische Begriffssynonym zurück (vgl. Wächter, H.
(1992), S. 324f.). In der vorliegenden Arbeit wird unter Verweis auf die erforderliche
Kontextspezifität strategischer Personalkonzeptionen bewusst eine Entscheidung zugunsten des Terminus „strategisches Personalmanagement" vorgenommen (vgl. in diesem Zusammenhang auch die Ausführungen von Drumm, H. J. (1996), S. 5f., der die Notwendigkeit der Berücksichtigung des nationalen Kontexts beim Personalmanagement betont, und
diesen Kontext sogar als Prämisse von Erklärungstheorien zum Personaleinsatz in Unternehmen eines Landes ansieht). Nichtsdestotrotz kann, ja muss bei der Ausarbeitung einer
eigenständigen Konzeption auf übertragbare tradierte und aktuelle Erkenntnisse des Paral-
lelkonzepts „Strategic Human Resource Management" (und je nach Begriffsabgrenzung
auch des „Human Resource Management") zurückgegriffen werden, das - wenn auch nur
in eine Richtung - in enger Verbindung mit den Entwicklungen im deutschen Sprachraum
stand und immer noch steht, vor allem was die Weiterentwicklung des Faches angeht.

[50] Vgl. Erdenberger, C. (1997), S. 29, Drumm, H. J. (2000), S. 637; Weber, W. (1995), S. 94.
[51] Staffelbach, B. (1986), S. 87.
[52] Staffelbach, B. (1986), S. 87.
[53] Vgl. a.a.O., S. 89f. und S. 92.

- Durchführung einer auf die spezifischen Belange der strategischen Personalpolitik abgestimmten Unternehmens- und Umweltanalyse.
- Umfassend-integrative Betrachtung aller Politikbereiche und des Gesamtsystems „Unternehmen".
- Fokussierung auf den Menschen als Ganzes und die von ihm zu erbringende Arbeit im Betrieb.

Weber kennzeichnet strategisches Personalmanagement mit einem etwas reduzierten Geltungsanspruch als „... jene personalwirtschaftlichen beziehungsweise personalwirtschaftlich relevanten Maßnahmen, die das Unternehmensgeschehen im Personalbereich langfristig und nachhaltig prägen."[54] Er weist zur Verdeutlichung des Begriffs ergänzend auf die „strategischen" Merkmale systematisch, ganzheitlich, umweltbezogen, langfristig und antizipativ hin.[55]

Eine erste eher generell orientierte Begriffsbestimmung im Rahmen der konzeptionellen **Ausarbeitung von Drumm** definiert strategisches Personalmanagement als „... Planung, Umsetzung und Kontrolle von grundsätzlichen Handlungsmöglichkeiten zum frühzeitigen Aufbau, zum Erhalt und zur Nutzung oder zum Abbau von Personalpotentialen"[56] Im Gegensatz zur taktischen und operativen Ebene befasst sich das strategische Personalmanagement nur mit den grundsätzlichen Problemen des Personalpotenzialauf- und -abbaus.[57] Eine zweite Definition Drumms ist enger auf das eigene Konzept bezogen und betont mehr dessen integrative Ausrichtung und den Strategiebezug als typische Wesensmerkmale: „Als *strategisches Personalmanagement* wird hier die *integrative* Planung, Umsetzung und Kontrolle von intendierten und zugleich proaktiven *Personalstrategien definiert*."[58] Drumm fasst die essenziellen Wesensmerkmale seines Verständnisses von strategischem Personalmanagement anhand von fünf konzeptionellen Anforderungen zusammen, deren gleichzeitige Erfüllung als notwendig und hinreichend angesehen wird:[59]

---

[54] Weber, W. (1995), S. 94.

[55] Vgl. ebd. und entsprechend auch Weber, W. (1989), S. 12. Vgl. zum „Strategischen" an der Personalführung bzw. am Personalmanagement ergänzend auch die Ausführungen von Albert, M. (1989), S. 18ff, der einen Überblick über das Bedeutungsspektrum dieses Begriffs präsentiert.

[56] Drumm, H. J. (2000), S. 635.

[57] Unter einem Personalpotenzial versteht Drumm „... alle Mitarbeiter mit einem Satz gleicher oder ähnlicher Kenntnis- bzw. Fähigkeitsmerkmale" (Drumm, H. J. (2000), S. 635), d.h. „... eine Menge von Personen mit bestimmter Qualifikation..." (ebd.). Personalpotenziale dienen dazu „... Vorteile gegenüber Konkurrenten wahrzunehmen, Erfolgspotenziale zu sichern oder zu steigern und Risiken von der Unternehmung abzuwenden." (ebd.).

[58] Drumm, H. J. (2000), S. 638 (Kursivsetzungen im Original).

[59] Vgl. a.a.O., S. 642ff.

- Das strategische Personalmanagement setzt sich aus den drei Bausteinen Planung, Umsetzung und Kontrolle zusammen.
- Der Umfang des strategischen Personalmanagements hängt zum einen von den mit dem Aufbau, Erhalt, der Nutzung und dem Abbau von Personalpotenzialen verbundenen Problemfeldern ab (strategische Personalbeschaffung, -ausbildung, -entwicklung, -zuweisung und Personalfreisetzung), zum anderen von subsidiären Strategien der Führung, der Personalentwicklung, der Vergütung, der Gestaltung von Arbeitsbedingungen und der betrieblichen Sozialpolitik, vorausgesetzt diese unterstützen die potenzialorientierten Strategien.
- Das strategische Personalmanagement muss informatorisch fundiert werden.
- Es gelten die drei strategischen Verhaltensprinzipien Relevanz (Konzentration auf wichtige Problembereiche), Vereinfachung (Systematisierung und Konzentration auf Chancen- oder Risikopotenziale) und Proaktivität (frühzeitiges Agieren durch gedankliche Vorwegnahme von Umweltentwicklungen).[60]
- Die Mitarbeiter sollen zu strategischem Denken und eigenverantwortlichem Agieren erzogen und ermutigt werden.

Innerhalb dieses formulierten Handlungsrahmens werden neun logische Ablaufschritte eines strategischen Personalmanagements unterschieden (Umfeldanalyse; Stärken-Schwächen-Analyse; personalwirtschaftliche Zielformulierung; Formulierung, Evaluation und Selektion von Personalstrategien; Abstimmung der Personalstrategien; Strategieimplementierung, paralleler Kontrollprozess; Steuerung und Abweichungsanalyse; Identifikation ungenutzter Personalpotenziale).[61]

Der transaktionskostentheoretisch fundierte und im Gegensatz zu den bislang hier vorgestellten Entwürfen international ausgerichtete **Konzeptentwurf von Festing** charakterisiert den Begriff „strategisches internationales Personalmanagement" als „Ausrichtung der Aktivitäten und Richtlinien der Personalfunktion ..., die aus den strategischen Aktivitäten sowie der Organisationsstruktur international tätiger Unternehmen resultiert und zur Erreichung der Unternehmensziele beiträgt."[62] Diese Begriffsdefinition schließt ein allgemeines Verständnis dessen, was strategisches Personalmanagement ausmacht, implizit mit ein, nämlich die Grundorientierung der Personalfunktion als Resultante unternehmenszielbezogener strategischer Aktivitäten und Strukturen, und kann insofern auch als aktuelleres Beispiel zur Kennzeichnung des untersuchten Gegenstandsbereichs herangezogen werden.

---

[60] Vgl. dazu auch Scholz, C. (1982), S. 980ff. und Scholz, C. / Drumm, H. J. (1988), S. 205f.
[61] Vgl. Drumm, H. J. (2000), S. 648ff.
[62] Festing, M. (1996), S. 35.

Erdenbergers Definition setzt am Strategiebegriff von Staffelbach an, der unter Rückgriff auf das ursprüngliche Begriffsverständnis von Ulrich[63] eine Strategie auch als „die grundsätzliche Vorgehensweise zur Erreichung unternehmenspolitischer Ziele"[64] kennzeichnet. Auf das strategische Personalmanagement übertragen heißt dies, dass es sich hierbei um eine „grundsätzliche Vorgehensweise zur Erreichung personalpolitischer Ziele"[65] handelt.[66] Ausgehend von einem generalistischen Grundverständnis des Personalmangements sieht Erdenberger dabei die personalpolitischen Ziele im Zentrum einer strategischen Unternehmensführung. Das strategische Personalmanagement hat demgemäß die Aufgabe der Schaffung der Voraussetzungen zur Formulierung und Implementierung der Unternehmensstrategien.[67] Er verdeutlicht seine Sichtweise des strategischen Personalmanagements, indem er die von Drumm formulierten konzeptionellen Anforderungen[68] teilweise übernimmt, modifiziert und erweitert und fünf Merkmale eines strategisch ausgerichteten Personalmanagements identifiziert:[69]

- Die drei Bausteine des Managementprozesses (Personalplanungssystem, Personalstrategiedurchsetzung und strategische Kontrolle) werden als Basismodule eines entsprechenden Konzepts betrachtet.
- Dessen Umfang wird einerseits von endogenen und exogenen Bestimmungsgrößen festgelegt, andererseits durch das generelle Ziel eines Aufbaus und Erhalts von Erfolgsressourcen (= Personalqualifikationen).
- Den drei Verhaltensprinzipien Relevanz, Vereinfachung und Proaktivität muss entsprochen werden.
- Ein partizipativer Führungsstil soll strategisches Denken und Handeln der Mitarbeiter ermöglichen.
- Die Unternehmensführung soll personalorientiert erfolgen.

Insbesondere in den letzten beiden Merkmalen spiegelt sich das spezifische Verständnis Erdenbergers von Basisorientierung und Gewichtung eines strategischen Personalmanagements wider.

---

[63] Vgl. Ulrich, H. (1978), S. 107.

[64] Staffelbach, B. (1986), S. 25. Vgl. dazu Erdenberger, C. (1997), S. 29, insbes. Fußnote 136.

[65] Erdenberger, C. (1997), S. 29.

[66] Dies einfache Begriffskonstruktion ist jedoch keinesfalls im Sinne der Staffelbachschen Argumentation ausgefallen, der diesen definitorischen Ansatz bei der Darlegung seines Verständnisses von strategischem Personalmanagement ausdrücklich negiert: „strategisches Peronalmanagement ist weder eine Strategie zur Erreichung unternehmungspolitischer Ziele, noch besteht es in der grundsätzlichen Vorgehensweise zur Erreichung personalpolitischer Ziele." (Staffelbach, B. (1986), S. 87).

[67] Vgl. Erdenberger, C. (1997), S. 31f.

[68] Vgl. Drumm, H. J. (1995), S. 538ff. bzw. (2000), S. 642ff.

[69] Vgl. Erdenberger, C. (1997), S. 29ff.

Die **Definition von Huber** ist Grundlage der Entwicklung eines integrativen controllingorientierten Ansatzes des strategischen Personalmanagements, der sowohl der Structure-Conduct-Performance-Hypothese, als auch dem Resources-Conduct-Performance-Konzept gerecht wird.[70] Strategisches Personalmanagement ist nach Huber „... nicht ein einmalig ablaufender Vorgang, sondern ein fortlaufender Managementprozess mit dem Zielobjekt Human Ressourcen. Dabei ist dieser Prozess so ausgerichtet, dass zum einen eine Orientierung an unternehmensexternen Faktoren (Arbeitsmarkt, Umwelt- und Wettbewerbssituation) erfolgt. ... (Outside-in-Perspektive). Zum anderen findet eine Orientierung auch an unternehmensinternen Faktoren statt; ... (Inside-out-Perspektive)."[71] Das synoptische Begriffsverständnis von Huber hebt auf eine prozessorientierte Kombination von Außen- und Innenorientierung ab und sieht in Anlehnung an das holistisch-voluntaristische Personalmanagementkonzept von Wagner / Domnick / Seisreiner[72] das Aufspüren von Chancen in der Unternehmensumwelt (Outside-in) und deren Nutzbarmachung (Inside-out) als essenzielle Aufgabe eines strategischen Personalmanagements, das sich vorrangig um die Identifikation, den Aufbau und die Pflege bestehender Erfolgspotenziale zu kümmern hat, gleichzeitig aber auch Optionen für zukünftige Erfolgspotenziale schaffen muss.

Klimecki / Gmür betonen in ihrer entwicklungsorientierten Sichtweise die Merkmale Langfristigkeit, Ganzheitlichkeit und Selektivität als konstitutive Elemente eines strategischen Personalmanagements:
„Von **strategischem Personalmanagement** sprechen wir, wenn eine personalbezogene Maßnahme folgende Anforderungen erfüllt:
- *Langfristigkeit:* Die Maßnahme stellt nicht nur eine Antwort auf eine gegenwärtige Problemlage dar, sondern orientiert sich an einem langfristigen Ziel und dient in erster Linie zu seiner Erreichung.
- *Ganzheitlichkeit:* Die Maßnahme ist kein isolierter Eingriff, sondern berücksichtigt alle anderen wesentlichen Voraussetzungen für die Erreichung des gesetzten Langfristziels.
- *Selektivität:* Die Maßnahme beruht auf einer Wahlentscheidung, in der unter mehreren Alternativen diejenigen ausgesucht werden, welche den besten Beitrag zur Erreichung des gesetzten Langfristziels liefern. Diesen ausgewählten Alternativen werden alle notwendigen Ressourcen zugeordnet."[73]
Das strategische Personalmanagement wird von der normativen und operativen Gestaltungsebene des betrieblichen Personalwesens abgegrenzt, jedoch nicht

---

[70] Vgl. hierzu Huber, S. (1998), S. 151ff.
[71] Huber, S. (1998), S. 152.
[72] Vgl. Wagner, D. / Domnik, E. / Seisreiner, A. (1995), S. 113f.
[73] Klimecki, R. G. / Gmür M. (2001), S. 355ff., 367f. (Hervorhebungen im Original).

von der institutionellen.[74] Normatives Management ist dadurch gekennzeichnet, dass es sich nicht an zukünftigen Zielen ausrichtet, sondern stattdessen eine Orientierung an nicht-zeitbezogenen Grundsätzen erfolgt. Im Vordergrund eines normativen Managements steht dabei die Findung von Kompromissen, im Gegensatz zum Rationalprinzip der Selektion, das im strategischen Personalmanagement seine Anwendung findet. Neben der normativen Grundorientierung werden strategische (Personalstrategien, Personalbedarfsplanung und Personalcontrolling), operative (Implementierung strategischer Ziele durch Maßnahmenprogramme und Einführung neuer Konzepte und Instrumente) und institutionelle (Träger und Organisation des Personalmanagements, Virtualisierung des Personalwesens) Fragestellungen behandelt[75], ohne allerdings vertiefend auf das Zusammenwirken der angeschnittenen Gestaltungsebenen einzugehen. Insbesondere die Interaktionsbeziehung zwischen institutionellem und strategischem Personalmanagement bleibt weitgehend unbeleuchtet. Die Kennzeichnung normativer Handlungsfelder als nicht-strategisch ist in starkem Maße vom verwendeten Zielbegriff und dem Grundverständnis strategischen Handelns abhängig, dementsprechend erscheinen in Gegenposition hierzu normative Sachverhalte ohne weiteres auch im Rahmen eines strategischen Personalmanagements integrierbar.[76] Letzteres trifft im Übrigen in vielen Aspekten auch auf die institutionelle Gestaltungsebene zu. Operatives Management wird in Abgrenzung zum strategisch ausgerichteten Pesonalmanagement als nicht bzw. nur bedingt ganzheitlich gekennzeichnet, da es an unmittelbaren Einzelproblemen ausgerichtet ist.

Scholz[77] charakterisiert in der neuesten Auflage seines Standardwerks „Personalmanagement" die strategische Variante des Personalmanagements als gesamtunternehmensbezogenes Personalmanagement, das von einzelnen Personen und Stellen abstrahiert, und das einen direkten Bezug zu den betrieblichen Erfolgspotenzialen aufweist. Es findet auf allen Personalmanagementfeldern statt,

---

[74] Vgl. Klimecki, R. G. / Gmür M. (2001), S. 368.

[75] Vgl. a.a.O., S. 355ff, S. 367ff.

[76] Normative Unternehmensgrundsätze lassen sich beispielsweise sehr wohl auch als Betriebsziele im weiteren Sinne charakterisieren. Außerdem handelt es sich bei Strategien nicht immer um präzise abgegrenzte Einzelalternativen eines rationalen Entscheidungskalküls, sondern diese weisen vielfach auch Elemente eines Kompromisses zwischen verschiedenen strategischen Positionen und Gruppierungen in- und außerhalb des Unternehmens auf. Ergänzend sei darauf hingewiesen, dass eine Vielzahl von Autoren den „hochnormativen" Gegenstandsbereich der Unternehmenskultur inhaltlich als wichtiges Gestaltungsfeld eines strategischen Personalmanagements ansehen (vgl. als Beispiel hierzu etwa Scholz, C. (2000a), S. 91).

[77] Vgl. zum Scholzschen Begriffsverständnis a.a.O., S. 90ff.

und soll diese integrativ und unter Berücksichtigung aller anderen funktionalen Teilstrategien zusammenführen:

- Die strategische Personalbedarfsbestimmung ist für die Vorwegnahme langfristiger Bedarfsverschiebungen zuständig.
- Die strategische Personalbestandsanalyse soll langfristige Entwicklungen der Mitarbeiterstruktur prognostizieren.
- Das strategische Personalentwicklungsmanagement hat die Aufgabe des Schließens von Deckungslücken zwischen prognostizierten aggregierten Fähigkeits- und Anforderungsprofilen.
- Die strategische Personalveränderung befasst sich inhaltlich mit arbeitsmarktbezogenen Fragestellungen (Personalmarketing, -akquisition und -fluktuation).
- Das strategische Personalkostenmanagement beinhaltet alle Maßnahmen zur langfristigen Beeinflussung der Personalkostenstruktur eines Unternehmens.
- Die strategische Personalführung widmet sich vorrangig dem Aufbau und der Pflege der Unternehmenskultur.

Schneck[78] verwendet in seinem Entwurf eines integrativen Managementansatzes zwar nicht den Begriff „strategisches Personalmanagement", sondern den Terminus „strategische Personalführung", deckt aber mit seiner Konzeption das inhaltliche Spektrum im Sinne der hier untersuchten Begrifflichkeit ab. Das den Integrationsgedanken bezüglich der Aktionsebenen Mitarbeiterpotenzial und -einsatz in den Mittelpunkt stellende Konzept kennzeichnet den Gegenstandsbereich der strategischen Personalführung als „... die *Lösung von grundsätzlichen und allgemein übergeordneten Fragen der zielorientierten Gestaltung mitarbeiterbezogener Aspekte des Wirtschaftens in der Unternehmung ...*".[79] Die strategische Personalführung wird als auf der formal höchsten Hierarchieebene positioniertes Teilgebiet der strategischen Unternehmensführung verstanden, das zur langfristigen Erfolgssicherung durch personalbezogene Maßnahmen beiträgt.[80]

Eine zusammenfassende Übersicht über charakteristische Eigenschaftsmerkmale ausgewählter deutschsprachiger Ansätze eines strategischen Personalmanagements liefert die nachfolgende Tabelle 1.

Der Begriff „strategisches Personalmanagement" ist demnach, auch unter Einbezug der Erkenntnisse hinsichtlich eines Strategic Human Resource Manage-

---

[78] Vgl. Schneck, M. H. (2000).
[79] A.a.O., S. 141 (Kursivsetzungen im Original).
[80] Vgl. Schneck, M. H. (2000), S. 141.

ment, das sich in weiten Teilen in den deutschsprachigen Ansätzen wiederfindet, durch eine Reihe von Eigenschaftsmerkmalen charakterisierbar, die in den hier angeführten Konzeptionen enthalten sind. Beim **strategischen Personalmanagement** handelt es sich **zusammenfassend** um ein *stark kontextbezogenes, integrativ-ganzheitliches und proaktives Führungskonzept, das sich auf einer grundlegend-konzeptionellen und hochaggregierten Ebene in einem kontinuierlichen Managementprozess mit den Personalpotenzialen eines Unternehmens auseinander setzt, und im Einklang mit in- und externen Gegebenheiten langfristig ausgerichtete personalbezogene Maßnahmenprogramme ("Personalstrategien") zur Erreichung der Unternehmensziele entwickelt und umsetzt.* Ausgehend von dieser ersten Definition des Gegenstandsbereichs ist im weiteren Verlauf zu klären, welche grundsätzliche Rolle dem strategischen Personalmanagement im Rahmen eines umfasssenderen Führungskonzepts für die Gesamtunternehmung zukommen kann; ein Aspekt, der bislang allenfalls am Rande zur Sprache kam.

Verfasser / Quelle	*Kennzeichnung eines strategischen Personalmanagements*
Staffelbach, B. (1986), S. 87	• Zweckbezogene Verhaltenssteuerung von Individuen und Gruppen • Primat des Personalmanagements in der Unternehmensführung • Eigenständig und konzeptionell • Spezifische Unternehmens- und Umweltanalyse • Umfassend-integrative Betrachtung • Fokus auf Mensch und Arbeit im Unternehmen
Weber, W. (1995), S. 94	• Langfristige und nachhaltige Prägung des Geschehens im Personalbereich • Systematisch • Ganzheitlich • Umweltbezogen • Antizipativ
Festing, M. (1996), S. 35	• Grundorientierung der Personalfunktion als Resultante unternehmenszielbezogener strategischer Aktivitäten und Strukturen
Erdenberger, C. (1997), S. 29	• Grundsätzliche Vorgehensweise zur Erreichung personalpolitischer Ziele • Personalorientierte Unternehmensführung • Partizipativer Führungsansatz
Huber, S. (1998), S. 152	• Kontinuierlicher Managementprozess mit Zielobjekt Humanressourcen • Synopse von Outside-in- und Inside-out-Perspektive
Klimecki, R. G. / Gmür M. (2001), S. 367f.	• Langfristig • Ganzheitlich • Selektiv • Strategische neben normativer und operativer Gestaltungsebene des Personalmanagements

Verfasser / Quelle	Kennzeichnung eines strategischen Personalmanagements
Drumm, H. J. (2000), S.635ff.	• Aufbau, Erhalt, Nutzung oder Abbau von Personalpotenzialen (Potenzialorientierung) • Integrative Planung, Umsetzung und Kontrolle von Personalstrategien • Konzentration auf wichtige Problembereiche (Relevanz) • Systematisierung und Konzentration auf Chancen- oder Risikopotenziale (Vereinfachung) • Frühzeitiges umweltbezogenes Agieren (Proaktivität) • Mitarbeitererziehung zu strategischem Denken und Handeln
Scholz, C. (2000a), S. 90ff.	• Gesamtunternehmensbezug • Unmittelbarer Erfolgspotenzialbezug • Hohes Aggregationsniveau • Alle Personalmanagementfelder mit strategischen Aufgabenbereichen • Integration der Personalmanagementfelder und Einbindung in die Unternehmensstrategie (Kombination aller Funktionalstrategien)
Schneck, M. H. (2000)	• Integration von Mitarbeiterpotenzialen und -einsatz • Positionierung auf der obersten Hierarchieebene als Teilbereich der strategischen Unternehmensführung • Zielorientierte Lösung grundlegender und übergeordneter personaler Problemfelder in Unternehmen • Langfristige Erfolgssicherung durch personale Maßnahmen

Tabelle 1: Merkmale des strategischen Personalmanagements (Quelle: Eigene Darstellung)

2. Positionierung des strategischen Personalmanagements innerhalb einer strategischen Unternehmensführung

a) Kennzeichnung der strategischen Unternehmensführung

Wie bereits bei der Diskussion des Begriffs „strategisches Personalmanagement" angeklungen, befasst sich die strategische Unternehmensführung mit der Steuerung und Koordination der langfristigen Entwicklung einer Unternehmung.[81] Als **Kernaufgabe** dieses Meta-Führungsansatzes wird in der Literatur die zielorientierte Abstimmung umweltbezogener Potenziale (Chancen und Risiken) mit den internen Potenzialen (Stärken und Schwächen) eines Unterneh-

---

[81] Vgl. hierzu auch Kreikebaum, H. (1995), Sp. 2006. Eine intensivere Behandlung des sehr umfangreichen Gegenstandsbereichs der strategischen Unternehmensführung würde den Rahmen der Arbeit bei weitem sprengen. Es erfolgt deshalb an dieser Stelle eine komprimierte Charakterisierung anhand wesentlicher Merkmale. Weitere Einzelaspekte der strategischen Unternehmensführung werden allerdings im weiteren Verlauf der Arbeit im Zusammenhang mit den diskutierten personalpolitischen Fragestellungen immer wieder angesprochen.

mens angesehen.[82] Darüber hinaus wird neben der Realisierung dieses externen „Fits" von Umwelt und Unternehmung der Herstellung eines internen Fits im Sinne einer erfolgsorientierten Integration und Koordination aller Führungssubsysteme eine wichtige Rolle beigemessen.[83] Als Führungssubsysteme werden üblicherweise die strategische Planung und Kontrolle, die Organisation und die Unternehmenskultur in den Vordergrund gestellt. Im Laufe der Zeit wurden die drei Schlüsselbereiche Strategie, Struktur und Kultur jedoch um weitere strategische Handlungssegmente erweitert und differenzierter ausgearbeitet. Insbesondere dem Segment „Information" bzw. „Informations- / Wissensmanagement" wird in jüngerer Zeit erhöhte Aufmerksamkeit zugewendet.[84] Unter funktionalen Gesichtspunkten lassen sich prinzipiell alle klassischen betrieblichen Aktionsfelder auch als strategische Gestaltungsbereiche voneinander abgrenzen. Das strategische Personalmanagement wäre demnach neben dem strategischen Beschaffungs-, Absatz-, Produktions-, Finanz- sowie Forschungs- und Technologiemanagement als ein solcher Handlungsbereich Bestandteil eines umfassenden strategischen Unternehmensführungskonzepts.

Der **strategische Planungs- und Kontrollprozess** ist Dreh- und Angelpunkt einer strategischen Unternehmensführung und steht als Synonym für eine rationale Entscheidungsfindung, -durchsetzung und -umsetzung.[85] Im Anschluss an die Formulierung einer unternehmerischen Vision erfolgt hierbei idealtypisch

---

[82] Vgl. etwa David, F. R. (1995), S. 9f.; Thompson, A. A. / Strickland, A. J. (1996), S. 49; Bea, F.X. / Haas, J. (2001), S. 104f., 115f.; Thompson, J. L. (1997), S. 4; Kreikebaum, H. (1997), S. 40, 47, 50.

[83] Vgl. zum „strategischen Fit" als Leitgedanken des strategischen Managements insbes. Bea, F.X. / Haas, J. (2001), S. 15ff. Die Autoren differenzieren drei Ebenen einer strategischen Stimmigkeit: den System-Umwelt-Fit, den Intra-System-Fit und den Intra-Subsystem-Fit. Zur Integrationsfunktion des strategischen Managements vgl. v.a. den integrativen Ansatz von Scholz, C. (1987), der ebenfalls eingehend die hinter dem Fit-Gedanken stehenden Sachverhalte unter dem Oberbegriff „Prinzip strategischer Stimmigkeit" behandelt (vgl. a.a.O., S. 61ff.). Strategische Stimmigkeit wird durch die gleichzeitige Realisierung eines Intra-Strategie-Fits, eines Strategie-System-Fits und eines Intra-System-Fits erreicht und ist eine notwendige Bedingung für strategisches Verhalten und strategische Effektivität (vgl. a.a.O., insbes. S. 66).

[84] Bea / Haas definieren beispielsweise in ihrem Ansatz den Bereich „Information" (Management in- und externer Informationen) als eigenständiges strategisches Teilsystem (vgl. Bea, F.X. / Haas, J. (2001), S. 17, 241ff.). Vgl. zum Thema „strategisches Informationsmanagement" exemplarisch die Veröffentlichung von Pietsch, T. / Martiny, L. (1998) und zum „strategischen Wissensmanagement" die Beiträge in Klein, D. A. (1998).

[85] Vgl. etwa Kreikebaum, H. (1995), Sp. 2006. Vgl. zur nachfolgenden Erläuterung der Prozessphasen insbes. Kreikebaum, H. (1997), S. 37ff., 202ff.; Bea, F.X. / Haas, J. (2001), S. 52ff.; Thompson, A. A. / Strickland, A. J. (1996), S. 4; Hax, A. C. / Majluf, N. S. (1991), S. 53ff. und ergänzend Hinterhuber, H. (1992a), S. 19ff.

zunächst die Entwicklung eines über alle Führungsebenen konsistenten Zielsystems, das die Grundlage des sich anschließenden Strategiefindungsprozesses bildet. Bei der damit verbundenen Umwelt- und Unternehmensanalyse wird eine Fülle von zwischenzeitlich etablierten strategischen Planungstechniken eingesetzt, die dazu dienen, externe Risiken und Chancen und relative interne Stärken und Schwächen zu identifizieren.[86] Es werden alternative, grob ausgearbeitete strategische Maßnahmenpläne für die Gesamtunternehmung und die strategischen Geschäfts- und Funktionsbereiche abgeleitet, und im Strategieauswahlprozess einer grundsätzlichen Bewertung unterzogen. Der Strategieimplementierung (Strategiedurchsetzung und -umsetzung durch die Generierung von operablen Folgeplänen) schließt sich als finale Prozessphase die strategische Kontrolle an, die für eine kontinuierliche Überwachung der Strategien, der Strategieumsetzung und des Planungsprozesses verantwortlich ist. Dieser synoptische Planungsansatz eignet sich zwar recht gut zur prinzipiellen Systematisierung und Charakterisierung strategischer Planungsaktivitäten, es ist aber darauf hinzuweisen, dass die Prozesse in der Realität vielfach in anderer Reihenfolge, mehr oder weniger umfangreich, teils bewusst, teils unbewusst, zeitlich versetzt oder vereinzelt auch gar nicht stattfinden.[87] Prinzipiell können in jeder Phase des gesamtunternehmensbezogenen strategischen Planungs- und Kontrollprozesses personalstrategische Aspekte zum Tragen kommen. Umfang und Intensität der Berücksichtigung personaler Problemlagen bei der Generierung und Implementierung von Unternehmensstrategien hängen allerdings von der zugrundeliegenden Sichtweise des Interagierens von strategischer Unternehmensführung und dem strategischen Personalmanagement ab. Denkbare Grundpositionen werden nachfolgend besprochen.

b) Interaktionsbeziehungen zwischen strategischem Personalmanagement und strategischer Unternehmensführung

Die ersten strategisch orientierten Personalkonzeptionen der frühen Achtzigerjahre waren durch eine relativ eindeutige Kennzeichnung der Beziehung zwi-

---

[86] Vgl. zu den strategischen Planungstechniken z.B. Bea, F.X. / Haas, J. (2001) S. 54ff.; Kreikebaum, H. (1997), S. 97ff.; speziell zur Wettbewerbs- und Unternehmensanalyse Thompson, A. A. / Strickland, A. J. (1996), S. 59ff. und S. 91ff.

[87] Als Gegenstück zum hier vorgestellten synoptischen strategischen Planungsmodell wird in der Literatur die implementierungsorientierte inkrementale Vorgehensweise vorgeschlagen, die durch ein vielfach unverbundenes Abarbeiten von Teilproblemen auf Basis einer bestehenden und gegebenenfalls zu modifizierenden Strategie gekennzeichnet ist und aus empirischen Beobachtungen abgeleitet wurde (vgl. hierzu Kreikebaum, H. (1997), S. 202ff.; Rother, G. (1996), S. 48ff.; Bea, F.X. / Haas, J. (2001), S. 193ff. oder die grundlegenden Beiträge von Picot, A. / Lange, B. (1978) und (1979)).

schen strategischer Unternehmensführung und einem strategischen Management der Humanressourcen gekennzeichnet. Die Funktion der **Personalstrategie als Erfüllungsgehilfe der Unternehmensstrategie** stand eindeutig im Vordergrund, wenngleich auch schon damals auf die Notwendigkeit der Berücksichtigung personaler Aspekte bei der Formulierung von übergreifenden Gesamtunternehmensstrategien hingewiesen wurde.[88] Durch die Fokussierung des strategischen Personalmanagements auf die Implementierung der Unternehmensstrategie wird der Identifizierung strategischer Lücken in der quantitativen und qualitativen Personalausstattung und der Entwicklung von Programmen und Maßnahmen zur Schließung dieser Lücken im Rahmen dieser Basisorientierung sehr große Bedeutung beigemessen.[89] In diesem Sinne betrachten die Veröffentlichungen zum Gegenstandsbereich der strategischen Unternehmensführung im Regelfall das Personalmanagement, neben der Beschaffung, der Produktion, dem Marketing, der Finanzierung etc., als ein funktionales Gestaltungsfeld, das besonders im Rahmen der Umsetzung von Unternehmens- und Geschäftsbereichsstrategien von Bedeutung ist.[90] Das strategische Personalmanagement wird

---

[88] Vgl. hierzu etwa die Strategic Human Resource Management-Perspektive des Michigan-Ansatzes von Fombrun et al. (vgl. Fombrun, C. J. / Tichy, N. M. / Devanna, M. A. (1982) und (1984) und speziell Lorange, P. / Murphy, D. (1984), S. 276ff.), der vielfach als typisches Konzept der „Matching School" stellvertretend für eine solche Perspektive genannt wird (vgl. etwa Gaugler, E. / Weber, A. (1995), S. 6; Kamoche, K. (1994), S. 37; Lundy, O. (1994), S. 695ff.; Truss, C. / Gratton, L. (1994), S. 667; Wächter, H. (1992), S. 355). Der Michigan-Ansatz weist aber ergänzend auch schon auf die Erfordernis einer Berücksichtigung von Humanressourcen bei der Unternehmensstrategieformulierung hin (vgl. Krulis-Randa, J. S. (1987), S. 6f.). Weitere Konzeptionen, die sich weitestgehend einer instrumentellen Grundorientierung zuordnen lassen wären z.B. die Modelle von Baird, L. / Meshoulam, I. / De Give, G. (1983) oder von Schuler, R. S. / Jackson, S. E. (1987) (vgl. hierzu auch Lundy, O. (1994), S. 695 und S. 697f.). Auch der neuere Ansatz von Schuler stellt die „Strategic Needs of the Business" als Grundlage einer Human Resource-Philosophie an den Anfang des Strategic Human Resource Management (Schuler, R. S. (1992), S. 18ff.). Vgl. ergänzend zu personalen Aspekten der Unternehmensstrategieumsetzung auch Lattmann, C. (1987), S. 25ff.; Ling, B. (1989), S. 60; Lorange, P. / Murphy, D. (1984), S. 276ff.; Mabey, C. / Salaman, G. (1996), S. 40ff.; Esser, A. / Van Donk, P. (1991), S. 261ff.

[89] Vgl. auch Elsik, W. (1992) S. 53f.

[90] Hax / Majluf etwa zerlegen den Strategieprozess, ausgehend von der strategischen Vision und endend beim operativen Budget, in insgesamt 12 Schritte. Personale Aspekte werden bei der Formulierung der Funktionsstrategien und zugehöriger allgemeiner Aktionsprogramme (Schritt 5) und bei der Konsolidierung der Geschäfts- und Funktionsstrategien auf Konzernebene (Schritt 6) wirksam (vgl. Hax, A. C. / Majluf, N. S. (1991), S. 63ff., S. 78ff.). Hinterhuber unterscheidet insgesamt sieben durch Rückkopplungsmechanismen verbundene Komponenten der strategischen Führung, von denen eine die Ableitung funktionaler Politiken oder Direktiven für die Funktionsbereiche, also auch für das Personalwesen, darstellt (vgl. Hinterhuber, H. (1992a), S. 23ff.). Auch Bea / Haas heben auf die per-

sozusagen als Implementierungsdienstleister für die strategische Unternehmensführung angesehen.[91]

Eine Gegenposition zu diesem hierarchisch-deduktiven bzw. defensiven Planungsansatz wird beispielsweise von Lengnick-Hall / Lengnick-Hall[92] vertreten. Sie betonen im Rahmen ihres interaktiven Human Resource Management-Entwurfs das **Erfordernis einer simultanen Behandlung** von strategischen Wettbewerbs- und Personalthemen und wenden sich gegen eine sequenzielle Einbettung der Personalplanung in die strategische Unternehmensplanung: „First, we assume that the strategy has not been chosen."[93] Für den Fall, dass die Unternehmensstrategie zeitlich der Analyse strategischer Personalbelange vorgelagert wird, sehen die Autoren das Problem, dass hierdurch eine unangemes-

---

sonalbezogene Strategieimplementierung (inklusive Konfliktmanagement) auf der Funktionsbereichsebene ab. Die Funktionalbereiche bilden im hierarchischen Gefüge der strategischen Planung die unterste Planungsebene ab, auf der über die Art der Strategierealisierung entschieden wird (vgl. Bea, F.X. / Haas, J. (2001), S. 61, S. 188ff.). Stellvertretend für einen Großteil der englischsprachigen Veröffentlichungen zum strategischen Management sei hier auf die Arbeit von Thompson / Strickland verwiesen, die den betrieblichen Funktionalstrategien die primäre Rolle einer Unterstützung der Gesamtunternehmensstrategie zuweisen und diese wichtige Implementierungsfunktion beim Human Resource Management ausdrücklich vorheben (vgl. Thompson, A. A. / Strickland, A. J. (1996), S. 43f., S. 275ff. und ähnlich auch David, F. R. (1995), S. 163). Abschließend sei noch auf das Heranziehen von Porters Konzept der Wettbewerbsstrategien (vgl. Porter, M. E. (1985)) bei Evans verwiesen, der diese unter Implementierungsgesichtspunkten auf Implikationen hinsichtlich Human Resource Management-Politiken untersucht (vgl. Evans, S. 155ff., vgl. entsprechend auch Schuler, R. S. / Jackson, S. E. (1987), S. 209ff.). Porter selbst sieht die Personalwirtschaft als strategisch relevante Aktivität innerhalb seines Wertketten-Ansatzes, die als Quelle von Wettbewerbsvorteilen herangezogen werden kann (vgl. Porter, M. E. (1992), S. 62, 70), geht aber nicht näher auf die Beziehung zwischen Unternehmensstrategie und dem Management strategischer Humanressourcen ein. Bei seinen Erörterungen der strategischen Grundorientierungen wird jedoch ein implementierungsorientiertes Verständnis der Personalfunktion angedeutet (vgl. z.B. die Anmerkungen zur Implementierung einer Kostenführerschaft in Porter, M. E. (1992), S. 157f.).

[91] Auch wenn vereinzelt auf die Bedeutung des Personalbereichs als Restriktion der strategischen Planung hingewiesen wird (Bea / Haas sehen etwa im Leistungspotenzial „Personal" sowohl ein Gestaltungsobjekt, als auch eine Rahmenbedingung strategischer Handlungsfähigkeit und verweisen auf die Möglichkeit der Identifikation personalbezogener Erfolgsfaktoren bei der Stärken-Schwächen-Analyse der Unternehmung - vgl. Bea, F.X. / Haas, J. (2001), S. 109ff., S. 499ff. und S. 531ff.) und ihm eine exponiertere Position bei der strategischen Führung eines Unternehmens zugeordnet wird (Hinterhuber misst der Personalpolitik unter Know How- und Integrationsgesichtspunkten eine wichtige Rolle bei der strategischen Unternehmensführung bei - vgl. Hinterhuber, H. (1992b), S. 75ff.).

[92] Vgl. hierzu insbes. Lengnick-Hall, C. A. / Lengnick-Hall, M. L. (1990), S. 98ff.

[93] A.a.O., S. 98.

sene Vereinfachung des strategischen Diagnose- und Entscheidungsprozesses eintritt, und dass „... the price of this simplification is too high. ... , much of the potential for using human resources to achieve a competitive advantage may be missed."[94] Die durch die sequenzielle Unterordnung der strategischen Personalplanung verursachte Reduzierung des personalpolitischen Alternativenraums wird als Ursache für die suboptimale Generierung und Umsetzung von Strategien angesehen. Die Durchführung simultaner Analysen für Wettbewerbs- und Personalstrategien bietet hingegen die Chance einer verständnisvolleren Festlegung und Diagnose strategischer Rahmenbedingungen und erweitert die Bandbreite strategischer Optionen auf der Unternehmens- und der Personalebene, ist allerdings auch mit komplexitätsbedingten Kosten iterativer Prozesse verbunden.

Bei den bislang dargelegten grundlegenden Positionen handelt es sich um die zwei derzeit für die Unternehmenspraxis wohl relevantesten Vorgehensweisen.[95]

---

[94] Lengnick-Hall, C. A. / Lengnick-Hall, M. L. (1990), S. 99.

[95] Dies dürfte vor allem auf die nachgeordnete, derivative Ausrichtung eines strategischen Personalmanagements zutreffen, was auch durch die immer noch viel zitierten (allerdings nicht gerade aktuellen) empirischen Untersuchungsergebnisse der Studie von Ackermann belegt wird, der für bestimmte strategische Grundorientierungen auf der Gesamtunternehmensebene eindeutige Präferenzen hinsichtlich des verfolgten Personalstrategietyps ausmachen konnte (vgl. Ackermann, K.-F. (1986) und (1987)). Vgl. ergänzend auch die bei Schuler angeführten Praktikerdefinitionen von „Strategic Human Resource Management" als „... getting the strategy of the business implemented effectively." bzw. als „... getting everybody from the top of the human organization to the bottom doing things that make the business successful." (Schuler, R. (1992), S. 18).
Martell / Carroll bestätigen in ihrer aktuelleren Befragung der General Manager von mehr als 100 Geschäftseinheiten von Fortune 500-Unternehmen die Vermutung einer Existenz von implementierungsbezogenen „Einwegverbindungen" zwischen strategischen Plänen und dem in den Unternehmen praktizierten Human Resource Management, konnten aber auch eine Beeinflussung des Strategieformulierungsprozesses durch das Personalmanagement nachweisen („Two-Way Integration"). Vorhergehende Untersuchungen in den USA (vgl. z.B. Alpander (1982) und Rowland / Summers (1981) konnten lediglich sehr geringe Integrationsgrade zwischen strategischen Planungsprozessen und dem Human Resource Management feststellen. Andere Studien (vgl. Golden / Ramanujam (1985) und Baird / Meshoulam / De Give (1983)) konnten zwar ebenfalls Einwegverbindungen nachweisen, fanden aber keine Belege für die Einflussnahme des Human Resource Managements auf den Strategiegenerierungsprozess auf Unternehmensebene (vgl. hierzu Martell, K. / Carroll S. J. (1995), S. 254ff.; vgl. auch die ähnliche Feststellung bei Nkomo, S. M. (1988), S. 66). Es spricht demnach einiges dafür, dass sich seither zumindest in der amerikanischen Führungspraxis eine stärkere Integration personaler Fragestellungen bereits bei der Strategieentwicklung abzeichnet. Insofern ist hier zumindest eine Annäherung an das Simultanprinzip von Lengnick-Hall / Lengnick-Hall zu attestieren.

Erstere Sichtweise wird in der Literatur auch als „ökonomisch"[96], „derivativ"[97] oder als „One-Way Integration"[98] bezeichnet, die Perspektive von Lengnick-Hall / Lengnick-Hall kommt dagegen Erdenbergers Bild einer „interaktiven Synthese" von Personal- und Unternehmensstrategie recht nahe, der an der derivativen Ausrichtung die unzureichende Abstimmung zwischen Unternehmens- und Personalstrategie, die resultierende mangelhafte Identifikation der Mitarbeiter mit der qualitativ defizitären Unternehmensstrategie und die zu operative Perspektive des Personalmanagements kritisiert.[99]

Zwei weitere denkbare Sichtweisen der Interaktion von strategischer Unternehmensführung und strategischem Personalmanagement können unterschieden werden. Die **„originäre"**[100] **oder „humane"**[101] **Ausrichtung** des strategischen Personalmanagements hebt die Bedeutung der Eigenständigkeit und der begrenzten Verfügbarkeit menschlicher Ressourcen hervor. Im Extremfall orientieren sich hierbei alle anderen strategischen Gestaltungsbereiche am zentralen Engpassfaktor Personal, der als restriktive Vorgabe die strategische Grundorientierung des Unternehmens festlegt.[102] Nicht ganz so rabiat, aber als in eine ähnliche Richtung weisend, werden „ressourcenorientierte Personalstrategien"[103] durch Bühner gekennzeichnet. Typisches Merkmal einer solchen Strategieform

---

[96] Drumm, H. J. (2000), S. 650.

[97] Erdenberger, C. (1997), S. 17ff.

[98] Martell, K. / Carroll, S. J. (1995), S. 258. Vgl. hierfür auch den Begriff „One-Way Linkage" in der empirischen Untersuchung von Golden, K. W. / Ramanujam, V. (1985), die daneben noch drei weitere Typen der Anbindung von Human Resource Management und Strategic Business Planning ausmachen konnten: Administrative-, Two-Way- und Integrative Linkage (vgl. dazu ergänzend auch Ropo, A. (1993), S. 36).

[99] Vgl. zur Kritik am derivativen strategischen Personalmanagement Erdenberger, C. (1997), S. 19f. und zur interaktiven Synthesekonzeption S. 24ff. Die Definition von Personal als „Erfolgsressource", die als zentrale Führungsgröße der strategischen Unternehmensführung angesehen wird (vgl. a.a.O., S. 25ff.), macht allerdings eine starke Nähe zur von ihm kritisierten originären Ausrichtung deutlich und passt nicht stringent zum von ihm entworfenen Bild einer „interaktiven Synthese". Vgl. ergänzend auch die Ausführungen zu einer „interaktiven Strategieentwicklung" bei Staehle, W.H. (1999), S. 799f. und die Standpunkt-Synthese bei Drumm, H. J. (2000), S. 651f. Vgl. ähnlich auch den Verweis auf die mögliche Einbettung der strategischen Personalführung in ein integratives Unternehmensführungskonzept bei Albert, M. (1989), S. 19.

[100] Erdenberger, C. (1997), S. 21ff (Hervorhebungen durch den Verfasser).

[101] Drumm, H. J. (2000), S. 650f (Hervorhebungen durch den Verfasser).

[102] Lattmann verweist dementspechend auf die Möglichkeit einer personalen Ausgangsbasis bei der Unternehmensstrategiegenerierung, sofern das Personalwesen als entscheidender strategischer Erfolgsfaktor wirksam wird, was insbesondere bei Strukturbereinigungen innerhalb einer Branche realistisch erscheint (vgl. Lattmann, C. (1987), S. 27f.).

[103] Bühner, R. (1997), S. 36. Vgl. zu Nachfolgendem a.a.O., S. 36ff, insbes. aber S. 42ff.

ist die Umkehrung des Ziel-Mittel-Ansatzes insofern, als die gegebenen oder potenziell verfügbaren Humanressourcen die Ausgestaltung der Unternehmensstrategie und der nachgelagerten Strategieebenen maßgeblich mitbestimmen. Es handelt sich bei diesem Typus von Personalstrategie um eine aktive funktionale Teilstrategie, die einen hohen Grad der Anbindung an die Unternehmensstrategie aufweist und nicht im Widerspruch zu einer ziel- und finanzorientierten Unternehmenssteuerung steht. Scholz sieht für den Fall „Unternehmensstrategie folgt Personalstrategie" vor allem informale Zusammenhänge zwischen emergenten Personal- und Unternehmensstrategien wirksam werden.[104] Implizit praktizierte Unternehmensstrategien orientieren sich mindestens teilweise an der existierenden personellen Ausstattung, die wiederum als Resultante der strategischen Ausrichtung des Personalmanagements zu interpretieren ist. Scholz verweist ergänzend auch auf eine vierte prinzipiell mögliche Interaktionsbeziehung, nämlich die vollständige inhaltliche **Unabhängigkeit von Personal- und Unternehmensstrategie.**[105] Die von ihm hier hervorgehobene Aufgabe des Personalmanagements „... ein grundsätzliches Klima für die allgemeine Umsetzbarkeit von Strategien zu schaffen"[106] schließt aber letztlich ein modifiziertes derivatives Verständnis von Personalmanagement mit ein. Wird die Existenz zumindest partiell emergenter Strategien befürwortet, so ist der Fall einer vollständigen Unabhängigkeit der beiden Strategiefelder nicht möglich. Insofern bietet sich das Festhalten an einer prinzipiellen Dreiteilung der Typen von Interaktionsbeziehungen zwischen strategischem Personalmanagement und der strategischen Unternehmensführung an (vgl. hierzu auch den Gesamtüberblick in Tabelle 2).

Die im Regelfall wohl plausibelste und **rational begründbarste Perspektive** für eine Verknüpfung von strategischer Unternehmensführung und strategischem Personalmanagement dürfte der auf eine **integrativ-simultane Strategiengenerierung** abzielende Interaktionstyp darstellen, wobei je nach externen und internen situativen Gegebenheiten eine Schwerpunktverlagerung in Richtung Ressourcen-Dominanz oder in Richtung deduktive Personalstrategiegene-

---

[104] Vgl. Scholz, C. (2000a), S. 92; (1994), S. 52. Vgl. zu den emergenten Bestandteilen von Strategien auch Mintzberg / Waters (1985), die emergente Strategien in ihrer Essenz mit nichtintendierter Ordnung gleichsetzen und zum Schluss kommen, dass „... strategy formation walks on two feet, one deliberate, the other emergent." (Mintzberg, H. / Waters, J. A. (1985), S. 271).

[105] Vgl. Scholz, C. (2000a), S. 91f.

[106] A.a.O., S. 92.

rierung denkbar erscheint. Die Übergänge zwischen den beiden Reinformen und der integrativen Kompromissformel sind demnach fließend.[107]

Ergänzend sei an dieser Stelle noch auf die Analyse der Einbeziehung des Personalmanagements in die strategische Unternehmensführung durch **Elsik** hingewiesen, der zunächst die zwei Alternativen einer direkten oder einer indirekten Prozessbeteiligung voneinander abgrenzt.[108] Im Falle einer direkten Prozessbeteiligung ist eine Einbindung der Humanressourcen in den formalen Prozess der Strategieformulierung und der -implementierung möglich. Auf der Ebene informaler strategischer Entscheidungsprobleme wäre eine direkte Prozessbeteiligung durch die explizite Integration von Personalmanagern in die informalen Entscheidungsprozesse denkbar. Des Weiteren kann das Vorhandensein personaler Realitäten gegebenenfalls als Auslöser strategischer Entscheidungsprozesse auf Unternehmensebene wirksam werden. Im Falle einer indirekten Prozesssteuerung kann der Personalbereich über gezielte Manipulationen strategischer Entscheidungsträger auf die formale Strategieentwicklung, und über praktizierte personalwirtschaftliche Systeme und Programme auch informal, etwa über das „Heben" bestimmter Personen in strategische Entscheidungspositionen, auf strategische Entscheidungsprozesse einwirken.

---

[107] Vgl. dazu auch Erdenbergers strategisches Personal-Managementkontinuum, in dem er je nach Grad der Markt- oder Mitarbeiterorientierung mehrere Management-Zwischenformen innerhalb einer Bandbreite zwischen ökonomischem und humanem Standpunkt voneinander abgrenzt (vgl. Erdenberger, C. (1997), S. 23). Die von ihm vorgenommene Stadienabgrenzung setzt aber ein Verständnis von Markt- und Mitarbeiterorientierung als prinzipielles Gegensatzpaar voraus, das der dieser Arbeit zugrundeliegenden Konzeption nicht gerecht wird. Mehr Marktorientierung heißt nicht gleichzeitig weniger Mitarbeiterorientierung und umgekehrt geht eine forcierte Berücksichtigung von Mitarbeiterbelangen nicht quasi automatisch auf Kosten der Marktorientierung (vgl. eine ähnliche Sichtweise auch bei Bühner, R. (1997), S. 42f.).

[108] Vgl. zu Elsiks Systematisierung des Beziehungsgefüges zwischen Personalmanagement und strategischer Unternehmensführung Elsik, W. (1992) S. 50ff.

Interaktionsbeziehung	Basisorientierung	Merkmale
Typ 1: **Deduktiv**	• Deduktive Ableitung der Personalstrategie aus der inhaltlich und zeitlich vorgelagerten Unternehmensstrategie.	• Strategisches Personalmanagement als Implementierungsdienstleister und Erfüllungsgehilfe der Unternehmensstrategie. • Personalstrategie als eine Funktionalstrategie neben Beschaffung, Produktion, Marketing, Finanzen etc. und als sequenziell nachgeordnete Ebene in der strategischen Planungshierarchie. • Identifikation und Schließung strategischer Lücken im Personalbereich. • Praxisszenario: Kostenführerschaft im Lebensmitteleinzelhandel führt zur Ableitung einer kostenorientierten Personalstrategie.
Typ 2: **Integrativ-simultan**	• Integrativ-simultane Generierung von Personal- und Unternehmensstrategie.	• Zeitliche Synchronisierung der Strategieformulierung und inhaltliche Abstimmung vor der Unternehmensstrategieumsetzung. • Bewusste und frühzeitige Berücksichtigung der Interdependenzen zwischen Unternehmens- und Personalstrategie. • Ausgeprägtes Bewusstsein für die besondere Relevanz personalpolitischer Fragestellungen zur Realisierung der Unternehmensziele. • Praxisszenario: Kunden- und innovationsorientierte High Tech-Unternehmen der IT-Branche.
Typ 3: **Ressourcen-dominant**	• Unternehmensstrategie basiert in hohem Maße auf der verfolgten bzw. neu entwickelten Personalstrategie.	• Humanressourcen als die zentrale Erfolgsgröße im Wettbewerb. • Personalstrategie und Unternehmensstrategie gehen ineinander über, sind quasi identisch. • Die verfügbaren Mittel bestimmen realisierbare Ziele. • Vielfach emergente, latent vorhandene Personalorientierung, die faktisch die Unternehmensstrategie determiniert (hohe Bedeutung informaler Prozesse). • Praxisszenario: Unternehmensberatungsgesellschaften, in denen die Mitarbeiter Eigentümer, Angestellte und Produkte in einer Person repräsentieren.

Tabelle 2: Typen von Interaktionsbeziehungen zwischen strategischem Personalmanagement und strategischer Unternehmensführung (Quelle: Eigene Darstellung)[109]

---

[109] Es handelt sich hierbei im Kern um eine erweiterte Zusammenfassung der vorangehenden Ausführungen, die als Surrogat der bislang zitierten Quellen zu verstehen ist. Die Praxisbeispiele beinhalten situative Szenarien, in denen eine entsprechende Vorgehensweise plausibel erscheint.

II. Darstellung und kritische Würdigung etablierter Ansätze einer strategischen Personalwirtschaft

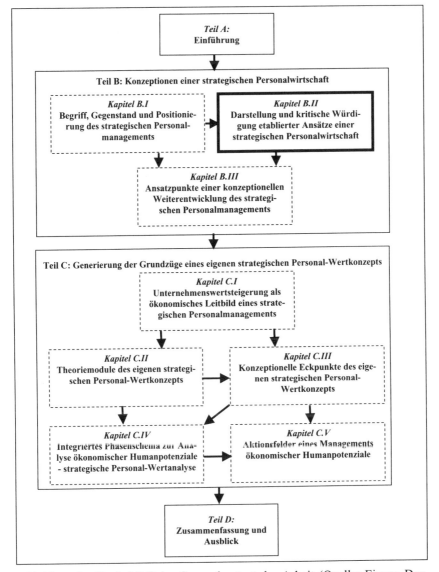

Abbildung 6: Kapitel B.II im Gesamtkontext der Arbeit (Quelle: Eigene Darstellung)

Im Folgenden werden einige ausgewählte Konzeptionen eines strategieorientierten Personalwesens zur Verdeutlichung des Gegenstandsbereichs umfassender im Überblick präsentiert. Bei der **Auswahl der Konzepte** aus einer ganzen Reihe literarischer Einzelvorschläge standen die Kriterien „**literarischer Einfluss**" einerseits und „**Aktualität**" andererseits im Vordergrund. Ersteres Kriterium wurde insbesondere bei der Auswahl von Klassikern des Strategic Human Resource Management wirksam, die eine stark prägende Wirkung auf nachfolgende Konzeptionen - auch im deutschen Sprachgebiet - ausübten und immer noch ausüben. Bei der Selektion deutschsprachiger Konzeptionen stand das Aufgreifen neuerer Ansätze im Vordergrund, die den aktuellen Stand der wissenschaftlichen Literatur zum Thema „strategisches Personalmanagement" in wichtigen Teilen widerspiegeln.[110] Alle vier ausgewählten Konzeptionen zeichnen sich des Weiteren im Sinne der Problemstellung dieser Arbeit durch eine ausgeprägte ökonomische Perspektive aus und liefern insofern wichtige Anknüpfungspunkte für die Entwicklung der eigenen Konzeption.

1. Klassiker des Strategic Human Resource Management

a) Michigan-Ansatz - Darstellung und Analyse

Bei dem von einer MIT-Forschergruppe in den Anfängen der Achtzigerjahre entwickelten Ansatz zum Strategic Human Resource Management handelt es sich um ein sehr stark am **pragmatischen Wissenschaftsziel** ausgerichtetes Konzept, das die Generierung präskriptiver Aussagen zur bestmöglichen Ausgestaltung eines an der Unternehmensstrategie orientierten (und demnach strategischen) Managements betrieblicher Humanressourcen zum Ziel hat. Dementsprechend wird Fragen der Strategieimplementierung besondere Aufmerksamkeit zugewandt. Die **Grundidee** des Ansatzes ist die kontextabhängige Herstellung eines strategischen „Fits", der durch eine integrative Zusammenführung der umweltbezogenen Unternehmensstrategie mit den planungshierarchisch nachge-

---

[110] Weitere konzeptionelle Entwürfe, die hier nicht vertiefend angesprochen werden können, wurden teilweise bereits bei der Erörterung der begrifflichen Grundlagen in B.I erwähnt und/oder werden bei der Ausarbeitung des eigenen Ansatzes gegebenenfalls noch zur Sprache kommen. Eine Gesamtschau über vorhandene enumerative und systematische Überblicksdarstellungen zum strategischen Personalmanagement bietet Elsik, W. (1992), S. 10ff. Vgl. hierzu auch die Auswahl konzeptioneller Ansätze eines strategischen Personalmanagements in Drumm, H. J. (2000), S. 637f.; (1995), S. 541ff. und Schnecks Darstellung der Entwicklungen bei Ansätzen des „Human Resource Management" (vgl. Schneck, M. H. (2000), S. 52ff.).

ordneten Modellkomponenten Human Resource Management und Organisationsstruktur erreicht werden soll.[111]

Der von den Verfassern entwickelte Bezugsrahmen eines Strategic Human Resource Management knüpft an eine Beschreibung **externer und organisationaler Kontextfaktoren** an, die für eine strategische Ausrichtung des Human Resource Management in den USA sprechen. Außerhalb der Unternehmung werden technologische, ökonomische, soziale und politische Entwicklungstendenzen identifiziert, die die Notwendigkeit einer Strategieorientierung im Personalwesen offensichtlich machen.[112] Im Bereich der technologischen Umwelt wird auf die zunehmende Automatisierung der Fertigungsprozesse und die steigende Bedeutung der Informationstechnologien verwiesen. Der globale Wettbewerb, wachsende Produktivitätsprobleme (der amerikanischen Wirtschaft) und die Entwicklung zur Dienstleistungsgesellschaft stehen bei der Darstellung ökonomischer Bezugsgrößen im Vordergrund. Der wachsende Anteil von hoch qualifizierten „Wissensarbeitern" an der erwerbstätigen Bevölkerung (Professionalisierung) und die zunehmende Individualisierung der Arbeitsbeziehungen erzeugen in Verbindung mit erhöhten staatlichen Interventionen und Regulierungen und den Partizipationsbestrebungen der Arbeitnehmerseite weiteren Handlungsdruck im sozio-politischen Umfeld. Bemerkenswert erscheint, dass nahezu alle in diesem frühen Konzeptentwurf für die USA angeführten Umwelttendenzen bis heute an Aktualität - auch für in Deutschland tätige Unternehmen - nicht verloren, teilweise aber an Relevanz und Dynamik zugenommen haben.[113]

Der **organisationsbezogene Kontext** des Strategic Human Resource Management wird anhand einer 1981 durchgeführten empirischen Befragung des Strategy Research Centers der Columbia University deutlich gemacht.[114] Gegenstand der Erhebung war die Bestandsaufnahme strategischer Planungsaktivitäten in

---

[111] Vgl. zur grundlegenden Einordnung des Ansatzes auch Truss, C. / Gratton, L. (1994), S. 667; Gaugler, E. / Weber A. (1995), S. 6; Klimecki, R. / Gmür, M. (2001), S. 45; Drumm, H. J. (1995), S. 542; Huber, S. (1998), S. 130f.; Liebel, H. J. / Oechsler, W. A. (1994), S. 6; Conrad, P. (1991), S. 427; Staehle, W. H. (1999), S. 788ff.

[112] Vgl. Fombrun, C. J. (1984), S. 4ff.

[113] So hat beispielsweise die Globalisierung der Wirtschaftsstrukturen zwischenzeitlich eine Eigendynamik entwickelt, der sich kaum mehr ein größeres Unternehmen entziehen kann. Vgl. hierzu auch die sich mit personalbezogenen Fragestellungen der Globalisierung auseinander setzenden Veröffentlichungen von Lichtenberger, B. / Domsch, M. E. / Scholtz, G. J / Sticksel, P. (1998); Hauser, M. (1995); Kumar, B. (1993); Kanter, R. (1990); Evans, P. / Doz, Y. / Laurent, A. (1989).

[114] Es handelt sich hierbei um die Befragung von insgesamt 252 Führungskräften in 168 namhaften amerikanischen Unternehmen (vgl. Tichy, N. M. / Fombrun, C. J. / Devanna, M. A. (1984), S. 19f.).

den untersuchten Unternehmen unter besonderer Berücksichtigung der Rolle des Human Resource Management bei der Strategieformulierung und -implementierung. In beiden Bereichen konnte ein Auseinanderfallen von wahrgenommener Relevanz und tatsächlicher Berücksichtigung personaler Aspekte bei strategischen Prozessen ausgemacht werden,[115] so dass die Autoren zum Schluss kommen, dass „... the need for a strategic human resource management appears to exist. The dilemma is to figure out how to accomplish this role."[116]

Als Ansatzpunkt zur Auflösung dieses Dilemmas und zur Erhöhung der organisationalen Effektivität präsentieren die Verfasser einen eigenen **konzeptionellen Bezugsrahmen** für ein Strategic Human Resource Management.[117] Das Human Resource Management wird dabei neben der Mission, der mit ihr verbundenen Unternehmensstrategie und der formalen Struktur der Organisation als Komponente eines umfassenden Strategic Management betrachtet. Diese Komponenten stehen zwar einerseits - analog der Darstellung anderer strategischer Fit-Konzeptionen - in interdependentem Zusammenhang, andererseits wird bei der Erläuterung der Komponenten aber auf eine linear-hierarchische Beziehung hingewiesen, die durch die ziel- bzw. strategiebezogene Ableitung von Organisationsstrukturen gekennzeichnet ist, welche wiederum durch den Einsatz der funktional passenden Mitarbeiter mit Leben erfüllt werden. Kritische Führungsaufgabe ist somit „... to align the formal structure and the human resource systems so that they drive the strategic objectives of the organization."[118] Die Anbindung an die Umwelt erfolgt über eine im Regelfall inkremental stattfindende Anpassung von Mission und Strategie an ökonomische, politische und kulturelle Zwänge.[119]

Die strategiegerechte Ausgestaltung der Human Resource-Systeme setzt eine vorherige Klärung grundlegender **Hypothesen zum Sein und Wirken von Menschen** in Unternehmen voraus. Es handelt sich hierbei um grundsätzliche Positionen hinsichtlich der Eigenart des Beschäftigungskontrakts,[120] der Erfor-

---

[115] Vgl. Tichy, N. M. / Fombrun, C. J. / Devanna, M. A. (1984), S. 21ff.

[116] Tichy, N. M. / Fombrun, C. J. / Devanna, M. A. (1984), S. 24.

[117] Vgl. dazu Devanna, M. A. / Fombrun, C. J. / Tichy, N. M. (1984).

[118] A.a.O., S. 37.

[119] Vgl. zum Strategic Management-Rahmenkonzept a.a.O., S. 34ff. und Tichy, N. M. / Fombrun, C. J. / Devanna, M. A. (1982), S. 47f.

[120] Die Spanne reicht hier von der kurzfristigen, auf extrinsische Leistungsmotivation setzenden Sichtweise „a fair day's work for a fair day's pay" (Devanna, M. A. / Fombrun, C. J. / Tichy, N. M. (1984), S. 37) bis zur mehr langfristigen und auf intrinsische Anreize konzentrierten Position „challenging, meaningful work in return for loyal, committed service" (a.a.O., S. 38).

dernis partizipativer Entscheidungsfindungsprozesse, der Frage der Bevorzugung interner oder externer Arbeitsmärkte und der Forcierung einer kollektiven oder individuellen Leistungserfassung und -bewertung.[121] Ausgehend von einer Festlegung diesbezüglicher Basiseinstellungen lassen sich nun die **vier Kernfunktionen** zur Erhöhung der unternehmerischen Performance über erwünschte Verhaltensweisen inhaltlich konkretisieren. Die betriebliche Leistung wird als Funktion der sequenziell verknüpften Systemkomponenten Personalselektion, -beurteilung, -belohnung und -entwicklung definiert. Die Beziehungen zwischen diesen personalen Führungsaufgaben werden im so genannten „Human Resource Cycle" abgebildet (vgl. Abbildung 7).

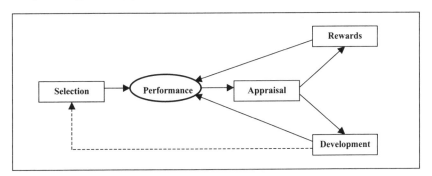

Abbildung 7: Systemkomponenten des Human Resource Cycle (Quellen: Devanna, M. A. / Fombrun, C. J. / Tichy, N. M. (1984), S. 41 und Tichy, N. M. / Fombrun, C. J. / Devanna, M. A. (1982), S. 50)

Auf der strategischen Ebene des **Human Resource Cycle** geht es zum einen um die Beantwortung der Frage, welche Menschen für die zukünftigen Geschäftsaufgaben benötigt werden, zum anderen um die Auswahl spezifischer Politiken und Programme zur langfristigen Übereinstimmung von Umweltanforderungen, Organisationsstrategie und Humanressourcen.[122]

Die Funktion „**Strategic Selection**" ist für die Zuweisung der richtigen Personen auf die im Unternehmen vorhandenen Aufgabenbündel verantwortlich. Der Selektionsprozess bezieht sich sowohl auf interne, als auch auf externe Rekrutierungsvorgänge und umfasst drei strategische Herausforderungen. Zunächst muss

---

[121] Vgl. Devanna, M. A. / Fombrun, C. J. / Tichy, N. M. (1984), S. 37ff. und Tichy, N. M. / Fombrun, C. J. / Devanna, M. A. (1982), S. 48ff.
[122] Vgl. Devanna, M. A. / Fombrun, C. J. / Tichy, N. M. (1984), S 42f.

ein Auswahlsystem aufgebaut werden, das die verfolgte Unternehmensstrategie unterstützt. Es geht dabei vor allem um die Gewinnung der Erkenntnis, welcher Mitarbeitertyp zur Umsetzung der Strategie erforderlich ist. Des Weiteren ist auf eine Abstimmung des internen Personalflusses mit strategischen Erfordernissen zu achten. Hierzu gehört insbesondere auch das Infragestellen bisheriger ideal-typischer Karrierepfade im Unternehmen. Die dritte strategische Teilaufgabe umfasst die Besetzung von Schlüsselpositionen mit Führungskräften, die zu den verfolgten Geschäftsstrategien „passen".[123]

Besondere Bedeutung wird dem Leistungsbeurteilungsprozess („**Strategic Appraisal**") als Schlüssel zu einem effektiven Human Resource-System beigemessen, denn eine objektive Leistungsbeurteilung der Mitarbeiter ist Voraussetzung einer zielführenden und gerechten Personalvergütung und -entwicklung und Grundlage einer realistischen Einschätzung zukunftsgerichteter Potenziale im Personalbereich. Dies soll durch den Einsatz von Beurteilungssystemen gewährleistet werden, die für die Beschäftigten nachvollziehbar sind und auf möglichst eindeutig messbaren und validen Leistungskriterien basieren.[124]

Unter dem Begriff „**Strategic Rewards**" wird auf das Erfordernis hingewiesen, neben der Bezugnahme auf die Erreichung kurzfristiger Performanceziele auch eine Berücksichtigung langfristiger, strategischer Vorgaben zu gewährleisten und materielle und immaterielle Belohnungsformen gleichermaßen heranzuziehen. Als wichtige Belohnungsvarianten werden unter Rückgriff auf eigene empirische Studien exemplarisch die monetäre Vergütung durch Gehalt, Boni, Aktienoptionen etc., die Bereitstellung von beruflichen Entwicklungs- und Karriereperspektiven, positiver Kunden-Feedback, sinngebende und verantwortungsvolle Betätigungsmöglichkeiten, Lernchancen, Arbeitsplatzsicherheit und die Anerkennung durch Kollegen angeführt.[125]

---

[123] Vgl. Devanna, M. A. / Fombrun, C. J. / Tichy, N. M. (1984), S. 43ff. und Tichy, N. M. / Fombrun, C. J. / Devanna, M. A. (1982), S. 51ff.

[124] Vgl. Devanna, M. A. / Fombrun, C. J. / Tichy, N. M. (1984), S. 46ff. Die Autoren nennen die Steuerungsgrößen Profitabilität, Return on Investment und Marktanteile als Beispiele für solche möglichst heranzuziehenden objektiven Beurteilungskriterien, weisen aber darauf hin, dass Situationen denkbar sind, in denen sinnvollerweise auf persönliche Einschätzungen von Führungskräften zurückgegriffen werden muss (vgl. a.a.O., S. 47). Vgl. auch Tichy, N. M. / Fombrun, C. J. / Devanna, M. A. (1982), S. 57ff.

[125] Vgl. Tichy, N. M. / Fombrun, C. J. / Devanna, M. A. (1982), S. 53ff.; Devanna, M. A. / Fombrun, C. J. / Tichy, N. M. (1984), S. 48f.

„Strategic Development" steht für ein strategisch ausgerichtetes und anpassungsfähiges Personalentwicklungssystem, das die Versorgung der Mitarbeiter, vor allem aber der Führungskräfte, mit dem Wissen und den Fähigkeiten gewährleistet, die voraussichtlich zur Strategieimplementierung erforderlich sein werden. Das vorgeschlagene Entwicklungsinstrumentarium reicht von Training on the Job und Job Rotation über Schulungs- und Weiterbildungsprogramme bis zu Mentoring und Karriereplanung.[126]

Bei der **fundamentalkritischen Bewertung des Michigan-Ansatzes** stellt sich vordringlich die Frage nach der Qualität des theoretischen Unterbaus. Die zentrale Effizienzhypothese des Konzepts, wonach Human Resource-Aktivitäten einen entscheidenden Einfluss auf die individuelle Leistung und demnach auch die Produktivität und die im Übrigen nur vage definierte organisatorische Performance haben,[127] wird nicht näher begründet. Die dahinter stehenden Wirkungszusammenhänge bleiben größtenteils im Ungewissen.[128] Dasselbe trifft auch auf die kaum vorhandenen Aussagen zur Art und Weise des Interagierens und Integrierens der beschriebenen Modellelemente zu.[129] Es handelt sich bei dem Konzept also um einen eher deskriptiv-pragmatischen Entwurf, der Gestaltungs- und Umsetzungselemente in den Vordergrund rückt. Dementsprechend erhöht die sich im Human Resource Cycle widerspiegelnde stark vereinfachende sequenzielle Prozessdarstellung zwar einerseits die Transparenz und Griffigkeit des Konzepts, führt aber andererseits zu einer unzureichenden Wiedergabe funktionaler Interdependenzen. Die Fokussierung des Human Resource Management auf Strategieimplementierungserfordernisse und die damit verbundene Vernachlässigung eigenständiger strategieleitender Potenziale des Personalbereichs lassen sich als weiteres Problem des Ansatzes anführen.[130] Außerdem ist die sich hinter der Implementierungsorientierung verbergende einseitige „Struktur folgt Strategie"-Perspektive als kritisch anzusehen. Trotz der offensichtlichen Betonung pragmatischer Aspekte eines Strategic Human Resource Management geht das Modell aber über einen nur schemenhaft ausgefüllten

---

[126] Vgl. Devanna, M. A. / Fombrun, C. J. / Tichy, N. M. (1984), S. 49f.; Tichy, N. M. / Fombrun, C. J. / Devanna, M. A. (1982), S. 55f.

[127] Vgl. Devanna, M. A. / Fombrun, C. J. / Tichy, N. M. (1984), S. 51.

[128] Huber beanstandet in dem Zusammenhang das Fehlen einer Stellungnahme zu Zielsetzung, Effizienzkriterien und Funktionszusammenhängen im theoretisch unzureichend fundierten Michigan-Modell (vgl. Huber, S. (1998), S. 147).

[129] Vgl. zur unzureichenden Berücksichtigung integrativer Aufgaben und ganzheitlicher Aspekte auch Boxall, P. F. (1992), S. 66.

[130] Vgl. dazu auch die Ausführungen zur Beziehung zwischen strategischer Unternehmensführung und strategischem Personalmanagement in B.I.2.b) und ergänzend Staehle, W. H. (1999), S. 789f. und Gaugler, E. / Weber A. (1995), S. 6.

Rahmen kaum hinaus[131] und hat mit dem nahezu allen Fit-Konzepten des strategischen Managements anhaftenden Problem zu kämpfen, dass die Propagierung
einer allseitigen Stimmigkeit unternehmensinterner und externer Gestaltungsparameter und Bestimmungsgrößen zwar ein Leichtes ist, die Anleitungen zur
konkreten Realisierung eines solchen idealtypischen und streng genommen nie
vollständig erreichbaren Fits sich aber vielfach nur als recht vage gehaltene
Empfehlungen herausstellen. In normativer Hinsicht wird von Liebel / Oechsler[132] die ausschließliche Ausrichtung des Michigan-Ansatzes an Unternehmerinteressen beanstandet, ein Kritikpunkt, der jedoch bei der bewussten Konstruktion eines betriebswirtschaftlich basierten Managementkonzepts auch als Indiz
für eine legitime kontextbezogenene ökonomische Fundierung gesehen werden
kann. Die Hauptleistung des Michigan-Ansatzes ist wohl in seiner systematisie-
renden Vorreiterrolle für die Entwicklung eines Strategic Human Resource Management zu sehen. Trotz der hier angeführten Schwächen und des fortgeschrittenen Alters dient der Ansatz auch in neueren betriebswirtschaftlichen Entwürfen immer wieder als Anknüpfungspunkt für weiterführende Überlegungen.[133]

b) Portfolio-Ansatz nach Odiorne - Darstellung und Analyse

Odiornes 1984 erschienene Konzeption eines „Strategic Management of Human
Resources" stellt das zur damaligen Zeit sehr populäre strategische Planungsin-

---

[131] So stuft Drumm das Michigan-Konzept allenfalls als „methodische Skizze" (Drumm, H. J.
(1995), S.542) ein.

[132] Vgl. Liebel, H. J. / Oechsler W. A. (1994), S. 11. Diese sehen die einseitige Orientierung
an Manager- / Arbeitgeberinteressen als Hauptschwäche des Michigan-Ansatzes. Ziel des
US-amerikanischen Entwurfs sei unter anderem das Außenvorhalten gewerkschaftlicher
Interessenvertretungen in amerikanischen Unternehmen. Eine Übertragung auf deutsche
Verhältnisse wird aufgrund der gegebenen rechtlichen Beschränkungen und der etablierten
industriellen Arbeitsbeziehungen als problematisch angesehen. Die Berücksichtigung externer Kontextfaktoren bei der Konzeptionalisierung eines strategischen Personalmanagements wurde zwar an früherer Stelle bereits explizit befürwortet (vgl. B.I.1.b)), aus einer
Bezugnahme auf deutsche Rahmenbedingungen ergibt sich aber nicht unbedingt gezwungenermaßen eine reduzierte Berücksichtigung von Unternehmerinteressen beim Konzeptentwurf. Es wäre prinzipiell sogar eine Argumentation denkbar, wonach ein betriebswirtschaftlicher Ansatz zum strategischen Personalmanagement in Deutschland ganz besonders auf die Belange der Unternehmenseigner einzugehen hat, da die Arbeitnehmerinteressen bereits in hohem Maße durch gesetzliche Mitbestimmungs- und Schutzvorschriften
abgesichert sind. Eine vertiefende Diskussion der Frage, wessen Interessen ein strategisches Personalmanagement letztlich wahrzunehmen hat, erfolgt jedoch an späterer Stelle
(vgl. insbes. die Ausführungen in B.III.2.b) und in Kapitel C.I).

[133] So sieht Huber bei seiner Ausarbeitung eines strategischen Personalcontrollings beispielsweise im Michigan-Konzept Ansatzpunkte einer funktional-prozessorientierten Ausgestaltung des Personalcontrollingsystems (vgl. Huber, S. (1998), S. 133).

strument „**Portfolio-Analyse**" in den Mittelpunkt einer zielgruppenorientierten strategischen Personalphilosophie. Ausgehend von einer Interpretation betrieblicher Humanressourcen als Vermögenswerte sieht Odiorne die Möglichkeit einer Übertragung der Grundideen des Wertpapier-Portfolio-Managements auf Investitionen in das Humankapital eines Unternehmens.[134] Zentrale Zielsetzung seiner Arbeit ist „... to translate the economic theory of human capital into strategies for managing people in organizations."[135]

Odiorne leitet zunächst aus den gesamtwirtschaftlichen Überlegungen der Humankapitaltheorie und hieran anknüpfend auch aus den in den Siebzigerjahren entwickelten Entwürfen eines „Human Resource Accounting" seine spezifische Sichtweise von Mitarbeitern als „Assets" eines Unternehmens ab.[136] Im vom Verfasser behandelten „**systems approach to human capital**"[137] führt die Verbindung von demographischen Eigenschaften („Inputs") und formalem Bildungssystem („Processes") einer Volkswirtschaft zur Generierung von Humankapital, das sich in einem bestimmten Beschäftigungsniveau und den mit ihm verbundenen sozialen Effekten (Outputs) widerspiegelt. Diskrepanzen innerhalb des Systems sollen durch regulierende Anpassungsmaßnahmen wie z.B. staatliche Interventionen oder Managementinnovationen korrigiert werden. Im Gegensatz zur konventionellen Betrachtung der Beschäftigten als Kostenfaktor in Unternehmen betont die Humankapitalperspektive den Wert- und Investitionscharakter von Humanressourcen, der prinzipiell auch durch eine ökonomische Rechnungslegung quantifizierbar erscheint. Diese Sichtweise des Humankapitals als „wertvolle" Investitionsgröße wird vom Verfasser anhand einer eingehenden Besprechung der einzelnen Komponenten des Systemansatzes verdeutlicht und bildet die Grundlage einer betriebswirtschaftlichen Analyse von Investitionen in Humanressourcen auf Basis der Portfoliotheorie.[138]

Die **portfoliobasierte Kategorisierung der Beschäftigten** eines Unternehmens in Investitionsklassen soll einerseits die Mitarbeiterwertermittlung durch den Investor erleichtern, andererseits Risikoeinschätzungen für jede Wertklasse er-

---

[134] Vgl. Odiorne, G. S. (1985), S. IX. Relativ knapp gehaltene Präsentationen des Ansatzes von Odiorne finden sich in Bühner, R. (1997), S. 131f.; Amling, T. K. (1997), S. 68ff.; Staehle, W. H. (1999), S. 812ff.; Gaugler, E. / Weber, A. (1995), S. 5f.; Martin, A. (1989), S. 21; Klimecki, R. / Gmür, M. (2001), S. 379ff.; Scholz, C. (1994), S. 30f.; (2000a), S. 49.

[135] Odiorne, G. S. (1985), S. X.

[136] Vgl. hierzu Odiorne, G. S. (1985), S. 3ff. Speziell zum Problembereich des „Human Resource Accounting" vgl. a.a.O., S. 8f. und S. 51ff.

[137] A.a.O., S. 7.

[138] Vgl. a.a.O., S. 9ff. und S. 32ff.

möglichen und schließlich zur Generierung von Personalmanagementstrategien führen, die beide Aspekte explizit berücksichtigen.[139] Die Bewertung der Human Assets knüpft hierbei an den zwei Hauptdimensionen Mitarbeiterpotenzial und Mitarbeiterleistung an. Das **Mitarbeiterpotenzial** bezieht sich auf die Wahrscheinlichkeit, mit der ein Stelleninhaber einen zukünftigen Wertbeitrag für die ihn beschäftigende Organisation erbringt und hängt ab von der voraussichtlichen Betriebszugehörigkeitsdauer und den unternehmenszielbezogenen Fähigkeiten und Entwicklungsmöglichkeiten eines Mitarbeiters.[140] Der Potenzialbegriff ist in finanzwirtschaftlicher Hinsicht mit dem Gegenwartswert eines Mitarbeiters eng verbunden. Dieser Mitarbeitergegenwartswert definiert sich als Funktion der diskontierten zukünftigen Wertbeiträge (Einzahlungsüberschüsse) eines Beschäftigten[141] und spiegelt sich implizit im am Arbeitsmarkt erzielbaren Preis einer Humanressource wider. Die Höhe des verwendeten Diskontierungssatzes hängt dabei ab von den Risiken eines Wertbeitragsverlusts durch das vorzeitige Ausscheiden eines Mitarbeiters, durch Beeinträchtigungen seiner Leistungsfähigkeit und -bereitschaft oder durch einen arbeitsmarktbedingten Wertverfall.[142] Hinter der **Mitarbeiterleistung** verbirgt sich der aktuelle Erreichungsgrad der im Rahmen einer Management by Objectives-Konzeption zwischen Führungskraft und Stelleninhaber vereinbarten Leistungsziele.[143]

In Anlehnung an die von der Boston Consulting Group entwickelten Produktportfoliovariante[144] konzipiert Odiorne unter Rückgriff auf jeweils hohe oder niedrige Ausprägungen der zwei Wertdimensionen Potenzial und Leistung eine

---

[139] Vgl. Odiorne, G. S. (1985), S. 32.
[140] Vgl. a.a.O., S. 65f.
[141] Odiorne spricht im Rahmen seiner Illustration des Portfolio-Managements anhand einer Fallstudie hinsichtlich des „potential for future productivity" auch vom „expected stream of future income" (a.a.O., S. 305).
[142] Vgl. a.a.O., S. 36ff.
[143] Vgl. a.a.O., S. 65f. Odiorne hebt bei seinen Ausführungen zur praktischen Ausgestaltung eines portfolioorientierten Strategic Human Resource Management die Bedeutung des von ihm propagierten Management by Objectives-Ansatzes als zentrale Komponente eines effektiven betrieblichen Leistungsbeurteilungssystems hervor (vgl. hierzu a.a.O. S. 263ff. und ergänzend Odiorne, G. S. (1969)).
[144] Vgl. zur Marktwachstums-Marktanteils-Matrix der Boston Consulting Group z.B. auch Bea, F.X. / Haas, J. (2001), S. 144f. Odiorne führt in diesem Kontext auch das eng mit dem BCG-Konzept verbundene Lebenszyklusmodell für Produkte und Branchen an. Dieses wird von ihm entsprechend auf die betrieblichen Humanressourcen übertragen, deren Profitbeiträge für die Unternehmung in Abhängigkeit von den unterschiedlichen Phasen „Start-up", „Growth", „Maturity" und „Decline" während eines Erwerbslebens schwanken (vgl. Odiorne, G. S. (1985), S. 58ff.).

Vierfelder-Matrix, welche die unter strategischen Gesichtspunkten prinzipiell unterscheidbaren Humankapitalkategorien repräsentiert (vgl. Abbildung 8).

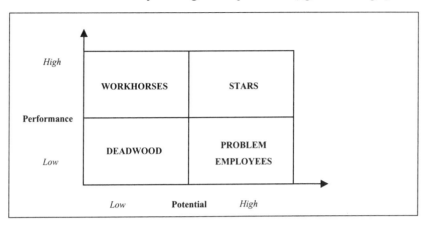

Abbildung 8: Das Human Resources-Portfolio nach Odiorne (Quelle: Odiorne, G. S. (1985), S. 66)

Bei der quantitativ bedeutsamsten „**Workhorse**"**-Kategorie**[145] handelt es sich um Mitarbeiter, die sich durch ein hohes gegenwärtiges Leistungsniveau und ein geringes Entwicklungspotenzial auszeichnen. Als Normstrategie für dieses „Cash Cow"-Mitarbeitersegment schlägt Odiorne an der Entwicklung der allgemeinen Lebenshaltungskosten orientierte Gehaltssteigerungen und die Gewährleistung einer relativen Arbeitsplatzsicherheit auf gegebenem Arbeitsniveau vor.[146] Produktivität und Motivation der Workhorse-Mitarbeiter sollen durch Trainingsprogramme und neue Formen des Job Enrichments aufrechterhalten werden.[147] Die „**Stars**" weisen sowohl ein hohes aktuelles Leistungsniveau, als auch ein hohes Potenzial für zukünftige Leistungsbeiträge auf. Hierunter fallen etwa hochmotivierte Nachwuchskräfte, kreative und produktive Fachexperten oder erfahrene General Manager, die zur Krisenbewältigung bei Not leidenden Geschäftsbereichen eingesetzt werden können.[148] Stars müssen als „High Potentials" durch den systematischen Einsatz von situationsbezogenen Beurteilungs-

[145] Odiorne verweist in dem Zusammenhang auf eine selbst durchgeführte Untersuchung, bei der von insgesamt 1.500 Führungskräften 79 % dem Workhorse-Segment zugeordnet werden konnten. 15 % der Mitarbeiter lassen sich demnach des Weiteren der Star-Kategorie zuordnen (vgl. Odiorne, G. S. (1985), S. 67).

[146] Vgl. a.a.O., S. 66f.

[147] Vgl. a.a.O., S. 71ff.

[148] Vgl. a.a.O., S., S. 67.

verfahren wie das Assessment Center unter Rückgriff auf die sechs essenziellen Selektionskriterien Intelligenz, Verfügbarkeit, vergangene Leistungen, persönliche Interessen, Position am internen und externen Arbeitsmarkt und bisheriger Lebenslauf identifiziert, und dann durch Aus- und Weiterbildungsmaßnahmen und Mentoring auf ihrem Karriereweg bei der Bewältigung typischer Probleme unterstützt und begleitet werden.[149] „**Problem Employees**" sind aktuell leistungsschwache Mitarbeiter, die allerdings über ein hohes Entwicklungspotenzial verfügen und sich in Richtung jeder der drei verbliebenen Portfolio-Typen entwickeln können.[150] Sind die Leistungsprobleme eines Problem Empoyee nicht innerhalb einer angemessenen Zeitspanne zu bewältigen, so ist dessen Entlassung oder Versetzung einzuleiten.[151] Prinzipielle Entlassungskandidaten sind auch alle Mitarbeiter, deren gegenwärtige und zukünftige Leistungsbeiträge als unzureichend angesehen werden, die also im linken unteren Bereich der Vier-Felder-Matrix als „**Deadwood**" positioniert sind. Im Umgang mit Problem Employees und Deadwood-Mitarbeitern bieten sich in Anlehnung an McGregors[152] Unterscheidung von Theory X- und Theory Y-Unternehmen eine Bestrafungspolitik einerseits (Theory X-Politik) und eine auf einem positiven Menschenbild basierende Entwicklungspolitik (Theory Y-Politik) andererseits an. Letztere sieht Entlassungen nur dann als letzten Ausweg an, wenn sich vorhandene Leistungsschwächen nach einer Ursachenanalyse nicht durch geeignete Entwicklungs- und Fördermaßnahmen beseitigen lassen. Sie wird von Odiorne als der zeitgemäßere Ansatz bevorzugt, auch wenn eine Sanktionspolitik seiner Ansicht nach in bestimmten Situationen durchaus legitim sein kann.[153] Eine jährlich stattfindende Klassifizierung der Mitarbeiter gemäß der definierten Portfolio-Kategorien soll eine leistungszielbezogene und zielgruppenorientierte Personalselektion, -führung, -entwicklung und -entlohnung im Unternehmen gewährleisten.[154] Die Umsetzung von Portfoliomanagementstrategien im Personalbereich setzt jedoch das Vorhandensein eines präzisen Leistungsbeurteilungssystems voraus, denn „... performance is a key element in assessing the worth of assets in the human resource portfolio".[155]

---

[149] Vgl. Odiorne, G. S. (1985), S. 94ff.

[150] Vgl. a.a.O., S. 67.

[151] Vgl. ebd..

[152] Vgl. hierzu McGregor, D. (1961).

[153] Vgl. Odiorne, G. S. (1986), S. 200ff.

[154] Vgl. a.a.O. (1986), S. 68.

[155] Odiorne, G. S. (1985), S. 283. Odiorne empfiehlt für höher qualifizierte Tätigkeiten, insbesondere auf der Ebene der Führungskräfte, das Management by Objectives-Modell und für weniger anspruchsvolle Tätigkeiten das BARS-Konzept (Behaviorally Anchored Rating Scales) als Grundlagen eines Systems zur Leistungsbewertung (vgl. a.a.O., S. 262f.). Bei der Darstellung einer MbO-basierten Vorgehensweise zur Setzung von Leistungsstandards

Hinsichtlich der **hierarchischen Einbettung des Strategic Human Resource Management** in eine strategische Unternehmensführung lässt sich Odiorne eindeutig den deduktiv ausgerichteten „Instrumentalisten" zuordnen:[156] „... the human resources strategy must fit the corporate or business driving strategy. The driving force of the business will determine the best mix for its human resources portfolio. Certainly it will determine who is likely to become a company star."[157] Die Human Resources Strategy setzt sich aus drei Hauptelementen zusammen. Die „**Demand Strategy**" legt die zur Umsetzung einer Unternehmensstrategie erforderlichen Mitarbeitereigenschaften und -typen fest. Sie wirkt unmittelbar auf die „**Supply Strategy**" ein, die in Abhängigkeit von der Verfügbarkeit relevanter Mitarbeitertypen Rekrutierungs- und Entwicklungsschwerpunkte und letztlich auch das situationsadäquate Mischungsverhältnis der Kategorien im Human Resources-Portfolio festschreibt.[158]

Die „**Pricing Strategy**" beschreibt in Abhängigkeit von den ersten beiden Strategieelementen „what and how a company should pay its people... ."[159] Zusammenfassend betont Odiorne die hohe Erfolgsrelevanz einer passenden Strategie

---

betont der Verfasser die Notwendigkeit einer systematischen Verknüpfung strategischer („doing the right things") und operativer („do things right") Ziele, die letztlich bei der Portfolio-Analyse herangezogen werden (vgl. a.a.O., S. 268 und S. 276). Der vor allem für Workhorse-Positionen relevante BARS-Ansatz definiert und bewertet neben den Zielen auch gleichermaßen die zur Zielerreichung eingesetzten Maßnahmen anhand spezifischer Verhaltensstatements („Anchors") zu verschiedenen Graden der Leistungserbringung (vgl. a.a.O., S. 279ff.). Für das Bewertungsproblem bezüglich intangibler Outputs der Stabsstellen empfiehlt Odiorne eine Zerlegung der Gesamtleistung in die fünf Basiskategorien „Advice", „Service", „Information", „New Knowledge" und „Strategic Statements", deren jeweiliger prozentualer Anteil an der Gesamtleistung zu ermitteln bzw. zu planen ist (vgl. a.a.O., S. 285ff.).

[156] Vgl. zur Einbettung des strategischen Personalmanagements bzw. des Strategic Human Resource Management in eine strategische Unternehmensführung auch die obigen Ausführungen in B.I.2 h), insbesondere den Überblick über Interaktionsbeziehungstypen in Tabelle 2.

[157] Odiorne, G. S. (1986), S. 294.

[158] Vgl. Odiorne, G. S. (1986), S. 294ff.

[159] A.a.O., S. 296. Die Human Resources Strategy-Definition nach Odiorne ist aber in zweierlei Hinsicht angreifbar. Einerseits erscheint die Unterscheidung von Demand und Supply Strategy etwas konstruiert und hätte inhaltlich durchaus unter einer Begriffskategorie zusammengefasst werden können, andererseits ist nicht ersichtlich, wie die Pricing Strategy - wie empfohlen - aus der Haupt-Human Resources Strategy abgeleitet werden kann (vgl. dazu ebd.), wenn die Pricing Strategy zuvor als eine von drei Basiselementen der Human Resources Strategy definiert wurde. Insofern erscheint alleine die hier im Text erfolgende Bezugnahme auf die zwei anderen Elemente bei der Generierung der Pricing Strategy plausibel.

für die Humanressourcen und eines hiermit eng verbundenen effektiven Human Resources Portfolio-Managements, denen eine Schlüsselfunktion im strategischen Managementprozess zukommt.[160]

Eine **kritische Bestandsaufnahme der Konzeption nach Odiorne** muss in einem ersten Schritt an der Qualität und der Eignung des theoretischen Unterbaus ansetzen. Dabei ist zunächst einmal Odiornes Versuch des Transfers von grundlegenden Erkenntnissen der volkswirtschaftlichen Humankapitaltheorie und der finanzwirtschaftlichen Portfolio-Theorie auf das Gestaltungsfeld eines strategischen Managements betrieblicher Humanressourcen im Sinne einer ökonomisch-theoretischen Fundierung[161] positiv zu würdigen, auch wenn der vorliegende Entwurf noch sehr weit von einer theoretisch ausgereiften strategischen Personalmanagementkonzeption entfernt ist. Die relativ knapp gehaltenen Ausführungen des theoretischen Vorspanns beschränken sich im Wesentlichen auf das Propagieren einer grundsätzlichen Übertragbarkeit der Asset- und Portfolio-Perspektive auf Mitarbeiter eines Unternehmens, ohne die theoretischen Basiszusammenhänge im Detail zu hinterfragen. Außerdem wird im Hauptteil der Arbeit lediglich marginal auf die theoretischen Vorüberlegungen Bezug genommen. Unklar bleibt beispielsweise, wie sich die aufgezeigte Risikoausgleichsmöglichkeit zwischen den Humankapitalkategorien eines Personalportfolios[162] konkret auf das vom Verfasser entwickelte Portfoliomodell übertragen lässt.

Es stellt sich hier die Frage, inwiefern eine Balance zwischen den „High-Performing Employees"[163] und den problembehafteten „Poor Performers"[164] als zielführend angesehen werden kann.[165] Der in der BCG-Matrix avisierte Cash

---

[160] Vgl. Odiorne, G. S. (1986), S. 299.

[161] Scholz bezeichnet das Odiorne'sche Konzept explizit als „ökonomischen Ansatz" bzw. als „erweiterten ökonomischen Controlling-Ansatz" (vgl. Scholz, C. (2000a), S. 49, S. 56).

[162] Vgl. Odiorne, G. S. (1985), S. 45ff.

[163] A.a.O., S. 69.

[164] A.a.O., S. 187.

[165] Klimecki / Gmür greifen die an und für sich dem Portfoliomanagement zugrundeliegende Idee des strategischen Gleichgewichts auf, um in einer eigenen weiterführenden Interpretation des Entwurfs von Odiorne die dort vorhandenen Unklarheiten bezüglich des Strategiebezugs und der Interpretation als Personalportfolio zu beseitigen. Zur Gewährleistung einer langfristigen Entwicklungsfähigkeit wird im Gegensatz zu Odiorne auch den Low-Performern eine wichtige Funktion als Flexibilisierer (Problem Employees) und sozioemotionale Klimaverbesserer (Deadwoods) beigemessen. Beide Funktionsbereiche sind in einer Balance mit der Stabilisierungsfunktion der Workhorses und der sach-rationalen Funktion der Stars zu halten und bilden die Basis eines zielgruppenorientierten strategischen Personalmanagements, das je nach relativer Gewichtsverteilung zwischen den vier

flow-Ausgleich zwischen finanzmittelverbrauchenden und -freisetzenden Investitionsobjekten ist des Weiteren schon bei einer produktbezogenen Betrachtungsweise aufgrund des Innenfinanzierungsvorbehalts äußerst angreifbar und macht im Zusammenhang mit den Beschäftigten eines Unternehmens wohl noch weniger Sinn. In der vorhergehenden Argumentation klingt bereits der Sachverhalt an, dass natürlich alle Kritikpunkte, die in Verbindung mit den herangezogenen theoretisch-methodischen Grundmodulen in ihren ursprünglichen Anwendungsbereichen geäußert werden, auch und vielfach sogar verstärkt bei deren Übertragung auf den Personalbereich wirksam werden.

Die hier attestierte unzureichende theoretische Ausarbeitung des Ansatzes kommt insbesondere bei der Besprechung der Gestaltungsoptionen eines Managements von High- und Poor-Performing Employees zum Ausdruck, die eine Reihe von stark vereinfachenden normativen, mehrfach unbegründeten bzw. lediglich auf Plausibilitätsüberlegungen basierenden Empfehlungen im Checklisten-Stil beinhaltet.[166] Eine besondere Stärke des Ansatzes, nämlich die Betonung der Notwendigkeit einer zielgruppenbezogenen strategischen Personalpolitik, schließt in ihrer konkret präsentierten Umsetzung gleichzeitig auch den in der Literatur mehrfach geäußerten Hauptkritikpunkt einer dem Subjektcharakter des Menschen nicht gerecht werdenden instrumentalen Sichtweise mit ein, die sich in den stark vereinfachenden und vom Verfasser selbst als nicht für den öffentlichen Gebrauch vorgesehenen Bezeichnungen der Portfoliokategorien äußert.[167] Diesbezüglich kann auf einer sach-rationalen Ebene einerseits die überzogene Komplexitätsreduzierung durch die Unterscheidung von lediglich vier, an nur zwei Grunddimensionen anknüpfenden Mitarbeiterkategorien als problematisch angesehen werden,[168] und andererseits, unter ethisch-normativen Gesichtspunk-

---

Matrixfeldern eine mehr effizienz- oder mehr flexibilitätsbetonte personalpolitische Ausrichtung aufweisen kann (vgl. Klimecki, R. / Gmür, M. (2001), S. 381ff.). Die vorgeschlagene sozio-emotionale Betreuung von Stars durch unausgelastete Deadwood-Mentoren hat allerdings mit der ökonomisch-rationalen Betrachtungsweise von Odiorne nicht mehr allzu viel gemein und macht, wenn überhaupt, lediglich für ein ganz spezielles Teilsegment der Deadwood-Mitarbeiter Sinn (etwa nicht mehr allzu belastbare, aber dafür sehr erfahrene Mitarbeiter, die kurz vor Beendigung ihres Berufslebens stehen).

[166] In eine ähnliche Richtung zielend kritisiert Martin insbesondere die Nicht-Haltbarkeit verwendeter empirischer Prämissen, wie etwa die Zuordnung eines sehr bescheidenen Gemüts ohne besondere Ambitionen zur Kategorie der Workhorses (vgl. Martin, A. (1989), S. 21).

[167] Vgl. hierzu v.a. Marr, R. (1986), S. 16; Martin, A. (1989), S. 21; Staehle, W. H. (1999), S. 815; Gaugler, E. / Weber, A. (1995), S. 5.

[168] Amling sieht den Aspekt einer zu starken Vereinfachung als Hauptkritikpunkt an Odiornes Matrix (vgl. Amling, T. K. (1997), S. 69; des Weiteren Witt, F.-J. (1987), S. 272, der diesen Kritikpunkt zum Anlass nimmt, ein differenzierteres, auf empirischen Befragungen

ten, das mit der Behandlung von Mitarbeitern als Investitionsobjekte verbundene stark „ökonomisierte" Menschenbild, das jedoch, wie bereits angeführt, nicht gezwungenermaßen mit der McGregorschen X-Variante gleichzusetzen ist. Insofern erscheint die von Odiorne eingenommene Investitionsperspektive durchaus auch mit einem „modernen" Menschenbild eines zeitgemäßen Personalmanagements vereinbar und kann angesichts der Intention einer eindeutig betriebswirtschaftlichen Ausrichtung des Personalwesens, trotz der etwas unglücklichen Wortwahl, als durchaus legitim angesehen werden.

Amling klassifiziert in seiner Gesamtschau etablierter Personal-Portfoliokonzeptionen[169] die Matrix von Odiorne als originäres Individualportfolio, das auf der Ebene des einzelnen Mitarbeiters ansetzt, und grenzt diesen Portfolio-Typ von hochaggregierten Portfolio-Betrachtungen wie etwa das Geschäftsbereich-Personal-Portfolio von Thiess / Jacobs[170] ab. Wenngleich die Matrix von Odiorne durchaus auch über die Bildung von Mitarbeiterklassen implizit eine Aggregatsbetrachtung auf Gesamtunternehmensebene mitbeinhaltet, so weist die Zuordnung von Amling doch darauf hin, dass Aspekte der Anbindung von Personalstrategien an die Unternehmens- und Geschäftsbereichsstrategien durch die Bildung zusätzlicher Aggregationsstufen noch weit besser berücksichtigt werden können, als dies im Ansatz von Odiorne zum Ausdruck kommt. Demgemäß wäre eine Vertiefung der strategischen Perspektive der Odiorneschen Konzeption wünschenswert. Insgesamt lässt sich der strategische Portfolio-Ansatz von Odiorne als stark methodenbezogenes Instrumentalkonzept kennzeichnen, das als ein heuristischer Wegbereiter für eine zielgruppenorientierte, ökonomisch begründete strategische Personalwirtschaft auch heute noch bzw. wieder wichtige Anregungen liefern kann, insbesondere was die strategisch besonders relevante Ebene der Führungskräfte eines Unternehmens angeht.[171]

---

basierendes Portfolio mit den Achsendimensionen „Bindungsmöglichkeit" und „Entwicklungsfähigkeit" von Mitarbeitern zu konzipieren (vgl. a.a.O., S. 272ff.)).

[169] Vgl. Amling, T. K. (1997), S. 63ff. Zu etablierten Mitarbeiter- und Manager-Portfolios in der Bundesrepublik Deutschland vgl. auch Staehle, W. H. (1999), S. 813ff. Vgl. als ergänzende Übersicht zu Personal-Portfolio-Ansätzen auch Ciupka, D. (1991), S. 63 und die Ausführungen von Erdenberger, der bei seiner eigenen Konzeption auf der Ebene strategischer Geschäftseinheiten die beiden Achsendimensionen „Qualifikationsattraktivität" und „relative Qualifikationsstärke" (der Mitarbeiter) heranzieht (vgl. Erdenberger, C. (1997), S. 208ff. und Erdenberger, C. (1999)).

[170] Vgl. dazu Thiess, M. / Jacobs, S. (1987) und Jacobs, S. / Thiess, M. / Söhnholz, D. (1987).

[171] Ergänzend sei hier zudem auf die Einschätzung von Bühner hingewiesen, für den der Humanressourcen-Portfolio-Ansatz nach Odiorne „ein Instrument zur Systematisierung der Zuordnung von Personen und Entwicklungsmaßnahmen in langfristiger Perspektive..." (Bühner, R. (1997), S. 131) darstellt, das bei der „... Individualisierung und Sicherung der

2. Ausgewählte Konzeptionen eines strategischen Personalmanagements

a) Partizipationsorientierter Ansatz nach Erdenberger - Darstellung und Analyse

Erdenberger positioniert seinen Entwurf zum strategischen Personalmanagement innerhalb eines Ordnungsrahmens, der durch ein **präskriptiv-synoptisches Strategie- und ein situatives Wissenschaftsverständnis** gekennzeichnet ist[172] und der die „Erfolgsressourcen" Personalqualifikationen als zentrale strategische Führungsgrößen in den Mittelpunkt einer „interaktiven Konzeption der Synthese" zur Generierung und Implementierung von Personal- und Unternehmensstrategien stellt.[173] **Erfolgsressourcen** umfassen „... all diejenigen Qualifikationen der Mitarbeiter (Wollen, Kennen, Können), die zur Sicherung und zum Aufbau von Erfolgspotenzialen vorhanden sein müssen."[174] Die Operationalisierung von Erfolgsressourcen erfolgt anhand kritischer personeller Erfolgsfaktoren, die im Rahmen eines strategischen Personalmanagements zu ermitteln sind, das, unter Rückgriff auf die identifizierten Erfolgsfaktoren (beispielsweise Kenntnisse zur Entwicklung und Implementierung eines Qualitätssicherungsmanagements), für die Planung und Umsetzung von Maßnahmen zum Aufbau von Erfolgsressourcen zuständig ist.[175] Die besondere Relevanz der Erfolgsressourcen bei einer strategischen Unternehmensführung folgt aus der Tatsache, dass „... mit ihnen auch die anderen Ressourcen (wie z.B. Produktionsanlagen, EDV-Systeme usw.) erst in der vom Markt honorierten Ausprägung geschaffen oder bereitgestellt werden (können)."[176] Erhalt und Aufbau strategischer Erfolgspotenziale wird somit als Resultat menschlicher Arbeitsleistungen interpretiert, so dass Erdenberger das strategische Personalmanagement als eine der strategischen Planung vorgelagerte Ebene im Unternehmensführungsprozess einordnet[177] und personalpolitische Ziele aus einer „General-Management-

---

strategischen Orientierung der Personalentwicklung..." (Bühner, R. (1997), S. 132) zum Einsatz kommen kann.

[172] Vgl. hierzu Erdenberger, C. (1997), S. 7ff. Vgl. zur prinzipiellen Unterscheidung eines gestaltungsorientierten präskriptiven Strategieverständnisses von einer deskriptiven Strategieperspektive auch Schreyögg, G. (1984), S. 141ff. und zur Differenzierung synoptischer und inkrementaler Planungsansätze Picot, A. / Lange, B. (1979). Zum situativen Ansatz der Betriebswirtschaftslehre vgl. auch Staehle, W. H. (1976) und (1981).

[173] Vgl. zur Sichtweise des strategischen Personalmanagements als interaktive Synthesekonzeption Erdenberger, C. (1997), S. 24ff. und die kritischen Anmerkungen in Fußnote 91.

[174] Erdenberger, C. (1997), S. 28.

[175] Vgl. Erdenberger, C. (1997), S. 28.

[176] A.a.O., S. 28.

[177] Vgl. a.a.O., S. 26ff.

Perspektive"[178] heraus „im Zentrum jeder strategischen Unternehmensführung"[179] sieht. Der von ihm vorgelegte Ansatz ist mittels **fünf essenzieller Merkmalseigenschaften** charakterisierbar: Vorliegen eines vollständigen Managementprozesses (Strategieplanung, -implementierung und -kontrolle), situationsbezogener Aufbau und Erhalt von Erfolgsressourcen, Anwendung der drei strategischen Verhaltensprinzipien nach Scholz (Relevanz, Vereinfachung sowie Proaktivität), Einsatz eines partizipativen Führungsstils und personalorientierte Unternehmensführungsentscheidungen.[180]

Die **partizipative Grundorientierung** seiner Konzeption begründet Erdenberger mit der Motivationsförderung und der Verbesserung von Entscheidungsqualitäten durch die Miteinbeziehung der Mitarbeiter in die betrieblichen Entscheidungsprozesse. Aufbauend auf einer Analyse empirischer Untersuchungen zur Effizienzwirkung der Partizipation und einer kausaltheoretischen Hinterfragung der Auswirkungen auf die organisationale Effektivität im Rahmen einer strategischen Unternehmensführung kommt er zum Schluss, dass aufgrund der vermuteten positiven Effizienz- und Effektivitätseffekte ein situationsabhängiger Einsatz der direkten und informalen Partizipation bei der strategischen Entscheidungsfindung im Personalbereich als zweckmäßig erscheint.[181]

Die **Definition maßgeblicher Kontextfaktoren** eines strategischen Personalmanagements knüpft am kontingenztheoretischen Modell zur Personalstrategiewahl von Ackermann und den von Staffelbach identifizierten Situationsvariablen an.[182] Essenzielle endogene Determinanten einer strategischen Personalwirtschaft sind die spezifische Unternehmensphilosophie und -kultur, die aufbauorganisatorische Ausgestaltung des Personalmanagements und der Entwicklungsstand des Planungs- und Kontrollsystems.[183] Die Unternehmenskultur wirkt als betriebliches Werte- und Normensystem einerseits verhaltensprägend auf das strategische Personalmanagement ein, ist aber andererseits gleichzeitig auch von

---

[178] Erdenberger, C. (1997), S. 29. An anderer Stelle verweist Erdenberger unter Bezugnahme auf diese „General-Management-Perspektive" auf die Notwendigkeit der Berücksichtigung der Verzahnung von Entwicklungsfähigkeit und -bereitschaft von Mitarbeitern und Unternehmen als Hauptaufgabe eines strategischen Personalmanagements (vgl. a.a.O., S. 53).

[179] A.a.O., S. 29.

[180] Vgl. a.a.O., S. 29ff. und die umfassendere Merkmalsbeschreibung in B.I.1.b).

[181] Vgl. a.a.O., S. 55 und zur strategischen Relevanz der Mitarbeiterpartizipation a.a.O., S. 33ff.

[182] Vgl. hierzu die Übersichtsdarstellungen in Ackermann, K.-F. (1985), S. 366 und Staffelbach, B. (1986), S. 93.

[183] Vgl. hierzu Erdenberger, C. (1997), S. 66ff.

den Resultaten vergangener Strategieentscheidungen abhängig; insofern ist die Berücksichtigung unternehmenskultureller Aspekte bei strategischen Personalentscheidungen unabdingbar und im Einzelfall ein aktives gestalterisches Einwirken auf Unternehmensphilosophie und -kultur in Betracht zu ziehen.[184] Die Organisation des Personalmanagements beeinflusst über die Art und Weise der hierarchischen Eingliederung der Personalabteilung in die Unternehmensgesamtorganisation, über die Innenstrukturierung der Personalabteilung und über die definierten Träger personalwirtschaftlicher Aufgaben ein strategisches Personalmanagement.[185] Trotz der betonten situativen Strukturgestaltungserfordernis werden plausibilitätsbedingte Empfehlungen zur organisatorischen Rahmengestaltung ausgesprochen. Die hierarchische Gleichstellung mit den anderen Funktionalbereichen wird als einzig gangbarer Weg der organisatorischen Eingliederung einer strategisch agierenden Personalabteilung angesehen.[186] Erdenberger spricht sich des Weiteren für einen Übergang vom bisher in der Literatur propagierten Personalreferentenmodell zu einem „Integrationsmodell der Personalarbeit"[187] aus, das die Personalabteilung zur Informationszentrale mit Beratungsaufgaben werden lässt.[188] Gleichzeitig wird die Dezentralisierung operativer Personalaufgaben und die Zentralisierung strategischer Funktionen als organisatorisches Leitbild vorgeschlagen.[189] Fazit der Analyse von Einflüssen des Entwicklungsstands vorhandener Planungs- und Kontrollsysteme ist die sehr nahe liegende Aussage, dass ein weiterentwickeltes, d.h. ein flexibles, anpassungsfähiges und in hohem Maße integriertes Planungs- und Kontrollsystem ein strategisches Personalmanagement positiv beeinflusst.[190]

---

[184] Vgl. zur Determinante Unternehmensphilosophie/-kultur ebd., speziell zu den Wirkungen auf ein strategisches Personalmanagement a.a.O., S. 80ff.
[185] Vgl. zur Determinante Organisation des Personalmanagements a.a.O., S. 87ff.
[186] Vgl. a.a.O., S. 93.
[187] A.a.O., S. 94.
[188] Vgl. ebd. und ergänzend auch Paschen, K. (1988), S. 240.
[189] Vgl. Erdenberger, C. (1997), S. 94f. und ebenso Müller, W.R. (1987), S. 14; Wagner, D. (1989), S. 184.
[190] Vgl. Erdenberger, C. (1997), S. 111 und allgemein zur Determinante Entwicklungsstand des Planungs- und Kontrollsystems a.a.O., S. 95ff.

Determinanten	*Trends*	*Basisempfehlungen für ein strategisches Personalmanagement*
Technologische Faktoren	• Automatisierung; Computerisierung; neue Kommunikationssysteme; CIM; steigender Innovationsbedarf	• Personalentwicklung: Frühzeitige Mitarbeiterqualifizierung; neue Lehr-/Lernmethoden; lebenslanges Lernen • Arbeitsbedingungen: Aufbau ganzheitlicher Arbeitsstrukturen (funktionsübergreifend, gruppenorientiert, dezentralisiert, Raum-Zeit-entkoppelt) • Vergütungssysteme: Neue Kriterienkataloge; neue Lohnformen; innovationsfördernde Anreizsysteme • Mitarbeiterführung: Partizipation; Übereinstimmung individueller Führungskonzeptionen mit Unternehmensführungskonzept
Gesellschaftliche Faktoren	• Wertewandel in Richtung Freizeitorientierung, Hedonismus, Selbstverwirklichung, Naturbewahrung, Gleichberechtigung, bei geringerer Bedeutung traditioneller Pflicht- und Erfolgswerte	• Personalentwicklung: Arbeitsstrukturierung und Fortbildung • Mitarbeiterführung: Partizipation; Leistungs-Gegenleistungs-Transparenz; Legitimation für Handeln • Informatorische Fundierung / Personalbedarfsplanung: Partizipative Beurteilungsformen • Leistungsabgeltung: Flexiblere Lohn- und Anreizsysteme und Erfolgsbeteiligungen • Personalbedarfsdeckung: Kulture Passung als Auswahlkriterium; Wertevermittlung bei Mitarbeitereinführung • Personalfreisetzung: Vor allem zeitliche Formen (z.B. Job Sharing)

Determinanten	Trends	Basisempfehlungen für ein strategisches Personalmanagement
Rechtlich-politische Faktoren	• Ausweitung ordnungspolitischer Rahmengesetze; Ausweitung von Rechtsvorschriften und Arbeitnehmerschutzregelungen; Bürokratisierung; Verrechtlichung[191]	• Frühzeitige Wahrnehmung von Veränderungen (Orientierung am Prozessphasenschema der Gesetzgebung nach Herzhoff[192])
	• Europäischer Binnenmarkt und Integrationsprozess	• Derivative personalstrategische Maßnahmen wie europäische Arbeitsmarktforschung, internationale Karrierepläne, Bewältigung von Akquisitionen/Fusionen etc.; Tendenz zu geozentrischer Personalstrategie[193]
	• Betriebliche Mitbestimmung (BetrVG, MitbestG, Montan-MitbestG)	• Berücksichtigung von Mitbestimmungseinfluss in allen Phasen des strategischen Managementprozesses
Arbeitsmarkt	• Demographische Entwicklung: Rückgang der Zahl der Erwerbstätigen als Folge der Bevölkerungsabnahme und Veränderung der Altersstruktur in der BRD	• Unternehmerische Arbeitsmarktforschung (Planungshorizont: 3-5 Jahre); Personalmarketing; Senkung der Fluktuationsquote; Leistungsmotivation durch adäquates Anreizsystem
	• Zukunftsziele der Gewerkschaften: Beschäftigungssicherung; Einkommenssteigerung; verbesserte Arbeitsbedingungen; verbesserte Berufsqualifikation; Ausweitung der Mitbestimmung[194]	• Antizipation von Gewerkschafts- / Betriebsratsstrategien durch Informationsbeschaffung; antagonistische Kooperationsstrategie (offene Konfliktaustragung und Kooperation aufgrund gemeinsamer Interessen)[195]
Absatzmarkt	• Branchenlebenszyklus: Entstehung, Wachstum, Reife, Alter	• Lebensphasenabhängige Managertypen, Personalplanung, Einarbeitung, Arbeitsplatzbeschreibungen, Entlohnungssysteme, Leistungsbeurteilungssysteme etc.

Tabelle 3:   Exogene Determinanten eines strategischen Personalmanagements nach Erdenberger (Quelle: Eigene Darstellung in Anlehnung an die umfassenderen Ausführungen bei Erdenberger, C. (1997), S. 113ff.)

---

[191] Vgl. auch Hopfenbeck, W. (1993), S. 564.
[192] Vgl. Herzhoff, S. (1991), S. 74f.
[193] Vgl. zur Unterscheidung ethnozentrischer, polyzentrischer, geozentrischer und regiozentrischer Personalstrategien Ackermann, K.-F. (1990), S. 116f.
[194] Vgl. auch Nienhüser, W. (1989), S. 147ff..
[195] Zur antagonistischen Kooperationsstrategie vgl. a.a.O., S. 156ff.

Bei der Abgrenzung exogener Determinanten einer strategischen Personalwirtschaft wird auf die Bedeutung technologischer, gesellschaftlicher, rechtlich-politischer und arbeits- und absatzmarktbezogener Gegebenheiten hingewiesen.[196] Ausgehend von den in den jeweiligen Kontextfeldern erkennbaren Entwicklungstrends werden entsprechende **personalstrategische Basisempfehlungen** abgeleitet (vgl. hierzu die zusammenfassende Darstellung in Tabelle 3).

Im Mittelpunkt des von Erdenberger konzipierten interaktiven Dualkonzepts[197] stehen die von ihm unterschiedenen **Prozessphasen eines strategischen Personalmanagements** (vgl. hierzu das Phasenschema in Abbildung 9).[198] Der strategische Personalmanagement-Zyklus wird als komplexer, kontinuierlich repetitiver Prozess vorgestellt. Dieser zeichnet sich durch umfangreiche Vor- und Rückkopplungsbeziehungen, zyklische Phasenfolgen, fortlaufende Informationsgewinnungs- und -speicherungsprozesse, Visionen und Ziele als zentrale Steuerungsgrößen und insgesamt durch die Grundausrichtung als „...strukturierter Kommunikations- und sozialer Lernprozess aller Beteiligten..."[199] aus.

Die „Vorstufen" eines strategischen Personalmanagements[200] beinhalten, für den Fall nicht vorhandener organisatorischer und personeller Voraussetzungen, alle Maßnahmen, die zur Realisierung der als Projektmanagementaufgabe formulierten Einführung eines strategischen Personalmanagements in einem Unternehmen erforderlich sind. Es handelt sich hierbei in einem ersten Schritt (organisatorische Vorsteuerung) um die Bildung adäquater Projektstrukturen zur Konzeptimplementierung und in einem zweiten Schritt (personelle Vorsteuerung) um eine Fixierung personalpolitischer Rahmenstrukturen unter Heranzie-

---

[196] Vgl. Erdenberger, C. (1997), S. 113ff. Vgl. des Weiteren zu den in der Literatur üblicherweise unterschiedenen externen Kontextfaktoren eines strategisch ausgerichteten Personalwesens Domsch, M. / Harms, M. (1997), S. 232ff.; Maasch, J. (1996), S. 47f.; Festing, M. (1996), S. 96ff.; Elsik, W. (1992), S. 94ff.; Weber, W. (1989), S. 7ff.; Ling, B. (1989), S. 53ff.; für den Bereich der öffentlichen Verwaltung Korintenberg, W. (1997), S. 21ff. und zu den im strategischen Management vorgenommenen Differenzierungen externer Umweltfaktoren exemplarisch auch Hahn, D. (1999), S. 1; Hahn, D. (1999a), S. 29; Bea, F.X. / Haas, J. (2001), S. 86ff.; Huber, S. (1998), S. 5.

[197] Erdenberger betont zum einen die Notwendigkeit einer Interaktion mit anderen Determinanten einer strategischen Unternehmensführung (vgl. Erdenberger, C. (1997), S. 149), zum anderen verweist er auf die duale Ausrichtung seiner Konzeption, die „... sowohl die Implementierung der strategischen Unternehmensführung erst ermöglicht als auch zu deren Generierung wesentliche Beiträge liefert." (Ebd.).

[198] Vgl. zu den Prozessstufen umfassend a.a.O., S. 149ff.

[199] A.a.O., S. 150.

[200] Vgl. a.a.O. S. 153ff.

hung der aus dem Michigan-Ansatz[201] bekannten Teilsysteme strategisch-orientierte Personalauswahl, -beurteilung, -entwicklung und Anreizsysteme.

Die das strategische Personalmanagement im engeren Sinne ausmachenden **Prozessphasen eins bis sechs**[202] entsprechen letztlich den allgemein bekannten Phasen des (strategischen) Planungs- und Kontrollprozesses,[203] der hier auf personalstrategische Fragestellungen ausgerichtet und um Aspekte einer partizipativen Grundausichtung erweitert wurde. Bei der Beschreibung der zum Einsatz kommenden phasentypischen Instrumente greift Erdenberger im Wesentlichen auf die in der Literatur seit langem etablierten Methoden wie Leitbildformulierung, spezifische Analysechecklisten, Stärken-Schwächen-Diagramme, Personal-Portfolios etc. zurück.

Erdenberger positioniert seinen Ansatz vor dem Hintergrund eines präskriptiv-synoptischen Strategieverständnisses und dem Leitbild einer situativen Organisationsgestaltung.[204] Eine tiefergehende theoretische Fundierung erfolgt nicht, was **kritisch** angemerkt werden kann. Es handelt sich beim vorgestellten Konzept wiederum um einen Entwurf der in der Literatur dominierenden pragmatisch-normativen Forschungsrichtung, allerdings mit wissenschaftlicher Basisorientierung. Im Übrigen werden bei der Behandlung von Determinanten eines strategischen Personalmanagements[205] eine große Anzahl generalisierender Handlungsempfehlungen ausgesprochen, die der zugrundegelegten Kontingenzperspektive widersprechen. Die Zuordnung des Ansatzes zu einem der unterschiedenen Interaktionsbeziehungstypen zwischen strategischem Personalmanagement und strategischer Unternehmensführung[206] ist nur schwer möglich, da diesbezüglich teilweise widersprüchliche Aussagen gemacht werden. Einerseits sieht der Verfasser seinen Ansatz in der Tradition dualer Konzepte, die hinsichtlich der Abstimmung von Unternehmens- und Personalstrategie einen „vernünftigen Standpunkt" des interaktiven Austauschs einnehmen.[207] Er bewegt sich damit also argumentativ innerhalb einer Bandbreite des hier als „integrativ-

---

[201] Vgl. B.II.1.a).

[202] Vgl. hierzu Erdenberger, C. (1997), S. 182ff.

[203] Vgl. zu einer etwas allgemeineren, auf den gesamten Führungsprozess bezogenen Abgrenzung von Planungs- und Steuerungsphasen exemplarisch etwa die Systematik bei Schweitzer, M. (2001), S. 70. Vgl. außerdem ergänzend das Phasenschema zum strategischen Planungsprozess in Bea, F.X. / Haas, J. (2001), S. 54.

[204] Vgl. dazu Erdenberger, C. (1997), S. 5ff.

[205] Vgl. a.a.O., S. 62ff.

[206] Vgl. hierzu die Ausführungen in B.I.2.b), S. 20ff.

[207] Vgl. diese Position untermauernde Aussagen bei Erdenberger, C. (1997), S. 24ff.; S. 31; S. 149.

simultan" bezeichneten Interaktionstyps. Andererseits wird, ganz im Sinne einer ressourcen-dominanten Basisperspektive, mehrfach die eindeutige und zentrale Dominanz der Erfolgsressource Personal proklamiert, die in letzter Konsequenz eine personalorientierte Unternehmensführung nach sich ziehen muss.[208] Strategisches Personalmanagement wird dementsprechend als eine der strategischen Unternehmensplanung vorgelagerte Ebene präsentiert, da Personalqualifikationen als „die" übergreifenden erfolgspotenzialgenerierenden Ressourcen schlechthin verstanden werden. Durch die prozessorientierte Betrachtungsweise rücken die etwa beim Michigan-Ansatz im Vordergrund stehenden funktionalen Gestaltungsfelder eines strategischen Personalwesens bei Erdenberger als bloße „Vorstufen" bzw. als Feinsteuerungsfelder des Strategieimplementierungsprozesses eher in den Hintergrund.[209] Eine Positionierung, die der hohen Relevanz und dem Essenzcharakter dieser Funktionalbereiche für ein strategisches Personalmanagement jedoch nicht gerecht werden kann. Weitere Kritikpunkte sind die nur eingeschränkte Berücksichtigung neuerer Literatur des englisch-amerikanischen Sprachraums und die in hohem Umfang erfolgende Wiedergabe von personalspezifisch ausdifferenzierten Standards etablierter Managementmethoden und -konzepte.[210]

Zusammenfassend leistet Erdenberger, trotz der angeführten Kritikpunkte, einen wichtigen Beitrag zur Weiterentwicklung eines strategischen Personalmanagements, der sich zum einen in der prozessorientierten wissenschaftlichen Themenanalyse und zum anderen in der Herausarbeitung der personalstrategischen Relevanz einer Partizipation aller Betroffenen in sämtlichen Phasen des Planungs-, Implementierungs- und Kontrollprozesses widerspiegelt.

---

[208] Vgl. dazu etwa Erdenberger, C. (1997), S. 28, S. 31, S. 194.

[209] Vgl. a.a.O., S. 164ff., 246f.

[210] Beispielhaft für detailkritische Problembereiche des untersuchten Ansatzes sei auf die unzureichende Systematisierung heuristischer Personalstrategiealternativen (vgl. Erdenberger, C. (1997), S. 230f.) oder auf das nicht ganz nachvollziehbar als „neuartig" bezeichnete strategische Kontrollverständnis (vgl. a.a.O., S. 250) verwiesen.

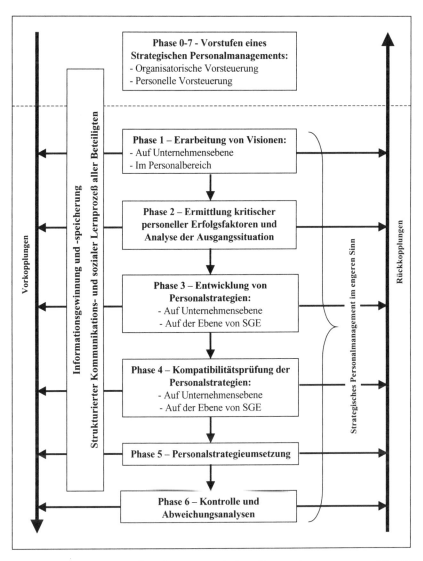

Abbildung 9: Prozessstufen eines strategischen Personalmanagements (Quelle: Erdenberger, C. (1997), S. 152)

66

b) Strategisches internationales Personalmanagement nach Festing - Darstellung und Analyse

Die Dissertation von Festing[211] stellt das im Zeichen fortschreitender Globalisierungsprozesse immer wichtiger werdende Problem einer **internationalen Ausrichtung des strategischen Personalmanagements**[212] in den Mittelpunkt einer empirisch fundierten Modellentwicklung für ein strategisches internationales Personalmanagement. Die hierbei auf den Bezugskontext der Internationalisierung und Globalisierung zugeschnittene Themenbearbeitung ist jedoch, insbesondere was die transaktionskostentheoretische Fundierung angeht, ohne weiteres auf eine Vielzahl genereller Fragen eines weiter gefassten Verständnisses von strategischem Personalmanagement übertragbar. Deshalb erscheint eine detailliertere Betrachtung dieses aktuellen deutschsprachigen Ansatzes angemessen.

Die Konzeption von Festing lässt sich eindeutig der „**deduktiven Perspektive**" eines strategischen Personalmanagements zuordnen.[213] Die Verfasserin definiert dementsprechend strategisches internationales Personalmanagement als „... die Ausrichtung der Aktivitäten und Richtlinien der Personalfunktion..., die aus den strategischen Aktivitäten sowie der Organisationsstruktur international tätiger Unternehmen resultiert und zur Erreichung der Unternehmensziele dient."[214] Für die Auswahl der **Transaktionskostentheorie**[215] zur theoretischen Grundlegung des Modells sprechen deren gesamtorganisatorischer Kontextbezug, ihre simultane Anwendbarkeit auf Individual-, Gruppen- und Organisationsebene, die empirische Bewährung des Theoriekonzepts, vor allem aber dessen Eignung zur Integration ökonomischer Kosten-Nutzen-Kalküle, die Aussagen über die Effizienz alternativer institutioneller Arrangements ermöglichen.[216] Die transaktionskostentheoretischen Überlegungen zur Kostenwirksamkeit spezifischer Transaktionscharakteristika (transaktionsspezifische Investitionen, Unsicherheit, Häufigkeit) und Charakteristika bestimmter institutioneller Arrangements (An-

---

[211] Vgl. Festing, M. (1996).
[212] Für einen Überblick über weitere Konzepte eines strategischen Internationalen Personalmanagements vgl. a.a.O., S. 18.
[213] Vgl. hierzu die definitorische Abgrenzung von Grundtypen der Interaktionsbeziehungen zwischen strategischem Personalmanagement und Unternehmensführung in B.I.2.b).
[214] Festing, M. (1996), S. 35.
[215] Die Verfasserin orientiert sich primär an den Arbeiten von Williamson, der die Transaktionskostentheorie, aufbauend auf den Vorarbeiten von Coase, R. H. (1937), in der Vergangenheit maßgeblich weiterentwickelt hat. Vgl. v.a. Williamson, O. E., (1975); (1981); (1985).
[216] Vgl. Festing, M. (1996), S. 43ff.

reizintensität, Ausmaß bürokratischer Steuerung und Kontrolle, Anpassungsfähigkeit) werden auf das personalökonomische Forschungsgebiet der Arbeitsmarkttransaktionen[217] übertragen. Die Transaktionskosten[218] stellen dabei die zentrale Erklärungsgröße zur Wahl eines adäquaten institutionellen Arrangements dar, das letztlich als Synonym für die Verwendung einer bestimmten Kombination personalwirtschaftlicher Maßnahmen (Personalstrategie) steht.[219] Festing beschränkt sich aus Gründen der Vereinfachung auf eine Betrachtung der strategisch besonders relevanten Beschäftigungsverhältnisse von international tätigen Führungskräften.[220] **Kontingenztheoretische Überlegungen** werden über die Berücksichtigung externer Determinanten von Beschäftigungsverhältnissen in die Analyse integriert, die sich letztendlich in dem von Festing als essenziell angesehenen Bestimmungsfaktor „Unternehmensstrategie" widerspiegeln.[221] Eine Konkretisierung dieses Bestimmungsfaktors erfolgt anhand des strategischen Rahmenkonzepts zu internationalen Wettbewerbsbeziehungen von Porter, der in Abhängigkeit von der geographischen Streuung bzw. Konzentration von Unternehmensaktivitäten und von hohen oder geringen Koordinationsintensitäten vier Varianten von Internationalisierungsstrategien unterscheidet: globale, transnationale, internationale und multinationale Strategien.[222] Die Va-

---

[217] Hierunter versteht man Austauschverhältnisse zwischen Arbeitgeber-Organisationen und Arbeitnehmern, die im Regelfall durch das Prinzip „Entgelt gegen Arbeitsleistung" bestimmt und formal durch einen Arbeitsvertrag abgesichert werden (vgl. Festing, M. (1996), S. 65 und Jones, G. R. / Wright, P. M. (1992), S. 273ff.).

[218] Der Begriff „Transaktionskosten" kann als derjenige Ressourcenverbrauch interpretiert werden, der bei der Durchführung einer Tauschhandlung und bei deren Organisation entsteht (vgl. Picot, A. (1987), Sp. 1590f.). Picot grenzt insgesamt vier Arten von Transaktionskosten voneinander ab: Anbahnungskosten, Vereinbarungskosten, Kontrollkosten und Kosten der Vertragsanpassung (vgl. Picot, A. (1982), S. 270). Von den Transaktionskosten abzugrenzen sind die Produktionskosten, die im Falle von Arbeitsmarkttransaktionen im Wesentlichen durch die Gehalts- und Lohnzahlungen an die Arbeitnehmer determiniert sind (vgl. auch Festing, M. (1996), S. 67).

[219] Vgl. Festing, M. (1996), S. 77.

[220] Vgl. dazu a.a.O., S. 88.

[221] Vgl. hierzu a.a.O., S. 88ff.; zur besonderen Relevanz der Unternehmensstrategie insbes. S. 100ff., S. 120, S. 123.

[222] Globalstrategien zeichnen sich durch hohe Koordination und eine gleichzeitige geographische Konzentration aus; Transnationalstrategien weisen ebenfalls eine hohe Koordination auf, sind jedoch geographisch gestreut. Entsprechend können bei Vorliegen einer niedrigen Koordinationsintensität in Verbindung mit geographischer Konzentration Internationalstrategien und in Verbindung mit geographischer Streuung Multinationalstrategien unterschieden werden. Vgl. zu den Internationalisierungsstrategien umfassend Porter, M. E. (1989), S. 17ff.; zur Branchenstrukturanalyse, zu den Grundtypen von Wettbewerbsstrategien und zum Wertkettenkonzept als Ausgangsbasis Porter, M. E. (1992), S. 22ff., S. 31ff. und S. 59ff.

riation von Personalstrategien in Abhängigkeit von der gewählten Internationalisierungsstrategie soll durch den Rückgriff auf transaktionskostentheoretische Erkenntnisse und auf die spezifischen, mit einem Internationalisierungstyp verbundenen Charakteristika der Arbeit als intervenierende Variable erklärt werden.[223]

Im Mittelpunkt des konzipierten Modells steht die **transaktionskostentheoretische Analyse** der Effizienz von Austauschbeziehungen zwischen einer arbeitgebenden Unternehmung und den international agierenden Führungskräften.[224] Das Modell besteht aus zwei Segmenten. Das erste **kontingenztheoretisch orientierte Modellsegment** gibt den Zusammenhang zwischen dem Typus einer internationalen Unternehmensstrategie und den spezifischen Charakteristika von Arbeitsmarkttransaktionen wieder. Die Unternehmensstrategie wird dabei als zentrale Bestimmungsgröße für die Investitionshöhe in das unternehmensspezifische Humankapital und für Verhaltensunsicherheiten bzw. für die Gefahr opportunistischen Verhaltens angesehen.[225] Unter Rückgriff auf die Porterschen Unternehmensstrategiemerkmale Koordination und Konfiguration (geographische Streuung der Unternehmensaktivitäten) lassen sich auf der Basis von Plausibilitätsüberlegungen und vorhandener theoretischer Erkenntnisse **zwei Thesen** formulieren:

- These 1a: „Je höher die Koordinationserfordernisse international tätiger Unternehmen, desto höher wird das Ausmaß der Humankapitalspezifität der auf internationaler Ebene verantwortlichen Entscheidungsträger sein."[226]

- These 1b: „Je geringer die geographische Streuung in international tätigen Unternehmen, desto geringer ist die Verhaltensunsicherheit."[227]

---

[223] Vgl. Festing, M. (1996), S. 121f.

[224] Vgl. a.a.O., S. 124.

[225] Vgl. a.a.O., S. 126.

[226] A.a.O., S. 139, S. 158. Die Unternehmensspezifität der von beiden Vertragspartnern getätigten Investitionen in das Humankapital eines Mitarbeiters (Ziel: Steigerung der Arbeitsproduktivität durch Qualifikationsmaßnahmen) ist eine wichtige Bestimmungsgröße für das beiderseitige Interesse an einem langfristigen Beschäftigungsverhältnis, da eine Beendigung des Vertragsverhältnisses mit monetären Nachteilen für Arbeitgeber und Arbeitnehmer verbunden wäre (vgl. Gerlach, K. / Lorenz, W. (1992), Sp. 172f.). Grundlage von These 1 ist die Annahme, dass der Bedarf an personenorientierten Koordinationsinstrumenten mit steigenden Koordinationserfordernissen zunimmt. Im Kontext des Aufgabenspektrums einer international tätigen Führungskraft sind für diese personenorientierte Koordination umfangreiche unternehmensspezifische Qualifikationen erforderlich (vgl. Festing, M. (1996), S.135 und S. 138).

[227] A.a.O., S. 143, S. 158. Mit zunehmender geographischer Streuung der Unternehmensaktivitäten wird es immer schwieriger, adäquate Leistungseinschätzungen bei im Ausland tätigen Führungskräften vorzunehmen, da Informationen über die Produktionsfunktion der

Verhaltensunsicherheiten und Humankapitalspezifität determinieren als Eigenschaftsmerkmale einer Arbeitsmarkttransaktion die Effizienz bestimmter institutioneller Arrangements. Entsprechende **transaktionskostentheoretisch** fundierte Beziehungszusammenhänge werden in den **vier Annahmen des zweiten Modellsegments** zusammengefasst:

- These 2a: „Sind Arbeitsmarkttransaktionen durch eine geringe Humankapitalspezifität gekennzeichnet, so werden kaum Maßnahmen eines internen Arbeitsmarktes für international tätige Führungskräfte durchgeführt."[228]

- These 2b: „Liegt eine hohe Humankapitalspezifität vor und erfolgt keine Absicherung durch Maßnahmen eines internen Arbeitsmarktes für international tätige Mitarbeiter, so ist die Transaktion tendenziell instabil."[229]

- These 2c: „Sind Arbeitsmarkttransaktionen durch eine hohe Humankapitalspezifität und eine geringe Verhaltensunsicherheit gekennzeichnet, so werden Maßnahmen eines internen Arbeitsmarktes für international tätige Führungskräfte durchgeführt, die sich am Anreizziel orientieren."[230]

- These 2d: „Sind Arbeitsmarkttransaktionen durch hohe Humankapitalspezifität und hohe Verhaltensunsicherheit gekennzeichnet, werden Maßnahmen

---

betreffenden dezentral eingesetzten Mitarbeiter im Normalfall nur schwer verfügbar sein werden. Diese Probleme bei der Leistungsmessung führen zu einer erheblichen Unsicherheit bezüglich vertragskonformer Verhaltensweisen des Arbeitnehmers und erhöhen in der Folge die Gefahr für opportunistisches Fehlverhalten (vgl. a.a.O., S. 140ff.).

[228] Festing, M. (1996), S. 152, S. 158. Eine Absicherung der Transaktion gegen opportunistisches Verhalten erübrigt sich in diesem Fall wegen der fehlenden Spezifität der Humankapitalinvestitionen. Der Faktor Verhaltensunsicherheit spielt hier somit keine Rolle. Bürokratische Steuerungs- und Kontrollarrangements durch gezielte personalpolitische Maßnahmen sind nicht oder nur bedingt erforderlich. Bei Unzufriedenheit einer Vertragspartei kann das Beschäftigungsverhältnis ohne größere monetäre Einbußen für beide Vertragspartner weitgehend problemlos aufgelöst werden. Festing setzt diesen Fall mit Williamsons Internen Arbeitsmarkttypen „Spot Market" und „Primitive Team" (vgl. Williamson, O. E. (1984), S. 89ff.) und mit Ouchis Marktmodell (vgl. Ouchi, W. G. (1980), S. 131ff.) gleich (vgl. Festing, M. (1996), S. 152, S. 75).

[229] Festing, M. (1996), S. 153, S. 158. Anders ausgedrückt: Bei hoher Humankapitalspezifität sollten personalwirtschaftliche Maßnahmen zur Stabilisierung des Beschäftigungsverhältnisses ergriffen werden.

[230] A.a.O., S. 155, S. 158. Die Gefahr opportunistischen Verhaltens ist hier wegen der hohen Leistungstransparenz als relativ gering einzuschätzen, jedoch müssen zur Absicherung der Dauerhaftigkeit der Arbeitsbeziehung Vorsichtsmaßnahmen (z.B. Mitarbeiterpensionspläne) ergriffen werden, die willkürlichen Kündigungen durch den Arbeitnehmer entgegenwirken (vgl. auch a.a.O., S. 154). Parallelen zu diesem Fall finden sich auch in Ouchis Bürokratiemodell wieder (vgl. a.a.O., S. 155, Ouchi, W. G. (1980), S. 131ff.)

eines internen Arbeitsmarktes für international tätige Führungskräfte durchgeführt, die sich am Identifikationsziel orientieren."[231]

Aus den im zweiten Modellsegment aufgestellten Thesen 2a, 2c und 2d können **drei Typen internationaler Personalstrategien** abgeleitet werden,[232] die als personalwirtschaftliche Handlungsmuster jeweils situativ effiziente institutionelle Arrangements darstellen.[233] Die „**lokal orientierte Personalstrategie**" (These 2a) betont den Einsatz des Marktmechanismusses als Kontroll- und Steuerungsinstrument und ist durch ein geringes Ausmaß an bürokratischer Steuerung und Kontrolle gekennzeichnet. Die Funktionen Personalbeschaffung, -entwicklung, -führung und Kompensation sind allesamt auf die nationale Ebene konzentriert. Mit der „**internationalen Anreizstrategie**" (These 2c) sollen durch das Setzen von Anreizen zum dauerhaften Verbleib in der Organisation die transaktionsspezifischen Investitionen abgesichert werden. Charakteristisch für diesen Strategietyp ist ein mittleres Ausmaß an bürokratischer Steuerung und Kontrolle. Große Bedeutung kommt im Rahmen dieses Maßnahmenbündels vor allem der Leistungsbeurteilung und der Kompensation auf internationaler Ebene zu. Personalentwicklung und informelle Führung durch Unternehmenskultur sind zwar relevant, werden aber als nicht ganz so wichtig eingestuft. Umgekehrt verhält sich dies bei der „**internationalen Identifikationsstrategie**" (These 2d), die den informellen Führungsstrukturen und der internationalen Personalentwicklung einen hohen Stellenwert einräumen, während die Vergütungssysteme lediglich konkurrenzfähig sein müssen. Sowohl bei der internationalen Anreiz-, als auch bei der Identifikationsstrategie sollte die Rekrutierung von internationalen Führungskräften möglichst zu einem frühen Karrierezeitpunkt erfolgen, damit der Aufbau unternehmensspezifischer Qualifikationen gewährleistet ist. Die Verknüpfung beider Modellsegmente führt zum **Gesamtmodell** eines strategischen internationalen Personalmanagements (vgl. Abbildung 10). Die im Modell enthaltenen Beziehungshypothesen werden durch die Resultate einer empirischen Untersuchung weitgehend unterstützt, so daß „... auf der Basis des

---

[231] Festing, M. (1996), S. 157, S. 158. „Identifikationsziel" steht für das Anstreben einer Übereinstimmung von Unternehmens- und Mitarbeiterzielen. Diese Interessenidentität soll einem hohen Opportunismusrisiko entgegenwirken und durch Maßnahmen der Mitarbeitersozialisation, d.h. durch Auf- und Ausbau „stimmiger" Normen und Werte erreicht werden. Inhaltliche Übereinstimmungen bestehen hier einerseits mit Williamsons (vgl. Williamson, O.E. (1984), S. 91) „Relational Team"-Begriff und andererseits mit Ouchis (vgl. Ouchi, W. G. (1980), S. 131ff.) „Clan"-Konzept (vgl. Festing, M. (1996), S. 155).

[232] These 2b) ist hierfür nicht relevant.

[233] Vgl. zur Ableitung einer Typologie internationaler Personalstrategietypen Festing, M. (1996), S. 161ff.

vorliegenden Datenmaterials eine vorläufige Verallgemeinerung der im Modell postulierten Beziehungen möglich ist."[234]

Eine **Kritik des Ansatzes nach Festing**[235] kann insbesondere an den herangezogenen Basiskonzepten ansetzen. Die stark vereinfachenden Verhaltensannahmen der Transaktionskostentheorie (Opportunismus, Risikoneutraliät, begrenzte Rationalität) führen in Verbindung mit dem ebenfalls stark komplexitätsreduzierenden Strategieansatz von Porter lediglich zu einer äußerst beschränkten Wiedergabe hochkomplexer Realitäten. Hinzu kommt das Operationalisierungsproblem bezüglich des theoretischen Schlüsselbegriffs der Transaktionskosten, so dass die praktische Einsetzbarkeit des theoretischen Modells als sehr beschränkt erscheint. Die abgeleiteten Gestaltungshinweise gehen dementsprechend über einen „eher allgemeinen Leitfaden für Praktiker"[236] nicht hinaus. Das faktische Gleichsetzen von strategischem internationalem Personalmanagement mit der Entscheidungsfindung über Art und Weise des Einsatzes, der Förderung und der Freisetzung internationaler Führungskräfte ist als kritisch anzusehen und wird der Breite der Themenstellung nicht gerecht. Des Weiteren kann die Frage, inwieweit eine ausschließliche Fokussierung auf transaktionskostenbasierte ökonomische Effizienzkalküle bei personalstrategischen Entscheidungen ausreicht, sehr kontrovers diskutiert werden.[237] In der angeführten Hauptschwäche des Konzeptentwurfs, der stark vereinfachenden Abbildung ökonomischer Effizienzzusammenhänge im Umfeld personalstrategischer Entscheidungen, liegt aber gleichzeitig auch dessen Stärke: das Aufzeigen transparenter ökonomischer Argumentationsstränge, die prinzipiell empirisch überprüfbar sind. Insofern handelt es sich bei dem in der Tat auch durch empirische Erhebungen untermauerten, systematisch stringent entwickelten Beziehungsgefüge des Modells um einen wichtigen Beitrag zur ökonomischen und theoretischen Fundierung in einem populären Teilgebiet des strategischen Personalmanagements, der auch bei

---

[234] Festing, M. (1996), S. 247. Im Rahmen der empirischen Analyse wurden nomothetische Fallstudien bei zehn international tätigen deutschen Unternehmen durchgeführt. Die spiegelbildliche Datenerhebung im Stammhaus (in 1993) und bei den jeweiligen australischen Tochtergesellschaften (in 1992) erfolgte insbesondere anhand von Intensivinterviews, die durch schriftliche Befragungen der Interviewpartner und durch Dokumentenanalysen ergänzt wurden (vgl. zur empirischen Untersuchung umfassend a.a.O., S. 175ff.).

[235] Vgl. hierzu auch die selbstkritische Modellbeurteilung in Festing, M. (1996), S. 171ff. und ergänzend S. 257f.

[236] A.a.O., S. 247.

[237] Es sei im Zusammenhang auch darauf hingewiesen, dass manche Autoren dem Einsatz der Transaktionskostentheorie zur Fundierung personaler Entscheidungsprobleme grundsätzlich sehr kritisch gegenüberstehen. Vgl. beispielhaft etwa die kritischen Ausführungen zu den Anwendungsmöglichkeiten mikroökonomischer Theorien in der Personalmanagementlehre in Steinmann, H. / Hennemann, C. (1993), S. 55ff.

der Entwicklung umfassenderer Konzeptionen einer strategischen Personalwirtschaft wichtige theoretische Anknüpfungspunkte liefern kann.

Zusammenfassend kann noch einmal festgehalten werden, dass es sich bei den vier hier exemplarisch **behandelten Konzeptionen einer strategischen Personalwirtschaft** um Ansätze handelt, die einerseits durch ihre im Prinzip ökonomische Grundorientierung und eine eingängige Systematisierung des essenziellen Gegenstandsbereichs als Ausgangsbasis für ein betriebswirtschaftlich begründetes strategisches Personalmanagement herangezogen werden können, die aber andererseits aufgrund der angeführten kritischen Einzelaspekte noch ein erhebliches Potenzial für eine Weiterentwicklung aufweisen (vgl. dazu auch den Gesamtüberblick in Tabelle 4).

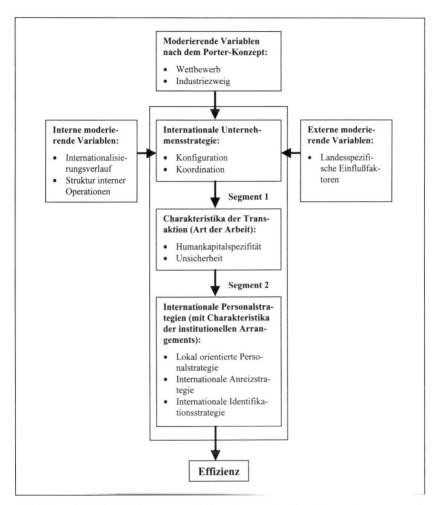

Abbildung 10: Modell eines strategischen internationalen Personalmanagements (Quelle: Festing, M. (1996), S. 170)

Ansatz	Leistungen	Spezifische Ansatzpunkte zur Weiterentwicklung
Michigan-Ansatz: Fombrun, C. J. / Tichy, N. M. / Devanna, M. A. (1982), (1984); Devann, M. A. / Fombrun, C. J. / Tichy, N. M. (1984)	• Systematisierende Vorreiterrolle für das Strategic Human Resource Management (transparente Prozessstrukturierung) • Performanceorientierter Personalansatz • Gestaltungsempfehlungen (Implementierungsfokus)	• Theoretische Fundierung • Integration und Interaktion der Modellelemente • Analyse eigenständiger Erfolgspotenziale des Personalbereichs • Präzisierung der Fit-Perspektive
Portfolio-Ansatz von Odiorne: Odiorne, G. S. (1985)	• Heranziehung etablierter ökonomischer Theoriekonzepte zur Grundlegung eines Managements strategischer Humanressourcen (Humankapitaltheorie; finanzwirtschaftliche Portfolio-Theorie) • Aufzeigen von Notwendigkeit zielgruppenorientierter Personalkonzepte (strategische Segmentierung im Personalbereich) • Methodenbasierte Instrumentalkonzeption des Strategic Human Resource Management	• Konkretisierung ökonomisch-theoretischer Basiszusammenhänge • Theoretische Fundierung der Gestaltungsempfehlungen • Balanceproblematik (Übertragbarkeitsproblem bei der BCG-Portfolio-Idee) • Weiter gehendere Differenzierung der Grundsystematik • Ausweitung strategischer Aggregationsbetrachtungen • Weitere Klärung des zugrundeliegenden Menschenbilds
Partizipativer Ansatz von Erdenberger: Erdenberger, C. (1997)	• Umfassende Prozessanalyse zum strategischen Personalmanagement • Aufzeigen von Relevanz der Mitarbeiterpartizipation bei strategischen Entscheidungen im Personalbereich	• Theoretische Fundierung • Abstimmung von Gestaltungsempfehlungen und Kontingenzperspektive • Eindeutige Klärung des Interaktionsbeziehungstyps von strategischer Unternehmensführung und Personalmanagement • Aufwertung funktionaler Teilsegmente des strategischen Personalmanagements
Internationaler Transaktionskosten-Ansatz nach Festing: Festing, M. (1996)	• Hoher ökonomisch-theoretischer Gehalt der strategischen Personalkonzeption (transaktionskostentheoretische Fundierung) • Transparente, empirisch überprüfbare (und überprüfte) ökonomische Argumentationsstränge • Beitrag zur Internationalisierung des strategischen Personalmanagements	• Hohe Komplexitätsreduktion (Realitätsbezug der Prämissen) • Einseitigkeit der ökonomischen Grundargumentation • Operationalisierung spezifischer Transaktionskosten • Präzisierung praktischer Anwendungsbezüge • Ausweitung über die Führungskräfte- und Internationalisierungsperspektive hinaus

Tabelle 4: Leistungen und Entwicklungspotenziale ausgewählter Ansätze einer strategischen Personalwirtschaft (Quelle: Eigene Darstellung)

III. Ansatzpunkte einer konzeptionellen Weiterentwicklung des strategischen Personalmanagements

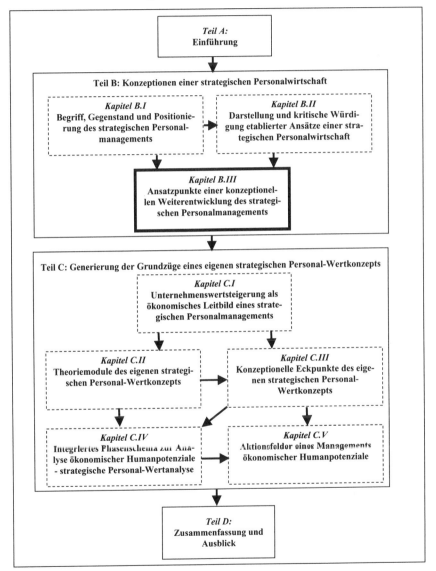

Abbildung 11: Kapitel B.III im Gesamtkontext der Arbeit (Quelle: Eigene Darstellung)

Vor dem Hintergrund der vorgestellten Konzeptionen einer strategischen Personalwirtschaft und der erfolgten Klärung terminologischer und inhaltlicher Grundlagen des strategischen Personalmanagements stellt sich nun die Frage nach dem Bedarf und den Möglichkeiten einer konzeptionellen Weiterentwicklung auf Basis des in der Literatur vorfindbaren Erkenntnisstands.[238] Diesbezüglich sind insbesondere zwei Perspektiven aufzeigbar: die theoretische Fundierung und die ökonomische Spezifizierung des strategischen Personalmanagements.

1. Theoretische Fundierung des strategischen Personalmanagements

a) Analyse der Notwendigkeit einer theoretischen Fundierung des strategischen Personalmanagements

Nahezu einhellig wird in der Literatur auf vehemente Defizite der Personallehre hinsichtlich einer Fundierung von Aussagen durch die Verwendung theoretisch gehaltvoller Erklärungskonzepte hingewiesen.[239] Die Fundierung personaler Entscheidungsprobleme durch die Heranziehung theoretischer Erklärungen ist zwingend erforderlich, da diese dabei helfen, personalpolitische Entscheidungen auf ein rationales Fundament zu stellen und Fehler zu vermeiden.[240] Von der theoretischen Fundierung einer wissenschaftlichen Disziplin kann dann gesprochen werden, wenn sowohl bei der Begründung als auch bei der Kritik von spe-

---

[238] Die nachfolgende Analyse löst sich von der spezifizierten Entwicklungspotenzialbetrachtung bezüglich der eingehender besprochenen Einzelkonzeptionen (vgl. insbes. Tabelle 4) und hat die Identifikation grundlegender Defizite in der Literatur zum (strategischen) Personalmanagement zum Gegenstand. Die zuvor angeführten konzeptionsbezogenen Einzelaspekte finden sich teilweise aber auf einer anderen Argumentationsebene wieder.

[239] Vgl. z.B. Scholz, C. (2000b), S. 311; Martin, A. / Nienhüser, W. (1998b), S. 11f., S. 26; Festing, M. / Groening, Y. / Weber, W. (1998), S. 408; Lundy, O. / Cowling, A. (1997), S. 49; Drumm, H. J. (1996), S. 4, S. 6, S. 8; (1992), S. 2, S. 6, S. 9; Krell, G. (1996), S. 20; Weber, W. (1996), S. 281; Weibler, J. (1996), S. 650; (1995), S. 113f.; Nienhüser, W. (1996), S. 43; Muche, G. (1996), S. 860; Festing, M. (1996), S. 19ff.; Noon, M. (1992), S. 28; Wright, P. M. / Rowland, K. / Weber, W. (1992), Sp. 1150; Marr, R. (1986), S. 15, S. 22; Wunderer, R. / Mittmann, J. (1983), S. 624.

[240] Vgl. Martin, A. / Nienhüser, W. (1998b), S. 26, die dies v.a. für die hier im Vordergrund stehende langfristige (strategische) Personalpolitik betonen. Voraussetzung dafür ist jedoch die Erfüllung der Kriterien „Plausibilität" (i.S.v. Nichtwiderlegbarkeit bzw. logischer Konsistenz) und „Nützlichkeit" (für die Erklärung, Prognose und Gestaltung) durch die herangezogene(n) Theorie(n) (vgl. Noon, M. (1992), S. 22ff.). Betrachtet man wie in dieser Arbeit die Personalwirtschaftslehre als angewandte Wissenschaft, so ist das Heranziehen theoretischer Erklärungszusammenhänge eine unabdingbare Voraussetzung zur Gewährleistung rationaler Gestaltungsentscheidungen. Vgl. zur Verbesserung von Entscheidungsprozessen durch aus theoretischen Modellen abgeleitete prognostische Aussagen auch Wright, P. M. / Mc Mahan, G. C. (1992), S. 296.

zifischen Gestaltungsaussagen auf bewährte Theorien zurückgegriffen wird.[241] Dies ist hinsichtlich der Personalwirtschaftslehre nur in äußerst begrenztem Umfang der Fall, was eine eingehendere Analyse der Lehrbücher, des Handwörterbuchs des Personalwesens und der empirischen Forschung zum Themenbereich Personalwirtschaft offenkundig belegt. Eine Reihe von vermutlich relevanten theoretischen Ansätzen wird zwar im Umfeld der drei genannten Bereiche regelmäßig angesprochen, jedoch werden die dargestellten Theorien vielfach dann nicht zur Erklärung und Gestaltung personaler Problemstellungen herangezogen. Es handelt sich bei der diagnostizierten unzureichenden theoretischen Fundierung der Personallehre also vornehmlich um ein **generelles Theorieanwendungsdefizit** hinsichtlich der spezifischen Problemlagen im Personalmanagement.[242] Dieses Manko ist für den deutschsprachigen Raum noch offensichtlicher als für die US-amerikanische Diskussion,[243] der dementsprechend einige Anregungen zur theoretischen Vertiefung des Faches entnehmbar sind.

Als **Hauptgründe für die defizitäre theoretische Aufbereitung** der Personalwirtschaftslehre lassen sich die nachfolgenden Faktoren anführen:[244]

- Der Druck aus der Unternehmenspraxis, rasch handhabbare Lösungen für den Personalmanager bereitzustellen (Zeit- / Praxisproblem).

---

[241] Vgl. Nienhüser, W. (1996), S. 42.

[242] Vgl. Nienhüser, W. (1996), S. 43ff. und die dort angesprochenen Bestandsaufnahmen zum Theoriegehalt der Personalwirtschaftslehre von Staehle, W. H. / Karg, P. W. (1981); Wunderer, R. / Mittmann, J. (1983), Sadowski, D. / et al. (1994) und Drumm, H. J. (1993). Zur Zweckmäßigkeit der Anwendung vorhandener Theorien in der Personallehre vgl. auch Martin, A. / Nienhüser, W. (1998b), S. 10 und (1998a), S. 1.

[243] Vgl. Martin, A. / Nienhüser, W. (1998b), S. 13, die für die Mitte der Achtzigerjahre den Beginn einer ersten Theoretisierung des Faches ausmachen können, die in den Neunzigerjahren v.a. durch die US-amerikanische Literatur gefördert wurde. Von einer umfassenden theoretischen Fundierung des Faches kann aber auch heute noch keinesfalls die Rede sein. Nach wie vor handelt es sich beim Großteil personalwirtschaftlicher Publikationen um Instrumentesammlungen bzw. theoretisch kaum begründete Praxisrezepte (vgl. a.a.O., S. 14). Die Existenz einer einzigen wissenschaftlich ausgerichteten personalwirtschaftlichen Fachzeitschrift (Zeitschrift für Personalforschung - ZfP) im deutschen Sprachraum, die erst seit 1990 quartalsweise erscheint, ist zudem ein Indiz für die angesichts der Bedeutung der Disziplin bislang sehr begrenzte Diskussion personaltheoretischer Fragen in Deutschland, Österreich und der Schweiz.

[244] Vgl. zu den ersten drei Argumenten Martin, A. / Nienhüser, W. (1998b), S. 14f., zu den letzten beiden Argumenten Drumm, H. J. (1992), S. 8f. Vgl. zur mit einem Theorienpluralismus verbundenen Heterogenitätsproblematik Weibler, J. (1995), S. 120ff. und zur Praxisorientierung und Komplexität der Personalwirtschaftslehre ergänzend a.a.O., S. 131; Muche, G. (1996), S. 859 und Drumm, H. J. (1995), S. 7. Vgl. hierzu die Überschneidungen mit den generellen Problemen der Strategieforschung bei Bea, F.X. / Haas, J. (2001), S. 33ff. Ergänzend sei des Weiteren auf die bei Wunderer / Mittmann angeführten Begründungsfaktoren für Theoriedefizite der Personallehre hingewiesen (vgl. Wunderer, R. / Mittmann, J. (1983), S. 624).

- Ideologische Voreingenommenheiten („Mensch als Mittelpunkt"), die der Akzeptanz Transparenz schaffender rationaler Erklärungskalküle entgegenwirken.
- Die traditionell individualistische Arbeitnehmerperspektive, die Erklärungen für das Arbeitgeberhandeln im Sinne einer Arbeitsteilung eher der Organisationsforschung zuordnet.
- Die hohe Interdisziplinarität und Komplexität personalwirtschaftlicher Problemstellungen, die übergreifende, integrative Theorieansätze erforderlich erscheinen lassen, und die zu einer schwierig handhabbaren Heterogenität potenzieller Theorieansätze führt.
- Das Fehlen explikativer empirischer Studien, die durch die sehr dynamischen Entwicklungen exogener Rahmenbedingungen des Personalmanagements und die knapp bemessenen finanziellen Mittel zur Durchführung entsprechender Erhebungen nur äußerst schwer realisierbar sind.

Trotz der erheblichen Schwierigkeiten, die einer theoretischen Fundierung der Personalwirtschaft entgegenwirken, kann eine Weiterentwicklung der Disziplin nur über einen konsequenten Auf- und Ausbau des Theoriegerüsts erfolgen.[245] Dabei scheint der kontextspezifische **Rückgriff auf etablierte Ansätze** verwandter Forschungsfelder der erfolgversprechendste und gangbarste Weg zu sein.[246]

---

[245] Die pragmatische Entwicklung von „Konzeptionen" des Personalmanagements im Sinne verkürzter, empirisch ungeprüfter instrumenteller Hypothesen wird von Drumm als realistische Möglichkeit einer theoretischen Weiterentwicklung vorgeschlagen und praktiziert (vgl. Drumm, H. J. (1995), S. 7, S. 20; (2000), S. 30ff.). Bei Konzeptionen handelt es sich also um i.d.R. unvollkommen formulierte Denkmodelle, die üblicherweise keine Realitätsbeschreibungen beinhalten (vgl. Groth, H. / Kammel, A. (1993), S. 471f.).

[246] Im Gegensatz zur hier vertretenen Position weist Drumm importierten fachfremden Theorien lediglich eine Ordnungsfunktion zur Kategorisierung personalwirtschaftlicher Probleme zu und sieht in ihnen kaum Potenziale zur Weiterentwicklung der theoretischen Basis des Faches (vgl. Drumm, H. J. (2000), S. 18f.; (1995), S. 16). Angesichts der interdisziplinären Ausrichtung des Personalmanagements und des hohen Innovationspotenzials eines Wissenstransfers zwischen bislang isolierten Teildisziplinen wird hier einer pluralistischen Forschungsperspektive der Vorzug gegeben. Vgl. zu dieser Position auch Festing, M. (1996), S. 45; Amling, T. K. (1997), S. 11f.; Ridder, H.-G. (1999), S. 26f.; (1996), S. 332f., S. 334; Backes-Gellner, U. (1993), S. 527. Implizit nimmt auch Hax eine pluralistische Grundposition ein, wenn er sich zugunsten einer theoretischen Fundierung der Personalwirtschaft durch mikroökonomische Theorien ausspricht (vgl. Hax, H. (1991), S. 65f., S. 58ff.). Die Idee einer fachübergreifenden Heranziehung verschiedenster theoretischer Erklärungsansätze zur Überwindung einer Theorieanwendungsabstinenz in der Personalwirtschaftslehre liegt auch dem in jüngerer Zeit erschienenen Sammelband zur wissenschaftlichen Erklärung der Personalpraxis (vgl. Martin, A. / Nienhüser, W. (1998c)) zugrunde, der Einsatzmöglichkeiten ökonomischer, verhaltenswissenschaftlich-entscheidungstheoretischer und machtzentrierter, institutionalistischer, kultur- und gesellschafts-

Die erfolgte Diagnose einer generellen Theoriearmut personalwirtschaftlicher Gestaltungsansätze schließt auch den größten Teil der bislang entwickelten **Konzeptionen eines strategischen Personalmanagements** mit ein,[247] wenngleich sich in jüngerer Zeit einige theoretische Entwicklungslinien herauskristallisiert haben, die wichtige Optionen zur Verbesserung der theoretischen Substanz des Faches aufzeigen.[248] Ein Gesamtüberblick über die wohl relevantesten Optionen einer theoretischen Fundierung des strategischen Personalmanagements ist dem nachfolgenden Abschnitt zu entnehmen.

b) Optionen einer theoretischen Fundierung des strategischen Personalmanagements

In der **anglo-amerikanischen Literatur** zum Strategic Human Resource Management gibt es Autoren, die darauf verweisen, dass sehr wohl eine Reihe von soliden theoretischen Rahmenkonzepten existiert, auf die zur Fundierung personalstrategischer Entscheidungen zurückgegriffen werden kann.[249] Die angespro-

---

wissenschaftlicher, system- und evolutionstheoretischer sowie pragmatischer Erklärungen aufzeigt (vgl. Martin, A. / Nienhüser W. (1998a), S. 1).

[247] Vgl. hierzu auch die Defizitverweise bezüglich der theoretischen Fundierung des Strategic Human Resource Management bei Delery, J. E. / Doty, D. H. (1996), S. 802f. und S. 805. Vgl. dazu auch Truss, C. / Gratton, L. (1994), S. 668f. oder Mabey, C. / Salaman, G. (1997), S. 2.

[248] Vgl. hierzu die Ausführungen zu den theoretischen Fundierungsoptionen in der nachfolgenden Passage B.III.1.b).

[249] Vgl. z.B. Becker, B. E. / Huselid, M. A. (1998), S. 61, die eine starke Konsistenz zwischen den Theorieansätzen im Strategischen Management und in der Organisationsökonomie mit der Kernhypothese des Strategic Human Resource Management, dass das Personalmanagementsystem als Qelle von Wettbewerbsvorteilen fungiert, ausmachen können. Vgl. auch Ferris, G. R. / et al. (1999), S. 387, die einen Trendwechsel weg von den theoretischen Ursprüngen des Human Resource Management diagnostizieren. Der Engländer Boxall spricht angesichts einer Zunahme der Veröffentlichungen zum Strategic Human Resource Management in den USA und in Großbritannien zu Beginn der Neunzigerjahre zumindest von „beginnings of a new theoretical sophistication" (Boxall, P. F. (1992), S. 61, S. 76), auch wenn Fortschritte in der theoretischen Weiterentwicklung sich nur langsam einstellen. Wright / Rowland / Weber vermeiden in ihrem Überblick zu den Konzeptionen des Personalwesens zwar den Begriff „Theorie" und verwenden stattdessen den Terminus der Konzeption (vgl. zum Konzeptionsbegriff auch Fußnote 245), sehen aber, unter ausschließlichem Verweis auf die angelsächsische Literatur, vor allem das Gebiet des Strategic Human Resource Management „auf dem Weg zu einer Konzeption des Personalwesens" (Wright, P. M. / Rowland, K. / Weber, W. (1992), Sp. 1143). Auch Delery / Doty sehen sehr wohl Ansätze einer theoretischen Fundierung des Strategic Human Resource Management in der Literatur (vgl. Delery, J. E. / Doty, D. H. (1996), S. 802ff. Gleiches gilt für Wright, P. M. / Mc Mahan, G. C. (1992), S. 300. Vgl. auch die Übersicht über theoretische Anknüpfungspunkte für den Zusammenhang zwischen Unternehmensleistung und Human Resource Management bei Tyson, S. (1997), S. 344ff., die neben der Instituti-

chenen Konzepte gehen weit über die bislang verbreitete „theoriearme" Kontingenzperspektive[250] der traditionellen Fit-Ansätze hinaus bzw. können zur „theoretischen Anreicherung" situativer, aber auch der ebenfalls verbreiteten, theoretisch unausgereiften universalistischen Gestaltungskonzepte [251] herangezogen werden. Von besonderer Relevanz erscheint hierbei die nach wie vor zutreffende Bestandsaufnahme theoretischer Perspektiven für ein Strategic Human Resource Management bei Wright / Mc Mahan,[252] die nachfolgend als Systematisierungsgrundlage herangezogen wird.

Wright / Mc Mahan unterscheiden auf der Makrobene des Unternehmens insgesamt sechs theoretische Konzeptionen zur Erklärung von Human Resource Management-Praktiken, die den Bereichen Organisations- und Finanztheorie sowie der Volkswirtschaftslehre entnommen sind. Institutionalistische und die Resource Dependence-Modelle bzw. Machtmodelle werden dabei als nichtstrategische Erklärungsansätze organisationstheoretischen Ursprungs gekennzeichnet, während der Resource-based View of the Firm, der verhaltenswissen-

---

onenökonomie, dem Ressourcenansatz und der Kontingenztheorie auch neuere Arbeitsmarktstrukturtheorien anführt.

[250] Vgl. zur starken Verbreitung der Kontingenzperspektive in der Literatur etwa Boxall, P. (1996), S. 61f.; Jennings, P. D. (1994), S. 4; Delery, J. E. / Doty, D. H. (1996), S. 803, S. 807ff.; Ferris, G. R. / et al. (1999), S. 390; Festing, M. (1996), S. 19, S. 38; Tyson, S. (1995), S. 22ff. sowie die entsprechende Anmerkung zur deutschen Personalwirtschaftslehre bei Martin, A. / Nienhüser, W. (1998), S. 13. Vgl. zur theoretischen Kritik des Kontingenzmodells Boxall, P. (1996), S. 62f. und Festing, M. (1996), S. 19ff.

[251] Delery / Doty unterscheiden drei dominante Theoretisierungsmethoden im Strategic Human Resource Management: die universalistische, die kontingenz- und die konfigurationstheoretische Perspektive. Erstere beinhaltet die Suche nach allgemein gültigen „Best Practice"-Regeln, während die Kontingenzansätze die Erfordernis einer situativen Adäquanz von Personalpolitiken und -praktiken betonen und die Vertreter des Konfigurationsansatzes sich unter Heranziehung holistischer Forschungsprinzipien mit der Auswirkung von musterhaften (idealtypischen) Kombinationen unabhängiger Variablen auf abhängige Variablen auseinander setzen (vgl. Delery, J. E. / Doty, D. H. (1996), S. 802ff.; ergänzend Ferris, G. R. (1999), S. 390f.). Eine weiter gefasste Auslegung der Kontingenzperspektive würde eine Miteinbeziehung von Konfigurationsbetrachtungen allerdings nahe legen (übrig bliebe dann lediglich das Gegensatzpaar Universalismus versus Kontingenzorientierung - vgl. hierzu auch die allerdings Aspekte der Leistungsbetonung mit einbeziehende Unterscheidung von universalistischem (leistungsbetont) und kontextualem Forschungsparadigma in der Strategic Human Resource Management-Forschung bei Mc Mahan, G. C. / Bell, M. P. / Virick, M. (1998), S. 12). Am plausibelsten erscheint aber die Interpretation der Konfigurationsanalysen als ein denkbarer Mittelweg (typologische Aussagen) zwischen universalistischen Ansätzen (generelle Aussagen) und Kontingenzbetrachtungen (situationsspezifische Aussagen). In der Literatur sind Entwürfe der beiden antithetischen Grundpositionen am häufigsten vertreten.

[252] Vgl. Wright, P. M. / Mc Mahan, G. C. (1992).

schaftliche Ansatz, die Kybernetik sowie die Agency- und Transaktionskostentheorie als strategisch charakterisiert werden (vgl. Abbbildung 12).

Die als **nicht-strategisch klassifizierten Modelle** des Human Resource Management befassen sich mit Determinanten der Personalmanagementpraktiken, die
nicht das Resultat eines strategischen Entscheidungsprozesses darstellen, sondern aus dem Zusammenwirken institutionaler und politischer Kräfte in Unternehmen resultieren, die aber durchaus vor allem die Implementierung von Personalstrategien beeinträchtigen können.[253] Beide Ansätze gründen in der Sozio-
logie.[254] Bei den Machtmodellen kann die Bedeutung politischer Prozesse, irra-
tionaler Konfliktmechanismen und spezifischer (Verfügungs-)Machtvertei-
lungen für personalbezogene Sachverhalte analysiert werden. Ähnlich erlaubt es
die institutionalistische Perspektive, auf den ersten Blick durch rationale Entscheidungsprozesse nicht erklärbare soziale Realitäten durch die Analyse sozialer Prozesse der Wirklichkeitskonstruktion nachzuvollziehen.[255]

Die **strategischen Modelle** sind durch einen entsprechend eindeutigen Fokus
gekennzeichnet und versuchen zu erklären, wie über personalpolitische Praktiken die Umsetzung des strategischen Unternehmensplans erfolgen kann. Alle
vier Theorien betonen die Relevanz eines rationalen und proaktiven Entschei-
dungsfindungsprozesses als Haupteinflussgröße für die Entwicklung und strategische Ausrichtung der Personalpraktiken.[256]

---

[253] Vgl. Wright, P. M. / Mc Mahan, G. C. (1992), S. 310f. Diese Ansätze setzen sich mit den
eher dysfunktionalen Bestimmungsgrößen von Personalpraktiken auseinander und tragen
ebenfalls zu einem besseren Verständnis der Interaktion zwischen Personalfunktion und
dem strategischen Management bei (vgl. a.a.O., S. 300).

[254] Vgl. z.B. die Ausführungen bei Jennings, P. D. (1994), S. 10ff.

[255] Vgl. umfassender zu den nicht-strategischen Modellen Wright, P. M. / Mc Mahan, G. C.
(1992), S. 310ff. Vgl. außerdem zu den (macht)politischen Ansätzen Jennings, P. D.
(1994), S. 6ff., S. 13f. und Nienhüser, W. (1998); zu den institutionalistischen Perspektiven makropolitischer Personalfragen Jennings, P. D. (1994), S. 18ff. und Walgenbach, P.
(1998) und zu den Anwendungsbereichen der Theorien im Kontext eines Strategic Human
Resource Management (strategischer Fit, innovative Personalpraktiken, Personalmanager
als Fachspezialisten, Überleben der Personaldisziplin insgesamt) Jennings, P. D. (1994),
S. 28ff. Vgl. zur politischen Perspektive des Human Resource Management aktueller auch
Ferris, G. R. / et al. (1999), S. 396ff. und zur symbolischen Dimension des Personalmana-
gements a.a.O., S. 404ff. Vgl. ergänzend zudem zu einer sozialen Kontexttheorie der Be-
ziehung zwischen Human Resource Management und organisationaler Effektivität Ferris,
G. R. / et al. (1998) sowie zu einer soziotheoretischen Modellkonzeption für das Strategic
Human Resource Management Kamoche, K. (1994), insbes. S. 35ff.

[256] Vgl. Wright, P. M. / Mc Mahan, G. C. (1992), S. 310.

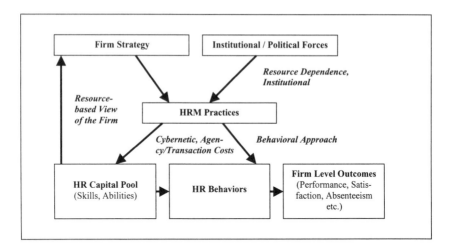

Abbildung 12: A Conceptual Model of Theoretical Frameworks for Studying Strategic Human Resource Management (Quelle: Wright, P. M. / Mc Mahan, G. C. (1992), S. 299)[257]

Der jüngste Erfolg versprechende theoretische Zugang zu einem strategischen Personalverständnis findet sich im in der Organisationsökonomie und der Literatur zum strategischen Management verwurzelten **Resource-based View of the Firm**.[258] Der Ressourcenansatz betont im Gegensatz zur traditionell umweltorientierten Industrieökonomik die Bedeutung der internen Ressourcen für die Re-

---

[257] Die Einsatzmöglichkeiten der vorgestellten Theoriemodule für bestimmte Erklärungszusammenhänge gehen aus der Darstellung jedoch nicht vollständig hervor. Festing (vgl. Festing, M. (1996), S. 40) etwa kritisiert die der Abbildung nicht entnehmbare Tatsache, dass die Transaktionskostentheorie durchaus auch für unternehmensstrategische Argumentationen heranziehbar ist. Dies wird im Text aber durch die Zuordnung des Transaktionskostenansatzes zu den strategischen Theorien inhaltlich korrigiert. Natürlich kann der Ressourcenansatz nicht nur zur Analyse der Beziehung zwischen Humankapitalpool und Unternehmensstrategie herangezogen werden, sondern beispielsweise auch zur Erklärung des Beziehungszusammenhangs zwischen betrieblichem Humankapital und Unternehmensperformance (vgl. hierfür beispielhaft die nachfolgend in B.III.2.b), C.I.2.a) bzw. C.I.3.c)bb) genannten Beiträge der Forschergruppe um Huselid / Becker, die diesen Weg u.a. einschlagen).

[258] Vgl. zu den diesbezüglichen Ausführungen insbesondere Wright, P. M. / Mc Mahan, G. C. (1992), S. 300ff. Im strategischen Management konnte sich der Ressourcenansatz bis heute als dynamisches theoretisches Entwicklungsfeld etablieren (vgl. zur aktuellen Bedeutung des Resource-based View of the Firm für das strategische Management Hoskisson, R. E. / et al. (1999), S. 437ff.). Zur expliziten Übertragung auf personalstrategische Fragestellungen gibt es in der Literatur jedoch derzeit noch relativ wenige Beiträge (vgl. zu dieser Feststellung auch Mueller, F. (1996), S. 776).

alisierung von Wettbewerbsvorteilen und ist damit unternehmenszentriert. Im Vordergrund stehen die Einzigartigkeit und Dauerhaftigkeit von Wettbewerbsvorteilen, die ihren Ursprung in der Heterogenität und Immobilität von Unternehmensressourcen haben. Ressourcen mit hohem Erfolgspotenzial zeichnen sich zudem durch positive Wertgenerierungseffekte, Knappheit sowie durch schwierige Imitierbarkeit und Ersetzbarkeit aus. Die Übertragung dieses Denkansatzes auf die Ressource Personal ist nahe liegend und wurde implizit bereits in den praxisorientierten Ansätzen von Schuler / Mac Millan[259] und Ulrich[260] aufgegriffen. Ein theoretisch ausgereifterer Zugang unter expliziter Verwendung der Perspektive des Ressourcenansatzes findet sich bei Wright / Mc Mahan / Mc Williams[261] und bei den aktuelleren Publikationen von Boxall[262], Mueller[263] und Kamoche[264]. Den Mitarbeitern eines Unternehmens kommt innerhalb dieses Theoriekonzeptes als Träger marktrelevanter Fähigkeiten und Kernkompetenzen eine zentrale Rolle beim Aufbau und der Nutzung anhaltender Wettbewerbsvorteile zu. Daraus kann die Notwendigkeit einer frühzeitigen Einbeziehung humanressourcenbezogener Überlegungen in den Entwicklungsprozess für Unternehmensstrategien abgeleitet werden.

Der in der Kontingenztheorie fußende, weit verbreitete **verhaltenswissenschaftliche Ansatz**[265] konzentriert sich auf das Rollenverhalten von Mitarbeitern, die als Mittler zwischen Strategie und Unternehmensperformance, d.h. der effektiven Strategieumsetzung agieren. Im Mittelpunkt steht die Beeinflussung und Kontrolle der Einstellungen und Verhaltensweisen der Arbeitnehmer im Sinne der strategischen Zielsetzungen. Beispielhaft können die Ansätze von Miles / Snow[266] und von Schuler / Jackson[267] genannt werden. Letztere gehen

---

[259] Vgl. Schuler, R. S. / Mac Millan, I. (1984).

[260] Vgl. Ulrich, D. (1991).

[261] Vgl. Wright, P. M. / Mc Mahan, G. C. / Mc Williams, A. (1992).

[262] Vgl. Boxall, P. (1996). Boxall untersucht die theoretischen Implikationen des Resource-based View of the Firm für strategische Problemstellungen im Personalbereich. Vgl. dort insbesondere S. 64ff.

[263] Vgl. Mueller, F. (1996), der sich zugunsten einer evolutionaren Ressourcenperspektive für Entscheidungen hinsichtlich des strategischen Aktivpostens der Humanressourcen ausspricht.

[264] Vgl. Kamoche, K. (1996), der ausgehend von einem „Resource-capability View of the Firm" die Konsequenzen für ein Strategic Human Resource Management aufzeigt und das Resource-Capability-Modell als integrativen Rahmen für die Zusammenführung ressourcenbasierter, aber nur Teilaspekte behandelnder Literaturbeiträge vorschlägt (vgl. a.a.O., S. 215).

[265] Vgl. hierzu Wright, P. M. / Mc Mahan, G. C. (1992), S. 303ff. Vgl. umfassend zu den verhaltenswissenschaftlichen Grundlagen der Personalwirtschaft Ridder, H.-G. (1999), S. 68ff.

[266] Vgl. Miles, R. / Snow, C. (1984).

[267] Vgl. Schuler R. S. / Jackson, S. E. (1987).

davon aus, dass das Rollenverhalten entlang einer Reihe von Rollencharakteristika variieren kann wie etwa innovatives versus repetitives Verhalten, hohe versus geringe Risikobereitschaft, Bereitschaft zum Wandel versus Unflexibilität etc. Spezifische Strategien sind demnach untrennbar mit bestimmten erwünschten Ausprägungen dieser Rollenmerkmale verbunden, die durch passende, aufeinander abgestimmte Maßnahmen im Personalbereich zu fördern sind. Betrachtet werden also nicht wie im Ressourcenansatz die mit den Humanressourcen verbundenen Wissens- und Fähigkeitspotenziale, es werden stattdessen lediglich Funktionalitätskalküle bezüglich spezifischer Verhaltensweisen erstellt. Vordringliche Forschungsaufgaben dieser Theorieströmung sind die Validitätsprüfung von aufgestellten Verhaltenshypothesen, die Analyse der Verhaltenswirksamkeit einzelner Personalpraktiken und die Untersuchung, inwieweit ein bestimmtes Rollenverhalten zur konkreten Erhöhung der betrieblichen Performance beiträgt.

Offene Systemansätze der Kybernetik[268] sind dadurch gekennzeichnet, dass prinzipiell ein Austausch zwischen System und Umsystem (Umwelt) möglich ist. Das System selbst kann durch die drei verbundenen Komponenten „Input", „Throughput" und „Output" charakterisiert werden, die über einen negativen Feedback-Regelkreis mit dem Umsystem verkoppelt sind. Bezogen auf das Human Resource Management ließen sich demgemäß die Humanressourcen bzw. die mit diesen verbundenen Kenntnisse und Fähigkeiten als Input, das spezifische Mitarbeiterverhalten als Throughput und die resultierenden Ergebnisse (z.B. Produktivitäts-, Zufriedenheits-, Profitveränderungen) als Output definieren. Die Unternehmensstrategie wäre in diesem Fall eine Steuerungskomponente zur umweltbezogenen Rückkopplung. Exemplarische Vertreter des Systemansatzes im Personalbereich sind der diesbezügliche Pionier Mowday [269] und Wright / Snell[270]. Letztere leiten aus ihrem offenen Systemkonzept zwei generelle Verantwortungsbereiche des Strategic Human Resource Management ab: das Kompetenzmanagement (Akquisition, Nutzung, Retention und Abbau von Kompetenzen) und das Verhaltensmanagement (Verhaltenskontrolle und -koordination). Bezogen auf die beiden Gestaltungsfelder wird einer Abstimmung der verschiedenen personalen Teilfunktionen eine besondere Rolle beigemessen. Diese Hervorhebung des Koordinationsbedarfs zwischen den Personalmanagementpraktiken findet sich auch in der kontrolltheoretischen Sichtweise des

---

[268] Vgl. dazu Wright, P. M. / Mc Mahan, G. C. (1992), S. 305ff.

[269] Vgl. Mowday, R. T. (1984). Vgl. zu frühen systemtheoretischen Konzepten des betrieblichen Personalwesens in Deutschland auch Hackstein, R. / Nüßgens, K.-H. / Uphus, P. H. (1971) und Nüßgens, K.-H. (1975) und als aktuellen Beitrag zur Analyse systemischer Strukturkräfte für die Entstehung personalpolitischer Entscheidungen Kahle, E. (1998).

[270] Vgl. Wright, P. M. / Snell, S. A. (1991). Vgl. dazu auch die Konzepterörterung bei Wright, P. M. / Rowland, K. / Weber, W. (1992), Sp. 1144f.

Strategic Human Resource Management bei Snell[271] wieder, dem eine Kombination von verhaltenswissenschaftlichem Ansatz und kybernetischem Systemansatz zugrundeliegt. Er weist in seinem Konzept administrativen Informationen eine Vermittlerrolle in der Beziehung zwischen Strategie und Kontrolle des Human Resource Management zu. Empirisch fundierte systemtheoretische Analysen von Praktiken einer strategischen Personalwirtschaft können wichtige Hinweise darauf liefern, wie sich bestimmte Praktiken im Zeitablauf ändern oder verändern sollten.

Eine weitere viel versprechende strategische Theorieperspektive zeigen die institutionenökonomischen Ansätze der **Agency- und der Transaktionskostentheorie** auf.[272] Die Ursprünge beider Konzepte liegen in der Finanz- und Volkswirtschaftslehre. Bei der Anwendung der Theorien auf die Personalwirtschaft wird im Besonderen auch der Frage nachgegangen, welche Umfeldbedingungen in Verbindung mit bestimmten Humanfaktoren als Erklärung für die transaktions- bzw. agencykostensenkende Internalisierung von Transaktionen herangezogen werden können.

Grundlegend für die Anwendung der Agency- und Transaktionskostentheorie sind die Annahmen einer begrenzten Rationalität von Individuen (der Mensch als Subjekt unvollständiger Informationsprozesse mit begrenztem Informationszugang und eingeschränkten Informationsverarbeitungskapazitäten) und des Opportunismus (der Mensch als täuschungsbereiter Eigennutzenmaximierer). In Verbindung mit den Umweltmerkmalen Unsicherheit und geringe Transaktionshäufigkeiten ziehen diese menschlichen Faktoren Agency- und Transaktionskosten nach sich. Agency-Kosten können als Kosten angesehen werden, die mit der Institutionalisierung effizienter Vertragsbeziehungen zwischen Vertragsparteien verbunden sind. Transaktionskosten sind alle Kosten im Zusammenhang mit der Verhandlung, Überwachung, Bewertung und Durchführung von Austauschbeziehungen zwischen Vertragspartnern. Grundintention der organisationstheoretischen Ausprägungsformen des Agency- und Transaktionskostenansatzes ist die Erklärung von intraorganisationaler Kontrolle, so dass sich gezwungenermaßen auch Implikationen für die Ausgestaltung von Personalmanagementpraktiken ergeben. Die Kontrollerfordernis hinsichtlich des „Shirking"- (eigennützige Leistungsreduzierung) und des „Free Rider"-Phänomens (opportunistisches Trittbrettfahrerverhalten) in Gruppen macht den Einsatz von Perso-

[271] Vgl. Snell, S. A. (1992).
[272] Vgl. zu den diesbezüglichen Erörterungen Wright, P. M. / Mc Mahan, G. C. (1992), S. 308ff. Vgl. außerdem zur Neuen Institutionenökonomie als Ausgangsbasis einer theoretischen Grundlage neuerer personalökonomischer Entwürfe Ridder, H.-G. (1999), S. 45ff.; (1996), S. 326ff. Vgl. zur Bedeutung der Transaktionskosten- und Agency-Theorie in der Literatur zum Strategischen Management Hoskisson, R. E. / et al. (1999), S. 432ff.

nalbewertungs- und -belohnungsmechanismen erforderlich, die als Instrumente zur Anbindung von Arbeitnehmerverhalten und strategischen Zielen eines Unternehmens herangezogen werden können. Anwendungsbezüge der Transaktionskostentheorie für das Human Resource Management finden sich etwa im Bürokratiekostenansatz von Jones / Wright[273]. Als Beispiel für die Heranziehung der Agency-Theorie zur Analyse personaler Sachverhalte sei auf die Arbeit von Eisenhardt[274] verwiesen, die vor dem Hintergrund agencytheoretischer Überlegungen nach Erklärungen für die Bestimmungsgrößen von Vergütungssystemen sucht. Die Tatsache, dass personalstrategische Entscheidungen ganz offensichtlich die Transaktionsbedingungen und somit auch die Kosten für personale Austauschbeziehungen beeinflussen, spricht für das Einbeziehen transaktions- und agencykostentheoretischer Erkenntnisse zur theoretischen Fundierung eines strategisch ausgerichteten Personalmanagements. Von einer ausgearbeiteten institutionenökonomischen Theorie des strategischen Personalmanagements ist der aktuelle Stand der Forschung allerdings derzeit immer noch weit entfernt.[275]

Bei den hier angesprochenen Modellen handelt es sich um eine Auswahl der zur Zeit für ein strategisches Personalmanagement wohl immer noch **relevantesten Theoriefelder**. Das Spektrum potenziell heranziehbarer Theorien ist dabei aber bei weitem noch nicht erschöpft. Insbesondere die Organisationstheorie liefert noch eine Vielzahl weiterer Theorieansätze, die einen offensichtlichen Anwendungsbezug für personale Problemstellungen aufweisen.[276]

---

[273] Vgl. Jones, G. R. / Wright, P. M. (1992) und ergänzend Jones, G. R. / Hill, C. W. L. (1988).

[274] Vgl. Eisenhardt, K. M. (1988). Vgl. beispielhaft zur agencytheoretischen Begründung der Effektivität leistungsbezogener Vergütungsformen auch Fama, E. F. / Jensen, M. C. (1983). Vgl. des Weiteren zur Anwendbarkeit (institutionen-/arbeits-)ökonomischer Theorien zur Analyse der Personalpolitikfelder Lohnprofile, unternehmensgrößenabhängige Arbeitslohngestaltung sowie Beförderungen und Karrieren Schauenberg, B. (1996), S. 350ff.

[275] Vgl. auch die analoge Feststellung zu einer institutionenökonomischen Fundierung der Personalwirtschaft bei Ridder, H.-G. (1996), S. 331, der der Agency- und Transaktionskostentheorie ein bemerkenswertes heuristisches Potenzial für bislang vernachlässigte personalwirtschaftliche Probleme beimisst (Personalkosten, Arbeitsvertragsgestaltung, Personalinvestitionsstrategien etc.) (vgl. a.a.O., S. 332). Für die strategieorientierte Literatur des Human Resource Management kommen auch Becker / Huselid zur Einschätzung, dass agentur- und vertragstheoretische Übertragungen bislang noch nicht sehr verbreitet sind und ein diesbezüglicher Nachholbedarf besteht (vgl. Becker, B. E. / Huselid, M. A. (1998), S. 60).

[276] Wright / Mc Mahan führen diesbezüglich den kritischen Marxismus, den interpretativen Ansatz und populationsökologische Konzepte an (vgl. Wright, P. M. / Mc Mahan, G. C. (1992), S. 315). Darüber hinaus scheint z.B. auch dem Selbstorganisationsansatz aktuell eine hohe Erklärungs- und somit auch Gestaltungsrelevanz für personalpolitische Fragen zuzukommen (vgl. zum Selbstorganisationskonzept etwa Bea, F. X. / Göbel, E. (2002), S.

c) Auswahlproblematik spezifischer Theorieansätze zur Fundierung eines strategischen Personalmanagements

Die konkrete Auswahl eines oder mehrerer Optionen zur theoretischen Vertiefung intradisziplinärer Aussagen hängt insbesondere von der eingenommenen
Forschungsperspektive bei der Analyse personaler Problemstellungen ab. Diese soll hier anhand von **vier Kriterien** gekennzeichnet werden: *disziplinäre
Analysebasis, Analyseebene, theoretisches Analyseziel* und *Generalisierungsgrad*. Alle vier Teilperspektiven sind mittels bipolarer Ausprägungen idealtypisch charakterisierbar und prinzipiell frei miteinander kombinierbar (vgl. hierzu
Tabelle 5).

Die in Tabelle 5 grau hinterlegten Felder kennzeichnen die in dieser Arbeit eingenommene Forschungsperspektive als ökonomisch, ganzheitlich (i.S.v. strategisch), anwendungsorientiert und sowohl universalistisch als auch kontingenz-
orientiert. Bei der Auswahl der Theoriemodule muss also zum Ersten einer disziplinären Verankerung in der Ökonomie Rechnung getragen werden, zum
Zweiten die Notwendigkeit einer Anwendbarkeit auf umfassende, hochaggre-
gierte Problemstellungen strategischer Makrobetrachtungen berücksichtigt werden und zum Dritten die Klärung eines konkreten Anwendungsbezugs erfolgen.
Viertens sollten abgeleitete Aussagen sowohl genereller Natur als auch situationsabhängig sein können.

Der Aspekt einer ökonomischen Verankerung des strategischen Personalmanagements wird nachfolgend aufgrund seiner hohen Relevanz unter dem Oberbegriff der „ökonomischen Spezifizierung" eingehend vertieft.[277] Die ganzheitliche
Analyseebene ergibt sich quasi automatisch aus dem Gegenstandsbereich des
strategischen Personalmanagements. Der Fokus auf eine Anwendungsorientie-
rung erfolgt vor dem Hintergrund einer Sichtweise der Personalwirtschaftslehre
als angewandte Wissenschaft und der Einschätzung, dass der Kenntnisstand einiger heranziehbarer Theorieansätze[278] bereits konkrete Anwendungsbezüge erlaubt. Eine Kombination von universalistischer und Kontingenzperspektive
scheint außerdem pragmatisch insgesamt den betrieblichen Realitäten am ehesten gerecht zu werden.[279]

175ff. und umfassender Göbel, E. (1998)). Vgl. umfassend zur generellen Relevanz orga-
nisationstheoretischer Grundlagen für die Personalarbeit Kieser, A. (1992), insbes. Sp.
1510ff.

[277] Vgl. Abschnitt B.III.2.

[278] Genau genommen der in dieser Arbeit herangezogenen Theoriekonzepte.

[279] Beide Forschungsperspektiven werden hier nicht als sich widersprechende, sondern als
sich ergänzende Möglichkeiten betrachtet, da für nahezu alle Gestaltungsfelder des Perso-

Disziplinäre Analysebasis	Ökonomisch: Betriebswirtschaftslehre	Nicht ökonomisch: Psychologie, Soziologie etc.
Analyseebene	Makroebene: - Ganzheitliche, übergreifende Problemstellungen - Fokus auf Personengruppen	Mikroebene: - Einzelprobleme - Fokus auf Individuen
Theoretisches Analyseziel[280]	Gestaltungsorientierte Forschung: Anwendung vorhandener bewährter Theorien (auch verwandter Disziplinen) zur rationalen Begründung von Gestaltungsentscheidungen	Grundlagenforschung (i.e.S.): Generierung und Weiterentwicklung neuer Theorien
Generalisierungsgrad[281]	Universalistischer Ansatz: Beste Praktiken für alle (generelle Regeln für ein strategisches Personalmanagement)	Kontingenzansatz: Unternehmens- bzw. umweltspezifisches strategisches Personalmanagement („Fit"-Ideal)

Tabelle 5: Forschungsperspektiven als Kriterien der Theorieselektion für ein strategisches Personalmanagement (Quelle: Eigene Darstellung)

2. Ökonomische Spezifizierung des strategischen Personalmanagements

Das strategische Personalmanagement lässt sich allgemein als **spezifische Teildisziplin der Betriebswirtschaftslehre** kennzeichnen (vgl. hierzu auch Abbil-

---

nalmanagements sowohl generalisierbare Grundregeln rationalen Handelns als auch situative Differenzierungserfordernisse angeführt werden können.

[280] Bei der gestaltungsorientierten Forschung handelt es sich um eine Kombination von kognitivem und pragmatischem Wissenschaftsziel (jede theoretisch fundierte Gestaltungsaussage schließt implizit immer auch eine Erklärungsaussage mit ein). Die Grundlagenforschung im engeren Sinne konzentriert sich, unabhängig vom Anwendungsbezug, ausschließlich auf die kognitive Komponente, die aus der eigenen Disziplin heraus (endogen) entwickelt wird. Eine Grundlagenforschung im weiteren Sinne würde die selektive Adaption adäquater Theorien verwandter Disziplinen zur Klärung kognitiver Fragestellungen mit beinhalten (exogener Forschungsansatz). Ergänzend sei noch auf die Deskription realer Sachverhalte als weitere Forschungsintention hingewiesen, die wichtige Beiträge zur Realisierung der kognitiven und praktischen Zielsetzungen einer Wissenschaft leisten kann. Vgl. außerdem ergänzend zur Unterscheidung von kognitivem, praktischem und deskriptivem Wissenschaftsziel auch Schanz, G. (2000), S. 82ff.

[281] Vgl. hierzu auch die Erörterungen zu den paradigmatischen Theoretisierungsperspektiven in Fußnote 251.

dung 13).[282] Die Betriebswirtschaftslehre untersucht das Wirtschaften in und von auf Märkten agierenden Unternehmen, in denen zur Realisierung fixierter Sach- und Formalziele knappe Ressourcen effektiv und effizient eingesetzt werden sollen.[283] Ein effektiver Ressourceneinsatz erfolgt dann, wenn vorgegebene Ziele bestmöglich erreicht werden („die richtigen Dinge tun").

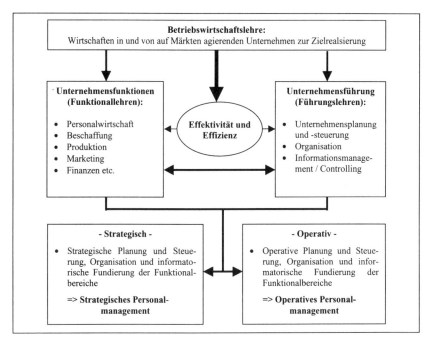

Abbildung 13: Strategisches Personalmanagement als Teildisziplin der Betriebswirtschaftslehre (Quelle: Eigene Darstellung)[284]

---

[282] Vgl. zur Sichtweise der Personallehre als Teildisziplin der Betriebswirtschaftslehre exemplarisch Klimecki, R. / Gmür, M. (2001), S. 16ff. und S. 25ff.; des Weiteren Krieg, H.-J. / Ehrlich, H. (1998), S. 1ff.; Steinmann, H. / Hennemann, C. (1993), S. 47ff.; (1996), S. 230ff.; Drumm, H. J. (2000), S. 11; (1995), S. 9.

[283] Vgl. hierzu umfassender Schweitzer, M. (2000b), S. 24ff.; Lechner, K. / Egger, A. / Schauer, R. (1997), S. 31ff.; Raffée, H. (1993), S. 4ff.

[284] Die Abbildung soll zwei denkbare Zuordnungsmöglichkeiten des strategischen Personalmanagements im Rahmen der Betriebswirtschaftslehre verdeutlichen: Einerseits lässt sich das strategische Personalmanagement als Teilgebiet der funktionalen speziellen Betriebswirtschaftslehre Personalwirtschaft interpretieren, andererseits kann es aber auch als funktionale Konkretisierung der strategischen Unternehmensführung betrachtet werden. Die Unterscheidung von Planung und Steuerung, Organisation und Informationsmanagement / Controlling als Instrumentalbereiche der Unternehmensführung erfolgt in Anlehnung an

Die Effizienz des Ressourceneinsatzes kann durch das Verhältnis von realisiertem Output und Ressourceninput ausgedrückt werden („die Dinge richtig tun").[285] Als **„ökonomisch"** orientiert ist ein strategisches Personalmanagement demnach in einer ersten Annäherung dann charakterisierbar, wenn die Effektivität und die Effizienz des Einsatzes von Humanressourcen im Wertschöpfungsprozess eines Unternehmens als Leitidee im Mittelpunkt des Konzepts stehen.[286]

---

die Abgrenzung bei Bea, F.X. (1997a), S. 18f. bzw. (2001), S. 13f. Die Instrumentalbereiche lassen sich wiederum als spezielle betriebswirtschaftliche (Teil-)Führungslehren interpretieren.

[285] Vgl. zu dieser Abgrenzung von Effektivität und Effizienz auch Drumm, H. J. (2000), S. 10; (1995), S. 8; Bea, F. X. / Haas, J. (2001), S. 68. Die in Klammern angeführten Kurzcharakterisierungen finden sich in der Literatur immer wieder und haben eine lange Tradition (vgl. etwa Drucker, P. (1963), S. 54; Hofer, C. W. / Schendel, D. (1978), S. 2; Wright, P. M. / Rowland, K. M. / Ferris, G. R. (1994), S. 348). Gutenberg betrachtet in seinem Produktionsfaktorenkonzept die bestmögliche Verhältnisrelation von Faktoreinsatz und Faktorertrag als ein essenzielles Wesensmerkmal der Betriebswirtschaftslehre (vgl. Gutenberg, E. (1979), S. 8ff.). Bezieht man diesen Grundbestand ökonomischer Überlegungen auf den Menschen im Unternehmen, so rückt damit der Leistungsbeitrag der Mitarbeiter zur Faktorkombination, die optimale Ergiebigkeit menschlicher Arbeitsleistung in den Vordergrund einer ökonomisch ausgerichteten Personallehre (vgl. Ridder, H.-G. (1999), S. 36ff.). Vgl. ebenfalls ergänzend als Beispiel für andere Interpretationsmöglichkeiten die vertragstheoretisch ausgerichtete Definition des Effizienzkonstrukts nach Milgrom, P. / Roberts, J. (1992), S. 22ff., die eine effiziente Ressourcenallokation mit einer Pareto-optimalen Allokation gleichsetzen, die ihrem Konzept einer ökonomischen Organisation und Führung von Unternehmen folgendes Effizienzprinzip zugrundelegen: „If people are able to bargain together effectively and can effectively implement their decisions, then the outcomes of economic activity will tend to be efficient (at least for the parties to the bargain)." (a.a.O., S. 24).

[286] Vgl. hierzu auch Wright, P. M. / Rowland, K. M. / Ferris, G. R. (1994), S. 347f., die die Effizienz und die Effektivität der Personalfunktion als „Goodness"-Kriterien in den Mittelpunkt einer „Evaluation Perspective of Human Resource Management" stellen. Im Vordergrund strategisch orientierter Konzepte steht jedoch die Effektivität des Unternehmens bzw. seiner Subfunktionen (vgl. dazu etwa Bea, F.X. / Haas, J. (2001), S. 68; Steinmann, H. / Hennemann, C. (1993), S. 58f.; (1996), S. 243f.). Einer scharfen Trennung von Effektivität und Effizienz im Sinne eines Gegensatzpaares strategisch versus operativ (vgl. Bea, F.X. / Haas, J. (2001), S. 68) wird hier jedoch nicht uneingeschränkt zugestimmt, da strategische Entscheidungen sehr wohl auch Effizienzkalküle mit beinhalten, bzw. die Rahmenbedingungen „operativer" Effizienz festlegen können (vgl. dazu auch die Position von Steinmann, H. / Hennemann, C. (1993), S. 60, und (1996), S. 245, die sich unter Strategiegesichtspunkten für eine simultane Effektivitäts- und Effizienzorientierung des Personalmanagements aussprechen und Wright, P. M. / Rowland, K. M. / Ferris, G. R. (1994), S. 348, die darauf hinweisen, dass beide Kriterien, trotz eines diagnostizierten Trade-offs zwischen Effektivität und Effizienz, notwendig und optimal zu kombinieren sind.).

Obgleich dementsprechend ein Großteil strategischer Konzeptionen ihrer Grundausrichtung nach als ökonomisch zu qualifizieren sind,[287] wird in der Literatur schon seit geraumer Zeit auf offensichtliche **Defizite im ökonomischen Gehalt** personalwirtschaftlicher Ansätze hingewiesen.[288] Ausgehend von diesem Defizitpostulat werden nachfolgend Optionen einer ökonomischen Spezifizierung des strategischen Personalmanagements aufgezeigt. Es lassen sich dabei prinzipiell drei Problemdimensionen unterscheiden: die strategische, die teleologisch-normative und die explikativ-theoretische.

a) Strategische Dimension einer ökonomischen Spezifizierung des strategischen Personalmanagements

Hinter der ersten Spezifizierungsdimension verbirgt sich die **hier vertretene These**, dass ein strategisch positioniertes Personalmanagement an sich schon eine ökonomische Grundorientierung beinhaltet, die strategische Konzeptionen im Vergleich zu operativ-administrativen Ansätzen eines Personalmanagements bereits als „ökonomischer" erscheinen lassen. Grundlage dieser These sind dabei

---

[287] Dies trifft insbesondere auch auf die in B.II besprochenen Ansätze eines strategischen Personalmanagements bzw. eines Strategic Human Resource Management zu. Vgl. hierzu auch die anschließenden Ausführungen zur strategischen Dimension einer ökonomischen Spezifizierung in BIII.2.a).

[288] Vgl. zur kritischen Reflexion des ökonomischen Gehalts der Disziplin etwa die viel zitierten Ausführungen von Wunderer, R. / Mittmann, J. (1983), die in ihrer Bestandsaufnahme der deutschsprachigen personalwirtschaftlichen Basisliteratur allenfalls „Spurenelemente" einer Ökonomie ausmachen können oder auch die hieran anknüpfende und ergänzend zudem US-amerikanische Lehrbücher berücksichtigende Analyse von Sadowski, D., et al. (1994), die auch zehn Jahre später allenfalls oder zumindest einen „ökonomischen Silberstreif am Horizont" auftauchen sehen. Lattman sieht die früher in der Personallehre im Vordergrund stehenden wirtschaftlichen Fragen zusehends durch die vermehrte Behandlung psycho-sozialer Fragestellungen an Bedeutung verlieren. Er konstatiert, trotz der gegenstandsbedingten engen Verbindung von Betriebswirtschafts- und Personallehre, ein zunehmendes Auseinanderdriften beider Lehren. Die Personallehre stehe in Verfahren und Denkweise zwischenzeitlich der Psychologie näher als der Betriebswirtschaftslehre. Grundbegriffe und Arbeitsweise würden vorrangig aus der Arbeits- und Organisationspsychologie entnommen. Lattmann untermauert seine Behauptungen durch den Verweis auf die 1994 an der Universität Zürich gehaltene Antrittsvorlesung von B. Staffelbach, der nach der Analyse deutschsprachiger Lehrbücher der Personallehre eine erschreckende und dringend zu beseitigende Vernachlässigung wirtschaftlicher Grundlagen der Personalfunktion diagnostiziert (vgl. Lattmann, C. (1998), S. 188f.). Vgl. des Weiteren Sadowski, D. (1991), S. 129ff.; Hax, H. (1991), S. 65f.; Amling, T. K. (1997), S. 1 und Festing, M. (1996), S. 43ff. Die kritischen Ausführungen beziehen sich zwar nicht explizit auf das strategische Personalmanagement, schließen aber letztlich auch diese Ansätze als personalwirtschaftliches Spezialgebiet implizit in die Kritik mit ein.

drei mit dem Adjektiv „strategisch" verbundene essenzielle **Eigenschafts-merkmale** entsprechender Konzepte:[289]

- Marktorientierung durch die Generierung umweltabhängiger Strategien zur Realisierung von Wettbewerbsvorteilen (Nutzung von Marktpotenzialen).
- Ressourcenorientierung durch die ergänzende Analyse innerbetrieblicher Stärken und Schwächen (Nutzung von Ressourcenpotenzialen).
- Effektivitätsorientierung durch das Ziel einer Sicherung der dauerhaften Überlebensfähigkeit und Effizienzorientierung durch die Notwendigkeit eines Brückenschlags zwischen strategischer Konzeptionalisierung und operativer Implementierung.

Die bereits eingehend besprochenen **strategischen Personalkonzeptionen von Devanna / Fombrun / Tichy, Odiorne, Erdenberger und Festing** können allesamt diese drei Merkmale vorweisen und sind demnach als ökonomisch im Sinne der ersten Dimension zu kategorisieren. Auch die in der konzeptionellen **Gesamtschau von Elsik**[290] aufgeführten Ansätze eines strategischen Personalmanagements weisen durchgängig, wenngleich in unterschiedlichen Intensitäten, die ökonomischen Eigenschaftsmerkmale strategischen Handelns auf. Die Entscheidung zugunsten einer strategischen Grundorientierung des Personalmanagements erschließt damit bereits einen Grundstock an ökonomischem Gehalt, der den nicht-strategischen Entwürfen zwar nicht generell abzusprechen, dort aber vielfach allenfalls eingeschränkt oder latent vorhanden ist.[291] Unter dem

---

[289] Vgl. dazu die in B.I.1 vorgenommene begrifflich-inhaltliche Kennzeichnung eines „strategischen" Personalmanagements und die auf dieser Grundlage erfolgte eigene Arbeitsdefinition, die diese drei Merkmale implizit mit einschließt. Vgl. zu den drei ökonomischen Merkmalen Markt, Effektivität und Effizienz auch die einleitenden Bemerkungen zum strategischen Personalmanagement als Teildisziplin der Betriebswirtschaftslehre. Die drei Merkmale finden sich auch in nahezu allen Veröffentlichungen zu einem gesamtunternehmensbezogenen strategischen Management. In Übereinstimmung mit der hier vertretenen These einer ökonomischen Grundorientierung strategischer Personalkonzepte ordnet Scholz die Entwürfe mit ganzheitlich-strategischer Ausrichtung, neben den personalökonomischen und -administrativen Konzeptionen, den personalwirtschaftlichen Ansätzen „... mit zunehmendem expliziten Ökonomiebezug..." (Scholz, C. (2000a), S. 55) zu.

[290] Vgl. Elsik, W. (1992), S. 10ff. in Verbindung mit S. 186ff., insbes. S. 186 und S. 196.

[291] Vgl. zu den Ökonomiedefiziten der Personallehre auch die kritischen Stellungnahmen in B.III.2.c). Steinmann / Hennemann betrachten die Unternehmensstrategie sogar als einen „... entscheidenden Bezugspunkt für die ‚Ökonomisierung' ..." (Steinmann, H. / Hennemann, C. (1993), S. 58; (1996), S. 243) einer praxisorientierten angewandten Personalmanagementlehre. Erst die Bezugnahme auf unternehmensstrategische Entscheidungen der obersten Sachzielebene schafft die Voraussetzung zum Stellen sinnvoller betriebswirtschaftlicher Fragen bezüglich einer richtigen Mittelgestaltung. Dabei sind sowohl Effizienz- als auch Effektivitätsüberlegungen anzustellen (vgl. hierzu auch das Plädoyer für eine simultane Effektivitäts- und Effizienzorientierung a.a.O., S. 60). Damit die Personalmanagementlehre ihren Praxisauftrag sinnvoll erfüllen kann, sind deren Probleme als

Gesichtspunkt des Ziels einer konzeptionellen Weiterentwicklung des strategischen Personalmanagements kommt der ersten Dimension einer ökonomischen Spezifizierung aber lediglich eine klärende Funktion hinsichtlich des ökonomischen Gehalts etablierter Konzepte zu. Die Integration der **ökonomischen Prinzipien strategischen Handelns** stellt demnach allenfalls eine **Mindestanforderung** an einen strategischen Entwurf zum Personalmanagement dar und nimmt im dimensionalen Spektrum einer ökonomischen Spezifizierung eine entsprechende Sonderrolle ein. Ein neuer Ansatz, der sich ausschließlich auf dieser ersten Ebene positioniert, würde zwar zu einer quantitativen Erweiterung der ökonomischen Wissensbasis des strategischen Personalmanagements beitragen, hätte aber inhaltlich im Kern wohl wenig Neues zu bieten. Ein qualitativer Erkenntnisfortschritt kann vor dem Hintergrund des hier entwickelten mehrdimensionalen Ökonomiekonstrukts nur durch die Verbindung aller Dimensionen erreicht werden. Erst durch die dreidimensionale Kombination ökonomischer Konzeptanforderungen resultiert eine konzeptionelle Weiterentwicklung, die der Grundidee einer ökonomischen Spezifizierung des Personalmanagements gerecht wird. Die in der ersten Dimension zum Ausdruck kommende ökonomische Grundorientierung einer strategischen Personalwirtschaft wird deshalb durch die zweite Dimension auf einer teleologisch-normativen und durch die dritte Dimension auf einer explikativ-theoretischen Ebene weiter spezifiziert.

„*Mittel zum Zweck*" (a.a.O., S. 58) in der Strategielehre zu verorten (vgl. ebd. und a.a.O., S. 66). Die Einbindung der Personalmanagementlehre in den Bezugsrahmen des strategischen Managements eröffne sogar bessere Entwicklungsperspektiven für das Fach als eine theoretische Fundierung durch die Mikroökonomie (vgl. a.a.O., S. 70). Diese alleinige Fixierung auf die strategische Perspektive ist jedoch in ihrer Begrenzung nicht deckungsgleich mit der hier vertretenen Auffassung der Notwendigkeit einer dreidimensionalen ökonomischen Spezifizierung. Vgl. auch Truss, C. (1999), S. 41, S. 43f., die die strategischen Fit-Modelle des Human Resource Management als „harte" Modelle kennzeichnet, deren Betonung mehr auf dem Wortbestandteil „Resource" als auf dem „Human" liegt und diese als utilitaristisch-instrumentalistische Ansätze einer rational fundierten Personalwirtschaft versteht, in der ökonomische Kalküle dominieren. Auf der Grundlage einer Mitte der Neunzigerjahre umfassend angelegten Untersuchung der Personalpolitik von acht in Großbritannien beheimateten Unternehmen bzw. Unternehmensteilen (vgl. Gratton, L. / Hailey, V. H. / Stiles, P. / Truss, C. (1999), S. 1ff.) kommt sie zum Urteil, dass „... even if the rhetoric of HRM is ‚soft', the reality is almost always ‚hard', with the interests of the organization prevailing over those of the individual." (Truss, C. (1999), S. 57). Harten strategieorientierten Personalkonzepten wird demnach auch in der ökonomischen Praxis eine hohe Relevanz beigemessen.

b) Teleologisch-normative Dimension einer ökonomischen Spezifizierung des strategischen Personalmanagements

aa) Kennzeichnung der Unternehmenswertsteigerung als strategisches Führungsparadigma

Die teleologisch-normative Dimension einer ökonomischen Spezifizierung des strategischen Personalmanagements hat die letztlich normative Vorabentscheidung zugunsten einer **Dominanz ökonomischer Unternehmensziele** bei der Grundlegung einer entsprechenden Konzeption zum Gegenstand.[292] Als ökonomisch in diesem Sinne werden alle Ziele betrachtet, die sich auf monetäre Größen zurückführen lassen.[293] Ausgangspunkt ist hierbei das Leitbild einer an der

---

[292] Erdenberger weist bezüglich der Problematik normativer Aussagen bei der wissenschaftlichen Aufarbeitung eines strategischen Personalmanagements auf deren Unvermeidbarkeit hin, da zum einen die thematische Positionierungsentscheidung nicht werturteilsfrei erfolgen kann und zum anderen wissenschaftliches Arbeiten im Themenspektrum einer strategischen Personalwirtschaft neben der kausaltheoretischen auch finale Begründungen erforderlich macht, die die Durchsetzung und Akzeptanz entsprechender Konzepte in Wissenschaft und Praxis erst ermöglicht (vgl. Erdenberger, C. (1997), S. 5). Durch die Einbettung der vorliegenden Arbeit in den normativen ökonomischen Bezugsrahmen der Betriebswirtschaftslehre bewegen sich implizit wertbehaftete grundlegende Äußerungen allerdings in einem intradisziplinär üblichen Rahmen. Die bewusste Offenlegung von in der Realität immer gegebenen normativen Grundlegungen erhöht dabei die Transparenz des Aussagensystems und schafft eine klare Basis für eine kritische wissenschaftliche Auseinandersetzung. Nichtsdestotrotz sollen normative Festlegungen über das Bekenntnis zu einem bestimmten Ökonomieverständnis hinaus im Sinne einer kritisch-rationalistischen Forschungsperspektive möglichst vermieden werden.

[293] Vgl. die entsprechende Interpretation ökonomischer (Zweck-)Rationalität bei Rühle, A (1999), S. 102f. Die Konzentration auf monetäre Ziele heißt aber keinesfalls, dass nicht-monetäre Ziele ausgeklammert werden. Diese werden dann berücksichtigt, sofern sie über mehrstufige Ziel-Mittel-Relationen in monetär fassbare Formalziele transformiert werden können. Rühle stellt der ökonomischen Rationalität die nicht-ökonomische Rationalität gegenüber, die z.B. ethische, soziale oder politische Entscheidungskriterien mit einschließt, welche sich zwar einer Monetarisierung verschließen, die jedoch sehr wohl auch ökonomische Kriterien beeinflussen können (vgl. a.a.O., S. 103f.). Das an anderer Stelle hier bereits im Sinne einer ersten definitorischen Annäherung als „ökonomisch" propagierte Effektivitäts- und Effizienzpostulat lässt sich ohne weiteres mit dieser modifizierten Definition vereinbaren, die, wie nachfolgend angeführt, auf eine an monetären Wertsteigerungen interessierte Unternehmenspolitik im Sinne des Shareholder Value-Konzepts ausgerichtet ist (vgl. dazu Günther, T. (1997), S. 5 und dessen Aufzeigen von Verbesserungen der Entscheidungsfindung in Unternehmen durch den Shareholder Value-Ansatz auf den S. 5ff.). Die zweite Dimension kann auch als quantitative Konkretisierung der in der ersten Dimension enthaltenen, aber weiter gefassten ökonomischen Basisorientierungen interpretiert werden.

Maximierung des Unternehmenswerts (Shareholder Value[294]) orientierten Unternehmensführung, die die Qualität von Entscheidungen mittels der Cash flow-Wirkungen von Handlungsalternativen bemisst und dem Interesse der Eigenkapitalgeber an einer rentablen Verzinsung ihrer Investition in das Unternehmen nachkommt. Die Ausrichtung betrieblicher Entscheidungen aller Funktionsbereiche an diesem universellen ökonomischen Oberziel wird im Zusammenhang mit einer fortschreitenden Globalisierung der Kapitalmärkte zusehends zu einer Existenzfrage für strategisch denkende und handelnde Großunternehmen. Bei einer nicht marktgerechten Verzinsung oder gar einer Kapitalrendite unter Null wird eine Unternehmung zum Wertvernichter, findet auf die Dauer keine Geldgeber mehr und muss über kurz oder lang, sofern staatliche Subventionen ausbleiben, Konkurs anmelden.[295] Verstärkt wird dieser Zwang zur Berücksichtigung der Rentabilitätsziele der Unternehmenseigner außerdem noch durch die weltweite Mergers and Acquisitions-Welle der Achtziger und Neunzigerjahre, die zum Entstehen eines länderübergreifenden Marktes für Unternehmenskontrolle geführt hat. Das Management und die Arbeitnehmer von Unternehmen, deren aktuelle Unternehmenswerte stark von den potenziellen Werten nach der Durchführung von Reorganisationen zur Effektivitäts- und Effizienzförderung abweichen, müssen im schlimmsten Fall mit einem Verlust ihrer Arbeitsplätze rechnen, wenn international agierende institutionelle Investoren, Corporate Raider oder Wettbewerber über den Erwerb von Aktienpaketen[296] die

---

[294] Die amerikanischen Begründer des Wertsteigerungskonzepts haben dieses unter Verwendung des Begriffs „Shareholder Value" als Shareholder Value-Ansatz populär gemacht (vgl. Fruhan, W. E. (1979); Rappaport, A. (1986); Copeland, T. / Koller, T. / Murrin, J. (1991)). Die Begriffe „Shareholder Value" und „Unternehmenswert" werden im Folgenden aus sprachlichen Vereinfachungsgründen – wie in der Literatur unüblich – zunächst synonym verwendet (vgl. zur durchaus kritisierbaren definitorischen Gleichsetzung von Shareholder Value und Unternehmenswert etwa Herter, R. N. (1994), S. 40). Streng genommen handelt es sich beim Shareholder Value als Wert aller entnehmbaren freien Cash flows jedoch lediglich um den Anteil am (Gesamt-)Unternehmenswert, der nach Abzug des zu Marktpreisen bewerteten Fremdkapitals verbleibt (vgl. Günther, T. (1997), S. 97). Bei der Besprechung der Rappaportschen Verfahrensweise zur Bestimmung des Shareholder Value in C.I.1.a) wird auf diese präzisere Begriffsabgrenzung zurückgegriffen.

[295] Vgl. Copeland, T. / Koller, T. / Murrin, J. (1998), S. 35f. und S. 59; ergänzend (2000), S. VII, S. 6, S. 13; vgl. ähnlich auch Bühner, R. (1997), S. 40f.

[296] Obwohl hier eine Bezugnahme auf die Rechtsform der Aktiengesellschaft erfolgt, ist das Unternehmenswertkonzept nicht nur auf börsennotierte Aktiengesellschaften übertragbar. Selbstverständlich können auch nicht börsennotierte Unternehmen ihre Unternehmensaktivitäten am ökonomischen Kalkül der Wertsteigerung ausrichten (vgl. Rappaport, A. (1999), S. XI; Rühle, A. (1999), S. 227, Fußnote 90; Neus, W. (1998a), S. 10). Dafür spricht auch das Beispiel der Franz Haniel & Cie. GmbH (vgl. Bühner, R. (1997a), S. 44; Eberhardt, S. (1998), S. 324ff.), einem äußerst erfolgreichen Vorreiter einer wertorientierten Unternehmensführung bei Nicht-Aktiengesellschaften in Deutschland. Günther weist darauf hin, dass das Shareholder Value-Konzept nicht als „Aktionärs"-Wertkonzept,

Verfügungsgewalt über die Unternehmung erhalten.[297] Die Entscheidung zugunsten einer wertorientierten Unternehmensführung stellt insofern bereits eine **strategische Grundsatzentscheidung** dar, die bei konsequenter Umsetzung den langfristigen Erfolg und Fortbestand des Unternehmens und die daraus resultierenden positiven Wohlfahrtseffekte für eine Vielzahl von über den Eignerkreis hinausgehenden Anspruchsgruppen, insbesondere auch der im Unternehmen beschäftigten Arbeitnehmer, sicherstellen kann.[298] Die Vertreter des Shareholder

---

sondern als „Eigentümer"-Wertkonzept zu betrachten ist, das unabhängig von der Rechtsform seine Gültigkeit hat (vgl. Günther, T. (1997), S. 3). Vgl. exemplarisch etwa zur Institutionalisierung des Shareholder Value-Konzepts bei der GmbH Bea, F. X. / Thissen, S. (1996). Aus Gründen der Darstellbarkeit und Verständlichkeit wird bei den nachfolgenden Argumentationen jedoch von der in der Literatur verbreitetsten unternehmensverfassungsrechtlichen Bezugsform der Aktiengesellschaft ausgegangen. Die hier gemachten Aussagen zu einem wertorientierten strategischen Personalmanagement sind dennoch in hohem Umfang auch auf Nicht-Aktiengesellschaften übertragbar. Die jeweilige Spezifizierung des entwickelten Konzepts hinsichtlich verschiedener Rechtsformen würde den Rahmen dieser Arbeit aber sprengen.

[297] Vgl. Günther, T. (1997), S. 5ff. Günther betrachtet die immer noch aktuelle Übernahmewelle als den „Motor", als eine „Triebfeder" des Shareholder Value-Ansatzes (vgl. a.a.O., S. 41). Rappaport sieht für die Neunzigerjahre eine gestiegene Bedeutung institutioneller Großinvestoren, die auf der Suche nach unterbewerteten Unternehmen sind, deren Wertlücke durch eine Reorganisation geschlossen werden kann. Rein finanziell motivierte Akquisitionen von Corporate Raidern traten in den letzten Jahren zusehends in den Hintergrund (vgl. Rappaport, A. (1999), S. 2).

[298] Die Wohlfahrtseffekte einer am Unternehmenswert orientierten Geschäftspolitik lassen sich auf gesamtwirtschaftlicher Ebene durch international durchgeführte empirische Erhebungen belegen (vgl. Mc Kinsey Global Institute (1992); (1993)), die beim Vergleich der Entwicklungen in Japan, den USA und Deutschland eindeutige Indizien für eine stark positive Korrelation zwischen materiellem Wohlstand (gemessen als Pro-Kopf-Bruttoinlandsprodukt), Produktivität und Wertsteigerung ausmachen können (vgl. Copeland, T. / Koller, T. / Murrin, J. (1998), S. 41ff sowie (2000), S. 11ff.). Die in den Erhebungen deutlich werdende enge Verknüpfung von Produktivität und Wertsteigerung verweist auf die Stimmigkeit der bei den bisherigen Ausführungen verwendeten Begrifflichkeiten zur Charakterisierung dessen, was „ökonomisch" ist, mit der Formel „ökonomisch = wertsteigernd", denn hinter dem Begriff „Produktivität" steht letzlich derselbe Zusammenhang wie hinter dem Begriff der Effizienz. Copeland / Koller / Murrin betonen unter Bezugnahme auf die erwähnten Studien die Tatsache, dass erfolgreiche wertsteigernde Unternehmen anscheinend für alle Interessengruppen (Geldgeber, Arbeitnehmer, Kunden, Staat) einen relativ höheren Wert schaffen. Die Erfüllung des Aktionärsanspruchs auf die unternehmerische Entscheidungsbefugnis führt in letzter Konsequenz auch zur Nutzenmaximierung der anderen Interessengruppen, da die nur residualanspruchsberechtigten Anteilseigner durch das übernommene Unternehmerrisiko den stärksten Anreiz haben, den Einsatz knapper Ressourcen so zu steuern bzw. steuern zu lassen, dass sich das Unternehmen dauerhaft im Wettbewerb behaupten kann (vgl. Copeland, T. / Koller, T. / Murrin, J. (1998), S. 54, S. 57f.; (2000), S. 9, S. 14f.). Vgl. zum Argument der Übereinstimmung von Unternehmenswertsteigerungsziel mit dem auch den Mitarbeiterinteressen entsprechenden Ziel eines langfristigen Wettbewerbserfolgs Rappaport, A. (1986), S. 11f.; (1999), S. XII;

Value-Ansatzes betonen deshalb die **universelle Gültigkeit des Wertsteige-rungsparadigmas** für alle im Wettbewerb stehenden Unternehmen. Der Unternehmenswert sollte demgemäß als zentrale Zielgröße zur Unternehmenssteuerung herangezogen werden.[299]

bb) Bestandsaufnahme einer Verbreitung des Wertsteigerungsparadigmas in der personalwirtschaftlichen Literatur

Trotz der bereits hohen und immer noch wachsenden internationalen Popularität des Shareholder Value-Ansatzes in Theorie und Praxis[300] wurde das Konzept einer wertorientierten Unternehmensführung in der Vergangenheit von der **personalwirtschaftlichen Literatur kaum zur Kenntnis genommen.** Erst in jüngerer Zeit entwickelt sich diesbezüglich ein zunehmend dynamisch wachsendes Forschungsfeld, das vor allem durch US-amerikanische Veröffentlichungen geprägt wird, die sich primär mit der Suche nach empirischen Belegen für einen

---

Guatri, L. (1994), S. 27ff.; Bühner, R. (1994b), S. 11. Vgl. zu strukturellen Übereinstimmungen der Ziele von Shareholdern und anderen Anspruchsgruppen zudem Bischoff, J. (1994), S. 178ff.; Jensen, M. C. (1991), S. 21; Raster, M. (1995), S. 15; Brigham, E. F. / Houston, J. F. (1998), S. 16.

[299] Vgl. Copeland, T. / Koller, T. / Murrin, J. (1998), S. 35; (2000), S. VIIf., S. 71; Rappaport, A. (1999), S. 1; Günther, T. (1997), S. 65; Bühner, R. (1994a), S. 7; Raster, M. (1995), S. 15; Kunz, R. M. (1998), S. 409f.; Guatri, L. (1994), S. 27ff.

[300] Rappaport prognostiziert in der aktuellen überarbeiteten zweiten Auflage seines Grundlagenwerks die weltweite Anerkennung des Shareholder Value als Standard zur Geschäftserfolgsmessung. In den Vereinigten Staaten hat sich das Unternehmenswertkonzept bereits als solcher etabliert (vgl. Rappaport, A. (1999), S. 1). Klein führt an, dass selten einem Unternehmensführungskonzept eine so hohe Aufmerksamkeit in deutschen Unternehmen und auch der deutschen Öffentlichkeit gewidmet wurde wie dem Shareholder Value-Ansatz, der in vielen Unternehmen erfolgreich angewandt wird (vgl. Klein, H.-G. (1998), S. 5). Auch Bühner diagnostiziert eine wachsende Bedeutung einer am Kapitalmarkt orientierten Unternehmensführung und nennt als Beispiele für renommierte deutsche Unternehmen, die eine solche Führungskonzeption umsetzen, die Franz Haniel & Cie. GmbH, die VEBA AG, die VIAG AG, die RWE AG und die DaimlerChrysler AG (im Original noch „Daimler-Benz") (vgl. Bühner, R. (1997), S. 44 und ergänzend zur wachsenden Wertorientierung in Deutschland Bühner, R. / Tuschke, A. (1999), S. 5ff.). Auch die Deutsche Bank AG kann diesem Kreis bekannter Wertsteigerer zugerechnet werden (vgl. Eberhardt, S. (1998), S. 323f.). Vgl. auch zur Umsetzung des Wertsteigerungskonzepts bei der VIAG AG Obermeier, G. (1994), bei der RWE AG Baan, W. (1994) und bei der Franz Haniel & Cie. GmbH Siegert, T. (1994) und Eberhardt, S. (1998), S. 324ff.; vgl. des Weiteren zur Praktizierung eines auf Wertsteigerung ausgerichteten Controllings im schweizerischen Roche-Konzern Meier, H. B. (1998). Vgl. außerdem die Präsentation aktueller Praxiskonzepte von Preussag, Hoechst, Thyssen, Mannesmann, Tengelmann, Siemens und Metro/Kaufhof in Bühner, R. / Sulzbach, K. (1999), S. 64ff. Anmerkungen zur Popularität des Wertsteigerungsansatzes finden sich weiterhin bei Englert, J. / Scholich, M. (1998), S. 8f.

kausalen Zusammenhang zwischen der finanziellen Performance eines Unternehmens und der in ihm praktizierten Personalpolitik befassen. Obwohl die Resultate der teils sehr umfangreichen empirischen Untersuchungen[301] in der Tendenz einen positiven Zusammenhang zwischen dem Unternehmenswert und der Qualität der Humanressourcen und des Umgangs mit diesen nahe legen, blieb eine konzeptionelle Integration des Wertsteigerungsgedankens bei den neueren Publikationen zum **(Strategic) Human Resource Management** auch im Mutterland des Shareholder Value bislang nur auf verhältnismäßig wenige Beiträge beschränkt. In diesem Zusammenhang ist insbesondere auf die Arbeiten einer Forschergruppe um Huselid und Becker hinzuweisen, die sich mit dem Thema auf der Grundlage eigener empirischer Erhebungen auch in ressourcentheoretischer Hinsicht beschäftigt haben, sowie auf die ökonomischen Mess- und Steuerungskonzeptionen von Phillips und Fitz-enz.[302]

Eine erste Betrachtung von Personalmanagementbeiträgen zum Thema Shareholder Value fällt für den **deutschen Sprachraum**, angesichts der Fülle personalwirtschaftlicher Veröffentlichungen insgesamt, ebenfalls ernüchternd aus. Hier sind insbesondere die auch im internationalen Vergleich hervorstechende Buchveröffentlichung von Bühner zur Mitarbeiterführung über ein aus dem

---

[301] Vgl. etwa Abowd, J. M. / Milkovich, G. T. / Hannon, J. M. (1990), die untersucht haben, inwieweit Veröffentlichungen von Personalentscheidungen im Wall Street Journal mit abnormalen Schwankungen des Unternehmenswerts verknüpft waren. Diese konnten allenfalls im Zusammenhang mit dauerhaften Personalreduzierungen und den personalen Effekten bei Betriebsstilllegungen und Standortverlegungen belegt werden. Die Richtung der diesbezüglichen Wertveränderungen war jedoch nicht einheitlich (vgl. v.a. S. 206 und S. 216). Vgl. auch die Untersuchung von Lau, R. S. M. / Bruce, E. M. (1998) zur Auswirkung von „Quality of Worklife"-Programmen auf die finanzielle Unternehmensperformance. Die Analyse von insgesamt 146 Unternehmen belegt die These, dass über qualitativ hochwertige Arbeitsbedingungen überdurchschnittliche Profitabilität und außergewöhnliches Wachstum erreicht werden können. Vgl. ergänzend auch die Passage zu „Management Practices and Organizational Financial Performance" in Pfeffer, J. (1998), S. 34ff. Vgl. insbesondere jedoch Bilmes, L. / Wetzker, K. / Xhonneux, P. (1997); Huselid, M. A. / Jackson, S. E. / Schuler, R. S. (1997); Huselid, M. A. (1995); Becker, B. E. / Huselid, M. A. (1996); Huselid, M. A. / Becker, B. E. (1996). Die Forschungsergebnisse dieser Arbeiten werden aufgrund ihrer hohen Relevanz teilweise im nachfolgenden Kapitel C.I.2 noch eingehender besprochen. Auch die anschließend hier noch im Zusammenhang aufgeführten englisch- und deutschsprachigen Quellen zum Thema Wertorientierung und Personalmanagement werden im Rahmen einer eingehenderen Literaturanalyse in Kapitel C.I noch besprochen.

[302] Vgl. hierzu v.a. Becker, B. E. / Huselid, M. A. / Ulrich, D. (2001), Becker, B. E. / Huselid, M. A. (1999); Becker, B. E. / Huselid, M. A. / Pickus, P. S. / Spratt, M. F. (1997); Becker, B. E. / Huselid, M. A. (1998); Huselid, M. A. / Becker, B. E. (1997). Vgl. ergänzend Huselid, M. A. / Jackson, S. E. / Schuler, R. S. (1997); Becker, B. E. / Huselid, M. A. (1996); Huselid, M. A. / Becker, B. E. (1996); Huselid, M. A. (1995). Außerdem Phillips, J. J. (1996) sowie Fitz-enz, J. (2000a), (2000b) und ergänzend (1995), (1990).

Unternehmenswert abgeleitetes Kennzahlensystem und die zugehörigen Aufsatzveröffentlichungen sowie die Arbeit von Huber zur Untersuchung des Human Capital als wertbestimmender Faktor bei Dienstleistungsunternehmen hervorzuheben.[303] Ansonsten gibt es bislang nur wenige Veröffentlichungen mit wissenschaftlicher Ausrichtung, die sich konzeptionell-agierend oder kritisch-distanzierend mit dem Thema Wertorientierung in der Personalwirtschaft auseinander setzen.[304] Eine kleine Anzahl von Publikationen aus dem Consultingbereich beschäftigt sich in Teilen auch empirisch, und in ersten Ansätzen pragma-

---

[303] Vgl. Bühner, R. (1997a); (1997b); (1995) und Huber, M. (1998).

[304] Ein von Bruhn et al. herausgegebener Sammelband zu einer wertorientierten Unternehmensführung führt insgesamt drei Beiträge zur Diskussion „personalorientierter Perspektiven der wertorientierten Unternehmensführung" an (vgl. Bruhn, M. et al. (1998), S. 231ff.). Der darin enthaltene Aufsatz von Baitsch / Delbrouck / Jutzi „Wertorientierte Unternehmensführung durch Förderung von Organisationalem Lernen" (vgl. Baitsch, C. / Delbrouck, I. / Jutzi, K. (1998)) weist allerdings kaum Bezüge zur in der Überschrift anklingenden Shareholder Value-Thematik auf. Der Beitrag von Müller (vgl. Müller, W. R. (1998)) analysiert Möglichkeiten der Erschließung des vorhandenen intellektuellen und sozialen Unternehmenskapitals im Rahmen eines auf Wertsteigerung abzielenden Wissensmanagements, das als Alternative zur Wertsteigerung durch die Vermarktlichung von Arbeitsbeziehungen angesehen wird. Ausgesprochen kritisch setzt sich unter Bezugnahme auf den „ethischen Wert des Personalmanagements" Wittmann im dritten Beitrag mit einer ökonomistischen Wertorientierung im Personalbereich auseinander. (vgl. Wittmann, S. (1998)). Ein Aufsatz von Gaugler reflektiert ebenfalls sehr kritisch die Anwendungsbezüge des Shareholder Value-Ansatzes zugunsten einer von ihm präferierten Ausrichtung des Personalmanagements am Stakeholder-Modell (vgl. Gaugler, E. (1997)). Das Buch „Personalmanagement als Wertschöpfungscenter" von Wunderer / von Arx widmet sich zwar nicht explizit der Problematik einer am Unternehmenswert ausgerichteten Personalpolitik, jedoch lassen sich bei der Behandlung der „Wirtschaftlichkeits- und Wertschöpfungsorientierung des Personalbereichs" im Sinne einer ökonomischen Führung des Wertschöpfung-Centers Personalmanagement eine Reihe von inhaltlichen Überschneidungen ausmachen (vgl. Wunderer, R. / Arx, S. von (1998), v.a. S. 43ff., S. 203ff. und ergänzend Wunderer, R. (1992), Lichtsteiner, R. / Arx, S. von (1995) sowie Arx, S. von (1995)). Die Querverbindungen der humankapitalbezogenen Wertschöpfungskonzeption zum Shareholder Value-Ansatz zeigt Wunderer eingehender in seiner Beschreibung einer dem Dienstleistungs- und Informationszeitalter angemessenen Personalkonzeption auf (vgl. Wunderer, R. (1998)). Mit den Veröffentlichungen von Thom (Analyse des Stellenwerts der Humanressourcen in der Stakeholder-Shareholder-Diskussion - vgl. Thom, N. (1999)), Eigler (arbeitsvertragstheoretische Perspektive einer Untersuchung von Implikationen des Shareholder Value-Ansatzes für das Personalmanagement - vgl. Eigler, J. (1999)) und Grieger (ebenfalls vertragstheoretisch geprägte Analyse personalwirtschaftlicher Ziele im Zusammenhang mit der Corporate Governance-Debatte und dem Shareholder Value-Konzept - vgl. Grieger, J. (1999); (2001)) ist damit für den deutschen Sprachraum bereits ein Großteil der wissenschaftlich geprägten Publikationen zur Personal-Shareholder Value-Thematik genannt. Vgl. zu einer eingehenden und umfassenderen personalwirtschaftlichen Literaturanalyse jedoch die Kapitel C.I.2 und C.I.3.

tisch-konzeptionell mit der Thematik eines wertorientierten Personalmanagements.[305]

Der diagnostizierte Mangel an einer konzeptionellen Auseinandersetzung mit den Konsequenzen der Normsetzung „Wertorientierung" für das betriebliche Personalmanagement ist umso bedauerlicher, da auch die einschlägige **Shareholder Value-Literatur** personale Aspekte, die über die Gestaltung von Anreiz- und Vergütungssystemen hinausgehen, allenfalls am Rande anspricht.[306]

cc) Shareholder Value-Unitarismus versus Berücksichtigung von Mitarbeiterinteressen

Die Befürwortung des Shareholder Value-Ansatzes als ökonomisches Leitbild eines strategischen Personalmanagements ist eine zwar rational fundierte im Kern jedoch **normative Entscheidung**, da sie im Prinzip die **Interessen der Unternehmenseigner** klar den Interessen weiterer Anspruchsgruppen, also auch der Mitarbeiter, vorzieht.[307] Begründet werden kann diese Priorisierung der Eignerinteressen, wie bereits angesprochen, neben dem „Residualanspruchsargument"[308] auch damit, dass eine faktische Interessenidentität zwischen Mitarbeitern und Eigentümern besteht, da bei einer eignerkonformen Unternehmenswertsteigerung im Normalfall, zumindest langfristig, auch positive Wohlfahrtseffekte für die Beschäftigten in Form von Verbesserungen der Verdienst- und Karrieremöglichkeiten und erhöhter Arbeitsplatzsicherheit zu erwarten sind. Die

---

[305] Vgl. hierzu allgemein die Beiträge im Reader von PwC Deutsche Revision (1998) sowie Wetzker, K. / Strüven, P. / Bilmes, L. J. (1998); Bilmes, L. / Wetzker, K. / Xhonneux, P. (1997); Nölting, A. (1998), S. 174, S. 176f. zu empirischen Erkenntnissen.

[306] Vgl. exemplarisch etwa Raster, M. (1995), S. 191ff und die Mitarbeiter-Stakeholder-Betrachtungen im Wertkonzept von Eberhardt, S. (1998), S. 228ff. Vgl. beispielhaft auch die von Siegert, T. (1995), S. 598ff. aufgezeigte strategische Shareholder Value-Entwicklungsperspektive einer „Ressourcen-Matrix", die die Ressourcen Kapital und Arbeit in einer Portfolio-Darstellung zusammenführt.

[307] Vgl. zur Möglichkeit der Integration normativer Standpunkte in wissenschaftliche Aussgensysteme und zu möglichen Erkenntnisfortschritten durch „wissenschaftliche Normativität" Pies, I. (1993), insbes. S. 1ff., S. 75ff.

[308] Da die haftenden Unternehmenseigner wegen des Residualcharakters ihrer Ansprüche ein höheres Risiko (nämlich das Unternehmerrisiko) übernehmen als die anderen Anspruchsgruppen, sollten diese auch über die Zielsetzungs- und Entscheidungshoheit im Unternehmen verfügen. Wer die Folgen von Entscheidungen hauptsächlich zu tragen hat, sollte auch die grundsätzliche Entscheidungskompetenz eingeräumt bekommen, denn dies führt zur Vermeidung von ineffizienten Fehlentscheidungen bzw. externen Effekten (vgl. Neus, W. (1998a), S. 7f., S. 13; Copeland, T. / Koller, T. / Murrin, J. (1998), S. 57f. und ergänzend Milgrom, P. / Roberts, J. (1992), S. 288ff.; vgl. des Weiteren zum Residualeinkommensbegriff Neus, W. (1998b), S. 129f.; Milgrom, P. / Roberts, J. (1992), S. 290f.). Vgl. zur Kritik an der Residualargumentation Bischoff, J. (1994), S. 176.

hinter dieser **unitaristischen Sichtweise** stehende Logik ist zwar schlüssig nachvollziehbar, und kann, ja muss, als Basisargumentation zugunsten einer Wertorientierung im Personalbereich angeführt werden, sie trägt aber angesichts der in der Realität immer auch vorfindbaren Konflikte zwischen unternehmensbezogenen wirtschaftlichen Zielen der Eigner und den Individualzielen der Mitarbeiter nicht weit genug.[309] Auch die Erkenntnisse der deskriptiven Zielforschung, wonach Zielsysteme in Unternehmen sehr oft recht heterogene Resultate komplexer Verhandlungs- und Abstimmungsprozesse divergierender Interessengruppen darstellen,[310] stehen dem unitaristischen Ideal der völligen Deckungsgleichheit von Eigner- und Mitarbeiterinteressen entgegen. Ein **realitätsnahes wertorientiertes Personalmanagement** muss deshalb die Existenz divergierender Mitarbeiterinteressen zur Kenntnis nehmen und diese erforderlichenfalls bei der Generierung von Personalstrategien als Nebenbedingungen[311] berücksichtigen. Darüber hinaus sind kostenträchtige Konflikte durch personalpolitische Maßnahmen zur Förderung der Kongruenz von Mitarbeiter- und Eignerzielen möglichst zu vermeiden, und für den Fall offener Konfliktaustragung adäquate Verhandlungsstrategien bereitzuhalten. Funktionale Partizipationskalküle bezüglich der Ausgestaltung des betrieblichen Zielsystems können also bei gegebenen Machtverhältnissen unter Konfliktkosten-, aber auch Motivationsge-

---

[309] Drumm betrachtet das Spannungsverhältnis zwischen unternehmerischen Zielen und individuellen Zielsetzungen der Mitarbeiter als wichtigen Impulsgeber der Personalwirtschaftslehre und führt den Konflikt auf konkurrierende Einkommensinteressen von Personal und Unternehmenseignern zurück: Eine Erhöhung des Mitarbeitereinkommens führt ceteris paribus zunächst immer auch zu einer Reduzierung des Unternehmereinkommens - und umgekehrt (vgl. Drumm, H. J. (2000), S. 11). Vgl. dazu auch Beer et al., die einen konstanten, expliziten oder impliziten Trade-off zwischen Eigner- und Mitarbeiterinteressen feststellen, hinter denen sich Zielkonflikte zwischen ökonomischen Effizienz-, Wachstums- und Investitionszielen und Arbeitnehmerzielsetzungen wie Arbeitszufriedenheit und Einkommenssicherung verbergen (Beer, M. et al. (1984), S. 22, 40).

[310] Vgl. z.B. die Argumentation von Gaugler, E. (1997), S. 170. Vgl. zu den Forschungserkenntnissen hinsichtlich der Einflussgrößen auf die Ausgestaltung von Zielsystemen Hamel, W. (1992), Sp. 2644ff.

[311] In der RWE AG wird beispielsweise die Bereitstellung interessanter Arbeitsplätze bei fairen Arbeitsbedingungen als eine Nebenbedingung der priorisierten Maximierung des Unternehmenswerts herangezogen. Begründet wird die Integration von Arbeitnehmerinteressen als Nebenbedingung der zu maximierenden Zielfunktion pragmatisch damit, dass bislang eine Formel zum Zusammenführen kaum operationalisierbarer Teilziele verschiedenster Anspruchsgruppen in eine auf Kompromissen basierende operable Zielfunktion nicht gefunden wurde und wohl auch schwerlich zu finden sein wird (vgl. Baan, W. (1994), S. 130f.). Der Verstoß gegen implizite und explizite vertragliche Vereinbarungen mit den Mitarbeitern würde einer Maximierung des Shareholder Values zuwiderlaufen, da aufgrund der eindeutigen Zuordnung von Verfügungsrechten Mitarbeiterinteressen berücksichtigt werden „müssen". Legitime Arbeitnehmeransprüche sind somit als strenge Nebenbedingung bei der Wertmaximierung einzubeziehen (vgl. Kunz, R. M. (1998), S. 409, der dieses Argument auf alle Anspruchsgruppen bezieht).

sichtspunkten durchaus für eine **restringierende Berücksichtigung von spezifischen Mitarbeiterinteressen** sprechen.[312] Eine grundsätzliche Partizipation der Mitarbeiter bei der Formulierung von Zielen für eine Unternehmung[313] ist jedoch aus der Perspektive einer wertorientierten Unternehmensführung nicht erforderlich, da angesichts der in marktwirtschaftlichen Ordnungen gegebenen Vertragsfreiheit, der auch für Arbeitgeber bestehenden arbeitsmarktlichen Zwänge und der Möglichkeiten eines Einwirkens auf die Gestaltung der Rahmenbedingungen des Wirtschaftens durch den Gesetzgeber und der Option der Inanspruchnahme solcher gesetzlicher Schutz- und Partizipationsbestimmungen, ausreichend Raum für eine selbstverantwortliche Interessenwahrnehmung der Beschäftigten in Unternehmen besteht.[314]

---

[312] Gemeint ist hier die Möglichkeit einer Wertsteigerung durch Mitarbeiterpartizipation. Diese Möglichkeit dürfte insbesondere bei der Zielfixierung vor allem aber der Entscheidungsfindung zur Lösung von Sachaufgaben auf nachgeordneten Ebenen bestehen, denn die Einbeziehung von Mitarbeitern in Entscheidungsprozesse kann einerseits deren Leistungsbereitschaft und andererseits die Qualität von Entscheidungen durch eine Verbesserung der informatorischen Basis positiv beeinflussen (vgl. zu den positiven Wirkungen einer Mitarbeiterbeteiligung auch den eingehender behandelten Ansatz eines strategischen Personalmanagements von Erdenberger, C. (1997), S. 33ff., S. 55ff., der sich, aufgrund der Effektivitäts- und Effizienzwirkungen einer informalen Mitarbeiterpartizipation, ausdrücklich für eine Beteiligung des Personals an Entscheidungsfindungsprozessen ausspricht). Bezogen auf den Zielfindungs- und -formulierungsprozess muss das übergeordnete Leitziel einer Unternehmenswertsteigerung jedoch unangetastet bleiben, d.h. Mitarbeiterinteressen können im Zielsystem lediglich in Form von beschränkenden Nebenbedingungen aufgenommen werden. Bei der hier zum Ausdruck kommenden Position zur Mitarbeiterpartizipation handelt es sich um den Erdenbergerschen Typus der „Partizipation im Sinne einer Human-Resources-Strategie", die versucht Wissenspotenziale des Personals zu erschließen, die Eigeninteressen der Beschäftigten als Einflussfaktor möglichst auszuschließen und deren Zustimmung zu den vorgegebenen Basiszielen möglichst zu erreichen (vgl. Erdenberger, C. (1997), S. 35).

[313] Streng genommen gibt es in methodologisch-individualistischer Hinsicht gar keine „Unternehmensziele", sondern nur die Ziele der hinter der Organisation stehenden Anspruchsgruppen. Es geht also letztlich bei der Festlegung von Zielsystemen nicht darum, „Ziele eines Unternehmens" zu definieren, sondern Zielprioritäten und Zielrelationen beteiligter Interessengruppen festzulegen (vgl. auch Neus, W. (1998a), S. 7; vgl. zum Prinzip des methodologischen Individualismus auch Katterle, S. (1991), S. 132ff.).

[314] Vgl. zu dieser Argumentation Neus, W. (1998a), S. 8ff. und ergänzend (1998b), S. 162ff. Vgl. ähnlich Bischoff, J. (1994), S. 180. Bezogen auf die Anspruchsgruppe „Arbeitnehmer" kommt Neus, nach einer Analyse der in Deutschland gegebenen Rahmenbedingungen hinsichtlich Entlohnung, Arbeitsbedingungen und Arbeitsplatzsicherheit, zum Schluss, dass vor dem Hintergrund institutionenökonomischer Überlegungen „... zusätzlich zu den jetzt bestehenden Mitwirkungsmöglichkeiten eine weitere unmittelbare Einbeziehung von Arbeitnehmerinteressen in die Zielvorgabe für Entscheidungen in der Unternehmensleitung nicht erforderlich ist." (Neus, W. (1998b), S. 176). Vgl. hierzu auch die der Kritik am normativen Geltungsanspruchs des Shareholder Value-Konzepts entnehmbare Gegenposition bei Schmidt, R. H. / Maßmann, J. (1999), S. 16ff. Vgl. für einen Ü-

dd) Reflexion der Shareholder-Stakeholder-Debatte im Lichte einer wertorientierten Personalwirtschaft

Die hier angesprochene Priorisierung von Eignerinteressen bei der Führung von Unternehmen ist Gegenstand einiger kritischer Diskussionen, die unter der Überschrift **„Shareholder versus Stakeholder Value"** zusammengefasst werden können.[315] Die dieser Diskussion zugrundeliegende *normative Interpretation* des Stakeholder-Ansatzes kann als konsensorientierter Gegenentwurf zum Shareholder Value-Konzept betrachtet werden, der die Erfordernis einer einmütigen Interessenberücksichtigung aller Anspruchsgruppen (Stakeholder) betont. Hinter der normativen Interpretation verbirgt sich in der Regel ein koalitionstheoretischer Begründungsansatz zur Unternehmensverfassung, der die Unternehmung als Koalition von Individuen und Interessengruppen definiert, deren Zielsystem das Ergebnis von Verhandlungsprozessen gleichberechtigter Koalitionäre darstellt.[316] Eine *funktionalistische Interpretation* des Stakeholder-Konzepts hebt das analytische Potenzial der Stakeholder-Systematik bei der strategischen Umweltanalyse zur Identifikation personengruppenbezogener Chancen und Risiken hervor.[317]

---

berblick zur Behandlung der Zielproblematik im strategischen Personalmanagement auch die Bestandsaufnahme von Elsik, W. (1992), S. 186ff. Das Ziel der Unternehmenswertsteigerung wird in keinem der dort angeführten Konzepte explizit in den Vordergrund gestellt.

[315] Vgl. ähnlich Bischoff, J. (1994), S.168. Es geht bei diesen Schlagworten im Kern um die Frage, für wen Werte zu schaffen sind - für die Shareholder oder für die Stakeholder (vgl. a.a.O., S. 176ff.). Vgl. zum Stakeholder Value-Ansatz umfassend Eberhardt, S. (1998), S. 145ff. und zu einer eingehenderen Diskussion der Stakeholder-Shareholder-Problematik auch die Dissertation von Meszaros, J. R. (1988) sowie die aus der Perspektive des strategischen Managements abgeleiteten Kritikpunkte bei Schmid, S. (1998), S. 221ff.

[316] Vgl. zur Koalitionstheorie Gerum, E. (1992), Sp. 2485f. und Eberhardt, S. (1998), S. 34ff. Der koalitionstheoretische Ansatz von Cyert und March befürwortete bereits weit vor dem Aufkommen der „Stakeholder"-Diskussion eine gleichberechtigte Integration der Interessen aller Koalitionspartner eines Unternehmens (Mitarbeiter, Kunden, Lieferanten, Staat, Eigen- und Fremdkapitalgeber) bei der Zielbildung und der Erfolgsmessung (vgl. Cyert, R. M. / March, J. G. (1963), S. 27). Vgl. zum normativen Argumentationsspektrum auch die bei Bischoff angeführten, auf die Unvollkommenheit und Unvollständigkeit von Faktormärkten abzielenden Begründungsansätze für eine stakeholderorientierte Unternehmensführung (vgl. Bischoff, J. (1994), S. 175ff.).

[317] Vgl. zu diesem Stakeholder-Verständnis beispielhaft den strategischen Managementansatz von Freeman, E. (1983) bzw. dessen Einsatzmöglichkeiten bei einer Analyse der weiteren Umwelt in Bea, F.X. / Haas, J. (2001), S. 101ff. und Göbel, E. (1995). Lewin / Mitchell messen dem Stakeholder-Ansatz im Zusammenhang mit einem ökonomisch konzipierten Human Resource Management vor allem bei der Erklärung der Komplexität von Arbeitnehmer-Arbeitgeber-Beziehungen eine wichtige explikative Funktion bei (vgl. Lewin, D. / Mitchell, D. J. B. (1995), S. 9). Eine der normativ-funktionalistischen Zweiteilung ähnliche Unterscheidung der Stakeholder-Ansätze findet sich bei Meszaros, J. R. (1988), S.

Im Sinne der hier als **normativ** bezeichneten **Stakeholder-Perspektive** sieht
etwa **Gaugler** das Shareholder Value-Maximierungsziel, angesichts der durch
die Gesetzgebung vorgegebenen betriebs- und unternehmensverfassungsrechtlichen Stakeholder-Realitäten und der grundgesetzlich fixierten Sozialpflichtig-
keit des Eigentums bzw. Wirtschaftens, als alleiniges Ziel für deutsche Unternehmen als untauglich an.[318] Er fasst dabei den Begriff „Shareholder Value"
sehr eng und setzt diesen mit dem Faktum einer an kurzfristigen Börsenkurssteigerungen orientierten Geschäftsführung gleich.[319] Die Überzeugungskraft seiner
Argumente steigt und fällt allerdings mit der Fristigkeitsperspektive. Eine auf
dauerhafte Unternehmenswertsteigerung ausgerichtete Shareholder Value-
Konzeption lässt sich sehr wohl auch mit den rechtlichen Rahmenbedingungen
für Unternehmen in Deutschland und mit einer in letzter Konsequenz dann auch
„sozialen" wertorientierten Betriebsführung vereinbaren.[320] Entsprechend greift

---

15ff., die das auf die strategische Analyse abzielende „Strategic Stakeholder Management" mit einem eher weit gefassten Stakeholder-Verständnis von einem „Fiduciary
Stakeholder Management" mit einem engeren Begriffsverständnis abgrenzt.

[318] Vgl. Gaugler, E. (1997), S. 170ff.

[319] Diese Sichtweise deckt sich in gewissem Umfang mit der Kennzeichnung der Argumentation von Gegnern einer Orientierung an den Eigner- / Aktionärsinteressen bei Milgrom /
Roberts: Aktionäre sind demgemäß nichteingebundene, abwesende Unternehmenseigentümer ohne Firmenloyaliät, die an nichts anderem als der egoistischen Erfüllung kurzfristiger Finanzziele interessiert sind. Sie sind es nicht wert, dass ihre Interessen den anderen
vorgezogen werden oder gar nicht in der Lage, zu erkennen, wie ihren langfristigen Interessen am besten entsprochen wird. Deshalb sollten Unternehmen soziale Ziele verfolgen
und sich um die Belange der Stakeholder kümmern (vgl. Milgrom, P. / Roberts, J. (1992),
S. 316). Die Kritiker der Stakeholder-Linie wiederum argumentieren nach Milgrom / Roberts, dass die betreffenden Stakeholder sich lediglich der disziplinierenden Wirkung des
Marktes entziehen wollen, um die Eignerressourcen zum eigenen Vorteil zu nutzen (vgl.
ebd.). Gaugler bewegt sich in seiner Darstellung auf einer ähnlichen Interpretationsebene
wie Bleicher, der ebenfalls auf die kurzfristige Profitperspektive der Shareholder abhebt
(vgl. Bleicher, K. (1994), S. 258). Eine etwas differenziertere, abgeschwächte Argumentationsführung Gauglers zugunsten einer Stakeholder-Perspektive bei der Unternehmensführung findet sich in Gaugler, E. (1999), S. 180ff.

[320] Für die Tatsache der Vereinbarkeit spricht auch das Ergebnis einer 1996 durchgeführten
empirischen Erhebung von Coopers & Lybrand bei 277 Unternehmen aus 13 Ländern,
wonach rund 90% der befragten deutschen Unternehmen die Unternehmensstrategie
hauptsächlich an den Interessen der Unternehmenseigner ausrichten (vgl. Englert, J. /
Scholich, M. (1998), S. 8). Der durch eine Vielzahl von Schutzbestimmungen erfolgte
Zwang zur Berücksichtigung von Interessen der Nicht-Eigner-Stakeholder und die damit
einhergehende Einschränkung des unternehmerischen Handlungsspielraums durch den
deutschen Gesetzgeber lässt sich im Umkehrschluss genau genommen als Argument für
eine forcierte Berücksichtigung der Eignerinteressen bei der Führung deutscher Unternehmen heranziehen (vgl. hierzu a.a.O., S. 9). Im Übrigen werden Unternehmen bzw. deren Eigenümer gerade durch die Produktion von Shareholder Value im Sinne einer Generierung langfristiger Cash flow-Ströme und der mit den resultierenden Einkommen verbundenen Wohlfahrtseffekte ihrer sozialen Verantwortung gerecht (vgl. Rappaport, A.

Rappaport in der zweiten Auflage seines Grundlagenwerks die Stakeholder-Shareholder-Diskussion auf und betont die seinem „strategischen" Shareholder Value-Verständnis entspringende Überzeugung einer prinzipiellen Interessenidentität zwischen Shareholdern und den anderen Stakeholdern.[321] Deshalb schreibe aufgeklärtes Eigeninteresse geradezu vor, „... dass sich Eigentümer und andere Anspruchsgruppen partnerschaftlich an der Wert-Schaffung beteiligen."[322] Im Übrigen kann von einem „alleinigen" Ziel der Unternehmenswertsteigerung für den Fall einer wertorientierten Unternehmensführung keine Rede sein. Es geht hier nicht, wie bereits angesprochen, um die Exklusivität des Ziels der eignerorientierten Wertmaximierung, sondern um dessen übergeordnete hie-

---

(1999), S. 6). Bischoff weist darauf hin, dass der rational handelnde Shareholder aufgrund seiner vieldimensionalen individuellen Zielpräferenzen nicht nur kurzfristige Ausschüttungen präferiert, sondern sehr wohl auch an der langfristigen Wertsteigerung seiner Kapitalbeteiligung interessiert ist. Bei Aufgabe der Gleichsetzung von Kurzfristorientierung und Shareholder Value-Orientierung verlieren die in der Polarisierung aufgebauten Gegensätze zum Stakeholder View of the Firm erheblich an Stringenz (vgl. Bischoff, J. (1994), S. 173f.; vgl. auch Kunz, R. M. (1998), S. 408).

[321] Vgl. Rappaport, A. (1999), S. 6ff. Ein dem Rappaportschen Shareholder Value-Begriff entsprechendes Verständnis findet sich auch bei Bühner, der die langfristige und zukunftsorientierte Wertsteigerungsorientierung des Shareholder Value-Konzepts herausstellt (vgl. Bühner, R. (1997c), S. 399). Vgl. zur strategischen Perspektive des Shareholder Value-Ansatzes zudem Uckermann, der die Bedeutung der Dauerhaftigkeit von Erträgen im Konzept und die Funktion des Shareholder Value-Prinzips als „allgemeine Managementstrategie" hervorhebt (vgl. Uckermann, E. (1999), S. 153f.). Ähnlich betont Zettel die Relevanz einer auf Langfristigkeit abzielenden Wertsteigerungsorientierung, die mit Vorteilen für viele Anspruchsgruppen verbunden ist, da durch die Heranziehung von Wertgrößen Verteilungsprozesse an Transparenz gewinnen (vgl. Zettel, W. (1995), S. 3). Vgl. auch das gleichgerichtete Shareholder Value-Bild bei Kunz, R. M. (1998), S. 408f., S. 410, die strategische Perspektive bei Wittmann, E. (1998) und Bruhn, M. (1998), S. 146ff., der die wertorientierte Unternehmensführung als neueste Entwicklungsstufe des strategischen Managements kennzeichnet. Vgl. außerdem die vorangehenden Ausführungen.

[322] Rappaport, A. (1999), S. 9. Ähnlich hebt auch Bühner die Bedeutung einer auf wechselseitigem Vertrauen basierenden Zusammenarbeit aller am Wertschöpfungsprozess Beteiligten hervor, ohne daraus jedoch eine Gleichgewichtigkeit der Interessen abzuleiten oder die eignerorientierte Wertsteigerungsmaxime zurückzunehmen (vgl. Bühner, R. (1990), S. 10). Der Erfordernis einer partnerschaftlichen Wert-Schaffung würden einige Vertreter eines auf ökonomischen Erfolg abzielenden Stakeholder-Konzepts sicherlich ohne weiteres zustimmen. Wheeler / Sillanpää beispielsweise sind der Ansicht, dass zweifelsohne „...stakeholder inclusion leads to a better long term business performance – including increased economic value for shareholders." (Wheeler, D. / Sillanpää, D. (1997), S. IX). Dieses Beispiel zeigt, dass Vertreter der auf den ersten Blick sich wechselseitig ausschließenden Positionen offensichtlich gar nicht so weit auseinanderliegen, und prinzipiell eine Integration des Stakeholder-Gedankens in Shareholder-orientierte Konzepte, aber umgekehrt auch der Einbau der Shareholder-Perspektive in Stakeholder-Ansätze möglich erscheint.

rarchische Positionierung im unternehmensbezogenen Zielsystem der relevanten Interessengruppen.

Bischoff verweist bei seiner Kritik an ökonomisch durch unvollkommene und unvollständige Faktormärkte begründeten Stakeholder Value-Ansätzen[323] auf das Vorliegen von vier Stakeholder-Problemdimensionen, die den **Shareholder-Ansatz als überlegen** erscheinen lassen.[324] Ein Hauptargument ist wiederum der Hinweis auf strukturelle Identitäten zwischen den Zielvorstellungen von Stakeholdern und Shareholdern,[325] da letzten Endes die Anteilseigner durch die Bereitstellung von Risikokapital die Grundlage zur Befriedigung anderer Stakeholder-Interessen schaffen. Ein weiterer Aspekt dieser Begründung ist jedoch der Zwang der Anteilseigner zur Berücksichtigung der Interessen anderer Anspruchsgruppen, da ohne eine Kooperation der Arbeitnehmer, Lieferanten, Fremdkapitalgeber etc. wirtschaftliches Handeln zum Scheitern verurteilt wäre.[326] Diese Betrachtungsweise kommt im Grunde auch in Rappaports Appell an eine „partnerschaftlichen Wert-Schaffung" zum Ausdruck und deckt sich mit der funktionalistischen Interpretation des Stakeholder-Ansatzes, die keinesfalls im Widerspruch zu einem als strategisch verstandenen Shareholder-Konzept steht. Die Verfolgung eines am strategischen Leitbild Shareholder Value orientierten strategischen Personalmanagements heißt also keinesfalls, dass personale Zielsetzungen im Entscheidungsprozess nicht berücksichtigt werden, sondern im Gegensatz, dass bei strategischen Entscheidungen eine differenzierte Analyse der Mitarbeiterinteressen und deren Berücksichtigung zur Realisierung effizienter Kooperations- und Interaktionslösungen erforderlich ist.[327]

---

[323] Bischoff nennt hier die Arbeiten von Cornell, B. / Shapiro, A. C. (1987), Spremann, K. (1991), (1992) und Spremann, K. / Sach, A (1992), und führt im Sinne dieser Autoren an, dass etwa Residualansprüche gewinnbeteiligter Mitarbeiter oder deren irreversible, langfristige Investitionen in ihr Humankapital dazu führen, dass auch diese einen nicht durch die Lohnzahlungen abgegoltenen „Stake" (Einsatz) in die Unternehmung einbringen, was eine Wertsteigerung im Sinne aller Stakeholder nahe legt (vgl. Bischoff, J. (1994), S. 175ff.).

[324] Vgl. hierzu Bischoff, J. (1994), S. 177ff. Vgl. weiterhin zur Unterlegenheit der Stakeholder-Konzeption Kunz, R. M. (1998), S. 408f., der auf Legitimations-, Implementierungs- und Agency-Kostenprobleme des Ansatzes hinweist.

[325] Vgl. Bischoff, J. (1994), S. 178ff.; vgl. auch die vorangehenden Ausführungen.

[326] Vgl. dazu auch Jensen, M. C. (1991), S. 21.

[327] Diese Ansicht deckt sich weitgehend mit der Grundannahme des als modifizierter Stakeholder-Value-Ansatz konzipierten strategischen Wertsteigerungsmanagements nach Eberhardt, wonach zur Sicherung der langfristigen wirtschaftlichen Überlebensfähigkeit eines Unternehmens sowohl ausreichend hohe Zahlungsmittelüberschüsse erwirtschaftet werden müssen, als auch die Berücksichtigung der Interessen bedeutender Anspruchsgruppen, neben anderen auch der Arbeitnehmer, erforderlich ist (vgl. Eberhardt, S. (1998), S. 188ff.).

Ein weiteres Problem des Stakeholder-Ansatzes ist die nicht vorhandene und wohl auch nicht leistbare Operationalisierung des Begriffs „Stakeholder Value",[328] die einer konkreten Umsetzung der Idee in der Praxis entgegensteht, und die eine effiziente Konfliktbewältigung zwischen den Anspruchsgruppen eines Unternehmens eher erschweren als erleichtern würde. Auf der Ebene der Unternehmensverfassung weist der Shareholder Value-Ansatz ökonomische Vorzüge gegenüber dem Stakeholder-Konzept auf, die, insbesondere bei Großunternehmen, mit Transaktionskostenvorteilen kapitalgeleiteter Unternehmungen und Kapitalbeschaffungsproblemen arbeitsgeleiteter Unternehmen begründet werden können.[329] Aus dem gesamtwirtschaftlichen Blickwinkel der Wirtschaftsordnung spricht ebenfalls wegen des engen Zusammenhangs zwischen Shareholder Value-Konzept und einer martkorientierten kapitalistischen Wirtschaftsordnung, die grundsätzliche Vorteile bei der Risikoallokation aufweist, einiges für die Überlegenheit des Shareholder Value-Ansatzes gegenüber dem Stakeholder-Konzept.[330]

Es sei des Weiteren noch darauf hingewiesen, dass der Vorwurf der Vernachlässigung von Interessen anderer Stakeholder durch den Shareholder Value-Ansatz im Übrigen genauso gut im Zusammenhang mit der **traditionellen Gewinnorientierung** erhoben werden kann. Auch der Gewinn ist wie der Unternehmenswert eine Residualgröße, die nach der Bedienung aller anderen Anspruchsgruppen den Shareholdern zusteht.[331] Dem entsprechend ist ein am Shareholder Va-

---

[328] Vgl. Bischoff, J. (1994), S. 177f.

[329] Vgl. Bischoff, J. (1994), S. 188ff. und die dort angeführten Untersuchungen von Picot, A. (1981) und Franke, G. / Hax, H. (1990), S. 4f. Grieger verweist in diesem Zusammenhang in seiner personalwirtschaftlichen Analyse der Shareholder Value- und Corporate Governance-Diskussion auf kritische Aspekte einer Übertragbarkeit des Shareholder Value-Ansatzes auf deutsche Unternehmen, deren Unternehmensverfassungen in hohem Maße durch die deutsche Rechtsprechung determiniert sind. Problematisch ist insbesondere die im Vergleich zu den US-amerikanischen Verhältnissen mangelhafte Effizienz und Relevanz des deutschen Aktienmarkts und die damit verbundene unzureichende Ausprägung eines Marktes für Unternehmenskontrolle (vgl. Grieger, J. (1999), S. 29ff.). Die ökonomische Vorteilhaftigkeit des mit dem Shareholder Value-Ansatz korrespondierenden marktorientierten Unternehmensverfassungsmodells (USA) im Vergleich zum auf institutionalisierte interne Kontroll- und Mitbestimmungsmöglichkeiten setzenden deutschen Corporate Governance-Ansatz wird von Grieger, auch unter Verweis auf empirische Erkenntnisse, nicht als generell gültige Aussage akzeptiert (vgl. a.a.O., S. 40ff., insbes. S. 45ff., S. 53f.). Die Bedeutung des ersten von Grieger angesprochenen Punktes wird voraussichtlich im Zuge einer voranschreitenden Globalisierung der Kapitalmärkte sukzessive reduziert. Die fundamentale Vorteilhaftigkeitsthematik ist Gegenstand einer eigenständigen intensiven Diskussion innerhalb der Corporate Governance-Forschung und kann an dieser Stelle nicht eingehender vertieft werden.

[330] Vgl. Bischoff, J. (1994), S. 181ff.

[331] Vgl. Günther, T. (1997), S. 399. Vgl. gleichermaßen z.B. Bühner, R. (1989), S. 7.

lue ausgerichtetes Personalmanagement nicht zwangsweise weniger mitarbeiterorientiert als dies gewinnorientierte Personalkonzeptionen sind.

Die in der Auseinandersetzung mit dem Stakeholder-Konzept ansatzweise anklingende Frage nach der „**ethischen Integrität**" einer wertorientierten Unternehmensführung wird als außerhalb des Zuständigkeitsbereichs eines betriebswirtschaftlich verankerten strategischen Pesonalmanagements stehend angesehen und deshalb nicht eingehender behandelt.[332] Die Notwendigkeit einer „von oben" verordneten Relativierung ökonomischer Sachverhalte anhand spezifizierter ethischer und moralphilosophischer Grundprinzipien kann auch unter Verweis auf die bei der Shareholder-Stakeholder-Diskussion vorgebrachten Argumente verneint werden. Das ökonomische Verhalten im Sinne des Shareholder Value-Konzepts ist demgemäß keinesfalls zwangsweise mit „unethischem" Handeln der Verantwortlichen verknüpft, denn dem stehen die aufgezeigten positiven Überschneidungen der Interessen verschiedener Anspruchsgruppen und der kontextabhängige Zwang zur Berücksichtigung vielfältiger in- und externer Verhaltensrestriktionen sowie eine auf der Individualebene wirksam werdende moralische Selbstkontrolle der Entscheidungsträger entgegen.[333] Insgesamt

---

[332] Vgl. zur Kritik dieser Sichtweise Weibler, J. (1997), S. 129f.

[333] Natürlich kann durch die Ausnutzung von Lücken in der Gesetzgebung im Einzelfall, vor allem in Ländern mit einer nicht ausgereiften demokratisch-legislativen Infrastruktur, bei der Verfolgung von Wertsteigerungszielen „unethisches" Handeln im Sinne eines ordnungspolitisch ungebremsten Kapitalismus resultieren. Das von Lutz, D. W. (1999), S. 188ff. aufgegriffene Beispiel der Wertsteigerung durch „Ausbeutung" ungeschützter Arbeitnehmer in Billiglohnländern beim Sportartikelhersteller Nike scheint dies auf den ersten Blick eindeutig zu belegen. Es handelt sich beim aufgezeigten Fall jedoch weniger um ein spezifisches Problem des Shareholder Value-Ansatzes als um ein auf weltpolitischer Ebene angesiedeltes ordnungspolitisches Problem. Die Ausnutzung von Preisdifferenzen auf internationalen Arbeitsmärkten und die damit auch verbundene Schaffung von Arbeitsplätzen in ärmeren Regionen der Welt kann Unternehmen angesichts des scharfen internationalen Wettbewerbs schwerlich zum Vorwurf gemacht werden. Darüber hinaus können selbstverständlich auch traditionell gewinnorientierte Unternehmen im Endeffekt jedoch kurzsichtige Ausbeutungsstrategien implementieren. Die Kausalität „aus Wertsteigerung folgt Ausbeutung" ist somit offensichtlich zu kurz gegriffen und weist dem Shareholder Value-Konzept negative Auswirkungen zu, für die es originär nicht verantwortlich ist. Ob sich in einem Unternehmen rücksichtsloses Handeln gegenüber anderen etabliert, hängt wohl weniger vom verfolgten langfristigen Oberziel als vielmehr von den individuellen Persönlichkeitsstrukturen der jeweiligen Entscheidungsträger ab. Die Förderung ökonomisch effizienten Agierens in und von Unternehmen im Sinne der Unternehmenswertsteigerung und die damit verbundene Vermeidung von Ressourcenverschwendung ist bei entsprechenden ordnungspolitischen Rahmenbedingungen letztlich auch aufgrund der Wohlfahrtssteigerung aller an sich als „moralisch integer" anzusehen (vgl. dazu auch Friedman, M. (1970), der unternehmerische Profitsteigerung mit der Wahrnehmung von sozialer Verantwortung gleichstellt). In Verbindung mit dem Argument, dass sich „unmoralisches" Verhalten gegenüber den Mitarbeitern (aber auch anderen Anspruchsgruppen)

spricht auch vor dem Hintergrund der Shareholder-Stakeholder-Debatte einiges für die Heranziehung des Shareholder Value-Konzepts als normatives Grundmodell einer ökonomisch effizienten Betriebsführung, die letztendlich auch im Sinne der beschäftigten Arbeitnehmer ist.[334]

ee) Unternehmenswertsteigerung als rationale Leitmaxime einer ökonomischen Spezifizierung des strategischen Personalmanagements

Ausgangspunkt der Weiterentwicklung vorhandener Personalkonzepte in Richtung eines ökonomisch spezifizierteren strategischen Personalmanagements ist somit die **rational fundierte Entscheidung zur Heranziehung des Wertsteigerungsansatzes als normativer ökonomischer Bezugsbasis.**[335] Die Entwicklung einer am Unternehmenswert orientierten strategischen Personalmanagementkonzeption begründet sich weiterhin in der diagnostizierten defizitären konzeptionellen Erschließung des Themas Shareholder Value durch die wissenschaftlich geprägte personalwirtschaftliche Literatur. Hinzu kommt eine durch

---

zumindest langfristig auch nicht „rechnet", führt dies dazu, dass unternehmensethischen Überlegungen im Kontext eines wertorientierten strategischen Personalmanagement nur geringe Bedeutung beigemessen wird. Vgl. zur begrifflichen Präzisierung und kritischen Diskussion ethischer Aspekte einer Shareholder Value-Orientierung Chambers, D. R. / Lacey, R. J. (1996), Lutz, D. W. (1999) und vor allem die der hier eingenommenen Position völlig entgegenstehenden Ausführungen von Wittmann, S. (1998). Die dieser Arbeit zugrundegelegte generell kritische Sichtweise der Notwendigkeit bzw. Überflüssigkeit einer speziellen Unternehmensethik findet sich auch bei Neus, W. (1998b), S. 176ff. und Hax, H. (1993) und (1995).

[334] Vgl. Beer et al. (1984) als Beispiel für eine dieser Ansicht entgegengesetzte Human Resource Management-Konzeption, die sich auf der Grundlage des Stakeholder-Ansatzes für eine Minimierung der Differenzen zwischen den Stakeholdern anstelle einer Shareholder Value-Maximierung ausspricht (vgl. zu den Stakeholder-Aspekten des Ansatzes insbes. a.a.O., S. 11, 21ff., 37ff.). Die Frage nach dem angemessenen Umfang und der geeigneten Art einer Einflussnahme durch die Mitarbeiter bleibt aber unter Verweis auf die Erfordernis einer Berücksichtigung situativer Gegebenheiten unbeantwortet (vgl. a.a.O., S. 40f.).

[335] Passend zu dieser Sichtweise sei auch auf die gesamtunternehmensbezogene Darstellung von Bruhn, M. (1998), S. 146ff. hingewiesen, der in Anlehnung an Rühli und Eberhardt (vgl. Rühli, E. (1996); Eberhardt, S. (1998), S. 70ff.) den „Value Based View of Strategy" als die aktuelle Phase einer konsequenten Weiterentwicklung des strategischen Managements über die vorhergehenden Stufen der Produkt-, Markt- und Ressourcenorientierung charakterisiert. Die wertorientierte Unternehmensführung ist dabei kein zu den vorangangenen strategischen Standpunkten konträr positioniertes Konzept, sondern integriert deren Betrachtungsweisen unter Heranziehung anderer Zielprioritäten und strategischer Stoßrichtungen. Übertragen auf die hier diskutierte ökonomische Spezifizierung des strategischen Personalmanagements würden sich die früheren Entwicklungsphasen inhaltlich im Wesentlichen in der ersten (strategischen) Dimension wiederfinden, während über die zweite Dimension ein Zusammenführen von Wertorientierung und strategischem Personalmanagement erfolgt.

die wachsende Popularität des Wertsteigerungsparadigmas in der Unternehmenspraxis bedingte zunehmende praktische Relevanz der Behandlung personaler Fragestellungen vor dem Hintergrund der Wertgenerierung in und von Unternehmen. Eine betriebswirtschaftlich positionierte Personallehre muss sich im Sinne einer angewandten Wissenschaft[336] diesen in der betrieblichen Praxis aufgeworfenen Fragen stellen. Die eindeutige Stellungnahme zugunsten einer Ausrichtung am eigneorientierten Leitbild der Wertmaximierung und das damit einhergehende Bekenntnis zu einer ökonomischen Perspektive der Mitarbeiterführung heißt aber nicht, dass Arbeitnehmerinteressen zu Lasten der Eignerinteressen bei der strategischen Entscheidungsfindung auszuklammern sind. Im Gegenteil sprechen auch, wie bereits angeführt, ökonomisch-funktionalistische Überlegungen[337] für eine offensive Auseinandersetzung mit konfligierenden Zielsetzungen und für ein forciertes Bemühen um die Transparenz komplementärer Interessenlagen, dem ein strategisch verstandenes *Personal-Wertkonzept* letztlich gerecht werden muss. Die in der Tradition ökonomischen Denkens verwurzelte klare hierarchisch übergeordnete Positionierung des Wertsteigerungsziels im Rahmen der Unternehmens- und Personalführung trägt zu einer solchen **Transparenz der Interessenlagen** bei.

c) Explikativ-theoretische Dimension einer ökonomischen Spezifizierung des strategischen Personalmanagements

aa) Vernachlässigung ökonomischer Theorien in der personalwirtschaftlichen Literatur

Die explikativ-theoretische Dimension setzt an der von den Vertretern der Notwendigkeit einer ökonomisch-theoretischen Fundierung der Personalwirtschaftslehre eingenommenen Argumentation an, wonach bislang **in völlig unzureichendem Maße** bei der Erklärung personalwirtschaftlicher Sachverhalte auf **Erkenntnisse vor allem der neueren Organisations- und Mikroökonomik** zurückgegriffen wurde.[338] Die vorangehend aus den generellen Theoriede-

---

[336] Vgl. zur Sichtweise der Betriebswirtschaftslehre und der ihr zugehörigen Personalmanagementlehre als anwendungsorientierte Wissenschaft Steinmann, H. / Hennemann, C. (1993), S. 48ff., insbes. die neun Merkmale einer anwendungsorientierten Personalmanagementlehre auf S. 54 und die analogen Ausführungen in Steinmann, H. / Hennemann, C. (1996).

[337] Vgl. hierzu auch die angesprochene funktionalistische Interpretation des Stakeholder-Ansatzes und das Konzept einer wertorientierten Unternehmensführung von Eberhardt, das Shareholder- und Stakeholder-Perspektiven unter dem Dach eines auf langfristige Existenzsicherung abzielenden strategischen Managements zusammenführt (vgl. Eberhardt, S. (1998), insbes. S. 188ff.).

[338] Vgl. hierzu insbesondere Wunderer, R. / Mittmann, J. (1983); Sadowski, D., et al. (1994); Sadowski, D. (1991); Hax, H. (1991); Festing, M. (1996).

fiziten der Personallehre bzw. des strategischen Personalmanagements abgeleitete Notwendigkeit einer theoretischen Fundierung des Faches wird damit insoweit konkretisiert, als nicht irgendwelche Theoriekonzepte aus dem Spektrum prinzipiell verfügbarer Theorien herangezogen werden sollen, sondern ganz „spezifische", nämlich ökonomische Theoriekonstrukte.

Backes-Gellner sieht demgemäß in Übereinstimmung mit anderen Kritikern die deutsche **Personalwirtschaftslehre** vor allem als praxisorientierte Kunstlehre, als Sammelsurium verhaltenswissenschaftlicher Theoriesegmente[339] und kommt zum Schluss, die „... Personalwirtschaftslehre, ..., wird bis auf ganz wenige Ausnahmen *nicht* als ökonomische Disziplin betrieben."[340] Sie verweist auf die Notwendigkeit der Etablierung einer „Personalökonomie", die sich der ökonomischen Analyse von Beschäftigungsentscheidungen unter Marktbedingungen zuwendet und die Wirkungen institutioneller Rahmenbedingungen berücksichtigt. Im Mittelpunkt dieses funktional-instrumentalistischen Verständnisses von Personalmanagement sollte dabei das Beschäftigungsverhältnis als Tauschgeschäft zwischen Arbeitgeber und Arbeitnehmer stehen. Der arbeitende Mensch erscheint als begrenzt rational handelnder Akteur, der auch und vor allem Eigeninteressen wahrnimmt. Als besonders fruchtbare theoretische Quellen werden die Arbeitsökonomie[341], die Informationsökonomie, die Neue Institutionenökonomie, die Vertrags- und Transaktionskostentheorie sowie die Spieltheorie angeführt.[342]

Hax diagnostiziert eine fast völlige „...**Vernachlässigung mikroökonomischer Ansätze** in der Lehre von der Personalwirtschaft...",[343] die bislang vor allem durch eine verhaltenswissenschaftliche Orientierung gekennzeichnet ist.[344] Er weist in seinem Plädoyer zugunsten einer Berücksichtigung der Neuen Institutionellen Mikroökonomik in allen Teildisziplinen der Betriebswirtschaftslehre neben der mikroökonomischen Theorie des Arbeitsmarktes insbesondere der Vertragstheorie ein hohes Potenzial zum ökonomischen Perspektivenwechsel in

---

[339] Vgl. Backes-Gellner, U. (1996), S. 298f.; Backes-Gellner, U. (1993), S. 514.
[340] Backes-Gellner, U. (1996), S. 298; Backes-Gellner, U. (1993), S. 514 (Kursivsetzung im Original; Fettdruck durch den Verfasser).
[341] Der Begriff „Arbeitsökonomie" kann auch umfassender als Sammelbegriff für die klassischen Theoriesegmente der Arbeitsmarkt- und Humankapitaltheorie und für die neueren Entwicklungen der Kontrakt-, Such-, Effizienzlohn- und Filtertheorie und für monopolbezogene Insider-Outsider-Modelle verwendet werden (vgl. Gerlach, K. / Lorenz, W. (1992), Sp. 170ff.).
[342] Vgl. Backes-Gellner, U. (1996), S. 300, S. 302; Backes-Gellner, U. (1993), S. 515, S. 519. Vgl. auch Backes-Gellner, U. / Krings, A. / Berkel, A. (1997).
[343] Hax, H. (1991), S. 52. (Hervorhebung durch den Verfasser); vgl. hierzu auch a.a.O., S. 65.
[344] Vgl. a.a.O., S. 54.; S. 64.

der Personalwirtschaftslehre zu.[345] Auch **Sadowski** sieht einen „...**eklatanten Mangel an ökonomischer Begrifflichkeit** in der deutschen personalwirtschaftlichen Literatur...“[346] und spricht sich zugunsten einer forcierten Verwendung von Effizienz- und Wettbewerbskalkülen und mikroökonomischer Erkenntnisse hinsichtlich relativer Preise, Substitutionsprozessen und der Relevanz opportunistischer Verhaltensweisen aus.[347] Als besonders relevant für eine ökonomische Analyse personalbezogener Problemlagen erachtet er eine unternehmerische Arbeitsmarktpolitik im Sinne einer „Theorie von Beschaffungsentscheidungen unter Marktbedingungen“ und kontrakt- und transaktionskostentheoretische Ansätze.[348] Im Kern eines funktional-instrumentalen personalökonomischen Ansatzes geht es seiner Ansicht nach aber um die Suche nach wettbewerbsadäquaten Investitionsstrategien in die Leistungsbereitschaft und Leistungsfähigkeit des Personals bzw. in das Human- und Organisationskapital eines Unternehmens.[349] Die Humankapitaltheorie lässt sich demnach als weiteres fruchtbares Erkenntnisfeld eines ökonomisch orientierten (strategischen) Personalmanagements ausmachen.[350]

Schauenbergs Plädoyer für eine „**(Re-)Ökonomisierung der Personalpolitik**“[351] befürwortet eine institutionalistische Theorie der Unternehmung als Ausgangspunkt für eine ökonomische Analyse personalpolitischer Probleme und sieht im Rückgriff auf arbeitsökonomische, insbesondere kontrakttheoretische Interpretationsangebote eine wichtige Option, dem Anspruch nach ökonomischem Gehalt von Aussagen zur Personalpolitik in Unternehmen zu genügen.[352]

Als **Beispiele für neuere personalökonomische Veröffentlichungen** mit theoretischem Gehalt, die im Argumentationsspektrum der zitierten Ökonomisierungsprotagonisten liegen, können etwa die US-amerikanischen Lehrbücher von Lazear und Mitchell, der Herausgeberband von Mitchell / Zaidi und die entsprechenden Ausführungen bei Milgrom / Roberts genannt werden.[353] Für den

---

[345] Vgl. Hax, H. (1991), S. 65f.; S. 58ff.

[346] Sadowski, D. (1991), S. 130 (Hervorhebung durch den Verfasser).

[347] Vgl. Sadowski, D. (1991), S. 130ff.

[348] Vgl. a.a.O., S. 130f. Gleichermaßen sieht Staffelbach im Rückgriff auf neuere volkswirtschaftliche Theorien wie der Property Rights- oder der Agency-Theorie eine viel versprechende Möglichkeit zur Analyse innerbetrieblicher personaler Vorgänge und zur Beseitigung eines eklatanten Defizits an wirtschaftlichem Gehalt der Personallehre (vgl. Lattmann, C. (1998), S. 188f.).

[349] Vgl. Sadowski, D. (1991), S. 135f.

[350] Vgl. zu dieser Ansicht auch Lattmann, C. (1998), S. 189.

[351] Schauenberg, B. (1996), S. 360 (Hervorhebung durch den Verfasser).

[352] Vgl. Schauenberg, B. (1996), S. 350; S. 360.

[353] Lazear, E. P. (1998); Mitchell, L. (1995); Mitchell, D. J. B. / Zaidi, M. A. (1990); Milgrom, P. / Roberts, J. (1992);

deutschsprachigen Raum sind derzeit noch nahezu keine gleichermaßen ausgearbeiteten personalökonomischen Lehrbücher verfügbar, die Zahl diesbezüglicher Forschungsbeiträge nimmt jedoch in neuerer Zeit spürbar zu. Exemplarisch sei auf die Beiträge von Alewell, Alewell / Hackert, Kräkel / Schauenberg, Backes-Gellner, Heinzel und Pull verwiesen.[354] Für Arbeiten, die sich explizit und ausschließlich mit der strategischen Ausrichtung des Personalmanagements auseinander setzen, sind im Sinne der im Rahmen der Beschreibung der explikativ-theoretischen Dimension einer ökonomischen Spezifizierung erfolgten recht engen Interpretation des Terminus „ökonomisch" allenfalls die beiden in B.II bereits ausführlicher besprochenen Konzepte von Odiorne und Festing und - zumindest hinsichtlich der Behandlung von Teilaspekten eines Strategic Human Resource Management - das jüngst erschienene US-amerikanische Lehrbuch von Baron / Kreps zu nennen.[355]

bb) Theoretische (Re-)Ökonomisierung versus verhaltenswissenschaftliche Orientierung strategischer Personalkonzepte

Die Verfechter einer theorieseitigen Reökonomisierung der Personalwirtschaftslehre grenzen sich in der Regel bewusst und deutlich von der traditionell mehr **verhaltenswissenschaftlichen Orientierung der Personallehre** ab.[356] Das breite Spektrum verhaltenswissenschaftlicher Orientierungen soll zugunsten einer auf eine geringe Zahl von ökonomischen Basistheorien fokussierten Ausrichtung der Erkenntnisgewinnung auf der Grundlage einheitlicher Methoden und Prämissen aufgegeben werden.[357] Die Befürworter einer verhaltenswissenschaftlichen Personallehre[358] kritisieren wiederum den fehlenden Realitätsbezug und die damit verbundene Irrelevanz für die Lösung praktischer Gestaltungsprobleme, die dieser monistischen Forschungsperspektive zugrundeliegt. Das mit den Verhaltensannahmen der (begrenzten) Rationalität und des Opportunis-

---

[354] Vgl. insbes. Wolff, B. / Lazear, E. P. (2001); Backes-Gellner, U. / Lazear, E. P. / Wolff, B. (2001), aber auch Alewell, D. (2000); (1998a); (1998b); (1993); Alewell, D. / Hackert, B. (1998); Kräkel, M. / Schauenberg, B. (1998); Backes-Gellner, U. (1996a); Heinzel, W. (1996); Pull, K. (1994).

[355] Vgl. Odiorne, G. S. (1985); Festing, M. (1996); Baron, J. N. / Kreps, D. M. (1999).

[356] Vgl. als Überblick zur Unterscheidung von arbeitsökonomischer (Personalökonomie) und verhaltenswissenschaftlicher Personallehre auch Klimecki, R. G. / Gmür, M. (2001), S. 38ff.; Ridder, H.-G. (1999), S. 45ff. Vgl. zum konfliktären Diskurs beider wissenschaftlicher Grundpositionen auch Nienhüser, W. (1996), S. 45ff.; Martin, A. / Nienhüser, W. (1998b), S. 13f.; Alewell, D. (1996); insbes. aber Weibler, J. (1996) und die Stellungnahmen renommierter Personalwirtschaftler im „DBW-Dialog" der DBW-Hefte (Die Betriebswirtschaft) Nr. 6 von 1996 und Nr. 1 von 1997. Vgl. zudem Weibler, J. (1997); (1995), S. 124f.

[357] Vgl. Ridder, H.-G. (1999), S. 69.

[358] Vgl. z.B. Weibler, J. (1997).

mus einhergehende mechanistische Menschenbild der Personalökonomie wird als unzureichende Simplifizierung komplexer menschlicher Verhaltensstrukturen abgelehnt.[359] Dementsprechend wird einer ausschließlichen Kosten- und Effizienzorientierung und der Nichtberücksichtigung soziokultureller Faktoren von den Verhaltenstheoretikern vehement widersprochen.[360]

Einen weniger kontroversen jedoch gangbaren Weg zur Weiterentwicklung einer ökonomischen Theorie der Personalwirtschaft sieht **Ridder**[361] zum einen in der Einführung eines „**ökonomisch-personalwirtschaftlichen Filters**"[362], den soziologische, psychologische und politische Erklärungsansätze als „Nadelöhr"[363] zu überwinden haben, und in dessen Kern die bereits von Gutenberg postulierte Erschließung der Ergiebigkeit menschlicher Arbeitsleistung steht. Der aufgrund des Forschungsgegenstands gegebenen Unmöglichkeit einer disziplinären Grenzziehung der Personalwirtschaftslehre soll durch ein solches ökonomisches Relevanzkriterium entsprochen werden. Zum anderen werden mikro- bzw. institutionenökonomisch begründete Ansätze einer **Personalökonomie** weniger als Ablösung der verhaltenswissenschaftlichen Orientierung, denn als **wichtige Ergänzung** und als konkurrierende Alternative bei der Analyse des ökonomischen Kerns der Personallehre verstanden.[364]

---

[359] Vgl. dazu auch die Ausführungen zum Menschenbild des Personnel Management in B.I.1.a), das der personalökonomischen Sichtweise in mancherlei Hinsicht recht nahe kommt.

[360] Vgl Ridder, H.-G. (1999), S. 119f. Vgl. auch Jorzik , H. (1993), S. 234ff und Backes-Gellner, U. (1993), S. 526f. und die selbstkritischen Anmerkungen bei Milgrom, P. / Roberts, J. (1992), S. 327.

[361] Vgl. Ridder, H.-G. (1996), S. 334ff. und Ridder, H.-G. (1999), S. 120ff.

[362] Ridder, H.-G. (1996), S. 334 (Hervorhebung durch den Verfasser).

[363] Ebd.

[364] Vgl. a.a.O., S. 332f.; S. 334. Eine hinsichtlich des Theorienpluralismus vergleichbare Position vertritt auch Backes-Gellner (vgl. Backes-Gellner, U. (1993), S. 527), die sich für ein „... fruchtbares Nebeneinander verschiedenartiger, *disziplinärer* Ansätze in der Personalwirtschaftslehre..." (ebd.) einsetzt: „Methoden- und Theorienpluralismus als Programm wäre demnach nicht die schlechteste Lösung, sondern legitimer Ausdruck der Vielfalt des Problemfelds <<betriebliches Personalwesen>>" (ebd., Hervorhebung im Original). Sie wünscht sich jedoch für die Zukunft eine sehr viel bedeutendere Position der ökonomischen Ansätze im personalwirtschaftlichen Theoriespektrum. Ähnliches klingt auch in der potenziellen Kritik an ihrem ökonomischen Ansatz vorwegnehmenden Stellungnahme von Milgrom / Roberts an (Milgrom, P. / Roberts, J. (1992), S. 327): „The relationship among people working together are social, not just economic. Assuming a cold-blooded economic calculus thus may seem to be vicious caricature, and its use might seriously misdescribe actual employment relations and misdiscret policies. All these objections may be correct but, ..., an economic approach has great value in helping to organize issues and understand phenomena and in imposing discipline on our analysis." Hax spricht sich ebenfalls nicht für eine Verdrängung verhaltenswissenschaftlicher Forschungsansätze, sondern für deren Ergänzung durch die Nutzung der Stärken marktbezogener Modelle der Neuen Institutio-

Gegen die **Eignung mikro- und organisationsökonomischer Theorien** zur alleinigen Fundierung eines explizit strategieorientierten Personalmanagements sprechen einige Argumente, die sich aus den Wesensmerkmalen einer strategischen Unternehmensführung ableiten lassen:[365]

- „Strategy is not applied microeconomics"[366]: In der Unternehmenspraxis wird bei der Entwicklung von Strategien und bei deren Umsetzung bislang keinesfalls auf mikroökonomische Modelle zurückgegriffen. Der integrative Charakter angewandter Wettbewerbsstrategien verbietet sozusagen eine isolierte mikroökonomische Modellorientierung, denn zur Strategiekonzipierung und -bewertung ist eine hohe Bandbreite verschiedener Wissensbasen erforderlich.
- „Economist will not learn about business"[367]: Die Realitätsferne umfangreicher mathematischer Modelle widerspricht der pragmatischen Natur des strategischen Managements. Doktrinären Formaltheoretikern fehlt die Bereitschaft einer Öffnung für nicht formalisierbare strategische Probleme der Unternehmenspraxis.
- „Microeconomics is a collage"[368]: Die auf die Erklärung von Partialproblemen abstellenden und auf diese zugeschnittenen Ex post-Modelle eignen sich nicht zur Prognose, sondern stellen lediglich formale Darstellungen für anderweitig eruiertes Wissen dar. Die Fülle von Einzelmodellen der neuen Mikroökonomik kann somit in ihrer Gesamtheit nicht die „Führungsstärke" einer neuen integrativen Theorie der Unternehmung aufweisen: „..., there is no new ,theory of the firm'... ."[369]
- „What is strategic changes over time"[370]: Der sich in einer dynamischen Praxis vollziehende kontinuierliche strategische Wandel wird nicht bzw. nur mit erheblicher zeitlicher Verzögerung innerhalb der Mikroökonomie nachvollzogen. Diese beginnt erst jetzt, sich mit der theoretischen Analyse von Phänomenen auseinander zu setzen, die bereits vor einem halben Jahrhundert diskutiert wurden, wie etwa die Trennung von Eigentum und Kontrolle oder die Diversifizierung von Unternehmen.

---

nellen Mikroökonomik aus (vgl. Hax, H. (1991), S. 66). Vgl. auch die Position von Steinmann / Hennemann, die allenfalls von einer Ergänzung, nicht aber von einer Fundierung der Personalmanagementlehre durch die mikroökonomische Theorie ausgehen (vgl. Steinmann, H. / Hennemann, C. (1993), S. 60f.; (1996), S. 246).

[365] Vgl. hierzu Rumelt, R. P. / Schendel, D. / Teece, D. J. (1991), S. 19ff. und Steinmann, H. / Hennemann, C. (1993), S. 44ff.; (1996), S. 226ff.

[366] Rumelt, R. P. / Schendel, D. / Teece, D. J. (1991), S. 19.

[367] Ebd. Vgl. hierzu a.a.O., S. 19f.

[368] A.a.O., S. 20. Vgl. a.a.O., S. 20f.

[369] A.a.O., S. 20.

[370] A.a.O., S. 21. Vgl. a.a.O., S. 21f.

- „Advantage may be internal"[371]: Die theoretische und empirische Forschung im strategischen Management hat in zunehmendem Maße begonnen, die organisationalen Fähigkeiten (Capabilities) als Quellen anhaltender Wettbewerbsvorteile zu entdecken. Die innerbetrieblichen Ressourcen und deren Zusammenwirken stellen aber einen Bereich dar, in dem die angesprochenen ökonomischen Theoriesegmente momentan relativ wenig zu bieten haben. Die Agency-Theorie und die Transaktionskostentheorie lassen zwar neue, wichtige und nützliche Einsichten bezüglich innerorganisationaler Zusammenhänge erwarten, sind jedoch durch die analytische Fixierung auf individuelle Anreizwirkungen für strategische Zwecke zu eng gefasst.

Die direkte Effizienzorientierung mikroökonomischer Modelle und das damit vielfach verbundene Ausblenden der Verknüpfung von Effektivität (strategische Planung und Kontrolle) und Effizienz (Strategiedurchführung) über die Strategie führt des Weiteren zu einer **Vernachlässigung praxisrelevanter betriebswirtschaftlicher Strategieprobleme.**[372] Der Ansicht von Steinmann / Hennemann, dass bei den mikroökonomischen Ansätzen die Strategieproblematik vollständig negiert wird, kann aber nicht zugestimmt werden. Dem entgegen steht etwa die Darstellung von Knyphausen,[373] der der ökonomischen Theorie insbesondere für die Zukunft eine hohe Relevanz für das strategische Management beimisst und sogar von einer „...Renaissance der ökonomischen Theorie im strategischen Management..."[374] spricht. Auch Rumelt / Schendel / Teece kommen letztlich zum Schluss, dass, trotz der attestierten Schwächen ökonomischer Theorien bei der Erklärung strategisch relevanter Sachverhalte, vor allem neuere Ansätze nützliche Erkenntnisfortschritte für das Fach strategisches Management hervorbringen können und hervorgebracht haben. Insgesamt spricht einiges für eine

---

[371] Rumelt, R. P. / Schendel, D. / Teece, D. J. (1991), S. 22.

[372] Vgl. Steinmann, H. / Hennemann, C. (1993), S. 57ff.; S. 63.

[373] Vgl. hierzu umfassender a.a.O., S. 50ff. Knyphausen belegt die Bedeutung und den Anwendungsbezug ökonomischer Theoriekonzepte für das strategische Management anhand von Betrachtungen spieltheoretischer und transaktionskostentheoretischer Ansätze sowie der Konzeption von Sutton (vgl. Sutton, J. (1991)) und des Ressourcenorientierten Ansatzes. Auch Rumelt / Schendel / Teece sehen bereits ein seit den Achtzigerjahren andauerndes dramatisches Anwachsen des Gebrauchs der ökonomischen Theorie durch die Strategieforschung (vgl. Rumelt, R. P. / Schendel, D. / Teece, D. J. (1991), S. 8f.) und attestieren der Transaktionskostenökonomie, der Agency-Theorie, der Spieltheorie und der Evolutionsökonomie eine offensichtliche Relevanz für die Klärung strategischer Fragestellungen (vgl. a.a.O., S. 13ff.).

[374] Knyphausen, D. zu (1995), S. 50. Passend hierzu ordnen Wright / McMahan in ihrer Hinterfragung theoretischer Perspektiven eines Strategic Human Resource Management die Agency- und Transaktionskostentheorie der Gruppe der strategischen Theorien des Human Resource Management zu (vgl. Wright, P. M. / Mc Mahan, G.C. (1992), S. 300ff. bzw. Kapitel B.III.1.b)).

prinzipielle Eignung mikroökonomischer Konzepte, insbesondere von Ansätzen der Neuen Institutionenökonomie,[375] zur ökonomischen Fundierung eines strategischen Personalmanagements, sofern eine perspektivische Erweiterung durch breiter gefasste betriebswirtschaftliche Ansätze möglich bleibt.[376]

Für eine solche **perspektivische Erweiterung** bietet sich in Verbindung mit strategischen Problemlagen eines Personalmanagements vor allem das Theoriegebäude des **„Resource-based View of the Firm"** an.[377] Durch eine Kombination institutionenökonomischen Argumentationen mit dem vor allem im strategischen Management relevanten Ressourcenansatz kann den kritischen Aspekten, die sich aus einem ausschließlich in mikroökonomischen Kategorien argumentierenden Personalmanagement für einen strategisch ausgerichteten Ansatz ergeben, Rechnung getragen werden.[378] Gleichzeitig bietet der Ressourcenansatz auch die Möglichkeit einer bedarfsbezogenen Integration gängiger verhaltenswissenschaftlicher Erkenntnisse der Personalwirtschaftslehre bei der Behandlung von Teilproblemen des strategischen Personalmanagements.[379] Die bisherige Quasi-Nichtbeachtung des Ressourcenansatzes durch die Befürworter einer Besinnung auf die ökonomischen Wurzeln des Personalmanagements heißt keinesfalls, dass der Ressourcenansatz außerhalb des Spektrums ökonomischer Erklärungsansätze liegt. So ordnet etwa Knyphausen-Aufsess den Ressourcenorientierten Ansatz eindeutig dem Spektrum ökonomischer Theorien zu.[380] Damit

---

[375] Vgl. dazu auch die Arbeit von Meuthen, D. (1997), der die Relevanz institutionenökonomischer Argumentationen auf der dem strategischen Personalmanagement vorgelagerten Ebene einer strategischen Unternehmensführung prägnant aufzeigt.

[376] Auch Lewin / Mitchell plädieren in ihrem ökonomischen Human Resource Management-Entwurf zugunsten einer situativen Öffnung für Erkenntnisse deskriptiver, rechts- und verhaltenswissenschaftlicher und institutionalistischer Ansätze, da die Realitäten der Gegebenheiten auf den Arbeitsmärkten, die Eigenschaften der Ressource „Personal", der unvollständigen Information und hoher Transaktionskosten beim Handling von Personalzu- und -abgängen im Einzelfall eine Erweiterung der ökonomischen Perspektive erforderlich machen können (vgl. Lewin, D. / Mitchell, D. J. B. (1995), S. 20).

[377] Vgl. zum Resourc-based View B.III.1.b) und C.II.3.

[378] Vgl. hierzu insbesondere den nachfolgenden Abschnitt B.III.2.d) und Kapitel C.II.

[379] Knyphausen weist darauf hin, dass die Fürsprecher des Ressourcenorientierten Ansatzes diesen für besonders geeignet halten, eine Integration von sozialwissenschaftlichen und ökonomischen Erklärungsweisen herbeizuführen (vgl. Knyphausen, D. zu (1993), Anmerkung [10], S. 786 und die dort angegebenen Verweise auf Collis, D. (1991), S. 66; Tallman, S. (1991), S. 70; Barney, J. (1992); Zajac, E. (1992)).

[380] Vgl. Knyphausen-Aufsess, D. zu (1995), S. 82ff. und Knyphausen, D. zu (1993), S. 775. Vgl. auch Rumelt, R. P. / Schendel, D. / Teece, D. J. (1991), S. 8 und S. 13, die dem Resource-based View of the Firm eine wichtige Perspektiverweiterung für das strategische Management in Richtung ökonomische Theorie zurechnen. Vgl. des Weiteren Reber, G. (1997), S. 123, der in der Hinwendung zu einer strategisch begründeten ressourcenbasierten „Theory of the Firm" die Möglichkeit sieht, „... eben *Betriebs*wirtschaftslehre zu ma-

erschließt sich eine zweite, etwas weiter gefasste Ebene der explikativ-theoretischen Dimension.

Zusammenfassend lässt sich als zentrale Spezifizierungs-Intention der explikativ-theoretischen Dimension eine **theoretische Fundierung personalwirtschaftlicher Forschungsaktivitäten durch etablierte ökonomische Konzepte** hervorheben. Diese ökonomischen Erklärungsansätze zeichnen sich unter anderem dadurch aus, dass Kosten-Nutzen-Kalkülen und Markt-, Effizienz- und Effektivitätsüberlegungen bei der Erschließung menschlicher Arbeitsleistungen als Theoriekern eine dominierende Rolle zukommt.[381] Zur ökonomischen Spezifizierung eines strategischen Personalmanagements sind Theorien heranzuziehen, die sich in diesem Sinne als ökonomisch kennzeichnen lassen. Bei der Auswahl der Theorien muss jedoch aufgrund des hochkomplexen Forschungsgegenstands „Mensch und Arbeit im Betrieb" der Erfordernis einer **situativen Öffnung für verhaltenswissenschaftliche Problemlagen und Erkenntnisse** Rechnung getragen werden. Außerdem muss einer unzureichenden **Berücksichtigung strategischer Problemlagen** durch zu eng gefasste Perspektiven ökonomischer Einzelkonzepte bei der Theorieauswahl entgegengewirkt werden. Ein Weg hierfür ist die Kombination geeigneter ökonomischer Erklärungsansätze. Eine besondere Relevanz scheint dabei einer **Integration institutionenökonomischer und ressourcentheoretischer Argumentationen** zuzukommen. Integriert man in diesem Zusammenhang die investitions- bzw. finanztheoretischen Wurzeln des unter der teleologisch-normativen Dimension als Leitkonzept angeführten Shareholder Value-Ansatzes, ergibt sich ein dreifach begründetes Integrationskonzept der Theoriefundierung eines strategischen Personalmanagements auf das im weiteren Verlauf der Arbeit zurückgegriffen wird.[382]

d) Konsequenzen einer ökonomischen Spezifizierung des strategischen Personalmanagements für den eigenen Ansatz

Alle drei Dimensionen einer ökonomischen Spezifizierung des strategischen Personalmanagements müssen bei der Ausarbeitung einer ökonomisch orientierten Konzeption berücksichtigt werden. Ein Personalmanagementkonzept ist

---

chen." (Ebd.; Kursivsetzung im Original). Der ökonomische Gehalt des Ressourcenansatzes resultiert in einem hohen Maße aus der Erklärungsrelevanz für ökonomische Fragestellungen der ersten Dimension einer ökonomischen Spezifizierung. Die Dominanz liegt dabei zwar offensichtlich auf dem Aspekt einer strategischen Ressourcenorientierung, jedoch schließt diese Perspektive implizit auch Markt- und Effektivitäts- / Effizienzkalküle mit ein.

[381] Vgl. zur definitorischen Abgrenzung „ökonomischer Erklärungen" unter Bezugnahme auf Kosten-Nutzen-Kalküle auch Martin, A. / Nienhüser, W. (1998a), S. 2.

[382] Vgl. hierzu die Theoriemodule eines strategischen Personal-Wertkonzepts in Kapitel C.II.

demgemäß dann als „*ökonomisch spezifiziert*" zu kennzeichnen, wenn eine simultane Strategie- und Wertorientierung vorliegt, und wenn bei der Erklärung und Interpretation von Beziehungszusammenhängen und Kausalitäten ein Schwerpunkt auf ökonomische Theorien gelegt wird (vgl. hierzu auch Abbildung 14).

Die **Berücksichtigung der ersten Dimension** erfolgt in dieser Arbeit durch die explizite strategische Fokussierung, die insbesondere auch in der Heranziehung bereits entwickelter Konzepte des strategischen Personalmanagements, die im Überblick und selektiv in Kapitel B.II besprochen wurden, deutlich wird. Nahezu alle Ansätze und im besonderen Maße die eingehender behandelten Entwürfe weisen eine im Umfang variierende Markt-, Ressourcen- und Effektivitäts- bzw. Effizienzorientierung auf, und erfüllen damit die aus der ersten Dimension ableitbaren Anforderungen an ein ökonomisches Personalmanagement.

Erster Anknüpfungspunkt für eine Weiterentwicklung bestehender Konzepte ist die **teleologisch-normative Spezifizierung** hinsichtlich einer an der **Shareholder Value-Maximierung** ausgerichteten Unternehmensführung. Einerseits spricht eine zunehmende praktische Relevanz für ein Aufgreifen des Themas bei der Behandlung personalwirtschaftlicher Fragestellungen, andererseits kann auch ein offensichtliches Defizit in der wissenschaftlichen Auseinandersetzung mit einem wertorientierten Personalmanagement konstatiert werden. Die identifizierte Lücke zwischen praktischer Bedeutung und konzeptioneller Aufarbeitung soll durch die nachfolgende Entwicklung eines strategischen Personal-Wertkonzepts spürbar verkleinert werden.

Der **dritten Dimension** einer ökonomischen Spezifizierung wird im Rahmen der Ausarbeitung eines Konzepts zum strategischen Management ökonomischer Humanpotenziale zunächst durch den **finanzwirtschaftlichen Theoriegehalt** des als Leitbild zugrundegelegten normativen **Shareholder Value-Modells** gewährleistet. Weiterhin wird der Zielsetzung einer ökonomischen Spezifizierung durch die Berücksichtigung von Erkenntnissen der Neuen Institutionenökonomik, genauer gesagt der **Agency-Theorie**, Rechnung getragen, die gleichzeitig ein hohes Maß an Kompatibilität zum verfolgten Leitbild einer an der Unternehmenswertsteigerung orientierten Personalpolitik bzw. an deren investitions- und kapitaltheoretischen Wurzeln aufweist. Der ebenfalls als „ökonomisch" charakterisierbare **Ressourcenansatz** bietet sich in einer dritten Stufe als sinnvolle Erweiterung kapitaltheoretischer und mikroökonomischer Argumente im Kontext strategischer und personaler Problemlagen an. Die hier entwickelte Konzeption leistet somit, durch die simultane Heranziehung dreier im Kern ökonomischer Theoriekomponenten, einen offensichtlichen Beitrag zur ökonomischen Spezifizierung der Teildisziplin strategisches Personalmanagement auch im Sinne der dritten Dimension.

Durch die Berücksichtigung der drei Dimensionen einer ökonomischen Spezifizierung bei der Konzeptgenerierung findet eine **eindeutige Verankerung der disziplinären Analysebasis in der Ökonomie** statt. Die Theoriesegmente A-gency-Theorie und Ressourcenansatz eignen sich prinzipiell auch zur Behandlung übergreifender strategischer Problemstellungen (Makro-Analyse-ebene) und können als hinreichend etablierte, wenn auch immer noch in einer dynamischen Entwicklung befindliche Theorien zur rationalen Begründung von Gestaltungsentscheidungen herangezogen werden (theoretisches Analyseziel). Aus beiden Theoriefeldern lassen sich gleichsam Argumentationen im Sinne einer Kontingenz- und einer universalistischen Grundhaltung ableiten. Ressourcenansatz und Neue Institutionenökonomie entsprechen damit den der hier eingenommenen Forschungsperspektive zugrundeliegenden **Kriterien der Theorieselektion für ein strategisches Personalmanagement**.[383] Die kapital- bzw. investitionstheoretischen Wurzeln des zugrundegelegten Shareholder Value-Konzepts bilden dabei die theoretische Ausgangsbasis, an der die zwei anderen Theoriekomponenten ansetzen.

---

[383] Vgl. dazu die Erörterungen zur Auswahlproblematik spezifischer Theorieansätze in B.III.1.c); insbes. die Übersicht über die hier angesprochenen Theorieselektionskriterien in Tabelle 5.

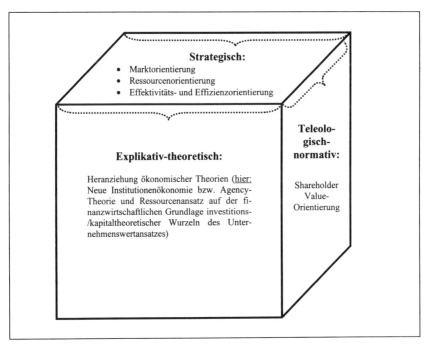

Abbildung 14: Die drei Dimensionen einer ökonomischen Spezifizierung des strategischen Personalmanagements (Quelle: Eigene Darstellung)

C. Generierung der Grundzüge eines eigenen strategischen Personal-Wertkonzepts

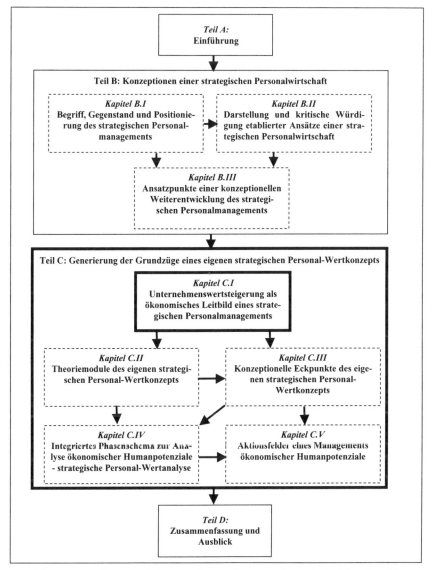

Abbildung 15: Teil C und C.I im Gesamtkontext der Arbeit (Quelle: Eigene Darstellung)

Im Rahmen der nachfolgenden Ausführungen werden die wesentlichen Argumentationsstränge eines eigenen wertorientierten strategischen Personalmanagement-Konzepts eruiert. Zunächst erfolgt in Kapitel C.I auf der Grundlage des Shareholder Value-Ansatzes von Rappaport eine sehr eingehende Analyse der empirischen und konzeptionellen Literatur zum Themenkomplex ökonomische Wertgenerierung und Personalmanagement. In der sich anschließenden Kennzeichnung der theoretischen Bezugsfelder des avisierten Personal-Wertkonzepts in Kapitel C.II werden finanz-, agency- und ressourcentheoretische Aussagensysteme hinsichtlich ihrer Anwendungsbezüge für einen strategischen Personalmanagementansatz hinterfragt. Die integrative Verbindung der drei Theoriemodule mündet in die Entwicklung der konzeptionellen Grundstruktur eines wertorientierten strategischen Personalmanagements in Kapitel C.III. Hier erfolgen nach der Formulierung von auf die eigenen Untersuchungen rekurrierenden Basisanforderungen an ein strategisches Personal-Wertkonzept die Definition und Systematisierung ökonomischer Humanpotenziale als Dreh- und Angelpunkte einer strategischen Wert-Ressourcen-Orientierung im Personalmanagement. Weiterhin werden Analyseebenen, Träger und ein Phasenschema des personalstrategischen Analyse- und Managementprozesses vorgestellt. Auf dieser Grundlage wird in C.IV auf der prozessualen Ebene die *strategische Personal-Wertanalyse* als Instrument zur Analyse ökonomischer Humanpotenziale spezifiziert, dessen konkrete Anwendungsbezüge bei der Betrachtung der Hauptaktionsfelder des eigenen strategischen Personal-Wertansatzes in Kapitel C.V aufgezeigt werden.

I. Unternehmenswertsteigerung als ökonomisches Leitbild eines strategischen Personalmanagements

1. Shareholder Value-Konzept nach Rappaport als Ausgangspunkt einer Wert-Perspektive im strategischen Personalmanagement

Der 1986 erstmals erschienene US-amerikanische Klassiker „Creating Shareholder Value" von Rappaport[384] ist die wohl bekannteste Veröffentlichung, welche die Notwendigkeit und die Konsequenzen einer auf Unternehmenswertsteigerung abzielenden eignerorientierten Unternehmensführung aufzeigt und hat in hohem Umfang zur Popularität des Shareholder Value-Ansatzes in Theorie und Praxis beigetragen.[385] Die strategische Grundausrichtung und die theoretische Stimmigkeit des 1998 in überarbeiteter Auflage neu publizierten Ansatzes[386] legt eine Heranziehung als konzeptionelle Basis einer ökonomischen Spezifizierung des strategischen Personalmanagements im teleologisch-normativen Sinne nahe.[387]

---

[384] Vgl. Rappaport, A. (1986) und die deutsche Übersetzung Rappaport, A. (1995).

[385] Kunz sieht im Buch von Rappaport die erstmalige umfassende Definition und Abhandlung zum Shareholder Value-Konzept (vgl. Kunz, R. M. (1998), S. 392). Klein kommt sogar zu der erheblich weiter gehenden Einschätzung, dass sich letztlich alle bis zum Ende der Neunzigerjahre erschienenen gehaltvollen Veröffentlichungen zur Shareholder Value-Thematik auf Rappaports Grundlagenwerk zurückführen lassen (vgl. Klein, W. (1998), S. XVIII.). Rappaport wird zwar immer wieder als „Vater" des Shareholder Value-Ansatzes tituliert (vgl. Schmid, S. (1998), S. 219), er selbst greift allerdings auf grundlegende Erkenntnisse der Finanz- und Kapitalmarkttheorie zurück, die bis in die Fünfziger und Sechzigerjahre zurückgehen. Seine Pionierleistung ist demnach insbesondere in der verständlichen Bündelung früherer Arbeiten in seiner eigenen praxis- und wettbewerbsorientierten Konzeption einer eignerorientierten Unternehmensführung zu sehen (vgl. Drukarczyk, J. (1997), S. 1; vgl. zu den frühen konzeptionellen Grundlagen des Shareholder Value-Konzepts auch Bischoff, J. (1994), S. 83ff.). Beispielhaft für die praktische Anwendung des Rappaportschen Ansatzes durch deutsche Unternehmen sei hier auf die Preussag AG (vgl. Ganz, P. (1999)) und die Tengelmann-Unternehmensgruppe (vgl. Deipenbrock, M. (1999)) hingewiesen.

[386] Vgl. Rappaport, A. (1998a) und die deutsche Übersetzung Rappaport, A. (1999a). Dass die zweite deutschsprachige Version bereits ein Jahr nach dem Erscheinen des amerikanischen Originals veröffentlicht wurde, während die Übersetzung der Erstausgabe fast 10 Jahre auf sich warten ließ, kann auch als Indiz für eine zwischenzeitlich veränderte Einstellung zur Shareholder Value-Thematik im deutschen Sprachraum herangezogen werden. Eine auf Wertsteigerung fokussierte eignerorientierte Unternehmenspolitik ist nämlich mittlerweile für eine hohe Zahl deutscher Großunternehmen (zumindest rhetorischer) Standard. Vgl. zur Popularität und Relevanz des Shareholder Value-Ansatzes auch die Ausführungen in B.III.2.b).

[387] Vgl. zur teleologisch-normativen Dimension einer ökonomischen Spezifizierung umfassend B.III.2.b). Auch Knyphausen attestiert in seinen Ausführungen zu einem wertorientierten strategischen Management der Konzeption von Rappaport, dass diese „... sehr un-

a) Darstellung und Bewertung der Shareholder Value-Basiskonzeption nach Rappaport

Die **Maximierung des Shareholder Value als ökonomischem Wert des Eigenkapitals** eines Unternehmens wird von Rappaport als vordringlichste Aufgabe einer eigneroorientierten Unternehmensführung verstanden, als **generalisierbarer Unternehmenszweck**, der in den Vereinigten Staaten bereits heute die Zielsysteme der meisten Unternehmen prägt, und der sich in den nächsten Jahren voraussichtlich zu einem global anerkannten Standard der unternehmerischen Erfolgsmessung entwickeln wird.[388] Eine Fokussierung auf die Erzielung langfristiger überdurchschnittlicher Cash flows zur Generierung von Unternehmenswertsteigerungen liegt im Interesse aller Anspruchsgruppen, deren betriebsbezogene Bedürfnisbefriedigung letztlich vom dauerhaften Markterfolg

---

mittelbare Anschlüsse an Konzepte aus dem Strategischen Management sucht." (Knyphausen, D. zu (1992), S. 343). Vgl. zu den strategischen Perspektiven und zur ermittelten empirischen Relevanz des Shareholder Value-Ansatzes für die strategische Entscheidungsfindung allgemein auch Günther, T. (1997), S. 61f., der dem Ansatz unter Verweis auf eine Fülle anderer Fachvertreter „... Möglichkeiten zur Weiterentwicklung des strategischen Managements..." (a.a.O., S. 61) beimisst. Außer der Konzeption von Rappaport gibt es zwischenzeitlich eine Reihe weiterer Shareholder Value-Ansätze, die sich im Wesentlichen in der Auswahl spezifischer Wertermittlungsverfahren unterscheiden. Rappaport ist neben dem ebenfalls stark verbreiteten McKinsey-Konzept von Copeland / Coller / Murrin (vgl. Copeland, T. / Koller, T. / Murrin, J. (1990), (1998) und (2000)) den Wertmanagementkonzepten zuzurechnen, die im Kern auf die „theoretisch richtige" Kapitalwertmethode zurückgreifen (vgl. zur theoretischen Richtigkeit des dynamischen Cash flow-Konzepts von Rappaport auch Thissen, S. (2000), S. 75, die zudem, im Gegensatz etwa zu Bühner, R. (1996), S. 395f., von einer Überlegenheit des Shareholder Value-Ansatzes gegenüber anderen Wertkonzepten ausgeht). Alternative Entwürfe sind etwa das „Adjusted Present Value"-Konzept, der „Cash flow Return on Investment"- oder der „Economic Value Added"-Ansatz (vgl. dazu umfassender Bühner, R. / Tuschke, A. (1999), S. 21ff.). Detailfragen der alternativen Berechnungsmöglichkeiten von Wertgrößen wird, angesichts des Umfangs der mit personalen Prozessen und Potenzialen verbundenen Quantifizierungsprobleme, für den Untersuchungsgegenstand eines strategischen Personalmanagements im Verhältnis zu den in Rappaports Ansatz vorfindbaren Grundideen nur geringe Relevanz beigemessen. Insofern sei zu einem kritischen Vergleich heranziehbarer Verfahren auf die einschlägige Literatur hingewiesen (vgl. etwa ebd.; Günther, T. (1997), S. 95ff.; S. 213ff.; Bischoff, J. (1994), S. 83ff.; Lorson, P. (1999), S. 1332ff.). Für ein richtig verstandenes Wertmanagement ist „... letztlich nicht die Rechengenauigkeit, sondern die handlungsleitende Wirkung einzelner Konzepte und ihrer begleitender Instrumente ausschlaggebend." (Bühner, R. / Tuschke, A. (1999), S. 33). Durch den impliziten finanz- / kapitaltheoretischen Gehalt der Shareholder Value-Konzeption werden auch Aspekte der explikativ-theoretischen Dimension einer ökonomischen Spezifizierung (vgl. dazu B.III.2.c)) mit eingeschlossen.

[388] Vgl. Rappaport, A. (1998a), S. 1; (1999a), S. 1.

einer Unternehmung abhängt.[389] Vor diesem Hintergrund kann nachgewiesen werden, dass die im **traditionellen Rechnungswesen** üblicherweise zur Erfolgsmessung verwendeten Größen wie Gewinn, Return on Investment (ROI) und Eigenkapitalrentabilität (Return on Equity - ROE) aufgrund ihres Vergangenheitsbezugs, bestehender Bewertungsspielräume, der Ausblendung von Investitionserfordernissen, der Nichtberücksichtigung von monetären Zeitwerten und weiterer Unzulänglichkeiten zur Prognose zukünftiger Unternehmenswerte weniger geeignet sind.[390] Hierfür soll stattdessen auf den Rappaportschen Shareholder Value-Ansatz zurückgegriffen werden, der den ökonomischen Wert strategischer Entscheidungsalternativen durch die **Diskontierung prognostizierter Cash flows** zu ermitteln versucht.

aa)   Formale Darstellung des Rappaportschen Shareholder Value-Ansatzes

Im **Gesamtkapitalansatz**[391] von Rappaport wird der Shareholder Value als der zur Deckung von Eigentümeransprüchen zur Verfügung stehende Anteil am Gesamtunternehmenswert definiert mit:[392]

Shareholder Value = *Unternehmenswert   –   Fremdkapital (bewertet zu Marktpreisen).*

Der **(Gesamt-)Unternehmenswert**[393] setzt sich wiederum aus den drei Komponenten Gegenwartswert des betrieblichen Cash flows während der Prognosepe-

---

[389] Vgl. Rappaport, A. (1998a); S. 5ff.; (1999a), S. 6ff.; (1986), S. 12. Vgl. hierzu auch die Ausführungen zur Shareholder-Stakeholder-Problematik in B.III.2.b).

[390] Vgl. zu den Unzulänglichkeiten von Größen des traditionellen Rechnungswesens umfassender Rappaport, A. (1998a), S. 13ff.; (1999a), S. 15ff.; (1986), S. 19ff.; (1988), S. 81ff.; (1999b), S. 97; (1981), S. 139f. und ergänzend Günther, T. (1997), S. 50ff.

[391] Beim Gesamtkapitalansatz (synonym: Bruttomethode, Total Capital / Entity Approach) findet vor dem Hintergrund einer Trennung von Leistungs- und Finanzierungsbereich zunächst eine Messung der Wertbeiträge zum Gesamtunternehmenswert statt, bevor dann in der zweiten Stufe Aspekte der Fremdfinanzierung zum Tragen kommen (vgl. Günther, T. (1997), S. 105). Zugunsten des in der Literatur verbreitetsten Gesamtkapitalansatzes spricht eine Reihe von Gründen, die insbesondere im Falle deutscher Unternehmen relevant sind (vgl. dazu umfassender a.a.O., S. 107ff.). Dem verwendeten Gesamtkapitalansatz liegt die Fiktion einer ausschließlichen Eigenkapitalfinanzierung des Unternehmens zugrunde (vgl. Drukarczyk, J. (1997), S. 4).

[392] Vgl. zu den nachfolgenden Formaldarstellungen des Rappaportschen Ansatzes insbesondere Rappaport, A. (1998a), S. 32ff.; (1999a), S. 39ff.; (1986), S. 50ff.; (1988), S. 83ff.

[393] Beim Begriff „Unternehmenswert" handelt es sich im Rappaportschen Sinne um den Wert des Gesamtunternehmens, der bei der Anwendung des Ermittlungsverfahrens nicht mit dem Shareholder Value gleichzusetzen ist (vgl. dazu auch die Anmerkungen zur definitorischen Gleichsetzung von Unternehmenswert und Shareholder Value in B.III.2.b). Eine auf den Unternehmenswert im weiteren Sinne ausgerichtete Unternehmenspolitik bein-

riode, dem Residualwert als Gegenwartswert eines Geschäftes für die Zeit im Anschluss an die Prognoseperiode und dem Marktwert handelsfähiger Wertpapiere und anderer nicht betriebsrelevanter Investitionen zusammen:

Unternehmenswert = *Gegenwartswert betrieblicher Cash flows im Prognosezeitraum + Residualwert + Marktwert handelsfähiger Wertpapiere und sonstiger nicht betriebsnotwendiger Vermögensgegenstände.*

Die **Ermittlung der Cash flow-Werte** erfolgt auf direktem Wege durch die Gegenüberstellung von betrieblichen Ein- und Auszahlungen. Unter Einzahlungen versteht Rappaport den operativen Cash flow, der bereits um die Kosten der Umsatzerwirtschaftung vermindert wurde. Bei den Auszahlungen handelt es sich um die Kosten, die für das Umsatzwachstum erforderlich sind,[394] so dass insgesamt für die Berechnung der betrieblichen Cash flows in den betrachteten Prognoseperioden gilt:

Cash flow = *Einzahlungen – Auszahlungen*
= *[Vorjahresumsatz • (1 + Umsatzwachstumsrate) • Betriebliche Gewinnmarge • (1 – Cash-Gewinnsteuersatz)] - [Vorjahresumsatz • Umsatzwachstumsrate • (Zusatzinvestitionsrate für Anlage- und Umlaufvermögen)].*[395]

---

haltet aber letztlich immer auch eine gleichzeitige Ausrichtung auf den Shareholder Value, der als Unternehmenswert im engeren Sinne verstanden werden kann. Insofern ist die bislang erfolgte Synonymverwendung beider Begriffe außerhalb der Beschreibung der Berechnungsmethode als stimmig zu erachten.

[394] Vgl. Bühner, R. / Tuschke, A. (1999), S. 22.

[395] Die betriebliche Gewinnmarge ergibt sich aus der Relation von Betriebsgewinn vor Zinsen und Steuern und Umsatz und gibt den Teil des Umsatzes an, der prinzipiell zur Finanzierung von Kapazitätsausweitungen verfügbar ist (vgl. Rappaport, A. (1998a), S. 35; (1999a), S. 42; (1986), S. 53 sowie Bühner, R. / Tuschke, A. (1999), S. 23, die jedoch den Begriff „Umsatzüberschussrate" verwenden). Drukarczyk setzt den Rappaportschen Originalbegriff „Operating Profit Margin" mit der „Umsatzrentabilität vor Unternehmenssteuern" gleich (vgl. Drukarczyk, J. (1997), S. 5). Über den Cash-Gewinnsteuersatz werden die im Steuerjahr angefallenen Cash flow-verzehrenden Steuern auf den operativen Gewinn berücksichtigt (vgl. Rappaport, A. (1998a), S. 36; (1999a), S. 43f.; (1986), S. 55). Die Zusatzinvestitionsrate für das Anlagevermögen ergibt sich aus dem Verhältnis der Differenz zwischen Investitionsausgaben und Abschreibungen und der prognostizierten Umsatzsteigerung. Die Zusatzinvestitionsrate für das Umlaufvermögen wird durch die Relation zwischen Zusatzinvestitionen in das Umlaufvermögen (Nettoinvestitionen in Kreditoren-, Debitoren- und Lagerbestände zur Stützung des Umsatzwachstums) und der Umsatzsteigerung festgelegt (vgl. Rappaport, A. (1998a), S. 35ff.; (1999a), S. 42f.; (1986), S. 54).

Die **Abzinsung der Cash flows** erfolgt über den Kapitalkostensatz, der als gewichtetes Mittel aus Fremd- und Eigenkapitalkosten (Weighted Average Cost of Capital- / WACC-Ansatz) zu errechnen ist:[396]

WACC = *[Langfristiger Fremdkapitalkostensatz • (1 – Steuersatz) • Vorgegebener Anteil des Fremdkapitals am Gesamtvermögen] + [Geforderte Eigentümerrendite • Vorgegebener Anteil des Eigenkapitals am Gesamtvermögen].*

Dabei gilt nach dem **Capital Asset Pricing Model (CAPM)**:[397]

Geforderte Eigentümerrendite = *Zinssatz für risikofreie Kapitalmarktanlagen + Risikoprämie des Eigenkapitals*
= Zinssatz für risikofreie Kapitalmarktanlagen + Aktienvolatilität gegenüber dem Gesamtmarkt • (Prognostizierte Marktrendite – Zinssatz für risikofreie Kapitalmarktanlagen).

Der **Zinssatz für risikofreie Kapitalmarktanlagen** setzt sich aus einer Entschädigungsprämie für die Kapitalüberlassung („reale" Verzinsung) und einer Inflationsausgleichsprämie zusammen. Zur näherungsweisen Bestimmung dieser Zinsgröße eignen sich die Zinssätze langfristiger Bundesanleihen. Die **Aktienvolatilität** gegenüber dem Gesamtmarkt steht für das spezifische systematische Risiko[398] einer Aktie und wird durch den sogenannten Beta-Wert ausgedrückt. Der aus einem linearen Regressionsmodell abgeleitete **Beta-Faktor** steht für die prozentuale Veränderung des Aktienkurses, die (tendenziell) resultiert, wenn sich der Gesamtmarkt um ein Prozent verändert. Die **prognostizierte Marktrendite** kann unter Bezugnahme auf die Rendite eines repräsentativen Marktin-

---

[396] Vgl. dazu auch Kunz, R. M. (1998), S. 399ff.; Drukarczyk, J. (1997), S. 6.

[397] Vgl. hierzu und zur kritischen Beurteilung des CAPM Günther, T. (1997), S. 30ff.; Raster, M. (1995), S. 67ff.

[398] Der Beta-Risikofaktor beinhaltet lediglich das systematische, nicht diversifizierbare Marktrisiko einer Aktie, d.h. es werden allenfalls Risiken berücksichtigt, die auch für den Gesamtmarkt relevant sind (z.B. konjunkturelle Schwankungen, Energiekrise etc.). Dieses wird im Kapitalmarktgleichgewicht durch die Rendite abgedeckt. Das unternehmensspezifische bzw. unsystematische Risiko (z.B. Missmanagement, Veränderung der Konkurrenzsituation etc.) jedoch steht für das Portefeuillerisiko eines Wertpapiers im Marktportefeuille, kann durch den Aktionär selbst wegdiversifiziert werden und ist deshalb auch nicht durch die Marktrenditegröße abgedeckt (vgl. Knyphausen, D. zu (1992), S. 335; Perridon, L. / Steiner, M. (1999), S. 268; Weston, J. F. / Copeland, T. E. (1994), S. 366f., S. 368f.; Brealy, R. A. / Myers, S. C. (2000), S. 167ff.; Thissen, S. (2000), S. 88).

dex festgelegt werden.[399] Der **Residualwert** ist der Unternehmenswertanteil, der im Zeitraum nach dem Ende der zugrundegelegten Prognoseperiode anfällt. Er macht vielfach den größten Teil des gesamten Unternehmenswerts aus. Bei der Bestimmung des Residualwerts muss von der eigenen Wettbewerbsposition und der eingeschlagenen strategischen Stoßrichtung ausgegangen werden. So empfiehlt sich etwa für eine Abschöpfungsstrategie die Heranziehung des **Liquidationswerts** zur Schätzung des Residualwerts während sich für den Fall einer auf Wertsteigerung ausgerichteten Wachstumsstrategie die Heranziehung der Methode der ewigen Rente (**Annuitätenmethode**) anbietet, die unterstellt, dass nach dem Ende der Prognoseperiode wegen der durch die Überrenditen gestiegenen Konkurrenzintensität im Durchschnitt lediglich noch eine Investitionsrendite in Höhe der Kapitalkosten erzielt werden kann. Der Gegenwartswert am Ende der Prognoseperiode t der nach dem Planungszeitraum anfallenden Cash flow-Größen errechnet sich dann im Standardmodell ohne Inflationsberücksichtigung[400] als Barwert einer unendlichen uniformen Cash flow-Reihe:

$$\text{Residualwert} = \frac{\text{Betrieblicher Cash flow vor Neuinvestitionen}}{\text{Kapitalkostensatz}} (t+1)$$

Entscheidend für die Residualwertbestimmung ist somit vor allem eine realistische Prognose der **Dauer des Wertsteigerungszeitraums t**, der mit dem herangezogenen zeitlichen Planungshorizont identisch ist.[401]

Die in einer Prognoseperiode realisierte Wertveränderung wird als „**Shareholder Value Added**" (SVA) bezeichnet und kann als Bewertungsgrundlage alternativer strategischer (Investitions-)Entscheidungen herangezogen werden.[402] Eine einfache und praxisorientierte Steuerungsgröße zur Gewährleistung einer werterhaltenden Mindestrendite in Höhe des Kapitalkostensatzes ist die **kritische betriebliche Gewinnmarge**, die als Ausfluss einer wertorientierten Break-Even-Analyse vorgeschlagen wird.[403]

---

[399] Vgl. Rappaport, A. (1998a), S. 38ff.; (1999a), S. 46ff.; (1986), S. 56ff.

[400] Rappaport verweist auch auf die ebenfalls heranziehbare Rentenmethode mit Inflationsberücksichtigung, bei der von entsprechend der Inflationsrate wachsenden Cash flow-Werten ausgegangen wird. Die Verfahrensauswahl macht er abhängig von der Beurteilung der Wettbewerbssituation am Ende der Planungsperiode. Das wachstumsorientierte Inflationsmodell bietet sich dabei vor allem für Unternehmen mit anhaltend guter Wettbewerbsposition in Branchen mit besten langfristigen Entwicklungsperspektiven an (vgl. Rappaport, A. (1998a), S. 44ff.; (1999a), S. 53ff.).

[401] Vgl. zur Residualwert-Bestimmung Rappaport, A. (1998a), S. 40ff.; (1999a), S. 48ff.; (1986), S. 59ff.

[402] Vgl. Rappaport, A. (1998a), S. 49ff.; (1999a), S. 60f.; (1986), S. 65ff.

[403] Vgl. Rappaport, A. (1998a), S. 51ff.; (1999a), S. 62ff.; (1986), S. 69ff.

bb) Strategische Analyse auf Basis des Shareholder Value-Netzwerks

Die hinter der Shareholder Value-Generierung stehenden maßgeblichen Bewertungsfaktoren lassen sich in einer aus den Komponenten des Bewertungsmodells abgeleiteten **Systematik relevanter Werttreiber**, dem Shareholder Value-Netzwerk, zusammenfassen (vgl. Abbildung 16).[404]

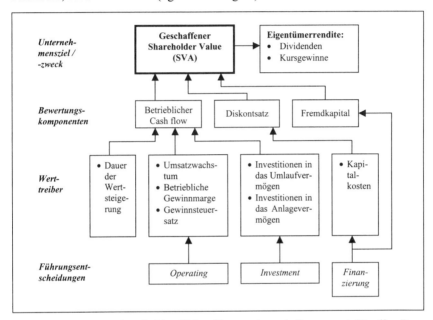

Abbildung 16: Das Shareholder Value-Netzwerk nach Rappaport (Quelle: Rappaport, A. (1998a), S. 56; (1999a), S. 68; (1986), S. 76)

Die Werttreiber und deren Bestimmungsgrößen sind die essenziellen Stellgrößen der Wertschaffung in Unternehmen und stellen demgemäß **zentrale Anknüpfungspunkte für die strategische Analyse** dar. Die drei Werttreiber Umsatzwachstum, betriebliche Gewinnmarge sowie Gewinnsteuersatz werden insbesondere von den laufenden Geschäftsentscheidungen (Operating-Entscheidungen - z.B. Produkt- und Preispolitik) determiniert. Bis auf die durch das Management zu schätzende voraussichtliche Wertsteigerungsdauer sind alle ande-

---

[404] Vgl. zum Shareholder Value-Netzwerk Rappaport, A. (1998a), S. 55ff.; (1999a), S. 67ff.; (1986), S. 76ff. Vgl. ergänzend auch Kunz, R. M. (1998), S. 402f.

ren Werttreiber durch grundlegende Investitions- und Finanzierungsentschei-
dungen festgelegt.[405]

Bei der Besprechung des **Strategieformulierungs- und -bewertungsprozes-
ses**[406] wird vorausgesetzt, dass die Erreichung von Wettbewerbsvorteilen und
die Generierung von Shareholder Value als komplementäre Zielsetzungen über
das ökonomische Grundprinzip der (langfristigen) Produktivität im Sinne positiver Output-Input-Differenzen eng verbunden sind.[407] Somit stellt die **Schätzung
des SVA** als langfristig realiserbares Wertpotenzial einer Strategie auch ein Indiz für die Existenz bzw. Nichtexistenz von Wettbewerbsvorteilen dar: „... More
precisely, sustainable value creation, that is, developing long run opportunities
to invest above the cost of capital, is the ultimate test of competitive advantage."[408] Der Prozess der strategischen Wertanalyse knüpft an dem gängigen **Stra-**

---

[405] Vgl. Rappaport, A. (1998a), S. 56f.; (1999a), S. 68f.; (1986), S. 76f.

[406] Vgl. dazu umfassend Rappaport, A. (1998a), S. 59ff.; (1999a), S. 71ff.; (1986), S. 81ff.

[407] Vgl. Rappaport, A. (1998a), S. 69; (1999a), S. 82. So gilt nach Rappaport einerseits, dass
„... productivity, the value of output produced by a unit of labor or capital is the foundation for creating competitive advantage in the market place..." (Rappaport, A. (1998a), S.
69) und andererseits: „It is also productivity that the stock market reacts to when pricing a
company's shares. Embedded in all shares is an implied long-term forecast about a company's productivity – that is, its ability to create value in excess of the cost of producing
it." (ebd.). Als Fazit kann somit festgehalten werden: „... productivity is the hinge on
which both competitive advantage and shareholder value hang." (Rappaport, A. (1998b),
S. 36).

[408] Rappaport, A. (1998a), S. 65 (vgl. hierzu auch die Quasi-Gleichsetzung von dauerhaften
Wettbewerbsvorteilen mit hohem Wertsteigerungspotenzial in Rappaport, A. (1987), S. 58
und S. 66). Zentral für diese „wert-strategische" Argumentation ist die Rappaportsche
Prämisse, dass die Aktienmärkte bei der Bewertung von Unternehmensanteilen eine langfristige Sichtweise einnehmen, d.h. bei der Kursbewertung einer Aktie spielen weniger die
kurzfristigen Quartalsgewinne eines Unternehmens eine Rolle, als dessen langfristiges
Cash flow-Generierungspotenzial. Dies wird regelmäßig auch durch empirische Studien
belegt. Mit zunehmender Wettbewerbsstärke eines Unternehmens steigt dabei der vom
Markt herangezogene Bewertungshorizont auf 15 bis 25 Jahre. Ein Zeitraum von 20 Jahren, der erforderlich ist, bis eine aktuelle Dividendenrendite von 2 Prozent auf die Höhe
einer heutigen Obligationenrendite von 6,5 Prozent bei einem durchschnittlichen Dividen-
denwachstum von 6 Prozent angestiegen ist, wird von Rappaport als „... reflection of investors' long term horizon, when they invest in the future earning capacity of companies..." (Rappaport, A. (1998a), S. 71) angesehen (vgl. Rappaport, A. (1998a), S. 70ff.;
(1999a), S. 83ff.; (1998b), S. 37f, S. 39. Vgl. zu Belegen für einen langfristigen Zeithorizont der Anleger auch Copeland, T. / Koller, T. / Murrin, J. (2000), S. 11, S. 74, S. 82ff.;
(1998), S. 114ff.). Mit ein Indiz für die tendenziell langfristige Orientierung der Kapitalanleger bei der Bewertung von Aktienanteilen sind auch die sehr hohen Bewertungen, die
etwa auf schwer absehbare Zeit noch verlustreiche Internetfirmen wie Amazon.com oder
Web.de an den Wachstumsbörsen über einen langen Zeitraum erreichen konnten. Die derzeit immer noch anhaltende Krise an den internationalen Wertpapierbörsen, vor allem im
Segment der technologieorientierten Zukunftswerte (NASDAQ, ehemaliger Neuer Markt)

tegiekonzept von Porter[409] an, das um die Methode der SVA-Quantifizierung „verlängert" wird.[410] Somit schließt sich einer umfassenden Analyse der Branchenattraktivität (externe Chancen / Risiken) und der Wettbewerbsposition (interne Stärken / Schwächen) die Formulierung strategischer Alternativen an, für die auf der Grundlage prognostizierter Wachstums-, Margen- und Investitionskennzahlen zugehörige Cash flow-Werte ermittelt werden, aus denen unter Heranziehung des unternehmensspezifischen Kapitalkostensatzes der SVA einer strategischen Option berechnet werden kann. Es gilt dann, bei beschränkt verfügbaren Ressourcen, jene Unternehmens- bzw. Geschäftsbereichsstrategie umzusetzen, die das größte Wertsteigerungspotenzial aufweist.

Von wichtiger Bedeutung für die strategische Analyse ist die im Entscheidungsprozess zu erfolgende Identifikation von Werttreibern, denen im Unternehmen eine besonders hohe Relevanz zukommt, die so genannten **„key micro value drivers"**[411]. Es handelt sich hierbei um die sieben, dem Basismodell zugrundeliegenden Makro-Werttreibern vorgelagerten Bestimmungsgrößen, die in besonders hohem Ausmaß auf den Shareholder Value Einfluss nehmen und idealerweise auch durch Entscheidungen des Managements in mehr oder minder großem Umfang kontrolliert werden können.[412]

---

relativiert diese Aussage allerdings evtl. wieder als historische Momentaufnahme, kann aber auch, losgelöst hiervon, nur als Korrektur einer Phase nicht fundierter Zukunftsprognosen gesehen werden.

[409] Vgl. dazu insbes. die Klassiker Porter, M. E. (1980) und (1985). Rappaport sieht in den fünf Porterschen Branchenstruktur- bzw. Wettbewerbsdeterminanten (brancheninterne Wettbewerbsintensität, Bedrohung durch Ersatzprodukte und durch neue Wettbewerber, Verhandlungsstärke von Lieferanten und Abnehmern) auch die wesentlichen marktinduzierten Bestimmungsgrößen für den Shareholder Value: „... the five competitive forces govern shareholder return because they influence prices, quantities sold, costs, investment, and the riskiness of firms in an industry." (Rappaport, A. (1987), S. 60). Er verweist bezüglich der Analyse interner Aktivitäten auf das ergänzende Instrumentarium des Porterschen Wertkettenkonzepts, das mit der Cash flow-Orientierung des Shareholder Value-Ansatzes seiner Meinung nach sehr gut vereinbar ist (Rappaport, A. (1987), S. 62). Dem Porterschen Strategiekonzept wird allerdings in der neuen Auflage, vor allem was das Wertkettenkonzept angeht, bei weitem weniger Raum zugestanden (vgl. im Gegensatz hierzu die umfassenden Ausführungen in Rappaport, A. (1986), S. 81ff.).

[410] Denn es gilt der Grundsatz: „Strategies drive shareholder value. And shareholder value as an organizational objective drives the search for and selection of strategies." (Rappaport, A. (1998a), S. 73). „The Porter competitive analysis framework provides a powerful aid to strategic thinking. The shareholder value approach on the other hand, evaluates the chosen strategies to see whether they are in fact likely to create a sustainable competitive advantage." (Rappaport, A. (1986), S. 88).

[411] Rappaport, A. (1998a), S. 171 (Hervorhebung durch den Verfasser).

[412] Vgl. Rappaport, A. (1998a), S. 171ff., S. 84f.; (1999a), S. 200ff., S. 99.

134

cc) Grundlegende Bewertung des Unternehmenswertansatzes nach Rappaport

Im Rahmen einer Bewertung des Rappaportschen Shareholder Value-Ansatzes kann dieser insgesamt als ein **im Kern theoretisch konsistentes Modell** einer praktikablen marktorientierten Bewertung strategischer Handlungsalternativen gekennzeichnet werden, das auf der normativen Essenz eines eignerbasierten Unternehmensführungsideals aufbaut. Die aus der Residualanspruchsargumentation abgeleitete eindeutige Priorisierung der Unternehmenseigentümer bei der Formulierung des betrieblichen Zielsystems wird der Rappaportschen Shareholder Value-Konzeption als ein Hauptkritikpunkt vorgeworfen: Der zugrundeliegende **Interessenmonismus** verhindere eine ausgewogene Berücksichtigung der Belange anderer Stakeholder. Auf die möglichen Gegenargumente dieser teils auf Missverständnissen (z.B. Kurzfristigkeit des Shareholder Value-Ansatzes) beruhenden und normativ zumindest gleichermaßen „belasteten" Kritik wurde bereits an anderer Stelle hinreichend hingewiesen.[413] Sieht man von dieser fundamentalkritischen Grundsatzdebatte ab, die aufgrund normativ-ideologischer Vorprägungen der Vertreter einer Shareholder- bzw. Stakeholderperspektive letztlich immer kontrovers ausfallen wird, so finden sich vor allem **verfahrens- und messtechnische Kritikpunkte**, die dem Ansatz vorgeworfen werden können. Zentral, auch vor dem Hintergrund personalstrategischer Argumentationen, ist hierbei das Problem der langfristigen **Prognose** zukünftiger, also unsicherer strategiebedingter **Cash flow-Größen und adäquater Residualwerte**.[414] Beim

[413] Vgl. hierzu die Diskussion teleologisch-normativer Aspekte einer ökonomischen Spezifizierung des strategischen Personalmanagements in B.III.2.b). Ausfluss dieser Diskussion war die in hohem Maße rational begründbare (Residualanspruchsargument; ökonomische Wertschaffung als Voraussetzung einer Stakeholder-Bedarfsberücksichtigung), immer aber auch normativ behaftete Festlegung auf eine Zielfunktion des strategischen Personalmanagements, die zwar die (langfristige) Maximierung des Shareholder Value als Ziel eindeutig in den Vordergrund stellt, die Belange anderer Stakeholder aber, hier insbesondere der Mitarbeiter, gegebenenfalls situationsbezogen als Restriktion zu berücksichtigen hat.

[414] Vgl. zur Cash-flow-Prognoseproblematik Kunz, R. M. (1998), S. 405f.; Bischoff, J. (1994), S. 112ff. und Knyphausen, D. zu (1992), S. 349. Vgl. zur Kritik an der Restwertermittlung strategischer Investitionsentscheidungen ebd. sowie Bischoff, J. (1994), S. 114f. und Drukarczyk, J. (1997), S. 19ff. Mit der äußerst entscheidungsrelevanten Residualwertprognose untrennbar verbunden ist das schwierige und allenfalls angeschnittene Problem der Festlegung eines angemessenen Planungszeitrahmens, innerhalb dessen Cash flow-Werte noch kalkulierbar und die Erzielung von Überrenditen möglich erscheinen. Rappaport verweist in dem Zusammenhang auf eine mögliche Bandbreite der Wertsteigerungsdauer von 0 bis 25 Jahren, je nach Wettbewerbspositionierung des betreffenden Unternehmens (vgl. Rappaport, A. (1998a), S. 71; (1999a), S. 84. Vgl. dazu auch Copeland, T. / Koller, T. / Murrin, J. (1998), S. 235f., die zur Festlegung des Prognosezeitraums ebenfalls die voraussichtliche zeitliche Dauer einer Rendite auf Neuinvestitionen, die über den Kapitalkosten liegt, empfehlen. In der dritten Auflage ihres Standardwerkes beschrän-

Unsicherheitsproblem handelt es sich jedoch um ein Grundproblem der strategischen Analyse, das keinesfalls Shareholder Value-exklusiv ist. Auch bei der Anwendung traditioneller Alternativenbewertungsmethoden im strategischen Entscheidungsprozess kam und kommt man, vor allem unter Implementierungsgesichtspunkten, um den Versuch einer Quantifizierung der langfristigen Erfolgswirkungen strategischer Optionen nicht herum, selbst wenn dies immer auch mit der Gefahr einer *„Pseudo-Objektivierung"* an sich kaum operationalisierbarer Sachverhalte einhergeht. Nichtsdestotrotz ist aber der Konstruktion plausibler und transparenter Wertgenerierungswirkungsketten zur rationalen Durchdringung der Prognoseproblematik bei der Übertragung des Ansatzes auf alle funktionalen Teilgebiete einer strategischen Unternehmensführung, d.h. auch und gerade auf das strategische Personalmanagement, eine hohe Bedeutung beizumessen. Detailkritische Beiträge setzen insbesondere an den engen **Prämissen der zugrundeliegenden finanzierungs- bzw. kapitalmarkttheoretischen Basismodelle** des Gesamtkapitalkostenansatzes (WACC-Ansatz) und des CAPM an,[415] weisen jedoch auch auf weiter gehendere problematische Anwendungsaspekte[416] hin.

---

ken sich die Verfasser jedoch lediglich auf einen Verweis auf diese in der Bewertungspraxis bekannte Vorgehensweise und empfehlen stattdessen „... the explicit forecast should be long enough so that the business will have reached a steady state of operations by the end of the period." (Copeland, T. / Koller, T. / Murrin, J. (2000), S. 273; ergänzend S. 234, wo von einer für die meisten Unternehmen empfehlenswerten Prognosedauer von 10 bis 15 Jahren ausgegangen wird). Eberhardt sieht hingegen lediglich einen Zeitrahmen von 5 bis 10 Jahren als praktikablen Prognose- bzw. Planungshorizont, innerhalb dem die Entwicklung zentraler Werttreiber noch hinreichend genau vorhergesagt werden kann (vgl. dazu Eberhardt, S. (1998), S. 136f.). Vgl. zum Problem der Ermittlung des Shareholder Value den Weiteren Schmid, S. (1998), S. 226ff. Ein weiterer Aspekt, der in der Prognoseproblematik enthalten ist, ist die Einbindung qualitativer strategischer Überlegungen in den Strategiebewertungsprozess. Rappaport sieht diesbezüglich die Notwendigkeit einer komplementären Zusammenführung von quantitativer und qualitativer Analyse, ohne jedoch auf die „qualitative Übersetzungsproblematik" im Detail einzugehen (vgl. Rappaport, A. (1987), S. 60).

[415] Vgl. z.B. Bischoff, J. (1994), S. 116ff., Drukarczyk, J. (1997), S. 6f. und S. 18f; Knyphausen, D. zu (1992), S. 348.

[416] Hierzu gehören etwa die unzureichende Berücksichtigung spezifischer institutioneller Rahmenbedingungen der Bundesrepublik Deutschland in der deutschen Übersetzung, Rappaports Aussagen zur „finanziellen Tragbarkeit" von wertgenerierenden Wachstumsstrategien sowohl auf Unternehmensebene als auch auf der Ebene strategischer Geschäftseinheiten (Konzept der kritischen Umsatzwachstumsrate), die Problematik der Vorgabe einer Zielkapitalstruktur, die Schwierigkeiten bei der Fixierung einer adäquaten Mindestrendite („Hurdle Rates"), die Vernachlässigung von Ressourcenverfügbarkeiten und Flexibilitätsaspekten sowie die insgesamt zu knapp gehaltenen Implementierungsanweisungen (vgl. Drukarczyk, J. (1997), S. 2f., S. 10, S. 11ff., S. 13, S. 15, S. 17 – allerdings wird der Implementierung in der neuesten Auflage des Buches im Gegensatz zur vorhergehenden Auflage ein umfassenderes eigenständiges Hauptkapitel eingeräumt (vgl. dazu Rap-

Die besondere **Eignung des Rappaportschen Ansatzes als einleitendes Referenzmodell für ein wertorientiertes strategisches Personalmanagement** liegt, wie bereits angeklungen, in seiner strategischen Grundorientierung begründet, die in der systematischen Ausrichtung des Führungsansatzes auf den strategischen Planungsprozess (Strategieformulierung-, Strategiebewertung und -implementierung), in seiner plausibilitätslogischen Verknüpfung mit dem industrieökonomischen Strategiekonzept von Porter und in der immer wiederkehrenden Betonung einer Langfristperspektive zum Ausdruck kommt. Gleichzeitig stellt das entwickelte stark komplexitätsreduzierende Werttreiber-Schema einen fruchtbaren Ausgangspunkt zur Generierung personalstrategischer Wertgeneratoren-Schemata dar, die plausible Personal-Wert-Zusammenhänge abbilden.[417]

b) Analyse der Berücksichtigung personaler Aspekte in der Konzeption nach Rappaport

Personale Gesichtspunkte einer wertorientierten Unternehmensführung werden von Rappaport mit Ausnahme der Thematik **„Leistungsbewertung und Entlohnung von Führungskräften"**[418] nur am Rande behandelt. Neben der leis-

---

paport, A. (1998a), S. 163ff.)). Weiterhin wird der Innovationsgrad des Ansatzes angesichts seiner Rückführbarkeit auf die Kapitalwertmethode als nicht sehr hoch angesehen (vgl. Knyphausen, D. zu (1992), S. 347f.) und dessen einseitige Ausrichtung auf Wachstumsstrategien kritisiert (vgl. Bühner, R. / Tuschke, A. (1999), S. 23 und ergänzend zur Wachstumsorientierung Rappaports Bühner, R. (1996), S. 392 und S. 396). Zum Ausklammern organisatorischer Fragestellungen der Aufgabenteilung zwischen Kapitalmarkt und Management (z.B. organisatorische Regelung der Kompetenz zur Festlegung der Kapitalstruktur) vgl. außerdem umfassend Bischoff, J. (1994), S. 126ff. Schmid verweist zudem bei der Diskussion von Realisierungsbedingungen des Shareholder Value auf die Gefahr einer Vernachlässigung eigentlicher Wertsteigerungsaktivitäten zugunsten Investor Relations-orientierter Kommunikationsmaßnahmen und die unmögliche Kontrollierbarkeit der postulierten Wertmaximierungs-Zielvorschrift (vgl. Schmid, S. (1998), S. 227f.).

[417] Selbst wenn Knyphausen die Kompatibilität zwischen den finanzierungstheoretischen Grundlagen des Shareholder Value-Ansatzes und dem strategischen Management zunächst in Frage stellt, so sieht auch er, trotz aller Skepsis, einige theoretische Integrationsmöglichkeiten und empirische Belege für die teilweise Auflösbarkeit des bestehenden Spannungsverhältnisses im Sinne einer weiterführenden, hoffnungsvollen Schnittstellenbetrachtung, welche die Wertorientierung und die strategische Unternehmensführung zusammenbringt (vgl. Knyphausen, D. zu (1992), S. 333, S. 336ff., S. 339, S. 348). Vgl. allgemein zur Verbindung der Shareholder Value-Konzepte mit dem strategischen Management auch Schmid, S. (1998), S. 222. Er kennzeichnet dort u.a. die Rappaportsche Konzeption als Verfahren zur Strategieauswahl aber auch zur Identifikation von Wertsteigerungspotenzialen bei gegebenen Strategien. Es folgen jedoch äußerst kritische Anmerkungen, was die Vereinbarkeit der beiden Gegenstandsbereiche unter Bezugnahme auf die Stakeholder-Ansätze angeht (vgl. insbesondere a.a.O., S. 232ff.).

[418] Das Thema wurde von Rappaport in der Ursprungsversion noch als „Additional Shareholder Value Application" angeführt (vgl. Rappaport, A. (1986), S. 171ff.); in der neuen

tungsbezogenen Ausgestaltung betrieblicher Vergütungssysteme werden noch drei weitere Aspekte angesprochen, die auf die Mitarbeiter einer Unternehmung als zu berücksichtigende Parameter eines Shareholder Value-Managements hindeuten. Zum einen werden **potenzielle Interessengegensätze zwischen Mitarbeitern und Unternehmenseignern** bei der normativen Grundausrichtung des Shareholder Value-Konzepts thematisiert. Zweitens treten personale Belange bei der Analyse nachgeordneter Werttreiber-Komponenten (**Mikro-Werttreiber**) in Erscheinung, und drittens werden im Zusammenhang mit einer Verankerung des Shareholder Value-Gedankenguts im Unternehmen **Fragen der Unternehmenskultur** und der spezifischen Mitarbeiterausbildung angeschnitten.

aa)　Potenzielle Eigner-Mitarbeiter-Interessenkonflikte und Ansatzpunkte einer Interessenharmonisierung

Im Rahmen einer normativen Rechtfertigung des Shareholder Value-Ansatzes[419] geht Rappaport auf das vielgehörte Argument ein, eine auf die bestmögliche Verzinsung des Eigenkapitals ausgerichtete Managementkonzeption vernichte Arbeitsplätze und widerspreche damit dem fundamentalen Interesse der Arbeitnehmer an **Arbeitsplatzsicherheit**.[420] Dieses Argument kann, wie bereits angesprochen, in mehrfacher Hinsicht widerlegt werden, auch wenn Rappaport die Existenz von Interessengegensätzen zwischen Mitarbeitern und Unternehmenseignern nicht grundsätzlich negiert. Es ist zunächst einmal wichtig, festzuhalten, dass es sich bei mit Personalabbau verbundenen „Gesundschrumpfungsmaßnahmen" zumeist um Folgewirkungen früherer Fehlentscheidungen handelt, die bei der ökonomischen Wertanalyse zutage treten. Man sollte in diesem Zusammenhang also immer sehr genau zwischen Ursache und Wirkung unterscheiden. Eng verbunden mit dieser Argumentation ist die Feststellung, dass ein Unterlassen ökonomisch angezeigter Personalreduzierungen über kurz oder lang vom

---

Auflage von „Shareholder Value" wird die Gestaltungsproblematik bezüglich betrieblicher Anreizsysteme für Führungskräfte hingegen als eigenständiges Hauptkapitel ausgewiesen (vgl. Rappaport, A. (1999a), S. 133ff.; (1998a), S. 112ff). Das betreffende Kapitel wurde außerdem völlig neu konzipiert, um der zwischenzeitlich stark gestiegenen praktischen Relevanz des Themas gerecht zu werden (vgl. Rappaport, A. (1998a), S. XVII). Auch eine jüngere Veröffentlichung zur Konzipierung leistungsorientierter Vergütungssysteme spricht für die hohe Bedeutung, die Rappaport diesem Teilaspekt des Shareholder Value-Managements beimisst (vgl. Rappaport, A. (1999b)).

[419]　Rappaport geht davon aus, dass das Shareholder Value-Konzept auch für Mitarbeiter und andere Anspruchsgruppen attraktivere Unternehmen hervorbringt (vgl. Rappaport, A. (1998a), S. 163; (1999a), S. 192).

[420]　Vgl. zu den diesbezüglichen Ausführungen Rappaport, A. (1998a), S. 8ff.; (1999a), S. 10ff. Vgl. zu dieser kritischen Diskussion ergänzend auch die in B.III.2.b) angesprochenen normativen Grundprobleme des Shareholder Value-Ansatzes.

138

Markt sanktioniert wird, und dann gravierendere negative Konsequenzen für alle Mitarbeiter zu erwarten sind.

Auf gesamtwirtschaftlicher Ebene spricht zudem die Entwicklung der Arbeitsmarktsituation in der traditionell eignerorientierten US-Wirtschaft dafür, dass per saldo durch wertinduzierte Restrukturierungen und die mit ihnen verbundenen Verbesserungen der Wettbewerbsfähigkeit von Unternehmen bei weitem mehr Arbeitsplätze geschaffen als vernichtet werden. Nicht jede Redimensionierung im Personalbereich ist jedoch auf eine strategische Shareholder Value-Perspektive zurückzuführen. Ein zu starker Personalrückbau kann sehr wohl zu Leistungsengpässen und Motivationsproblemen führen, die dem Wertsteigerungsideal widersprechen, aber „... the source of the problem here is not the use of the shareholder value approach. The problem instead is its misuse or unuse, which has led to value-destroying downsizings for companies and their shareholders and uncalled-for dislocations and pain for employees."[421] In diesem Zusammenhang wird von Rappaport die zunehmende **Bedeutung hoch qualifizierter Arbeitskräfte** hervorgehoben, deren unternehmensspezifische, vielfach hochspezialisierte Fähigkeiten einen substanziellen Wert für die Arbeitgeber besitzen, und die damit immer mehr als „**critical source of value creation**"[422] zum Tragen kommen. Rappaport zieht als Instrument zur erforderlichen **Harmonisierung der Interessen** von Shareholdern und Mitarbeitern den Aufbau eines **innerbetrieblichen Anreizsystems**, das zur Wertsteigerung anhält, der Kapitalbeteiligung von Mitarbeitern als die bessere Lösung vor, da im letzteren Fall lediglich bei unrealistisch hohen Beteiligungsquoten adäquate Anreizkompatibilitäten zu erwarten sind.[423] Die **Kapitalbeteiligung** wird aber auf Ebene der Top-Führungskräfte neben der eigentümerrenditeabhängigen Entlohnung,

---

[421] Rappaport, A. (1998a), S. 10 (Kursivsetzung im Original).

[422] Ebd. (Hervorhebung durch den Verfasser).

[423] Rappaport konzentriert sich bei seiner Argumentation aber lediglich auf den Personalfreisetzungs-Zusammenhang, d.h. er bezieht sich letztlich auf die Fragestellung, wie hoch eine Kapitalbeteiligung von Mitarbeitern sein müsste, damit diese im Extremfall ihre eigene Kündigung als vorteilhaft ansehen. Dass eine entsprechende Situation auch angesichts der ebenfalls angesprochenen Konzentration von Human- und Finanzkapital auf nur ein Unternehmen (vgl. a.a.O. S. 10f.) nicht realistisch ist, liegt auf der Hand. Als genauso realitätsfern muss jedoch die entsprechende Fragestellung eingestuft werden. Auf die positiven Effekte einer Kapitalbeteiligung von Mitarbeitern deshalb zu Gunsten eines Anreizystems vollständig zu verzichten erscheint aber, auch angesichts der vielfältigen Möglichkeiten einer sinnvollen Verknüpfung beider Komponenten, nicht angebracht. Die Beteiligung der Arbeitnehmer am Eigenkapital eines Unternehmens kann sicherlich niemals alle Mitarbeiter-Eigentümer-Konflikte verhindern, sie ist offensichtlich auch nicht das geeignete Instrument, um fundamentale Probleme im Wettbewerb anzugehen (vgl. entsprechend Anmerkung 6 in a.a.O., S. 189); eine adäquate Beurteilung von Beteiligungskonzepten ist jedoch in starkem Maße von einem angemessenen Anspruchsniveau abhängig, das im vorliegenden Fall wohl von vornherein als zu hoch angesetzt wurde.

der Gefahr des Arbeitsplatzverlusts nach einer Unternehmensübernahme und der hohen Wettbewerbsintensität und Transparenz des zugehörigen Arbeitsmarktsegments als Hauptfaktor einer eignerbezogenen Interessen- bzw. Verhaltensharmonisierung angeführt.[424]

bb) Personale Aspekte im Werttreibersystem nach Rappaport

Trotz der (mehr beiläufig) behaupteten hohen Bedeutung qualifizierter Arbeitnehmer für die betriebliche Wertschaffung[425] findet **keine vertiefende Diskussion personaler Effekte** im Werttreiber-Beziehungsgeflecht statt. Allenfalls bei der Beschreibung des Shareholder Value-Einführungsprozesses lassen sich in der neueren Auflage in den dort angeführten exemplarischen Werttreiber-Schemata nicht näher erörterte **personalspezifische Mikro-Werttreiber** wie Personalausstattung, Löhne, Boni und geleistete Überstunden als Determinanten des Betriebsgewinns bzw. der Betriebskosten ausmachen.[426] Auch in der alten Auflage seines Buches kommen die Personal-Wert-Zusammenhänge lediglich am Rande der argumentativen Verknüpfung des Shareholder Value-Ansatzes mit dem Porterschen Wertkettenkonzept zur Geltung.[427] Dem **Human Resource Management**[428] wird hierbei als einer die primären Wertaktivitäten unterstützenden Funktion eine nicht näher spezifizierte Relevanz bei der Cash flow-Entstehung zugewiesen.

cc) Shareholder Value-orientierte Unternehmenskultur als Grundlage einer Implementierung des Ansatzes nach Rappaport

Bei der Besprechung des **Shareholder Value-Implementierungsprozesses**[429] wird als Hauptintention die Umsetzung und Bewahrung einer **Shareholder**

---

[424] Vgl. Rappaport, A. (1998a), S. 7; (1999a), S. 4.

[425] Vgl. Rappaport, A. (1998a), S.10; (1999a), S. 12. Es wird an anderer Stelle außerdem darauf hingewiesen, daß die „Expensed Knowledge Investments" (die wohl in hohem Maße mit Investitionen in das Wissen der Mitarbeiter gleichzusetzen sind) in einigen Branchen die wichtigsten Investments darstellen und die betriebliche Gewinnmarge entsprechend beeinflussen (vgl. Rappaport, A. (1998a), S. 63; (1999a), S. 75).

[426] Vgl. Rappaport, A. (1998a), S. 172f.; (1999a), S. 201f.

[427] In der neuen Auflage wird das Wertkettenkonzept, wie bereits bemerkt, nicht mehr explizit vorgestellt. Die in der Ursprungsversion vorfindbare Beschreibung und Visualisierung der Verbindung zwischen Wertkette und Cash flows ist allerdings auch nicht sehr aussagekräftig (vgl. Rappaport, A. (1986), S. 86ff. und (1987), S. 62f.).

[428] Also allen Aktivitäten, die mit der Rekrutierung, Beschäftigung, Aus- und Weiterbildung, Entwicklung und Vergütung von Mitarbeitern verbunden sind (vgl. Rappaport, A (1986), S. 86).

[429] Das betreffende Kapitel ist in der ersten Auflage nicht enthalten und kann als anwendungs- und anwenderorientierte Ergänzung des Ursprungskonzepts interpretiert werden. Die dies-

Value-orientierten Unternehmenskultur genannt.[430] Die Gestaltung der Unternehmenskultur jedoch kann als originäres Betätigungsfeld einer strategischen Personalführung verstanden werden.[431] Insofern ist die Verankerung der Shareholder Value-Idee im sichtbaren und unsichtbaren Werte- und Normensystem des Unternehmens als wichtiges Betätigungsfeld eines wertorientierten strategischen Personalmanagements zu betrachten. Ein theoretisch fundiertes Aufbereiten unternehmenskultureller Gestaltungsaspekte einer am Unternehmenswer ausgerichteten Führungskonzeption unterbleibt jedoch. Stattdessen wird voi allem auf die Notwendigkeit inhaltlicher Überzeugungsarbeit und fachlicher **Ausbildungsprogramme** auf sämtlichen Führungskräfte-Ebenen eines Unternehmens hingewiesen. Entscheidendes Instrument einer dauerhaften Etablierung des Shareholder Value-Denkens auf allen Ebenen, auch der der Mitarbeiter, ist jedoch die stimmige Integration von **Leistungsbewertung und erfolgsabhängigen Vergütungsformen**: „The role of performance measurement and incentive compensation in strengthening the shareholder value focus is critical."[432]

dd) Wertorientierte Anreiz- und Vergütungssysteme für Führungskräfte und Mitarbeiter

Rappaport befasst sich bei der Analyse von wertbezogenen Anreiz- und Vergütungssystemen[433] nahezu ausschließlich mit den diesbezüglichen Regelungen für **Führungskräfte**, die als essenziell angesehen werden. Das Management soll durch Belohnungen für realisierte Wertsteigerungen zu Verhaltensweisen im Sinne der Marktwertmaximierung des Eigenkapitals motiviert werden. Besonders wichtig ist hierbei die Übereinstimmung von langfristigen und kurzfristigen Leistungsbeurteilungsmaßstäben oder, anders formuliert, von strategischen und

---

bezüglichen Passagen wurden inhaltlich von Kenney, C., Vice President der „The LEK / Acar Consulting Group, LCC", ausgearbeitet (vgl. Rappaport, A. (1998a), S. 163ff. und die zugehörige Anmerkung auf S. 195, sowie (1999a), S. 192ff., S. 231).

[430] Die in letzter Konsequenz natürlich zu einer Erhöhung des Wertniveaus der Unternehmung beitragen soll (vgl. Rappaport, A. (1998a), S. 163, S. 165; Rappaport, A. (1999a), S. 192, S. 194).

[431] Vgl. diesbezüglich z.B. die Ausführungen von Scholz, C. (2000a), S. 778ff. zu einem kulturorientierten Personalmanagement als strategischer Ebene der Personalführung. Vgl. zudem ähnliche Zuordnungen der Unternehmenskultur(gestaltung) zum Strategic Human Resource Management bei Anthony, W. P. / Perrewé, P. L. / Kacmar, K. M. (1999), S. 321ff.; Baron, J. M. / Kreps, D. M. (1999), S. 19f.; Hailey, V. A. (1999), S. 101ff.; Hendry, C. (1998), S. 123ff.; Lundy, O. / Cowling, A. (1997), S. 161ff.; Sadler, T. (1997), S. 79ff.; Mabey, C. / Salaman, G. (1996), S. 4, S. 273ff.

[432] Rappaport, A. (1998a), S. 178.

[433] Vgl. hierzu Rappaport, A. (1998a), S. 112ff.; (1999a), S. 133ff.; (1999b) und (1986), S. 171ff.

operativen Anreizstrukturen.[434] Die Auswahl von Leistungsmaßstäben, die Festlegung von Leistungszielen sowie die Fixierung der Art und Weise der Verknüpfung von Belohnung und Leistung müssen für die Gesamtunternehmens-, die Divisional- und Geschäftsfeld- sowie die Mitarbeiterebene erfolgen.[435] Eine im Vergleich zur Konkurrenz und zu marktüblichen Renditen herausragende Eigentümergesamtrendite (Kurssteigerungen zuzüglich Dividendenzahlungen) wird als der geeignete Leistungsmaßstab auf der Ebene des Gesamtunternehmens präsentiert. Die effektivste und direkteste Entlohnungsform für diesen Fall sind **indexbasierte Aktienoptionspläne.**[436] Operativ tätige Führungskräfte der Unternehmensbereiche bzw. Geschäftseinheiten sollten auf der Grundlage des divisionalen Beitrags zur Gesamtunternehmensrendite unter Bezugnahme auf den **bereichsspezifischen Shareholder Value Added** des Planungszeitraums belohnt werden, für den in regelmäßigen Abständen realistische Zielwerte formuliert und gegebenenfalls wieder in Frage gestellt werden müssen.[437] Zur Verbesserung des strategischen Bezugs der Entlohnungsgrundlagen für Führungskräfte der Geschäftsbereiche wird die ergänzende Heranziehung von in ein **Management-by-Objectives** eingebetteten Vorsteuergrößen („**Leading Indicators of Value**"[438]) vorgeschlagen, hinter denen sich aktuelle Leistungsmerkmale mit hohem Bezug zum langfristigen Wert eines Unternehmens verbergen (z.B. Kundenzufriedenheit und Produktivitätsverbesserungen).[439] Auf das wichtige Problem der Identifikation geschäfts- bzw. wertrelevanter Vorsteuergrößen wird nur

---

[434] Rappaport bezeichnet diesen Stimmigkeitszusammenhang als potenzielle „.... Achilles' heel of shareholder value implementation." (Rappaport, A. (1998a), S. XVII, S. 112.). Vgl. ergänzend zur Verbindung von operativer Leistungsmessung und -bewertung mit strategischen Plangrößen Rappaport, A. (1986), S. 181ff.

[435] Vgl. Rappaport, A. (1998a), S. 113; (1999b), S. 92, S. 99; (1999a), S. 134.

[436] Nicht-indexbasierte herkömmliche Aktienoptionsprogramme lehnt Rappaport als eigentümerfeindliche, nicht wirklich leistungsbezogene und in hohem Maße zufallsabhängige Vergütungsform ab. Vgl. umfassender dazu bzw. zur Performancemessung und -bewertung auf Gesamtunternehmensebene Rappaport, A. (1998a) 113ff.; (1999b), S. 92ff.; (1999a), S. 134ff. sowie ergänzend die Ausführungen zur relativen Performancemessung in (1986), S. 178ff.

[437] Der Shareholder Value Added weist gegenüber den ebenfalls als Verbesserung im Vergleich zu konventionellen Gewinnmaßstäben anzusehenden Bezugsgrößen Residualgewinn- und Economic Value Added-Veränderung einer Planungsperiode den zusätzlichen Vorteil auf, dass er auch durch die beste Wertveränderungsschätzung eines Geschäftes ermittelt und durch die ausschließliche Cash flow-Orientierung buchhalterische Verzerrungen umgeht (vgl. Rappaport, A. (1998a), S. 128; (1999a), S. 152; (1999b), S. 98 und ausführlicher zu den Performancemaßstäben auf Divisional- und Geschäftsfeldebene (1998a), S. 116ff.; (1999b), S. 97ff.; (1999a), S. 138ff.).

[438] Rappaport, A. (1998a), S. 129; (1999b), S. 100 (Hervorhebung durch den Verfasser).

[439] Vgl. zu den Vorsteuergrößen des Unternehmenswerts Rappaport, A. (1998a), S. 129ff.; (1999b), S. 100f.; (1999a), S. 152ff.

kurz eingegangen.[440] Die **Zielvorgaben** als Grenzwerte herausragender Leistungen des Managements der Divisionen ergeben sich idealerweise aus den geschäftsspezifischen Markterwartungen, die wiederum aus vier Informationsquellen ableitbar sind: aus der operativen Geschäftsfeldplanung, den vergangenen Leistungsdaten, aus Wettbewerbervergleichen für die Werttreiber und den Markterwartungen für das Gesamtunternehmen.[441] Als passende Entlohnungsform kommen **nach oben ungedeckte Bonuszahlungen** in Betracht, die rollierend für einen Drei- bis Fünf-Jahres-Zeitraum in Abhängigkeit vom Zielerreichungsgrad (Shareholder Value Added plus strategische Vorsteuergrößen) gewährt werden.[442] Die Existenz einer **Mitarbeiterebene der Leistungsevaluierung und -belohnung** wird zwar angedeutet, aber allenfalls in einer jüngeren Publikation rudimentär angesprochen. Dort werden die auch auf den unteren Führungsebenen heranzuziehenden Vorsteuergrößen zudem als geeignete Anknüpfungspunkte zur Anreizgestaltung für Nicht-Führungskräfte („Frontline Employees / Workers"[443]) angesehen.[444]

ee) Zusammenfassung und Ableitung eines ersten Modellrahmens für das eigene strategische Personal-Wertkonzept

Insgesamt kann noch einmal festgehalten werden, dass Rappaport zwar mehrfach die Wichtigkeit der Ressource Personal im Shareholder Value-Managementprozess hervorhebt, eine diesbezügliche Konkretisierung aber bis auf den **zentralen Bereich der wertsteigerungsorientierten Leistungsbewertung und -vergütung** weitgehend ausbleibt. Letztere wird wiederum nahezu ausschließlich hinsichtlich der Ebene der Führungskräfte präzisiert, für die, je nach hierarchischer Positionierung, eine Heranziehung von Kapitalbeteiligungsmodellen, indexbasierten Aktienoptionsprogrammen sowie von Bonuszahlungen auf der Grundlage von Shareholder Value Added-Werten und langfristig wirksamer Vorsteuergrößen der Wertgenerierung empfohlen wird. Eine

---

[440] Der Beispielfall „Home Depot" wird in Rappaport, A. (1999b), S. 100 etwas ausführlicher dargestellt.

[441] Vgl. Rappaport, A. (1998a), S. 130ff.; (1999a), S. 154ff.

[442] Vgl. Rappaport, A. (1998a), S. 132f.; (1999a), S. 157f. Als unter Motivationsgesichtspunkten angemessener und in der Praxis gängiger Schwellenwert für die Initiierung von Sonderzahlungen wird ein Zielerreichungsgrad von 80 Prozent angesehen (vgl. Rappaport, A. (1999b), S. 99).

[443] Rappaport, A. (1999b), S. 99f.

[444] Vgl. Rappaport, A. (1999b), S. 99ff. Es gilt dabei: „... finding measures that can guide hands-on decision making by frontline workers is the final piece of the puzzle." (a.a.O., S. 100). Allerdings ist die hier verwendete Drei-Ebenen-Hierarchie der Performancemessung (Corporate Level, Operating Unit und Frontline Managers / Employees) nicht ganz konsistent mit der faktisch auf die ersten zwei Ebenen begrenzten Darstellung im Rappaportschen Hauptwerk.

am Shareholder Value ausgerichtete Unternehmensführung liegt nach Rappaport unter dem Gesichtspunkt einer langfristigen **Arbeitsplatzsicherheit** und einer soliden Basis der Einkommenserzielung letztendlich auch im Interesse qualifizierter und leistungsbereiter Arbeitnehmer, die als kritische Ressource auf alle Wertschaffungsaktivitäten im Unternehmen einwirken. Insofern kommt der Einbeziehung der Mitarbeiter bei der Umsetzung des Shareholder Value-Ansatzes eine wichtige Rolle zu. Die Errichtung einer von Rappaport nicht sehr detailliert charakterisierten **Shareholder Value-Unternehmenskultur**, die den Wertmaximierungsgedanken betont und eine Interessenparallelisierung von Unternehmenseignern und Mitarbeitern anstreben muss, kann nur mit den Mitarbeitern zum Erfolg gebracht werden und nicht gegen diese gerichtet sein.

Der vertiefenden Integration der angesprochenen Personalaspekte in den Wertsteigerungsansatz muss sich ein **wertorientiertes strategisches Personalmanagement** zuwenden, das gleichzeitig die von Rappaport nur skizzenhaft thematisierten Personal-Wert-Beziehungen erhellt und Konsequenzen für die Ausgestaltung der personalen Subfunktionen Personalbeschaffung, -entwicklung, -freisetzung, -marketing und -controlling, Anreizsysteme und Unternehmenskultur ableitet.

Eine schematische Zusammenfassung der aus dem Rappaportschen Ansatz eruierbaren **Personal-Wert-Zusammenhänge** findet sich in Abbildung 17. Die dort angeführten Instrumente zur personalen Förderung von Shareholder Value wirken demnach in zweierlei Richtungen: Einerseits lassen sich über die Personalkosten-, aber auch Ertragskomponenten die betrieblichen **Cash flow-Ströme** beeinflussen, andererseits müssen bei den für die Umsetzung des Shareholder Value-Gedankenguts erforderlichen Führungskräften und Mitarbeitern des Unternehmens die **fachlichen und motivatorischen Grundvoraussetzungen** der prinzipiellen Implementierbarkeit des Führungsansatzes geschaffen werden. Normativer Rahmen des Einsatzes der personalbezogenen Instrumente ist ein *„Konsensmodell"*, das die Interessenparallelitäten zwischen Arbeitnehmern und Kapitaleignern in den Vordergrund rückt, und destruktive Konfliktpotenziale durch Harmonisierungsmaßnahmen aufzulösen sucht.

Die aus der Analyse des Rappaportschen Basiskonzepts abgeleiteten und in Abbildung 17 dargestellten grundlegenden Beziehungszusammenhänge zwischen personalen Bestimmungs- bzw. Handlungsgrößen und Shareholder Value können als **erster Modell- und Orientierungsrahmen für das eigene strategische Personal-Wertkonzept** verstanden werden.

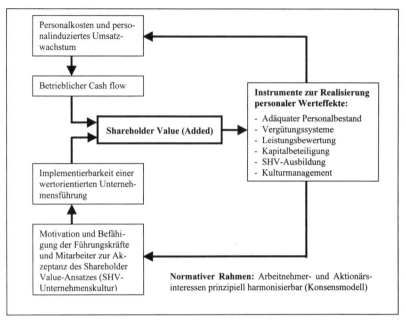

Abbildung 17: Personal-Wert-Zusammenhänge in der Konzeption nach Rappaport (Quelle: Eigene Darstellung)

c) Analyse der Behandlung von Personalaspekten in anderen Ansätzen wertorientierter Unternehmensführung

Ergänzend zu der für Rappaports Basiskonzept durchgeführten Analyse personalwirtschaftlicher Belange des Shareholder Value-Ansatzes wird nachfolgend anhand einer selektiven Betrachtung von weiteren Shareholder Value-Beiträgen untersucht, inwiefern im breiten Spektrum der Literatur zur wertorientierten Unternehmensführung personale Fragestellungen anderweitig Eingang finden. Der **Kern der nachfolgenden Querschnittsbetrachtung umfasst sieben Publikationen,** deren Bandbreite sich vom zweiten in der Unternehmenspraxis ebenfalls sehr populären US-amerikanischen „Klassiker" von Copeland / Koller / Murrin über die umfassenden systematischen Bestandsaufnahmen und Weiterentwicklungen bei Bischoff und Raster bis zum unternehmenswertorientierten Controlling-Verständnis von Günther und Siegert sowie zur modifizierten Stakeholder-Perspektive einer wertorientierten Unternehmensführung bei Eberhardt und Löhnert erstreckt.[445]

aa) Analyse personaler Aspekte im Shareholder Value-Ansatz nach Copeland / Koller / Murrin (McKinsey-Konzept)

Der wegen der zugrundegelegten Kapitalwertmethode und der Einbettung in die strategische Unternehmensführung eng mit der Konzeption von Rappaport verwandte Shareholder Value-Ansatz von McKinsey unterscheidet sich vom ersteren vor allem durch die **indirekte Vorgehensweise bei der Ermittlung zukünftiger Cash flow-Ströme**, bei der auf Plan-Bilanzen und Plan-Gewinn- und Verlustrechnungen zurückgegriffen wird.[446] Der **freie Cash flow** ergibt sich gemäß diesem Verfahren aus dem Betriebsergebnis nach Steuern und vor Zinsen zuzüglich Abschreibungen und aufgelöster Rückstellungen und abzüglich der Bruttoinvestitionen in das Anlagevermögen und der Erhöhung des Working Capital.[447] Eine Vereinfachung der Netto-Cash flow-Ermittlung kann durch die verknüpfende Heranziehung der beiden zentralen Werttreiber Kapitalrendite und Investitionsrate erreicht werden. Die **Kapitalrendite** errechnet sich aus der Relation von operativem Ergebnis nach Steuern und investiertem Kapital und steht für die erbrachte bzw. zu erbringende Unternehmensleistung. Die **Investitionsrate** bestimmt sich aus dem Quotienten von Erweiterungsinvestitionen und dem operativen Ergebnis nach Steuern.[448] In der **zweiten Auflage** des Buches wird diese Systematik jedoch durch die Unterscheidung der drei essenziellen Wertfaktoren Kapitalrendite, freier Cash flow und **Economic Profit** eher in den Hintergrund gedrängt. Letzterer ergibt sich aus der Multiplikation des investier-

---

[445] Vgl. Copeland, T. / Koller, T. / Murrin, J. (2000); (1998) bzw. (1990); Bischoff, J. (1994); Raster, M. (1995); Löhnert, P. (1996); Günther, T. (1997); Siegert, T. (1995); Eberhardt, S. (1998). Bei der Literaturauswahl stand vor allen Dingen eine Berücksichtigung des inhaltlich sehr breiten Spektrums an Beiträgen zur Thematik im Vordergrund. Insofern handelt es sich bei der zur personalwirtschaftlichen Hintergrundanalyse herangezogenen konzeptionellen Selektion um eine sozusagen „konstruierte Repräsentativauswahl", die auf der Grundlage einer eingehenden Sichtung von Shareholder Value-Publikationen erfolgte. Der Fokus der Auswahl richtet sich bewusst in Kontrast zu den Standardkonzepten von Rappaport und Copeland / Koller / Murrin auf wichtige deutschsprachige Beiträge zum Thema, die aber allesamt auch auf die anglo-amerikanische Basisliteratur zurückgreifen.

[446] Vgl. Bühner, R. / Tuschke, A. (1999), S. 23f.; Bühner, R. (1996), S. 393; Copeland, T. / Koller, T. / Murrin, J. (2000), S. 132ff. Vgl. zur strategischen Bewertungsperspektive zudem Copeland, T. / Koller, T. / Murrin, J. (1998), S. 27, S. 29, S. 33ff.; (1990), S. 24ff.; (2000), S. 233ff. und Hagemann, H. (1998), S. 14.

[447] Vgl. Hagemann, H. (1998), S. 19, S. 21; Günther, T. (1997), S. 113; Copeland, T. / Koller, T. / Murrin, J. (2000), S. 132ff.

[448] Vgl. hierzu die schematischen Werttreiber-Darstellungen und die zugehörigen Erörterungen bei Copeland, T. / Koller, T. / Murrin, J. (1990), S. 120ff.; Bühner, R. / Tuschke, A. (1999), S. 24f. sowie Bühner, R. (1996), S. 393.

ten Kapitals mit der Differenz zwischen Kapitalrendite und Kapitalkostensatz.[449] Für die Ermittlung des **Fortführungswertes** werden in Abhängigkeit von der strategischen Ausgangssituation drei Discounted Cash flow-Verfahren und die Economic Profit-Methode zur Auswahl gestellt.[450] Die **dritte Auflage** rückt wieder, in rückbesinnender Annäherung an die Erstveröffentlichung, die Kapitalrendite und ergänzend das **Unternehmenswachstum** als „Key Value Drivers"[451] in den Vordergrund. Bei der betrachteten Konzeption handelt es sich zusammenfassend um ein wachstumsorientiertes, durch die Verankerung im traditionellen Rechnungswesen zwar kritisierbares, jedoch gut praktikables und leicht kommunizierbares Modell zur Unternehmensbewertung.[452]

Copeland / Koller / Murrin setzen sich in ihrer Shareholder Value-Konzeption **lediglich in Randaspekten mit personalbezogenen Fragestellungen** auseinander. Diesbezügliche Positionen müssen aus vor allem über den Grundlagenteil verstreuten Anmerkungen abgeleitet werden. Es erfolgt zwar nicht wie bei Rappaport eine umfassende Diskussion von Leistungsbewertungs- und -vergütungssystemen, die Führungskräfte und Mitarbeiter zu wertmaximierendem Verhalten motivieren sollen, auf diese wird aber ebenfalls als wohl wichtigstes personales Anwendungsfeld explizit eingegangen.[453] Die Autoren kennzeichnen **vier Grundsätze für die Konstruktion von Leistungsbeurteilungssystemen:**[454]
- Eine geschäftsbereichsspezifische Abstimmung der Leistungsbeurteilung,
- die Anbindung von Leistungsbeurteilung und kurz- und langfristigen Geschäftsbereichszielen,
- eine Kombination operativer und finanzieller Kriterien auf Wertfaktorenbasis
- sowie die ergänzende Heranziehung von Leistungsmaßstäben mit Frühwarnfunktion.

---

[449] Vgl. zu den drei Wertfaktoren Copeland, T. / Koller, T. / Murrin, J. (1998), S. 190ff. und die neueren Erörterungen bei Copeland, T. / Koller, T. / Murrin, J. (2000), S. 143ff., 165ff.

[450] Vgl. Copeland, T. / Koller, T. / Murrin, J. (1998), S. 294ff. sowie (2000), S. 131ff. Beim Economic Profit-Verfahren ist der Residualwert nicht mit dem Unternehmenswert am Ende des Detailprognosezeitraums identisch, sondern entspricht dem Zuwachswert, der am Ende der Detailprognoseperiode über dem investierten Kapital liegt (vgl. Copeland, T. / Koller, T. / Murrin, J. (1998), S. 297).

[451] Copeland, T. / Koller, T. / Murrin, J. (2000), S. 157. Vgl. hierzu vertiefend a.a.O., S. 67ff. und S. 131ff.

[452] Vgl. Bühner, R. / Tuschke, A. (1999), S. 25.

[453] Vgl. hierzu Copeland, T. / Koller, T. / Murrin, J. (1998), S. 15, S. 90, S. 125, S. 140ff., S. 147, S. 154; (2000), S. 4, S. 6ff., S. 36ff., S. 106f. Das Vergütungssystem wird unter anderem als „... one of the most powerful levers in building a value-creation focus..." bezeichnet (Copeland, T. / Koller, T. / Murrin, J. (2000), S. 38).

[454] Vgl. Copeland, T. / Koller, T. / Murrin, J. (1998), S. 141.

Darüber hinaus wird die Notwendigkeit sichtbarer und **transparenter Gratifikations- und Sanktionsfolgen** bei über- bzw. unterdurschnittlichen Leistungen von Mitarbeitern betont.[455]

Aufbauend auf diesen Grundsätzen der Leistungsbewertung sollen **Vergütungssysteme** entwickelt werden, die auf allen Ebenen des Unternehmens, vom Vorstandsvorsitzenden bis zum operativ tätigen Mitarbeiter, zur Wertsteigerung Anreize bieten. Die **Leistungsmaßstäbe** Aktienrendite, Economic Profit, operatives Ergebnis vor Steuern, Kapitalnutzung und Ausprägungen einzelner operativer Wertfaktoren sind dabei in Abhängigkeit von der Aufgabenebene heranzuziehen.[456] Die Bedeutung des Faktors Personal bei der Generierung der freien Cash flows ergibt sich aus den spezifischen Leistungs- und Kostenwirkungen, die das operative Betriebsergebnis beeinflussen.[457] **Personalkosten und Mitarbeiterproduktivität** (z.B. Außendienstumsatz in Relation zu den Außendienstkosten) müssen im Einzelfall bis auf die Ebene operativer Wertfaktoren (z.B. Umsatz pro Mitarbeitergespräch) analysiert und gegebenenfalls in Form von Kennzahlensystemen bzw. kapitalrenditebasierten „Wertfaktorenbäumen" dar-

---

[455] Vgl. Copeland, T. / Koller, T. / Murrin, J. (2000), S. 106.

[456] Vgl. Copeland, T. / Koller, T. / Murrin, J. (1998), S. 142f.; (2000), S. 106, S. 4, S. 6ff. Bezüglich der Entgeltform wird aber lediglich für die Ebene des Vorstandsvorsitzenden auf mögliche Erfolgsprämien in Form von Wertsteigerungszusagen oder Aktienoptionen hingewiesen. Weitere inhaltliche Anregungen können außerdem exemplarisch einer Fallstudie entnommen werden, die relevante Themen wie fiktive Aktien für Geschäftsbereiche, zeitlich gestreckte Vergütungskonzepte auf Basis der Erreichung von Economic Profit-Zielen sowie die Integration von langfristigen Veränderungen strategischer Wertfaktoren in auf operativen Planzahlen basierenden Gehaltszulagensystemen nennt (vgl. Copeland, T. / Koller, T. / Murrin, J. (1998), S. 90). In der dritten Auflage des Klassikers werden überdurchschnittliche Gehälter, leistungsbasierte variable Vergütungsmodelle, der Verzicht auf Bonusdeckelungen und insgesamt die hiermit zum Ausdruck kommende Notwendigkeit der Angleichung von Manager- und Eignerinteressen als Eckpunkte eines individuellen Performancekonzepts betrachtet (vgl. Copeland, T. / Koller, T. / Murrin, J. (2000), S. 106). Hinsichtlich der offensichtlichen Dominanz der Anreiz- und Vergütungsthematik bei personalorientierten Stellungnahmen der Shareholder Value-Literatur sei hier nur am Rande auch auf die entsprechende Passage in der Darstellung des in der Praxis ebenfalls weit verbreiteten EVA-Konzepts der Beratungsgesellschaft Stern Stewart & Co. verwiesen (vgl. Stewart, G. B. (1990), S. 223ff.).

[457] Vgl. Copeland, T. / Koller, T. / Murrin, J. (1998), S. 132ff. und das Schaubild 5 im Vorwort von Hagemann zur ersten deutschen Auflage (Hagemann, H. (1998), S. 21); vgl. außerdem zur Personalkostenrelevanz bei Multibusiness-Unternehmen Copeland, T. / Koller, T. / Murrin, J. (2000), S. 34f, S. 304. Unter Produktivitätsgesichtspunkten gilt für eine wertorientierte Personalwirtschaft „...While it may feel good to treat people well, it's also good business. Our conclusions are that companies with higher labor productivity are more likely to create more value than those with lower productivity, ..." (Copeland, T. / Koller, T. / Murrin, J. (2000), S. 14).

gestellt werden.[458] Bei den Ausführungen zur strategischen Analyse des internen Geschäftssystems findet der indirekte Leistungsbereich Personalmanagement zwar keine Erwähnung, die Möglichkeit der Erzielung kostenbedingter **Wettbewerbsvorteile durch einen bestimmten Mitarbeiterstamm** wird aber angedeutet.[459] Unter Wertsteigerungsgesichtspunkten sollten weiterhin **Personalbedarfsüberlegungen** bereits bei der Strategieentwicklung angestellt werden.[460] Den Managementqualitäten der Mitarbeiter wird in einer zunehmend wissensbasierten Wirtschaft[461] ein eigenständiges Wertschaffungspotenzial beigemessen, das durch die **Akquise und Bewahrung talentierter Führungskräfte** erhalten und ausgebaut werden muss. Dies wird, neben der Koppelung der Managementvergütung an die Wertentwicklung des Unternehmens, als zweiter Imperativ eines individuellen Shareholder Value-orientierten Performance Management-Ansatzes gekennzeichnet.[462]

Der McKinsey-Ansatz geht von einer **langfristigen Übereinstimmung der Interessen** von Aktionären und Arbeitnehmern aus: Nur langfristig im Sinne der Eigner erfolgreiche Unternehmen schaffen und erhalten Arbeitsplätze und Arbeitseinkommen. Der Ansatz führt im Prinzip die selben Argumente wie Rappaport auf, die zugunsten einer tendenziell komplementären Zielbeziehung zwischen Arbeitsplatz- und Einkommenssicherheit sowie Shareholder Value-Orientierung sprechen, versucht dies aber zusätzlich noch durch die Heranziehung empirischer volkswirtschaftlicher Erhebungen zu belegen, die im internationalen Vergleich für den Erfolg bzw. die höhere Produktivität und größere Wohlfahrtseffekte des nordamerikanischen Shareholder Value-Modells zu sprechen scheinen.[463] Vor diesem Hintergrund weisen die Autoren auf die Notwen-

---

[458] Diese Aussage ist aus einem Fallbeispiel ableitbar, in dem der Wertfaktorenbaum für die Kundenserviceabteilung eines Telekommunikationsunternehmens erläutert wird (vgl. Copeland, T. / Koller, T. / Murrin, J. (1998), S. 131ff. Vgl. dazu auch die Aussagen zur Verkaufsstabsproduktivität bei der Consumerco-Fallstudie (vgl. a.a.O., S. 76) und zudem zur Erfordernis der Aufschlüsselung operativer Wertfaktoren bei a.a.O., S. 143 und S. 145f.).

[459] So wird die Nichtorganisation der Mitarbeiter in Gewerkschaften in einem Fallbeispiel als Kostenvorteil gekennzeichnet (vgl. Copeland, T. / Koller, T. / Murrin, J. (1998), S. 226).

[460] Vgl. a.a.O., S. 138.

[461] Beim in der dritten Auflage aufgenommenen Kapitel zur Bewertung von in hohem Maße durch den Produktionsfaktor Wissen geprägten Dot.com-Unternehmen fällt allerdings auf, dass das Management und die Bewertung des Personals, respektive der betrieblichen Wissens- und somit Wertträger, nicht thematisiert wird (vgl. dazu Copeland, T. / Koller, T. / Murrin, J. (2000), S. 315ff.).

[462] Vgl. Copeland, T. / Koller, T. / Murrin, J. (2000), S. 106. Die Verfasser betrachten demgemäß auch das Management der Mitarbeiter in Schlüsselpositionen als wichtigen „Hard Fact"-Gestaltungsbereich einer wertorientierten Unternehmensführung (vgl. a.a.O., S. 96).

[463] Vgl. Copeland, T. / Koller, T. / Murrin, J. (2000), S. 3ff., S. 14f.; (1998), S. 27f., S. 41ff., S. 59ff., S. 58. Die Begründung der Wichtigkeit der Wertorientierung für die Mitarbeiter und alle anderen Anspruchsgruppen knüpft am bestmöglichen Informationsgehalt des

digkeit einer **konzeptionellen Berücksichtigung unterschiedlicher nationaler Rahmenbedingungen** bei der wertorientierten Unternehmensführung hin, die auch personalbezogene Bereiche wie Mitarbeitermacht (Arbeitnehmermitbestimmung in Betrieben) oder die Eigenart der länderspezifischen Systeme zur betrieblichen Altersversorgung (z.b. Bildung von Pensionsrückstellungen in Deutschland) miteinschließt.[464]

Auch **unternehmenskulturellen Aspekten der Wertschaffung** wird wie bei Rappaport insbesondere unter dem Gesichtspunkt der Implementierung einer wertorientierten Unternehmensführungskonzeption Bedeutung beigemessen:[465] „Echtes wertorientiertes Management setzt bei den Entscheidungsträgern aller Ebenen einen Einstellungswandel voraus und vollzieht sich in einem langwierigen und komplexen Prozess, der in der Regel ungefähr zwei Jahre dauert."[466] Erst der Eingang eines wertorientierten Managements in die Unternehmenskultur gewährleistet auf Dauer die Heranziehung in den täglichen Entscheidungsfindungsprozessen und damit die „Lebendigkeit" und Kontinuität des Ansatzes.[467] Ein wertorientierter Manager muss sich demgemäß unter anderem auch mit der Frage nach dem Wie und Warum einer Veränderung der Unternehmenskultur auseinander setzen.[468] Innerbetriebliche Kommunikationsprozesse sollten

---

Maßstabs Unternehmenswert für eine auf langfristigen Erfolg ausgerichtete Unternehmensführung an, weiterhin am Anreiz der residualanspruchsberechtigten Anteilseigner, Kapital und Mitarbeiter so zu steuern, dass ein dauerhaftes (und somit auch profitables) Überleben im Wettbewerb ermöglicht wird und an der Tatsache, dass eine Nichtberücksichtigung von Wertaspekten angesichts globaler Produkt- und Kapitalmärkte die Unternehmensexistenz gefährdet (vgl. Copeland, T. / Koller, T. / Murrin, J. (1998), S. 53ff.). Die Tatsache, dass immer mehr Kleinanleger und Mitarbeiter an Unternehmen beteiligt sind, unterstützt diesen Argumentationsansatz: „The shareholder is us." (Copeland, T. / Koller, T. / Murrin, J. (2000), S. 9).

[464] Vgl. Copeland, T. / Koller, T. / Murrin, J. (1998), S. 36ff., 202f.

[465] Vgl. zur erfolgreichen Umsetzung eines wertorientierten Managements auch die hierfür relevanten Schlüsselelemente bei a.a.O., S. 147. Als eines dieser Schlüsselelemente wird die verbindliche Wertorientierung der Personalforderungen genannt. Vgl. zu Aspekten einer wertorientierten Unternehmensphilosophie und -kultur als Implementierungsgrundlage einer am Shareholder value ausgerichteten Unternehmensführung auch Copeland, T. / Koller, T. / Murrin, J. (2000), S. 17, S. 40f., S. 45, S. 89, S. 91f., S. 96f.

[466] Copeland, T. / Koller, T. / Murrin, J. (1998), S. 143.

[467] Vgl. a.a.O., S. 153.

[468] Vgl. a.a.O., S. 123 und Copeland, T. / Koller, T. / Murrin, J. (2000), S. 17ff., S. 40f., S. 109. Vgl. hierzu auch die fiktive Stellenbeschreibung eines wertorientierten Managers (Vorstand für Unternehmensentwicklung und Finanzen der EX-Corp.) in der EX-Corporation-Fallstudie (vgl. Copeland, T. / Koller, T. / Murrin, J. (1998), S. 94ff.), die gleichzeitig die hohe Relevanz einzelner Schlüsselpersonen für die Umsetzung bzw. Umsetzbarkeit eines wertorientierten Führungsansatzes deutlich macht. Die Einführung einer entsprechenden Führungskonzeption hängt plausiblerweise in hohem Maße von der fachlichen und persönlichen Eignung und der Überzeugungskraft der leitenden Konzeptver-

dabei intensiv mit dem Wertsteigerungsgedanken verknüpft sein, und es ist erforderlich, ein Bewusstsein für die positiven Zusammenhänge zwischen nichtfinanziellen Zielen, die eng mit den kulturellen Grundausrichtungen **Kunden-, Innovations- und Mitarbeiterorientierung** verbunden sind, und der finanzwirtschaftlichen Zielsetzung der Wertmaximierung zu entwickeln.[469] Grundlegend für die Entstehung und Förderung einer wertbasierten Unternehmenskultur sind dabei **Aus- und Weiterbildungsmaßnahmen** im Rahmen derer die fachlichen Voraussetzungen für das Verstehen, das Annehmen und die Anwendung des Wertkonzepts bei allen betroffenen Mitarbeitern geschaffen werden.[470]

Zusammenfassend weist der Shareholder Value-Ansatz nach Copeland / Coller / Murrin was die Berücksichtigung von Personalmanagement-Fragestellungen angeht, eine **Übereinstimmung mit dem Rappaportschen Konzept** in zweierlei Richtungen auf: Einerseits werden **ähnliche personale Grundzusammenhänge und Wirkungsfelder** identifiziert (faktorspezifische Kosten- und Leistungswirkungen, hohe Relevanz der Leistungsbewertung und Leistungsvergütung, Unternehmenskultur, Aus- und Weiterbildung, Konsensmodell als normative Grundlage)[471], andererseits werden diese inhaltlich jedoch **allenfalls am Rande angeschnitten**.

bb) Untersuchung personaler Problemlagen in den Konzeptionen nach Bischoff und Raster

Die kritische Bestandsaufnahme **Bischoffs**[472] zum Shareholder Value-Konzept kann stellvertretend für Literaturbeiträge angeführt werden, die den **Faktor Personal** bei der Diskussion des Wertansatzes **nahezu vollständig ignorieren**.[473]

---

treter im Unternehmen ab. Auch in der jüngsten Buchauflage wird den Führungsqualitäten der Manager eine wichtige Bedeutung bei der Bewältigung psychologischer und mentaler Blockaden für ein leistungsorientiertes Wertmanagement beigemessen (vgl. Copeland, T. / Koller, T. / Murrin, J. (2000), S. 96f.).

[469] Vgl. Copeland, T. / Koller, T. / Murrin, J. (1998), S. 125f.

[470] Vgl. a.a.O., S. 149ff. Unter dem Gesichtspunkt der Kontinuität im wertorientierten Management wird vor allem bei älteren und stark wachsenden Unternehmen die Pflege des Humankapitals durch regelmäßige Ausbildungsmaßnahmen auf allen Unternehmensebenen als wichtig angesehen (vgl. a.a.O., S. 153).

[471] Die Ausführungen weisen einen hohen Übereinstimmungsgrad mit den in Abbildung 17 dargestellten Wert-Beziehungszusammenhängen auf, die aus der Rappaportschen Konzeption extrahiert wurden.

[472] Vgl. Bischoff, J. (1994).

[473] Als weitere Beispiele für die fast völlige Ignoranz des Personalfaktors der nicht auf Shareholder Value-Spezialprobleme begrenzten umfassenderen Literaturbeiträge können etwa Knyphausen, D. zu (1992); Kunz, R. M. (1998) oder Bühner, R. (1994) herangezogen werden. Letzterer setzt sich jedoch an anderer Stelle noch sehr eingehend mit der Thematik auseinander (vgl. Bühner, R. (1995); (1997a); (1997b) bzw. Kapitel C.I.3.c)dd)).

Lediglich auf der normativen Ebene klingt die Existenz von Mitarbeiteraspekten einer wertorientierten Unternehmensführung bei der Konfrontation der Shareholder-Perspektive mit koalitions- und ökonomietheoretischen Varianten des Stakeholder-Ansatzes an, die jedoch allesamt als problematisch angesehen werden.[474] Im Gegensatz hierzu bezieht **Raster**[475] in seiner ganzheitlicheren Konzeption des Shareholder Value-Managements **auch ressourcenbezogene Wertsteigerungsüberlegungen** mit ein. Ausgehend von der Argumentationslogik des ressourcenorientierten Ansatzes, wonach aus der Bündelung knapper spezifischer Ressourcen zu schwer imitierbaren und substituierbaren marktbezogenen Kernkompetenzen dauerhafte Wettbewerbsvorteile erzielbar sind, die wiederum die Grundlage für anhaltende Steigerungen des Unternehmenswerts darstellen können, scheint eine integrierte Markt-Ressourcen-Sichtweise der Realität am ehesten gerecht zu werden. Raster empfiehlt deshalb als Ergänzung einer marktwertbezogenen strategischen Analyse von Geschäftsbereichen eine gleichsam ressourcenorientierte strategische Positionierung und Strategieentwicklung.[476] Beide Orientierungsrichtungen lassen sich in einem stark vereinfachenden generellen **Marktwert-Ressourcenwert-Portfolio** zusammenführen, wobei unter dem Wert von Ressourcen noch recht vage der Grad der „strategischen Relevanz" derselben verstanden wird.[477] In einem weiteren Schritt erfolgt eine inhaltliche Vertiefung der Ressourcendimension des Portfolios im Rahmen einer Diskussion von Wertsteigerungsmöglichkeiten durch die Ressourcen Organisation und Personal. Für letztere beschränken sich die Ausführungen allerdings auf eine allgemeine Bestandsaufnahme von **Optionen der Ausgestaltung betrieblicher Anreizsysteme**, die die Leistungsmotivation von Führungskräften erhöhen und Zielidentitäten zwischen Aktionären und Managern herstellen sollen. Hierfür werden für nachgeordnete Führungsebenen vor allem unternehmensinterne, auf Wertgeneratoren Bezug nehmende Anreizsysteme vorgeschlagen, während für die oberen Führungszirkel marktindizierte Anreizsysteme wie Restricted Stocks, Stock Options, Stock Appreciation Rights und Phantom Stocks sowie simultane Verkaufs- und Kaufoptionen als geeignet erscheinen.[478] Personale Belange, die über die managementbezogene Anreizproblematik hinausgehen, finden somit auch in diesem integrierten Markt-Ressourcen-Ansatz einer wertorientierten Unternehmensführung keinerlei Berücksichtigung.

---

[474] Vgl. Bischoff, J. (1994), S. 168ff. sowie die Ausführungen zur Stakeholder-Shareholder-Diskussion in B.III.2.b).

[475] Vgl. Raster, M. (1995).

[476] Vgl. a.a.O., S. 168ff.

[477] Vgl. zur Portfolio-Darstellung a.a.O., S. 173ff.

[478] Vgl. zur Ressource Organisation a.a.O., S. 179ff. und zur Ressource Personal a.a.O., S. 191ff.

cc) Analyse der Personalkomponente in den unternehmenswertorientierten Controlling-Ansätzen nach Günther und Siegert

Das unternehmenswertorientierte Controlling nach **Günther** weist wiederum **lediglich rudimentäre Verweise auf personalspezifische Aspekte** auf. Für die **operative Ebene** wird im Zusammenhang mit der Entwicklung eines unternehmenswertbezogenen Kennzahlensystems auf die Notwendigkeit einer Effizienzkontrolle der Nutzung der zentralen Ressource Personal bzw. Personalentwicklung hingewiesen.[479] Entsprechende **Kontrollgrößen** lassen sich bei der Strukturanalyse der Cash flow-Umsatz-Rendite über eine Cash flow-orientierte Vollkostenrechnung auf Basis des Gesamtkostenverfahrens integrieren. Genannt werden für die **Sensitivitätsanalyse der Cash flows** prognostizierte Lohnerhöhungen, des Weiteren geläufige, als Benchmark heranziehbare Kennzahlen wie Personalintensität (Personalaufwand zu Umsatz), Personalproduktivität (Umsatz pro Mitarbeiter) und Personalaufwand pro Mitarbeiter.[480] Auf der **strategischen Controllingebene** finden Humanpotenziale als spezifische Nutzenpotenziale, die durch Wertsteigerungsstrategien ausgeschöpft werden müssen,[481] zwar Eingang in den konzeptionellen Bezugsrahmen, werden aber lediglich bei der Thematik der Entwicklung von Geschäftsfeldstrategien unter Heranziehung der **Valcor-(„Value is Core")-Matrix von Gomez / Weber** als Teilkomponente der Nutzenpotenzial-Achse wieder erwähnt.[482] In der Valcor-Matrix wird die Pümpinsche Klassifizierung von Nutzenpotenzialen[483] mit dem Wertgeneratoren-Modell Rappaports zusammengeführt. Die Matrix soll potenzielle Wertsteigerungsmöglichkeiten aufzeigen und damit zur Findung von Geschäftsfeld- und

---

[479] Vgl. Günther, T. (1997), S. 270.

[480] Vgl. Günther, T. (1997), S. 273f. Das von Günther vorgestellte Kennzahlensystem zerlegt den Freien Cash flow eines Jahres zunächst auf der obersten Ebene in die drei Werttreiber Cash flow, Investitionen in das Anlagevermögen und Veränderung des Working Capital. Der Cash flow wird auf der zweiten Ebene in die Cash flow-Rendite des investierten Kapitals und den Vermögensbestand zerlegt. Die Cash flow-Rendite kann wiederum in die Komponenten Kapitalumschlag und Cash flow-Rendite des Umsatzes aufgesplittet werden, für die die angeführten Personalkennzahlen von Bedeutung sind (vgl. a.a.O., S. 272ff.).

[481] Vgl. a.a.O., S. 337. Günther lehnt sich dabei an die Begrifflichkeiten des „Eignerstrategie"-Ansatzes von Pümpin, C. / Pritzl, R. (1991) an.

[482] Vgl. dazu Günther, T. (1997), S. 385f.; des Weiteren Gomez, P. / Weber, B. (1989), S. 53f. und Gomez, P. (1993), S. 70ff., S. 79, S. 104., S. 195ff. Die in der Valcor-Matrix zum Ausdruck kommende Verbindung von Humanpotenzialen und Wertdeterminanten beinhaltet im Kern auch die einzigen erwähnenswerten personalbezogenen Anmerkungen im Wertmanagement-Konzept von Gomez. Insofern erübrigt sich eine gesonderte Betrachtung des Gomezschen Ansatzes.

[483] Vgl. zur Definition von (in- und externen) Nutzenpotenzialen als effektiv oder latent vorhandene Konstellationen, die die Möglichkeit der Realisierung von Wettbewerbsvorteilen beinhalten Pümpin, C. (1989), S. 47, S. 102 sowie Gomez, P. (1993), S. 71, S. 156.

Unternehmensstrategien beitragen. Die von Gomez / Weber angeführten beispielhaften Potenzial-Wertgeneratoren-Beziehungen für den Faktor Personal im
Einzelhandel sind Tabelle 6 entnehmbar. Die in der von Günther zu Strukturie-
rungszwecken empfohlenen Valcor-Matrix zum Ausdruck kommenden personalspezifischen Beziehungen sind zwar stark vereinfacht und beruhen im Wesentlichen auf Plausibilitätsüberlegungen, die heuristische Systematik zeigt aber
als Versuch der Integration funktionaler Potenzialpolitiken mit dem Shareholder
Value-Ansatz die Existenz entsprechender Zusammenhänge eindringlich auf
und kann als Anstoß für eine Weiterentwicklung des Analyseinstrumentariums
aufgefasst werden.

Wertgenera-toren	Umsatzwachstum	Betriebliche Gewinnmarge	Investitionen (Umlauf-/Anlagevermögen)	Kapitalkosten	Gewinnsteuersatz
Nutzenpotenzial Mensch / Mitarbeiter	• Incentives • Ausbildungszentrum • Neuer Verkäufertyp	• Flexible Arbeitsformen • Öffnungszeiten • Schulung	• Strategische Personalplanung	• Finanzspezialisten	• Steuerberater

Tabelle 6: Valcor-Verknüpfung von Wertgeneratoren und Humanpotenzialen
im Einzelhandel (Quelle: In Anlehnung an Gomez, P. (1993), S. 79
und Gomez, P. / Weber, B. (1989), S. 54.)

Losgelöst von der Diskussion eines strategischen Potenzialcontrollings geht
Günther des Weiteren bei der Präsentation der Grundlagen des Shareholder Va-
lue-Paradigmas in einer kurzen Bestandsaufnahme auf die gängigste Verknüpfung von Personalaspekten mit dem Shareholder Value-Ansatz ein: die Konzipierung eines **strategischen Anreizsystems**.[484] Der geschaffene Shareholder
Value eröffnet demnach als langfristiger wertorientierter Erfolgsmaßstab neue
Möglichkeiten der Erfolgsbeurteilung und sollte als Bezugsbasis für die variablen Entgeltbestandteile der Führungskräfte zum Einsatz kommen. Die Anreizgestaltung für die Nicht-Management-Ebene wird nicht thematisiert.

Ein von Günther nicht angeführtes, an dieser Stelle im Kontext aber erwäh-
nenswertes Instrument zur humanressourcenorientierten Unterstützung des strategischen Controllingprozesses ist die von **Siegert** entwickelte **Ressourcen-
Matrix**, in der die Faktoren „Arbeit" und „Kapital" in einer strategischen Ge-

---

[484] Vgl. Günther, T. (1997), S. 62ff. Vgl. dazu ergänzend auch die Ausführungen Günthers
zur Qualität der Vertragsbeziehung zwischen Management und Unternehmenseignern
a.a.O., S. 42ff.

samtbetrachtung zusammengeführt werden.[485] Das vor allem für personalintensive Branchen geeignete Lenkungsinstrument kombiniert die zwei Bewertungs-
dimensionen „relative Personalkostenintensität" (Marktwert / Personalaufwand
p.a.) und „relative Kapitalintensität" (Marktwert / Investment) in einer Neun-
Felder-Matrix, in der sich die Geschäftsfelder eines Unternehmens einem von
insgesamt vier Portfoliobereichen zuordnen lassen (vgl. Abbildung 18): „Ge-
fährdete Geschäfte" generieren lediglich Marktwerte, die unter dem eingesetzten
Aktivkapital sowie unterhalb des Personalaufwands eines Jahres liegen. „Gute
Geschäfte" realisieren erhebliche Marktwerte, die ein Vielfaches des eingesetzten Kapitals bzw. der Personalaufwendungen umfassen. Normstrategische Konsequenzen für die Führung guter und gefährdeter Geschäfte werden nicht angesprochen, lediglich für die zwei Quadranten, die kapital- bzw. personalintensive
Geschäfte beinhalten, wird die Notwendigkeit einer eingehenderen Analyse der
bisherigen Geschäftsentwicklung gesehen.

Die Portfolio-Matrix dient dem **Aufzeigen strategischer Entwicklungspfade in
Relation zu den relevantesten Ressourcen** und soll durch eine Dynamisierung
des Modells und die Verwendung branchen- und unternehmensspezifischer
Multiplikatoren[486] inhaltlich optimiert werden. Auch wenn diese visualisierte
Gegenüberstellung zweier geschäftsfeldbezogener Wertkennzahlen aufgrund
ihrer starken Komplexitätsreduktion, des eingeschränkten Aussagegehalts und
der unzureichenden Diskussion von aus der Positionierung abzuleitenden Inter-
pretationen sicherlich angreifbar ist,[487] so zeigt sie doch auf eindringliche Art
und Weise auf, dass bei der Generierung von Shareholder Value eben auch den
Humanressourcen eine entscheidende Rolle zukommt.

---

[485] Vgl. hierzu Siegert, T. (1995), S. 598ff.
[486] Vgl. zum Einsatz spezifischer Multiplikatoren bei der Ermittlung von Bandbreiten für den
Marktwert des Eigenkapitals eines Unternehmens Siegert, T. (1995), S. 593ff.
[487] Weitere Kritikpunkte wären etwa die nicht thematisierte Grenzziehungsproblematik zwischen den Matrixsegmenten oder das Nichteingehen auf den Zusatz „relativ" (bezüglich
was oder wem?) bei den Achsendimensionen. Vgl. außerdem für eine generelle kritische
Würdigung der Portfolio-Analyse als Instrument der strategischen Planung auch Bea, F.
X. / Haas, J. (2001), S. 156ff.

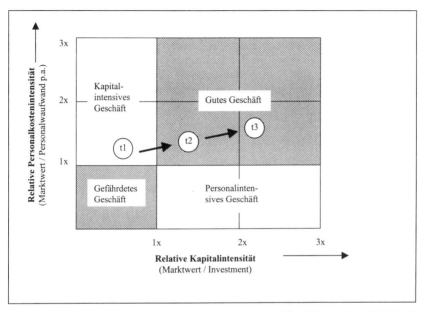

Abbildung 18: Ressourcen-Matrix nach Siegert (Quelle: Siegert, T. (1995), S. 599)

dd) Untersuchung von Personal-Wert-Zusammenhängen im wertorientierten Unternehmensführungskonzept nach Eberhardt

Das wertorientierte Unternehmensführungskonzept nach Eberhardt[488] stellt den Versuch einer **Symbiose von Shareholder Value- und Stakeholder-Perspektive** dar, deren Ausgangszielsetzung einer langfristigen wirtschaftlich leistungsfähigen Unternehmung sich in der Maximierung des Unternehmensgesamtwerts unter der Berücksichtigung von Nebenbedingungen bezüglich der Sicherung der Unterstützung strategisch bedeutsamer Anspruchsgruppen operationalisiert. Ein dermaßen „modifizierter Stakeholder Value-Ansatz"[489] kommt

---

[488] Vgl. Eberhardt, S. (1998).

[489] Die Auswahl dieser Bezeichnung zur Charakterisierung seines Ansatzes deckt sich programmatisch mit einer Reihe von Aussagen Eberhardts, die den Stakeholder-Fokus in den Vordergrund rücken (vgl. etwa die Kennzeichnung der Zielsetzung eines wertorientierten strategischen Managements, das die maßgebliche Steigerung des Nutzens für die Unternehmung und auch für die verschiedenen Anspruchsgruppen zum Gegenstand haben soll oder das Plädoyer zugunsten einer Maximierung des gemeinsamen Nutzens der Unternehmung und aller strategischen Anspruchsgruppen (vgl. Eberhardt, S. (1998), S. 80, S. 290f.)). Die inhaltlichen Aussagen zur Gesamtkonzeption des Syntheseansatzes (vgl.

nicht umhin, die Arbeitnehmer als essenzielle (strategische) Anspruchsgruppe, der hinsichtlich der wirtschaftlichen Leistungsfähigkeit einer Unternehmung eine zentrale Rolle zukommt, konzeptionell zu integrieren.[490] Dies geschieht bei Eberhardt, indem zum einen der Versuch einer Operationalisierung des **Wertsteigerungsbeitrags der Mitarbeiter über** die Ermittlung von Veränderungen eines **gewichteten Gesamtnutzenindexes** unternommen wird[491], und zum anderen die **Arbeitszufriedenheit** aller Arbeitnehmer als Näherungswert für den den Mitarbeitern durch das Beschäftigungsverhältnis zukommenden Nutzen betrachtet wird.[492] Um eine Unternehmenswertsteigerung durch personalpolitische Maßnahmen zu realisieren, muss dann die Summe der mitarbeiterbasierten Nutzengewinne für eine Unternehmung (bzw. deren Eigner) größer sein als die Aufwendungen zur Berücksichtigung spezifischer Mitarbeiterinteressen und damit zur Erhöhung der Arbeitszufriedenheit.[493] Eberhardt greift somit in seinem Entwurf ein wichtiges Grundproblem des strategischen Personalmanagements, nämlich die **Operationalisierung von personalbezogenen Kosten- und**

---

a.a.O., S. 194ff.) spiegeln jedoch aufgrund der eindeutigen (methodischen) Dominanz der Shareholder Value-Orientierung diese Gesamtnutzenperspektive nur insofern wider, als der Unternehmensgesamtwert auch als monetäre Basis zur Anspruchsbefriedigung aller Stakeholder dargestellt wird (vgl. zu diesem Argument auch a.a.O., S. 200). Dieses Kernargument der konzeptionellen Synthese liegt sehr wohl in der Tradition klassischer Shareholder Value-Konzepte, so daß auch die Heranziehung des Begriffes „modifizierter Shareholder Value-Ansatz" zur Kennzeichnung des Führungsansatzes als möglich erscheint.

[490] Neben der fundamentalen Tatsache, dass „... Wertschöpfung ohne Mitarbeiter nicht denkbar ist..." (Eberhardt, S. (1998), S. 228), spricht die Fülle an vor allem gesetzlich, vertraglich bzw. marktseitig begründeten Ansprüchen der Mitarbeiter (inklusive Führungskräfte) gegenüber einer Unternehmung (Einkommen, Arbeitsplatzsicherheit, Arbeitsbedingungen, Beteiligung, Entwicklungsperspektiven, Status) für deren Einbezug in einen unternehmenswertorientierten Führungsansatz (vgl. hierzu umfassender a.a.O., S. 174, S. 221ff., S. 228ff.).

[491] Grundlage hierfür ist die Heranziehung gängiger multimodaler Leistungsbeurteilungsverfahren und betriebswirtschaftlicher Kenngrößen, die, um schwer quantifizierbare Komponenten (z.B. Betriebsklima, Unternehmensimage, Akquisitionswert auf dem Arbeitsmarkt) ergänzt, methodisch über das Verfahren der Nutzwertanalyse zusammengebracht werden (vgl. a.a.O., S. 236ff., S. 317ff.).

[492] Vgl. zur Arbeitszufriedenheit als Maßstab zur Bewertung von Mitarbeitern zukommenden Nutzenbeiträgen Eberhardt, S. (1998), S. 234ff. Vgl. des Weiteren zur Notwendigkeit der separaten Analyse für Führungskräfte und zu einer entsprechenden Modifikation der Verfahren zur Leistungs- und Nutzenmessung a.a.O., S. 240ff.

[493] Vgl. a.a.O., S. 239. „Dies bedeutet im Übrigen, dass sich die Unternehmung in letzter Konsequenz nicht primär für das Wohl ihrer Mitarbeiter interessiert, sondern allein für deren Leistung. Wenn eine Unternehmung Ansprüche der Mitarbeiter aus eigenem Antrieb befriedigt, - und nicht, weil sie sich aus rechtlichen Gründen ohnehin dazu gezwungen sieht -, so in erster Linie deshalb, weil sie durch die Maximierung der Leistungsbeiträge der Mitarbeiter die eigene wirtschaftliche Leistungsfähigkeit langfristig zu sichern trachtet." (Ebd.).

Nutzenkalkülen, unter Wertsteigerungsgesichtspunkten auf, und stellt hierfür eine denkbare methodische Stoßrichtung vor. Letztlich findet aber vor allem eine **Verlagerung monetärer Operationalisierungs- und Zurechnungsprobleme** auf den „Nebenschauplatz" der Nutzenwertbestimmung statt, aus der wiederum neue Problemfelder entwachsen, wie etwa die nicht angesprochene theoretisch stringente Kausalverknüpfung von unternehmensbezogenem Gesamtnutzenindexwert und Shareholder Value.

Weitere Konkretisierungen der Mitarbeiterperspektive in Form von Aussagen zu einem wertorientierten Personalmanagement erfolgen bei Eberhardt nicht, allerdings sind den angeführten Beispielen **Haniel und Hewlett-Packard** für Ansätze einer erfolgreichen praktischen Umsetzung des modifizierten Stakeholder-Wert-Ansatzes eventuell Anknüpfungspunkte bezüglich entsprechender Gestaltungsrichtungen entnehmbar:[494] das Propagieren von Vertrauen und Verantwortung als Grundnormen der Zusammenarbeit im Unternehmen und ein kooperativer Führungsstil für die Franz Haniel & Cie. GmbH sowie die Förderung von langfristigen Beschäftigungsverhältnissen, Erfolgsbeteiligungen, einer Leistungsorientierung auch bei der Vergütung und die Bereitstellung beruflicher und persönlicher Entwicklungsmöglichkeiten für die Mitarbeiter bei der Hewlett-Packard GmbH.

ee) Analyse von Personalaspekten in der Adaptionsuntersuchung von Löhnert

Ähnlich wie Eberhardt kommt Löhnert im Rahmen seiner Untersuchung zu den Adaptionsmöglichkeiten des Shareholder Value-Ansatzes für Deutschland zum Schluss, dass eine Erweiterung der Shareholder Value-Konzeption in Richtung eines multidimensionalen, die **Belange aller Stakeholder berücksichtigenden Wertschöpfungsansatzes** erforderlich ist.[495] Die Beziehungen zu den Nicht-Eigentümern finden jedoch nicht bloß als restriktive Komponente Eingang in das Löhnertsche Wertsteigerungskonzept, sondern werden weiter gehender als Basisbausteine so genannter **„strategischer Kernkompetenzen"**[496] angesehen,

---

[494] Vgl. Eberhardt, S. (1998), S. 324ff. Vgl. zur Zuordnung von Haniel zu den Unternehmen mit einer kapitalmarktorientierten Unternehmensführung auch Bühner, R. (1997a), S. 44. Vgl. zur Unternehmenskultur (HP Way) und den hiermit verbundenen personalbezogenen Konsequenzen des auch an der Börse in der Vergangenheit äußerst erfolgreichen Unternehmens Hewlett-Packard auch umfassender Fischer, H. (1990), S. 74ff. sowie Packard, D. (1995).

[495] Vgl. zur Heranziehung des Stakeholder-Konzepts als Voraussetzung multidimensionaler Wertschöpfung Löhnert, P. (1996), S. 229ff.

[496] A.a.O., S. 219 (Hervorhebung durch den Verfasser). Strategische Kernkompetenzen im Löhnertschen Sinne sind als jeweils eigenständige Kombinationen interner Ressourcen, Fähigkeiten, Verhaltensweisen und Stakeholder-Unterstützungsleistungen die Basis aller Endprodukte bzw. Dienstleistungen eines Unternehmens. Aufgrund ihrer schweren Imi-

die wiederum die Grundlage für eine Maximierung des umfassenderen Stakeholder Value darstellen.[497] Wenngleich die damit verbundene „Verwässerung" des ursprünglichen Shareholder Value-Gedankens so weit geht, dass sich die Frage stellt, inwieweit hier noch von einem modifizierten „Shareholder Value-Ansatz" die Rede sein kann, so ist der darin mit zum Ausdruck kommende Verweis auf die bisherige Vernachlässigung strategisch begründeter Ressourcenzusammenhänge (Resource-based View of the Firm) doch richtig und auch wichtig, insbesondere was die hier interessierenden Aspekte rund um die Gestaltung und Entwicklung von Humanressourcen angeht.[498] Trotzdem findet die essenzielle Ressource Personal allenfalls indirekt über die begrifflichen Schnittstellen „Fähigkeiten", „Know How", „Verhaltensweisen" und „Unternehmenskultur" Eingang in das propagierte wertorientierte Kernkompetenzenmanagement. Bis auf den Verweis der Notwendigkeit einer Harmonisierung mit vorhandenen Umkulturen und der Konsistenz kernkompetenzbasierter Sub-Kulturen im Unternehmen[499] werden Themenfelder eines strategischen Personalmanagements im betrachteten Wertsteigerungskonzept nicht angesprochen.[500]

ff) Fazit der Analyse zur Behandlung von Personalaspekten in weiteren Ansätzen wertorientierter Unternehmensführung

Die Analyse ausgewählter Beiträge zum Thema Shareholder Value kommt zu folgendem Fazit: Alle untersuchten Beiträge bzw. Konzeptionen greifen **Aspekte eines (strategischen) Personalmanagements allenfalls am Rande** auf, obwohl der Faktor Personal aufgrund seiner Kosten- und Leistungswirkungen nahezu durchgängig als **wichtige Einflussgröße auf den Betriebserfolg** angesehen wird.[501] Es gibt in der Shareholder Value-Literatur zwar erste Überlegungen

---

tierbarkeit stellen die strategischen Kernkompetenzen durch die Ermöglichung nachhaltiger Wettbewerbsvorteile ein Wertschöpfungspotenzial dar (vgl. ebd.)

[497] Vgl. hierzu auch die Überlegungen zu einer „fairen Gesamtwertmaximierung" bei Schmidt, R. H. / Maßmann, J. (1999), S. 20ff.

[498] So sehen beispielsweise auch Schmidt / Maßmann im Zusammenhang mit der wachsenden Bedeutung der Ressource „Wissen" und deren Management die Nichtberücksichtigung bzw. Verhinderung diesbezüglicher Synergie- und Kooperationspotenziale in den geläufigen Shareholder Value-Ansätzen als entscheidenden Kritikpunkt an (vgl. Schmidt, R. H. / Maßmann, J. (1999), S. 12ff.; vgl. zum Wissen und Können der Mitarbeiter als wertgenerierende Ressource der Zukunft auch Stahl, H. (1999), S. 45).

[499] Vgl. Löhnert, P. (1996), S. 225.

[500] Es werden lediglich auf der finanztechnischen Betrachtungsebene eines Managements der Aktionärsinteressen noch die Auswirkungen betrieblicher Altersversorgungszusagen gegenüber den Arbeitnehmern (Innenfinanzierungseffekte durch die Bildung von Pensionsrückstellungen) auf die Vermögensposition der Aktionäre diskutiert (vgl. a.a.O., S. 163ff.).

[501] Vgl. zur personalen Erfolgsrelevanz beispielhaft auch die Sichtweise des Personalmanagements als einer von sieben erfolgskritischen Kernprozessen bei der wertorientierten

zur unternehmenswertorientierten Operationalisierung dieser personalen Er-folgswirksamkeiten,[502] von einer theoretisch fundierten Erarbeitung von prakti-kablen **Lösungsansätzen** ist man allerdings **noch sehr weit entfernt.** Die kon-zeptbedingte Fokussierung auf marktbezogene Überlegungen zur Unterneh-mensführung führt insgesamt zu einer starken **Vernachlässigung** von über fi-nanzkapitalorientierte Fragestellungen hinausgehenden strategischen **Ressour-cengesichtspunkten.** Alle Autoren legen auf der normativen Ebene - in mehr oder weniger großem Umfang - letztlich die bei Rappaport als *Konsensmodell* bezeichnete Harmonisierungsperspektive zugrunde, die wegen der positiven Wohlfahrtseffekte wertschaffender Unternehmen von einer prinzipiellen Ver-einbarkeit von Arbeitnehmer- und Eignerinteressen ausgeht. Die Existenz mög-licher zu lösender Zielkonflikte wird und kann jedoch nicht bestritten werden.[503] Der gängigste Anknüpfungspunkt für personalbezogene Gestaltungsaussagen ist die Konzipierung **leistungsbasierter Anreiz- und Vergütungssysteme**, die als Hauptinstrumentarium zur Arbeitnehmer-Arbeitgeber-Interessenharmonisierung

---

Unternehmenssteuerung bei Gentner, A. (1999), S. 54ff, die Prognose einer steigenden Bedeutung der Mitarbeiter als Wissensträgers für die Wertsteigerung bei Stahl, H. (1999), S. 45 oder das Unternehmensverständnis von Tatò, F. (1999), S. 233f., der marktwirt-schaftliche Unternehmen als kreativen Kooperationsprozess zur Transformation von Ar-beit in Shareholder Value interpretiert („Das Unternehmen als Prozess" (a.a.O., S. 233)).

[502] Ein in der hier herangezogenen Literaturauswahl noch nicht angesprochener, aber zuneh-mend diskutierter Ansatz zur zumindest partiellen Integration der Mitarbeiterperspektive bei der Operationalisierung wertorientierter Führung ist das derzeit immer noch sehr po-puläre Balanced Scorecard-Modell von Kaplan / Norton (vgl. zu diesem Führungskonzept Kaplan, R. S. / Norton, D. P. (1996a); (1996b)). Die zielorientierte Bündelung der Wert-treiber Fähigkeiten und Motivation der Mitarbeiter wird hierbei über Maßgrößen wie „Mitarbeiterproduktivität", „Job Rotation-Anteil" oder „Anzahl betrieblicher Verbesse-rungsvorschläge" als Bestandteil einer kennzahlenbasierten Vertiefung der Innovations-, Wachstums- und Lernperspektive verstanden. Mitarbeiterzufriedenheit, -loyalität und -motivation werden als Potenziale zur finanzwirtschaftlichen Zielerreichung im integrier-ten Produkt-, Ressourcen-, Markt und Wertkonzept betrachtet. Beispielhaft für das Auf-greifen der Balanced Scorecard-Idee durch Protagonisten einer Shareholder Value-Unternehmensführung seien hier folgende Beiträge genannt: Bruhn, M. (1998), insbes. S. 156, S. 160; Wittmann, E. (1999), insbes. S. 173, S. 176; (1998), S. 89ff. sowie Gentner, A. (1999), S. 56f. Vgl. zur Balanced Scorecard-Thematik auch die eingehenderen Ausfüh-rungen in Kapitel C.I.3.c).

[503] Potenzielle Konfliktbeziehungen zwischen Shareholdern und Stakeholdern bzw. Arbeit-nehmern werden vielfach in der Shareholder Value-Literatur diskutiert (vgl. z.B. Koslow-ski, P. (1999), S. 15ff.; Schmid, S. (1998), S. 232ff.; Hörter, S. (1999), S. 166ff.; Gaugler, E. (1999), S. 180ff.; Kunz, R. M. (1998), S. 408f.; Lutz, D. W. (1999) sowie die umfassen-deren Ausführungen zu diesem Thema in B.III.2.b)). Insbesondere das Bild vom Share-holder Value-geführten Unternehmen, das als Arbeitsplatzvernichter einseitig die Interes-sen der Aktionäre verfolgt, wird kritisch hinterfragt (vgl. z.B. Hörter, S. (1999), S. 169f.; Bühner, R. / Tuschke, A. (1999), S. 10f.).

betrachtet werden.[504] Darüber hinaus wird der **Unternehmenskultur** für die Einführung und Umsetzung einer wertorientierten Unternehmensführung eine wichtige, wenn auch üblicherweise nicht eingehender vertiefte Funktion zugewiesen.[505] Die Gültigkeit der in Abbildung 17 aus der Basiskonzeption von Rappaport abgeleiteten Grundzusammenhänge wird durch die erfolgte Analyse eines breiteren Spektrums wertorientierter Publikationen gestützt, bzw. diese weisen vielfach Überschneidungen und Berührungspunkte zu den dort dargestellten grundlegenden Sachverhalten auf; insofern wird die Aussage, dass die Darstellung als erster **Modell- und Orientierungsrahmen eines strategischen Personal-Wertkonzepts** herangezogen werden kann,[506] **bestätigt**. Das abgeleitete Wirkschema zu Personal-Shareholder Value-Zusammenhängen stellt ein in hohem Umfang auch auf andere Shareholder Value-Konzeptionen übertragbares Grundverständnis der personalbasierten Werteffekte dar. Eine vergleichende personalorientierte Gesamtdarstellung der eingehender besprochenen Shareholder Value-Beiträge findet sich in Tabelle 7.

---

[504] So sieht z.B. auch Bötzel wertorientierte Anreiz- und Vergütungssysteme als „.... Schlüsselfaktor für die wertorientierte Unternehmenssteuerung" (Bötzel, S. (1999), S. 248).

[505] Vgl. dazu auch bei Nowak, T. (1999), S. 103ff. die Shareholder Value-Sichtweise eines „neuen" strategischen Managementprozesses, die für den Hoechst-Konzern mit der Initiierung einer „Wertekultur" gleichgesetzt wird. Vgl. des Weiteren die bei Reichardt, U. (1999), S. 130ff. geschilderte Vorgehensweise zur „... Einführung einer stärkeren Wertorientierung... " (a.a.O., S. 132) im Thyssen-Konzern und das bei Bötzel angeführte Transformationsmanagement, für den der kulturelle Wandel in Richtung Wertorientierung sogar „die wichtigste Voraussetzung für eine nachhaltige und langfristige Implementierung des Wertmanagements..." darstellt (Bötzel, S. (1999), S. 249). Vgl. zur Kultur als Wertsteigerungspotenzial im Balanced-Scorecard-Wert-Ansatz Bruhn, M. (1998), S. 157.

[506] Vgl. Kapitel C.I.1.b).

Shareholder Value-Konzept	*Allgemeine Kennzeichnung*	*Personalaspekte*
Rappaport, A. (1981); (1986); (1987); (1995); (1998a); (1998b); (1999a); (1999b)	• Grundlegender US-amerikanischer Klassiker der Shareholder Value-Literatur. • Shareholder Value-Netzwerk als Systematik der Werttreiber Wertsteigerungsdauer, Umsatzwachstum, betriebliche Gewinnmarge, Gewinnsteuersatz, Investitionen in Umlauf- und Anlagevermögen, Kapitalkosten.	• Wichtigkeit der Ressource Personal (Cash flow-Relevanz durch Kosten- und Ertragswirkungen). • Arbeitnehmer-Arbeitgeber-Interessenharmonisierung (Konsensmodell). • Wertorientierte Leistungsbewertung und –vergütung. • Shareholder Value-Unternehmenskultur. • Spezifische Aus- und Weiterbildung der Mitarbeiter.
Copeland, T. / Koller, T. / Murrin, J. (1990); (1998)	• Zu Rappaports Ansatz komplementärer McKinsey-Entwurf, der stärker im traditionellen Rechnungswesen verankert ist (indirekte Wertermittlung). • Essenzielle Wertfaktoren sind Kapitalrendite und Unternehmenswachstum bzw. Investitionsrate.	• Leistungs- und Kostenwirksamkeit des Faktors Personal (über operative Wertfaktoren). • Langfristige Übereinstimmung der Arbeitnehmer-Arbeitgeber-Interessen (über Arbeitsplatzsicherheit). • Wertorientierte Leistungsevaluation und –vergütung ist zentral. • Wertkultur als substanzieller Einstellungswandel und Implementierungsvoraussetzung. • Spezifische Aus- und Weiterbildung der Mitarbeiter. • Berücksichtigung nationaler Rahmenbedingungen (z.B. Partizipation, betriebliche Altersversorgung).
Bischoff, J. (1994)	• Wissenschaftliche Gesamtschau von Gegenstand, Problemen und Handhabungsmöglichkeiten des Shareholder Value-Konzepts.	• Shareholder-Stakeholder-Diskussion als einzige personalbezogene Schnittstelle auf normativer Ebene (Problematisierung des Stakeholder-Ansatzes).
Raster, M. (1995)	• Integrierte Markt-Ressourcen-Perspektive des Wertsteigerungsmanagements (Marktwert-Ressourcenwert-Portfolio).	• Anreizsysteme für und Leistungsmotivation von Führungskräften.
Günther, T. (1997)	• Umfassender unternehmenswertorientierter Controlling-Ansatz.	• Strategische Anreizsysteme für Führungskräfte. • Personalkennzahlen als operative Steuerungs- und Kontrollgrößen. • Valcor-Matrix von Gomez /

Shareholder Value-Konzept	Allgemeine Kennzeichnung	Personalaspekte
		Weber auf strategischer Ebene.
Siegert, T. (1995)	• Shareholder Value als Lenkungsinstrument.	• Wertorientierte strategische Führung durch Ressourcen-Matrix (relative Personalintensität vs. relative Kapitalintensität).
Eberhardt, S. (1998)	• Symbioseversuch von Shareholder- und Stakeholder-Konzept (modifizierter Stakeholder Value-Ansatz). • Arbeitnehmerbelange als Nebenbedingungen der Unternehmensgesamtwertmaximierung.	• Operationalisierung personalbezogener Kosten-/Nutzenkalküle (Gesamtnutzenindex und Arbeitszufriedenheit als Maßgrößen). • Praxisbeispiele einer wertorientierten Personalwirtschaft (Hewlett-Packard, Haniel).
Löhnert, P. (1996)	• Untersuchung der Adaptionsmöglichkeiten des Shareholder Value-Konzepts in Deutschland. • Entwicklung eines multidimensionalen (Stakeholder-) Wertschöpfungsansatzes. • Wertorientiertes Kernkompetenzmanagement.	• Fähigkeiten, Know How und Verhaltensweisen des Personals als Grundlage strategischer Kernkompetenzen. • Wertschöpfungsrelevanz der Unternehmenskultur (Value Driver) – Kompatibilität der Sub-Kulturen und Harmonie mit Umkulturen als Ziel.

Tabelle 7: Personalaspekte in Shareholder Value-Konzeptionen (Quelle: Eigene Darstellung)

2. Unternehmenswertorientierung in der personalwirtschaftlichen Literatur - Darlegung und kritische Diskussion empirischer Untersuchungsergebnisse

Es wurde bereits im Rahmen des Aufzeigens ökonomischer Entwicklungserfordernisse in Kapitel B.III darauf hingewiesen, dass die Beziehungszusammenhänge zwischen strategischen Personalaktivitäten und der Schaffung von Unternehmenswert sowie Fragen, die sich aus einer wertorientierten Ausrichtung des strategischen Personalmanagements ergeben, bislang in der Literatur im Vergleich zu anderen personalen Themenstellungen eher sporadisch diskutiert wurden. Trotzdem lassen sich mit wachsender Tendenz eine Reihe von Anknüpfungspunkten bei konzeptionellen und vor allem empirischen Beiträgen ausmachen, die als **„erster Bodensatz" einer Wertorientierung im Personalmanagement** charakterisiert werden können. Die wichtigsten Resultate entsprechender empirischer Erhebungen und konzeptioneller Überlegungen finden sich in den nachfolgenden Bestandsaufnahmen der Kapitel C.I.2 und C.I.3.

Die **Anzahl empirischer Untersuchungen** zur Beziehung zwischen der Unternehmensperformance und dem Personalmanagement ist seit etwa Mitte der Neunzigerjahre regelrecht explodiert. Der Schwerpunkt der diesbezüglichen empirischen Forschungsaktivitäten ist im anglo-amerikanischen Sprachraum angesiedelt und beschäftigt sich insbesondere mit Personal-Unternehmensleistungs-Zusammenhängen, die kausallogisch finanziellen Performancegrößen vorgelagert sind. Die wichtigsten Studien zu den für die vorliegende Arbeit besonders relevanten Wirkungsbeziehungen zwischen monetären bzw. unternehmenswertbezogenen Erfolgskennzahlen und der Qualität in der Praxis etablierter Personalmanagementsysteme werden im Anschluss umfassend erörtert.

Der nahezu durchgängige Tenor aller analysierten Studien ist die Vermutung einer **signifikant positiven und ökonomisch relevanten Wirkungsbeziehung zwischen der Qualität des betrieblichen Personalmanagements und dem finanziellen Erfolg** eines Unternehmens. Das betriebliche Personalmanagement und die hiermit verbundene Qualität der Humanressourcen beeinflussen demnach in einem nicht unerheblichen Umfang die Schaffung oder Vernichtung von Unternehmenswert und damit den Shareholder Value eines Unternehmens.

Auch wenn die Forschungserkenntnisse vornehmlich aus **Untersuchungen in den Vereinigten Staaten** resultieren, spricht einiges, zumindest auf grundsätzlicher Ebene, für eine weit gehende **Übertragbarkeit** der empirischen Aussagen zu Personal-Unternehmenswert-Beziehungen auf die hiesigen Gegebenheiten. Insbesondere die Fülle von Schnittmengen zwischen dem (Strategic) Human Resource Management amerikanischer Provenienz und einem in Deutschland beheimateten (strategischen) Personalmanagement sowie die wenigen auch für Deutschland bzw. Europa vorliegenden Untersuchungsergebnisse scheinen dies zu belegen.

a) Zentrale Untersuchungen zur Wertorientierung eines Strategic Human Resource Management von Huselid, Becker et al.

Die derzeit wohl wichtigsten, wissenschaftlich fundiertesten und umfassendsten empirischen Arbeiten zur Thematik „Personalmanagement und finanzielle Unternehmensperformancewirkungen" gehen auf eine **Forschergruppe um Huselid und Becker** zurück, die seit 1992 in zweijährigem Abstand umfangreiche Befragungen bei allen US-amerikanischen Aktiengesellschaften mit mehr als 100 Mitarbeitern bzw. mehr als 5 Mio. US-$ Umsatz durchführen.[507] **Ziel der Studien** ist die Ableitung statistisch signifikanter[508] Korrelations- und Wirkungsaussagen bezüglich der Erhebungsresultate zu den in den Unternehmen vorhandenen Human Resource Management-Systemen und den über die Compact Disclosure-Datenbank[509] öffentlich zugänglichen unternehmensbezogenen finanziellen Leistungskennzahlen. Durch die Fokussierung auf das Human Resource Management-Gesamtsystem und die Messung der Leistungswirksamkeit auf der Gesamtunternehmensebene wird, im Gegensatz zum Großteil empirischer performanceorientierter Arbeiten, die sich auf nachgeordnete Analyseebenen wie Tochtergesellschaften oder strategische Geschäftsfelder und / oder auf einzelne Politikfelder konzentrieren, ausdrücklich eine **strategische Forschungsperspektive** eingenommen.[510] Nachfolgend wird die erste Studie von 1992 eingehender besprochen. Bei den sich anschließenden Studien und Veröffentlichungen handelt es sich um Weiterentwicklungen und Verfeinerungen der ersten Erhebung, die teils auch gewisse Schwerpunktverlagerungen aufweisen. Der eingeschlagene Forschungsweg und die Grundmethodik der ersten Studie wurde im Prinzip jedoch beibehalten.[511]

---

[507] Vgl. zu den Selektionskriterien Becker, B. E. / Huselid, M. A. / Ulrich, D. (2001), S. 207; Becker, B. E. / Huselid, M. A. (1998b), S. 4; (1998a), S. 70; Huselid, M. A. / Becker, B. E. (1997), S. 5; (1995), S. 7; Huselid, M. A. (1995), S. 644.

[508] Statistische Signifikanz heißt, dass die Wahrscheinlichkeit eines zufälligen Untersuchungsbefundes höchstens fünf Prozent beträgt (Signifikanzniveau bzw. Irrtumswahrscheinlichkeit p = 0,05)). Diese wird üblicherweise mittels eines Chi-Quadrat (X^2)-Tests ermittelt, indem beobachtete und erwartete, zufallsbedingte Häufigkeiten miteinander verglichen werden (vgl. Lattmann, C. (1998), S. 126f.).

[509] Vgl. dazu Huselid, M. A. / Becker, B. E. (1997), S. 5; Huselid, M. A. / Rau, B. L. (1996), S. 8; Huselid, M.A. / Becker, B. E. (1995), S. 7; Huselid, M. A. (1995), S. 653.

[510] Vgl. hierzu Becker, B. E. / Huselid, M A. (1998a), S. 62f.

[511] Vgl. dazu auch Becker, B. E. / Huselid, M. A. / Ulrich, D. (2001), S. 209.

aa) Aufbau und Ergebnisse der Initialuntersuchung von Huselid im Jahr 1992

Die Resultate der Initialuntersuchung von 1992 wurden erstmals in einem prämierten Beitrag von Huselid im Jahr 1995 im Academy of Management Journal veröffentlicht.[512] Insgesamt 968 der angeschriebenen 3.452 leitenden Personalmanager lieferten hierbei verwertbare Daten, die sich auf das vorangegangene Geschäftsjahr 1991 bezogen.[513]

Auf der Grundlage einer literarischen Bestandsaufnahme zu den prägenden Elementen hoch entwickelter Human Resource Management-Systeme („**High Performance Work Systems**" - **HPWS**) wurden **13 elementbezogene Fragestellungen** formuliert, die nach der Datenerhebung mittels **Faktoranalyse** in die zwei Gruppen „Employee Skills and Organizational Structures" und „Employee Motivation" untergliedert wurden (vgl. hierzu Tabelle 8). Eine Reihe von Analysen potenzieller Fehlerquellen spricht für eine recht hohe Reliabilität und Validität der zwei aus der Faktoranalyse abgeleiteten Qualifikationsmaße.[514]

Der **interne Fit** der untersuchten personalbezogenen Sachverhalte (interne Stimmigkeit aller angewandter Personalpraktiken) wurde durch eine entsprechende Likert-skalierte Fragestellung und die Messung der Beziehung zu den beiden Skalengrößen sowie durch die Messung der Wechselwirkungen der zwei Faktorgruppen untereinander analysiert („**Internal Fit as Moderation**"). Weiterhin wurde die absolute Wertdifferenz zwischen den zwei Faktorgruppenskalierungen zur Fit-Messung herangezogen („**Internal Fit as Matching**").

---

[512] Vgl. Huselid, M. A. (1995).

[513] Vgl. a.a.O., S. 644.

[514] Vgl. a.a.O., S. 645ff. Das Messgütekriterium der Validität (Gültigkeit) dient dazu, festzustellen, ob bei einer Erhebung tatsächlich auch das gemessen wird, was gemessen werden soll. Reliabilität ist das zweite essenzielle Gütekriterium einer empirischen Personalforschung und steht für die Zuverlässigkeit bzw. Präzision einer Messung (Inwiefern resultieren bei einer Messwiederholung gleiche Ergebniswerte?) (vgl. hierzu Martin, A. (1994), S. 164 und umfassender S. 166ff.; Lattmann, C. (1998), S. 125f. sowie in personalem Zusammenhang Rogers, E. W. / Wright, P. M. (1998), S. 313ff.). Für eine Vertiefung hier verwendeter statistischer Grundbegriffe sei aber insbesondere auf die einschlägige Literatur verwiesen (vgl. z.B. Schaich, E. (1998); Eckey, H.-F. / Kosfeld, R. / Dreger, C. (2000); Clauß, G. / Finze, F.-R. / Partzsch, L. (1999)).

Questionnaire Item	(1)	(2)
(1) Employee skills and organizational structures (Cronbach's alpha= 0,67):		
• What is the proportion of the workforce who are included in a **formal information sharing program** (e.g. a newsletter)?	0,54	0,02
• What is the proportion of the workforce whose job has been subjected to a **formal job analysis**?	0,53	0,18
• What proportion of nonentry level **jobs** have been **filled from within** in recent years?	0,52	-0,36
• What ist the proportion of the workforce who are administered **attitude surveys** on a regular basis?	0,52	-0,07
• What is the proportion of the workforce who participate in **Quality of Work Life** (QWL) programs, **Quality Circles** (QC), and/or **labor-management participation teams**?	0,50	-0,04
• What ist the proportion of the workforce who have access to **company incentive plans**, **profit-sharing plans**, and/or **gain-sharing plans**?	0,39	0,17
• What is the average number of hours of **training** received by a typical employee over the last 12 months?	0,37	-0,07
• What is the proportion of the workforce who have access to a **formal grievance procedure** and/or **complaint resolution system**?	0,36	0,13
• What proportion of the workforce is administered an **employment test** prior to hiring?	0,32	-0,04
(2) Employee Motivation (Cronbach's alpha = 0,66):		
• What is the proportion of the workforce whose **performance** appraisals are used to determine their **compensation**?	0,17	0,83
• What proportion of the workforce receives **formal performance appraisals**?	0,29	0,80
• Which of the following **promotion decision rules** do you use most often? (a) **merit or performance rating** alone; (b) seniority only if merit is equal; (c) seniority among employees who meet a minimum merit requirement; (d) seniority. (Reverse-coded item)	-0,70	0,56
• For the five positions that your firm hires most frequently, **how many qualified applicants** do you have per position (on average)?	-0,15	0,27

Tabelle 8: Elemente eines High Performance Work Systems und Faktortruktur in der Erhebung von 1992 (Quelle: In Anlehnung an Table 1 bei Huselid, M. A. (1995)[515]

---

[515] Die hier durch den Verfasser fett hervorgehobenen Begriffe stehen für die entsprechenden Elemente eines hoch entwickelten Personalmanagement- bzw. Arbeitssystems.

Auch für die **Analyse des externen Fits** (Ausrichtung der Personalaktivitäten an der Unternehmensstrategie) wurden drei Maßgrößen zugrundegelegt. Die „**External Fit as Moderation**"-Betrachtung analysiert einerseits die Interaktion zwischen verschiedenen Umsatzanteilen von Kostenführer-, Differenzierungs- und Nischenstrategie und den Ausprägungen der zwei Faktorgruppenmesswerte und definiert andererseits einen „Strategic HRM Index", der aus Fragen zur Ausrichtung der Personalstrategie an der Wettbewerbsstrategie abgeleitet wurde. Die „**External Fit as Matching**"-Perspektive beinhaltet eine absolute Differenzmessung zwischen den normierten Umsatzanteilen von Differenzierungs- und Nischenstrategien und den Faktorgruppenwerten. Geringe Differenzen deuten, analog zum Sachverhalt bei der Messung des internen Fits, auf einen stärkeren Fit hin. Insgesamt 10 **Kontrollvariablen** wie Unternehmensgröße, Kapitalintensität, Beta-Risiko etc. und 34 Dummyvariablen dienten der Überwachung möglicher Störgrößen und der mit ihnen verbundenen Verzerrungseffekte.[516]

Als **abhängige Variablen** fungierten die **Mitarbeiterfluktuation**, die Mitarbeiterproduktivität sowie die finanzielle Gesamtunternehmensperformance. Erstere wurde durch eine entsprechende Fragestellung erhoben. Die **Mitarbeiterproduktivität** entspricht dem logarithmierten Wert des Umsatzes pro Mitarbeiter. Die **finanzielle Performance** wurde sowohl marktbasiert als auch rechnungswesenbasiert ermittelt. Maßstab der marktbasierten Erfolgsbestimmung im Sinne des Shareholder Value-Ansatzes war die logarithmierte Ausprägung von **Tobin's Q**, also das Verhältnis von Markt- zu Buchwert eines Unternehmens als Indikator für den „Value Added by Management"[517]. Der zweite Maßstab des ökonomischen Unternehmenserfolgs beinhaltet eine Standardgröße der US-amerikanischen Rechnungslegung, die „**Gross Rate of Return on Capital**" **(GRATE)**, das Verhältnis der Cash flows einer Periode zum Brutto-Grundkapital des Unternehmens.[518]

---

[516] Vgl. Huselid, M. A. (1995), S. 648ff.

[517] A.a.O., S. 652.

[518] Vgl. Huselid, M. A. (1995), S. 651f. Die Finanzdaten bezogen sich allesamt auf die selbe Rechnungsperiode (01.01.1991-30.06.1992). Für alle Unternehmen wurden die Aktienkurse des 31.12.1991 herangezogen (vgl. Huselid, M. A. (1995), S. 653f.). Vgl. zu den herangezogenen Performancemessgrößen Becker B. E. / Huselid, M. A. (1998a), S. 72; (1998b), S. 5; Huselid, M. A. / Becker, B. E. (1997), S. 6; Huselid, M. A. / Jackson, S. E. / Schuler, R. S. (1997), S. 177f.; Huselid, M. A. / Becker, B. E. (1995), S. 7ff. Vgl. insbesondere zu Tobin's Q als adäquater Maßstab für die Wirkungen von Human Resource Management-Praktiken auf den Unternemenswert und zu dessen untersuchungsspezifischen Modifikation Huselid, M. A. / Becker, B. E. (1995), S. 8f. In der jüngsten Publikation zur Thematik kennzeichnen die Autoren Becker / Huselid / Ulrich das mit Tobin's Q gemessene Marktwert-Buchwert-Verhältnis als den besten Indikator für die strategischen Implikationen von Human Resource-Systemen bzw. für deren Einflussnahme auf den Shareholder Value: „... the ultimate test of HR as a strategic asset is its relationship with

Für die **Mitarbeiterfluktuation und die Produktivität** konnten erwartungsgemäß statistisch signifikante Korrelationen mit den zwei Personalfaktorengruppen ermittelt werden. So war etwa für die Fluktuation eine Verringerung um ca. 7 Prozent im Vergleich zum gemessenen Mittelwert bei einer Erhöhung der durchschnittlichen Ausprägungen aller Personalpraktiken um eine Standardabweichung („One-Standard Deviation Increase") messbar.[519] Die selbe Standardabweichungsvariation führte weiterhin bezüglich der Mitarbeiterproduktivität zu einer Erhöhung des Durchschnitts der Umsätze pro Mitarbeiter um ca. 16 Prozent.[520] Für die Faktorgruppe **„Employee Skills and Motivation"** konnte sowohl für Tobin's Q als auch für die GRATE eine signifikant positive Korrelation ermittelt werden. Die HPWS-Komponente „Employee Motivation" war lediglich mit Tobin's Q signifikant positiv korreliert. **Eine Erhöhung aller gemessenen HPWS-Praktiken um eine Standardabweichung über den Durschnittswert ging mit einer Marktwertsteigerung um 18.641 $ je Mitarbeiter einher.** Dieser Gegenwartswert aller zukünftiger Cash flows ist bei Zugrundelegung einer fünfjährigen Diskontierungsperiode auch sehr stimmig mit den entsprechend gemessenen mitarbeiterbezogenen Umsatz- und Profitsteigerung von 27.044 $ bzw. 3.814 $.[521] Die ermittelten auch intern konsistenten Resultate unterstützen demnach die Hypothese einer Beeinflussung des finanziellen Unternehmenserfolgs durch die Qualität des etablierten Human Resource Management-Systems in hohem Maße. Die Vermutung reduzierter Fluktuationswerte und höherer Mitarbeiterproduktivitäten als intermedierende Quellen der finanziellen Erfolgseffekte wird ebenfalls signifikant unterstützt.[522]

Bezüglich der **Fit-Analysen** konnten für die meisten Messkoeffizienten die erwarteten performancebezogenen Wirkungsrichtungen festgestellt werden. Weiterhin war die Beziehung zwischen den beiden Gruppen personaler Praktiken stets signifikant positiv. Die Resultate sind jedoch nicht über alle Fit-Varianten

---

shareholder value." (Becker, B. E. / Huselid, M. A. / Ulrich, D. (2001), S. 210). Vgl. allgemein zur Funktion von Tobin's Q als strategisches Investitions- bzw. Desinvestitionskriterium auch Flamholtz, E. G. (1999), S. 350f.

[519] Vgl. zu den Fluktuationswirkungen von HPWS-Praktiken Huselid, M. A. (1995), S. 656, S. 667; Pfeffer, J. (1998), S. 35.

[520] Vgl. zu den Wirkungen auf die Mitarbeiterproduktivität Huselid, M. A. (1995), S. 656ff., S. 667; Becker, B. E. / Huselid, M. A. (1998a), S. 72; Pfeffer, J. (1998), S. 35.

[521] Vgl. zu den Wirkungen auf die finanzielle Unternehmensperformance Huselid, M. A. (1995), S. 659ff., S. 667; Becker, B. E. / Huselid, M. A. (1998a), S. 72; Pfeffer, J. (1998), S. 35; Yeung, A. K. / Berman, B. (1997), S. 324. Bei einer späteren Folgeanalyse in Verbindung mit der 1994-er Datenerhebung konnten, je nach zugrundegelegtem Analysemodell, prozentuale Pro-Kopf-Marktwertveränderungen bei einer einwertigen Standardabweichungsvariation von 11 bis 12 Prozent bzw. von 7,2 bis 9,5 Prozent ermittelt werden (vgl. Huselid, M. A. / Becker, B. E. (1995), S. 10f.).

[522] Vgl. Huselid, M. A. (1995), S. 662f.

hinweg als Beleg für einen eindeutigen Zusammenhang zwischen systeminternem und -externem Fit und finanzieller Performance heranziehbar.[523]

Für eine **hohe Validität** der erzielten Messergebnisse sprechen vor allem drei Faktoren. Zur Vermeidung bzw. Einschätzung von Simultanitäts- oder Endogenitätsproblemen wurden, bezogen auf die finanzwirtschaftlichen Erfolgskennziffern, sowohl Auswertungen bezüglich der zu den praktizierten Personalinstrumenten **zeitlich parallelen als auch nachfolgenden Periode** vorgenommen. Beide Messungen waren hochkonsistent. Huselid bezieht sich in seinen Ausführungen jedoch auf die konservativeren Schätzungen der zeitlich nachgelagerten Periode. Weiterhin sprechen die Ergebnisse des durchgeführten **Hausman-Tests** der Annahme, dass die HPWS-Praktiken exogene Größen des Profitabilitätsmodells darstellen, gegen simultanitätsbedingte Schätzfehler. Weiterhin scheinen selektions- bzw. rücklaufbasierte Verzerrungen aufgrund der Ergebnisse des angewandten **Heckman-Tests** in Verbindung mit den zahlreichen Kontrollvariablen unwahrscheinlich. Insgesamt legen alle eingesetzten Verfahren zur Kontrolle potenzieller Messfehler eine eher konservative Ausrichtung der angewandten Messmethodik nahe.[524]

Zusammenfassend spricht Huselids Studie für das Jahr 1992 eindeutig für eine statistisch und ökonomisch signifikante positive Wirkungsbeziehung zwischen fortschrittlichen Personalmanagementpraktiken und dem finanziellen Unternehmenserfolg respektive Shareholder Value: „**The magnitude of the returns for investments in High Performance Work Practices is substantial.**"[525] Die Performancewirkung einer in- und extern stimmigen Kombination von Personalpraktiken konnte jedoch allenfalls ansatzweise für interne und kaum für externe Fit-Beziehungen belegt werden.

---

[523] Vgl. zu den Komplementaritätsresultaten der Studie Huselid, M. A. (1995), S. 663ff., S. 667.

[524] Vgl. zu den entsprechenden Validitätseinschätzungen des Verfassers Huselid, M. A. (1995), S. 666f.; außerdem Becker, B. E. / Huselid, M. A. (1998a), S. 66ff., S. 69f. Eine Messfehler-Hinterfragung der 92er-Studie anhand der 94er-Daten spricht ebenfalls für eine hohe Validität der Pilotstudie. Die ermittelten Time Lag-Effekte bestätigen des Weiteren die vermutete Kausalitätsrichtung zwischen unabhängiger (HRM-Praktiken) und abhängiger Variable (Unternehmensperformance) (vgl. a.a.O., S. 72f.). Vgl. zur Validitäts- und Reliabilitätsproblematik bezüglich aller Studien aber insbesondere die Stellungnahme in Huselid, M. A. / Becker, B. E. (2000).

[525] Huselid, M. A. (1995), S. 667 (Hervorhebung durch den Verfasser).

bb) Untersuchungen der Jahre 1994, 1996 und 1998

Die sich anschließenden Untersuchungen der Jahre 1994, 1996 und 1998 (jeweils für das vorangehende Jahr) **bestätigen** im Kern die **Erkenntnisse der 92er-Pilotstudie** zu einer signifikant positiven Beziehung zwischen finanzieller Unternehmensperformance und dem Human Resource Management.[526]

Die **Studie des Jahres 1994** ist zunächst durch eine umfangreichere Erfassung der Human Resource Management-Praktiken bei den 740 teilnehmenden Unternehmen[527] gekennzeichnet. Es wurden 17 Merkmale herangezogen, die in Erweiterung zur 1992er-Studie die Themenbereiche **„Vergütungspolitik"** und **„Beitrag des Human Resource Management zur Strategieimplementierung"** stärker betonten und mittels mehr als 30 spezifischer Fragestellungen erhoben wurden.[528] Weiterhin erfolgte eine Bündelung der Erhebungswerte in einem **einzigen Messindex** für die qualitative Ausprägung des Human Resource Management-Systems.[529] Die wichtigsten Ergebnisse der Untersuchung beinhalten als Erstes eine Bestätigung der statistisch und ökonomisch signifikanten Beziehung zwischen Personalmanagementsystem und Unternehmenswert. Demnach ging eine Variation auf dem Personalsystemqualitätsindex um eine **einwertige Standardabweichung mit einer durchschnittlich 11- bis 13-prozentigen Veränderung des Marktwerts pro Mitarbeiter** einher (die diesbezügliche Bandbreite lag allerdings zwischen einer absoluten Marktwertänderung von 15.000 $ bis 60.000 $ je Mitarbeiter).[530]

---

[526] Vgl. Becker, B. E. / Huselid, M. A. / Ulrich, D. (2001), S. 210; Huselid, M. A. / Becker, B. E. (2000), S. 838; (1997), S. 2, S. 12; Becker, B. E. / Huselid, M. A. (1999), S. 289; (1998a), S. 76; (1995), S. 13; Huselid, M. A. / Rau, B. L. (1996), S. 14ff.

[527] Vgl. Huselid, M. A. / Becker, B. E. (1995), S. 1; Becker, B. E. et al. (1997), S. 40; Huselid, M. A. / Rau, B. L. (1996), S. 9.

[528] Vgl. Becker, B. E. / Huselid, M. A. (1998a), S. 75; Becker, B. E. et al. (1997), S. 40; Huselid, M. A. / Becker, B. E. (1995), S.8. Die gestellten Fragen wurden im Hauptfragebogen in die drei Themengruppen „HR Strategy", „Employee Motivation" und „Selection and Development" untergliedert. Weitere Fragen wurden insbesondere zum Themenbereich „Managerial Compensation" gestellt (vgl. Huselid, M. A. / Becker, B. E. (1995), S.11; Becker, B. E. / Huselid, M. A. (1998a), S. 74, S. 77).

[529] Vgl. Becker, B. E. / Huselid, M. A. (1998a), S. 73; Becker, B. E. et al. (1997), S. 40.

[530] Vgl. Becker, B. E. et al. (1997), S. 40; Becker, B. E. / Huselid, M. A. (1998a), S. 75. Die Angaben zur Dollarbandbreite der Marktwertschwankungen der hier im Text zitierten konservativeren und jüngeren Schätzung stimmen allerdings nicht mit den Angaben im Working Paper von Huselid, M. A. / Becker, B. E. (1995), S. 1f., S. 14 (Bandbreite von 38.000 $ bis 73.000 $) überein. Gleiches gilt für die prozentuale Pro-Kopf-Marktwertveränderung, die im Working Paper noch mit 13,5 Prozent angegeben wird (vgl. a.a.O., S. 12, S. 14).

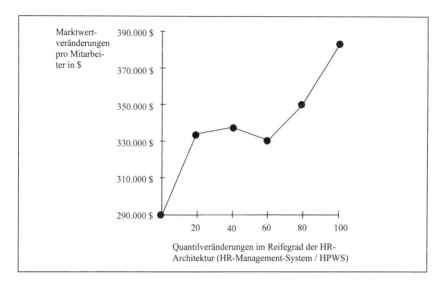

Abbildung 19: Potenzielle Marktwertsteigerungen bei einer Optimierung des Human Resource Management-Systems (Quelle: In Anlehnung an Becker, B. E. / Huselid, M. A. / Ulrich, D. (2001), S. 38; Becker, B. E. et al. (1997), S. 42; Becker, B. E. / Huselid, M. A. (1998a), S. 75)

Weiterhin konnte ein offensichtlich **nichtlinearer Zusammenhang** zwischen dem Ausbaugrad des Personalsystems und dem mitarbeiterbezogenen Marktwert eines Unternehmens ermittelt werden. Im oberen (Unternehmen oberhalb des 60 Prozent-Quantils - Personalsystem als Quelle dauerhafter Wettbewerbsvorteile) und unteren (Unternehmen unterhalb des 20 Prozent-Quantils - Personalsystem als „strategische Bremse") Quantilbereich des Indexes konnten weit höhere Wertsteigerungsmöglichkeiten ausgemacht werden als im mittleren (wettbewerbsfähiges Personalsystem) Bereich (vgl. hierzu Abbildung 19).[531]

Eine separate **Analyse von Managervergütungsstrukturen** belegt des Weiteren, dass im untersuchten Sample Firmen mit überdurchschnittlichem Gehaltsniveau bei Führungskräften, leistungsabhängigen, anreizbasierten Vergütungs-

---

[531] Vgl. zur Nichtlinearität der Beziehung Huselid, M. A. / Becker, B. E. (1995), S. 2; Becker, B. E. / Huselid, M. A. / Ulrich, D. (2001), S. 38f.; Becker, B. E. / Huselid, M. A. (1999), S. 289; (1998a), S. 75f.; Becker, B. E. et al. (1997), S. 41f.; Becker, B. E. / Gerhart, B. (1996), S. 787f. Die Verbesserungen im unteren und oberen Endbereich der Verteilung führen zu ca. viermal so starken Marktwertsteigerungen als im mittleren Verteilungsbereich (vgl. Becker, B. E. / Huselid, M. A. (1995), S. 13).

systemen und Aktienbeteiligungsmöglichkeiten signifikant profitabler waren als der Durchschnitt: Eine Erhöhung des entwickelten **Compensation-Indexwerts** um eine Standardabweichungseinheit war mit einer Pro-Kopf-Marktwertsteigerung von 19 Prozent (ca. 63.000 $ pro Mitarbeiter) und einer Erhöhung der Buchgewinne (GRATE) um 27 Prozent (ca. 4.752 $ pro Mitarbeiter) gegenüber dem Durchschnittswert verbunden.[532]

Bei der **Erhebung im Jahr 1996** für das Jahr 1995 waren noch 702 von 3.840 Unternehmen beteiligt, die methodisch bedingt, auf 533 eingehend analysierbare Teilnehmer reduziert werden mussten.[533] Deren Human Resource Management-Systeme wurden anhand von nunmehr 24 Items erfasst, die in den **erweiterten Personalmanagementsystem-Index** einflossen.[534] Wiederum konnte eine eindeutige Beziehung zwischen betrieblicher Wertsteigerung und dem Vorliegen eines „High Performance Work System" nachgewiesen werden. Unternehmen mit einem Indexwert, der eine Standardabweichung über dem Durchschnitt lag, hatten einen um 24 Prozent höheren Marktwert, ein um 17 Prozent höheres Marktwert-Buchwert-Verhältnis (Tobin's Q), eine um 25 Prozent erhöhte GRATE (Gross Rate of Return on Assets), 4,8 Prozent mehr Umsatz pro Mitarbeiter sowie eine um 7,6 Prozent verringerte Mitarbeiterfluktuation.[535] Eine **Erhöhung des Personalsystemindexes um eine Standardabweichung führte absolut zu einer Steigerung des Shareholder Value pro Mitarbeiter um**

---

[532] Vgl. zur Managementvergütungsthematik Becker, B. E. / Huselid, M. A. (1998a), S. 77ff. Unklar bleibt hierbei, warum der gemessene Marktwertveränderungseffekt eines auf einen Teilbereich des Personalmanagements fokussierten Compensation-Indexes höher ausfällt, als die in den vorangegangenen Studien für den Gesamt-Human Capital Index ermittelten Wertsteigerungen. Ohne dies zu thematisieren wird lediglich auf die bei isolierter Betrachtung nachvollziehbare Plausibilität der ermittelten anreizbezogenen Wertveränderungen hingewiesen (vgl. zu dieser Plausibilitätsbehauptung a.a.O., S. 78ff.).

[533] Vgl. Becker, B. E. / Huselid, M. A. (1998b), S. 4f.; Huselid, B. E. / Rau, B. L. (1996), S. 8; Huselid, M. A. / Becker, B. E. (1997), S. 1. Bei Huselid, M. A. / Becker, B. E. (1997), S. 5 wird die Zahl der analysierten Fragebögen jedoch mit 548 beziffert.

[534] Vgl. Becker, B. E. / Huselid, M. A. (1998a), S. 81. Der „Cronbach's Alpha"-Koeffizient weist einen Wert von 0,75 (vgl. ebd.) als Gütemaß für die Reliabilität des Indexes auf. Der Systemindex zeichnet sich demnach durch eine recht hohe Interkorrelation der integrierten Items aus (Frage: Wie gut messen alle berücksichtigten Fragen ein einziges eindimensionales Konstrukt?). Insgesamt wurden jedoch über die 24 Items hinaus mehr als 50 Fragen zur spezifischen Ausgestaltung des Human Resource Management-Systems gestellt (vgl. Huselid, M. A. / Becker, B. E. (1997), S. 6).

[535] Vgl. Becker, B. E. / Huselid, M. A. (1998a), S. 81. Bei Becker, B. E. / Huselid, M. A. (1998b), S. 10 wird der Marktwertsteigerungseffekt allerdings hiervon abweichend mit lediglich 23,3 Prozent und bei Huselid, M. A. / Becker, B. E. (1997), S. 8 mit nur 21 Prozent angegeben.

51.000 $.[536] Erstmals durchgeführte **branchenvergleichende Analysen** sprechen des Weiteren dafür, dass branchenspezifische Personalpraktiken zwar ökonomisch relevant sind, dass die finanziellen Werteffekte einer firmenspezifischen Personalstrategie jedoch mehr als doppelt so hoch ausfallen.[537] Mittels eines Homogenitätsindexes zur **Messung des internen Fits** der Personalpraktiken konnte zudem ermittelt werden, dass ca. zwei Drittel der Zugewinne wohl auf indirekte Homogenitäts- bzw. Stimmigkeitseffekte rückführbar sind.[538] Für die ökonomische Wertrelevanz auch externer Komplementaritäten (**System-Umwelt-Fit**) spricht eine Untersuchung der Personalsystemeinbindung mittels eines 16 Fragen umfassenden „Effectiveness and Alignment Index".[539] Die ökonomische Bedeutung der Existenz von Komplementaritäten war unter anderem auch aus einer erstmalig durchgeführten Cluster-Analyse[540] ableitbar. Unter Heranziehung der beiden Indexwerte (Systemqualitätsindex und Fit-Index) ließen sich **vier verschiedene Cluster- bzw. Personalstrategietypen mit stark divergierenden Performancewerten** unterscheiden: „Personnel" (beide Indexwerte stark unterdurchschnittlich), „Alignment" (überdurchschnittlicher Fit-Indexwert, unterdurchschnittlicher Systemindexwert), „Compensation" (unterdurchschnittlicher Fit-Indexwert, vor allem wegen der Vergütungsstrukturen überdurchschnittlicher Systemindexwert) und „High Performance" (beide Indexwerte stark überdurchschnittlich). Im Vergleich zur untersten Leistungskategorie des Personnel-Clusters konnten Unternehmen des Alignment-Clusters 32 Prozent, des Compensation-Clusters 43 Prozent und des High Performance-Clusters sogar 63 Prozent höhere Marktwerte für das gezeichneten Kapital reali-

---

[536] Vgl. Becker, B. E. / Huselid, M. A. (1998a), S. 13. In einer vorangehenden Publikation wird die Pro-Kopf-Marktwertsteigerung jedoch nur mit 42.000 $ (vgl. Huselid, M. A. / Becker, B. E. (1997), S. 1) bzw. 41.000$ (vgl. a.a.O., S. 10) beziffert.

[537] Vgl. Becker, B. E. / Huselid, M. A. (1998a), S. 82ff.

[538] Vgl. Becker, B. E. / Huselid, M. A. (1998a), S. 85; (1998b), S. 12f.; S. 14. Folgende zwei im Fit-Zusammenhang formulierte Hypothesen konnten jedoch nicht bestätigt werden: (1) Je fundierter das Personalmanagementsystem, desto stärker sind die finanziellen Effekte des „Alignment and Effectiveness"-Index. (2) Der ROI von High Performance-Personalsystemen ist größer bei Unternehmen mit einer Differenzierungs- oder Nischenstrategie als bei Unternehmen mit Kostenführerstrategien (vgl. Huselid, M. A. / Becker, B. E. (1997), S. 4f, S. 8, S. 11).

[539] Vgl. insgesamt zur Fit- bzw. Komplementaritätsmessung Becker, B. E. / Huselid, M. A. (1998a), S. 85ff. Der Effektivitäts- und Ausrichtungsindex dient primär zur Beantwortung der Frage nach der Relevanz unterstützender organisationaler bzw. personaler Kontextfaktoren eines High Performance Work Systems, beinhaltet aber neben Fragen zur Integration in und Anbindung an die Geschäftsstrategie sowie zur Etablierung des Personalmanagements als „Business Partner" auch Bewertungen des Führungsstils („Leadership"), der Unternehmensmission, der Kommunikationsstrukturen und der Effektivität der Human Resource-Funktion (vgl. Huselid, M. A. / Becker, B. E. (1997), S. 6).

[540] Vgl. hierzu Becker, B. E. / Huselid, M. A. (1998a), S. 87ff.; (1998b), S. 8, S. 12f.; Huselid, M. A. / Becker, B. E. (1997), S. 7, S. 9.

sieren. Etwa 21 Prozent der Performanceeffekte scheinen dabei auf Synergie-
wirkungen zwischen den Strategieelementen „Systemqualität" und „Fit" zurück-
zugehen.[541] Bemerkenswert scheint hierbei auch, dass mittels eines Fokus auf
leistungsbasierte Vergütungs- und Anreizsysteme wohl **am schnellsten und
einfachsten signifikante Wertsteigerungen möglich** sind (bis zu 60 Prozent
der Performanceverbesserungen einer schwer implementier-, aber auch imitierbaren High Performance-Personalstrategie sind dann realisierbar).[542]

Ergänzend zu den Einzelstudien der Jahre 1992 bis 1996 wurde von Huselid /
Rau[543] auf der Grundlage aller bis dahin erhaltenen 2.410 verwertbaren Unter-
nehmensdatenblöcke eine **Untersuchung von dreizehn personalsystembezogenen Kontexthypothesen** vorgenommen.[544] Eine Reihe von vermuteten Asso-
ziationen zwischen internen und externen Kontingenzfaktoren konnte hierbei
bestätigt werden. Vor allem **interne strukturelle Rahmenbedingungen** wie der
gewerkschaftliche Organisationsgrad, die Existenz von Personalsystemen bei
den Geschäftseinheiten, das visionäre Wertesystem der Führungskräfte sowie
Jobsicherheitsgarantien waren als potenzielle Einflussbereiche des High Perfor-
mance-Arbeitssystems identifizierbar.[545] Weiterhin konnte festgestellt werden,
dass Firmen mit erhöhtem systematischen **Beta-Risiko** eher entsprechende
Hochleistungspersonalsysteme implementiert haben. Lediglich begrenzte Unterstützung fanden Thesen bezüglich der Wirkungsbeziehungen von Branchen-
struktur, Unternehmensgröße, Anzahl der Personalabteilungsmitglieder, For-
schungs- und Entwicklungsintensität sowie Kostenführerstrategien hinsichtlich
der Qualität des Personalsystems. Keine Bestätigung konnte für die Unterstel-
lung positiver Korrelationen zwischen dem Umsetzungsgrad von Hochleis-
tungspersonalsystemen und der Anzahl von Führungskräften, der Kapitalintensität und der Höhe der relativen Arbeitskosten gefunden werden.[546] Die ausgemachten externen und internen Einflussgrößen beeinflussen den Systemindika-
torwert dabei vor allem über den Systemdimensionsbereich der **Vergütungs-
und Anreizsysteme.**[547]

Der jüngsten Buchveröffentlichung von Becker / Huselid / Ulrich lassen sich
einige Anmerkungen zu der **Erhebung im Jahr 1998** entnehmen.[548] Diese hatte

---

[541] Vgl. Becker, B. E. / Huselid, M. A. (1998a), S. 91; Huselid, M. A. / Becker, B. E. (1997),
S. 9.
[542] Vgl. Becker, B. E. / Huselid, M. A. (1998b), S. 14.
[543] Vgl. Huselid, M. A. / Rau, B. L. (1996).
[544] Vgl. a.a.O., S. 7ff., S. 14. Vgl. hierzu auch Becker, B. E. / Huselid, M. A. (1999), S. 289.
[545] Vgl. Huselid, M. A. / Rau, B. L. (1996), S. 10ff., 15.
[546] Vgl. Huselid, M. A. / Rau, B. L. (1996), S. 10ff.
[547] Vgl. a.a.O., S 16.
[548] Vgl. Becker, B. E. / Huselid, M. A. / Ulrich, D. (2001), S. 208ff.

einen verwertbaren Rücklauf von 429 Fragebögen und ist durch einen zusätzlicher Fokus auf zwei weitere Systeme gekennzeichnet, die als personalstrategische Hebel bei der Strategieimplementierung wirksam werden können: **Knowledge Management und Business Performance Management**. Die Kernelemente des Personalmanagementsystem-Indexes wurden aber konstant beibehalten.[549] Eine neue Erkenntnis der Studie ist die Tatsache, dass Unternehmen mit höheren Systemindexwerten auch einen intensiverer Einsatz von Knowledge Management-Systemen und Balanced Scorecard-basierten Business Performance-Systemen aufweisen. In Unternehmen der **High Performance-Gruppe** werden Mitarbeiter explizit als Quelle der Wertschöpfung angesehen. Weiterhin sind diese Unternehmen durch erheblich geringere Mitarbeiterfluktuation und einen geringeren gewerkschaftlichen Organisationsgrad gekennzeichnet. Das durchschnittliche **Markt-Buchwert-Verhältnis** ist bei den High Performance-Unternehmen insgesamt **mehr als doppelt so hoch** als in den Unternehmen mit geringeren Personalsystemindexwerten. Weiterhin scheint die Art und Weise der **Implementierung der Unternehmensstrategie** (über ein strategisches Human Resource Management) wichtiger zu sein, als die Strategieinhalte selbst. So resultierte aus einer um 35 Prozent verbesserten Qualität der Strategieimplementierung eine Shareholder Value-Steigerung um 30 Prozent. Für die Strategieimplementierung konnten **drei essenzielle personalbestimmte Treiber** ausgemacht werden: strategisch fokussierte Mitarbeiter, die strategische Ausrichtung des Personalmanagementsystems sowie ein effektives Knowledge Management. Ergänzend wirkt ein balanciertes Performance Management System über dessen Einflussnahme auf die strategische Ausrichtung der Mitarbeiter auf die Unternehmensperformance ein (vgl. zu diesem aus der 1998er-Studie generierten Beziehungsmuster zwischen der Human Resource-Architektur, einem strategisch

---

[549] Bezüglich der genauen Indexgestaltung bleibt unklar, ob die 1996 verwendeten Merkmale auch in 1998 herangezogen wurden. Die entsprechende Passage im Buch (vgl. Becker, B. E. / Huselid, M. A. / Ulrich, D (2001), S. 211ff) kann nicht eindeutig zugeordnet werden. Dort wird der Index für das Human Resource-System analog zur 1996er Studie mittels 24 charakteristischer Elemente für die Bereiche Personalauswahl, -bewertung, -entwicklung, -vergütung, -kommunikation etc. beschrieben. Der systemkontextbezogene Indikator (im Buch abweichend von den spezifischen 1996er-Publikationen als „Implementation Alignment" bezeichnet) wird entsprechend anhand von 16 Merkmalen bezüglich der Effektivität der HR-Funktion, der Anbindung von Human Resource- und Unternehmensstrategie, der Unternehmensmission und dem Führungsstil der Geschäftsleitung definiert. Die Abweichungen zu den 1996er-Daten bei den auf der Grundlage der Cluster-Analyse aufgezeigten Leistungsdifferenzen für die High Performance- und Compensation-Gruppe gegenüber der Personnel-Gruppe (65 bzw. 39 Prozent höhere Markt-Buchwert-Relationen) sprechen aber in Verbindung mit der abweichenden Alignment-Index-bezeichnung eher dafür, dass sowohl die Indexzusammensetzung als auch die Cluster-Analyse für die 1998er-Erhebung weitestgehend übernommen wurden.

orientierten Leistungsmesssystem und dem vorhandenen Knowledge Management-System auch Abbildung 20).

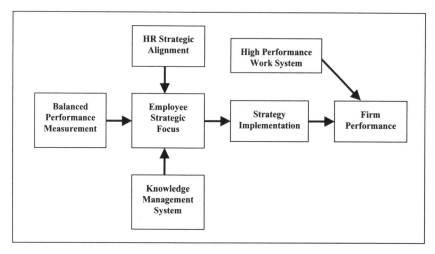

Abbildung 20: Empirisches Wirkungsschema personalstrategischer Kräfte nach Becker / Huselid / Ulrich (Quelle: Becker, B. E. / Huselid, M. A. / Ulrich, D. (2001), S. 40)[550]

cc) Weitere Untersuchungen von Huselid et al. zu Wertbezügen strategischer Personalarbeit

Zwei weitere Untersuchungen von Delaney / Huselid[551] und Huselid / Jackson / Schuler[552] wurden zwar losgelöst vom Hauptforschungsprojekt durchgeführt, weisen aber methodische und inhaltliche Bezüge zu diesem auf. **Erstere** basiert auf einer für US-Arbeitgeber repräsentativen Datenbasis von 590 Profit- und Nonprofitorganisationen, die im Rahmen der **National Organizations Survey 1991** erhoben wurde.[553] Als Ergebnis konnte eine **positive Beziehung** zwischen

---

[550] Das Schaubild dient der Visualisierung der aus den Forschungsarbeiten der 1998er-Studie abgeleiteten strategischen Rolle betrieblicher Humanressourcen bei der Implementierung der Unternehmensstrategie: „The linchpin of successful strategy implementation is a strategically focused workforce, which we could consider the ultimate HR performance driver. Finally, a balanced performance measurement system, in tandem with an aligned HR system and effective knowledge management, is the foundation for a strategically focused organization." (ebd.).

[551] Vgl. Delaney, J. T. / Huselid, M. A. (1996).

[552] Vgl. Huselid, M. A. / Jackson, S. E. / Schuler, R. S. (1997).

[553] Vgl. Delaney, J. T. / Huselid, M. A. (1996), S. 949, S. 952.

progressiven Human Resource Management-Praktiken (Indizes für Personalselektion und –rekrutierung, Aus- und Weiterbildung, anreizbasierte Vergütung, interne Arbeitsmärkte etc.) und der von den beteiligten Unternehmen **sub-
jektiv wahrgenommenen Organisations- und Marktperformance** (Likert-
Skalierung) ermittelt werden. Bei der Analyse von Synergie- bzw. Komple-
mentaritätsaspekten (interner Fit) war eine gleichgerichtete Beziehung zu den
Performancegrößen jedoch nicht identifizierbar.[554] Die **zweite**, ebenfalls für das
Jahr 1991 durchgeführte Analyse von Huselid / Jackson / Schuler greift zur Performancemessung allerdings wieder auf die objektiveren Messgrößen der
Hauptstudien, Mitarbeiterproduktivität (Nettoumsatz je Mitarbeiter), GRATE
(Bruttogesamtkapitalrentabilität) und Tobin's Q (Marktwert-Buchwert-Verhältnis), zurück.[555] Die Befragung von Personalleitern und Linienmitarbeitern von
293 Aktiengesellschaften beinhaltete 23 Fragen zu Personalpraktiken (strategische und technische Effektivität des Human Resource Management als unab-
hängige Variablen[556]) und 18 Fragen zu den Fähigkeiten und Kompetenzen der
Mitarbeiter der Personalfunktion (professionelle und unternehmens- und ge-
schäftsspezifische „Human Resource Management Capabilities" als unabhängi-
ge Variablen[557]).[558] Aus der Perspektive der Shareholder konnten wiederum bemerkenswerte Belege für mit **Investitionen in Humanressourcen** verbundene
positive Wettbewerbseffekte ausgemacht werden.[559] Die Untersuchung bestä-

---

[554] Vgl. Delaney, J. T. / Huselid, M. A. (1996), S. 949, S. 959ff.

[555] Vgl. Huselid, M. A. / Jackson, S. E. / Schuler, R. S. (1997), S. 176ff. Die Daten wurden
diversen Finanzdatenbanken entnommen und aus methodischen Gründen logarithmisiert
(vgl. ebd.).

[556] Unter „strategischer Effektivität" des Human Resource Management verstehen die Autoren Design und Implementierung von konsistenten Personalsystemen (z.B. Vergütungssystem, Empowerment, Teamkonzepte etc.), die auf die verfolgten Unternehmensziele
ausgerichtet sind. „Technische Effektivität" beinhaltet die entsprechende Ausgestaltung
traditioneller Aktionsfelder wie Personalrekrutierung und -auswahl, Leistungsmessung
und
-beurteilung und Personaladministration (vgl. a.a.O., S. 172f.).

[557] Die Verfasser verstehen unter diesen zwei aus der Literatur als wichtig ableitbaren Typen
spezifischer Fähigkeiten und Eigenschaften des Mitarbeiterstamms der Personalabteilung
einerseits die Beherrschung traditioneller Methoden und Instrumente des Personalmanagements und andererseits die Fähigkeit zum Verstehen und zur Förderung einzigartiger,
unternehmensspezifischer und im Geschäft verankerter Personalaktivitäten (vgl. Huselid,
M. A. / Jackson, S. E. / Schuler, R. S. (1997), S. 173f.).

[558] Vgl. a.a.O., S. 172ff. Analog zur Vorgehensweise der oben besprochenen Hauptstudien
wurden eine Fülle von Kontrollvariablen zur Validitätsstützung herangezogen und Simul-
tanitäts- und Selektionsverzerrungen durch Hausman- und Heckman-Tests überwacht (vgl.
a.a.O., S. 178., S. 182). Außerdem sprechen eine Reihe plausibler Gründe gegen eine um-
gekehrte Kausalitätsbeziehung zwischen den Effektivitäts- und Performancekonstrukten
(vgl. a.a.O., S. 185).

[559] Vgl. Huselid, M. A. / Jackson, S. E. / Schuler, R. S. (1997), S. 186.

tigt für US-Unternehmen eine Schwerpunktsetzung auf die technische und nicht auf die strategische Effektivität des Personalmanagements. Die Hypothese einer positiven Beziehung zwischen strategischer und technischer Effektivität mit der Unternehmensperformance wurde ebenfalls bestätigt, wenngleich eine Signifikanz lediglich für die erste Effektivitätskategorie festgestellt werden konnte. Weiterhin ist für die untersuchten US-Unternehmen eine Dominanz professioneller gegenüber geschäftsbezogener Fähigkeitsbündel (Capabilities) zu attestieren. Die Korrelationsvermutung zwischen technischer Effektivität und professionellen Fähigkeiten sowie zwischen strategischer Effektivität und geschäftsbezogenen Fähigkeiten wurde unterstützt.[560] Die praktischen Konsequenzen für die Unternehmenseigner wurden wiederum anhand von Dollareffekten **einwertiger Standardabweichungsvariationen** aufgezeigt. Demgemäß führte eine entsprechende **Erhöhung der Gesamteffektivität** (strategische plus technische Effektivität) des Human Resource Management zu einer **Verbesserung** der Mitarbeiterproduktivität um 5,2 Prozent (44.380 $), der Cash flows pro Mitarbeiter um 16,3 Prozent (9.673 $) und des **Marktwerts je Mitarbeiter um 6 Prozent** (8.882 $).[561] Unter Performancegesichtspunkten ist hierbei die starke Bedeutung der durch die professionellen und auch geschäftsbezogenen Capabilities unterstützten strategischen Effektivität für die Erzielung von Wettbewerbsvorteilen hervorzuheben, die, im Gegensatz zur technischen Effektivität des Personalmanagements, in der signifikant positiven Beziehung zwischen dem verwendeten strategischen Effektivitätskonstrukt und den finanziellen Unternehmenserfolgsmaßstäben zum Ausdruck kommt.[562]

Zum Abschluss der empirischen Bestandsaufnahme sei noch auf die in jüngerer Zeit ebenfalls von der Forschergruppe um Huselid / Becker publizierten **Fallstudien**[563] zur kausallogischen und gestaltungsorientierten Analyse der Personal-Wertperformance-Zusammenhänge hingewiesen, die in **drei grundsätzliche Schlussfolgerungen bezüglich einer wertsteigernden Personalfunktion** münden:[564]

---

[560] Vgl. Huselid, M. A. / Jackson, S. E. / Schuler, R. S. (1997), S. 178ff.

[561] Vgl. a.a.O., S. 184. Die Größenordnungen der Leistungsverbesserungen zeichnen sich dabei durch eine bemerkenswerte Konsistenz aus (ebd.).

[562] Vgl. Huselid, M. A. / Jackson, S. E. / Schuler, R. S. (1997), S. 184f.

[563] Vgl. hierzu den Überblick in Becker, B. E. / Huselid, M. A. (1999) sowie die Einzelstudien zu einer wertorientierten Personalführung beim Hard- und Softwarehersteller Lucent (130.000 Mitarbeiter - vgl. Artis, C. R. / Becker, B. E. / Huselid, M. A. (1999)), beim Gasversorgungsunternehmen Praxair (25.000 Mitarbeiter - vgl. Harris, B. R. / Huselid, M. A. / Becker, B. E. (1999)), beim Hardwareproduzenten Quantum (6.500 Mitarbeiter - vgl. Barber, D. / Huselid, M. A. / Becker, B. E. (1999)), beim Büromöbelhersteller HMI (7.500 Mitarbeiter - vgl. McCowan, R. A. et al. (1999)) sowie beim Einzelhandelskonzern Sears (340.000 Mitarbeiter - vgl. Kirn, S. P. et al. (1999)).

[564] Becker, B. E. / Huselid, M. A. (1999), S. 287.

„1. The foundation of a value-added HR function is a business strategy that relies on people as a source of competitive advantage and a management culture that embraces that belief;

2. A value-added HR function will be characterized by operational excellence, a focus on client service for individual employees and managers, and delivery of these services at the lowest possible cost; and

3. A value-added HR function requires HR managers that understand the human capital implications of business problems and can access or modify the HR system to solve those problems."

dd) Kritische Bewertung und Zusammenfassung des Forschungsansatzes von Huselid, Becker et al.

Aus der Gesamtbetrachtung der bisherigen Einzeluntersuchungen von Huselid und Becker kann insgesamt mit großer Wahrscheinlichkeit abgeleitet werden, dass die **strategische und instrumentelle Qualität des betrieblichen Personalmanagementsystems in hohem Maße die Schaffung bzw. Vernichtung von Unternehmenswert beeinflusst.** Die Resultate sprechen dafür, dass eine signifikante Verbesserung der Personalpraktiken (Erhöhung der Personalsystemindexwerte um eine Standardabweichung) mit **Wertsteigerungseffekten in Höhe von etwa 10 bis 20 Prozent** verbunden ist.[565]

Eine **fundamental- und detailkritische Bewertung** des Forschungsansatzes muss sich vor allem auf die Frage konzentrieren, inwieweit die herangezogene Methodik dem zugrundeliegenden Sachverhalt angemessen ist und zu reliablen und validen Messresultaten führt. Eine sehr hohe Anzahl teilnehmender Unternehmen, die Repräsentativität der Stichprobe für alle US-amerikanischen Aktiengesellschaften, eine Konzipierung als zyklische Langzeitstudie, die Heranziehung bewährter statistischer Regressions- und Punktschätzmodelle, eine Fülle herangezogener Kontrollvariablen, die Quantifizierung von Schätzfehlereffekten sowie die hohe Daten- und Methodentransparenz sprechen zwar einerseits deutlich für die Signifikanz und Verwendbarkeit der ermittelten Resultate; andererseits gibt es aber auch eine Reihe potenzieller Schwachstellen, die eine vorsichtige Interpretation der Studienergebnisse nahe legen.

Mit besonderem Augenmerk auf den Forschungsansatz von Huselid / Becker sind in jüngster Zeit **Gerhart / Wright / Mc Mahan / Snell** anhand einer eige-

---

[565] Vgl. Huselid, M. A. / Becker, B. E. / (2000), S. 851. Vgl. zur vermuteten Effekthöhe auch Gerhart, B. et al. (2000), S. 804; Gerhart, B. / Wright, P. M. / McMahan, G. C. (2000), S. 858.

nen empirischen Untersuchung[566] der Frage nachgegangen, ob die aus den Studien zur Beziehung zwischen Human Resource Management und Unternehmensperformance eruierten Effektschätzungen ein ausreichend hohes Reliabilitäts- bzw. Validitätsniveau ausweisen. Bezüglich der Konstruktvalidität wird zunächst das **Fehlen einer allgemein akzeptierten Konstruktdefinition** beanstandet.[567] Die bei Huselid / Becker für die Indexkonstruktion herangezogenen Personalpraktiken sind also keinesfalls als in der aktuellen Empirie akzeptierter Standard anzusehen, sondern lediglich eine spezifische Kombination unter vielen. Zur Erreichung empirischer Evidenz durch eine adäquate Konstruktvalidität wird weiterhin ein akzeptables Reliabilitätslevel verlangt, das Messfehler ausschließt bzw. diese transparent macht und bei den Schätzaussagen berücksichtigt. Dies soll durch die Heranziehung eines Reliabilitätsgütemaßes (Generalisierbarkeitskoeffizient) erreicht werden. Teilt man den relevanten Regressionskoeffizienten durch diesen Generalisierbarkeitskoeffizienten (Werte von Null bis Eins) ergibt sich ein **Korrekturfaktor** bzw. Multiplikator **für die ermittelten Effektschätzungen.**[568] Aus einem „mittleren" Reliabilitätswert von 0,33 resultiert dann bei einer Korrektur die Verdreifachung des entsprechenden prozentualen Schätzwerts – aus 20 werden somit 60 Prozent.[569] Geht man bezüglich der Huselid / Beckerschen Untersuchungen von einem nicht unrealistisch bemessenen Korrekturfaktor von 2 (also einem Reliabilitätsniveau von 0,5) aus, so hieße das für die Wertsteigerungsbandbreite immerhin, dass eine Standardabweichungsvariation beim Human Resource Management-Index nicht mehr mit zehn bis zwanzig, sondern mit zwanzig bis vierzig Prozent Unternehmenswert-

---

[566] Vgl. Gerhart, B. et al. (2000). Aus der eigenen Untersuchung sollten erstmalig empirische Schätzungen von Interrater-Reliabilitäten und Generalisierbarkeitskoeffizienten für Human Resource-Messungen abgeleitet werden. Weitere Ziele waren die Klärung der Fragen, inwieweit durch die Anwendung von Erkenntnissen der Generalisierbarkeitstheorie bessere Reliabilitätsschätzungen erzielbar sind und wie sich ermittelte Schätzfehler sinnvollerweise korrigieren lassen (vgl. Gerhart, B. / Wright, P. M. / McMahan, G. C. (2000), S. 856). Dazu wurden, in Anlehnung an die Fragestellungen bei Huselid, M. A. (1995) und Huselid, M. A. / Becker, B. E. (1996), 44 Personalführungskräfte aus 12 US-amerikanischen Unternehmen anhand von 10 Fragen zu den im Unternehmen verfolgten Personalpolitiken befragt (je Unternehmen mindestens zwei Befragte) (vgl. dazu eingehender Gerhart, B. et al. (2000), S. 812ff.).

[567] Vgl. Gerhart, B. et al. (2000), S. 805. Ein von Gerhart et al. in diesem Zusammenhang nicht angesprochenes Problem ist die stets auf den aktuellen Stand der Literatur und Erfahrungen bei den Vorgängerstudien bezugnehmende Dynamik der Zusammensetzung des Qualitätsindexes, die eine unmittelbare Vergleichbarkeit der zyklischen Untersuchungen gegebenenfalls beeinträchtigt.

[568] Vgl. a.a.O., S. 805f.; Gerhart, B. / Wright, P. M. / McMahan, G. C. (2000), S. 858. Der Generalisierbarkeitskoeffizient kann aus der simultanen Erfassung einer Reihe potentieller Messfehler abgeleitet werden (Interne Konsistenz-, Inter-Rater- und Test-Retest-Reliabilität) (vgl. dazu umfassender Gerhart, B. et al. (2000), S. 814ff.).

[569] Vgl.Gerhart, B. et al. (2000), S. 810.

variation verbunden wäre. Unter Plausibilitätsgesichtspunkten erschienen die ermittelten Effekte bzw. die zugrundeliegende Konstruktvalidität dann in einem wesentlich kritischeren Licht. Die **Höhe des Reliabilitätsgütemaßes** ist vor allem von der Anzahl der Befragten (Rater) je Unternehmen abhängig.[570] Die Tatsache, dass bei den Untersuchungen von Huselid und Becker, wie im Übrigen bei den meisten entsprechenden Forschungsansätzen, lediglich eine Person je Unternehmen (Personalleiter) befragt wurde, ist demnach als Hauptreliabilitätshandicap der hier besprochenen Studien anzusehen.[571] Die vornehmliche Fokussierung auf interne Konsistenzschätzungen (z.B. Cronbach's Alpha) als Reliabilitätsgütemaß kann kritisiert werden, da diese bewerterabhängige Fehlervarianzen nicht berücksichtigt.[572] Neben dem von Gerhart et al. in den Mittelpunkt ihrer Bewertungsaussagen gestellten Zufalls- bzw. Nichtreliabilitätsfehler wird jedoch auch auf die weitere Möglichkeit eines systematischen Messfehlers hingewiesen. So wäre etwa ein **Finanzperformance-Halo-Effekt** in dem Sinne denkbar, dass die Bewerter über implizite Theorien hohen Finanzperformancewerten auch bestimmte Personalpraktiken, unabhängig von deren tatsächlichen Existenz, zuordnen.[573] Aufgrund ihrer empirischen Hinterfragung von Reliabilitätseffekten bei empirischen Personal-Unternehmensperformance-Messungen kommen Gerhart et al. zum Schluss, dass die existierenden Messungen, also auch und insbesondere die Studien von Huselid / Becker, eventuell mit signifikanten Messfehlerproblemen behaftet sind. Hiermit ist die Gefahr verbunden, dass die mit den Punktschätzungen verbundenen Dollar-Quantifizierungsversuche für schwer operable Personalsachverhalte in eine **unplausible, lediglich fiktive Präzision** münden.

---

[570] So sind etwa zur Erreichung eines recht hohen Generalisierbarkeitskoeffizientenwerts von 0,7 mindestens vier verschiedene Rater erforderlich (vgl. Gerhart, B. et al. (2000), S. 828). Bei der von Gerhart et al. selbst durchgeführten empirischen Studie konnte für kein Single-Rater-Forschungsdesign ein solcher Mindestwert von 0,7 erreicht werden (vgl. a.a.O., S. 824).

[571] Vgl. allgemein zur „Single-Rater"-Problematik Gerhart, B. et al. (2000), S. 806f., S. 823f., S. 828; Huselid, M. A. / Becker, B. E. (2000), S. 841f.; Gerhart, B. / Wright, P. M. / McMahan, G. C. (2000), S. 862f.

[572] Vgl. Gerhart, B. et al. (2000), S. 806, S. 824. Die Studie von Gerhart et al. belegt in diesem Zusammenhang, dass selbst Skalenwerte mit hoher interner Konsistenz extrem unreliable Messungen von gesamtorganisationsbezogenen Konstrukten darstellen können (vgl. a.a.O., S. 824).

[573] Vgl. Gerhart, B. et al. (2000), S. 807ff.; Huselid, M. A. / Becker, B. E. (2000), S. 846ff. Informationen über den potenziellen Umfang dieser zwei Fehlerkategorien sind, bis auf die von Gerhart et al. empirisch analysierte Nichtreliabilitätsfehlergrößeneinschätzungen, aktuell für den betrachteten empirischen Personalforschungszweig nicht verfügbar (vgl. Gerhart, B. et al., S. 811). Die Korrekturrichtung systematischer Fehler ist der Richtung des Nichtreliabilitätsfehlers entgegengesetzt. Beide Fehlerkorrekturen können demnach in der Summe, je nach Ausmaß der Einzelfehler, eine Verzerrungsnivellierung nach sich ziehen (vgl. dazu auch a.a.O., S. 826; Huselid, M. A. / Becker, B. E. (2000), S. 846).

Die Kritik an der von Huselid / Becker entscheidend geprägten empirischen Forschungsrichtung des Strategic Human Resource Management, die die Wirkungen des Personalmanagements auf die Unternehmensperformance untersucht,
zog einen kritischen als „**Methodenstreit**" charakterisierbaren Disput zwischen
den zwei beteiligten Forschergruppierungen in der Zeitschrift „Personnel Psychology" nach sich. **Huselid und Becker verteidigten die eingeschlagene Forschungsrichtung** in einem Kommentar[574] zum Beitrag von Gerhart et al. Diesem wird kein oder nur ein geringer Bezug zu den Effektschätzungs-Studien zugestanden.[575] Die von Gerhart et al. als kritische Bezugsbasis herangezogene
eigene Studie sei zum einen wegen der wesentlich höheren durchschnittlichen
Unternehmensgröße und zum anderen wegen der stark diversifizierten Ausrichtung der dort analysierten Unternehmen nicht mit den kritisierten früheren empirischen Untersuchungen (von Huselid / Becker) vergleichbar.[576] Weiterhin wird
der Sample-Umfang der Gerhart et al.-Studie mit nur 12 Unternehmen als zu
gering angesehen, um als hinreichende Grundlage für eine fundamentale Infragestellung der Reliabilität früherer Untersuchungen herangezogen werden zu
können.[577] Huselid / Becker gehen außerdem, in Bezugnahme auf den Hauptkritikpunkt der Durchführung von Einpersonenbefragungen, davon aus, dass bei
der Beantwortung der Fragen durch die Personalleiter, die im Gegensatz zu den
Befragten bei Gerhart et al. als themenspezifische Schlüsselinformanten angesehen werden, im Normalfall verschiedene Experten zur Beantwortung von Ein-
zelfragen herangezogen werden. Dies dürfte dazu beitragen, dass das „Single-
Rater"-Problem durch Gerhart et al. überschätzt wird.[578] Zudem wird die Vergleichbarkeit der zwei Erhebungskonstrukte aufgrund von Divergenzen bei der
inhaltlichen Fragebogengestaltung angezweifelt.[579] Die gegenläufigen Effekte
von Nichtreliabilitäts- und systematischem Fehler dürften des Weiteren dazu
führen, dass die ermittelten Effektschätzungen trotz bzw. wegen der Korrekturen
den realen Sachverhalten recht nahe kommen.[580] Der Aufbau der Studien von
Huselid / Becker erlaubt wegen der objektiven Messbarkeit der abhängigen
Leistungsvariablen und der transparenten Berücksichtigung von Simultanitäts-
und Heterogenitätsfehlern sowie von Aussagen zur Konvergenz- und Vorhersa-

---

[574] Vgl. Huselid, M. A. / Becker, B. E. (2000).

[575] Vgl. a.a.O., S. 837.

[576] Vgl. a.a.O., S. 837f.

[577] Vgl. a.a.O., S. 839ff.

[578] Vgl. a.a.O., S. 841f.

[579] Vgl. a.a.O., S. 843ff. Kritisiert werden hier insbesondere die Unterschiede in Anzahl, Fokus, Spezifität und Konstrukt (Personalpraktiken versus Personalpolitiken) der Items.

[580] Vgl. a.a.O., S. 846. Bezüglich des systematischen Fehlers wird kritisch angemerkt, dass
keine Belege dafür existieren, dass und in welchem Umfang die Bewerter durch implizite
(falsche) Theorien gelenkt werden, bzw. dass die Befragten nicht in der Lage sind, aktuelle Personalpraktiken zu beschreiben. Durch mehrere, über die selben Theorien gelenkte
Rater würde die Reliabilität im Übrigen nicht verbessert (vgl. a.a.O., S. 848).

gevalidität jederzeit eine Realitätsüberprüfung durch ähnlich gelagerte Untersuchungen. Dies und die mit Einpersonenbefragungen der kritisierten Form erzielbaren hohen Stichprobenumfänge spreche für eine Beibehaltung des eingeschlagenen Forschungsweges.[581] Aufgrund des fehlerhaften Designs der Gerhart et al.-Studie kann insgesamt eine **Überschätzung der Fehler-Problematik** vermutet werden. Statt einer hemmenden „Research on Research"-Debatte wird die Suche nach Möglichkeiten einer Minimierung nicht zu leugnender konkurrierender Verzerrungen bei den Effektschätzungen durch die Suche nach bislang vernachlässigten unabhängigen Variablen oder durch die Fokussierung auf intermedierende Variablen empfohlen.[582]

Die „Kritik an der Kritik" von Huselid / Becker wurde wiederum von Verfassern der **Messfehler-Studie** aufgegriffen und abschließend erwidert.[583] Die **Autoren halten** hierbei in den wichtigsten Punkten **an ihren Ursprungsaussagen fest.** Zur Verbesserung von Reliabilitätswerten wird, auch unter Verweis auf frühere Aussagen von Huselid / Becker, an der Notwendigkeit einer Korrektur von personalbezogenen Effektschätzungen auf Unternehmensebene festgehalten.[584] Die Kritik von Huselid / Becker am Stichprobenumfang der eigenen Studie und der unzureichenden Vergleichbarkeit der in Beziehung gestellten Untersuchungskonstrukte wird weitestgehend zurückgewiesen.[585] Gleiches gilt für die Kritikfelder Messinhalte, Auswahl und vor allem Anzahl der Befragten, Existenz von Aufwärts- und Abwärtsverzerrungen sowie Analyseebene.[586] Trotz des Festhaltens an einer vorsichtigen Bewertung der Effektschätzungen bei den empirischen Human Resource-Unternehmensperformance-Untersuchungen (von Huselid / Becker) betrachten Gerhart / Wright / Mc Mahan diese für die Personaldisziplin als wichtige und notwendige Grundlagenforschung, die methodisch allerdings noch nicht endgültig ausgereift ist.[587]

Abschließend kann festgehalten werden, dass die Studien von Huselid / Becker et al. trotz der diskutierten methodischen Schwachstellen als **wichtige empirische Belege für statistisch und ökonomisch signifikante Wirkungsbeziehungen** zwischen dem betrieblichen Human Resource Management-System und der Unternehmensperformance respektive dem Unternehmenswert angesehen wer-

---

[581] Vgl. Huselid, M. A. / Becker, B. E. (2000), S. 848ff.
[582] Vgl. a.a.O., S. 850ff.
[583] Vgl. Gerhart, B. / Wright, P. M. / McMahan, G. C. (2000).
[584] Vgl. a.a.O., S. 857f., S. 870.
[585] Vgl. a.a.O., S. 867ff.
[586] Vgl. zu den Messinhalten a.a.O., S. 861f.; zu Auswahl und Anzahl der Befragten a.a.O., S. 862f.; zu den existenten Verzerrungsrichtungen a.a.O., S. 864; zu einer adäquaten Analyseebene a.a.O., S. 865f.
[587] Vgl. insbesondere die „versöhnlichen Töne" im Schlusswort bei a.a.O., S. 870.

den können. Hinsichtlich Umfang, Untersuchungsdauer und methodischer Genauigkeit ist das Forschungsprogramm bezüglich der Effekte eines Strategic Human Resource Management auf den finanziellen Unternehmenserfolg **derzeit einzigartig.**[588] Auch wenn eine genaue prozentuale Bandbreite von Wertsteigerungswirkungen durch spürbare Verbesserungen des Personalsystems aufgrund der beschriebenen Messprobleme und einer Reihe von Fehlerquellen angreifbar bleibt, so liefern die Resultate doch zumindest einen **ersten realitätsbasierten Anhaltspunkt über die relevanten Größendimensionen** in denen sich die Diskussion zu bewegen hat: sehr wahrscheinlich also ein **zweistelliger Prozentanteil des Unternehmenswerts bzw. der Wertvariationen.** Weiterhin hervorzuheben sind die von Huselid et al. hervorgebrachten statistisch begründeten Argumente, die für eine tatsächliche Kausalitätsbeziehung vom Personalmanagement in Richtung des Shareholder Value sprechen. Selbst wenn bezogen auf die Zusammensetzung des High Performance Work System-Indexes und die Rahmenbedingungen US-amerikanischer Aktiengesellschaften eine Eins-zu-eins-Übertragbarkeit der Resultate auf das strategische Personalmanagement deutscher Unternehmen schwierig erscheint, so legen, wie bereits einleitend angesprochen, der gesamtdisziplinäre Grundlagencharakter der Arbeiten von Huselid / Becker, die zunehmend globalen bzw. internationalen Handlungsstrukturen deutscher Aktiengesellschaften und einige entsprechende inländische und europäische Studien[589] eine zumindest **tendenzielle Transferierbarkeit der Ergebnisse** nahe. Auch unter dem Gesichtspunkt des im Vergleich zu den Vereinigten Staaten weitaus höheren durchschnittlichen Lohn- und Gehaltsniveaus in Deutschland[590] und der damit **für deutsche Unternehmen noch stärkeren ökonomischen Relevanz des Personalfaktors** bei der betrieblichen Leistungserstellung sind hohe Werteffektpotenziale hinsichtlich der Verbesserung von Personalsystemen in deutschen Unternehmen zu vermuten.

Die hier eingehend besprochenen Untersuchungen von Huselid / Becker et al. sind für die empirische Begründung, Beschreibung und Erklärung eines am Shareholder Value ausgerichteten strategischen Personalmanagements essenziell.

---

[588] Auf weniger gravierende Unstimmigkeiten bei der Veröffentlichung der Untersuchungsergebnisse wurde bereits bei der Besprechung der Einzelstudien in diversen Fußnoten hingewiesen.

[589] Vgl. hierzu die nachfolgenden Ausführungen.

[590] Die durchschnittlichen Lohnstückkosten bewegten sich im Jahr 2000 für die Vereinigten Staaten lediglich auf einem Niveau von 88 Prozent der Lohnstückkosten in Westdeutschland. Die sich hier derzeit im Vergleich zu den Jahren bis 1996 widerspiegelnde wieder verbesserte Wettbewerbsfähigkeit des Standorts Deutschland bei den Lohnstückkosten ist jedoch zu einem hohen Anteil auf Wechselkursschwankungen (Euro-Abwertung) zurückzuführen. Bei den für Standortentscheidungen wichtigeren Arbeitskosten ist Deutschland nach wie vor international führend (vgl. Institut der deutschen Wirtschaft Köln (2001), S. 2).

Die wichtigsten Resultate der Analyse der empirischen Resultate der Untersuchungen von Huselid / Becker et al. zur Shareholder Value-Relevanz eines Strategic Human Resource Management sind in Tabelle 9 zusammengefasst.

Forschungsprogramm / Wichtigste Quellen	Konzeption	Zentrale Resultate
Huselid / Becker et al.: Becker, B. E. / Huselid, M. A. / Ulrich, D. (2001); Gerhart, B. et al. (2000); Gerhart, B. / Wright, P. M. / McMahan, G. C. (2000); Huselid, M. A. / Becker, B. E. (2000); Becker, B. E. / Huselid, M. A. (1999); Becker B. E. / Huselid, M. A. (1998a); Becker, B. E. / Huselid, M A. (1998b); Becker, B. E. et al. (1997); Huselid, M. A. / Becker, B. E. (1997); Huselid, M. A. / Jackson, S. E. / Schuler, R. S. (1997); Delaney, J. T. / Huselid, M. A. (1996); Huselid, M A. / Becker, B. E. (1996); Becker, B. E. / Gerhart, B. (1996); Huselid, M. A. / Rau, B. L. (1996); Huselid, M. A. (1995); Huselid, M. A. / Becker, B. E. (1995).	• Methodisch anspruchsvolle Erhebung / Analyse zur (finanziellen) Performancewirkung von qualitativ hochwertigen Personalmanagementsystemen (<u>High Performance Work Systems</u>). • Hauptforschungsprogramm mit <u>Langfriststudie seit 1992</u> mit zweijährigem Erhebungszyklus. • <u>Grundgesamtheit</u> sind alle U.S.amerikanischen Aktiengesellschaften mit Mitarbeiterzahl > 100 bzw. Umsatz > 5 Mio. $. • <u>Qualitätsindex</u> für das Human Resource Management-System (HPWS-Index) als primäre unabhängige Variable. • <u>Tobin's Q und GRATE</u> („Gross Rate of Return on Capital") als abhängige Finanzvariablen. • Durchführung von <u>Korrelations-, Regressions- und Clusteranalysen</u>; Wirkungsaussagen bezogen auf einwertige Standardabweichungen bei unabhängigen Variablen. • <u>1991 – Einzelstudie Delaney / Huselid (1996):</u> 590 repräsentative US-Profit- und Nonprofitunternehmen; verschiedene personale Einzelindices. • <u>1991 – Einzelstudie Huselid / Jackson / Schuler (1997):</u> 293 US-Aktiengesellschaften; 41 Fragen zum Personalmanagement. • <u>1992:</u> 968 Unternehmen; Systemqualitätsindex mit 13 Determinanten und zwei Faktorgruppen. • <u>1994:</u> 740 Unternehmen; Systemqualitätsindex mit 17 Determinanten. • <u>1996:</u> 533 Unternehmen; Sy-	• <u>Studie 1991- Delaney / Huselid:</u> - Positive Beziehung zwischen progressiven HRM-Praktiken und wahrgenommener Organisations- und Marktperformance. - Keine Belege für positive Performancewirkung von internem Fit. • <u>Studie 1991- Huselid / Jackson / Schuler:</u> - Erhöhung der Gesamteffektivität des HRM führt zu Erhöhung von Mitarbeiterproduktivität um 5,2 %, der Cash flows pro Mitarbeiter um 16,3 % (9.673 $), des Marktwerts pro Mitarbeiter um 6 % (8.882 $). • <u>Studie 1992:</u> - Signifikante Indexverbesserung verringert Mitarbeiterfluktuation um 7 %, erhöht Umsätze pro Mitarbeiter um 16 % und erhöht Marktwert pro Mitarbeiter um 18.641 $. - Eingeschränkt positive Beziehung zwischen Index und GRATE. - Teilweise Bestätigung von Fit-Performance-Vermutungen. • <u>Studie 1994:</u> - Signifikante Indexverbesserung erhöht Marktwert pro Mitarbeiter um 11-13 %. - Belege für Nichtlinearität der Personal-Marktwertbeziehung. - Hohe Bedeutung leistungsbasierter Vergütungs- und Anreizsysteme für Führungskräfte; signifikante Verbesserung führt zu 19 % Pro-Kopf-Marktwertsteigerung und GRATE-Erhöhung um 27 %. • <u>Studie 1996:</u> - Signifikante Indexverbesserung erhöht Marktwert pro Mitarbeiter um 26 % (51.000 $), Tobin's Q um 17 %, GRATE um 25 %, Umsatz pro Mitarbeiter um 7,6 %. - Wertrelevanz von in- und externem Fit bzw. personalen Synergiewirkungen. - High Performance-Cluster-Unternehmen mit 63 % mehr Marktwert als Low Performance-Cluster-Unternehmen

Forschungsprogramm / Wichtigste Quellen	Konzeption	Zentrale Resultate
	stemqualitätsindex mit 24 Determinanten. • 1998: 429 Unternehmen; Systemqualitätsindex vermutlich analog 1996, zuzüglich Erweiterung um zwei Relevanzfelder Knowledge und Business Performance Management (keine eindeutigen Angaben).	(„Personnel"-Cluster). - Essenzielle Bedeutung leistungsorientierter Anreiz- und Vergütungssysteme. • Studie 1998: - Positive Beziehung von Personalmanagement, Knowledge Management- und Balanced Scorecard Performance Management-Systemen. - High Performance-Unternehmen mit doppelt so hohem Tobin's Q-Wert. - Hohe Relevanz der personaldeterminierten Strategieimplementierung für den Shareholder Value (Steigerungen um 30 % möglich). • Insgesamt: Statistisch und ökonomisch signifikant positive nichtlineare Beziehung zwischen Qualität des Strategic Human Resource Management-Systems und dem Shareholder Value. Ca. 10 bis 20 % Wertsteigerungspotenzial bei signifikanter Verbesserung des Personalmanagementsystems.

Tabelle 9: Empirische Untersuchungen von Huselid / Becker et al. zur Shareholder Value-Relevanz eines Strategic Human Resource Management (Quelle: Eigene Darstellung)

b) Human Capital Index-Analyse von Watson Wyatt Worldwide zur Beziehung zwischen Strategic Human Resource Management und Shareholder Value

Ein weiterer sehr umfassender und für das Erkennen und Verstehen der Beziehung zwischen Shareholder Value und strategischer Personalwirtschaft aktuell besonders relevanter empirischer Forschungsansatz findet sich in den Untersuchungen der in USA und Großbritannien beheimateten und international renommierten Unternehmensberatungsgesellschaft **Watson Wyatt Worldwide** wieder. Intention der bislang sowohl für die Vereinigten Staaten als auch für Europa durchgeführten zwei Datenerhebungen[591] war der Nachweis und die Identifikation positiver, ökonomisch relevanter Personal-Wert-Zusammenhänge sowie, hierauf aufbauend, die Ableitung von Analyse- und Gestaltungsempfehlungen für die Personalberatung.

---

[591] Sowohl für die Vereinigten Staaten als auch für Europa war für die Jahre 2001 bis 2003 eine Fortsetzung und Vertiefung der Studien durch Watson Wyatt Worldwide vorgesehen. Weitere entsprechende Untersuchungen wurden in jüngster Zeit weiterhin in Asien für 400 indische Unternehmen eingeleitet (vgl. O.V. (2001b), S. 2; (2001c), S. 2f.).

aa) Konzeption und Resultate der Human Capital Index-Analyse in Nordamerika von 1999

Die erste Untersuchung in den Vereinigten Staaten und Kanada bezog sich auf insgesamt mehr als 400 Aktiengesellschaften mit einem Mindestumsatz bzw. -Marktwert von 100 Mio. $ und einer mindestens dreijährigen Börsenpräsenz. Die Studienergebnisse wurden erstmals im Jahr 1999 veröffentlicht und bezogen sich auf einen **Erhebungszeitraum von 1999 (Befragungsjahr) bis 1994**. Die eine Vielzahl von Branchen abdeckende Unternehmensstichprobe war hinsichtlich durchschnittlicher Umsatz-, Marktwert- und Mitarbeiterzahlen in hohem Maße **repräsentativ für** die an der **New York Stock Exchange** und an der **NASDAQ** gehandelten Unternehmen. Zur Messung der Effektivität des betrieblichen Human Capital wurde ein Indexwert, der **Watson Wyatt Human Capital Index**[TM], definiert, der den Implementierungsgrad der wichtigsten 30, als wertrelevant identifizierten Human Resource Management-Praktiken wiedergibt und eine maximale Bandbreite von 0 (extrem schlechter Entwicklungsstand der Human Capital Management-Praktiken) bis 100 (höchster Entwicklungsstand) umfasst. Die Beantwortung der Fragen erfolgte durch die Personalführungskräfte der beteiligten Unternehmen.[592] Die gemessenen Indexwerte und zugehörige finanzielle Maßgrößen wie **Marktwert, „Total Returns to Shareholder"**[593] bezüglich unterschiedlicher Bezugszeiträume (6 Monate bis 5 Jahre) sowie **Tobin's Q** wurden mittels **Regressions- und Korrelationsanalysen** zueinander in Beziehung gesetzt.[594]

Für die untersuchten Unternehmen war eine **stark positive Grundbeziehung zwischen Human Capital Index und Shareholder Value** feststellbar. Eine signifikante Erhöhung der Indexgröße, gleichzusetzen mit einer Indexwertsteigerung in Höhe **einer Standardabweichung** bzw. einer spürbaren Verbesserung der Personalpraktiken, ging dabei mit einer **Marktwertsteigerung um bis zu 30 Prozent** einher. Im Fünfjahresvergleich (1994-1999) konnten die **Spitzenunternehmen (Indexwerte von 76 bis 100)** Total Shareholder Returns in Höhe von 103 Prozent in Relation zu 53 Prozent der schlechteren Unternehmen (In-

---

[592] Genauere Angaben zum Kreis der Befragten werden nicht gemacht, jedoch kann der Personenkreis „Personalführungskräfte" aus der methodischen Stellungnahme am Ende der veröffentlichten Studie (vgl. Watson Wyatt Worldwide (1999), S. 12) abgeleitet werden.
[593] Unter „Total Shareholder Returns" versteht man gemeinhin den Gesamterfolg, den ein Engagement bei einem Unternehmen für Aktionäre nach sich gezogen hat. Dieser setzt sich zusammen aus dem im Anlagezeitraum realisierten Kurssteigerungen und den erfolgten Dividendenzahlungen (vgl. Copeland, T. / Koller, T. / Murrin, J. (2000), S. 57).
[594] Vgl. zur Konzeption der Studie Watson Wyatt Worldwide (1999), S. 2; (2000a), S. 1f.; (2000b), S. 1; (2001c), S. 1; (2001f), S. 1; (2001b), S. 1; LeBlanc, P. V. / Mulvey, P. W. / Rich, J. T. (2000), S. 16; Comeau-Kirschner, C. (2000), S. 7; Dobbs, K. et al. (2000), S. 20; O.V. (2001a), S. 1; (2001c), S. 1; (2000a), S. 4; (2000b), S. 9; (2000c), S. 12.

dexwerte von 0 bis 25) erzielen. Bei der kurzfristigen Sechsmonatsbetrachtung waren für die Hochleistungsunternehmen in 1999 Total Shareholder Returns in Höhe von 28 Prozent feststellbar, während bei den Unternehmen mit schlecht entwickeltem Human Resource Management-System bezogen auf die Total Shareholder Returns eine Wertvernichtung in Höhe von 6 Prozent stattfand. Im Gesamtjahr 1999 ergaben sich für die Hochleistungsunternehmen Total Shareholder Returns von durchschnittlich 70 Prozent im Vergleich zu negativen 6 Prozent der Unternehmen mit wenig ausgebautem Personalmanagementsystem.[595]

Die dreißig in den Index einfließenden Managementpraktiken konnten, vermutlich mittels Faktoranalyse,[596] in **fünf Schlüsseldimensionen eines auf Wertsteigerung ausgerichteten Human Capital Management** gruppiert werden: „Recruiting Excellence" (10, 1 Prozent Wertsteigerungspotenzial bei Erhöhung der Indexkomponente um eine Standardabweichung); „Clear Rewards and Accountability" (9,2 Prozent Wertsteigerungspotenzial); „Collegial, Flexible Workplace" (7,8 Prozent); „Communications Integrity" (4,0 Prozent) und „Prudent Use of Resources" (minus 10,0 Prozent). Bis auf die letzte Dimension einer umsichtigen Ressourcennutzung sind also alle anderen Dimensionen mit positiven ökonomischen Wertveränderungspotenzialen verbunden.[597]

Als wichtigster Einflussbereich eines auf Unternehmenswertsteigerung ausgerichteten Personalmanagements konnte die **Rekrutierung qualifizierter und leistungsfähiger Mitarbeiter** identifiziert werden. Von besonderer Bedeutung war hierbei die Anstellung von Mitarbeitern mit spezifischen aufgaben- und geschäftsrelevanten Fähigkeiten. Weiterhin von Bedeutung waren die positive Reputation als Arbeitgeber, eine gute Qualifikation der Lohnarbeiter, die Mitwirkung von Kollegen bei Einstellungsentscheidungen sowie die Existenz einer

---

[595] Vgl. zu den Studienergebnissen insbesondere Watson Wyatt Worldwide (1999), S. 2ff., S. 11; (2000d), S. 1, S. 4; des Weiteren Watson Wyatt Worldwide (2000a), S. 2ff.; (2000b), S. 1; (2000e), S. 1; (2001c), S. 2ff.; (2001f), S. 1; LeBlanc, P. V. / Mulvey, P. W. / Rich, J. T. (2000), S. 16f.; Comeau-Kirschner, C. (2000), S. 7; Dobbs, K. et al. (2000), S. 21; O.V. (2001a), S. 1f.; (2001b), S. 1; (2001c), S. 1ff.; (2000a), S. 4; (2000b), S. 9; (2000c), S. 12f. Der von Watson Wyatt Worldwide geäußerte Anspruch eines erstmaligen Nachweises positiver Zusammenhänge zwischen Marktwert und der Qualität der Personalpraktiken (vgl. Watson Wyatt Worldwide (1999), S. 11) ist allerdings schon alleine unter Verweis auf die fundierten Studien Huselids et al. nicht haltbar und passt auch nicht zur gleichzeitigen Behauptung einer Konsistenz der Untersuchungsergebnisse mit anderen gleich gelagerten Studien (vgl. a.a.O., S. 12).

[596] Diesbezügliche Angaben werden in den einschlägigen Publikationen nicht gemacht.

[597] Vgl. hierzu Watson Wyatt Worldwide (1999), S. 4; (2000a), S. 3f.; (2001c), S. 2; LeBlanc, P. V. / Mulvey, P. W. / Rich, J. T. (2000), S. 17; O.V. (2001a), S. 1; (2000c), S. 13.

formalen Rekrutierungsstrategie für Schlüsselpositionen (vgl. hierzu die Darstellung in Tabelle 10).[598]

Human Capital Management Dimension	Personalsystemmerkmale / -praktiken	Wertrelevanz in Prozent
	Professional new hires are well equipped to perform duties	2,3
	Recruiting efforts are specifically designed to support business plan	2,3
	Company has established reputation as desirable place to work	1,8
Recruiting Excellence (10,1 %)	Hourly new hires are well equipped to perform duties	1,7
	Employees have input on hiring decisions	1,4
	Formal recruiting strategy exists for hiring critical positions	0,6

Tabelle 10: Mitarbeiterrekrutierung und Marktwertsteigerung (Quelle: Eigene Darstellung in Anlehnung an die Angaben bei Watson Wyatt Worldwide (1999), S. 5; (2000a), S. 5)[599]

Als zweitwichtigstes Gestaltungsfeld einer wertorientierten Personalwirtschaft konnte eine **auf Leistungstransparenz setzende Personalbewertungs- und -vergütungspraxis** ausgemacht werden. Im Vordergrund standen dabei Möglichkeiten der Arbeitnehmer zur Teilnahme an Aktienbeteiligungsprogrammen, die Förderung verbesserungswilliger und -fähiger Mitarbeiter mit niedrigerem Leistungsstand sowie die Bereitschaft zur Beendigung von Beschäftigungsverhältnissen mit Mitarbeitern, die ein nicht akzeptables Leistungsniveau vorweisen (vgl. hierzu Tabelle 11).

Die Human Capital-Dimension eines **kollegialen und flexiblen Arbeitsumfelds** bezieht sich auf kulturelle Aspekte und den praktizierten Führungsstil, also die „soften" Gestaltungsfelder der betrieblichen Personalwirtschaft. Alle dem Segment zugeordneten Teildimensionen können als Bestandteile einer auf Com-

---

[598] Vgl. Watson Wyatt Worldwide (1999), S. 5; (2000a), S. 5; (2001c), S. 2; LeBlanc, P. V. / Mulvey, P. W. / Rich, J. T. (2000), S. 17; Comeau-Kirschner, C. (2000), S. 7; O.V. (2001a), S. 1; (2001c), S. 2; (2000a), S. 4; (2000c), S. 13.

[599] Die Prozentangaben stehen hier und bei den sich anschließenden Tabellendarstellungen der Watson Wyatt-Resultate für erwartete Veränderungen des Marktwerts im Falle einer signifikanten Verbesserung des entsprechenden Merkmals. Signifikant heißt dabei wiederum die Erhöhung der Merkmalsausprägung um eine einwertige Standardabweichung. Bei den in der Regel zur Beantwortung der Fragen verwendeten Fünfpunkteskalen entspricht dies einer Verbesserung des Punktwerts um eine Einheit, beispielsweise von drei auf vier Punkte (vgl. Watson Wyatt Worldwide (1999), S. 4f.; (2000d), S. 5).

mitment, Eigeninitiative und Engagement ausgerichteten Unternehmenskultur verstanden werden (vgl. hierzu Tabelle 12).

Human Capital Management Dimension	Personalsystemmerkmale / -praktiken	Wertrelevanz in Prozent
	Large percentages of employees are eligible for stock plan programs	1,8
	Company does a good job of helping poor performers improve	1,8
	Company terminates employees who perform unacceptably	1,8
	Top performers get significantly more pay than average performers	1,5
Clear Rewards and Accountability (9,2 %)	Company positions pay above market	0,8
	Pay is linked to company's business strategy	0,6
	Employee performance appraisals are used to set pay	0,4
	Employees participate in profit-sharing plan based on firm's overall success	0,4

Tabelle 11: Mitarbeiterperformance, Vergütung und Marktwert (Quelle: Eigene Darstellung in Anlehnung an die Angaben und zugehörigen Erläuterungen in Figure 6 bei Watson Wyatt Worldwide (1999), S. 6)[600]

Human Capital Management Dimension	Personalsystemmerkmale / -praktiken	Wertrelevanz in Prozent
	Flexible work arrangements	1,7
	Culture encourages teamwork and cooperation	1,5
Collegial, Flexible Workplace (7,8 %)	Perquisites do not vary with position	1,4
	High employee satisfaction	1,4
	Employees are on first-name basis with top management	1,3
	Titles are not designed to designate authority	0,6

Tabelle 12: Unternehmenskultur und Marktwert (Quelle: Eigene Darstellung in Anlehnung an die Angaben und zugehörigen Erläuterungen in Figure 6 bei Watson Wyatt Worldwide (1999), S. 6; außerdem (2000a), S.7)[601]

---

[600] Vgl. ergänzend zum untersuchten Teilbereich die Darstellung bei Watson Wyatt Worldwide (2000a), S. 6 sowie (2001c), S. 2f.; O.V. (2001a), S. 1; (2001c), S. 2; (2000a), S. 4; (2000c), S. 13.

[601] Vgl. ergänzend zur Thematik „Collegial, Flexible Workplace" Watson Wyatt Worldwide (2001c), S. 3; O.V. (2001a), S. 1; (2001c), S. 2; (2000a), S. 4; (2000c), S. 13.

Human Capital Management Dimension	Personalsystemmerkmale / -praktiken	Wertrelevanz in Prozent
Communications Integrity (4,0 %)	Employees have easy access to technologies for communicating	**1,8**
	Employees have the opportunity to give ideas and suggestions to senior managers	**0,8**
	Financial information is shared with employees	**0,8**
	Employees have input into how the work gets done	**0,4**
	Business plans and goals are shared with employees	**0,2**
Prudent Use of Resources (- 10,0 %)	Employees participate in profit-sharing based on business unit's success	**- 0,8**
	Training programs are maintained even during less than favorable economic circumstances	**- 1,0**
	Training is provided to employees for attaining higher-level positions	**- 1,9**
	Employees have input in evaluating their peers	**- 2,5**
	Employees have input in evaluating managers	**- 3,9**

Tabelle 13: Wertschaffung durch Kommunikation - Wertvernichtung durch Implementierungsdefizite (Quelle: Eigene Darstellung in Anlehnung an die Angaben in Figure 8 und 9 bei Watson Wyatt Worldwide (1999), S. 8f.; des Weiteren (2000a), S. 8f.)

Die letzten beiden Dimensionen des Human Capital Index nehmen Bezug auf die **Kommunikationsstrukturen und den Informationsfluss** innerhalb des Unternehmens sowie den besonders **umsichtigen Einsatz bestimmter Personalpraktiken**, die in der Untersuchung kontraintuitiv durch negative Korrelationen zum Marktwert hervorstachen. Als Erklärungsansatz für die festgestellte Negativbeziehung wird eine unzureichende Implementierungsqualität an sich rationaler Personalmaßnahmen vermutet (vgl. hierzu Tabelle 13).[602]

In einem weiteren Schritt erfolgte ein **Abgleich der Resultate** der Human Capital Index-Studie mit den Daten einer **parallel durchgeführten Befragung von 7.500 Mitarbeitern** US-amerikanischer Unternehmen (WorkUSA-Studie). Die Aussagen der Mitarbeiter relevanter Unternehmen **unterstützten** dabei die **Indexmessungen** insofern, als Arbeitnehmer in hochindizierten Unternehmen, diesen auch eine bessere Implementierung von wichtigen, in den Human Capital

---

[602] Vgl. Watson Wyatt Worldwide (1999), S. 8f.; (2000a), S. 8f.; (2001c), S. 3f.; Comeau-Kirschner, C. (2000), S. 7; O.V. (2001a), S. 1; (2001c), S. 2; (2000a), S. 4; (2000c), S. 13.

Index eingehenden Personalprogrammen bescheinigten. Weiterhin konnte ermittelt werden, dass Unternehmen mit hohem Commitment[603] der Mitarbeiter im Vergleich zu Unternehmen mit geringem Mitarbeiter-Commitment in einer Dreijahresbetrachtung signifikant mehr Wertsteigerung für die Aktionäre erzielten (112 Prozent Total Returns to Shareholders versus 76 Prozent).[604]

bb) Ausgestaltung und Ergebnisse der Europa-Studie von Watson Wyatt Worldwide im Jahr 2000

Die Ergebnisse der Nordamerika-Studie des Jahres 1999 wurden im **Jahr 2000** durch eine auf die speziellen kulturellen und rechtlichen Rahmenbedingungen des Personalmanagements europäischer Unternehmen abgestimmte **gleichgerichtete Erhebung in Europa im Kern bestätigt**. Auch hier konnte eine signifikante Korrelation zwischen Personalmanagementpraktiken und Marktwertsteigerungen nachgewiesen werden: **spürbare Verbesserungen** bei wichtigen Personalpraktiken waren mit einer **26-prozentigen Marktwerterhöhung** verbunden.[605]

Die Personalführungskräfte von mehr als 250 Unternehmen aus insgesamt 16 Ländern (darunter alleine 36 führende deutsche Unternehmen und 20 Großunternehmen aus der Schweiz)[606] beantworteten die über 200 von Watson Wyatt Worldwide gestellten Fragen zum Human Resource Management im **Bezugsjahr 1999**.[607] Mehr als ein Drittel der beteiligten Unternehmen gehört den größten 500 europäischen Unternehmen an und mehr als ein Viertel zählt zu den Top 500 weltweit. Ergänzend zu den Fragen der Nordamerika-Studie wurden bei der Europa-Untersuchung auch Fragen zur Integration europäischer Personalpraktiken, zum Einfluss der Gewerkschaften und zum Ausmaß hierarchischer Führungsstrukturen gestellt. **Abhängige Variablen** waren **analog zur Nordamerika-Erhebung** Marktwerte, Total Shareholder Returns und Tobin's Q. In

---

[603] Der bei der Analyse zugrundegelegte Commitment-Begriff steht synonym für ein Arbeitsumfeld in dem die Mitarbeiter mit ihrem Arbeitsplatz und dem Unternehmen sehr zufrieden sind; für Beschäftigte, die stolz auf ihre Mitarbeit im Unternehmen sind, dieses ihren Freunden empfehlen und die selbst bei vergleichbaren Jobangeboten lieber im bisherigen Unternehmen verbleiben (vgl. Watson Wyatt Worldwide (1999), S. 10).

[604] Vgl. ebd.

[605] Vgl. Watson Wyatt Worldwide (2000d), S. 1, S. 5; (2000c), S. 2; (2001a), S. 1; (2001), S. 1f.; (2001e), S. 5; (2001d), S. 2, S. 5; O.V. (2001a), S. 2; (2001b), S. 24. Vgl. dazu außerdem auch den Überblick über die europäische Medienberichterstattung zur Studie bei Watson Wyatt Worldwide (2001g).

[606] Vgl. Watson Wyatt Worldwide (2000c), S. 1; (2001d), S. 1.

[607] Die europäische Studie war damit bezüglich der Inhalte nahezu viermal so umfangreich wie die vorangegangene US-Untersuchung (vgl. Watson Wyatt Worldwide (2000d), S. 14).

der Studie konnten **19 essenzielle Personalpraktiken** ermittelt werden, die, wie bei der Vorgängerstudie, in einem **Human Capital Index** mit derselben Bandbreite zusammengefasst wurden. Kontrollvariablen waren unter anderem die Branchen- und die Länderzugehörigkeit. Wiederum erfolgte eine Gruppierung der Praktiken in **fünf Human Capital-Dimensionen**, die, bis auf eine, stark positive Wertrelevanz aufwiesen.[608]

Im Gegensatz zur vorangegangenen Untersuchung findet sich bei der Europa-Studie eine etwas **genauere Beschreibung der Untersuchungsmethodik**. Auf der Grundlage unterstellter logischer Verbindungen und ermittelter Korrelationen wurden im Anschluss an eine Skalennormierung die entsprechenden Dimensionen mit hoher interner Konsistenz (Cronbach's Alpha-Test) definiert. Mittels linearer Regressionsverfahren erfolgte anschließend eine Schätzung der Werteffekte einzelner Dimensionen. Die abgeleiteten Aussagen beruhen auf einem üblichen statistischen **Konfidenzniveau von 95 Prozent** und wurden durch eine Reihe von Kontrollvariablen (z.B. Branche, Land) abgesichert. Die ermittelten statistischen Effekte erklären ca. 60 Prozent der bei den untersuchten Unternehmen ermittelten Variation von Tobin's Q. Zwischen Tobin's Q und den Total Shareholder Returns war analog zur Nordamerika-Studie eine stark positive Korrelation feststellbar. Eine unabhängig von der Untersuchung durchgeführte **tiefer gehendere akademische Fallstudie** bei einem europäischen Großunternehmen **bestätigte die statistischen Analyseresultate** und war auch stimmig mit den Ergebnissen der Nordamerika-Untersuchung. Technische Details der statistischen Analysen wurden weiterhin (für beide Studien) einer unabhängigen akademischen Prüfung unterzogen.[609]

Für **hochindizierte Unternehmen** konnte im Vergleich zu den niedrig indizierten Unternehmen sowohl ein **deutlich höherer Durchschnittswert für Tobin's Q** (2,2 versus 1,2) als auch ein **essenziell höherer**, auf einen Zeitraum von fünf Jahren bezogener **Total Return to Shareholders** (183 versus 107 Prozent) festgestellt werden.[610] Für das Jahr 1999 war bei den hoch indizierten Unternehmen ein Shareholder Value-Zuwachs um bis zu 34 Prozent feststellbar, während schlecht gerankte Unternehmen lediglich 4 Prozent Wertzuwachs registrieren konnten.[611]

Die erste und **wichtigste Dimension** der europäischen Indexvariante bezieht sich auf die **operative Effektivität des Personalmanagements** und beinhaltet

---

[608] Vgl. zur grundlegenden Studienkennzeichnung Watson Wyatt Worldwide (2000d), S. 2ff.; (2001e), S. 3f; (2000c), S. 1; (2001d), S. 1f.; O.V. (2001b), S. 24.

[609] Vgl. Watson Wyatt Worldwide (2000d), S. 17.

[610] Vgl. Watson Wyatt Worldwide (2000d), S. 3; (2000c), S. 2; (2001d), S. 2, S. 5.

[611] Vgl. Watson Wyatt Worldwide (2001d), S. 2, S. 5; (2000c), S. 2.

unter dem Oberbegriff „**Resource Management**" fünf Subdimensionen, die, in der Summe um eine Standardabweichung variiert, zu einer Marktwertvariation von 7,1 Prozent führten.

Human Capital Management Dimension	Personalsystemmerkmale / -praktiken	Wertrelevanz in Prozent
Resource Management (7,1 %)	Use of knowledge workers	2,3
	Recruiting excellence	1,5
	Consistent pan-European HR practices	1,4
	Good union/management relations	1,2
	Intelligent use of contract workers (right people for the right jobs)	0,7
Integrated Leadership practices (4,7 %)	Integrated Leadership (Lack of hierarchy; Clear leadership; Teamwork; 360 degree feedback)	3,7
	Customer-focused environment	1,0
Money still Matters (3,7 %)	Pay to win – Stock	1,7
	Pay to win – Incentives	0,9
	Pay to play – Benefits (above average)	0,6
	Pay to play – Pay (above average)	0,5
Focus on the Employee (3,2 %)	Sharing information with employees	1,5
	Ability for employees to manage „Me plc" (Selbstverantwortung – Anm. d. Verf.)	1,0
	Getting employee feedback	0,7
Paternalistic Environment (- 7,5 %)	Unfocused retention	- 2,7
	(Unfocused) job security	- 4,8

Tabelle 14: Ermittelte Marktwerteffekte der Bestandteile des europäischen Human Capital Index (Quelle: Watson Wyatt Worldwide (2000d), S. 5ff.; O.V. (2001), S. 1ff.)[612]

---

[612] Auf eine explizite Definition des Begriffes „Knowledge Worker" bei der Befragung wurde bewusst verzichtet, um situativen Begriffsinterpretationen Raum zu lassen. Gemeint sind aber Arbeitnehmer, die über ihr vorhandenes Wissen und das Verstehen von Prozessen zur Wertsteigerung beitragen (vgl. O.V. (2001b), S. 24). Mit der begrifflichen Offenheit ist zwangsweise eine schwierigere Interpretation des zugehörigen Werteffekts verbunden. Vgl. zur Vergütungsdimension auch die Anmerkungen von Whiteley, P. (2000).

Weitere dimensionale Cluster waren „Integrated Leadership Practices" (4,7 Prozent Marktwertpotenzial), die unter der Bezeichnung „Money still Matters" angeführte Vergütungskomponente (3,7 Prozent Marktwertrelevanz), „Focus on the Employee" (3,2 Prozent) sowie die mit stark negativen Marktwerteffekten belegte Umfeldcharakterisierung „Paternalistic Environment" (minus 7,5 Prozent).[613] Die Zusammensetzung der Einzeldimensionen und deren anteilige Marktwertrelevanz ist im Überblick in Tabelle 14 dargestellt.

Die vier Komponenten der **Integrated Leadership-Subdimension** waren für sich genommen nicht mit der finanziellen Unternehmensperformance korreliert, zeigten aber für den Fall einer integrierten Umsetzung die angeführten Werteffekte.[614] Die letzten beiden Dimensionen sind als dominante Merkmale spezifischer Unternehmenskulturtypen interpretierbar, die sich wechselseitig weitestgehend ausschließen.[615] Eine bedeutsame, aus der Europa-Studie ableitbare Erkenntnis ist in dem Zusammenhang und in Verbindung mit der Wichtigkeit und unternehmenskulturellen Relevanz der Leadership-Thematik auch die Tatsache, dass die **Unternehmenskultur als maßgebliche Bestimmungsgröße des Shareholder Value** anzusehen ist.[616]

Aufgrund der Fragebogenkonzeption konnte für die europäischen Unternehmen sowohl der spezifische **Europaindex** als auch die **Nordamerika-Variante** des Human Capital Indexes ermittelt werden. Für die beiden Indexgrößen wurde eine **starke Korrelation** ermittelt. Aus einem eingehenderen Vergleich der Nord-

---

[613] Vgl. Watson Wyatt Worldwide (2000d), S. 5; (2001e), S. 5.

[614] Die methodische Vorgehensweise zur Ermittlung dieser synergetischen Wertsteigerungseffekte wird in der Originalstudie nicht weiter erläutert. Es erfolgt allenfalls ein Hinweis auf weiter gehende Analysen der europäischen Daten, die mit den Erkenntnissen aus Huselids Arbeiten abgestimmt wurden (vgl. dazu Watson Wyatt Worldwide (2000d), S. 8).

[615] Eine polarisierende Gegenüberstellung der zwei Arbeitsumfelder präzisiert diese Kulturtypen anhand weiterer Merkmale: Paternalistische Umwelten sind demnach außerdem durch hohe Bedeutung der Betriebszugehörigkeit, rigide Karrierepfade, Toleranz bei schlechten Leistungen, wenig leistungsorientierte Bezahlung und die Konzentration auf traditionelle Strukturen und Prozesse gekennzeichnet, während mitarbeiterzentrierte Unternehmen sich durch selbst gesteuertes marktbezogenes Lernen der Mitarbeiter, hohe und positive Veränderungsdynamik, eine Fülle von Karriereperspektiven, leistungsorientierte Bezahlung und einen Führungsfokus auf Zeit, Energie und Potenziale der Mitarbeiter charakterisieren lassen (vgl. Watson Wyatt Worldwide (2000d), S. 13). Vgl. dazu ergänzend auch O.V. (2001b), S. 24; Watson Wyatt Worldwide (2000c), S. 2f.; (2001d), S. 2f.

[616] Vgl. hierzu Watson Wyatt Worldwide (2000c), S. 1ff.; (2001d), S. 1. Der größte Zuwachs des Shareholder Value war bei Unternehmen festzustellen, die mehr überholten und bei mehr zeitgemäßen Führungsstile und Unternehmenskulturen aufwiesen (vgl. a.a.O., S. 3). Den unterschiedlichen Arbeitskulturen kann bei der Erklärung für das „Hinterherhinken" europäischer Unternehmen im Vergleich zu den nordamerikanischen Wettbewerbern somit eine wichtige Bedeutung zukommen (vgl. entsprechend O.V. (2001b), S. 24).

amerika-Resultate mit den Ergebnissen der europäischen Studie resultierten folgende **zentralen Erkenntnisse**:[617]

- Die Beteiligung der Mitarbeiter am Aktienkapital zieht in Nordamerika und Europa annähernd gleich hohe positive Werteffekte nach sich (ca. 1,7 bis 1,8 Prozent).

- In beiden Studien hat die Qualität der Personalrekrutierung signifikanten Einfluss auf den Unternehmenswert; während sich allerdings die Rekrutierung für nordamerikanische Unternehmen als personales Schlüsselthema herausstellte, ist diese für europäische Unternehmen lediglich eines unter vielen.

- 360-Grad-Feedbacks machen einen auf die anderen Personalpraktiken abgestimmten, integrierten Einsatz erforderlich, da isolierte Implementierungen in beiden Kulturkreisen zu Wertverlusten führen.

- Paternalistische Unternehmensführung ist ein europäisches aber kein nordamerikanisches Thema.

- Die jährlichen Mitarbeiterfluktuationsraten sind in Nordamerika mit fast 25 Prozent annähernd doppelt so hoch als in Europa. Ein irgendwo zwischen den ermittelten Ausprägungen liegender Wert wird von Watson Wyatt als Shareholder Value-optimal angesehen.

- Mitarbeiterfokus und integrative Kommunikation sind sowohl in Nordamerika als auch in Europa kritische Faktoren bei der Generierung von Shareholder Value.

cc) Kritische Bewertung und Ergebniszusammenfassung der Studien von Watson Wyatt Worldwide

Im Rahmen einer kritischen Bewertung des Watson Wyattschen Forschungsansatzes muss vor allem die im Vergleich zu den wissenschaftlichen Untersuchungen von Huselid / Becker et al. **unbefriedigende Methodentransparenz** beanstandet werden, die offensichtlich in der kommerziellen Ausrichtung der Studie auf das Beratungsgeschäft von Watson Wyatt Worldwide begründet ist. Auf methodische Details wird nicht eingegangen; insbesondere bleiben die Kriterien zur Auswahl der im Vordergrund stehenden Managementpraktiken unklar. Die methodische Grundkonzeption der Studien weist aber im positiven Sinne eine **auffallend hohe Übereinstimmung mit der Vorgehensweise bei Huselid / Becker et al.** auf. Insbesondere die Erläuterungen zur Methodik der europäischen Studie deuten auf die wissenschaftliche Fundierung der eingesetzten A-

---

[617] Vgl. Watson Wyatt Worldwide (2000d), S. 15. Vergleichende Aussagen zu den Ergebnissen in den einzelnen Ländern der Europa-Studie erfolgen, bis auf wenige Ausnahmen (z.B. die Feststellung, dass in Deutschland hirarchische Führungsstrukturen wider Erwarten vermieden werden, oder dass irische Unternehmen ihre Personalpolitik vor allem auf die Rekrutierung konzentrieren (vgl. O.V. (2001b), S. 24)), keine.

nalyseverfahren hin.[618] Weiterhin ist die Beteiligung einer außergewöhnlich **hohen Zahl von Unternehmen** (über 650) und die **Repräsentativität** der Nordamerika-Studie eine sehr gute Basis für eine hohe Qualität der Forschungsergebnisse.[619] Natürlich gelten auch für die stärker gestaltungs- und beratungsorientierten Untersuchungen von Watson Wyatt, analog zum Forschungsprogramm von Huselid / Becker et al., die mit der Beschaffenheit der gestellten Fragen zum Strategic Human Resource Management untrennbar verbundenen **prinzipiellen Mess- bzw. Validitäts- und Reliabilitätsprobleme.** Weit mehr als bei Huselid / Becker et al. wird hier beispielsweise Kausalität auf der Basis von Korrelation nur vermutet als belegt. Trotzdem können die Untersuchungen im Kern als augenscheinliche **Bestätigung** der im Lichte der Watson Wyattschen Forschungsergebnisse eher konservativ anmutenden **Resultate der Forschergruppe um Huselid / Becker** interpretiert werden. Besonders bedeutsam ist in dem Zusammenhang auch die in diesem Umfang erstmalige Bestätigung signifikant positiver Wirkungsbeziehungen von Personalmanagement und Unternehmenswert nicht nur für amerikanische, sondern auch für europäische Unternehmen.[620] Im Gegensatz zur nordamerikanischen Untersuchung kommt insofern der **Europa-Studie** tatsächlich eine **wichtige Pilotfunktion** zu. Ein Großteil der für Nordamerika in Studien empirisch ermittelten performancebezogenen personalen Wirkungszusammenhänge scheint somit gemäß der Ergebnisse von Watson Wyatt Worldwide, zumindest auf der Ebene grundlegender Beziehungen, übertragbar zu sein. Für die Zukunft wären jedoch insbesondere auch länderspezifische Auswertungen und Vergleiche des in Europa erhobenen Datenmaterials von großem Interesse. Die starke Gestaltungs- und Beratungsorientierung der Indexkonstruktion legt die Möglichkeit eines Einsatzes des Human Capital Index als **Instrument für Investmentanalysten** zur Bewertung des bilanziell nicht aktivierten Humankapitals eines Unternehmens sowie als Benchmarking-Instrument für das Personalmanagement nahe.[621] Die wichtigsten Ergebnisse des

---

[618] Bei der Nordamerika-Studie werden in methodischer Hinsicht allenfalls die Kausalitätsvermutung und die Verzerrung der Resultate durch zu positive Wahrnehmungen der befragten Führungskräfte knapp thematisiert (vgl. Watson Wyatt Worldwide (1999), S. 12).

[619] Zur Repräsentativität der Europa-Studie wird keine explizite Aussage gemacht. Es erfolgt lediglich ein Verweis auf die Anteilsproportionen bei den Euro-500 und Global 500-Unternehmen (vgl. Watson Wyatt Worldwide (2000d), S. 2).

[620] Die Resultate bestätigen demnach in einem gewissen Umfang auch die These von Pfeffer, wonach starke Beziehungen zwischen der Qualität des Human Resource Management und dem ökonomischen Unternehmenserfolg nicht als länderspezifisch, sondern auch als länderübergreifend und generalisierbar anzusehen sind (vgl. Pfeffer, J. (1998), S. 34).

[621] Vgl. zum Human Capital Index als Unternehmensbewertungs- und Benchmarkinginstrument Watson Wyatt Worldwide (2000c), S. 3; (2001d), S. 3. Firmen können bei Interesse an einem Einsatz des Human Capital Index als Führungsinstrument mit dem Consultingunternehmen in Verbindung treten.

Forschungsprogamms von Watson Wyatt Worldwide werden in Tabelle 15 zusammengefasst.

Forschungsprogramm / Wichtigste Quellen	Konzeption	Zentrale Resultate
Watson Wyatt Worldwide: Watson Wyatt Worldwide (2000d); Watson Wyatt Worldwide (1999).	• Beratungs- und gestaltungsorientiertes mehrjähriges Forschungsprogramm in Nordamerika und Europa zur Shareholder Value-Relevanz des Managements von Humankapital. • Unabhängige Variable ist primär der Human Capital Index mit essenziellen Personalpraktiken als Qualitäts- / Effektivitätsmaßstab für das Human Resource Management (Werte: 0-100). • Abhängige Variablen sind Marktwert, „Total Returns to Shareholder" und Tobin's Q für verschiedene Bezugszeiträume. • Durchführung von Korrelations- und Regressionsanalysen; Wirkungsaussagen bezogen auf einwertige Standardabweichungen bei unabhängigen Variablen. • Nordamerika-Studie im Jahr 1999: Mehr als 400 Aktiengesellschaften aus USA und Kanada (Dow Jones- bzw. NASDAQ-Repräsentativität); Human Capital Index mit 30 essenziellen Personalpraktiken. • Europa-Studie im Jahr 2000: Mehr als 250 Unternehmen aus 16 Ländern (davon 56 deutsche und schweizerische); Human Capital Index mit 19 essenziellen Personalpraktiken (aus über 200 Fragen abgeleitet).	• Nordamerika-Studie: - Signifikante Indexverbesserung erhöht Marktwert um bis zu 30 %. - Kurz- und langfristig wesentlich höhere Total Shareholder Returns für Spitzenindexunternehmen im Vergleich zu personalen Low Performern (doppelt oder mehrfach so hoch). - 5 Schlüsseldimensionen eines Human Capital Management: Rekrutierung, Anreiz- und Vergütungssysteme, Unternehmenskultur, Kommunikation, umsichtige Ressourcennutzung (negativ). • Europa-Studie: - Signifikante Indexverbesserung erhöht Marktwert um ca. 26 %. - Ebenfalls kurz- und langfristig wesentlich höhere Total Shareholder Returns für Spitzenindexunternehmen; Tobin's Q-Werte bei High Performern nahezu doppelt so hoch wie bei schlecht indizierten Unternehmen (2,2 versus 1,2). - 5 wertrelevante Human Capital-Hauptdimensionen: Effizienz des operativen Personalmanagements, integrative Führung, Anreiz- und Vergütungssystem, Mitarbeiterfokus, Paternalismus (negativ). • Insgesamt: - Untersuchungsergebnisse von Huselid / Becker et al. werden hinsichtlich positiver Grundsatzbeziehung von Shareholder Value und Strategic Human Resource Management für Nordamerika und Europa bestätigt, bezüglich der ökonomischen Relevanz noch übertroffen. - Hohe Bedeutung von Führungsstrukturen und Unternehmenskultur für Shareholder Value.

Tabelle 15: Studien von Watson Wyatt International zur Strategic Human Resource Management-Shareholder Value-Beziehung (Quelle: Eigene Darstellung)

c) Zusammenfassung der Ergebnisse weiterer empirischer Studien zu Personal-Wert-Zusammenhängen im englischen und deutschen Sprachraum

Die Anzahl von Publikationen empirischer Ergebnisse zur Beziehung zwischen Unternehmensperformance und Personalmanagementaspekten ist in den vergangenen Jahren signifikant angestiegen. Über die bereits eingehend besprochenen Studien hinaus beschäftigt sich jedoch nur ein Teil der Untersuchungen mit den konkreten Finanzeffekten spezifischer Personalsysteme und -instrumente; der weitaus umfangreichere Teil der Veröffentlichungen greift auf nicht-monetäre Erfolgsindikatoren bei der Leistungsmessung zurück,[622] die jedoch größtenteils über kausallogische Verknüpfungen nachgelagerter Resultanten auch mit gleichgerichteten finanzwirtschaftlichen Folgewirkungen verbunden sein dürften. Bezuglich der **Fülle an Belegen für eine positive Pcrformanccwirkung des Personalmanagements in nicht-monetären bzw. vorgelagerten Kategorien** sei auf die entsprechende Literatur verwiesen.[623] Die wichtigsten Ergebnisse weiterer finanzorientierter Untersuchungen auf Unternehmensebene werden nachfolgend in einer **tabellarischen Gesamtschau** für den englischen (insbesondere aber US-amerikanischen) und deutschen Sprachraum präsentiert (vgl. hierzu Tabelle 16).

---

[622] Zur Relevanz verschiedener Performancemaßgrößen bei empirischen Studien im Human Resource Management wurde von Rogers / Wright eine Untersuchung durchgeführt. Von 34 analysierten Erhebungen bezogen sich dabei lediglich 6 auf interne (Return on Assets, Return on Equity etc.) und externe (Aktienkurse, Tobin's Q) Finanzkennzahlen. 3 Untersuchungen zogen die Mitarbeiterfluktuation als personale Erfolgsmaßgröße heran. Der Löwenanteil von 25 der Studien setzte sich jedoch mit organisationalen Erfolgskategorien wie Produktivität, Qualität, Kundenzufriedenheit oder Fertigungsflexibilität auseinander (vgl. Rogers, E. W. / Wright, P. M. (1998), S. 316ff.).

[623] Vgl. dazu die Überblicksbetrachtungen bei Yeung, A. K. / Berman, B. (1997), S. 322ff.; Kling, J. (1995), insbes. S. 31; Pfeffer, J. (1998), S. 38ff.; Huselid, M. A. (1995), S. 638f.; Sheppek, M. A. / Militello, J. (2000), S. 6.; Paauwe, J. / Richardson, R. (1997); U.S. Department of Labor (1993); Huselid, M. A. / Rau, B. L. (1996), S. 3f.; Huselid, M. A. (1995), S. 639; Brattun, J. / Gold, J. (1999), S. 60ff.; Ichniowski, C. et al. (1996); Mahey, C. / Salaman, G. (1996), S. 212f. Vgl. vertiefend exemplarisch auch die Einzelstudien von Fey, C. F. / Björkman, I. / Pavlovskaya, A. (2000), (Untersuchung der Leistungseffekte des Personalmanagements in 101 ausländischen Unternehmen mit Sitz in Russland); Gedaliahu, H. H. / Tzafrir, S. S. (1999) (Auswirkungen von Personalpraktiken auf wahrgenommene Markt- und Organisationsperformance bei 215 israelischen Profit- und Non-Profit-Unternehmen); Ichniowski, C. / Shaw, K. (1999) (Untersuchung der Performanceauswirkungen spezifischer Human Resource Management-Ansätze bei 41 amerikanischen und japanischen Stahlproduktionslinien); Macduffie, J. P. (1995) (Analyse der Performancewirkungen von „High-Commitment"-Personalpraktiken in 62 amerikanischen Automobilwerken); Arthur, J. B. (1994) (Leistungswirkungen kontroll- und commitmentorientierter Personalmanagementsysteme in 30 amerikanischen Stahlgewinnungswerken); Pfeffer, J. (1994) (Analyse der Personalmerkmale der fünf leistungsstärksten amerikanischen Unternehmen im Zeitraum 1972-1992).

Studie / Quelle	Konzeption	Zentrale Resultate
Fitz-enz, J. (2000)	• Weiterlaufende Untersuchungen der Fünf-Jahres-Finanz- und Human Resource-Performance bei 1.000 U.S.-Unternehmen in Zusammenarbeit mit dem Saratoga Institute (Santa Clara, California).	- 110 Top-Unternehmen mit Hochleistungen in finanzieller und personalbezogener Hinsicht zeichneten sich v.a. durch konsistente Balance zwischen Finanz- und Humanwerten aus. - Veränderungen bei Gehaltsprogrammen, Fluktuationsraten, Rekrutierungsstrategien und Trainingsinvestitionen wirken via Produktivität, Kundenservice und Produktqualität auf Finanzperformance. - Konzipierung eines Human Capital Financial Management Indexes („Saratoga Institute Human Capital Finance-Index").
Welbourne, T. M. / Cyr, L. A. (1999a)	• Langfristanalyse der Auswirkungen der Existenz eines an den CEO berichtenden Senior Human Resource Managers (Indikator für die strategische Positionierung des Personalmanagements) auf die Dreijahres-Unternehmensperformance (Aktienkurs; Earnings per Share) von 360 amerikanischen IPO (Initial Public Offerings)-Unternehmen des Jahres 1993.	- Die Existenz eines Senior Human Resource Managers war positiv korreliert mit dem Initial- und dem Endaktienkurs sowie mit den Earnings per Share. - Kleine, stark wachsende IPO-Unternehmen profitierten unter Shareholder Value-Gesichtspunkten signifikant von der Existenz eines Senior Managers im Personalbereich. - Für langsam wachsende Unternehmen war die Aktienkursentwicklung signifikant negativ mit der Managerpräsenz verbunden.
Lau, R. S. M. / May, B. E. (1998)	• Studie zur Wirkung des wahrgenommenen Images der „Quality of Work Life (QWL)" eines Unternehmens auf Markt- und Finanzperformance (Umsatz- und Vermögenszuwachs, Return on Assets, Return on Equity). Grundlage sind Auswertungen der Daten der 58 populärsten Arbeitgeber der USA sowie von 88 der S&P-Top 100-Unternehmen.	- Top-Arbeitgeber-Unternehmen mit höherer Mitarbeiterzufriedenheit hatten statistisch signifikant höheres Umsatz- und Vermögenswachstum und bessere Return on Assets als die Vergleichsgruppe. - Bezüglich der Wirkungen auf den Return on Equity konnten keine signifikanten Unterschiede ermittelt werden.
Cascio, W. F. / Young, C. E. / Morris, J. R. (1997)	• S&P 500-Datenbasis für die Jahre 1980 bis 1994 zur Untersuchung der Beziehung zwischen Beschäftigungsschwankungen (5.479 Ereignisse) und der Unternehmensprofitabilität (Return on Assets; Return on Common Stock).	- Downsizing-Unternehmen konnten generell keine signifikant bessere Finanzperformance vorweisen. - Einige Kategorien von Downsizing-Unternehmen erzielten jedoch bessere Shareholder Value-Resultate (Implementierungsproblematik).
Delery, J. E. / Doty, D. H. (1996)	• Befragung von HR-Experten und Vorständen von über 200 U.S.-Banken bezüglich 7 ver-	- 12,6 % der Varianz des ROA und 9 % der Varianz des ROE können durch unterschiedliche HR-Praktiken erklärt

Studie / Quelle	Konzeption	Zentrale Resultate
	schiedener Personalpraktiken. Messung der Performancewirkungen über die Größen Return on Average Assets (ROA) und Return on Equity (ROE).	werden. - Starke Finanzwirksamkeit von v.a. 3 HR-Praktiken: Gewinnbeteiligung, leistungsorientierte Mitarbeiterbewertung, Beschäftigungssicherheit (Ca. 30% bessere Ergebnisse für Banken mit HR-Werten, die eine Standardabweichung über dem Durchschnitt liegen). - Kontingenzbeziehungen zwischen 3 Personalpraktiken (Partizipation, leistungsorientierte Bewertung und interne Karrieremöglichkeiten) und Strategie erklären signifikanten Varianzanteil der Finanzperformance (ca. 50 % höhere Performancewerte bei um eine Standardabweichung erhöhtem Fit-Wert).
Koch, M. J. / Mc-Grath, R. G. (1996)	• Analyse der Performancewirkungen (Umsatz pro Mitarbeiter) von Investments in Personalplanung, -beschaffung und –entwicklung in 319 Geschäftseinheiten amerikanischer Unternehmen (Compustat II-Datenbank) auf der theoretischen Grundlage des Resource-based View of the Firm.	- Positive, signifikante Beziehung zwischen Investitionen in Personalplanungs-, -bewertungs- und –rekrutierungsprozesse und dem Werttreiber Umsatz pro Mitarbeiter. - Unterstützung für eine positive Beziehung zwischen Investitionen in Personalentwicklung und Unternehmensperformance nur bei ergänzender Berücksichtigung der Kapitalintensität im Schätzmodell. - Positiver Zusammenhang zwischen Investitionen in Personalfunktionen und Kapitalintensität.
Phillips, J. J. (1996)	• Indexbasierte Analyse auf der Grundlage von Daten des Saratoga Institutes zu 71 Unternehmen aus 8 Branchen mit ca. 520.000 Mitarbeitern.	- Positive Korrelation des Return on Equity mit dem HRM-Gesamtindex sowie Human Resource-Investitionen und Trainings- und Entwicklungsausgaben. - Negative Korrelation des Return on Equity mit Absenz- und Fluktuationsrate.
Welbourne, T. M. / Andrews, A. O. (1996)	• Untersuchung der langfristigen Überlebensraten von erstmalig an der Börse notierten Unternehmen (136 amerikanische IPO-Unternehmen des Jahres 1988) in Abhängigkeit von der Rolle des Human Resource Management. Ermittlung der Wirkungen auf die prozentuale Aktienpreisprämie und Tobin's Q. Theoretische Grundlage ist populationsökologischer Ansatz.	- Die Priorisierung des Human Resource Management und etablierte Vergütungskonzepte sind relevante Bestimmungsvariablen für erste Reaktionen von Investoren und das langfristige Überleben von IPO-Unternehmen. - Eine hohe Wertschätzung des Personalmanagements war mit der Überlebensrate positiv korreliert, hatte aber keine Auswirkungen auf Preisprämie und Tobin's Q. - Erfolgsorientierte Vergütungen korrelierten signifikant negativ mit der Preisprämie und positiv mit der Überlebensrate. Bezüglich Tobin's Q waren eben-

Studie / Quelle	Konzeption	Zentrale Resultate
		falls signifikant negative Effekte feststellbar.
Ostroff, C. (1995)	• Von der Society of Human Resource Management und der CCH Incorporated unterstützte Studie, in der die untersuchten Unternehmen anhand eines Personalqualitätsindexes in vier Kategorien (Quartile) unterteilt wurden.	- Hochklassifizierte Unternehmen weisen bezüglich der vier Finanzkennzahlen Marktwert-Buchwert-Verhältnis, Umsatz pro Mitarbeiter, Marktwert und Umsatz durchgängig bessere Werte auf als Unternehmen mit qualitativ schlechterem Personalmanagement.
Bartel, A. (1994)	• Analyse von Daten aus der Columbia Business Unit Survey von 1986 zur Ermittlung der Performanceauswirkungen formaler Trainingsprogramme in 155 Industrieunternehmen.	- Einsatz formaler Trainingsprogramme war mit signifikant höheren Anstiegen der Nettoumsätze je Mitarbeiter (Arbeitsproduktivität) verbunden. - Auch andere Personalpolitiken wie Leistungsbewertungsverfahren oder Mitarbeiterpartizipation waren mit signifikanten Umsatzverbesserungen assoziiert.
Cooke, W. (1994)	• Untersuchung der Finanzwirkungen von Erfolgs- und Gewinnbeteiligungssystemen sowie Teamarbeit bei 841 amerikanischen Produktionsbetrieben.	- Gewinn- und Erfolgsbeteiligungen führten zu höheren Wertsteigerungen (i.s.v. Umsatz-Kosten-Differenzen) um 5 bis 25 Prozent pro Mitarbeiter. - Leistungswirksamkeit von Teamkonzepten war positiv abhängig von der gleichzeitigen Existenz von Gewerkschaftsvertretungen.
Easton, G. / Jarrell, S. (1994)	• Untersuchung von 108 US-Unternehmen, die erfolgreich fortschrittliche Personalkonzepte umsetzten. Finanzperformancevergleich über einen Zeitraum von 6 Jahren mit Kontrollgruppen.	- Außergewöhnlicher Aktienkursanstieg um über 20 Prozent im Untersuchungszeitraum. - Für die innovativsten Unternehmen konnten auch bessere Werte bei den Erfolgskennzahlen des internen Rechnungswesens festgestellt werden.
Hendricks, K. / Singhal, V. (1994)	• Analyse der Finanzmarktwirkungen der Veröffentlichung von Qualitätsauszeichnungen für das Personalmanagementsystem bei 91 amerikanischen Unternehmen.	- Die Veröffentlichungen waren mit ca. 0,6 Prozent außergewöhnlichen Aktienkurssteigerungen am Veröffentlichungstag verbunden. - Der Kurssteigerungseffekt war bei kleineren Unternehmen höher.
Hewitt Associates Study **Quellen:** **Phillips, J. J. (1996), S. 11f.** **Gubman, E. L. (1995), S. 11f.** **O.V. (1994)**	• Amerikanisches Personalberatungsunternehmen verglich 205 Unternehmen mit leistungsorientiertem Human Resource Management mit 232 Unternehmen ohne Performance Management-Programme für die Mitarbeiter im Jahr 1994.	- Unternehmen mit mitarbeiterorientiertem Performance Management konnten deutlich höhere Profite, bessere Cash flows, eine stärkere Kapitalmarktperformance und höhere Unternehmenswerte realisieren. - Unternehmen mit Performance Management erzielten im Vergleich zu den Unternehmen ohne diese Personalinstrumente (Werte in Klammern) folgen-

Studie / Quelle	Konzeption	Zentrale Resultate
		de Resultate: Return on Equity = 10,2 % (4,4 %); Return on Assets = 8,0 % (4,5 %); Sales per Employee = 169.900 $ (126.100 $); Income per Employee = 5.700 $ (1.900 $).
Allan, P. / Loseby P. H. (1993)	• Studie zur Untersuchung der Beziehung zwischen Arbeitsplatzsicherheit und finanzieller Leistungsfähigkeit bei 30 Fortune 500-Unternehmen in den Jahren 1978 bis 1987.	- Es konnten keine signifikanten Unterschiede in der Finanzperformance zwischen arbeitsplatzsicheren und -unsicheren Arbeitgebern ermittelt werden.
Chatterjee, S. / Lubatkin, M. H. / Schweiger, D. M. / Weber, Y. (1992)	• Überprüfung der Shareholder Value-Relevanz von übereinstimmenden Unternehmenskulturen bei 29 amerikanischen Unternehmenszusammenschlüssen in den Jahren 1985 bis 1987 („human side of a merger"[624]).	- Mergers mit hohen kulturellen Unterschieden der beteiligten Unternehmen wiesen eine höhere Wahrscheinlichkeit für die Vernichtung von Shareholder Value auf (stark inverse Beziehung zwischen der Wahrnehmung kultureller Differenzen und Unternehmenswertsteigerungen).
Worrell, D. L. / Davidson, W. N. / Sharma, V. M. (1991)	• Untersuchung der Wirkungen von Entlassungsankündigungen im Wall Steet Journal auf die Return on Stocks von 194 amerikanischen Unternehmen im Analysezeitraum 1979-1987.	- Signifikant negative Marktreaktion auf Entlassungsankündigungen beim Gesamtsample (ca. 2 Prozent Wertverluste). - Bei Restrukturierungs- / Rationalisierungsbegründung positive Marktreaktionen (Kurssteigerungen um plus 3,6 Prozent). - Bei Begründung mit finanziellen Schwierigkeiten negative Marktreaktion (Kursverluste um minus 5,6 Prozent)
Abowd, J. M. / Milkovich, G. T. / Hannon, J. M. (1990)	• Untersuchung der Wirkungen von personalmanagementbezogenen Ankündigungen im Wall Street Journal (1980-1987) auf die Variation abnormaler Total Shareholder Returns.	- Erhöhte Varianz abnormaler Shareholder Returns bei Ankündigungen im Human Resource-Bereich (Relevanz für Aktienkurse). - Richtung der Effektwirkungen für Personalevents ist für die meisten personalen Entscheidungstypen schwer vorhersagbar. - Ankündigung zeitlich befristeter Personalreduzierungen zog signifikant negative kumulierte abnormale Returns nach sich. - Ankündigung eines dauerhaften Personalabbaus und von Betriebsstilllegungen bzw. Werksverlagerungen erhöhte abnormale Shareholder Returns um den Veröffentlichungstag herum.

---

[624] Chatterjee, S. / Lubatkin, M. H. / Schweiger, D. M. / Weber, Y. (1992), S. 321.

Studie / Quelle	Konzeption	Zentrale Resultate
Ichniowski, C. (1990)	• Untersuchung der Leistungsrelevanz eines fortschrittlichen Arbeitssystems (Indexmessung) bei 126 amerikanischen Industriebetrieben. Durchführung einer Clusteranalyse.	- Arbeitssysteme mit leistungsabhängiger Förderung, formalen Führungs- und Kommunikationsinstrumenten, Aus- und Weiterbildungsprogrammen und flexibler Arbeitsplatzgestaltung erzielten höhere Umsätze pro Mitarbeiter (Arbeitsproduktivität) als weniger fortschrittliche Personalkonzepte. - Positiver Einfluss von fortschrittlichen Personalpraktiken auf die finanzielle Unternehmensperformance.
Schuster, F. E. (1986)	• Untersuchung der größten 1.000 US-Industrie- und 300 Nicht-Industrieunternehmen. Analyse der Beziehung zwischen 6 hochwertigen Personalmanagementpraktiken und der Rentabilität.	- Statistisch signifikanter Zusammenhang zwischen einem hoch entwickelten Personalmanagement (Assessment Center, flexible Vergütungs- und Arbeitszeitsysteme, Organisationsentwicklung, Produktivitäts-Bonuspläne, zielorientierte Leistungsbewertung) und der Eigenkapitalrentabilität (11 % höhere Finanzperformance bei Einsatz der Praktiken im Vergleich zum Nichteinsatz).
Fama, E. F. / Schwert, G. W. (1977)	• „Klassiker", in dem für den Zeitraum 1953-1972 an der New York Stock Exchange untersucht wurde, inwiefern durch die Einbeziehung von Human Capitel-Effekten in Rendite-Risiko-Marktgleichgewichtsmodelle eine bessere Deskription der erwarteten Gleichgewichtsbeziehungen ermöglicht wird.	- Die Erweiterung um Human Capital-Aspekte führte zu keinen messbaren Verbesserungen der untersuchten Gleichgewichtsmodelle. - Die Beziehungen zwischen dem „Return on Human Capital" (Schätzung anhand einer Korrelationsvermutung zur Veränderung des Pro-Kopf-Einkommens der betroffenen Mitarbeiter) und der Wertpapierrentabilität sind schwach.

Weitere empirische Beiträge:

Ichniowski, C. / Shaw, K. Prennushi, G. (1997); Arthur, J. B. (1995); Dyer, L. / Reeves, T. (1995); Olian, J. D. et al. (1995); Wright, P. M. / Mc Cormick, B. / Sherman, W. S. / McMahan, G. C. (1995); Youndt, M. A. / Snell, S. A. / Dean, J. W. Jr. / Lepak, D. P. (1995); Heskett, J. L. et al. (1994); Kalleberg, A. L. / Moody, J. W. (1994); Dyer, L. (1993); Terpstra, D. E. / Rozell, E. J. (1993); Milkovich, G. (1992); Borman, W. C. (1991); Boudreau, J. W. (1991); Cascio, W. F. (1991); Flamholtz, E. G. (1985); Russel, J. S. / Terborg, J. R. / Powers, M. L. (1985); Schmidt, F. L. et al. (1979)

=> Sehr heterogene Forschungskonstrukte, aber Fülle von Belegen für signifikante Beziehungen zwischen finanziellen Performancegrößen und dem (Strategic) Human Resource Management.

Tabelle 16: Weitere wichtige Studien zu Personal-Finanz-Zusammenhängen im englischen Sprachraum (Quelle: Eigene Darstellung)[625]

---

[625] Die meistzitierten Untersuchungen werden umfassender dargestellt. Alle angeführten Studien konzentrieren sich performancebezogen auf die strategische Gesamtunternehmensebene. Angesichts der Fülle an Publikationen und der Dynamik des Faches (vor allem in den Vereinigten Staaten) kann eine solche Darstellung jedoch niemals vollständig sein.

Der Vergleich des Tabellenumfangs von Tabelle 16 und 17 belegt beeindru-
ckend das **offensichtliche Defizit und Hinterherhinken der im deutschen
Sprachgebiet beheimateten empirischen Forschung** zur Thematik eines fi-
nanz- bzw. Shareholder Value-orientierten (strategischen) Personalmanagements. Dies wird auch durch eine in jüngerer Zeit erschienene Untersuchung zu
den „Tendenzen und Ergebnissen empirischer Personalforschung der Neunzigerjahre in West-Deutschland"[626] belegt, in der empirische Studien zur Finanz-
wirksamkeit des Personalmanagements für Deutschland nicht explizit angeführt
werden. Auf die in der vorliegenden Arbeit aber im Zusammenhang vermutete
**Übertragarkeit von Grundaussagen US-amerikanischer Performance-
Studien** auf die Verhältnisse deutscher Unternehmen wurde bereits an anderer
Stelle eingegangen.[627]

Vgl. zu den Tabelleneinträgen und -erörterungen ergänzend noch Rogers, E. W. / Wright,
P. M. (1998), S. 312; Harrel-Cook, G. / Ferris, G. R. (1997), S. 317f.; Kling, J. (1995), S.
30ff.; Becker, B. E. / Huselid, M. A. (1998b), S. 2; Huselid, M. A. / Becker, B. E. (1995),
S. 4; Huselid, M. A. (1995), S. 639f.; Baron J. N. / Kreps, D. M. (1999), S. 4ff.; Pfeffer, J.
(1998), S. 31ff.; Friedman B. S. / Hatch, J. A. / Walker, D. M. (1999), S. 18ff.; (1998), S.
13ff.; Wittmann, S. (1998), S. 265f.; Scholz, W. H. (1999), S. 784ff. Eine weniger umfassende Übersicht weiterer empirischer Beiträge zur Wertrelevanz des Personalmanagements findet sich bei Becker, B. E. / Gerhart, B. (1996), S. 783. Die dort angeführten 7
Studien unterstützen allesamt die Vermutung eines positiven Wertbeitrags des Human Resource Management.

[626] Sackmann, S. / Elbe, M. (2000). Der empirisch-deskriptive Beitrag von Sackmann / Elbe
analysiert vor dem themenbereichsbezogenen Hintergrund des Michigan-Ansatzes zum
Human Resource Management die Handlungsfelder Personalabteilung, Personalrekrutierung, Personalentwicklung, Leistungsbeurteilung, Entlohnungspraktiken und Führung unter Heranziehung von 27 empirischen westdeutschen Studien der Neunzigerjahre. Aus
dem Vergleich konnten folgende Resultate abgeleitet werden: „Die Personalleiter erachten
Führung, Personalentwicklung und Personalrekrutierung als die wichtigsten Zukunftsauf-
gaben. Die Notwendigkeit der Verknüpfung von Entgeltsystemen und individueller Leistung wird stark empfunden, doch findet dies in den praktizierten Entgeltsystemen kaum
Niederschlag. Die Ziele der Personalbeurteilung bleiben in den meisten Unternehmen unklar. Obwohl die Personalleiter ihre Abteilungen als wichtig und effektiv einschätzen, erachten sie diese nicht als Schlüsselfaktoren für den Unternehmenserfolg. Eine stärkere
Anbindung des Personalmanagements an die Unternehmensstrategie ist notwendig."
(a.a.O., S. 131). Die defensive Einschätzung der Relevanz des Personalwesens für den
Unternehmenserfolg spricht für die These, dass die in der vorliegenden Arbeit angeführten
empirischen Erkenntnisse zur hohen Erfolgsrelevanz des Personalmanagements in der
Praxis deutscher Unternehmen bislang weithin ungehört blieben.

[627] Vgl. hierzu die entsprechenden Ausführungen bei der vorangegangenen Besprechung der
europäischen Studie von Watson Wyatt Worldwide sowie der Forschungsergebnisse von
Huselid et al.

Studie / Quelle	*Konzeption*	*Zentrale Resultate*
Arkwright Management Consultants GmbH Quelle: Pernicky, R. (1999)	• Untersuchung der Arbeitsplatzentwicklung bei 20 deutschen Unternehmen, die im Zeitraum 1987-1996 den höchsten Shareholder Value-Zuwachs aller börsennotierten Unternehmen aufwiesen. • Überprüfung der Übertragbarkeit der Aussage einer ähnlichen Studie in den USA (206 Großunternehmen; 1986-1996), wonach die Unternehmenswertsteigerung eher positive Beschäftigungseffekte nach sich zieht.	- Unternehmen mit stärkerer Shareholder Value-Orientierung bieten nicht nur sicherere Arbeitsplätze, sondern schaffen tendenziell auch mehr neue Arbeitsplätze als andere.
Huber, M. (1998)	• Befragung von 43 professionellen Investoren (vor allem Schweizer Finanzanalysten und Corporate Finance-Experten) bezüglich Ihres Vorgehens bei Unternehmensbewertungen.	- Human Capital-Aspekte sind für 56 % der Finanzexperten sehr wichtig und für 28 % wichtig beim Wertansatz. - Situatives Einbeziehen v.a. des Top-Managements bei der Bewertung. - Die wichtigsten Human Capital-basierten Faktoren bei der Bewertung sind Produktkenntnisse, Motivation, Kundenbeziehungen und anerkannte Leistungsnachweise für die Führungskräfte. - Das Human Capital wird v.a. als Werttreiber für das Umsatzwachstum und weniger für die Gewinnmarge bzw. die Wachstumsdauer angesehen. - Es besteht ein Informationsbedarf seitens der Unternehmensbewerter zum Investitionsumfang in das betriebliche Humankapital.
Wetzker, K. / Strüven, P. / Bilmes, L. J. (1998) **Bilmes, L. / Wetzker, K. / Xhonneux, P. (1997)**	• Studien der Boston Consulting Group zum Thema Wertschaffung und Beschäftigung. • Analyse 1: 92 aus den Top 200 deutschen Aktiengesellschaften und 292 aus den Top 500 (S+P) U.S.-Unternehmen im Zeitraum 1988-96. • Analyse 2: 100 deutsche Unternehmen aus 10 Branchen im Zeitraum 1987-94 und 30 U.S.-Unternehmen aus 6 Branchen im Zeitraum 1989-96.	- Analyse 1: 25 % der Unternehmen mit der höchsten Aktienrendite hatten in Deutschland im Untersuchungszeitraum ein jährliches Beschäftigungswachstum von 7,5, in den USA von 7,7 Prozent, während die Unternehmen mit schlechter Aktienperformance (unteres Quartil) keine Arbeitsplätze schafften oder gar abbauten. Überdurchschnittliche Wertsteigerungen resultieren in Deutschland zu ca. 52 % aus arbeitsplatzschaffenden Wachstumsstrategien. - Analyse 2: Starke Korrelationen von Unternehmenswertsteigerung und Mitarbeiterförderung. In USA und Deutschland erzielten die Unternehmen mit ausgeprägter Mitarbeiterfokussierung und Intrapreneur-Orientierung auch die Top-Aktienrenditen (höchste Total Shareholder Returns) und schufen gleichzeitig die meisten Arbeitsplätze. Positive Korrelati-

Studie / Quelle	Konzeption	Zentrale Resultate
		on von Shareholder Value und Human Resource-Orientierung sowohl in neuen, als auch in Traditionsbranchen.
Price Waterhouse Coopers / Zentrum für Europäische Wirtschaftsforschung / Gesellschaft für Finanzkommunikation (Erhebungsjahr ngen, **Quelle: Nölting, A. (1998), S. 174, S. 176f.**	• Befragung von 75 institutionellen Anlegern im vierten Quartal 1997 zur Shareholder Value-Ausrichtung der größten deutschen Industriekonzerne.	- Finanzorientierung deutscher Unternehmen im Sinne des Shareholder Value schafft neue Arbeitsplätze. - Erfolgsabhängige Vergütung des Managements ist Analystenindikator für Wertorientierung eines Unternehmens.
Wohlgemuth, A. C. (1989)	• Analyse qualitativer und quantitativer (Personal-) Managementkriterien bei finanziell relativ erfolgreicheren Schweizer Unternehmen. Untersuchung von 4 marktbezogenen Unternehmenspaaren mit jeweils unterschiedlicher Finanzperformance (Cash flow / Umsatz => 10% bis 4%; Cash flow / Eigenkapital => 26,9% bis 17,7% – mehrjährige Durchschnittswerte) im Sommer 1986.	- Die Qualität und die systematische Pflege des Humanpotenzials eines Unternehmens ist von hoher Bedeutung für den langfristigen finanziellen Erfolg eines Unternehmens. - Finanzielle Erfolgsrelevanz von Führungskräfteentwicklung, Geschäftsführungsstrukturen, Managementkapazität, Betriebsklima, Arbeitszufriedenheit, Personalentwicklung, Leistungsbetonung, Innovations- und Flexibilitätsverhalten.

Tabelle 17: Weitere Studien zu Personal-Finanz-Zusammenhängen mit spezifischem Bezug zum deutschen Sprachraum (Quelle: Eigene Darstellung)[628]

Alle hier angeführten Belege für die ökonomische Bedeutung des Personalmanagements im Sinne einer finanziellen Erfolgswirksamkeit in Unternehmen beziehen sich auf die **Erhebung von Daten mittels Fragebogen** und deren **quantitative und statistische Analyse**. Alle Studien sind in mehr oder minder großem Umfang mit Dynamik-, Aktualitäts- und Genauigkeitsproblemen behaftet. Weitere Problembereiche sind potenzielle Selektionsverzerrungen, gegebenenfalls unzureichende Systemfokussierungen, die Nicht-Verfügbarkeit sensibler Personaldaten, subjektive Einschätzungen bei der Auswahl von Kernelementen hoch entwickelter Personalsysteme sowie die Isolierung externer Erfolgsvariab-

---

[628] Vgl. zu den Tabelleneinträgen und -erörterungen ergänzend noch Wittmann, S. (1998), S. 265; Friedman B. S. / Hatch, J. A. / Walker, D. M. (1999), S. 20; (1998), S. 15f.

208

len.[629] Diese Probleme werden jedoch durch die Fülle unterschiedlicher For-schungskonstrukte und Resultate, die größtenteils in dieselbe Richtung deuten, zumindest in Teilen relativiert. Nahezu alle aufgeführten Untersuchungen **bestätigen** in hohem Umfang die aus den zwei derzeit wohl wichtigsten Forschungs-ansätzen von Huselid et al. und von Watson Wyatt Worldwide ableitbare **Grundthese der signifikanten Relevanz eines hoch entwickelten strategischen Personalmanagements bzw. Strategic Human Resource Management für den Shareholder Value** eines Unternehmens. Der von Huselid et al. jüngst eingeschlagene Weg einer Detailhinterfragung der Makroanalysen anhand von Fallstudien zu den personalabhängigen Unternehmenswertveränderungen[630] ent-spricht der von Bratton / Gold[631] vorgeschlagenen Vorgehensweise zum Erhalt sichererer Aussagen hinsichtlich Richtung und Ausmaß der identifizierten Ef-fekte. Diese synergetische **Kombination von Makro- und Mikroanalysen** dürfte wohl für die **Zukunft** der weiteren empirischen Personal-Finanzperformance-Forschung richtungsweisend sein.

---

[629] Vgl. zu den angeführten methodologischen Problemen empirischer Personalforschung Bratton, J. / Gold, J. (1999), S. 61f.
[630] Vgl. hierzu den Beitrag von Becker, B. E. / Huselid, M. A. (1999) sowie die entsprechen-den Fallstudien bei Artis, C. R. / Becker, B. E. / Huselid, M. A. (1999); Harris, B. R. / Hu-selid, M. A. / Becker, B. E. (1999); Barber, D. / Huselid, M. A. / Becker, B. E. (1999); McCowan, R. A. et al. (1999); Kirn, S. P. et al. (1999).
[631] Vgl. Bratton, J. / Gold, J. (1999), S. 62.

3. Unternehmenswertorientierung in der personalwirtschaftlichen Literatur - Konzeptionelle Entwürfe und Diskussionsbeiträge

Das vorangehend aufgezeigte Bild einer defizitären Auseinandersetzung der deutschsprachigen Personalmanagementlehre mit der ökonomischen Wertrelevanz von Disziplin und instrumenteller Ausrichtung des Forschungsgebiets wird über den empirischen Part hinaus auch für den konzeptionellen Bereich bestätigt, für den der Umfang an Publikationen aber auch in der anglo-amerikanischen Literatur spürbar geringer ausfällt, als es für den empirischen Forschungszweig ermittelt werden konnte.[632] Dieser Aspekt der **„konzeptionellen Systematisierung"** einer am Shareholder Value orientierten Beschäftigung mit dem Erfolgsfaktor Personal in der vorhandenen Literatur ist Gegenstand der nachfolgenden Analyse.

a) Grundkategorien personalwirtschaftlicher Beiträge mit Wertbezug

Bezüglich der personalwirtschaftlichen Literatur, die sich auf konzeptioneller Ebene mit dem Thema „Wertorientierung und (strategisches) Personalmanagement" auseinander setzt, können zunächst folgende **Pauschaleinschätzungen zu Beginn des einundzwanzigsten Jahrhunderts** vorgenommen werden:

- In Relation zur Gesamtmenge aller personalthematisch ausgerichteten Publikationen ist die Zahl der Beiträge, die sich mit der Wertgenerierungsthematik explizit auseinander setzen, allenfalls rudimentär.
- Die Anzahl konzeptioneller Beiträge ist im Verhältnis zur Quantität empirischer Analysen eher bescheiden, weist aber wie diese eine hohe Expansionstendenz auf.
- Das anglo-amerikanische Schrifttum ist gegenüber nur wenigen deutschsprachigen Publikationen wiederum themendominant.
- Es gibt derzeit noch keinen Ansatz, der als Synonym für ein unternehmenswertorientiertes strategisches Personalmanagement in der Literatur, insbesondere den Personallehrbüchern Eingang gefunden hat.
- Die identifizierten Publikationen zeichnen sich in einem hohen Maße durch eine starke Gestaltungsorientierung aus.[633]

Die themenspezifischen Veröffentlichungen lassen sich in einem ersten Schritt grob anhand des hier heranzuziehenden **Kriteriums „konzeptionelle Ganzheitlichkeit"** in *„holistische"* und *„fokale"* Beiträge unterscheiden. *Holistische Publikationen* zeichnen sich dadurch aus, dass eine Betrachtung über alle bzw. ei-

---

[632] Vgl. hierzu auch die vorangegangenen Ausführungen in Kapitel B.III.2.b.

[633] Vgl. hierzu auch die ersten Einschätzungen zur literarischen Aufbereitung des Themas bei den Ausführungen zur ökonomischen Spezifizierung eines strategischen Personalmanagements in Kapitel B.III.

nen Großteil der Gestaltungsfelder des Personalmanagements erfolgt. In der Regel findet die Aufbereitung des Themas in diesen Fällen vor dem Hintergrund eines umfassenden Unternehmensführungsansatzes statt, d.h. die Ausführungen weisen thematisch einen mehr oder minder großen Strategiebezug auf, beinhalten also breitere personalstrategische Überlegungen. Diese Beiträge reflektieren in hohem Umfang ein verändertes Gesamtverständnis einer betrieblichen Personalwirtschaft. Im Gegensatz hierzu stellen *fokale Publikationen* Beiträge dar, die mit einer stark verengten Perspektive personale Teilprobleme und Gestaltungsbereiche im Wertzusammenhang analysieren. Die strategische Verankerung im Sinne integrierter Überlegungen spielt dabei im Vergleich zu den holistischen Veröffentlichungen eine eher zweitrangige Rolle. Eine Kennzeichnung als „nicht-strategisch" würde jedoch den Sachverhalt nicht korrekt wiedergeben, da die betrachteten Teilgebiete nahezu durchgängig wichtige Funktionen eines personalstrategischen Gesamtansatzes darstellen.

Versucht man nun in einem zweiten Schritt eine Kategorisierung unter Heranziehung des hier ebenfalls zum Einsatz kommenden **Kriteriums** *„konzeptioneller Leitgedanke"*, so können insgesamt drei literarische Grundkategorien zum Thema ausgemacht werden. Die erste Kategorie an Beiträgen bewegt sich im Umfeld des **Themenbereichs „Unternehmensbewertung"**. Im Vordergrund steht dabei die Ermittlung des realen Werts eines Unternehmens bzw. der in einem Unternehmen vorhandenen Humanvermögenswerte. Hierzu zählen Veröffentlichungen, die dem Human Resource Accounting bzw. der Humanvermögensrechnung zuzuordnen oder als noch im Rechungswesen verankerte erste Weiterentwicklungen zu betrachten sind. Zahlenmäßig erheblich bedeutsamer sind jedoch Beiträge, die sich thematisch um das Gebiet **Unternehmenssteuerung mit Personalkennzahlen** herum bewegen. Es handelt sich dabei um Publikationen, die starke Bezüge zum Personalcontrolling[634] und zum Thema Performancemessung und -bewertung vorweisen. Im Vordergrund steht eine gestaltungs- und prozessorientierte Operationalisierung von Personalsachverhalten anhand wertbezogener Steuerungsgrößen bzw. Scorecards. Personale Bewer-tungen werden als Effizienz- und Effektivitätskontrollgrößen für interne

---

[634] Das Personalcontrolling beinhaltet die Analyse, Bewertung und Steuerung aller Personalprozesse im Unternehmen (vgl. Krieg, H.-J. / Ehrlich, H. (1998), S. 62). Es untersucht Informationen über Soll-Ist-Abweichungen im Personalbereich und veranlasst Aktionen zur Beseitigung ermittelter Differenzen. In diesem Zusammenhang kann das Personalcontrolling sowohl Kontroll- als auch Planungsfunktionen wahrnehmen (vgl. Remer, A. (1992), Sp. 1643). Darüber hinaus dem Personalcontrolling definitionsgemäß auch Informationsversorgungs- und Steuerungsfunktionen zurechenbar (vgl. Amling, T. K. (1997), S. 5, S. 10). Durch die Controllingaktivitäten soll die Ressource Personal möglichst effizient eingesetzt und Personalmanagement messbar gemacht werden (vgl. Roeder, H. (1994), S. 272). Vgl. zur Unterstützungsfunktion des Personalcontrollings für ein strategisches Personalmanagement Huber, S. (1998).

Prozesse verstanden. Beide bislang angesprochenen Kategorien sind im Normalfall durch holistische Positionierungen gekennzeichnet, während die *„holistischen Bewertungsansätze"* jedoch ihr Hauptaugenmerk auf eine realitätsnahe,
eher statische Bewertung (Bewertung „an sich") des gesamten Humankapitals
bzw. Human Capital richten, sind die Ansätze einer *„holistischen Kennzahlensteuerung"* besser als dynamische, managementorientierte Messkonzepte zu
verstehen, die zumeist explizit auf den Shareholder Value Bezug nehmen.

In ihrer Extremalausprägung (Rechnungslegung zur Bewertung des Humankapitals „an sich" versus alleinige interne Steuerungsfokussierung) können beide
Perspektiven als Endpunkte eines zweckbezogenen *„Evaluationskontinuums"*
für das Humankapital eines Unternehmens verstanden werden. Die holistische
Steuerung mittels Personalkennzahlen wäre in diesem Zusammenhang dann als
Shareholder Value-orientierte Weiterentwicklung von ursprünglich auch mit
dem externen Rechnungswesen in Verbindung gebrachten Bewertungsansätzen
interpretierbar, denen vielfach eine gesamtunternehmensbezogene Bewertungsperspektive zugrundeliegt.

Auf der **fokalen Ebene** lassen sich eine Reihe von Shareholder Value-
bezogenen Beiträgen zu den verschiedensten personalen Themengebieten (z.B.
Corporate Governance / Mitbestimmung oder betriebliche Sozialpolitik) ausmachen. Quantitativ eindeutig dominant sind jedoch jene Publikationen, die sich
vornehmlich mit dem Aspekt einer Shareholder Value-gerechten, d.h. **anreizop-
timalen Vergütung** von Mitarbeitern, vor allem aber von Führungskräften auseinander setzen. Diese Veröffentlichungen werden nachfolgend unter dem Begriff *„fokale Vergütungsansätze"* subsumiert. Es wurde bereits bei der grundlegenden Besprechung des Shareholder Value-Ansatzes[635] darauf hingewiesen,
dass der Existenz effizienter Anreiz- und Entlohnungsstrukturen für eine wertorientierte Unternehmensführung seitens der Konzeptvertreter eine entscheidende Bedeutung beigemessen wird. Dies spiegelt sich entsprechend auch in der
Zahl diesbezüglicher personalwirtschaftlicher Veröffentlichungen wider.[636] Inhaltlich stehen die *„fokalen Vergütungsansätze"* den holistischen Kennzah-
lensteuerungskonzepten aufgrund ihrer Handlungs- und Leistungsorientierung
sehr nahe und können gegebenenfalls auch als Derivate im Sinne einer logischen
Konsequenz der wertorientierten Steuerung mittels Personalkennzahlen verstanden werden.

---

[635] Vgl. Kapitel C.I.1.
[636] Eine eindeutige Zuordnung von Beiträgen zum finanzwirtschaftlichen oder personalen
„Shareholder Value-Lager" ist jedoch nur äußerst schwer durchzuführen, insbesondere
was die internationalen Publikationen angeht. Diese Form der Differenzierung ist für eine
erste Einschätzung disziplinärer Prioritäten zwar hilfreich, für die inhaltliche Auswertung
der Veröffentlichungen aber kaum relevant.

Die **Zuordnung von Einzelbeiträgen** zu einer der drei unterschiedlichen Hauptkategorien personalwirtschaftlicher Veröffentlichungen mit Shareholder Value-Bezug gestaltet sich im Einzelfall eventuell recht schwierig, da die Grenzen teilweise fließend sind. Dies trifft vor allem auf die zwei Kategorien der holistischen Ebene zu. Die vorgenommene Dreiteilung macht jedoch die wichtigsten Fixpunkte der gegenwärtigen konzeptionellen Diskussion und deren Zusammenhang deutlich. Diese Fixpunkte drehen sich letztlich um das **Kristallisationsthema** *„Operationalisierung von Mitarbeiterwertbeiträgen"*. Auch dies wird durch die Kategorisierung deutlich gemacht. Die gegenwärtige konzeptionelle Literatur konzentriert sich demnach auf das „harte" Quantifizierungsproblem einer wertorientierten Personalwirtschaft, das in Ansätzen auf der hochaggregierten empirischen Forschungsebene ja bereits gelöst werden konnte. Abbildung 21 stellt die identifizierten Beitragskategorien im Gesamtzusammenhang dar. Die einzelnen Kategorien werden nachfolgend eingehender besprochen. Gleiches gilt für die wenigen, nicht den unterschiedlichen Hauptkategorien zurechenbaren *„sonstigen Grundsatzpublikationen"*, die sich insbesondere, analog dem Gros der empirischen Beiträge (aber ausschließlich konzeptionell), mit der Frage nach der Grundsatzbeziehung zwischen Shareholder Value und Personalmanagement auseinander setzen. Aufgrund der erhöhten Bedeutung für ein umfassendes wertorientiertes strategisches Personalmanagement, wird auf die holistischen Ansätze, insbesondere die Steuerungsansätze, ein besonderes Augenmerk gerichtet.[637]

---

[637] Eine eingehendere Vertiefung der fokalen Themen ist für die vorliegende Arbeit weder zweckmäßig noch praktikabel.

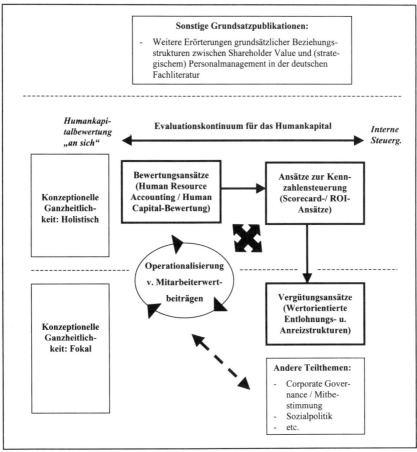

Abbildung 21: Hauptkategorien personalwirtschaftlicher Beiträge mit Wertbezug (Quelle: Eigene Darstellung)

b) Darstellung und kritische Würdigung holistischer Bewertungsansätze im personalwirtschaftlichen Schrifttum

Die Kategorie der holistischen Bewertungsansätze beinhaltet Beiträge, die sich
mit der **Bewertung des betrieblichen Humanvermögens** bzw. Human Capital
als Bestandteil einer realitätsnahen Unternehmensbewertung auseinander setzen.
Eine explizite Fokussierung der in der Personalwirtschaftslehre beheimateten
Beiträge auf die Shareholder Value-Thematik ist im Regelfall, insbesondere bei
den älteren Beiträgen des Human Resource Accounting mit Bezügen zum exter-

nen Rechnungswesen, nicht festzustellen. Das Faktum einer Auseinandersetzung mit der Problematik der (Ertrags-)Wertbestimmung im Personalbereich eines Unternehmens wird jedoch als hinreichend angesehen, um eine Einbettung der Publikationskategorie in den Gesamtzusammenhang eines am Unternehmenswert orientierten Personalmanagements vorzunehmen.

aa) Traditionelle Perspektive des Human Resource Accounting

Analog der Situation auf der Gesamtunternehmensebene, in der das traditionelle externe Rechnungswesen und hieran anknüpfende interne Steuerungssysteme als fehlerbehaftete Vorstufe[638] einer Weiterentwicklung in Richtung der zahlungsstromorientierten dynamischen Bewertungsperspektive des Shareholder Value-Konzepts betrachtet werden kann, lassen sich die unter dem Oberbegriff „Human Resource Accounting" bzw. „Humanvermögensrechnung" aggregierbaren Strömungen der Personalliteratur als **grundlegender Einstieg in** die Auseinandersetzung mit der **personalen Wertthematik** interpretieren, der in Teilgebieten aber bereits sehr früh zur Formulierung ertragswertorientierter Personalsteuerungsideale und -konzepte geführt hat.[639]

---

[638] Vgl. zur Kritik traditioneller Rechnungslegungs- bzw. Steuerungsgrößen auf der Unternehmensebene exemplarisch, Günther, T. (1997), S. 50ff. und ergänzend die Ausführungen in B.III.2.b).

[639] Diese Sichtweise wird unter anderem auch durch die Aussage unterstützt, dass die Humanvermögensrechnung mit einem Informationswert für die Kapitalgeber einhergeht, und dass die insbesondere steuerungsorientierten Ertragswertansätze sich auch mit einem „Human Resource Value" auseinander setzen (vgl. Streim, H. (1993), Sp. 1682, 1685ff. und zum Informationswert des Human Resource Accounting für Anteilseigner Lawler, E. E. (1982), S. 212ff., S. 220). Flamholtz betrachtet diesen Eignerinformationswert sogar als einen Hauptgrund für die Erfordernis eines Human Resource Accounting (vgl. Flamholtz, E. G. (1999), S. 35 und ergänzend S. 352). Die ursprüngliche Verhaftung im externen Rechnungswesen als Ausgangspunkt vermögensanalytischer Betrachtungen (vgl. Schmalen, H. (1977), S. 807) ist jedoch nicht unbedingt mit einer Dominanz externer Informationsbezüge gleichzusetzen (z.B. veränderte Bemessung der Gewinnausschüttungshöhe bei Aktiengesellschaften - vgl. dazu Conrads, M. (1974), S. 387ff. und zu handels- und steuerrechtlichen Gesichtspunkten einer Humankapitalbewertung Schmalen, H. (1977), S. 809ff.; Conrads, M. / Kloock, J. (1982) bzw. die unter Steuerersparnisaspekten durchgeführten praktischen Personalwertermittlungsfälle bei Flamholtz, E. G. (1999), S. 249ff.). Streim sieht im Gegensatz hierzu die Humanvermögensrechnung vor allem als Bestandteil der internen Rechnungslegung (vgl. Streim, H. (1993), Sp. 1681; vgl. ähnlich auch Marr, R. / Schmidt, H. (1992), Sp. 1034). Vgl. zur begrifflichen und inhaltlichen Unterscheidung einer internen Investitions- / Entscheidungs- von einer externen Jahresabschlussrechnungslegung für das Humanvermögen auch Conrads, M. (1974), S. 379f., S. 382ff. sowie exemplarisch für ein Investitionsrechnungssystem, das sich die Ermittlung eines Return on Investment für Investitionen in Humanvermögen zum Ziel gesetzt hat, die Darstellung des R.G.-Barry-Systems bei Neubauer, F.-F. (1974), S. 266ff.

Die seit etwa Mitte der Sechzigerjahre geführte Diskussion über Möglichkeiten sowie Pro und Contra einer Integration personaler Vermögenswerte in die betriebliche Rechnungslegung wurde vor allem im darauf folgenden Jahrzehnt forciert und wird, nach einer seit dem Beginn der Achtzigerjahre lang anhaltenden Phase wissenschaftlichen Desinteresses,[640] erst in jüngerer Zeit vereinzelt wieder neu aufgegriffen. Die mögliche Unterscheidung von **zwei Wertperspektiven**, einer mit traditionellen Sachanlagevermögensbegrifflichkeiten und -methoden agierenden vergangenheitsorientierten **„Human Resource Cost Accounting"**-Perspektive und einer am ökonomischen Wert bzw. Ertragswert einzelner Mitarbeiter anknüpfenden zukunftsorientierten **„Human Resource Value Accounting"-Perspektive**,[641] macht deutlich, dass bereits in den Siebzigerjahren unter dem Vorzeichen einer realitätsnahen Rechnungslegung eine erste Auseinandersetzung mit Shareholder Value-relevanten Aspekten der Ressource Personal stattgefunden hat.[642]

Die Aktivierung von mehrperiodig nutzbaren Leistungspotenzialen der Mitarbeiter auf individualisierten oder arbeitsgruppenbezogenen Bestandskonten und das gewinnwirksame planmäßige und außerplanmäßige Abschreiben der aktivierten Akquisitions- und Lernkosten sind Gegenstand der **Buchwertermittlungsverfahren** des Human Resource Accounting.[643] Unterstellt man eine posi-

---

[640] Vgl. dazu Streim, H. (1993), Sp. 1681, Sp. 1692; Dawson, C. (1994), S. 37; Marr, R. / Schmidt, H. (1992), Sp. 1032. Streim betrachtet die Humanvermögensrechnung zu Beginn der Neunzigerjahre als „...wissenschaftlich intensiv diskutierte Modeerscheinung..., die nach wenigen Jahren weitgehend in Vergessenheit geraten ist." (Streim, H. (1993), Sp. 1692). Dawson spricht von einer „... short and some might say inglorious history" (Dawson, C. (1994), S. 37) und stellt fest, dass das Human Resource Accounting „... never developed from the prescriptive stage of its early advocates into a recognized management activity..." (ebd.).

[641] Vgl. zu den beiden Wertversionen Streim, H. (1993), Sp. 1682; Marr, R. (1982b), S. 48; Conrads, M. / Goetzke, W. / Sieben, G. (1982), S. 496f.; Schmidt, H. (1982b), S. 12; Flamholtz, E. G. (1999), S. XII, S. 53ff., S. 157ff.; (1982), S. 79ff.; Staehle, W. H. (1999), S. 782 und insbesondere zur auf Likert zurückgehenden (vgl. Likert, R. (1967) Human Resource Value-Perspektive Flamholtz, E. G. (1999), S. 157ff.; Morse, W. J. (1973); Marr, R. (1982a), S. 551ff.; Brummet, R. L. (1982), S. 67ff., S. 70ff.

[642] So weist die bei Flamholtz angeführte höchste Entwicklungsstufe V eines Human Resource Accounting-Systems, das die Ermittlung ökonomischer bzw. monetärer Wertgrößen für das Personal zum Gegenstand hat, in theoretischer Hinsicht bereits bemerkenswerte Bezüge zu einem wertorientierten Personalinformationssystem auf. Ein entsprechendes System beinhaltet etwa die Ermittlung des ROI von Humankapitalinvestitionen, eine wertbasierte Vergütung oder die Messung des ökonomischen Wertes von Individuen (vgl. hierzu Flamholtz, E. G. (1999), S. 285ff. und als Basis die nachfolgende Grundmodelldarstellung).

[643] Vgl. hierzu Streim, H. (1993), Sp. 1683ff.; Marr, R. / Schmidt, H. (1992), Sp. 1035f.; Bisani, F. (1982), S. 577ff.; Lang, H. (1977), S. 33; Lang, H. (1976), S. 1982; Schmalen, H. (1977), S. 807.

tive Korrelation zwischen den ermittelten Buchwerten und den tatsächlich realisierbaren Ertragswerten, also den Barwerten der Zahlungsüberschüsse, die ein bzw. mehrere / alle Mitarbeiter für ein Unternehmen während ihrer Unternehmenspräsenz erwirtschaften, dann sind die generierten buchhalterischen Informationen auch als führungsrelevant im Sinne einer wertorientierten Unternehmenslenkung zu qualifizieren. Die Existenz und das Ausmaß einer solchen Korrelation können jedoch sehr kritisch gesehen werden, da ein Auseinanderklaffen von aktivierten Kosten und realisierten Leistungspotenzialen im Personalbereich nicht unwahrscheinlich ist.[644] Insofern sind die mit der Einführung einer humanzentrierten Buchhaltung verbundenen Informationsgewinne für interne, aber auch externe Adressaten angesichts gegebenenfalls hoher Implementierungskosten zu relativieren.

Bei den auf den **Ertragswert als monetarisierter Nutzenbarwert**[645] des betrieblichen Humanvermögens abzielenden Value Accounting-Verfahren können direkte und indirekte Methoden der Bestimmung personalbezogener Wertgrößen unterschieden werden.[646] Bei den **direkten Verfahren** werden künftige monetäre Zielbeiträge von Individuen erfasst, d.h. eine Einschaltung von Surrogatgrößen wie bei den indirekten Verfahren erfolgt nicht. Nach der bekanntesten Ertragswertbestimmungsmethode, die auf den wohl namhaftesten Vertreter des Human Resource Accounting, Eric G. Flamholtz,[647] zurückgeht, ergibt sich der erwartetete realisierbare Wert eines Individuums E(V) als:[648]

---

[644] Vgl. auch Streim, H. (1993), Sp. 1684f.

[645] Alternativ kann auch von einem „Gegenwartswert der erwarteten zukünftigen Leistungen" (Neubauer, F.-F. (1974), S. 265) eines Mitarbeiters gesprochen werden oder, in Anlehnung an die grundlegende Definition des ökonomischen Werts der Human Assets von Likert, von „... differences between (two firms) in present and future earnings, attributable to the differences in their human organizations." (Likert, R. (1967), S. 148). Eine stärker auf die externe Bilanzierungsperspektive abzielende Definition eines personalbezogenen Ertragswerts findet sich bei Schmalen, der unter dem Ertragswert des Humankapitals den „... auf den Bilanzstichtag abdiskontierten Barwert aller zukünftigen Nettoeinzahlungen aus dem Humankapital..." (Schmalen, H. (1977), S. 808) versteht.

[646] Vgl. Streim, H. (1993), Sp. 1687ff.; Bea, F. X. / Haas, J. (2001), S. 306; Bea, F. X. (1997b), S. 403f. Vgl. zu den Verfahren der zahlungsstrombezogenen Wertmessung auch Marr, R. / Schmidt, H. (1992), Sp. 1038; Bisani, F. (1982), S. 580ff.; Brummet, R. L. (1982), S. 70ff.; Flamholtz, E. G. (1982), S. 82ff.

[647] Vgl. zur Konzeption von Flamholtz insbesondere Flamholtz, E. G. (1999); (1982); Fitzenz, J. (2000a),S. 115f.; Wunderer, R. / Jaritz, A. (1999), S. 62ff.; Streim, H. (1993), Sp. 1687f.; Dawson, C. (1994), S. 38; Conrads, M. / Goetzke, W. / Sieben, G. (1982), S. 499f.; Bisani, F. (1982), S. 582; Marr, R. (1982b), S. 49.

[648] Vgl. hierzu neben Flamholtz, E. G. (1999), S. 180ff. und Streim, H. (1993), Sp. 1687 auch die Modelldarstellungen bei Schmalen, H. (1977), S. 808; Bisani, F. (1982), S. 582 und Dawson, C. (1994), S. 38; Wunderer, R. / Jaritz, A. (1999), S. 163f. Grundlage für das Flamholtzsche Berechnungsmodell sind die Annahmen, dass invididuelle Wertpotenziale

$$E(V) = \sum_{t=1}^{T} \sum_{i=1}^{m} G_i P_{it}(1+r)^{-t} \text{ ; wobei gilt: } \sum_{i=1}^{m} P_{it} = 1 \text{ für alle } t = 1,...,T.$$

Der **Barwert** der von einem Mitarbeiter erzielten Ein- und Auszahlungen (E(V)) errechnet sich somit aus der Summe der auf allen bis zum Ausscheiden (m) eingenommenen Positionen i = 1,..., m anfallenden und mit dem Zinssatz r abdiskontierten Einzahlungsüberschüsse G_i, in Abhängigkeit von den Wahrscheinlichkeiten P_{it}, mit der ein Beschäftigter in der Periode t die Position i einnimmt, und von der geschätzten gesamten Unternehmensverweildauer T. Das offensichtliche **Grundproblem** dieses und weiterer in Folge entwickelter direkter Ertragswertverfahren ist die mangelhafte Operationalisierbarkeit der Inputgrößen. Streim kommt deshalb aufgrund der nicht additiv linear-homogenen, keine oder nur geringe Faktorinteraktivität voraussetzenden Funktionsbeziehung zwischen Gewinn und eingesetzten Produktionsfaktoren zu folgendem Schluss: „Alle Versuche, auf direktem Weg Ertragswerte für einzelne Arbeitnehmer, Arbeitnehmergruppen oder die Belegschaft insgesamt ermitteln zu wollen, können als **gescheitert** bezeichnet werden."[649]

Die in der Literatur wesentlich verbreiteteren **indirekten personalbezogenen Nutzwertbestimmungsverfahren** lassen sich in fünf Hauptgruppen untergliedern.[650] Bei Bewertungen auf der Grundlage von **Lohn- und Gehaltszahlungen** kann der Ertragswert der Gesamtbelegschaft dann über die gewichtete oder ungewichtete Diskontierung von Belegschaftslohnsummen oder die Kürzung des aus dem Gesamtunternehmenswert extrahierten Firmenwerts um nicht dem Personalbestand zurechenbare Anteilsbeträge ermittelt werden. Alle vorgeschlagenen entgeltbasierten Verfahren sind aber theoretisch und auch in der praktischen

---

von der Entwicklungsfähigkeit, der Transferierbarkeit und der Produktivität einer Person abhängen, und dass die Wahrscheinlichkeit des Verbleibs eines Mitarbeiters im Unternehmen von dessen Arbeitszufriedenheit bestimmt wird. Flamholtz erweitert die individuelle Wertermittlung um Perspektiven gruppenbezogener Wertdeterminanten, indem er auf das entsprechende Modell von Likert und Bowers zurückgreift (vgl. Flamholtz, E. G. (1999), S. 159ff.).

[649] Streim, H. (1993), Sp. 1689. Streim ordnet den direkten Verfahren zur Ermittlung des Ertragswerts von betrieblichem Humanvermögen, auch die von Hermanson (vgl. Hermanson, R. H. (1964) konzipierte und umstrittene Firmenwertmethode zu (neben dem Sicherheitsäquivalenzansatz von Ogan, P. (1976) und dem Markov-Ketten-Ansatz von Jaggi, B. / Lau, H.-S. (1974)), bei der vom Normalgewinn abweichende und somit belegschaftsbedingte Übergewinn zur Wertermittlung abgezinst wird (vgl. Streim, H. (1993), Sp. 1688f.). Dies steht im Gegensatz zur Position bei Bisani, der den Hermonschen Ansatz als indirektes Wertsurrogatverfahren kennzeichnet (vgl. Bisani, F. (1982), S. 580f.). Je nach Betrachtungsfokus erscheinen beide Zuordnungen mehr oder weniger plausibel bzw. angreifbar.

[650] Vgl. dazu Streim, H. (1993), Sp. 1689ff.

Anwendung äußerst angreifbar. Dies gilt allerdings ebenso für die anderen Verfahrenskategorien wie die Bewertung des Humanvermögens zu **historischen Anschaffungskosten**, zu **Wiederbeschaffungskosten** oder zu diskontierten **Opportunitätskosten**.[651] Auch die kausallogische Verknüpfung nichtmonetärer **Indikatoren** (z.b. für leistungsrelevante Faktoren wie Arbeitnehmerzufriedenheit, Gruppenkohäsionsgrad etc.)[652] oder **Punktwertsysteme**[653] mit monetären Ertragswerten konnte das Human Resource Accounting bis heute noch nicht stringent belegen und in empirisch fundierte Formalzusammenhänge überführen.[654]

Dawson unterscheidet insgesamt sechs **Hauptkategorien präskriptiver Human Resource Accounting-Modelle** zur Berechnung von monetären Mitarbeiterwerten: „Economic Cost Models", „Historic Cost Models", „Replacement Cost Models", „Stochastic Rewards Valuation Models", „Total Organizational Models" und ein „Bidding Model".[655] Er verzichtet auf die hier angeführte und

---

[651] Vgl. zu den verschiedenen Kostenarten als Bewertungsgrundlage auch Flamholtz, E. G. (1999), S. 53ff.; Marr, R. / Schmidt, H. (1992), Sp. 1036f.; Marr, R. (1982a), S. 553ff; (1982b), S. 48.; Woodruff, R. L. (1982), S. 104f.ff.; Scholz, C. (2000a), S. 357; Wunderer, R. / Jaritz, A. (1999), S. 155ff. und Neubauer, F.-F. (1974), S. 266.

[652] Vgl. zur nicht-monetären Wertmessung für die Generierung von Aussagen über die Leistungsbereitschaft von Mitarbeitern auch Flamholtz, E. G. (1999), S. 219ff.; Marr, R. / Schmidt, H. (1992), Sp. 1039, Marr, R. (1982a), S. 557ff. und das von Bisani vorgeschlagene Indikatorensystem (vgl. Bisani, F. (1982), S. 589ff. und die vorangestellten Ausführungen zur Indikatorenthematik auf S. 583ff.) sowie den von Schuster entwickelten Human Resources Index (HRI) (vgl. Schuster, F. E. (1986)).

[653] Vgl. zu Punktwertsystemen auch die Ausführungen von Bea, F. X. (1997b), S. 403ff. und Bea, F. X. / Haas, J. (2001), S. 306f. zu einer auf einem Benefit-Punktsystem basierenden strategischen Humanpotenzialrechnung als Beispiel für eine strategieorientierte Potenzialrechnung.

[654] Unter pragmatischen Gesichtspunkten lassen sich zwar qualitative Bestandsaufnahmen mit monetären Kostenschätzungen zusammenführen, das konkrete „Wie" bleibt bei entsprechend praxisorientierten Darstellungen des Human Resource Accounting zur Berücksichtigung des Humankapitals bei der Firmenwertermittlung aber äußerst vage (vgl. z.B. die entsprechenden Erörterungen von Lindemann, P. (1982), insbes. das Beispiel auf S. 489ff.).

[655] Vgl. Dawson, C. (1994), S. 37. Economic Cost Models basieren demnach auf der Humankapitaltheorie von Schultz und Becker (Vertreter: z.B. Lev, B. / Schwartz, A. (1971); Friedman, A. / Lev, B. (1974)). Historic Cost Models (Vertreter: z.B. Pyle, W. (1970); Woodruff, R. L. (1970)) und Replacement Cost Models (Vertreter bzw. Darstellung: z.B. Flamholtz, E. G. (1973)) knüpfen an existierende Wertgrößen des traditionellen Rechnungswesens an. Total Organizational Models (Vertreter: z.B. Hermanson, R. (1964); Giles, W. / Robinson, D. (1972)) nehmen eine stufenweise Dekomposition des Gesamtunternehmenswerts, bezogen auf die verschiedenen Inputfaktoren, vor, während das Bidding Model (Vertreter: Hekimian, J. / Jones, C. (1967)) die Wertbestimmung über interne Arbeitsmärkte realisiert. Prinzipien der Stochastic Rewards Valuation Models (Vertreter: v.a.

vielfach gängige Unterscheidung von direkten und indirekten Verfahrensansätzen; sieht aber in der Kombination des am weitesten entwickelten „Stochastic Rewards Valuation Models" von Flamholtz mit indirekten Surrogatmessungen eine gangbare Verbesserungsoption.[656]

Die mit dem Human Resource Accounting bzw. den entwickelten Verfahren verbundenen **Unzulänglichkeiten in Operationalisierung und Praktikabilität** (Zurechnungs-, Objektivitäts-, Zuverlässigkeits- und Validierungsprobleme) und die Kritik an der Betrachtung von arbeitenden **Menschen als Quasi-Eigentum** und bloße Objekte betrieblicher Ertragsmaximierung[657] haben dazu geführt, dass erst in neuerer Zeit, mit der zunehmenden Popularität einer wertbasierten Unternehmensführung, wieder eine spürbare Belebung der Diskussion rechnungsbasierter personaler Dokumentations- und Informationssysteme stattgefunden hat.[658] Eine der entsprechenden Publikationen mit deutlichen Bezügen zum Sha-

---

Flamholtz, E. G. (1971), (1999); Jaggi, B. / Lau, H.-S. (1974); Lau, A. / Lau, H.-S. (1978)) wurden bereits am Beispiel des Flamholtzschen Ansatzes eingehender betrachtet (vgl. zu den literarischen Zuordnungen Dawson, C. (1994), S. 40.). Vgl. als weitere Kategorisierungsoption die auf Flamholtz (vgl. Flamholtz, E. G. (1999), S. 12ff.) rückführbare Unterscheidung input- und outputorientierter Ansätze bei Scholz, C. (2000a), S. 357f., Staehle, W. H. (1999), S. 782; Wunderer, R. / Jaritz, A. (1999), S. 155ff. und Huber, M. (1998), S. 70ff., die entweder die mit dem Personal verbundenen Aufwendungen (Input / Kosten) oder dessen Leistungsbeiträge (Output / Wert) in den Mittelpunkt stellen.

[656] Flamholtz schlägt diese pragmatische Vorgehensweise selber als gangbaren Weg vor: „The problem of measuring an individual's value can be conceptualized as a stochastic process with rewards. The anticipated difficulties involved in applying this normativ model suggest the need for surrogate measures. There are several possible surrogates, including original cost, replacement cost, compensation, and opportunity cost." (Flamholtz, E. G. (1999), S. 200).

[657] Vgl. dazu und zu weiteren kritischen Aspekten auch Lang, H. (1977), S. 35; Fischer, H. (1999), S. 40f.; Marr, R. / Schmidt, H. (1992), Sp. 1039ff.; Dawson, C. (1994), S. 39; Scholz, C. (2000a), S. 358f.; Drumm, H. J. (2000), S. 681; Fitz-enz, J. (2000a), S. 116; Wunderer, R. / Jaritz, A. (1999), S. 164; Huber, M. (1998), S. 201f.; Marr, R. (1982a), S. 571f.; Bisani, F. (1982), S. 582f.; Marr, R. (1982b), S. 50f.; Reuter, E. (1982), S. 249f.; Engelen-Kefer, U. (1982), S. 286f.; Neubauer, F.-F. (1974), S. 273ff.; Schmalen, H. (1977), S. 807.

[658] Diese Einschätzung wird auch durch die Anmerkung von Dawson unterstützt, der davon spricht, dass das Human Resource Accounting „... has recently experienced something of a revival."(Dawson, C. (1994), S. 39), und der als Indiz hierfür das vermehrte Auftauchen des Begriffs „Human Asset Accounting" in der Human Resource Management-Literatur der Neunzigerjahre anführt (vgl. a.a.O., S. 37). Auch Staehle erwartet eventuell eine Wiederbelegung des Themas angesichts veränderter Schwerpunktsetzungen des Human Resource Management: „Inzwischen haben Humanvermögensrechnungen und Sozialbilanzen zumindest im deutschen Sprachraum das Interesse von Wissenschaft und Praxis verloren; es ist gut möglich, dass die aktuelle Diskussion des HRM in den USA und bei uns zu einer Renaissance dieser Entwicklung führt." (Staehle, W. H. (1999), S. 783). Flamholtz

reholder Value-Ansatz und praktikableren Gestaltungsperspektiven wird nachfolgend repräsentativ erörtert.[659] Eine zweite den holistischen Bewertungsverfahren noch zurechenbare und als Weiterentwicklung der Humanvermögensrechnung[660] interpretierbare Konzeption ist der von **Odiorne** entwickelte und bereits eingehend erörterte ökonomische Portfolioansatz eines „Strategic Management of Human Resources",[661] der allerdings bereits weit über die bloße Hu-

---

sieht für das gegenwärtige Entwicklungsstadium des Human Resource Accounting den Beginn eines Wiederauflebens des Interesses in Theorie und Praxis und den Eintritt in eine Phase rapide wachsender Anwendungsbezüge. Er begründet dies vor allem mit der gestiegenen Bedeutung des Human Capital und der intellektuellen Potenziale in den postindustriellen Ökonomien (vgl. Flamholtz, E. G. (1999), S. 3, S. 5, S. 349) sowie der Notwendigkeit adäquater Messinstrumente (vgl. a.a.O., S. 351f., S. 358) und verweist auf einige aktuelle Praxisbeispiele (Skandia Group, Canadian Imperial Bank of Commerce, Hughes Space and Communications, Telia) für die Berücksichtigung und Veröffentlichung personaler Wertgrößen. Als ein Indiz hierfür kann sicherlich auch die 1999 nach langer Pause erfolgte dritte Neuauflage seines Standardwerks (vgl. Flamholtz, E. G. (1999)) herangezogen werden.

[659] Eine umfassendere Analyse der „historischen" Human Resource Accounting-Literatur der Sechziger- und Siebzigerjahre würde den Rahmen der vorliegenden Arbeit bei weitem sprengen (vgl. hierzu aber insbesondere den äußerst umfangreichen Sammelband von Schmidt, H. (1982a) sowie Flamholtz, E. G. (1999), dessen klassisches Konzept in theoretischer Hinsicht dem Shareholder Value-Ansatz sehr nahe steht, allerdings nur bedingt praktikabel erscheint). Eine Detailbetrachtung erfolgt deshalb bzw. vor dem Hintergrund der Zielsetzung der vorliegenden Arbeit lediglich exemplarisch anhand einer aktuelleren Publikation bzw. Weiterentwicklung der ursprünglichen Ansätze.

[660] Vgl. zu dieser Einschätzung auch Flamholtz, der Odiorne als Vertreter der „Human Resources School" und als Beispiel für eine Wert-Ressourcen-Orientierung im Personalmanagement anführt (vg. Flamholtz, E. G. (1999), S. XII), sowie Scholz, C. (2000a), S. 49, der als weiteres Beispiel für eine neuere Weiterentwicklung der Humanvermögensrechnungsidee außerdem auf die Arbeit von Fischer (vgl. Fischer, H. (1999) verweist, die auf die Entwicklung von Bewertungs- und Messvorschriften für das betriebliche Humanpotenzial abzielt (vgl. Scholz, C. (2000a), S. 359). Fischer entwirft ein bilanzielles Periodenabrechnungssystem, durch das investive Personalausgaben im internen Rechnungswesen analog zur Bilanzierung von Sachinvestitionen erfassbar gemacht werden sollen. Er verweist weiterhin auf Möglichkeiten einer Integration partieller Aspekte in die handelsrechtlichen Jahresabschlussvorschriften (vgl. Fischer, H. (1999), S. 29, S. 45ff., S. 63f. und ergänzend Fischer, H. (1997)). Insofern kann das Bilanzierungskonzept von Fischer auch der Kategorie holistischer Bewertungsansätze zugeordnet werden, wenngleich der Shareholder Value-Bezug nicht explizit thematisiert wird und allenfalls implizit ableitbar erscheint.

[661] Odiorne, S. (1985). Vgl. auch die entsprechende Konzepterörterung bei der Besprechung strategischer Personalmanagementsysteme in B.II.1.b). Der strategische Ansatz von Odiorne stellt zwar nicht ausdrücklich den Shareholder Value-Gedanken in den Vordergrund, weist jedoch aufgrund seiner humankapitaltheoretischen und finanzwirtschaftlichen Wurzeln eine hohe Stimmigkeit mit der Grundidee einer am Unternehmenswert orientierten Betriebsführung auf. Insofern kann auch dieser Bezugsrahmen wertvolle Anregungen zur

man Capital-Bewertungsproblematik hinausgehende Bezüge zur Kategorie der managementorientierten Kennzahlensteuerungsansätze aufweist.

bb) Analyse des Ansatzes zur Human Capital-Bewertung nach Huber

Eine jüngere, der ganzeitlichen Humankapitalbewertungsperspektive neuerer Human Resource Accounting-Entwicklungen zuzurechnende Arbeit ist die Analyse des Einflusses von Human Capital als wertbestimmender Faktor bei der **Bewertung von Dienstleistungsunternehmen** durch Huber.[662] Aufgrund ihrer expliziten Bezugnahme auf den Shareholder Value-Ansatz erscheint die Untersuchung als besonders geeignetes Beispiel für eine Zusammenführung aktueller Entwicklungen einer wertorientierten strategischen Unternehmensführung und traditioneller Perspektiven der Humanvermögensrechnung, das darüber hinaus noch im deutschen Sprachraum beheimatet ist.

Vor dem Hintergrund einer an der langfristigen **Maximierung des Shareholder Value** orientierten Unternehmensführung und der Erkenntnis, dass die bisherigen Bemühungen der Humankapitalrechnung noch kein allgemein anerkanntes und etabliertes Modell zur Berücksichtigung des Human Capital bei der Unternehmensbewertung hervorgebracht haben,[663] unternimmt Huber den Versuch einer **Integration personaler Wertaspekte in traditionelle Methoden** der Unternehmensbewertung. Das Human Capital soll als akkumuliertes menschliches Leistungspotenzial eines Unternehmens[664] und als wertrelevanter Aktivposten („Asset") aus Gründen ökonomischer Vernunft in strategische Unternehmensbewertungen eingehen, denn mit dem Human Capital sind leistungsbezogene Cash flows verbunden, die dieses zu einem Wertgenerator werden lassen.[665] Diese Einschätzung kann in Teilen durch die Ergebnisse einer Befragung von letztlich 43 Investoren untermauert werden.[666]

---

konkreten Ausgestaltung eines Ansatzes zur Erschließung des ökonomischen Werts betrieblicher Humanressourcen liefern.

[662] Vgl. hierzu Huber, M. (1998).

[663] Vgl. Huber, M. (1998), S. 54.

[664] Vgl. zur entsprechenden Begriffsbestimmung a.a.O., S. 55ff. Human Capital wird als immaterieller unternehmensgebundener Wert, neben Werten wie Kundenstamm, Reputation, Organisation etc., verstanden, der ein Bestandteil der Goodwill-Komponente (die losgelöst vom Unternehmen keinen Wert mehr hat) des Intellectual Capital eines Unternehmens ist (vgl. a.a.O., S. 58ff.).

[665] Vgl. dazu a.a.O., S. 64f.

[666] Vgl. zu den empirischen Ergebnissen der Erhebung von Huber eingehender die Anmerkungen in Tabelle 17, in Kapitel C.I.2.c) sowie Huber, M. (1998), S. 99ff.

222

Im Rahmen eines praxisnahen **modifizierten Substanzwertverfahrens** zur Unternehmensbewertung[667] wird die Kombination vorhandener finanzieller Werte mit Human Capital-basierten Wertpotenzialschätzungen intangibler Vermögenswerte zur Bestimmung eines modifizierten, auch dynamische Elemente beinhaltenden Substanzwerts vorgeschlagen. Auf der Grundlage der empirischen Befragung werden die Unternehmensreputation, Kundenbeziehungen, unternehmerische Fachkompetenz und die Unternehmensstrategie als essenzielle, von der Qualität des betrieblichen Humankapitals abhängige intangible Vermögenswerte bei der Substanzwertbestimmung berücksichtigt. Personalbezogene Wertmaßgrößen[668] für die jeweiligen Komponenten sind die Wiederbeschaffungskosten für das Top-Management (Mindesthöhe des Reputationswerts), die Mitarbeiterfluktuation (künftige Reduktion des Kundenbestands), die Anzahl und Innovationsfähigkeit der F&E-Mitarbeiter und die hiermit verbundenen (Ausbildungs-)Aufwendungen (Korrekturfaktor für die Bestimmung des Wertpotenzials künftiger Produktinnovationen als Näherungswert für die Fachkompetenz) sowie die vorhandene oder fehlende Strategiekompetenz des Managements (Unternehmensstrategie). Mangels Monetarisierbarkeit wird zur Berücksichtigung des Strategieaspekts lediglich eine Auf- bzw. Abrundung des ermittelten modifizierten Substanzwerts empfohlen.

Für die theoretisch fundierteren **Ertragswertverfahren**,[669] die bei der Unternehmensbewertung von als gleich bleibende ewige Rente anfallenden und risikoadäquat zu diskontierenden Jahresgewinnen ausgehen, bietet sich eine auf das Human Capital rekurrierende Anpassung der Price / Earnings Ratio[670] an, die zur Einschätzung überdurchschnittlicher Gewinnwachstumschancen im Vergleich mit Wettbewerbern herangezogen werden kann. Die bei der Befragung ermittelten wertrelevanten, vor allem auf das Top Management eines Unternehmens bezogenen Human Capital-Faktoren[671] sind dabei die Kriterienbasis eines

---

[667] Vgl. hierzu Huber, M. (1998), S. 115ff. Der Substanzwert ist der Kapitalbetrag, der in den Vermögensbestandteilen eines Unternehmens gebunden ist und entspricht dem Wiederbeschaffungswert bzw. den Reproduktionskosten einer Unternehmung (vgl. a.a.O., S. 25).

[668] Huber spricht unter Bezugnahme auf die Investorenbefragung auch, im Gegensatz zu den Hilfsgrößen traditioneller Human Resource Accounting-Verfahren, von „marktbestimmten Surrogaten" zur Bewertung des Human Capital (vgl. a.a.O., S. 131).

[669] Vgl. zur Modifikation der Ertragswertmethoden a.a.O., S. 131ff.

[670] Die Price / Earnings Ratio steht für das Kurs-Gewinn-Verhältnis und errechnet sich demnach aus der Division des Börsenwerts eines Unternehmens durch seinen aktuellen Gewinn (vgl. z.B. Günther, T. (1997), S. 157 und ergänzend Copeland, T. / Koller, T. / Murrin, J. (2000), S. 284f.).

[671] Es handelt sich hierbei insbesondere um die Kriterien Produktkenntnisse, Kundenbeziehungen, anerkannter Leistungsausweis, Dauer der Unternehmenszugehörigkeit, Alter, Ausbildung und Motivation, die jedoch situationsspezifisch vom Investor zu wählen und zu gewichten sind (vgl. Huber, M. (1998), S. 107ff, S. 134f.).

mit Gewichtungsfaktoren agierenden einfachen Scorecard-Ansatzes zur Bewertung des Managementteams. Der im Punktbewertungsmodell ermittelte Human Capital-Wert eines Unternehmens wird dem Durchschnittswert der zum Vergleich herangezogenen Unternehmen gegenübergestellt und das Verhältnis von Durchschnitts- und Eigenwert auf die Price / Earnings-Relationen der Vergleichsunternehmen übertragen, so daß eine Human Capital-bezogene Korrektur der Kennzahl ermöglicht wird.

Der dem Shareholder Value-Ansatz am nächsten stehende **Discounted Cash flow-Ansatz** bietet ebenfalls Anknüpfungspunkte für eine humankapitalorientierte Erweiterung. Hierzu wird das Discounted Cash flow-Modell von Rappaport[672] unter Bezugnahme auf die Befragungsergebnisse um einen Katalog personalbezogener Bewertungskriterien zur Einschätzung der Werttreiber Umsatzwachstum, Gewinnmarge sowie Wachstumsdauer ergänzt.[673] Aus dem Kriterienkatalog sind einzelfallabhängig die relevanten Faktoren auszuwählen und bei der Bestimmung gruppen- oder personenbezogener Cash flows und der Wahrscheinlichkeiten der jeweiligen Cash flow-Generierung heranzuziehen. Die künftigen Cash flows sind von der Wahrscheinlichkeit des Verbleibs der relevanten Mitarbeiter und von deren Leistungsfähigkeit abhängig. Die sich hier anbietende Heranziehung des klassischen Service State-Ansatzes von Flamholtz wird von Huber als nicht praktikabel abgelehnt. Im als praktikablere Methode offerierten Discounted Cash flow-Modell des konstruierten Berechnungsbeispiels findet eine Segmentierung der Mitarbeiter nach deren Beitrag zum Shareholder Value statt. Den Mitarbeitergruppen werden weiterhin spezifische Fluktuationsraten, Lohnsummenanteile, Wiederbeschaffungskosten und Abfindungszahlungen für den Fall von Kündigungen zugewiesen. Die **jahresbezogenen Free Cash flow-Determinanten** werden personalabhängig wie folgt ermittelt:[674]

(1) *Erträge = Vorjahresertrag • [1 + Wachstum] - [Ertragsrückgänge wegen überhöhter Fluktuation]*

(2) *Wiederbeschaffungskosten je Kategorie = [(Gesamtfluktuation) + (geplante Änderung Mitarbeiteranzahl)] • [Löhne der Kategorie in % der Gesamtlohnkosten] • [Gesamtlohnkosten] • [Rekrutierungskosten in % der Löhne]*

(3) *Abgangsentschädigungskosten je Kategorie = [Änderung Mitarbeiteranzahl] • [Abgangsentschädigung in % des Lohnes] • [Gesamtlohnkosten] • [Anteil aktiv ausgeprochener Kündigungen]*

---

[672] Vgl. hierzu die umfassenden Ausführungen in C.I.1.a).
[673] Vgl. zur Modifikation der Cash flow-Methode Huber, M. (1998), S. 140ff.
[674] Vgl. a.a.O., S. 150f.

Das Berechnungsmodell wird in einer weiteren Stufe noch um die Berücksichtigung von **Bleibeboni** bei Unternehmensübernahmen ergänzt. In Abhängigkeit von den Bleibeboni resultieren unterschiedliche Unternehmenswerte, was, in Verbindung mit der produktivitätsabhängigen Belegschaftssegmentierung, als Indiz für die Vorteilhaftigkeit monetärer Anreizsysteme im Sinne des Shareholder Value-Ansatzes gewertet wird.[675]

Die von Huber vorgeschlagenen Modifikationen gängiger Unternehmensbewertungsverfahren können einerseits sehr **kritisch** als in hohem Maße subjekt- und situationsspezifische Versuche der Integration von Humankapitalüberlegungen in die Wertermittlung eines Unternehmens betrachtet werden. Die primäre Modellkennzeichnung anhand von Praxisbeispielen deutet darauf hin, dass eine Generalisierbarkeit der Methoden wohl nur bedingt möglich ist. Inhaltlich bleiben demzufolge sowohl das modifizierte Substanzwertverfahren, als auch die Anpassung der Price / Earnings Ratio sehr vage, insbesondere was den theoretischen Kern des Brückenschlags zwischen den herangezogenen Human Capital-Faktoren und den eruierten Wertgrößen angeht. Das im Vergleich zum Flamholtzschen Ansatz stark vereinfachte Discounted Cash flow-Modell weist ebenfalls in Ansätzen Defizite einer theoretischen Fundierung auf und basiert auf einer Reihe exemplarisch gewählter situativer Prämissen. Es bleibt insbesondere offen, wie die umfassenden Kriterienkataloge zur Bewertung der Werttreiber in ein generalisierbares Bewertungsmodell konkret einzugehen haben. Andererseits ist das Bemühen um eine empirische Begründung der herangezogenen Human Capital-Bewertungshilfen für die direkte und indirekte personale Wertermittlung positiv hervorzuheben. Weiterhin sind alle bisherigen und auch zukünftigen Wertbestimmungsverfahren im Personalbereich aufgrund der qualitativen Essenz des Themas zwangsweise mit der Subjektivitäts- und Kontingenzproblematik behaftet. Insofern ist das Konzept von Huber als **empirisch begründeter Versuch einer Weiterentwicklung** von Verfahren der Unternehmensbewertung bzw. des **Human Resource Accounting** zu würdigen, der die aktuelle Shareholder Value-Diskussion aufgreift und die Relevanz des Faktors Personal für eine wertorientierte strategische Unternehmensführung und damit auch -bewertung auch außerhalb des anglo-amerikanischen Sprach- und Wirtschaftsraums mit starkem Bezug zur Unternehmenspraxis aufzeigt.

---

[675] Vgl. Huber, M. (1998), S. 156, S. 203.

225

c) Darstellung und kritische Würdigung personalwirtschaftlicher Konzeptionen einer holistischen Kennzahlensteuerung

Die Kategorie von Beiträgen einer holistischen Kennzahlensteuerung beinhaltet eine Reihe von Arbeiten, die auch als **managementfokussierte Fortsetzungen** bzw. Weiterentwicklungen **des Human Resource Accounting** interpretierbar sind. Auf den engen Zusammenhang und die fließenden Übergänge zwischen den beiden holistischen Wertkonzeptkategorien wurde bereits an anderer Stelle hingewiesen. Ausschlaggebend für die Zuordnung der Beiträge zur Gruppe der kennzahlenorientierten Wertkonzepte ist das **Hauptmerkmal „wertbasierte Kennzahlensystematik"** sowie die **interne Gestaltungs-, Steuerungs- und Prozessorientierung** der Konzeptentwürfe. Nachfolgend findet eine detailliertere Kennzeichnung der wichtigsten aktuellen Konzeptionen und eine zusammenfassende Kurzdiskussion weiterer Ansätze der Kategorie statt.

aa) Analyse des Accountability-Ansatzes nach Phillips

Phillips setzt sich in seinem Buch auf einer grundsätzlichen Ebene mit der Materie **„Accountability in Human Resource Management"**[676], d.h. der Mess- und Bewertbarkeit von Personalprogrammen und -einzelaspekten, auseinander. Ausgehend von der erkannten Erfordernis eines Paradigmenwechsels in Richtung eines ergebnisbasierten bzw. ergebnisorientierten Personalmanagements,[677] das die **Messung von personalen Erfolgs- und Kostengrößen** zu einem **strukturgebenden Leitthema** der betrieblichen Personalwirtschaft werden lässt, wird eine Gesamtschau existierender Mess- und Bewertungsverfahren sowie Kenngrößen vorgenommen, die zur Unternehmensperformance in einem kausalen Verhältnis stehen. Letzteres wird aufgrund eigener, indexbasierter empirischer Erhebungen bezüglich der von Phillips forcierten Messgrößen in Teilen auch belegt.[678]

Auf der Grundlage einer Analyse existierender Messkonzepte zur Ermittlung des Erfolgsbeitrags des Personalbereichs (Human Resources Accounting und

---

[676] Phillips, J. J. (1996) (Hervorhebung durch den Verfasser).

[677] Das Paradigma eines „Results-based Approach" hebt sich von den traditionellen Vorgehensweisen durch nutzenorientierte Bedarfsanalysen für Personalprogramme, durch eine kleinere Zahl effektiverer Personalprogramme, durch standardisierte Kontroll- und Eliminationsroutinen, extensive Zusammenarbeit mit den Führungskräften, die Sicht von Mitarbeitern als Investitionsobjekte und durch die ökonomische Qualifizierung der Personalmanager ab (vgl. Phillips, J. J. (1996), S. 23).

[678] Vgl. hierzu insbesondere a.a.O., S. 186ff. und die Ausführungen in Tabelle 16 in Kapitel C.I.2.c).

Auditing, Mitarbeiterbefragungen, Schlüsselindikatoren, Benchmarking etc.)[679] erfolgt die Entwicklung eines einfachen **Neun-Phasen-Modells zur ergebnisbezogenen Evaluation und Implementierung von Personalprogrammen.** Der Bewertungsprozess startet mit einer eingehenden Bedarfsanalyse. Es folgen die Fixierung eines programmspezifischen Mess- und Evaluationssystems, die Formulierung messbarer Programmziele, die eigentliche Programmentwicklung und Programmumsetzung, ein kontinuierliches Kosten-Monitoring, die Datenerhebung und -analyse, die Ergebnisinterpretation und das Ableiten von Konsequenzen. Der Prozess endet mit der Kommunikation der Bewertungsergebnisse an die relevanten Zielgruppen.[680] Durch intensive Kontakte zwischen dem Personalbereich und den Führungskräften, den Einsatz qualifizierter Datenerhebungsmethoden und ein systematisches Evaluationsdesign muss der Prozess abgesichert werden.[681]

Dreh- und Angelpunkt des ergebnisorientierten Ansatzes sind **fünf als essenziell erkannte Leistungskennzahlen für das Personalwesen,** die in kausaler Beziehung zu den wichtigsten Maßgrößen organisationaler Effizienz stehen: Personalausgaben / -investitionen, Abwesenheitsrate, Fluktuationsrate, Arbeitszufriedenheit sowie Commitment.[682] Zu den Unternehmenserfolgskennzahlen kann auch der Operating Return on Equity (ROE), also das Verhältnis von Betriebsertrag und dem durch die Aktionäre bereitgestellten Eigenkapital, gezählt werden. Über diese in der empirischen Analyse eingesetzte Größe ist ein unmittelbarer **Bezug** des auf die fünf Maßgrößen fokussierten Bewertungskonzepts zum **Shareholder Value** herstellbar. Dieser „Link" kann weiterhin über die für bestimmte Situationen propagierte Verwendung des personalbezogenen Return on Investment (ROI)[683] bzw. den Einsatz der Discounted Cash flow-Methode[684] hergestellt werden. Das **„HR Contribution Model"** ist in Abbildung 22 dargestellt. Durch Benchmarking und vertiefende Personalkostenanalysen kann der im Modell aufgezeigte Rahmen konkretisiert und gefüllt werden.[685] Für die einzelnen funktionalen Teilgebiete des Personalbereichs werden weiterhin in Ergänzung zum gesamtfunktionsbezogenen HR Contribution Model eine Vielzahl potenzieller Erfolgsmaßgrößen vorgestellt.[686]

---

[679] Vgl. Phillips, J. J. (1996), S. 33ff.

[680] Vgl. a.a.O., S. 63ff.

[681] Vgl. umfassender zum Managementeinfluss auf die Ergebnisse des Personalbereichs Phillips, J. J. (1996), S. 78ff.; zu adäquaten Datenerhebungstechniken a.a.O., S. 110ff. und zum konkreten Evaluationsdesign sowie dessen Implementierung a.a.O., S. 147ff.

[682] Vgl. dazu a.a.O., S. 174ff.

[683] Vgl. hierzu a.a.O., S. 298ff.

[684] Vgl.a.a.O., S. 303.

[685] Vgl.a.a.O., S. 229ff. bzw. S. 250ff.

[686] Vgl. dazu a.a.O., S. 202ff.

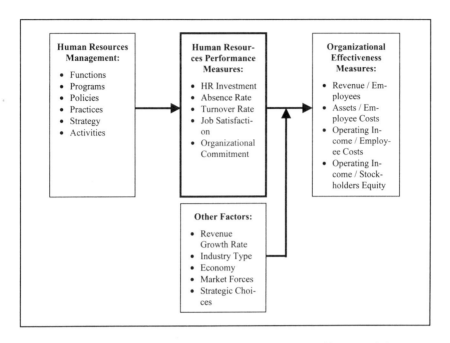

Abbildung 22: HR Contribution Model nach Phillips (Quelle: In Anlehnung an Phillips, J. J. (1996), S. 176 und S. 190)

Der auf „Accountability" abzielende ergebnisorientierte Ansatz befasst sich eingehend mit den im Personalbereich anfallenden Bewertungsproblemen, und zwar auf einer grundlegenden Betrachtungsebene. Der Ansatz ist als **managementorientierte Weiterentwicklung** der traditionellen **Human Resource Accounting-Perspektive** charakterisierbar[687] und weist insofern auch offensichtliche Berührungspunkte zur Kategorie der holistischen Bewertungsansätze auf. Die starke Betonung der Managementperspektive durch die Fokussierung auf die Bewertung von Personalprogrammen und -funktionen, die Kennzahlenausrichtung des zentralen HR Contribution Models und die umfassende Zusammenstellung einer Vielzahl ergänzender Personalsteuerungs- und -planungskenngrößen spricht jedoch für eine Zuordnung zur Kategorie der holistischen Kennzahlensteuerung. Der Beitrag betont methodische und verfahrenstechnische Aspekte einer kennzahlenbasierten Personalführung bzw. -steuerung, die großteils

---

[687] Vgl. zu dieser Sichtweise analog Scholz, C (2000a), S. 359, der dem Konzept eine Konzentration „... auf die Frage der grundsätzlichen Verankerung eines Humanvermögens-Managements..." attestiert (ebd.).

als **Gemeingut** der Personalcontrolling-Literatur anzusehen sind. Kritisch ist anzumerken, dass eine **theoretische Fundierung** der vermuteten und dem Kennzahlenmodell zugrundegelegten Wirkungsbeziehungen allenfalls ansatzweise, aber vornehmlich auf der Basis von Plausibilitätsüberlegungen erfolgt. Dies wird jedoch durch den in Teilen erfolgreichen Versuch einer **empirischen Untermauerung** hypothetischer Zusammenhänge partiell kompensiert.

bb) Analyse des HR Scorecard-Konzepts nach Becker / Huselid / Ulrich

Erste konzeptionelle Äußerungen der Pioniere der empirischen Fundierung eines auf Unternehmenswertsteigerung ausgerichteten Strategic Human Resource Management, Huselid und Becker,[688] finden sich bei den früheren **Publikationen mit empirischer Ausrichtung** allenfalls ansatzweise. Insbesondere dem Resource-based View wird dabei als konzeptionelle Grundlage für ein strategisches Personalverständnis Aufmerksamkeit entgegengebracht.[689]

Weiter gehendere konzeptionelle Überlegungen sind der 1997 erschienenen Veröffentlichung von **Becker / Huselid / Pickus / Spratt**[690] zu entnehmen. In ihr wird aus der auf **ressourcentheoretischen Überlegungen** und die empirischen Erkenntnisse[691] zurückgehenden Überzeugung, dass die Humanressourcen und deren Management einen wichtigen Einfluss auf den Shareholder Value nehmen können, die Notwendigkeit eines Human Capital Management-Ansatzes

---

[688] Vgl. hierzu die umfassende Analyse des empirischen Gesamtwerks in Kapitel C.I.2.a).

[689] Vgl. zur Bedeutung des Ressourcenorientierten Ansatzes für das konzeptionelle Grundverständnis von Huselid / Becker et al. auch Becker, B. E. / Huselid, M. A. (1998a), S. 57ff.; (1998b), S. 2f.; Huselid, M. A. / Jackson, S. E. / Schuler, R. S. (1997), S. 173f.; Huselid, M. A. / Becker, B. E. (1997), S. 2f.; (1999), S. 2; Becker, B. E. / Gerhart, B. (1996), S. 781ff.; Huselid, M. A. (1996), S. 636ff.

[690] Vgl. Becker, B. E. / Huselid, M. A. / Pickus, P. S. / Spratt, M. F. (1997).

[691] Als empirischer Grundstock der Überlegungen wird auf die zeitlich vorgelagerten Untersuchungen verwiesen (vgl. Becker, B. E. / Huselid, M. A. (1996); Huselid, M. A. / Becker, B. E. (1996)). Besondere Berücksichtigung findet der Beitrag von Huselid, M. A. / Becker, B. E. (1995). Aus dessen empirischen Resultaten (vgl. hierzu die Bestandsaufnahme in Kapitel C.I.2.a)) schließen die Verfasser, dass die Entwicklung des Managementsystems von einem strategischen Hindernis hin zur strategischen Neutralität zu stark überproportionalen Marktwerterhöhungen zu führen scheint, während die Verbesserung des neutral positionierten Systems durch Übernahme von Best Practice-Methoden kaum Performance-Verbesserungen nach sich zieht. Die Integration der einzelnen Human Resource Management-Praktiken zu einem kohärenten System ist wiederum mit ähnlich hohen überlinearen Wertsteigerungen verknüpft wie die Beseitigung strategischer Hindernisse im Personalbereich. Die Verfasser sehen die idiosynkratische Kombination personaler Teilbereiche und die daraus resultierenden schwer imitierbaren ressourcenbedingten Wettbewerbsvorteile als denkbare Erklärung der ermittelten überproportionalen Werterhöhung an (vgl. Becker, B. E. / Huselid, M. A. / Pickus, P. S. / Spratt, M. F. (1997), S. 41f.).

abgeleitet, der der neuen Rolle, die dem Human Resource Management in wert-orientiert geführten Unternehmen zukommt, gerecht werden kann. Sie betonen in diesem Kontext, ganz im Sinne der Strategic Human Resource Management-Debatte, das Erfordernis einer ganzheitlichen, systemischen Sichtweise der Einzelkomponenten eines **„High Performance Work System"**, das Inkompatibilitäten widerspiegelnde „Deadly Combinations" zwischen den Human Resource Management-Politiken und –Praktiken meidet und die Komplementaritäten und Synergien eines integrierten Systems als „Powerful Connections" zu nutzen weiß.[692] Die betrieblichen Humanressourcen werden als **strategische Vermögenswerte** einer Organisation betrachtet, deren Wert mit dem Gegenwartswert künftiger Netto-Cash flows korrespondiert, die aus den Kenntnissen, der Motivation und der Anpassungsfähigkeit der Belegschaft resultieren (vgl. zur zugrundeliegenden Kausalitätskette zwischen Personalaspekten und Shareholder Value Abbildung 23). Dem System zum Management der Humanressourcen kommt die vordringliche Aufgabe zu, die **Implementierung der Unternehmensstrategie** zur Realisierung von Wettbewerbsvorteilen zu unterstützen.[693] Die neue **Rolle**, die der **Personalbereich** in diesem strategischen Rahmenkonzept einnimmt wird anhand von vier Merkmalen gekennzeichnet:[694]

- Der Fokus bei der Betrachtung der Humanressourcen muss von der traditionellen Inputperspektive wegverlagert werden in Richtung **Outputorientierung** hinsichtlich der Lösung von Geschäftsproblemen. Der Aufbau diesbezüglicher Kompetenzen hat oberste Priorität
- Die Humanressourcen und das in ihnen enthaltene intellektuelle Kapital müssen zu einer **schwer imitierbaren strategischen Kernkompetenz** ausgebaut werden, die die Schaffung anhaltender Wettbewerbsvorteile ermöglicht.
- **Strategische Kompetenzen**, d.h. die Fähigkeit zum Erkennen der personalen Dimension bei der Lösung strategischer Probleme in den Schlüsselbereichen eines Unternehmens, sind wichtiger als funktionale Kompetenzen.
- Das Personalmanagement muss auf der Grundlage einer **Systemperspektive** die Stimmigkeit der Aktionsfelder gewährleisten.

Eine konzeptionelle Präzisierung der insgesamt noch sehr pauschal gehaltenen Leitformulierungen erfolgt jedoch zunächst nicht. Es handelte sich allenfalls um einen ersten, noch nicht ausgereiften Versuch, Querverbindungen zwischen dem Shareholder Value-Ansatz und dem Management der Humanressourcen und nahe liegende Handlungskonsequenzen aufzuzeigen. In jüngster Zeit aber haben Huselid und Becker in Zusammenarbeit mit Dave Ulrich auf der Grundlage ihrer empirischen Vorarbeiten und der dargelegten älteren „konzeptionellen Skizze"

---

[692] Vgl. Becker, B. E. / Huselid, M. A. / Pickus, P. S. / Spratt, M. F. (1997), S. 42f.
[693] Vgl. a.a.O., S. 44.
[694] Vgl. a.a.O., S. 45.

sowie der Erfahrungen mit dem Balanced Scorecard-Ansatz von Kaplan / Norton[695] ein eigenes, **personalfokussiertes HR Scorecard-Modell** konzipiert, das den Mittelpunkt eines auf den finanziellen Unternehmenserfolg und damit auf die Implementierung der Unternehmensstrategie ausgerichteten strategischen Personal-Mess- und Steuerungssystems ausmacht.[696]

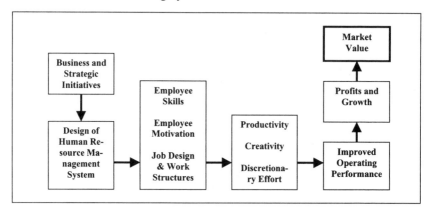

Abbildung 23: Modell der HR-Shareholder Value-Beziehung nach Becker / Huselid / Ulrich (Quelle: In Anlehnung an Becker, B. E. / Huselid, M. A. / Pickus, P. S. / Spratt, M. F. (1997), S. 40)

Zur Klärung und Messung der strategischen Bedeutung des Personalwesens wird ein **Sieben-Stufen-Prozess zur Transformation gegebener Personalstrukturen und –systeme in strategische „Assets"** vorgeschlagen (vgl. hierzu auch Abbildung 24).[697] In einem ersten Schritt muss eine klare Definition der Unternehmens- / Geschäftsstrategie als Ausgangspunkt erfolgen. In einer fallbezogenen Analyse sollen dann die finanziellen bzw. strategischen Relevanzmerkmale des Personalbereichs im Unternehmen und dessen strategische Rolle

---

[695] Vgl. Kaplan, R. S. / Norton, D. P. (1996). Sowohl die von Becker / Huselid / Ulrich gewählte Konzeptbezeichnung „HR Scorecard" als auch die Tatsache, dass David Norton das Buch mit einem Vorwort eröffnet (vgl. Becker, B. E. / Huselid, M. A. / Ulrich, D. (2001), S. IXf.) deuten auf die konzeptionelle Nähe zum breiter gefassten strategischen Messansatz von Kaplan / Norton hin. Der Ansatz von Becker / Huselid / Ulrich ist insofern als aktuelle personalbezogene Konkretisierung und Präzisierung des Balanced Scorecard-Modells verstehbar. Personale Aspekte des Steuerungsinstruments Balanced Scorecard werden neuerdings vermehrt in die Diskussion einer strategischen Personalwirtschaft einbezogen (vgl. z.B. die Aufsatzsammlung von Grötzinger, M. / Uepping, H. (2001)). Das Thema wird deshalb nachfolgend im Gliederungspunkt C.I.3.c)ee) noch einmal eingehender aufgegriffen.

[696] Vgl. Becker, B. E. / Huselid, M. A. / Ulrich, D. (2001).

[697] Vgl. dazu a.a.O., S. 27ff.

geklärt werden. Es folgt die Abbildung der betrieblichen Wertkette in einer „Strategy Map", die die wichtigsten Leistungstreiber zur Realisierung der strategischen Ziele offen legt. Dabei sind zukunftsorientierte bzw. führende („leading" - z.B. Kundenzufriedenheit) und zurückblickende („lagging" - z.B. ex post ermittelte Finanzkennzahlen) Performance-Indikatoren zu definieren und tangible und intangible Wertschöpfungskomponenten zu differenzieren.[698] Die Strategy Map wird dann um so genannte „HR Deliverables" erweitert. HR Deliverables sind Kombinationen aus personalbezogenen Leistungstreibern („HR Performance Driver" - erfolgsrelevante Kerneigenschaften der Belegschaft wie Mitarbeiterproduktivität oder Mitarbeiterzufriedenheit) und den auf diese einwirkenden Gestaltungsparametern („Enablers" - tragen und unterstützen die Leistungstreiber; z.B. Struktur des Vergütungssystems).[699] Diese HR Deliverables müssen mit der Personalfunktion und dem Personalsystem in Verbindung gebracht werden, d.h. Letztere haben sich am Generierungsziel gewünschter Deliverables (externer Strategieimplementierungs-Fit) und an der Erfordernis systeminterner Konsistenz (interner HR-System-Fit) auszurichten damit strategieadäquates Mitarbeiterverhalten resultiert.

Erst nach diesen Vorarbeiten ist das Design eines strategisch ausgerichteten HR-Messsystems respektive einer „HR Scorecard" möglich, die geeignete Indikatoren, Kostenkontroll- und Wertschaffungskennzahlen integriert und die Beziehungen zwischen Personal, intangiblen Vermögenswerten und Unternehmensleistung transparent macht. Durch das Ausfüllen des Zahlen- und Messsystems mit Leben resultiert schließlich ein **„Management by Measurement"** als Synonym für ein strategiebasiertes, wertorientiertes Human Resource Management, das auch ein regelmäßiges Hinterfragen der eruierten Messsystematik beinhaltet.

Kern des strategiebasierten Steuerungsprozesses betrieblicher Personalprozesse und -systeme ist die **„HR Scorecard"**, die eine systematische und kausalitätsbezogene Verkettung von vier Themenfeldern zur positiven Einflussnahme auf zentrale Leistungs- bzw. Werttreiber darstellt, aber auch als unternehmensspezifischer Rahmen verstanden werden kann, der Kostenkontroll- und Wertschöpfungsaspekte als Imperative eines umfassenden strategischen Mess- und Steuerungssystems zu einer Balance bringt.[700]

---

[698] Vgl. auch zur Indikatorenunterscheidung Becker, B. E. / Huselid, M. A. / Ulrich, D. (2001), S. 30 und zur Relevanz und zum Beziehungsgefüge zwischen tangiblen und intangiblen Assets a.a.O., S. 6ff.

[699] Vgl. zur genauen Abgrenzung der spezifischen Begrifflichkeiten insbesondere a.a.O., S. 30ff., S. 42.

[700] Vgl. dazu insbesondere a.a.O., S. 53ff.

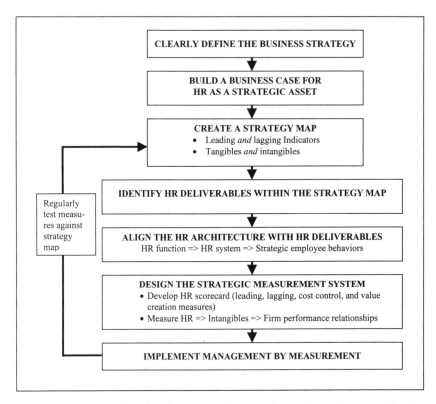

```
┌─────────────────────────────────────────────────────────┐
│         CLEARLY DEFINE THE BUSINESS STRATEGY              │
│                          ↓                                │
│              BUILD A BUSINESS CASE FOR                    │
│               HR AS A STRATEGIC ASSET                     │
│                          ↓                                │
│              CREATE A STRATEGY MAP                        │
│          • Leading and lagging Indicators                │
│          • Tangibles and intangibles                     │
│                          ↓                                │
│   IDENTIFY HR DELIVERABLES WITHIN THE STRATEGY MAP       │
│                          ↓                                │
│   ALIGN THE HR ARCHITECTURE WITH HR DELIVERABLES         │
│   HR function => HR system => Strategic employee behaviors│
│                          ↓                                │
│   DESIGN THE STRATEGIC MEASUREMENT SYSTEM                 │
│   • Develop HR scorecard (leading, lagging, cost control,│
│     and value creation measures)                          │
│   • Measure HR => Intangibles => Firm performance         │
│     relationships                                         │
│                          ↓                                │
│      IMPLEMENT MANAGEMENT BY MEASUREMENT                  │
└─────────────────────────────────────────────────────────┘
```

Regularly test measures against strategy map

Abbildung 24: Transforming the HR Architecture into a Strategic Asset (Quelle: Becker, B. E. / Huselid, M. A. / Ulrich, D. (2001), S. 37)

Bei den **vier Dimensionen** einer HR Scorecard handelt es sich um „... the key human resource deliverables that will leverage HR's role in your firm's overall strategy, the High Performance Work System, the extent to which that system is aligned with firm strategy, and the efficiency with which those deliverables are generated."[701] Hinter der Effizienzkomponente verbirgt sich dabei die Kosten-perspektive des Scorecard-Modells, während die anderen drei Bestandteile für die personalinduzierte Wertschaffung stehen und dabei „... trace a value chain from function to systems to employee behaviors."[702] HR Efficiency und HR De-liverables bilden hierbei die Gruppe der „Lagging Indicators" im Gegensatz zu

---

[701] Becker, B. E. / Huselid, M. A. / Ulrich, D. (2001), S. 53.
[702] A.a.O., S. 56.

den anderen beiden „Leading Indicators".[703] Für die vier Dimensionen werden beispielhaft potenzielle Messgrößen angeführt oder es wird auf mögliche Vorgehensweisen zur Ableitung entsprechender Kennzahlen verwiesen.[704] Abbildung 25 beinhaltet die exemplarische HR Scorecard bezogen auf den strategisch bedeutsamen Forschungs- und Entwicklungsbereich eines High Tech-Unternehmens.

Eine essenzielle Ergänzung bzw. **mikrokosmische Vertiefung**[705] der HR Scorecard sind **Kosten-Nutzen-Analysen für Personalprojekte und -programme.** Hierfür wird der Einsatz der Barwertmethode empfohlen, die durch die Diskontierung der geschätzten Einzahlungs- und Auszahlungsströme von Personalinvestitionen einen Gegenwartswert von Personalinterventionen ermittelt, der über den Diskontierungssatz Unsicherheits-, Opportunitäts- und Kapitalkosten mitberücksichtigt und somit zu einem mit dem Shareholder Value stimmigen Return on Investment als Evaluationskennzahl für Personalprojekte führt.[706]

Bedingung für die Umsetzung eines wertorientierten „Measurement Management" im Personalbereich sind strategische Performance Management-Kompetenzen der Personalexperten (kritisches Kausalitätsdenken, Verständnis für die

---

[703] Vgl. Becker, B. E. / Huselid, M. A. / Ulrich, D. (2001), S.60.

[704] Maßgrößen für ein High-Performance Work System sind z.B. der prozentuale Anteil variabler Vergütungsbestandteile oder die Zahl von Neueinstellungen, die mit validen Selektionsmethoden ausgewählt wurden (vgl. Becker, B. E. / Huselid, M. A. / Ulrich, D. (2001), S. 63 und ergänzend die bei der Diskussion der empirischen Untersuchungen diesbezüglich gemachten Anmerkungen in Kapitel C.I.2.a)). HR Efficiency-Kennzahlen sind etwa Unfallkosten, Fluktuationskosten, Anzahl der Weiterbildungstage pro Jahr, die Relation von Personalinvestitionen zum Umsatz etc. (vgl. Becker, B. E. / Huselid, M. A. / Ulrich, D. (2001), S. 66). Beispiele für HR Deliverables bzw. Leistungstreiber-Kennzahlen sind etwa die Erfolgsrate externer Rekrutierungen, Betriebsklimawerte, das Ausmaß, in dem ein Durchschnittsmitarbeiter in der Lage ist, die Personalstrategie zu beschreiben, das Verhältnis von Personalmitarbeitern zur Gesamtbeschäftigtenzahl etc. (vgl. Becker, B. E. / Huselid, M. A. / Ulrich, D. (2001), S. 71). Über die in Abbildung 24 angeführten Beispiele für die Dimension HR System Alignment hinaus werden keine Größen mehr angeführt, da aufgrund des engen Strategy Map-Bezugs „... there are no standard alignment measures that can be provided as examples." (a.a.O., S. 65). Allerdings erfolgt im weiteren Verlauf die Konzipierung einer „Systems Alignment Map" (SAM) als mögliche Messmethode zur Gewinnung von Informationen über das Ausmaß der strategischen Ausrichtung bzw. Stimmigkeit des Personalsystems. Es handelt sich dabei um die Gegenüberstellung von strategischen Zielen und Elementen eines Personalsystems in Form einer indexorientierten (Werte von 0-100) Stimmigkeitsmatrix (vgl. dazu a.a.O., S. 131ff., insbes. S. 143ff.).

[705] Vgl. Becker, B. E. / Huselid, M. A. / Ulrich, D. (2001), S. 80, 102.

[706] Vgl. hierzu a.a.O., S. 91ff. und ergänzend zur Ermittlung des ökonomischen Wertbeitrags überdurchschnittlich leistungsfähiger Arbeitnehmer (Wertquantitäts- und -variabilitätsschätzungen) a.a.O., S. 87ff.

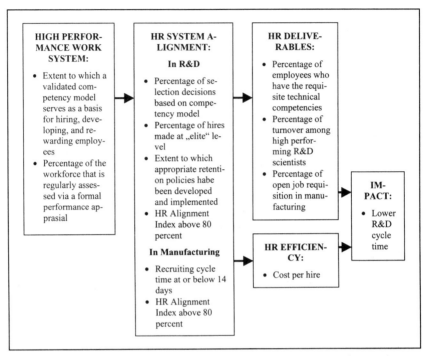

Abbildung 25: HR Scorecard for HiTech's R&D Function (Quelle: Becker, B. E. / Huselid, M. A. / Ulrich, D. (2001), S. 57)

Prinzipien guter Messmethoden, realistische Einschätzungen von Kausalitätsbeziehungen, Kommunikation strategischer Personalthemen in die Linie) die mit fünf Kernkompetenzen der betrieblichen Personalwirtschaft (Geschäftswissen, innovative Personalpraktiken, Change-Management, Kulturmanagement, Glaubwürdigkeit / Integrität)[707] in Übereinstimmung gebracht werden müssen.[708]

---

[707] Die genannten Kernkompetenzen sind aktuelle Resultanten einer von der University of Michigan School of Business von 1988 bis 1998 durchgeführten Erhebung bei mehr als 20.000 Personal- und Linienexperten und unterstützen die These eines zunehmend strategischen Rollenverständnisses für den Personalbereich (vgl. dazu insbes. Ulrich, D. / Brockbank, W. / Yeung, A. / Lake, D. (1995)).

[708] Vgl. Becker, B. E. / Huselid, M. A. / Ulrich, D. (2001), S. 155ff. Vgl. hierzu auch die Orientierungshilfen zur Implementierung einer HR Scorecard in Unternehmen bei a.a.O., S. 183ff. Vgl. außerdem ergänzend auch die aus Fallstudien abgeleiteten Merkmale einer „Value-Added HR Function" bei Becker, B.E. / Huselid, M. A. (1999), S. 290ff.: eine Geschäftsstrategie, die die Mitarbeiter als Quelle von Wettbewerbsvorteilen betrachtet und eine entsprechende Unternehmenskultur, operationale Leistungsfähigkeit, Kunden- und

Bei der Konzeption von Becker / Huselid / Ulrich handelt es sich um ein auf die Implementierung von Geschäfts- und Unternehmensstrategien fokussiertes Kennzahlen- und Steuerungssystem, das einen **systematischen Rahmen für ein wertbasiertes Personalmanagement** bereitstellt. Das Konzept knüpft bei den vermuteten Kausalitäts- und Wirkungsbeziehungen und bei der Auswahl von Komponenten an umfangreiche empirische Vorarbeiten an[709] und weist somit eine beträchtliche **praktische Relevanz** auf. Wenngleich eine eingehende explizite **theoretische Fundierung** ausbleibt, so finden sich in der strategischen Grundausrichtung Elemente des Ressourcenorientierten Ansatzes wieder. Die Verkettung der vier Dimensionen der HR Scorecard spiegelt zwar einen seit längerem als etabliert anzusehenden Kenntnisstand der strategischen Personalforschung wider, spannt aber in der Manier des Scorecard-Ansatzes von Kaplan / Norton eine ganzheitliche, transparente Systematik auf, die monetäre und nichtmonetäre Erfolgsgrößen plausibel miteinander verknüpft. Insofern ist der Ansatz als bedeutsamer **Meilenstein eines Shareholder Value-orientierten Strategic Human Resource Management** zu kennzeichnen, dem für das strategische Personalmanagement eine ähnliche Rolle zukommen kann, wie dem Balanced Scorecard-Ansatz für die strategische Unternehmensführung.

cc) Analyse des Human Capital-ROI-Ansatzes nach Fitz-enz

Einer der bekanntesten Protagonisten eines auf die Quantifizierung und Messung von Personaleffekten abzielenden Human Resource Management-Verständnisses ist Jac Fitz-enz,[710] der in diesem Zusammenhang während der Neunzigerjahre die Unternehmenswertthematik mehrfach aufgegriffen hat.[711] Das jüngst erschienene Buch „**The ROI of Human Capital**"[712] aggregiert seine bis dato angefallenen Erkenntnisse zur ökonomischen Wertmessung im Personalbereich in Form eines kennzahlenorientierten Managementansatzes.

Ausgangspunkt des Ansatzes ist die Betrachtung des Personals bzw. des Human Capital als entscheidende Determinante für die Leistungsresultanten **Service, Qualität und Produktivität** auf der geschäftsbereichsbezogenen Funktional- /

Kostenorientierung sowie Personalmanager mit einem Verständnis für personale Implikationen ökonomischer Probleme.

[709] Auch wenn dies an einigen Stellen deutlicher hervorhebbar wäre und sich eine intensivere Einarbeitung der vielfältigen empirischen Resultate angeboten hätte.

[710] Vgl. dazu auch Fyock, C. D. (2000), S. 161. Fitz-enz ist Gründer und Vorsitzender des Saratoga Institute (Santa Clara, California), das sich u.a. auch mit der empirischen Erforschung von Personal-Performance-Zusammenhängen befasst (vgl. dazu auch Tabelle 16 in Kapitel C.I.2.c)).

[711] Vgl. dazu insbesondere Fitz-enz, J. (1990) und (1995).

[712] Fitz-enz, J. (2000a) (Hervorhebung durch den Verfasser).

Prozessebene, die über die Generierung von Wettbewerbsvorteilen zur Realisierung der ökonomischen und marktlichen Zielsetzungen des Unternehmens führen (vgl. hierzu auch den „Human Capital Value Circle" in Abbildung 26).[713] Die Effektivität und Effizienz der dabei wirksam werdenden Prozesse und Maßnahmen soll durch ein konsistentes **Mess- und Steuerungssystem** gewährleistet werden, das sich über alle drei Analyseebenen erstreckt. Im Vordergrund stehen hierbei zunächst **gesamtunternehmensbezogene Maßgrößen**, die durch die Relativierung finanzieller Erfolgsgrößen in Bezug auf Vollzeitstellenäquivalente (FTE = Full Time Equivalent) und die Integration personaler Wertziffern eine Verbindung der Finanz- und Personalsphäre herstellen:[714]

- Human Capital Revenue Factor *(HCRF = Revenue / FTEs)*,

- Human Economic Value Added *(HEVA = [Net operating profit after tax – Cost of capital] / FTEs)*,

- Human Capital Cost Factor *(HCCF = Pay + Benefits + Contingent labor + Absence + Turnover)*,

- Human Capital Value Added *(HCVA = Revenue - [Expenses – Pay and Benefits] / FTEs)*,

- Human Capital Return on Investment *(HCROI = Revenue - [Expenses – Pay and Benefits] / Pay and Benefits)*,

- Human Capital Market Value *(HCMV = [Market Value – Book Value] / FTEs)*.

Werden diese Finanzkennzahlen um weitere, auch nicht-monetäre Performancemaßgrößen (z.B. Accession Rate = „Replacement hires and hires for new position as a percentag of the workforce"[715]) der anderen Ebenen ergänzt, resultiert - wiederum in Anlehnung an das Balanced Scorecard-Konzept von Kaplan / Norton - eine strategieorientierte „Human Capital Scorecard" (vgl. hierzu Tabelle 18).[716]

---

[713] Vgl. Fitz-enz, J. (2000a), S. 14ff., S. 130ff.
[714] Vgl. a.a.O., S. 31ff.
[715] A.a.O., S. 46
[716] Vgl. a.a.O., S. 45ff., S. 278ff.

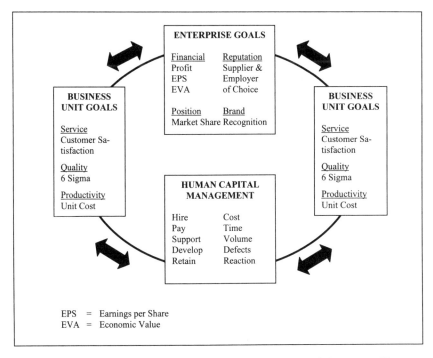

Abbildung 26: Human Capital Value Circle (Quelle: In Anlehnung an Fitz-enz, J. (2000a), S. 29)

Für die funktionale Ebene wird ein **Prozessanalyse-Modell** vorgeschlagen, das in eine „Process Performance Matrix" mündet, die den drei Leistungs- bw. Veränderungszielen „Service", „Quality" und „Productivity" die fünf Evaluationskriterien „Cost", „Time", „Quantity", „Errors" und „Reaction" (Verhaltenswirkungen) gegenüberstellt.[717] Diese Systematik bildet die Grundlage einer Analyse involvierter Human Capital-Effekte.[718] Eine Heranziehung der fünf Kriterien bei der Bewertung der der Personalplanung nachgelagerten **Handlungsfelder** des Human Resource Management „Acquiring", „Maintaining" (v.a. Lohn- und Gehaltssysteme), „Developing" und „Retaining" führt entsprechend zu einer „**Human Capital Performance Matrix**"[719] (siehe Tabelle 19) aus der wiederum

---

[717] Vgl. dazu Fitz-enz, J. (2000a), S. 72ff.

[718] Vgl. a.a.O., S. 76ff.

[719] A.a.O., S. 101 (Hervorhebung durch den Verfasser). Vgl.dazu umfassender a.a.O., S. 101ff.

CORPORATE		
Human Capital Revenue *Revenue divided by FTEs* Human Capital Cost *Average cost of pay, benefits,* *absence, turnover, and conting-* *ents*	Human Capital ROI *Revenue – (expense – total* *labor cost), divided by total* *labor cost* Human Capital Value Added *Revenue – (expense – total* *labor cost), divided by FTEs*	Human Economic Value Added *Net operating profit after tax –* *cost of capital, divided by* *FTEs* Human Market Value Added *Ratio of market value to book* *value divided by FTEs*
FUNCTIONS		
Exempt Percentage *Number of exempt FTEs as a* *percentage of total FTEs* Contingent Percentage *Number of contingent FTEs as* *a percentage of total FTEs* Accession Rates *Replacement hires and hires* *fornew positions as a* *percentage of the workforce* Total Labor Cost Revenue Per- centage *All labor costs as a percentage* *of total revenue*	Readiness Level *Percentage of key positions* *with at least one fully qualified* *person ready* Commitment Level *Percentage of employees* *committed to the corporate* *vision and expecting to stay at* *least three years* Depletion Rate *Percentage of exempt* *separations among top-level* *performers* Performance Level *Average performance score* *compared to revenue per FTE*	Satisfaction Percentage *Percentage of employees scoring* *in top quintile of satisfaction* *survey* Corporate Climate *Percentage of employees scoring* *in top quintile of culture and* *climate survey* Outsource Ratio *Ratio of employee pay and bene-* *fits to outsourced and contingent* *worker cost* Training ROI *Return on training investment*
HUMAN RESOURCES		
Acquisition	*Cost per hire; Time to fill jobs; Number of add hires; Number of replace-* *ments; Quality of new hires*	
Maintenance	*Total labor cost as percentage of operating expense; Average pay per* *employee; Benefits cost as percentag of payroll; Health care cost per* *employee*	
Development	*Training cost as percentage of payroll; Total training hours provided;* *Average number of hours of training per employee; Training hours by* *function, job group*	
Retention	*Total separation percentage; Voluntary separations: exempt/nonexempt;* *Exempt separations by length of service; Cost of turnover*	

Tabelle 18: Composite Human Capital Scorecard (Quelle: Fitz-enz, J. (2000a), S. 279f.)[720]

eine ebenenbezogene **„Human Capital Scorecard"**[721] als Kategorisierungsschema abgeleitet werden kann, die für jedes der vier Politikfelder eine Auswahl

---

[720] Anmerkung: FTE = Full Time Equivalent. Vgl. zu den herangezogenen Kennzahlen ergänzend aber auch Fitz-enz, J. (1995); (1990). Die hier gewählte Systematik einer Human Capital Scorecard ist die weitestgehendste bzw. umfassendste Darstellungsform. Fitz-enz verwendet den Begriff „Scorecard" jedoch auch in Verbindung mit anderen spezifischen Kennzahlenkategorisierungen (vgl. z.B. Fitz-enz, J. (2000a), S 46 oder S. 111).

[721] Fitz-enz, J. (2000a), S. 110 (Hervorhebung durch den Verfasser). Vgl. hierzu ausführlicher a.a.O., S. 110ff. Die entsprechende Scorecard ist bis auf die verhaltensorientierten Basis-

an Kennzahlen bereitstellt. Wertbezogene Kennzahlenanalysen werden weiterhin als adäquate Entscheidungsbasis für Restrukturierungs-, Outsourcing-, Mergers- und Acquisitions- und Benchmarking-Projekte sowie für die Vorteilhaftigkeitsbewertung von Leiharbeit („Contingent Workforce") propagiert.[722]

Das Mess- und Steuerungskonzept von Fitz-enz versucht eine ökonomische Verbindung zwischen den drei Ebenen der Unternehmens- und Personalführung so herzustellen, dass hieraus ein eingängiges Personalmanagementsystem resultiert, das die **betriebliche Wertsteigerung zur Leitmaxime** erhebt.[723] Die zugrundegelegten **Kausalitätsbeziehungen** zwischen den Kennzahlenebenen bzw. den hinter den Wertgrößen stehenden Prozessen erscheinen zwar plausibel, werden theoretisch jedoch nur bedingt fundiert. Bei einer noch deutlicheren **strategischen Einbettung** und Positionierung der entwickelten Scorecard-Varianten wäre die Positionierung als strategisches Human Resource Management-Konzept prägnanter.[724] Besonders hervorgehoben wird vom Verfasser die Einführung eines **Vollzeitstellenäquivalenzfaktors**, der zur Relativierung geläufiger Finanz- bzw. Wert- und Personalkennzahlen herangezogen wird.[725] Die in dieser Relativierung aber auch in der in den Mittelpunkt gestellten Human Capital ROI-Kennzahl zum Ausdruck kommende **Pauschalisierungstendenz**, was die vollständige Zurechnung von Wertveränderungen auf den Personalbestand angeht, kann in fundamentaler Hinsicht kritisch gesehen werden. Dies trifft jedoch als Grundproblem in mehr oder minder großem Umfang auch auf die anderen Kennzahlenansätze zu, insbesondere auch auf das nachfolgend besprochene Konzept von Bühner.

---

segmente „Job Satisfaction" und „Employee Morale" als letzte Ebene (Human Resources) in der Composite Human Capital Scorecard der Tabelle 18 integriert.

[722] Vgl. dazu umfassender a.a.O., S. 186ff.

[723] Vgl. zur Wertfokussierung auch Fitz-enz, J. (2000b), S. 84; Fyock, C. D. (2000), S. 161 bzw. die früheren Arbeiten, insbes. Fitz-enz, J. (1995), S. 23f., 36f.; (1990), S. 45ff., S. 77ff., S. 274ff. Im „Human Value Management"-Ansatz von 1990 wird der Wertbegriff jedoch nicht nur finanzbezogen definiert, sondern schließt auch humane (Arbeitssicherheit und -zufriedenheit) und produktionsbezogene (z.B. Produktivität, Qualität) Wertperspektiven mit ein (vgl. a.a.O., S. 8, S. 49, S. 291f.).

[724] Eine deutlichere strategische Verankerung des personalen Wertmanagements kann allerdings Fitz-enz, J. (1990), insbes. S. 77ff. entnommen werden.

[725] In den vorangegangen Publikationen erfolgt keine entsprechende Äquivalenzrechnung (vgl. Fitz-enz, J. (1995); (1990)).

	ACQUIRING	MAINTAINING	DEVELOPING	RETAINING
COST	Cost per Hire	Cost per Paycheck Cost per EAP Case*	Cost per Trainee	Cost of Turnover
TIME	Time to Fill Jobs	Time to Respond Time to Fulfill Request	Cost per Trainee Hour	Turnover by Length of Service
QUANTITY	Number Hired	Number of Claims Processed	Number Trained	Voluntary Turnover Rate
ERROR	New Hire Rating	Process Error Rate	Skills Attained	Readiness Level
REACTION	Manager Satisfaction	Employee Satisfaction	Trainee Responses	Turnover Reasons

* EAP = Employee Assistance Program

Tabelle 19: Human Capital Performance Matrix Examples (Quelle: Fitz-enz, J. (2000a), S. 109)

dd) Analyse der kennzahlenorientierten Mitarbeiterführung nach Bühner

Für den deutschen Sprachraum hat sich insbesondere Bühner eingehender mit der Thematik einer kennzahlenorientierten Wertsteuerung im Personalmanagement auseinander gesetzt. Wiederum in Anlehnung an die Balanced Scorecard-Darstellung von Kaplan / Norton unterscheidet Bühner **vier interdependente Perspektiven eines ausgewogenen personalwirtschaftlichen Zielsystems**, das ein leistungs- bzw. ergebnisorientiertes Personalcontrolling[726] beinhaltet: die finanzielle Perspektive (z.B. Cash flow / Mitarbeiter, Gewinn / Mitarbeiter), die Mitarbeiterperspektive (z.B. Absentismus, Mitarbeiterbeschwerden), die Führungsperspektive (z.B. Anteil Mitarbeiter in Gruppenarbeit) sowie die Innovations- und Lernfähigkeit (z.B. Anzahl umgesetzter Verbesserungsvorschläge).[727] Zentrale Kennzahl der finanziellen Perspektive, über die eine Verbindung personalwirtschaftlicher Entscheidungssachverhalte mit einer an der langfristigen Entwicklung des Shareholder Value ausgerichteten Unternehmensführung erfolgt, ist der „**Cash flow pro Mitarbeiter**", also der in einer Betrachtungsperiode erwirtschaftete Überschuss an Geld, der sich aus der Multiplikation von Umsatzüberschussrate (Cash flow / Umsatz) und Pro-Kopf-Umsatz errechnet.[728] Diese Ausgangsgröße eines am Kapitalmarkt ausgerichteten Personalmanagements bzw. -controllings, das vor allem für arbeitsintensive Dienstleistungsun-

---

[726] Bühner ordnet seinen Ansatz explizit dem Themenkreis Personalcontrolling zu. Letzteres bedeutet für ihn „... die Ausrichtung der Planung, Steuerung und Kontrolle personalwirtschaftlicher Prozesse auf den wirtschaftlichen Erfolg des Unternehmens..." (Bühner, R. (1997c), S. 365).

[727] Vgl. zu den Ziel-Perspektiven a.a.O., S. 398.

[728] Vgl. Bühner, R. (1997c), S. 399; (1997a), S. 44; (1997b), S. 711; (1995), S. 57.

ternehmen geeignet ist, wird in einem durch Abzinsung künftiger Gelströme dynamisierten **marktwertorientierten Kennzahlensystem** sukzessive auf nachgeordnete Ziel- und Gestaltungsebenen heruntergebrochen (vgl. hierzu die Systemdarstellung in Abbildung 27).[729] Die Ausgangszielgröße kann in zweierlei Hinsicht positiv durch personalpolitische Maßnahmen beeinflusst werden. Einerseits durch die Tätigung **strategischer Erweiterungsinvestitionen** in das Humanvermögen eines Unternehmens (d.h. Durchführung von Aus- und Weiterbildungsmaßnahmen oder Neueinstellungen zur Erhöhung des intellektuellen Kapitals) und andererseits durch kontinuierliche Optimierungen der effizienten Nutzung vorhandener Mitarbeiterpotenziale.[730] Die **Personaleffizenz** wird bei Bühner als „Stück pro Mitarbeiter" operationalisiert, kann aber prinzipiell auch durch andere Output-Personal-Relativierungen gemessen werden.[731] Die Personaleffizienz ist über die Zwischengrößen Mitarbeiterverfügbarkeit, Leistung und Qualität und deren Determinanten durch Personalaktivitäten beeinflussbar (z.B. Reduzierung der Verfügbarkeitsdeterminante Absentismus durch Rückkehrgespräche oder betriebliche Gesundheitsmaßnahmen; Leistungsverbesserungen durch Management by Objectives; Qualitätsverbesserungen durch strukturierte Fehleranalysen).[732]

Das Zusammenwirken von Umsatzüberschussrate und Pro-Kopf-Umsatz kann mittels **ISO-Rentabilitätskurven** veranschaulicht werden (vgl. Abbildung 28). Eine ISO-Mitarbeiterrentabilitäts-Kurve steht dabei für alle Kombinationen der beiden Kennzahlen, die zu einem identischen Cash flow pro Mitarbeiter führen. Dieses Kurvenniveau sollte im Sinne eines am Unternehmenswert ausgerichteten Personalmanagements möglichst hoch sein.[733]

---

[729] Vgl. dazu Bühner, R. (1997a), S. 44ff.; (1995), S. 56ff.

[730] Vgl. Bühner, R. (1995), S. 57ff.; (1997b), S. 712ff. Vgl. vertiefend zu Gestaltungsempfehlungen bezüglich der Vornahme wertbezogener Mitarbeiterinvestitionen in Form von Neueinstellungen und Aus- und Weiterbildungsmaßnahmen Bühner, R. (1997a) S. 57ff.

[731] Vgl. Bühner, R. (1995), S. 58. (1997b), S. 714.

[732] Vgl. Bühner, R. (1995), S. 58ff.; (1997b), S. 714ff. Vgl. zu den praktischen Wertsteigerungsoptionen bezüglich Mitarbeiterverfügbarkeit, -leistung und -qualität eingehender Bühner, R. (1997a), S. 89ff., 119ff., 151ff. sowie zum zugrundegelegten „TPM"-Konzept (Total Produktiver Mitarbeiter), das die Ermittlung und Überwachung einer „totalen Mitarbeitereffektivität" durch Multiplikation von prozentualen Erreichungsgraden für die Zielgrößen Verfügbarkeit, Leistungsgrad und Qualitätsrate vorsieht a.a.O, S. 71ff., zu Letzterem insbes. S. 74ff. Neben der zum Kennzahlensystematik explizit enthaltenen Stellhebeln werden auch die Themengebiete Mitarbeiterzufriedenheit, Mitarbeiterführung („Führungs-Kaizen") und Vertrauenskultur als fundamentale Basis für die inhaltliche Ausgestaltung des Wertkonzepts angeführt (vgl. dazu a.a.O., S. 171ff., S. 191ff., S. 213ff.).

[733] Vgl. Bühner, R. (1997a), S. 46ff.; (1997b), S. 712f.; (1995), S. 57, S. 60.

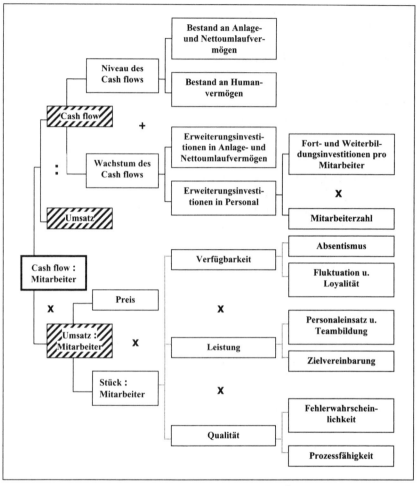

Abbildung 27: Kennzahlensystem zur Führung von Mitarbeitern nach Bühner (Quelle: In Anlehnung an Bühner, R. (1995), S. 56; (1997a), S. 231; (1997b), S. 711)

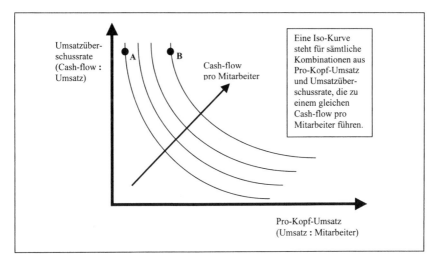

Abbildung 28: ISO-Mitarbeiterrentabilitäts-Kurve (Quelle: In Anlehnung an Bühner, R. (1997a), S. 47, (1997b), S. 713; (1995), S. 60)

Bühners Konzept zur Integration von „Soft Fact"-Sachverhalten in ein marktwertbezogenes, kennzahlenbasiertes Personalcontrolling ist für den deutschsprachigen Raum als **Pionierleistung** auf dem Gebiet einer wertorientierten Personalwirtschaft zu würdigen. Wie die bereits besprochenen Kennzahlen- und Steuerungssystematiken erhöht der Ansatz die **Transparenz** hinsichtlich der Wirkungsbeziehungen zwischen verschiedenen Ebenen der Wertsteuerung, allerdings ohne die explizite Einbettung in einen theoretisch-konzeptionell vertiefenden einheitlichen Argumentationsrahmen.[734] Es spiegelt sich hier die in der Natur von Kennzahlensystemen liegende **pragmatische Wissenschaftsorientierung** wider, wenngleich den numerischen Verkettungen implizite Theorien über Wirkungszusammenhänge zugrundeliegen (hier: impliziter Theoriegehalt des Shareholder Value Konzepts), wie auch die ISO-Rentabilitätsbetrachtungen belegen. Insofern ist die Kritik am Theoriefundus wiederum zu relativieren. Die schon angesprochene **Zurechenbarkeitsproblematik** von Cash flow-Wirkungen auf die Produktionsfaktoren Arbeit und Kapital wird von Bühner durch die Fokussierung auf Dienstleistungsunternehmen abgemildert bzw. umgangen.

---

[734] Dies trifft insbesondere auf die unterste, personalpolitisch gestaltungsrelevante Ebene des Zahlensystems zu, auf der eine Reihe von Best Practice-Komponenten thematisiert wird.

Vor dem Hintergrund des Fitz-enzschen Ansatzes[735] kann das Fehlen einer Ä-quivalenzrechnung moniert werden.[736]

Wunderer / Jaritz bemängeln in ihrer **Kritik an der Bühnerschen Systematik**[737] neben der problematischen Quantifizierung der Größen Qualität, Leistung und Verfügbarkeit auch die zielmonistische Grundausrichtung des Ansatzes und den Ausschluss prozessbezogener Kennzahlen. Je nach Betrachtungsebene des Kennzahlensystems scheinen allerdings im Gegensatz hierzu sowohl zielbezogen als auch personalprozessbezogen ergänzende bzw. konkretisierende Ausdifferenzierungen möglich. Das Quantifizierungsproblem stellt sich zudem auch bei allen anderen Kennzahlenkonzepten und wird von Bühner in seiner Hauptpublikation zum Thema außerdem aktiv angegangen. Die sehr kritische Haltung von Wunderer / Jaritz bezüglich des System-Informationsgehalts ist demnach hier zu relativieren. Insgesamt handelt es sich bei dem entwickelten Shareholder Value-basierten Kennzahlensystem um einen **umfassend ausgearbeiteten Mess- und Steuerungsmodell-Entwurf** mit starkem Praxisbezug und hohem Entwicklungspotenzial, der sich durch die Cash flow-Fokussierung und Dynamisierung von traditionellen Gewinnsteuerungsgrößen des Rechnungswesens abwendet. In ihm spiegelt sich die von Bühner für den Shareholder Value-Ansatz ausgemachte Rückkehr bzw. **Rückbesinnung auf die Grundlagen wirtschaftlicher Überlegungen**[738] für den Personalbereich wider.

ee) Bestandsaufnahme weiterer kennzahlenbezogener Steuerungsansätze

Neben den eingehender besprochenen wichtigsten kennzahlenorientierten Managementkonzepten lassen sich in dieser Kategorie wertbezogener Personalpublikationen noch eine Reihe weiterer im inhaltlichen Scope liegender Veröffentlichungen finden.[739]

---

[735] Vgl. hierzu das vorangegangene Kapitel C.I.3.c)cc).

[736] Im Zusammenhang mit der Besprechung der Personaleffizienz verwendet Bühner jedoch die Mitarbeiterzahl als Bezugsgröße nicht dogmatisch, sondern verweist auch auf die Möglichkeit der Heranziehung alternativer Relativierungsgrößen wie Personalkosten oder geleistete Arbeitsstunden (vgl. Bühner, R. (1997b), S. 714; (1995), S. 58).

[737] Vgl. Wunderer, R. / Jaritz, A. (1999), S. 108f.

[738] Vgl. Bühner, R. (1997a), S. 42.

[739] Über die nachfolgend im Haupttext angeführten Konzeptionen hinaus sei noch summarisch auf folgende Publikationen verwiesen, die Shareholder Value-Aspekte im personalwirtschaftlichen Steuerungs- und Messzusammenhang zumindest in Sequenzen behandeln: Holbeche diskutiert die Messbarkeit von Konsequenzen eines strategischen Human Resource Managements auf der Grundlage von Erkenntnissen der Balanced Scorecard und untersucht die Möglichkeit der Ermittlung einer ROI-Rentabilitätsgröße für die betrieblichen Humanressourcen (vgl. Holbeche, L. (1999), S. 56ff.). Hussey sucht nach Wegen zur Beurteilung des tatsächlichen Beitrags des Personalbereichs zur Unternehmenswertsteige-

Die neueren wertbezogenen Messansätze im Personalbereich nehmen ebenfalls vielfach Bezug auf das zwischenzeitlich etablierte strategische Messkonzept der „**Balanced Scorecard" von Kaplan / Norton**.[740] Der Ansatz führt vier Perspektiven der Wertschaffung in Unternehmen zu einem strategischen Kennzahlensystem zusammen, das als Grundgerüst zur Operationalisierung der Implementierung von Unternehmensstrategien verstanden werden kann.[741] Neben der finanzwirtschaftlichen Wertsteigerungs-Perspektive, die als fokale Basis für die in den anderen Perspektiven zum Tragen kommenden Ziel- und Maßgrößen verstanden wird,[742] werden eine Kunden- sowie eine interne Prozessperspektive unterschieden, die durch jeweils spezifische Kennzahlen charakterisierbar sind. **Personalaspekte** einer strategischen Wertschaffung sind unter dem Begriff „**Lern- und Entwicklungsperspektive"** subsummiert. In ihr wird die Erschließung von Personalpotenzialen thematisiert, die zur Gewährleistung kontinuierli-

---

rung und sieht hierfür Anknüpfungspunkte in den Bereichen Kunden-, Performance- und Strategieorientierung sowie Benchmarking (vgl. Hussey, D. E. (1996), S. 237ff.). Svelby gibt in seinem Management- und Messansatz für wissensbasierte Vermögenswerte (Assets) einen Überblick über Möglichkeiten zur Messung intangibler Vermögenspositionen. Für die personale Dimension der Mitarbeiterkompetenzen werden entsprechende Kennzahlen angeführt und mit Praxisbeispielen belegt (vgl. Svelby, K. E. (1997), S. 151ff., S. 163ff. (insbes. S. 168ff., S. 185ff.)).

[740] Vgl. Kaplan, R. S. / Norton, D. P. (1996a); (1996b); (1997a). Siehe zur Bezugnahme personalwirtschaftlicher Beiträge exemplarisch vor allem auch den oben besprochenen Ansatz von Becker / Huselid / Ulrich (vgl. Kapitel C.I.3.c)bb)) und die Konzepte von Fitzenz (vgl. Kapitel C.I.3.c)cc)) und Bühner (vgl. Kapitel C.I.3.c)dd)). Vgl. dazu auch die Erweiterung der Scorecard-Perspektive in Verbindung mit einer neuen strategischen Rollendefinition für ein wertgenerierendes Personalwesen bei Beatty, R. W. / Schneier, C. E. (1997), S. 30ff. sowie die Darstellung zur Weiterentwicklung des Personalcontrollingsystems der ABB Schweiz zur Balanced Scorecard bei Lichtsteiner, R. A. (1997), S. 332ff.

[741] Vgl. hierzu und zu den nachfolgenden Anmerkungen insbes. Kaplan, R. S. / Norton, D. P. (1997a), S. 23ff.; (1997b), S. 315ff., S. 318ff.; (1996b), S. 75ff.; (1992), S. 71ff.; Wickel-Kirsch, S. (2001), S. 43ff.; Wunderer, R. / Jaritz, A. (1999), S. 329ff.; Brunner, J. / Sprich, O. (1998), S. 32; Klingebiel, N. (1998), S. 7ff.; Wittmann, F. (1998), S. 90f.; Bruhn, M. (1998), S. 148ff.; Weber, J. / Schäffer, U. (1998), S. 342ff.; Guldin, A. (1997), S. 293ff.

[742] Vgl. Kaplan, R. S. / Norton, D. P. (1997a), S. 46. Neben dem Shareholder Value bzw. dem EVA (Economic Value Added) werden auch andere, traditionelle finanzwirtschaftliche Kennzahlen wie der ROI (Return on Investment) oder der ROCE (Return on Capital Employed = Rendite des eingesetzten Kapitals) angeführt (vgl. Kaplan, R. S. / Norton, D. P. (1997a), S. 28f., S. 46ff. Grundlegend bleibt jedoch die Aussage, wonach jede Strategie die Schaffung eines Shareholder Value verfolgen sollte (vgl. Kaplan, R. S. / Norton, D. P. (2001), S. 76 und ergänzend die Shareholder Value-orientierten „Strategy Maps" auf S. 77 und S. 88 sowie die Passagen zu einer „strengen Wertorientierung" in Kaplan, R. S. / Norton, D. P. (1997b), S. 328ff. und zur Shareholder Value-Berücksichtigung in Kaplan, R. S. / Norton, D. P. (1992), S. 77). Vgl. zur Shareholder Value-Orientierung des Balanced Scorecard-Ansatzes auch Wittmann, E. (1998), S. 89ff.; Bruhn, M. (1998); Brunner, J. / Hessing, M. (1998), insbes. S. 25; Michel, U. (1997).

cher Lern- und Wachstumsprozesse durch Motivation, Empowerment und Ziel-orientierung der Mitarbeiter und durch die Überwachung der Kernkennzahlen Mitarbeiterzufriedenheit, Mitarbeitertreue und -produktivität erforderlich sind.[743] Über ein fundiertes Strategieverständnis der Mitarbeiter, die strategieorientierte Formulierung von Mitarbeiterzielen, den Aufbau eines auf die vier interaktiven Perspektiven der Balanced Scorecard ausgerichteten Anreizsystems sowie über ein entsprechendes Management der Mitarbeiter-Beziehung sollen Arbeitnehmer zur Umsetzung Shareholder Value-generierender Strategien beitragen.[744] Dem Personalbereich kommt dabei eine wichtige Rolle als strategischer Partner der Unternehmensführung, als Change Agent für die angestoßenen Wandlungspro-zesse und als wertproduzierender interner Dienstleister zu.[745] Der jüngst er-schienene **Sammelband von Grötzinger / Uepping**[746] spezifiziert und konkreti-siert diese Verbindungen zwischen dem Unternehmensführungsmodell der Ba-lanced Scorecard und einem strategieorientierten Human Resource Management anhand einer Fülle aktueller Beispiele aus der deutschen Unternehmenspraxis,[747] die Einzelaspekte wie kontinuierliche Verbesserungsprozesse, variable Vergü-tungssysteme oder ein stimmiges Personalentwicklungscontrolling behandeln.

Das aus der Beratungspraxis von Arthur Andersen heraus entstandene Konzept zur Generierung von **„Mehr-Wert durch Mitarbeiter"**[748] von **Friedman / Hatch / Walker** weist ebenfalls Elemente einer wertbasierten Kennzahlenorien-tierung auf, ist jedoch vor allem als phasenstrukturierter Managementleitfaden

---

[743] Vgl. Kaplan, R. S. / Norton, D. P. (1997a), S. 27, S. 121ff.; (1997b), S. 324f.; (1992), S. 75ff.; Bruhn, M. (1998), S. 156.

[744] Vgl. zu den genannten Personalaspekten der Balanced Scorecard insbes. Bischoff, J. / Speckbacher, G. (2001), S. 10ff. Vgl. weiterhin vertiefend zur Schaffung eines strategi-schen Bewusstseins der Mitarbeiter auch Kaplan, R. S. / Norton, D. P. (2001), S. 193ff., zur Definition von Mitarbeiterzielen a.a.O., S. 209ff., zur Thematik scorecardbasierter An-reiz- und Vergütungssysteme a.a.O., S. 225ff. und zur Integration der Balanced Scorecard mit dem Personalmanagement a.a.O., S. 216f. Hier finden sich jeweils auch aktuelle An-wendungsbeispiele aus der Unternehmenspraxis.

[745] Vgl. Grötzinger, M. (2001), S. 37ff. Wickel-Kirsch sieht vor allem in der Transparenzma-chung und Strukturierung des Dienstleisters Personalwesen mit der Balanced Scorecard eine Möglichkeit zur Effizienz- und Effektivitätssteigerung im Personalbereich (vgl. Wi-ckel-Kirsch, S. (2001), S. 48ff.).

[746] Vgl. Grötzinger, M. / Uepping, H. (2001).

[747] Es finden sich Erfahrungsberichte für ein auf die Balanced Scorecard Bezug nehmendes strategie- und wertorientiertes Personalmanagement in den Unternehmen Bosch Rexroth, Heidelberg-Gruppe, Deutsche Bahn, evidanza, Vaillant, BASF, AOK Hessen, Deutsche Bank, NSE Software und DaimlerChrysler. Vgl. dazu auch das Beispiel für eine wertori-entierte Personalarbeit bei der Lufthansa Cargo AG bei Reupert, D. / Wenisch, S. (2000).

[748] Friedman B. S. / Hatch, J. A. / Walker, D. M. (1999) (Hervorhebung durch den Verfasser). Vgl. zur Konzepterörterung auch die amerikanische Originalausgabe Friedman B. S. / Hatch, J. A. / Walker, D. M. (1998) sowie ergänzend O.V. (1999).

zur Messung und Steigerung der Mitarbeiter- bzw. Human Capital-Rendite[749] konzipiert. Kern des Konzepts ist eine als **„Human Capital Appraisal**[TM]**“**[750] bezeichnete Methode zur Steigerung des Humankapitals bzw. zur Wertschaffung durch Human Capital-Programme. Hierbei werden fünf unterschiedenen Funktionen fünf Prozessphasen des Human Capital Management gegenübergestellt (vgl. hierzu Tabelle 20). Eine besondere Rolle spielt dabei die so genannte **„Fit-Cost-Value**[TM]**-Analyse“**[751] für Human Capital-Programme, im Rahmen derer verschiedene Fit-Konstellationen bewertet und mit den mit bestimmten Personalprogrammen verbundenen Kosten- und Wertveränderungen verglichen werden.

		Steigerung des Human Capitals				
		Phase I Klärung	Phase II Bewertung / Fit-Cost-Value-Analyse	Phase III Design	Phase IV Implemen-tierung	Phase V Monitoring
		von Human Capital-Programmen				
Funkti-onen des Human Capital-Mana-gements	Einstellung, Halten und Pensionierung					
	Leistungsma-nagement und Honorierung					
	Personalent-wicklung, Nachfolgepla-nung, Training					
	Organisations-struktur					
	Informations-management / -systeme					

Tabelle 20: Der Prozess des Human Capital Appraisal[TM] 5^2-Grid von Arthur Andersen (Quelle: In Anlehnung an Friedman B. S. / Hatch, J. A. / Walker, D. M. (1999), S. 54)[752]

---

[749] Vgl. zur Human Capital-Rendite als methodischem Ausgangspunkt Friedman B. S. / Hatch, J. A. / Walker, D. M. (1999), S. 47f.; (1998), S. 38f.

[750] Friedman B. S. / Hatch, J. A. / Walker, D. M. (1999), S. 47 (Hervorhebung durch den Verfasser). Vgl. hierzu umfassend a.a.O., S. 47ff.; (1998), S. 38ff. und ergänzend O.V. (1999), S. 57f.

[751] Friedman B. S. / Hatch, J. A. / Walker, D. M. (1999), S. 49 (Hervorhebung durch den Verfasser). Vgl. dazu umfassend a.a.O., S. 49f., S. 67ff., S.123ff.; (1998), S. 40, S. 55ff., S. 100ff.

[752] 5^2-Grid steht hierbei für die resultierende 5x5-Matrix. Vgl. dazu auch Friedman B. S. / Hatch, J. A. / Walker, D. M. (1998), S. 44.

Die Quantifizierung der Wertkomponente erfolgt anhand programmbezogener Wahrnehmungsbefragungen bei Mitarbeitern und weist im Gegensatz zu den auf Vollzeitbeschäftigte bezogenen Kostenbetrachtungen nur **äußerst vage Beziehungen zur Wertsteigerung** im Sinne des Shareholder Value-Ansatzes auf. Durch ein Benchmarking von Fit-Cost-Value-Resultaten verschiedener Unternehmen lassen sich prozentuale Realisierungsgrade anhand einer „**Human Capital Effectiveness**[TM]"-Kennzahl" in einem Fit-Cost-Value-Koordinatensystem darstellen.[753] Bezüglich detaillierterer monetärer Bewertungsmöglichkeiten für das Human Capital wird auf für die Zukunft geplante Veröffentlichungen verwiesen; insofern bleibt die präzise Definition einer in Geldwerten fassbaren und durchgängig propagierten Human Capital-Rendite-Größe aus.

Das integrierte **Organisations- und Personalentwicklungskonzept von Wunderer / Arx**[754] betont in noch stärkerem Maße als die bislang besprochenen Ansätze über die Kennzahlenorientierung hinausgehende Führungs- und Steuerungsaspekte.[755] Personalmanagement wird als unternehmerisch geführtes „**Wertschöpfungs-Center**" verstanden, das anhand von **drei Ausrichtungsmerkmalen** gekennzeichnet werden kann:[756] eine konsequente Strategie- und Effektivitätsorientierung (Management-Dimension), eine Qualitäts- und Dienstleistungsorientierung (Service-Dimension) sowie eine von den beiden vorangegangenen Dimensionen ausgehende finanz und -kostenanalytisch geprägte Wirtschaftlichkeits- und Wertschöpfungsorientierung (Business-Dimension). Vor allem in der letzten Dimension kommt die Wertorientierung im Sinne eines **monetären Value Added** zum Ausdruck. Im Mittelpunkt stehen dabei eine ertrags- und kostenorientierte Leistungsmessung, monetäre Steuerungsgrößen zur Quan-

---

[753] Vgl. dazu die Darstellung und Erörterung bei Friedman B. S. / Hatch, J. A. / Walker, D. M. (1999), S. 143ff.; (1998), S. 118ff.

[754] Vgl. Wunderer, R. / Arx, S. v. (1998); Arx, S. v. (1995); Wunderer, R. (1992) sowie zur praktischen Anwendung des Ansatzes im Rahmen des Dezentralisierungsprozesses bei der ABB Schweiz Lichtsteiner, R. / Arx, S. v. (1995). Der aktuelle Verbreitungsgrad des Wertschöpfungs-Ansatzes für schweizerische Unternehmen wird für das Jahr 1999 mit bemerkenswerten 15 Prozent angegeben. Für 2010 wird ein Verbreitungsgrad von 45 Prozent prognostiziert (vgl. Wunderer, R. / Dick, P. (2001), S. 213, S. 221).

[755] Eine eingehende Vertiefung der Mess- und Kennzahlenperspektive für das Wertschöpfungs-Konzept erfolgt jedoch bei Wunderer, R. / Jaritz, A. (1999) vor dem Hintergrund der Entwicklung eines adäquaten unternehmerischen Personalcontrollings. Dies spricht ergänzend für eine Zuordnung des Konzepts zur Kategorie kennzahlenorientierter Steuerungsansätze. In diesem Zusammenhang sei noch darauf hingewiesen, dass Wunderer / Jaritz auch Möglichkeiten einer Anwendung der Balanced Scorecard auf das Wertschöpfungs-Center Personal ausführlich untersucht haben (vgl. a.a.O., S. 329ff.).

[756] Vgl. hierzu Wunderer, R. / Arx, S. v. (1998), S. 17f., S. 34ff., S. 47ff.; Wunderer, R. / Jaritz, A. (1999), S. 60ff.; Wunderer, R. (1992), S. 206ff., S. 209f.; Arx, S. v. (1995), S. 426ff.

tifizierung von Wertschöpfungsbeiträgen, eine verursachungsgerechte interne Leistungsverrechnung, eine Fixkosten-Variabilisierung, der Einsatz der Prozesskostenrechnung im Personalbereich und die Schaffung von ergebnisbezogenen Verantwortungsbereichen mit ausreichenden Freiräumen für unternehmerisches Handeln (z.B. Profit-Center). Der Value Added als gesteigerter Gesamtunternehmenswert ist jedoch lediglich eine von vier Komponenten des dem Center-Konzept zugrundeliegenden **Wertschöpfungsbegriffs**, der, neben dem klassischen quantitativ-monetären Wertschöpfungsbegriff, auch qualitative (z.B. Verbesserung der Servicequalität) und quantitative (z.B. messbare Kundennutzensteigerung) nicht-monetäre Wertbestandteile mit einschließt.[757] Das Konzept von Wunderer / Arx kann insofern nicht als Shareholder Value-bezogener Ansatz „in Reinform", sondern allenfalls als ein entsprechendes ökonomisches *„Schnittmengen-Konzept"* mit Bezügen zu einer unternehmenswertorientierten Personalführung charakterisiert werden.[758]

Der vom Consultingunternehmen **Price Waterhouse Coopers** propagierte Ansatz für ein wertorientiertes Personalmanagement[759] betrachtet das Human Capital Management und eine anreizverträglichen Managementvergütung als wichtige Bausteine zur Aktivierung personaler Wertpotenziale im Netzwerk eines umfassenden Shareholder Value-Managements.[760] Mit der im Mittelpunkt des Personalansatzes stehenden Methode des **„Human Capital Measurement"** **(HCM-Ansatz)** soll eine Human Capital-bezogene Standortbestimmung ermöglicht werden, die vor allem zur Unterstützung des Managementprozesses (operatives Personalmanagement, Controlling von Veränderungsprozessen, strategi-

---

[757] Vgl. zur Wertperspektive insbesondere Wunderer, R. / Arx, S. v. (1998), S. 43f. und ergänzend Wunderer, R. / Jaritz, A. (1999), S. 28ff.; Wunderer, R. (1992), S. 205ff.; Wunderer, R. / Dick, P. (2001), S. 69f.

[758] Die Querverbindungen der humankapitalbezogenen Wertschöpfungskonzeption zum Shareholder Value-Ansatz zeigt Wunderer etwas eingehender in seiner Beschreibung einer dem Dienstleistungs- und Informationszeitalter angemessenen Personalkonzeption auf (vgl. hierzu Wunderer, R. (1998), S. 90ff.). Explizite Bezüge zum Shareholder Value-Ansatz werden weiterhin bei der Diskussion einer strategiebedingten Wertschöpfung des Personalmanagements bei Wunderer, R. / Jaritz, A. (1999), S. 42ff. angeführt. Wegen der i.d.R. engen Verflechtung von Personal- und Unternehmensstrategie wird eine personalmanagementspezifische Messung strategiebasierter Wertschöpfung allerdings als schwierig angesehen (vgl. a.a.O., S. 47). Vgl. weiterhin die vereinzelten Bezugnahmen auf den Shareholder Value-Begriff bei a.a.O., S. 57, S. 90f., S. 380).

[759] Vgl. hierzu den Sammelband PwC Deutsche Revision (Hrsg.) (1998). Die in dem Reader angeführten Beiträge von Pohl, H.-R. (1998); Fischer, G. (1998) und Gibbons, A. (1998) behandeln vom nachfolgend erörterten Kernkonzept relativ losgelöste fokale Themengebiete personalen Wertmanagements (Vergütung, betriebliche Altersversorgung, Personalinformationssystem) und werden deshalb hier nicht weiter behandelt (vgl. hierzu auch Kapitel C.I.3.e)).

[760] Vgl. Englert, J. / Scholich, M. (1998), S. 10.

sche Steuerung multidivisionaler Unternehmen) beiträgt. Finanzielle bzw. bilanzielle Bewertungsziele werden durch die Methode allenfalls im Zusammenhang mit Mergers und Akquisitionen abgedeckt.[761] **Human Capital** wird als Wissen, Können und Wollen aller Menschen eines Unternehmens gekennzeichnet.[762] Dieses soll durch ein **dreistufiges Bewertungsverfahren** für insgesamt 12 Untersuchungsfelder der dreistufigen Wertkette Treiber-Prozesse-Ergebnisse operationalisierbar gemacht werden (vgl. hierzu Abbildung 29). Die 12 Felder werden zunächst unter Heranziehung eines deskriptiven Referenzmodells analysiert, danach mittels einer Bewertungsmatrix qualitativ evaluiert und abschließend in eine für ein Benchmarking geeignete Punktwert-Kennzahl konsolidiert.[763] Die dem **Praktikerkonzept** zugrundeliegende Analysesystematik wird theoretisch nicht näher begründet und tendiert in ihrer Grundstruktur eher in Richtung qualitative Gesamtunternehmensbewertung. Für den eigentlichen Evaluationsprozess wird lediglich auf Anlehnungen an einige Vorgehensweisen bei der Vergabe von Unternehmenspreisen verwiesen, genauere Angaben erfolgen nicht. Der Ansatz von PriceWaterhouseCoopers kann als typisches Beispiel für ein stark vereinfachendes Consultingmodell mit Fokus auf die praktische Personalanalyseanwendung angeführt werden, das Shareholder Value-Bezüge vor allem durch veränderte Begrifflichkeiten begründet.

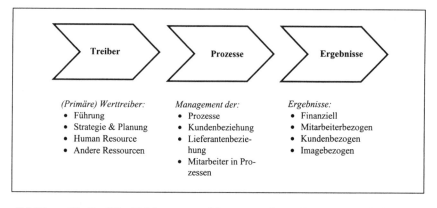

Abbildung 29: Zwölf Felder zur Messung des Human Capital nach PriceWaterhouseCoopers (Quelle: In Anlehnung an Cahn von Seelen, C. (1998), S. 19)

---

[761] Vgl. Englert, J. / Scholich, M. (1998), S. 12; Cahn von Seelen, C. (1998), S. 14ff.
[762] Vgl. Cahn von Seelen, C. (1998), S. 18.
[763] Vgl. a.a.O., S. 18ff.

Boudreau und Ramstad konzentrieren sich in Ihrem wertorientierten Mess- und Analysekonzept einer „**Human Capital Bridge**"[764] (HC Bridge[TM] – vgl. hierzu Abbildung 30) auf die kausale Vernetzung dreier strategischer Themenfelder, die als „Anchor Points" über „Linking Elements" im Planungs- und Leistungserstellungsprozess bei der betrieblichen Wertschaffung zusammenwirken. Der Brückenansatz soll die Verbindungen zwischen Strategien bzw. den mit diesen einhergehenden strategischen Erfolgsgrößen und dem Human Capital bzw. den Investitionen in das Humankapital deutlich machen. Hinter dem **Ankermodul** „**Impact**" verbirgt sich der Analyseprozess der Identifikation von Verknüpfungen zwischen strategischen Erfolgsparametern wie Einzigartigkeit oder Profitabilität und den vorhandenen stellenbezogenen personifizierten „Talenten". Das Modul „**Effectiveness**" steht für die Interdependenzbetrachtung zwischen den Personalpraktiken und dem Talentpool bzw. den Fähigkeiten, den Einstellungen und der Motivation der Mitarbeiter. Die dritte Komponente „**Efficiency**" beinhaltet klassische Effizienzmessungen zur Analyse von Zusammenhängen zwischen Personalmaßnahmen und den mit ihnen einhergehenden Investitionsausgaben. Diese müssen jedoch in den Kontext strategischer Wirksamkeit (Impact) und Effektivität (Effectiveness) eingebettet sein.[765] Eine besondere Bedeutung für die Quantifizierung von personalen Erfolgswirkungen wird vor dem Hintergrund einer eingehenden Hinterfragung von Nutzenanalysekonzepten dem Konstrukt der „**Standard Deviation of Employee Value in Dollars (Sdy)**"[766] beigemessen, einer statistisch begründeten Maßgröße dafür, wie sich mitarbeiterbezogene Performanceabweichungen in Geldwertänderungen niederschlagen. Die systematische Integration dieses Messkonzepts in den generierten konzeptionellen Analyserahmen zur strategischen Performancemessung bleibt allerdings nur schwer erkennbar. Gleiches gilt auch für die Interaktionsstruktur der angeführten verbindenden Elemente des Brückenmodells und die konkrete Ausgestaltung der Ankermodule.

Bei den erörterten kennzahlenbezogenen Steuerungskonzepten für das Personalwesen handelt es sich um eine **aktuelle Auswahl** von einer unternehmenswertorientierten Personalführung besonders nahe stehenden und bedeutsamen

---

[764] Boudreau, J. W. / Ramstad, P. M. (2001), insbes. S. 24 (Hervorhebung durch den Verfasser). Vgl. dazu umfassend a.a.O., insbes. S. 24ff. und ergänzend Stamps, D. (2000), S. 79ff. Vgl. zur praktischen Anwendung des Modells im e-Bussiness-Bereich Boudreau, J. W. / Dunford, B. B. / Ramstad, P. M. (2001).

[765] Vgl. zu den drei „Anchor Points" insbes. Boudreau, J. W. / Ramstad, P. M. (2001), S. 27.

[766] A.a.O., S. 28 (Hervorhebung durch den Verfasser). Vgl. zur strategischen Relevanz und zum Stand der Sdy-Forschung a.a.O., S. 28ff. sowie S. 31ff.

Ansätzen.[767] Trotz der bei den Konzepten ausgemachten theoretischen, aber auch anwendungsorientierten **Defizite**, liefern diese eine Reihe von Anhalts- und Anknüpfungspunkten für ein wertorientiertes strategisches Personalmanagement. Die Ansätze betonen allesamt die Wichtigkeit, ja zwingende Notwendigkeit, Personalprozesse und personale Investitionsentscheidungen durch **quantitative Analysen** mit Bezügen zur Unternehmens- und Personalstrategie zu fundieren. Ein *wertorientiertes strategisches Personalcontrolling* hat diese Aufgaben als wesentliche Kernfunktion einer am Shareholder Value ausgerichteten strategischen Personalwirtschaft wahrzunehmen.

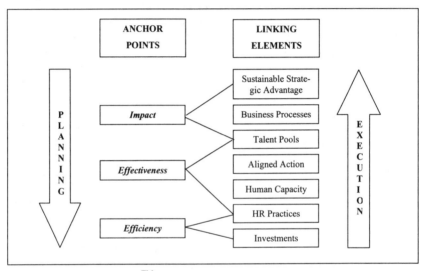

Abbildung 30: HC Bridge™ Framework (Quelle: In Anlehnung an Boudreau, J. W. / Ramstad, P. M. (2001), S. 26; O.V. (1999a), S. 3)

d)   Darstellung und Bewertung fokaler Vergütungsansätze einer Personalwirtschaft mit Wertbezug

Die Literaturbeiträge, die sich der Kategorie fokaler Vergütungsansätze zurechnen lassen, wurden als Konzeptionen charakterisiert, die eine am Ziel der Shareholder Value-Optimierung ausgerichtete Vergütung von Führungskräften und Mitarbeitern als wesentliche Komponente einer wertbasierten Unternehmensführung betrachten und sich ausschließlich mit dem **Spezialproblem** der Gestaltung

---

[767] Weitere Schnittmengen zur besprochenen Mess- und Steuerungsthematik finden sich etwa bei Friederichs, P. (1998); LeBlanc, P. V. (1999); Grossmann, R. J. (2000); Knight, D. J. (1999); Zwell, M. / Ressler, R. (2000).

entsprechender **Entlohnungs- und Anreizstrukturen** auseinander setzen.[768] Ausgehend von der empirisch und theoretisch begründbaren Tatsache, dass ein wertorientiertes Vergütungssystem einen essenziellen Bestandteil eines umfassenden wertbasierten strategischen Personalmanagementansatzes darstellen muss,[769] werden nachfolgend entsprechende zielführende Erkenntnisse zu dem Thema zusammengefasst.

Betriebliche Anreizsysteme dienen vor dem Hintergrund des Shareholder Value-Ansatzes primär der **Interessenharmonisierung** zwischen Unternehmenseignern und den Mitarbeitern. Durch die Struktur des Vergütungs- und Erfolgsbeteiligungssystems sollen Führungskräfte und operativ agierende Mitarbeiter zu effizientem, sprich wertsteigerndem Handeln motiviert werden. Im Vordergrund steht dabei die Kopplung von direkt oder indirekt monetär wirksam werdenden Leistungserfolgen mit den den Leistungsträgern zufließenden materiellen und immateriellen Entlohnungs- und Beteiligungsformen. Dies macht die Relevanz der bereits eingehend thematisierten kennzahlenorientierten Steuerungssysteme mit Wertbezug als heranziehbarer Bewertungsbasis zur Bemessung adäquater Vergütungsumfänge deutlich. Felder der Anreizsystemgestaltung sind vor allem die Findung geeigneter **fixer und variabler Lohn- und Gehaltsbestandteile**, aber auch Optionen der Gewährung **ergänzender materieller und immaterieller Anreize** (z.B. Mitarbeiterpartizipation, Karrieremöglichkeiten, Arbeitszeitgestaltung etc.).[770] Letztere spielen im Schrifttum der Shareholder Value-orientierten Vergütungsansätze jedoch allenfalls eine Nebenrolle.

Bei der Gestaltung effizienter Vergütungsstrukturen werden gängigerweise Führungskräfte und Nicht-Führungskräfte bzw. Mitarbeiter separiert. Für die Ebene der **operativ agierenden Mitarbeiter** finden sich analog zum Sachverhalt bei den untersuchten wertorientierten Unternehmensführungsansätzen[771] kaum Empfehlungen in der Literatur für die Ausgestaltung adäquater Vergütungsstrukturen. Insgesamt kann eine dem Shareholder Value-Thema innewohnende immanente Tendenz zur verstärkten **Hinwendung in Richtung leistungsabhängiger Vergütungskomponenten**, d.h. zu einer Aufwertung variabler Entgeltbestandteile festgestellt werden (dies trifft im Übrigen auch für die Zielgruppe der Führungskräfte zu).[772] Die Anbindung operativer Werttreiber an die vari-

---

[768] Auf evtl. vorhandene Zurechnungsprobleme zur finanz- oder personalwirtschaftlichen Fachliteratur wurde bereits an anderer Stelle verwiesen (vgl. hierzu die Einleitung von Kapitel C.I.3a)

[769] Vgl. hierzu insbesondere auch die Ausführungen in C.I.1. und C.I.2.

[770] Vgl. zu den Komponenten von Anreizsystemen Becker, F. G. (1993), S. 319f.

[771] Vgl. dazu Kapitel C.I.1.

[772] Eine agencytheoretische Untermauerung dieser Aussage findet sich z.B. bei Hardes, H.-D. / Wickert, H. (2000), S. 60ff. und S. 75.

able Vergütung ist dabei die Voraussetzung für die Entfaltung unternehmens-
wertfördernder Effekte. Durch die Verknüpfung werttreiberbasierter variabler
Vergütungsbestandteile mit der Auszahlung in Form von **Aktien** kann weiterhin
eine zusätzliche Gleichrichtungswirkung bezüglich der Investoren- und Arbeitnehmerinteressen entfaltet werden; der Mitarbeiter wird zum Miteigentümer.[773]
Losgelöst von einer wertorientierten variablen Entlohnungsperspektive findet
das Thema **Mitarbeiterbeteiligung** durch die Ausgabe von Belegschaftsaktien
unter Beachtung ordnungs- und sozialpolitischer Effekte eine erhöhte Aufmerksamkeit in der Literatur.[774]

Die deutlich überwiegende Mehrheit der Beiträge zur wissenschaftlichen Diskussion Shareholder Value-orientierter und damit auch strategischer Anreizsysteme[775] konzentriert sich jedoch auf die Thematik einer **führungskräftebezoge-
nen Gestaltung monetärer Vergütungsstrukturen.** Die positiven Werteffekte
wertorientierter Vergütungsinstrumente für Manager lassen sich über die bereits angesprochenen anreizkompatiblen Verhaltenssteuerungswirkungen hinaus
aufgrund von Interessenkomplementaritäten auch auf immanente Potenziale zur
Qualitätsaufdeckung bei der Managerselektion, zur Heranziehung als Liquidi-
tätsquelle bei Unternehmen in Gründungs- und Krisenphasen, zur dauerhaften

---

[773] Vgl. zur Möglichkeit der variablen Vergütung in Abhängigkeit von Werttreibergrößen und
deren Kombination mit der Auszahlungsform Aktien z.B. Schätzle, R. J. / Prechtel, A.
(1998), S. 51. Vgl. zur Ausgestaltung von Vergütungssystemen auf Basis von Wertgeneratoren auch Laux, H. / Liermann, F. (1997), S. 581f. Neben der Shareholder Value-
orientierten Eigenkapitalbeteiligung in Form von Belegschaftsaktien kommen als Gestal-
tungsvarianten für die variable Vergütungskomponente auch Fremdkapitalbeteiligungen
(Mitarbeiterdarlehen, Mitarbeiter-Obligationen und -Schuldverschreibungen) und Erfolgsbeteiligungen (Gewinn-, Ertrags- oder Leistungsbeteiligung) in Betracht (vgl. Becker, F.
G. (1993), S. 329; Drumm, H. J. (2000), S. 595ff.). Vgl. zu Prinzipien der Ausgestaltung
Shareholder Value-orientierter Vergütungsstrategien über alle Mitarbeitergruppen hinweg
auch Dolmat-Connell, J. (1999), insbes. S. 48ff.; Hale, J. / Bailey, G. (1998); Pohl, H.-R.
(1998); Schmeisser, W. (2001), S. 816f. oder das Leitbild eines synchronisierten Vergütungskonzepts bei Kay, I. T. (1998), S. 55f.

[774] Vgl. Ferstl, J. (2000), S. 82f. Vgl. zur Thematik einer Beteiligung durch Belegschaftsakti-
en auch Schawilye, R. (1998); Wächter, H. / Koch, T. (1993); Lewin, D. / Mitchell, D. J.
B. (1995), S. 237ff.; Anthony, W. P. / Perrewé, P. L. / Kacmar, K. M. (1999), S. 435; das
Anwendungsbeispiel Metallgesellschaft AG bei Steves, F. / Tauber, J. L. L. (1999), insbes. S. 20ff. sowie die auf die Agency-Theorie rekurrierenden empirischen Erkenntnisse
zur Incentive-Wirkung von Mitarbeiterbeteiligungen auf verschiedenen Belegschaftsebe-
nen bei Welbourne, T. M. / Cyr, L. A. (1999b), insbes. S. 446ff. Vgl. auch zur Thematik
interner Management Buyouts als extremaler Ausprägungsform der Mitarbeiterbeteiligung
Lewis, T. / Grisebach, R. / Nelle, A. (1995), insbes. S. 105ff. Vgl. allgemein zum Thema
Mitarbeiterbeteiligung Drumm, H. J. (2000), S. 595ff.; Schwetzler, B. (1989) sowie Lezius, M. (2000) für konkrete Shareholder Value-Bezüge.

[775] Vgl. zum entsprechenden Zusammenhang zwischen Strategie- und Shareholder Value-
Orientierung Schnabel, H. (1998), S. 23ff.

Bindung wichtiger Wissensträger und zur Realisierung von steuerlichen Vorteilen zurückführen.[776]

In der Literatur werden **zwei Grundkategorien** wertorientierter variabler Vergütungsmechanismen unterschieden: **Marktindizierte Systeme** orientieren sich bei der Bemessung variabler Vergütungskomponenten am tatsächlichen Marktwert der Unternehmensanteile, während **performanceorientierte Systeme** die Entwicklung von aus der internen Rechnungslegung abgeleiteten Wertgrößen als Bezugsbasis heranziehen.[777] Die erste Systemkategorie beinhaltet eine Vergütung durch Anteile bzw. Anteilserwerb, Aktienoptionsprogramme und am Börsenkurs ausgerichtete virtuelle Vergütungsinstrumente. Die **Vergütung durch Anteile** (Stock Purchase Agreements) beinhaltet die Auszahlung eines Teils des Gehalts in Form von Aktien zu vertraglich vereinbarten Konditionen, i.d.R. zu einem Kurs unterhalb des Marktwerts. Das Management wird direkt am Eigenkapital des Unternehmens beteiligt.[778] Bei den **Aktienoptionsprogrammen** (Stock Option Agreements) werden den Führungskräften Stock Options, d.h. Rechte zum Aktienbezug zu einem bestimmten Kurs eingeräumt. Durch die Kopplung mit einer Indizierung der Kursentwicklung (Relativierung des Aktienkurses durch das Setzen von unternehmens- und branchenbezogenen Index-Benchmarks), die Fixierung weit reichender programmbezogener Berichts- und Informationspflichten und eine adäquate zeitliche Ausgestaltung der Programme zur Verhinderung bzw. Reduzierung von Insidermissbräuchen sollen fehlerhafte Anreizeffekte begrenzt werden.[779] **Virtuelle aktienkursorientierte Vergü-**

[776] Vgl. Schnabel, H. (1998), S. 29ff.

[777] Vgl. zu den Kategorien wertorienterter Vergütungsmechanismen für Führungskräfte insbes. Ferstl, J. (2000), S. 82ff. und ergänzend zu den marktindizierten Verfahren Schnabel, H. (1998), S. 104ff.

[778] Vgl. zu Stock Purchase Agreements und deren Ausprägungsformen genauer Schnabel, H. (1998), S. 104ff.; ergänzend Ferstl, J. (2000), S. 82ff..

[779] Vgl. dazu und zur kritischen Diskussion der Vor- und Nachteile von Aktienoptionsprogrammen bzw. zur Übertragbarkeit des Modells auf deutsche Verhältnisse, Ferstl, J. (2000), S. 136ff. Weitere kritische Anmerkungen finden sich etwa bei Reischauer, C. (1996); Schmeisser, W. (2001), S. 815, S. 818f. oder bei Drumm, H. J. (2000), S. 595f., 607ff., der auch auf Basis transaktionskostentheoretischer Überlegungen Aktienoptionspläne aufgrund nicht erfüllter Prämissensetzungen zumindest für deutsche Unternehmen grundsätzlich ablehnt. Eine Diskussion der Ursachen für die nachrangige Bedeutung wertorientierter Vergütungskonzepte für Führungskräfte (insbesondere geringere Kosten und Risiken wertindifferenter Vergütungsformen aufgrund spezifischer Arbeitsmarkt- und Verhaltensgegebenheiten für deutsche Manager; Diskriminierung wertorientierter Vergütungsformen durch den Gesetzgeber) sowie ein Ausblick auf die Zukunft entsprechender Modelle in Deutschland finden sich bei Schnabel, H. (1998), S. 147ff., S. 179ff. Vgl. außerdem zur Ausgestaltung und ökonomischen Analyse von Aktienoptionsplänen Winter, S. (2000), S. 31ff., S. 51ff.; Aleweld, T. / Hölscher, C. (1999); Schwetzler, B. (1999);

tungsinstrumente sind so genannte „Stock Appreciation Rights" sowie „Phantom Stocks". Stock Appreciation Rights stehen für gewährte Wertzuwachsrechte, die der Führungskraft monetäre Zahlungen in Höhe der Differenz zwischen dem Kurs bei Ausgabe und dem Kurs bei Ausübung gewähren.[780] Die finanziellen Auswirkungen echter Aktienoptionsprogramme werden hier durch Simulation abgeleitet und in reale Zahlungen transformiert. Dadurch soll vor allem einer „Verwässerung des Aktienkurses"[781] für die übrigen bisherigen Aktionäre entgegengewirkt werden. Phantom Stocks sind das virtuelle Gegenstück zur Aktienbeteiligung von Führungskräften. Den Managern fließt am Ende des Vergütungsprogramms ein Betrag in Höhe des Wertzuwachses zu Beginn ausgegebener fiktiver Aktien zu.[782]

Die **performanceorientierten Systeme** knüpfen im Gegensatz zu den marktbasierten Konzepten an die im **internen Rechnungswesen** unter Heranziehung der zugrundegelegten Unternehmenswertmodelle ermittelten Erfolgsgrößen (insbesondere Shareholder Value Added, Economic Value Added, Economic Profit) als Bemessungsgrundlage variabler Entgeltbestandteile an.[783] Innerhalb dieser Vergütungskategorie kann über die klassischen Unternehmenswertansätze hinaus ein enger inhaltlicher Bezug zu den diskutierten holistischen kennzahlenorientierten Personalsteuerungsansätzen hergestellt werden. Auf der Ebene der Nicht-Führungskräfte finden sich, wie bereits angesprochen, entsprechende Pendants performanceorientierter Vergütung in den operativen Werttreibergrößen. Die teilweise in der Literatur recht kontrovers diskutierten Shareholder Value-orientierten Vergütungsinstrumente für Führungskräfte weisen allesamt Vor- und Nachteile bezüglich Anreizwirkungen, Kosten und Praktikabilität ihres Einsatzes auf, die einen **situationsabhängigen Einsatz** erforderlich machen. Ein Einsatz der Modelle auf der Ebene der Nicht-Führungskräfte ist zwar prinzipiell denkbar und wird in Teilen auch praktiziert (z.B. Stock Options für teure und schwer verfügbare Experten in Unternehmen der New Economy),[784] die fehlende unmittelbare Beeinflussbarkeit der hochaggregierten und unternehmens- bzw.

Scholz, C. (2000a), S. 766ff. sowie zu empirischen Erfolgsbelegen der Vergütungsformen aus Sicht des Shareholder Value-Ansatzes Kay, I. T. (1999), S. 32ff.

[780] Vgl. Ferstl, J. (2000), S. 148; Schnabel, H. (1998), S. 122.

[781] Aus der Ausgabe von Stock Options resultiert eine bedingte Kapitalerhöhung die den Ausschluss des Bezugsrechts für die bisherigen Aktionäre impliziert. Diese erleiden somit eine Verwässerung des Kurswerts und ihres Stimmrechts (vgl. Ferstl, J. (2000), S. 128).

[782] Vgl. Ferstl, J. (2000), S. 159.

[783] Vgl. hierzu die grundlegenden Ausführungen und die vergütungsspezifischen Aussagen zum Discounted Cash flow-Ansatz von Rappaport, zum Economic Profit-Konzept von Copeland / Koller / Murrin und die Anmerkungen zur Economic Value Added-Konzeption von Stern / Stewart in Kapitel C.I.1.

[784] Vgl. zur zunehmenden Verbreitung von Stock Options für Nicht-Führungskräfte bei US-amerikanischen Unternehmen O.V. (2000e), S. 12; Kay, I. T. (1998), S. 55.

geschäftsfeldbezogenen Entgeltbemessungsgrundlagen durch die Arbeitnehmer legt jedoch unter dem Gesichtspunkt einer Motivationseffizienz einen allenfalls vorsichtigen, ggf. auch ergänzenden Einsatz nahe. Insgesamt hervorzuheben ist die hohe Bedeutung, die einem **wertorientierten Personalcontrolling** bei der konkreten Ausgestaltung wertorientierter Anreiz- und Vergütungssysteme zukommt.[785]

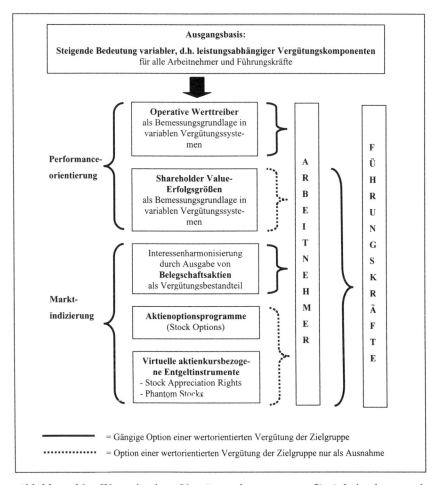

Abbildung 31: Wertorientierte Vergütungskomponenten für Arbeitnehmer und Führungskräfte (Quelle: Eigene Darstellung)

---

[785] Vgl. Schmeisser, W. (2001), S. 814.

Zusammenfassend ist für die fokalen Vergütungsansätze feststellbar, dass die personalwirtschaftliche Literatur über die Führungskräfteentlohnung hinausgehende Shareholder Value-orientierte Vergütungsstrukturen **für Arbeitnehmer bislang kaum** untersucht hat bzw. diese allenfalls am Rande der Diskussion von Vergütungs- und Anreizsystemen für das Management anspricht. Für die Zielgruppe der **Führungskräfte** gibt es einen größeren Fundus an wissenschaftlichen Beiträgen, die die Thematik auf einem recht hohen Erkenntnisstand eingehend behandeln.[786] Deshalb und aufgrund der nicht gewollten fokalen Fixierung auf ein komplexes Spezialproblem eines strategischen Personalmanagements wurde auf eine Hervorhebung von Einzelkonzepten[787] an dieser Stelle bewusst verzichtet. Inhaltliche Kernaussagen bzw. wesentliche Bestandteile wertorientierter Vergütungskonzeptionen sind in Abbildung 31 dargestellt.

e)   Analyse weiterer Beiträge zur Personal-Wert-Thematik mit fokaler Ausrichtung

Die fokale Ebene beinhaltet neben der dominierenden Kategorie von Publikationen zu wertbezogenen Vergütungs- und Anreizstrukturen eine Reihe von **Einzelbeiträgen mit unterschiedlichster Schwerpunktsetzung** und Bezügen zum Shareholder Value-Ansatz. Ein Auszug entsprechender Veröffentlichungen mit fokaler Ausrichtung ist Tabelle 21 entnehmbar.

---

[786] Vgl. exemplarisch für einen Gesamtüberblick etwa Ferstl, J. (2000); Schnabel, H. (1998); Carpenter, J. / Yermack, D. (1999); Pellens, B. (1998); für aktuelle Bestandsaufnahmen Rappaport, A. (1999b); Sunoo, B. P. (1999); Kay, I. T. (1999); (1998), S. 51ff.; Young, C. (1998). Vgl. für eine vertiefende Betrachtung von Optionsplänen als Instrument wertorienterter Managervergütung Winter, S. (2000); Hall, B. J. (1999); Bernhardt, W. / Witt, P. (1997); Brandhoff, J. (1999); Schwetzler, B. (1999) und Winter, S. (1998); für das Spezialproblem der wertabhängigen Vergütung des Aufsichtsrats Roller, K. R. (2000) sowie für strategische Aspekte der Vergütungsgestaltung Martocchio, J. J. (1998), insbes. S. 341ff. Vgl. zu aktuellen Ergebnissen der empirischen Forschung zu wertorientierten strategischen Vergütungsformen für Führungskräfte z.B. Sanders, G. (2001); Hardes, H.-D. / Wickert, H. (2000); O.V. (2000d); Welbourne, T. M. / Cyr, L. A. (1999b); Herdina, M. (1998).

[787] Vgl. beispielhaft die auf Basis einer wertorientierten strategischen Kontrollrechnung und Abweichungsanalyse entwickelte Konzeption von Ferstl, J. (2000), insbes. S. 210ff.

Quelle	Fokus	Kernaussage(n) / -inhalte / Bewertung
Grieger, J. (2001)	• Shareholder Value und *Mitbestimmung in Deutschland.*	• Eine ökonomische Analyse identifiziert relative Kostenvorteile mitbestimmungsfreier Corporate Governance-Systeme; der Stakeholder-Ansatz als zweiter Zugang zum Verhältnis von Mitbestimmung und Shareholder Value geht vom Vorrang der Institution Mitbestimmung aus. • Zeitgemäße Personalwirtschaft kombiniert ökonomische und verhaltenswissenschaftliche Betrachtung; Mitbestimmung und Shareholder Value als Rahmenbedingungen einer Integration von Humanressourcen in produktive Verwendungen. • Starke Bezüge / Überschneidungen zu Grieger, J. (1999).
Kosub, B. (2000)	• *Fortbildungscontrolling* als Instrument zur Wertsteigerung.	• Portfolio-Technik und Balanced Scorecard als Instrumente eines wertorientierten Fortbildungscontrollings. • Beitrag mit anwendungs- / praxisorientierter Schwerpunktsetzung.
Rühle, A. (1999), S. 227ff.	• *Beurteilung strategischer Personalinvestitionen* unter Heranziehung des Shareholder Value-Ansatzes.	• Gefahren durch monistische Interessenabbildung wertbasierter Personalinvestitionsbeurteilungsverfahren: stark vereinfachende Verhaltensprämissen und Entscheidungsgrundlagen als Folge. • Der Shareholder Value-Ansatz wird als ein (ökonomisierendes) Evaluationsverfahren unter vielen dargestellt.
Sattelberger, T. / Weiss, R. (1999) (Hrsg.)	• Personalpolitik in *wissensbasierten Unternehmen* zur Schaffung von Shareholder Value.	• Erfolg einer Shareholder Value-Strategie in wissensbasierten Unternehmen setzt strategisches, potenzialorientiertes Humanressourcenmanagement voraus, in dessen Mittelpunkt unternehmerisch denkende und handelnde Mitarbeiter stehen. • Herausgeberband, dessen Einzelbeiträge allerdings den Bezug zum Shareholder Value-Konzept kaum deutlich werden lassen.
Grieger, J. (1999)	• *Personalwirtschaftliche Ziele* vor dem Hintergrund der Shareholder Value- und *Corporate Governance-Diskussion.*	• Corporate Governance-Debatte als inhaltliche Verbindung von marktwertorientierter Unternehmensführung und Personalwirtschaftslehre über die Zieldiskussion. • Je nach Position und Beurteilungsprämissen kann Vereinbarkeit von Shareholder Value-Ansatz und deutscher Unternehmens- und Betriebsverfassung verneint oder aber wenigstens in Teilen als möglich eingestuft werden. • Theoretisch fundierte Diskussion normativer und struktureller Aspekte der Personalwirtschaftslehre im Lichte des Wertansatzes.
Feudner, B. W. (1999)	• *Arbeitsrechtliche Bewertung* des Shareholder Value-Ansatzes.	• Rechtliche Analyse insbesondere der Änderungs- oder Beendigungskündigung vor dem Hintergrund des Wertkonzepts. • Die Frage nach der rechtlichen Zulässigkeit Shareholder Value-bedingter Kündigungen als betriebsbedingte Kündigung im Sinne des deutschen Kündigungsschutzrechts ist derzeit noch ungelöst.

Quelle	Fokus	Kernaussage(n) / -inhalte / Bewertung
Backes-Gellner, U. / Pull, K. (1999)	• Shareholder Value-Maximierung und *betriebliche Sozialpolitik.*	• Analyse zur Vereinbarkeit freiwilliger Sozialleistungen mit dem Shareholder Value-Gedanken. • Im Vergleich mit paternalistischen, finanzwirtschaftlichen und mikropolitischen Erklärungsansätzen für freiwillige betriebliche Sozialleistungen bietet die Effizienzlohntheorie (Modell vorweggenommener Verhandlungen) den höchsten Erklärungsgehalt (Motivations- und Produktivitätssteigerung). In diesem Zusammenhang sprechen die beobachteten Muster dafür, dass betriebliche Sozialpolitik und Shareholder Value-Maximierung sich nicht widersprechen (Ausnahme: Existenz privilegierter Arbeitnehmergruppen, die sich „selbst bedienen").
Schmid, F. A. / Seger, F. (1998)	• *Arbeitnehmermitbestimmung* und Shareholder Value	• Untersuchung belegt negative Wirkung der Entscheidungsrechtsbeschränkung der Aktionäre via Arbeitnehmermitbestimmung. • Aktionäre wären bereit, 21-24 Prozent des aktuellen Marktwerts des Aktienkapitals zu zahlen, um die paritätische Mitbestimmung durch Drittelbeteiligung zu ersetzen.
Fischer, G. (1998)	• *Betriebliche Altersversorgung* und Shareholder Value	• Betriebliche Altersversorgung zur langfristigen Bindung wertvoller, qualifizierter Mitarbeiter (Bewahrung des Human Capital). • Entwicklung eines Gesamtversorgungskonzepts auf Basis beitragsorientierter Zusagen (Arbeitgeberfinanzierte Grundversorgung und mitarbeiterfinanzierte Zusatzversorgung Rente + Kapital).
Mitrani, A. / Dalziel M. / Fitt, D. (1994) (Hrsg.)	• Unternehmenswertsteigerung durch *kompetenzbasiertes Human Resource Management.*	• Wertgenerierung durch Menschen erfolgt über integriertes Human Resource Management, Karriere- und Erfolgsplanung, kompetenzbasierte Rekrutierung und Personalauswahl, Einsatz von Potenzialanalysen und Performance Management, kompetenzorientierte Bezahlung und leistungsorientiertes Motivationsmanagement. • Analog Sattelberger T. / Weiss R. (1999) werden im Titel zum Ausdruck kommende Bezüge zum Wertkonzept primär in der Einleitung und kaum in den Einzelbeiträgen hergestellt.

Tabelle 21: Fokale Literaturbeiträge mit Shareholder Value-Bezügen (Quelle: Eigene Darstellung)

f) Analyse sonstiger Grundsatzpublikationen zur Beziehung zwischen (strategischem) Personalmanagement und Shareholder Value

Nur wenige themenspezifische Beiträge lassen sich den vorab unterschiedenen Kategorien allenfalls bedingt oder gar nicht zuordnen. Es handelt sich dabei vor allem um konzeptionelle **Erörterungen der grundsätzlichen Beziehungsstruktur** zwischen dem Shareholder Value (-Konzept) und dem (strategischen) Personalmanagement, die in der deutschen Personalmanagementlehre beheimatet sind. Hierzu gehört zunächst die **Arbeit von Thom**[788], der sich vor dem Hintergrund der Shareholder-Stakeholder-Debatte[789] der Frage nach dem Beitragspotenzial des Personalmanagements für den Unternehmenswert mit einer Reihe von Teilaspekten einer wertorientierten Personalwirtschaft (Personalentwicklung, Mitarbeitermotivation, Arbeitsgestaltung, neues Rollenverständnis des Personalmanagements) auseinandersetzt. Die „Shareholder Value-Spezifität" des Beitrags ist allerdings eher schwach ausgeprägt und geht im Kern nicht über eine Anbindung gängiger personalwirtschaftlicher Erkenntnisse an das Unternemenswertkonzept durch die von Becker et al. formulierte Kausalitätskette[790] hinaus, die Produktivität, Kreativität und Motivation als wertorientierte personale Zwischenziele und als Anknüpfungspunkte für die personalwirtschaftliche Gestaltung beinhaltet.

Der **Beitrag von Eigler, J. (1999)** setzt sich in umgekehrter Richtung mit der ebenfalls grundlegenden Frage nach der Bedeutung des Shareholder Value-Ansatzes für das Personalmanagement auseinander. Eigler entwickelt ein einfaches, auf die **Vertragstheorie** rekurrierendes Beziehungsmodell, das die Verbindung zwischen dem Shareholder (Value) und dem Personalmanagement über die zur Leistungserstellung bzw. zur Durchführung der wertgenerierenden Investitionsprogramme erforderlichen relationalen Arbeitsverträge herstellt (vgl. Abbildung 32). Den personalwirtschaftlichen Teilfunktionen kommt hierbei die Aufgabe zu, inhaltlich offene Arbeitsverträge im Sinne einer Leistungsoptimierung mit möglichst geringem Aufwand zu „reparieren".[791] Wegen der unzureichenden Operationalisierbarkeit finanzieller Erfolgsgrößen im Personalbereich wird die **„optimale Erfüllung der Arbeitsverträge"**[792] als Ersatzmaßstab für ein wertschaffendes Personalmanagement herangezogen.

Aus dem Shareholder Value-Ansatz werden weiterhin **drei Anforderungen an ein wertorientiertes Personalmanagement** abgeleitet: die Orientierung an ökonomischen Zielsetzungen, eine Planungs- und eine Potenzialorientierung.[793] Hiervon ausgehend lassen sich Konsequenzen einer Shareholder Value-Orientierung für die personalen Funktionsfelder Personalführung, -entwicklung, Vergütungssysteme und betriebliche Sozialleistungen ableiten, die aufgrund ihrer Bedeutung für die Erfüllung von Arbeitsverträgen und ihrer Wichtigkeit für die Höhe des Sozial- und Personalaufwands von besonderer Wertrelevanz zu

---

[788] Vgl. Thom, N. (1999).

[789] Vgl. hierzu auch Kapitel B.III.2.b).

[790] Vgl. Becker et al. (1997), S. 40 sowie die obigen Ausführungen zum HR Scorecard-Konzept von Becker / Huselid / Ulrich in Kapitel C.I.3.c)bb)).

[791] Vgl. Eigler, J. (1999), S. 238ff.

[792] A.a.O., S. 241 (Hervorhebung durch den Verfasser).

[793] Vgl. a.a.O., S. 241ff.

sein scheinen.[794] Eine **wertorientierte Personalführung**[795] wird durch einen entsprechenden ziel- und ergebnisbezogenen Führungsstil bzw. die Verhaltens-beeinflussung im Sinne des Shareholder Value, z.b. über indirekte Beiträge zum Werttreiber „Umsatzwachstum", begründet. **Wertorientierte Personalent-wicklung**[796] muss Kenntnis- und Fähigkeitspotenziale identifizieren, aufbauen und pflegen, die zur besseren Erfüllung der relationalen Arbeitsverträge beitra-gen. Die Selektion von Qualifikationsmaßnahmen und -adressaten hat gemäß dem ökonomischen Prinzip zu erfolgen und muss an den formulierten Investiti-onsprogrammen ansetzen. **Wertorientierte Vergütungssysteme**[797] sollten An-reizwirkungen entfalten, welche zu einer Leistungssteigerung führen, die wegen der Relationalität des Arbeitsvertrages ansonsten nicht erfolgt wäre. Dies ist durch flexible Entgeltsysteme mit leistungsabhängigen variablen Vergütungs-komponenten realisierbar, die einen Bezug zu Shareholder Value-Kennzahlen (z.B. Stock Options für Führungskräfte, Orientierung an Rappaportschen Wert-indikatoren wie Produktivität, Kundenbindung etc. für nachgeordnete Ebenen) aufweisen und in ein Management by Objectives-Konzept eingebettet sind. Be-züglich der betrieblichen Sozialleistungen[798] ist eine kontinuierliche Überprü-fung der Akquisitions- und Bindungswirkungen bzw. der ökonomischen Adä-quanz im Sinne des Shareholder Value-Ansatzes erforderlich. Die wertorien-tierte Ausrichtung der Personalwirtschaft muss für die **Anteilseigner** über ein entsprechendes **Kommunikationskonzept** transparent gemacht werden, um auch auf diesem Wege Wert- bzw. Kurspotenziale zu erschließen.[799]

Der konzeptionelle Entwurf Eiglers bietet sich als **erste Systematisierungshilfe** bei der Weiterentwicklung wertorientierter Personalkonzeptionen an. Der Bei-trag öffnet den Blick in Richtung einer **institutionenökonomischen Begrün-dung einer wertorientierten Personalwirtschaft**. Es stellt sich allerdings die Frage, inwieweit durch arbeitsvertragstheoretische Erkenntnisse tatsächlich eine bessere Lösung des Operationalisierungsproblems im Wertzusammenhang möglich erscheint, oder ob nicht vielmehr lediglich eine Verlagerung auf eine zumindest annähernd gleich schwere Komplexitätsebene erfolgt. Des Weiteren kann die explizite Verneinung einer Dominanz ökonomischer Ziele in der Per-sonalwirtschaft als **impliziter Widerspruch** zum Plädoyer für eine Ökonomie-orientierung und zu der erfolgten inhaltlichen Konkretisierung eines Shareholder Value-orientierten Personalmanagements interpretiert werden.

---

[794] Vgl. Eigler, J. (1999), S. 243.
[795] Vgl. a.a.O., S. 243f.
[796] Vgl. a.a.O. (1999), S. 245f.
[797] Vgl. a.a.O., S. 246ff.
[798] Vgl. a.a.O., S. 249f.
[799] Vgl. a.a.O., S. 250f.

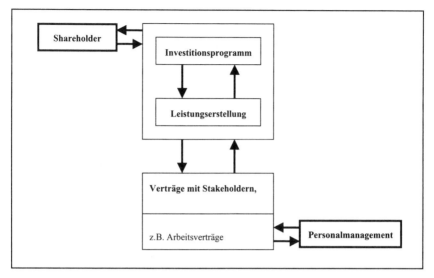

Abbildung 32: Grundzusammenhänge zwischen dem Shareholder Value-Ansatz und dem Personalmanagement (Quelle: Eigler, J. (1999), S. 239)

Drei weitere **Beiträge von Müller, Wittmann und Gaugler** können ebenfalls als Grundsatzpublikationen im Sinne der hier verwendeten Kategorisierung betrachtet werden. Diese bewegen sich jedoch inhaltlich auf der **Ebene normativer Positionierungen** in Verbindung mit der Stakeholder-Shareholder-Debatte[800], weisen im Gegensatz zu den Ausführungen Thoms und Eiglers stark kritische Untertöne auf und stellen die Konzeption eines Shareholder Value-dominierten Personalmanagements, explizit oder implizit, prinzipiell in Frage.

Müller[801] stellt in seiner Betrachtung die grundlegende Frage nach dem **Stellenwert der Mitarbeiter** bei einer wertorientierten Unternehmensführung und geht bezüglich der Werthaltigkeit von Mitarbeitern von zwei denkbaren „Wel-

---

[800] Vgl. hierzu umfassend die entsprechenden Erörterungen in B.III.2.b).

[801] Vgl. Müller, W. R. (1998). Der Beitrag ist in dem von Bruhn, M. et al. (1998) aufgeführten Sammelband zu einer wertorientierten Unternehmensführung als einer von drei Aufsätzen zur Diskussion „personalorientierter Perspektiven der wertorientierten Unternehmensführung" aufgeführt. Der Aufsatz von Baitsch / Delbrouck / Jutzi „Wertorientierte Unternehmensführung durch Förderung von Organisationalem Lernen" (Baitsch, C. / Delbrouck, I. / Jutzi, K. (1998)) knüpft ebenfalls an der wertrelevanten Wissenskomponente von Unternehmen an, weist jedoch kaum Bezüge zu der Shareholder Value-Thematik auf, und konzentriert sich stattdessen auf generelle Überlegungen zum Lernen von und in Organisationen. Der dritte Aufsatz von Wittman, S. (1998) wird nachfolgend noch besprochen.

ten" aus. Die eine Welt[802] ist durch eine auf die Dominanz der Investoren-Perspektive bedingte zunehmende **Vermarktlichung der Mitarbeiterbeziehungen** gekennzeichnet, in der durch eine Flexibilisierung der Beschäftigung der wachsenden Kostenkonkurrenz und Zeitknappheit begegnet wird. Personal wird als zu reduzierender Kostenfaktor angesehen, Arbeit als frei auf Märkten kurzfristig verfügbare Ware: „Die Normen sind Individualismus und Mobilität. Der Wert des Mitarbeiters ist ein abgeleiteter. Er bemisst sich an der Funktionalität und der Kostengünstigkeit seiner Ware im Interesse der Wertsteigerung für den Investoren."[803] Im zweiten, alternativ entwickelten und von Müller propagierten Weltenmodell[804] kommt dem **Mitarbeiter als Kompetenzträger** und **Personifizierung des intellektuellen Kapitals** bzw. der organisatorischen Wissensbasis eines Unternehmens strategische Bedeutung zu. Der eigentliche Wert eines Unternehmens besteht in seinem intellektuellen Kapital. Wertsteigerung erfolgt durch Wissensmanagement und die bewusste Pflege des sozialen Kapitals, d.h. der dem intellektuellen Kapital zugrundeliegenden Beziehungsstrukturen und -kulturen: „Der Wert des Mitarbeiters bemisst sich daran, wie die Unternehmung ihre individuellen Wissensbestände und Kompetenzen nutzt und Einzigartigkeit daraus produziert, um in der Einschätzung aller Beteiligten jenseits aller unmittelbaren Zweckhaftigkeit *an sich* wertvoll zu sein."[805]

Die in der Darstellung von Müller zum Ausdruck kommende pointierte **antithetische Gegenüberstellung** eines investorendominierten ökonomistischen Weltbilds der Personalwirtschaft mit einer für die Mitarbeiter konsens- und sinnstiftenden neuzeitlichen Wissensperspektive scheint jedoch stark **überzogen**. Ein auf strategische Überlegungen des Ressourcenansatzes rückführbares Management der Ressource Wissen bzw. Personal muss nicht zwangsweise im Gegensatz zu einer eignerorientierten Wertperspektive stehen. Beide Perspektiven lassen sich sehr wohl theoretisch und konzeptionell positiv miteinander in Beziehung bringen. Dies ist eine dem nachfolgend entwickelten Ansatz eines wertorientierten strategischen Personalmanagements zugrundegelegte essenzielle Prämisse und wird im weiteren Verlauf noch eingehender diskutiert.[806]

Die Veröffentlichung zu einem wertorientierten Personalmanagement von **Wittmann**[807] befasst sich mit der normativen Fragestellung „**Welche Werte sollen für wen geschaffen werden?**"[808]. Dem **ökonomischen Wert** des Perso-

---

[802] Vgl. Müller, W. R. (1998), S. 233ff., S. 246.

[803] A.a.O., S. 246.

[804] Vgl. dazu a.a.O., S. 238ff., S. 246f.

[805] A.a.O., S. 247.

[806] Vgl. hierzu insbesondere Kapitel C.II.3 und C.IV.3.

[807] Vgl. Wittmann, S. (1998).

[808] Wittmann, S. (1998), S. 263 (Hervorhebung durch den Verfasser).

nalmanagements, der sich aus der Erfolgsrelevanz eines qualitativ hochwertigen Managements der Humanressourcen (Kostenwirksamkeit des Personalfaktors und intellektuelles Kapital als Unternehmenswerttreiber) ergibt, wird ein **ethischer Wert** des Personalmanagements gegenübergestellt, der darauf Bezug nimmt, dass hinter dem Begriff „Personal" Personen stehen, die als Subjekte in sozial interaktive, kommunikative Arbeitsprozesse eingebettet sind.[809] Die Kritik an den Unzulänglichkeiten des ökonomistisch-instrumentalistischen Denkmusters einer an der ökonomischen Wertschaffung interessierten Unternehmensführung mündet in die ethisch begründete Perspektive eines wertorientierten Personalmanagements,[810] das allerdings mit einer am **Shareholder Value orientierten Personalkonzeption kaum mehr etwas gemein** hat und dessen Essenz mit der Formulierung „**Werte- statt Wertorientierung**" recht gut zum Ausdruck gebracht werden kann. Wie bereits an anderer Stelle dargelegt, wird der ethischen Dimension einer am Shareholder Value orientierten Personalwirtschaft aufgrund der perspektivischen Positionierung der vorliegenden Arbeit eine weitestgehend außerhalb des hier untersuchten Forschungsgegenstands liegende Rolle beigemessen.[811] Die insbesondere in Kapitel B.III.2.b) aufgezeigte Möglichkeit einer Komplementarisierung von Eigner- und Mitarbeiterzielsetzungen durch ein richtig verstandenes, auf langfristige und anhaltende Wertsteigerung ausgerichtetes wertorientiertes strategisches Personalmanagement[812] lässt das von Wittmann aufgezeigte Spannungsverhältnis zwischen ökonomistischen und ethischen Werten im Übrigen als nicht allzu gravierend erscheinen.

Ebenfalls sehr kritisch reflektiert **Gaugler**[813] Anwendungsbezüge des Shareholder Value auf das Personalmanagement. Vor dem Hintergrund des Stakeholder-Ansatzes und angesichts der mit der deutschen Wirtschafts- und Gesellschaftsordnung verbundenen rechtlichen Rahmenbedingungen **lehnt** Gaugler ein auf den Shareholder Value ausgerichtetes Personalmanagement **grundsätzlich ab**: „Für ein verantwortungsbewusstes Personalmanagement ist in Deutschland ein Shareholder-Value-Konzept, das die kurzfristige und maximale Steigerung des Kurswerts der Aktien als alleiniges Unternehmensziel vorgibt, untauglich."[814] Er plädiert stattdessen für ein an langfristigen Renditezielen und der Berücksichti-

---

[809] Vgl. Wittmann, S. (1998), S. 264ff.

[810] Vgl. a.a.O., S. 270ff.

[811] Vgl. hierzu B.III.2.b)dd), insbes. auch Fußnote 333.

[812] Vgl. zur prinzipiellen Vereinbarkeit einer auf langfristige und dauerhafte Wertsteigerung ausgerichteten Unternehmens- und Personalführung mit der Berücksichtigung von Mitarbeiterinteressen auch die gleichgerichtete Einschätzung aus der Unternehmenspraxis vom Personalvorstand der Daimler-Benz InterServices AG, Bensel, N., bei der Reflexion ethischer Aspekte der Shareholder-Stakeholder-Debatte (Bensel, N. (1997), insbes. S. 8f.).

[813] Vgl. Gaugler, E. (1997).

[814] Gaugler, E. (1997), S. 170.

gung von Interessen aller Anspruchsgruppen orientiertes „**verantwortungsbe-wusstes Personalmanagement**"[815], das Mitarbeiteridentifikation durch Mitar-beiterinformation schafft, partnerschaftliches Mitunternehmertum fördert, vari-able Wertschöpfungs- und nicht aktienbasierte Erfolgsbeteiligungen anbietet, eine Beteiligung der Mitarbeiter am Aktienkapital zwar nicht negiert, aber auch nicht forciert und die wertbasierte Vergütung von Top-Führungskräften mit Stock Options sehr distanziert bewertet.[816] Die bei Gaugler auf den ersten Blick zum Ausdruck kommende strikte Ablehnung des Shareholder Value-Konzepts ist allerdings angesichts der engen, **stark verkürzten definitorischen Fixie-rung des Begriffs „Shareholder Value"** zu relativieren. Wie bereits an anderer Stelle dargelegt wurde, ist die Priorisierung bzw. Dominanz des Wertsteige-rungsziels im betrieblichen Zielsystem nicht automatisch mit einer Ignoranz evtl. konkurrierender Stakeholder-Zielsetzungen verbunden. Eine strategisch ausgerichtete wertorientierte Unternehmens- und Personalführung ist auch unter ökonomischen Gesichtspunkten dazu gezwungen, Belange wichtiger Stakehol-der wie der Mitarbeiter als Nebenbedingungen zu berücksichtigen. Wird weiter-hin zur Kenntnis genommen, dass auch ein so verstandenes Shareholder Value-orientiertes Personalmanagement an der Interessenharmonisierung durch Mitar-beiteridentifikation und -integration und an unternehmerisch denkenden und handelnden Arbeitnehmern interessiert ist, so verbleibt allenfalls das personale Teilpolitikfeld der Anreizsysteme, in dem die von Gaugler kritisch angerissenen Probleme Konfliktpotenziale bezüglich eines strategisch verstandenen Sharehol-der Value-Managements aufweisen.

Zusammenfassend ist für die Analyse der personalwirtschaftlichen Publikatio-nen zu einer wertorientierten Unternehmensführung festhaltbar, dass trotz der aktuell im Vergleich zu anderen Personalthemen noch beschränkten Verfügbar-keit konzeptioneller Basisliteratur eine **Reihe von deutsch- und englischspra-chigen Veröffentlichungen mit Bezügen zur Wertthematik** ausgemacht wer-den konnte, die einen Fundus für die vertiefende konzeptionelle und gestal-tungsorientierte Aufbereitung und Weiterentwicklung des Themas darstellen. Die vorgenommene **systematische Segmentierung** der Beiträge in die holisti-schen Evaluationskategorien „Bewertungsansätze" und „Ansätze zur Kennzah-lensteuerung" sowie in die fokale Hauptkategorie „Vergütungsansätze" spiegelt den bisherigen Diskussionsfokus der Fachliteratur wider. Die nicht den drei Hauptkategorien zurechenbaren Veröffentlichungen wurden als „fokale Teil-themen" bzw. als „sonstige Grundsatzpublikationen" gesondert besprochen bzw. erwähnt. Darüber hinaus sei ergänzend noch auf eine Vielzahl von Beiträgen des dynamisch wachsenden Forschungsfelds der arbeitsvertragstheoretisch gepräg-

---

[815] Gaugler, E. (1997), S. 170 (Hervorhebung durch den Verfasser).
[816] Vgl. a.a.O., S. 170ff.

ten **Personalökonomie** verwiesen, die zwar nicht explizit, vielfach jedoch über die ökonomistische Grundausrichtung implizit mit dem Shareholder Value-Gedanken komplementarisierbar sind.[817] Die eingehende **Analyse** konzeptioneller Arbeiten zu einem wertorientierten (strategischen) Personalmanagement **bestätigt** die eingangs formulierten literaturbezogenen **Grundeinschätzungen**[818] und macht deutlich, dass das Thema „Wertorientierung und strategische Personalwirtschaft" für die nahe und ferne Zukunft noch ein **erhebliches konzeptionelles Entwicklungspotenzial** beinhaltet, sowohl unter theoretischen, als auch unter praxeologischen Gesichtspunkten.

4. Zwischenfazit zur grundlegenden Analyse der Personal-Wert-Thematik

Der Umfang und die untersuchungsbezogene aber auch generell sehr hohe Bedeutsamkeit der in Breite, Konstellation und Kontextbezug wohl bislang einmaligen Fundamentalanalysen des Kapitels C.I für das Thema wertorientiertes strategisches Personalmanagement lässt ein erstes Zwischenfazit sinnvoll erscheinen.

Als Einstieg und Basis einer Generierung grundlegender konzeptioneller Bestandteile eines strategischen Personal-Wertkonzepts wurde das Konzept der Unternehmenswertsteigerung bzw. der **Shareholder Value-Ansatz im Sinne eines ökonomischen Leitbilds** in den Raum gestellt.

Die **Shareholder Value-Konzeption von Rappaport** eignet sich in besonderem Maße als Ausgangspunkt für die Einbringung einer Wertperspektive in personalstrategische Gesamtzusammenhänge und damit zur ökonomischen Spezifizierung eines strategischen Personalmanagements im teleologisch-normativen Sinne. Der implizite investitions- und kapitalmarkttheoretische Gehalt des Shareholder Value-Ansatzes trägt außerdem über die explikativ-theoretische Dimension zu einer ökonomischen Spezifizierung gemäß dem hier zugrundegelegten Entwicklungsverständnis bei. Der marktorientierte Ansatz und das mit ihm verbundene Werttreiber-Schema von Rappaport ist aufgrund seiner theoretischen

---

[817] Vgl. hierzu auch die grundlegenden Ausführungen in B.III.2.c); des Weiteren die Übersichtsdarstellung zur Personalökonomik von Backes-Gellner, U. / Krings, A. / Berkel, A. (1999) und die entsprechenden Lehrbücher bzw. Reader von Backes-Gellner, U. / Lazear, E. P. / Wolff, B. (2001), Wolff, B. / Lazear, E. P. (2001), Lazear, E. P. (1998), Mitchell, D. J. B. / Lewin, D. (1995), Mitchell, D. J. B. / Zaidi, M. A. (1990) sowie die personalbezogenen Ausführungen im mikroökonomischen Standardwerk von Milgrom, P. / Roberts, J. (1992), S. 326ff. Außerdem sei noch auf die zwar nicht unmittelbar der Personalökonomie zurechenbaren, aber doch starke ökonomische Schwerpunktsetzungen aufweisenden strategischen Human Resource-Ansätze von Anthony, W. P. / Perrewé, P. L. / Kacmar, K. M. (1999), Baron, J. N. / Kreps, D. M. (1999) sowie Pfeffer, J. (1998) verwiesen.

[818] Vgl. Kapitel C.I.3.a).

(Kapitalwertansatz) und normativen (eignerbasiertes Unternehmensführungside-al) Essenz für die ökonomische Fundierung einer rationalen Durchdringung spe-zifischer Fragestellungen des strategischen Personalmanagements prädestiniert. Die strategische Grundorientierung der Konzeption, die sich in einer Ausrich-tung am strategischen Planungsprozess, am industrieökonomischen Strategie-konzept von Porter und der Betonung einer Langfristperspektive äußert, unter-mauert diese Verwendbarkeit für die strategische Analyse personaler Problem-stellungen. Rappaport selbst hebt zwar die Wichtigkeit der Personalressourcen im Shareholder Value-Managementprozess hervor, eine intensivere Konkretisie-rung bleibt jedoch bis auf den Bereich wertbasierter Leistungsbewertung und -vergütung für Führungskräfte weitgehend aus. Für diese empfiehlt er, in Ab-hängigkeit von der hierarchischen Einbettung, Kapitalbeteiligungsmodelle, in-dexbasierte Aktienoptionsmodelle sowie Bonuszahlungen auf der Grundlage von Shareholder Value Added-Werten und langfristig wirksam werdenen Wert-Vorsteuergrößen. Über das Argument sicherer Arbeitsplätze und Einkommens-ströme werden Deckungsgleichheiten der Interessen zwischen Arbeitnehmern und Unternehmenseignern in den Vordergrund gestellt (*„Konsensmodell"*). Für die Umsetzung des Shareholder Value-Ansatzes ist laut Rappaport eine den Wertmaximierungsgedanken in den Mittelpunkt stellende Unternehmenskultur erforderlich, die nur mit den Mitarbeitern und nicht gegen diese aufgebaut wer-den kann.

Die aus dem Rappaportschen Ansatz eruierten „Destillate" personaler Wertzu-sammenhänge wurden in einer schematischen Darstellung zusammengefasst (vgl. Abbildung 17), die auf zwei grundsätzliche Wirkungsrichtungen personaler Wert-Förderinstrumente verweist: Einerseits eine Beeinflussung von Cash flow-Strömen durch Personalkosten- und Personalertragskomponenten, andererseits die Grundlegung fachlicher und motivatorischer Voraussetzungen für die Imp-lementierbarkeit des Shareholder Value-Führungsansatzes auf der Basis eines normativen Arbeitgeber-Arbeitnehmer-Konsensmodells. Die in der Abbildung festgehaltenen Analyseresultate lassen sich als **erster Modell- und Orientie-rungsrahmen für ein eigenes strategisches Personal-Wertkonzept** heranzie-hen, das die bei Rappaport allenfalls skizzenhaft behandelten Personal-Wert-Beziehungen eingehender thematisiert und Schlüsse für die personale Subfunk-tionsgestaltung (Personalbeschaffung, -entwicklung, -freisetzung, -marketing, -controlling, Anreizstrukturen, Unternehmenskultur) ableitet.

Die Analyse des Rappaportschen Wertansatzes wurde um eine **selektive Quer-schnittsbetrachtung weiterer Shareholder Value-Beiträge** ergänzt, um einen Eindruck zu gewinnen, inwieweit bzw. in welcher Form personale Themenfel-der in anderen Entwürfen wertorientierter Unternehmensführung Eingang fin-den. Der Faktor Personal wird in allen analysierten Publikationen als wichtige

Einflussgröße für den Betriebserfolg und damit den Shareholder Value verstanden, entsprechende Führungsaspekte sind jedoch durchgängig lediglich am Rande erkennbar. Strategische Ressourcengesichtspunkte werden bei nahezu allen untersuchten Wertkonzepten stark vernachlässigt. Die Rappaportsche Harmonisierungsperspektive bezüglich des Arbeitnehmer-Unternehmenseigner-Verhältnisses findet sich bei sämtlichen betrachteten Veröffentlichungen wieder, auch wenn potenzielle Zielkonflikte nicht negiert werden. Üblicher Anknüpfungspunkt für personalbezogene Gestaltungsaussagen zur Interessenharmonisierung sind leistungsorientierte Anreiz- und Vergütungssysteme und, jedoch weit weniger diskutiert, Shareholder Value-orientierte Unternehmenskulturen. Die Analyse eines breiteren Spektrums wertorientierter Veröffentlichungen untermauert die Gültigkeit der in Abbildung 17 dargestellten und als Modell- und Orientierungsrahmen für ein wertorientiertes strategisches Personalmanagement bezeichneten Grundzusammenhänge personaler Wertbeziehungen.

Im Vergleich zu anderen personalwirtschaftlichen Themenstellungen wurden die Beziehungszusammenhänge zwischen Shareholder Value und strategischen Personalaktivitäten in der **einschlägigen Personalliteratur** eher nachrangig diskutiert. Erst in jüngerer Zeit hat sich die Thematik vor allem in den Vereinigten Staaten als eigenständiges Forschungsfeld herausentwickelt, das konzeptionelle, aber insbesondere auch empirische Anknüpfungspunkte für die Vertiefung personalwertstrategischer Sachverhalte beinhaltet.

Bei der **Bestandsaufnahme empirischer Arbeiten**, die die Wirkungsbeziehungen zwischen unternehmenswertbezogenen Erfolgskennzahlen und qualitativen Ausprägungen von Personalsystemen zum Gegenstand haben, wurde ein Schwerpunkt auf die umfangreichsten und bedeutsamsten Untersuchungen von **Becker / Huselid et al.** und der Unternehmensberatungsgesellschaft **Watson Wyatt Worldwide** gelegt. Das Forschungsprogramm von Huselid / Becker et al. besticht durch seine hinsichtlich Umfang, Untersuchungsdauer und Methodengenauigkeit offenkundige Einzigartigkeit im Spektrum empirischer Arbeiten. Die Untersuchungen belegen signifikante Verknüpfungen von Wertveränderungen und qualitativen Variationen der Personalsystembeschaffenheit. Die Unternehmenswertveränderungen bewegen sich gemäß dieser Erhebungsreihe bei substanziellen Veränderungen im Human Resource Management-System in einem zweistelligen Prozentbereich. Die Studien von Watson Wyatt International weisen hinsichtlich Methodik und Resultaten eine hohe Übereinstimmung mit der Arbeit von Huselid / Becker et al. auf und erweitern den geographischen Gültigkeitsraum über Nordamerika hinaus auch auf Europa. Dies und der Grundlagencharakter der nordamerikanischen Untersuchungen beider Forschungsprogramme sprechen bei gleichzeitig zunehmend globaler Ausrichtung großer deutscher Aktiengesellschaften für eine zumindest in Ansätzen mögliche Übertragbarkeit der Resultate auf deutsche Verhältnisse.

Die Analyse einer Reihe **weiterer empirischer Forschungsansätze** zur Wertrelevanz des Personalmanagements bestätigt vielfach die Vermutung eines signifikanten und ökonomisch bedeutsamen positiven Wirkungszusammenhangs zwischen der Qualität des betrieblichen Personalmanagements und finanziellen Erfolgsgrößen. Der Faktor Personal bzw. dessen strategischer Einsatz scheint, trotz festgestellter methodisch-konzeptioneller Problemfelder (Validitäts-, Reliabilitäts-, Messgenauigkeits-, Dynamik-, Aktualitäts-, Selektions-, Subjektivitäts-, Datenverfügbarkeits- und Isolierprobleme), aufgrund der Vielzahl von entsprechenden unabhängigen empirischen Belegen, demnach in einem nicht unerheblichen Umfang auf die Schaffung oder Vernichtung von Shareholder Value Einfluss zu nehmen.

Diese empirisch begründbare Tatsache einer kausalen Verknüpfung personalstrategischer Festlegungen und finanzieller Unternehmensperformance reflektiert sich auch in einer zunehmend spürbarer werdenden wissenschaftlichen Auseinandersetzung mit der Thematik auf der **konzeptionellen Ebene**. Die Diskussion weist analog zur Situation bei den empirischen Forschungsaktivitäten eine Schwerpunktsetzung im US-amerikanischen Raum auf, wenngleich die Dynamik der Entwicklung bei weitem moderater ausfällt. Für die analysierten personalwirtschaftlichen Beiträge mit Wertbezug konnten unter Heranziehung der zwei Kriterien *„konzeptionelle Ganzheitlichkeit"* und *„konzeptioneller Leitgedanke"* drei literarische Grundkategorien ausgemacht werden, innerhalb derer sich die Diskussionen zu Personal-Wert-Zusammenhängen hauptsächlich bewegen: *„holistische Bewertungsansätze"*, *„holistische Kennzahlensteuerungsansätze"* und *„fokale Vergütungsansätze"*. Die Übergänge zwischen den drei Hauptkategorien sind fließend, so dass sich die Zuordnung im Einzelfall schwierig gestalten kann.

Bei den **holistischen Bewertungsansätzen** wurden zunächst in der traditionellen, vielfach kritisierten Argumentationslinie des Human Resource Accounting liegende Beiträge zur (Ertrags-)Wertbestimmung im Personalbereich besprochen und mit dem Ansatz zur Human Capital-Bewertung nach Huber eine aktuelle Weiterentwicklung rechnungsbasierter Personalbewertungskonzepte mit deutlichem Bezug zum Shareholder Value-Ansatz analysiert. Huber modifiziert gängige Unternehmensbewertungsverfahren im Hinblick auf die Berücksichtigung von Humankapitalüberlegungen bei der Wertermittlung von Unternehmen. Die holistischen Bewertungsansätze sind wegen ihrer theoretischen Modelllastigkeit insgesamt einer praktischen Anwendung schwer zugänglich und haben in der

Masse vor allem Bedeutung als den holistischen Kennzahlensteuerungsansätzen wissenschaftshistorisch vorgelagerte theoretische Bezugsquellen.

Das dominierende Literatursegment stellt die **Kategorie holistischer Kennzahlensteuerungskonzepte** dar. Die sich hier findenden Beiträge lassen sich als management- bzw. steuerungsfokussierte Weiterentwicklungen des Human Resource Accounting interpretieren. Sie sind allesamt durch wertbasierte Kennzahlensystematiken charakterisierbar und zeichnen sich durch interne Gestaltungs-, Steuerungs- und Prozessorientierungen aus. Die derzeit wichtigsten Konzepte von Phillips (Accountability-Ansatz), Becker / Huselid / Ulrich (HR Scorecard-Konzept), Fitz-enz (Human Capital-ROI-Ansatz) und Bühner (Kennzahlenorientierte Mitarbeiterführung) wurden eingehend untersucht und einer kritischen Bewertung unterzogen. Weitere Ansätze dienten der Abrundung und Erweiterung der Analyseperspektive. Alle angeführten Konzeptionen sind in hohem Maße gestaltungsorientiert und liefern Anregungen und Anknüpfungspunkte für eine vertiefende konzeptionelle Aufbereitung des Personal-Wert-Themas im Sinne eines strategischen Personalmanagementansatzes. Bei den Ansätzen mit holistischer Grundorientierung ist aktuell kein Konzept erkennbar, das sich als Synonym für ein unternehmenswertorientiertes strategisches Personalmanagement in der Literatur etabliert hat.

Die Literaturbeiträge der **Kategorie fokaler Vergütungsansätze** befassen sich inhaltlich mit dem Spezialthema einer Shareholder Value-optimalen Ausgestaltung von Anreiz- und Vergütungsstrukturen in Unternehmen, also lediglich mit einem, wenn auch sehr wichtigen, Teilbereich der strategischen Personalwirtschaft. Wie bereits die Analyse der Unternehmenswertliteratur gezeigt hat, gibt es hier eine Reihe von kontrovers diskutierten Lösungsmodellen zur strukturellen Interessenharmonisierung zwischen Unternehmenseignern und Mitarbeitern, die sich allerdings großteils auf die Bereitstellung adäquater Entgeltformen für Führungskräfte konzentrieren und die Situation der Nicht-Führungskräfte nur bedingt thematisieren. Die entwickelten Vergütungskonzepte zeichnen sich in der Regel durch eine hohe Bedeutung variabler, d.h. leistungsabhängiger Entgeltbestandteile aus und kombinieren je nach Zielgruppe (Führungskräfte / Nicht-Führungskräfte) performanceorientierte (operative Werttreiber und Shareholder Value-Erfolgsgrößen als Bewertungsmaßstäbe) und marktindizierte (Belegschaftsaktien; Aktienoptionsprogramme; virtuelle, aktienkursbezogene Entgeltinstrumente) Komponenten zu einem wertorientierten Anreizsystem (vgl. dazu auch Abbildung 31). Neben den Vergütungsansätzen gibt es noch weitere Beiträge in der Literatur mit fokaler Ausrichtung. Diese behandeln etwa spezielle Themengebiete wie die betriebliche Mitbestimmung, das Fortbildungscontrolling, die betriebliche Sozialpolitik oder die Altersversorgung (vgl. dazu Tabelle 21).

Als literarische Randkategorie mit vornehmlich deutschen Veröffentlichungen, die den Shareholder Value-Ansatz auf einer grundsätzlichen Ebene mit Personalführung in Verbindung bringen und vor allem kritisch (vgl. z.b. die Beiträge von Wittmann und Gaugler) hinterfragen, wurden die „sonstigen **Grundsatzpublikationen**" in die Literaturanalyse mit aufgenommen. Die Diskussion dieser Einzelbeiträge schließt die literarische Bestandsaufnahme insbesondere mit einer Entkräftung fundamentalkritischer Stellungnahmen zur Thematik Shareholder Value und (strategisches) Personalmanagement ab.

Die in der Sache begründet sehr umfangreiche Analyse der Unternehmenswertliteratur bezüglich integrierter personaler Beziehungszusammenhänge sowie die Untersuchung der empirischen und konzeptionellen Literaturbeiträge personalwirtschaftlicher Provenienz mit Shareholder Value-Bezug dürfte, wie bereits angedeutet, hinsichtlich Darstellungstiefe, Form und quantitativem Umfang wohl bis dato einzigartig sein. **Die literarische Bestandsaufnahme liefert den strategischen und teleologisch-normativen, in Teilen auch explikativtheoretischen Zugang zu einer ökonomischen Spezifizierung einer wertorientierten strategischen Personalwirtschaft** und ist die essenzielle Basis für die nun folgende Erarbeitung und Integration der Theoriemodule und konzeptioneller Eckpunkte eines eigenen strategischen Personal-Wertkonzepts sowie die Entwicklung eines analytischen Phasenschemas und die Abgrenzung von Aktionsfeldern eines Managements ökonomischer Humanpotenziale.

II. Theoriemodule des eigenen strategischen Personal-Wertkonzepts

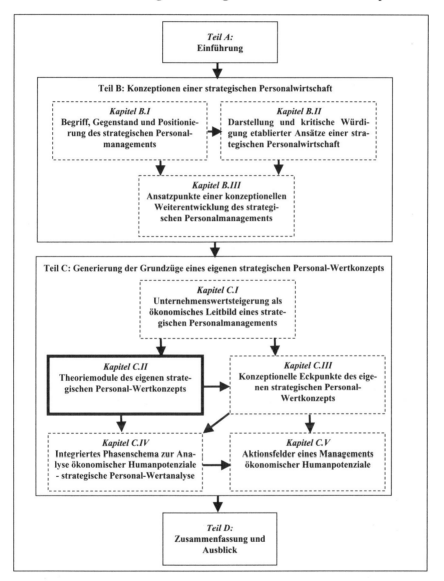

Abbildung 33: Kapitel C.II im Gesamtkontext der Arbeit (Quelle: Eigene Darstellung)

Durch die **integrative Zusammenführung theoretischer Bausteine**, in denen sich etablierte und kompatible Theorieansätze der Ökonomie wiederfinden, soll über die theoretische Verankerung der eigenen Konzeption auch ein Beitrag zur theoretischen Fundierung der personalwirtschaftlichen Teildisziplin strategisches Personalmanagement geleistet werden.[819] Die sukzessive erfolgende Erweiterung der theoretischen Perspektive durch miteinander kombinierbare Theoriekonstrukte dient der Vermeidung der einem *„theoretischen Isolationismus"*, sprich der verkürzenden Verwendung lediglich eines theoretischen Themenzugangs, innewohnenden Probleme einer zu einseitigen und realitätsfernen Darstellung und ist Ausdruck eines pluralistischen Theorieverständnisses, das dem Gegenstandsbereich der Personalwirtschaftslehre angemessen erscheint.[820]

Die **Auswahl der Theoriemodule erfolgte gemäß** den in Kapitel B.III.1.c) entwickelten **Kriterien der Theorieselektion** für ein strategisches Personalmanagement, d.h. die gewählte Theorienkonstellation soll, auch und vor allem im Sinne der explikativ-theoretischen Dimension einer ökonomischen Spezifizierung, in der Ökonomie verhaftet[821] (disziplinäre Analysebasis) sein, weiterhin ganzheitlich-aggregativ (strategische Makro-Analyseebene) und gestaltungsorientiert (theoretisches Analyseziel - Anwendung bewährter Theorien) und gleichsam universalistische wie kontingenzorientierte Elemente beinhalten (differenzierter Generalisierungsgrad).[822] Eine entsprechende Kategorisierung der gewählten Theorieansätze kann Tabelle 22 entnommen werden. Die Tabelleninhalte werden im Einzelnen noch einmal bei der Besprechung der drei Theoriebausteine angesprochen.

Der erste Theoriebaustein resultiert quasi automatisch aus der gewählten teleologisch-normativen Perspektive einer ökonomischen Spezifizierung, dem **Shareholder Value-Ansatz**, der auf investitions- bzw. kapitaltheoretischen Wurzeln

---

[819] Vgl. dazu im Besonderen Kapitel B.III.1. Durch die Verwendung etablierter ökonomischer Theorien soll dem ausgemachten „generellen Theorieanwendungsdefizit" in der Personallehre entgegengewirkt werden (vgl. hierzu insbes. Kapitel B.III.1.a)).

[820] Die Komplexität des Forschungsgegenstands „Mensch und Arbeit im Betrieb" spricht für eine perspektivische Weitung, die streng ökonomische Theorien (Mikro- / Institutionenökonomie) mit verhaltenswissenschaftlichen und strategischen Forschungsrichtungen zusammenbringt (vgl. dazu auch B.III.2.c)).

[821] Die Ökonomieverhaftung wurde bereits an anderer Stelle dadurch charakterisiert, dass Kosten-Nutzen-Kalküle, Markt-, Effizienz- und Effektivitätsbetrachtungen den Theoriekern bestimmen (vgl. B.III.2.c)).

[822] Vgl. dazu auch die Anmerkungen zur entsprechenden Zuordnung von Agency- und Ressourcentheorie in B.III.2.c).

der Finanzwirtschaft[823] basiert. Das Modul repräsentiert sozusagen den „ökonomischen Kern" des gewählten Bezugsrahmens. Die in der Neueren Institutionenökonomie beheimatete **Agency-Theorie** dient einer ersten perspektivischen Erweiterung und stellt das zweite Modul des gewählten ökonomischen Theoriegerüsts dar, das zum Dritten durch die strategische Perspektivenweitung über den **Ressourcenansatz** vervollständigt wird.[824]

Ansatz \ Kriterien	Investitions- und Kapital-theorie (Shareholder Value-Konzept)	Agency-Theorie	Resource-based View of the Firm (Ressourcenansatz)
Disziplinäre Analysebasis	• Ökonomisch (ökonomischer Kern des strategischen Personal-Wertkonzepts)	• Ökonomisch (mikroökonomische Wurzeln / Neue Institutionenökonomie)	• Ökonomisch (Erklärung von Wettbewerbsvorteilen)
Analyseebene	• Anwendungsbezüge auf Makroebene (Bewertung von Maßnahmenbündeln / Strategien, Unternehmen und Geschäftsbereichen)	• Anwendungsbezüge auf Makroebene (generalisierbare Aussagen zur Beziehung zwischen Personengruppen Prinzipale und Agenten)	• Anwendungsbezüge auf Makroebene (Strategische Grundorientierung des Ansatzes)
Theoretisches Analyseziel	• Verwendbarkeit für gestaltungsorientierte Forschung, d.h. bewährte und fundierte Theoriekonstrukte vorhanden	• Verwendbarkeit für gestaltungsorientierte Forschung, d.h. bewährte und fundierte Theoriekonstrukte vorhanden	• Verwendbarkeit für gestaltungsorientierte Forschung, d.h. bewährte und fundierte Theoriekonstrukte vorhanden
Generalisierungsgrad	• Universalistische Grundausrichtung	• Universalistische Grundausrichtung	• Kombination universalistischer und kontingenzorientierter Aussagen

Tabelle 22: Kriterien der Theorieselektion und Theoriemodule eines strategischen Personal-Wertkonzepts (Quelle: Eigene Darstellung)

---

[823] Investitions- und Kapitaltheorie werden hier gemäß der strukturellen Einbettung bei Perridon / Steiner als Teilgebiete der Finanzwirtschaft der Unternehmung betrachtet (vgl. Perridon, L. / Steiner, M. (2002), S. XIIIff., S. 1ff.).

[824] Die Agency-Theorie und der Resource-based View of the Firm finden sich auch bei der in Anlehnung an Wright / McMahan unterschiedenen Kennzeichnung von Optionen einer theoretischen Fundierung in Kapitel B.III.1.b) wieder.

*1. Finanzwirtschaftliche Grundlagen des Shareholder Value-Ansatzes als theo-
retische Ausgangsbasis für ein strategisches Personal-Wertkonzept*

a) Analyse des impliziten Theoriegehalts der Shareholder Value-Formel

Ein Shareholder Value-orientiertes strategisches Personalmanagement ist untrennbar mit den theoretischen Fundamenten dieses ökonomischen Leitbilds
verbunden. Der die theoretische Essenz beinhaltende **formale Kern des Ansatzes** wurde bereits eingehend bei der Besprechung des hier verwendeten strategieorientierten Gesamtkapitalansatzes von Rappaport besprochen.[825] Dieser
formale Kern knüpft zum einen an die theoretischen Erkenntnisse der **dynamischen Investitionsrechnung** (Kapitalwertmethode) und zum anderen an in der
Kapitalmarkttheorie entwickelte **Modelle zur Kapitalkostenbestimmung**
(WACC-und CAPM-Ansatz) und dem kapitaltheoretischen **Prinzip der
Marktwertmaximierung** an (vgl. hierzu auch Abbildung 34).[826] Der theoretische Ursprung des herangezogenen Discounted Cash flow-Ansatzes ist demnach
eindeutig finanzwirtschaftlicher Art und kann als *„stringent ökonomisch"* gekennzeichnet werden.[827]

Das an sich auf Einzelinvestitionen bezogene klassische investitionstheoretische
Konzept der **Barwert- bzw. Kapitalwertmethode** wird im Rahmen der Shareholder Value-Ansatzes auf ein ganzes Unternehmen respektive dessen Führung
übertragen.[828] Ein Unternehmen wird somit als Investitionsobjekt betrachtet, das
wiederum über Investitionsentscheidungen für dessen Eigentümer bzw. die Investoren einen positiven und bei konfligierenden Investitionsalternativen möglichst hohen Kapitalwert zu erwirtschaften hat. Bei der Kapitalwertmethode wird

---

[825] Vgl. Kapitel C.I.1.a).

[826] Vgl. zur Verbindung von Shareholder Value-Konzept und Investitionstheorie / Kapitalwertmethode Grieger, J. (2001), S. 64; Scott, C. (1998), S. 64; Hölscher, R. (1997), S. 59;
Schmidt, J. G. (1995), S. 1088., S. 1114; Serfling, K. / Pape, U. (1996), S. 58; Kunz, R. M.
(1998), S. 394; Bühner, R. (1996), S. 392; Lorson, P. (1999), S. 1330, S. 1335; Knyphausen, D. zu (1992), S. 347; Jonas, M. (1995), S. 84; Ballwieser, W. (1998), S. 81. Vgl. zu
kapitalmarkttheoretischen Berührungspunkten Schmid, S. (1998), S. 231; Serfling, K. /
Pape, U. (1996), S. 58. Vgl. zur Integration des Marktwertmaximierungsprinzips im Wertkonzept Scott, C. (1998), S. 63; Schmidt, R. H. / Maßmann, J. (1999), S. 6, S. 18f.; Born,
K. (1995), S. 217. Vgl. allgemein zu finanzwirtschaftlichen Theorieursprüngen des Shareholder Value-Ansatzes Scott, C. (1998), S. 63, S. 66; Serfling, K. / Pape, U. (1996), S. 58;
Grieger, J. (1999), S. 19.

[827] Diese Aussage trifft allerdings nicht nur für den Rappaportschen Discounted Cash flow-
Ansatz zu, sondern auch für die anderen Varianten des Shareholder Value-Ansatzes.

[828] Vgl. Serfling, K. / Pape, U. (1996), S. 58. Nach Serfling / Pape gilt: „Die Discounted Cash
Flow-Methode integriert ... Investitions- und Kapitalmarkttheorie in die entscheidungsorientierte Lehre von der Bewertung ganzer Unternehmungen." (ebd).

der Barwert einer Investition (C_0) über die anhand des Kalkulationszinssatzes (i) erfolgende Diskontierung von im Betrachtungszeitraum (n) anfallenden Zahlungsströmen (E_t = Einzahlungen in Periode t; A_t = Auszahlungen in Periode t) auf den aktuellen Entscheidungszeitpunkt (t = 0) erreicht:[829]

$$C_0 = \sum_{t=0}^{n} (E_t - A_t) \cdot \frac{1}{(1+i)^t}$$

Trennt man die Investitionszahlung zum Zeitpunkt t = 0 vom zeitlich nachgelagerten Zahlungsstrom, so wird der Barwert dieser Zahlungsreihe als „Ertragswert" bezeichnet.[830] Der Kapitalwert C_0 kann als derjenige Geldbetrag interpretiert werden, der dem Investor zum Entscheidungszeitpunkt t = 0 für den Konsum zur Verfügung steht, wenn er alle Zahlungsüberschüsse zur Tilgung und Verzinsung eines für den Investitionszweck aufgenommenen Darlehens verwendet und ansonsten keine Vermögenswerte mehr zur Disposition stehen.[831] Die Kapitalwertmethode führt immer zu effizienten Investitionsentscheidungen und schließt Mittelvergeudung aus.[832] Die Querverbindungen zur dargelegten **Discounted Cash flow-Methodik** sind offensichtlich. Auch dort ist der zentrale Orientierungsmaßstab der Gegenwartswert zukünftiger, aus dem Agieren eines Unternehmens resultierender Zahlungsströme. Analog zur Kapitalwertmethode

---

[829] Vgl. zur Kapitalwertmodell-Darstellung etwa Perridon, L. / Steiner, M. (2002), S. 61ff.; Hölscher, R. (1997), S. 56f.; Braun, G. E. (1985); Neus, W. (2001), S. 291ff.; Olfert, K. (2001), S. 92f.; Schmidt, R. H. / Terberger, E. (1999), S. 128ff.; Schneider, D. (1992), S. 77ff.; Weston, J. F. / Copeland, T. E. (1994), 95ff.; Brealy, R. A. / Myers, S. C. (2000), S. 16ff. Entscheidende Beeinflussungsgröße für das Ergebnis von Kapitalwertbetrachtungen ist der verwendetete Kalkulationszins, für den allerdings kein festes Bestimmungsverfahren existiert. Als Orientierungsgrößen werden Finanzierungskosten oder alternative Ertragsmöglichkeiten vorgeschlagen (vgl. Hölscher, R. (1997), S. 56; vgl. zur Wahl geeigneter Diskontierungsfaktoren auch Hellwig, K. (1997), S. 34ff.). Die auch als „Vermögensbarwertmethode" bezeichnete Kapitalwertmethode schließt als Varianten ebenso die Annuitätenmethode und die dynamische Amortisationsrechnung mit ein (vgl. Braun, G. E. (1985), S. 473).

[830] Vgl. z.B. Schneider, D. (1992), S. 78 und die oben zur Kapitalwertthematik angeführten Standardquellen.

[831] Vgl. Neus, W. (2001), S. 291.

[832] Vgl. Hellwig, K. (1997), S. 37; vgl. aber auch zu evtl. Modifikationserfordernissen bei unvollkommenen Kapitalmärkten und unsicheren Erwartungen a.a.O., S. 31f., S. 37. Das Grundmodell geht von einem vollkommenen Kapitalmarkt und Entscheidung unter Sicherheit aus und ist an eine Reihe weiterer Prämissen gebunden (Auszahlungen zu Beginn, Einzahlungen am Ende einer Teilperiode, Zurechenbarkeit der Zahlungen zum Investitionsobjekt, lediglich Berücksichtigung von durch das Investitionsobjekt verursachten Zahlungen, Nichtberücksichtigung von Abschreibungen und Zinsen, formal-strukturelle Identitäten mit vergleichbaren Investitionsalternativen) (vgl. Braun, G. E. (1985), S. 475).

sind wertschaffende Investitionen dadurch gekennzeichnet, dass ihre Rendite über den Kapitalkosten liegt.[833]

Zur Berechnung des spezifischen **Kapitalkostensatzes** wird im Ansatz von Rappaport ein in Abhängigkeit von Marktwerten gewichteter Mittelwert aus Fremd- und Eigenkapitalkosten verwendet, der die zu realisierende Minimalrendite (weder Wertvernichtung, noch Wertschaffung) darstellt. Dieses Vorgehen entspricht dem **Weighted Average Cost of Capital- / WACC-Ansatz** und schließt die Bestimmung der geforderten Eigentümerrendite nach dem Capital Asset Pricing Model (**CAPM**) mit ein, mit dem unternehmensbezogene Prämien für das systematische bzw. Marktrisiko abgeleitet werden können. Letzteres hat als „das" klassische Konzept der Kapitalmarkttheorie, das an den Prämissen der Portfoliotheorie ansetzt,[834] Eingang in alle finanzwirtschaftlichen Lehrbücher gefunden. Die Kennzeichnung der Theoriekomponenten WACC und CAPM des wertorientierten Managementansatzes von Rappaport erfolgte bereits bei der vorangegangenen Erläuterung des Basiskonzepts.[835]

Im Shareholder Value-Ansatz kommt weiterhin die Anwendung des Prinzips der Marktwertmaximierung, im Besonderen der **Maximierung des Eigenkapitalmarktwerts** (Anzahl der emittierten Aktien multipliziert mit dem Aktienkurs)

---

[833] Vgl. zum Rendite-Kapitalkosten-Zusammenhang Hölscher, R. (1997), S. 59. Nach Weston / Copeland gilt: „*The net present value of a project is exactly the same as the increase in shareholders' wealth.*" (Weston, J. F. / Copeland, T. E. (1994), S. 96).

[834] Vgl. Perridon, L. / Steiner, M. (2002), S. 268f.; Pape, U. (1999), S. 84; Brealy, R. A. / Myers, S. C. (2000), S. 197f., S. 211f.; Krag, J. / Kasperzak, R. (2000), S. 88, S. 90ff. Die beim CAPM zugrundegelegte Verhaltensprämisse, wonach rational agierende Kapitalanleger sich am Erwartungswert und der Varianz unsicherer Portfoliorenditen orientieren, entstammt der Portfeuilletheorie (vgl. Neus, W. / Hirth, H. (2001), Sp. 1306). Vgl. zur finanzwirtschaftlichen Portfoliotheorie eingehend Perridon, L. / Steiner, M. (2002), S. 260ff. und zu deren Anwendung auf personalwirtschaftliche Fragstellungen das in B.II.1.b) besprochene Konzept von Odiorne. Neben dem von den Shareholder Value-Vertretern gängigerweise verwendeten CAPM-Konzept wären prinzipiell aber auch alternative Kapitalkostenermittlungskonzepte der Finanzierungstheorie wie z.B. das Arbitrage Pricing Model (vgl. dazu ausführlich a.a.O, S. 283ff.) heranziehbar.

[835] Vgl. Kapitel C.I.1.a) zum WACC-Modell und CAPM. Vgl. ergänzend eingehender zum WACC-Ansatz sowie zum CAPM Serfling, K. / Pape, U. (1996), S. 61; Kunz, R. M. (1998), S. 399ff.; Knyphausen, D. zu (1992), S. 334ff., S. 342; Jonas, M. (1995), S. 89f.; Ballwieser, W. (1998), S. 82ff.; Drukarczyk, J. (1997), S. 6; Günther, T. (1997), S. 30ff.; Raster, M. (1995), S. 67ff.; Thissen, S. (2000), S. 84ff.; Franke, G. / Hax, H. (1994), S. 345ff.; Schmidt, R. H. / Terberger, E. (1999), S. 343ff.; Schneider, D. (1992), S. 511ff.; Weston, J. F. / Copeland, T. E. (1994), S. 363ff., S. 372, S. 540ff.; Brealy, R. A. / Myers, S. C. (2000), S. 195ff., S. 484ff.; Kruschwitz, L. (1999), S. 155ff.; Krag, J. / Kasperzak, R. (2000), S. 88, S. 90ff.; Born, K. (1995), S. 123ff.; Schultze, W. (2001), S. 242, S. 157ff.

zum Ausdruck.[836] Die Marktwertmaximierung ist neben der Kapitalkostenmini- mierung ein Optimalitätskriterium, das in den Grundmodellen der Kapitaltheorie Verwendung findet[837] und kann als „... Verallgemeinerung der Zielsetzung Ge- winnmaximierung auf den Fall von Mehrperioden- und Mehrpersonen- Entscheidungen...“[838] interpretiert werden. Gemäß dem Marktwertmaximie- rungsprinzip handelt eine Unternehmensleitung dann im Interesse ihrer Aktionä- re, wenn sie sich bei der unternehmenspolitischen Entscheidungsfindung an der Maximierung des Marktwerts der Aktien, sprich an der Maximierung des am Kapitalmarkt aus Angebot und Nachfrage resultierenden Unternehmenswerts orientiert. Losgelöst von invididuellen Konsumpräferenzen einzelner Anteils- eigner werden dann, bei einem vollkommenem Kapitalmarkt,[839] die maximal realisierbaren Einkommensströme für alle Aktionäre und damit gleichzeitig die bestmögliche Erfüllung aller Konsumwünsche der Aktionäre erreicht.[840] Die **en- ge Verbindung zum Kapitalwertverfahren** wird aus der Tatsache ersichtlich,

---

[836] Vgl. dazu Scott, C. (1998), S. 63; Schmidt, R. H. / Maßmann, J. (1999), S. 6, S. 18ff.; Uh- de, O. V. (2000), S. 334; Born, K. (1995), S. 217 und Bischoff, J. (1994), S. 5, der das Marktwertkonzept als theoretische Grundlage des Shareholder Value-Ansatzes betrachtet, sowie die entsprechenden Ausführungen in Kapitel C.I.1.

[837] Vgl. zur Beziehung des Optimalitätskriteriums Marktwertmaximierung und Kapitaltheorie Perridon, L. / Steiner, M. (2002), S. 485f. Grieger weist der Marktwertmaximierung eine „einheitsstiftende Funktion“ (Grieger, J. (1999), S. 23) in der modernen Finanzierungs- und Investitionstheorie zu (vgl. ebd). Vgl. ergänzend dazu auch Schmidt, R. H. / Maß- mann, J. (1999), S. 6; Breuer, W. (1997). Bestätigung findet dies auch auch durch die Tat- sache, dass das Postulat der Marktwertmaximierung in Verbindung mit bestimmten Marktannahmen nach Samuelson auch zur Begründung der Richtigkeit des Kapitalwert- kriteriums herangezogen werden kann (vgl. Wilhelm, J. (1983), S. 516, der die Markt- wertmaximierung als didaktisch leichten Zugang zur Frage nach der korrekten Zielfunkti- on für optimale Dispositionen in der Investitions- und Finanzierungstheorie betrachtet (vgl. ebd.)).

[838] Schmidt, R. H. / Maßmann, J. (1999), S. 18.

[839] In der neoklassischen Ökonomie werden vollständige und vollkommene Kapitalmärkte unterstellt. Kann ein Zahlungsstrom unabhangig von Unsicherheltsbehaflung, zeitlichei Struktur und Höhe gehandelt werden, dann spricht man von einem vollständigen Kapital- markt. Vollkommene Kapitalmärkte liegen dann vor, wenn der Preis eines Zahlungs- stroms zu einem fixen Zeitpunkt für alle Marktteilnehmer gleich und gegeben ist (vgl. Schmidt, R. H. / Terberger, E. (1999), S. 57). Nach Neus / Hirth zeichnen sich vollkom- mene Kapitalmärkte ferner noch dadurch aus, dass freier Marktzugang besteht, und staat- liche Eingriffe sowie Transaktionskosten nicht existieren (vgl. Neus, W. / Hirth, H. (2001), Sp. 1305).

[840] Vgl. dazu umfassender Schmidt, R. H. (1990), S. 44ff.; Schmidt, R. H. / Terberger, E. (1999), S. 58f.; Franke, G. / Hax, H. (1994), 56ff., S. 323ff. und Gach, K. (1976), insbes. S. 20ff. Das Vorhandensein von Märkten ermöglicht somit eine Separation von markt- wertorientierten Unternehmensentscheidungen und Dispositionen der Investoren auf den Kapitalmärkten, die als subjektive Nutzenmaximierer agieren (vgl. Franke, G. / Hax, H. (1994), S. 57).

dass der Kapitalwert eines Zahlungsstroms bei einem vollkommenen Kapitalmarkt dessen Marktwert repräsentiert.[841] Gleichzeitig lässt sich über die beim
Kapitalwert bzw. bei der Marktwertmaximierung heranzuziehenden Renditeerwartungen der Unternehmenseigner (Kapitalkosten) ein **enger Zusammenhang**
mit den entsprechenden Ermittlungsverfahren der **WACC- und CAPM-
Ansätze** herstellen.[842] Alle dem Shareholder Value-Ansatz zugerechneten Theoriekomponenten sind demnach in hohem Maße miteinander verbunden und bilden eine **konsistente Einheit**, so dass das Shareholder Value-Konzept einen relativ geschlossenen und in sich stimmigen theoretischen Bezugsrahmen bereitstellt.[843]

Die angesprochenen investitions- und kapitaltheoretischen Wurzeln des Shareholder Value-Ansatzes lassen sich gemäß den formulierten Kriterien einer Theorieselektion charakterisieren als eindeutig in der Ökonomie verhaftet, mit Anwendungsbezügen auf aggregierten Betrachtungsebenen (Makro-Betrach-
tungen), als bewährt und für Gestaltungsaussagen verwendbar sowie als zur
Ableitung generalisierbarer Gestaltungsregeln geeignet (universalistisch). Der
gewählte **Shareholder Value-Ansatz entspricht** mit seiner theoretischen Basis
demnach in vollem Umfang den für das strategische Personal-Wertkonzept festgelegten **Theorieselektionskriterien**.

---

[841] Vgl. Franke, G. / Hax, H. (1994), S. 166. Der Kapitalmarktzinssatz und der Kalkulations-
zinsfuß der Kapitalwertmethode stimmen bei Vorliegen eines vollkommenen Kapitalmarkts überein (vgl. ebd.). Franke / Hax sprechen von einer Verallgemeinerung des
Marktwertkonzepts durch den Kapitalwert, „... indem auch bei unvollkommenem Kapitalmarkt die Existenz eines Kalkulationszinsfußes k postuliert wird, so dass der Kapitalwert ein finanzwirtschaftlich sinnvolles Beurteilungskriterium liefert." (ebd).

[842] Neus / Hirth etwa sehen in einem weiteren Zusammenhang die Unternehmensmarktwert-
maximierung als Anknüpfungspunkt für die Heranziehung von Kapitalmarktmodellen
(wie z.B. das CAPM als Gleichgewichtsmodell mit vollkommenem Kapitalmarkt und unsicheren Zahlungserwartungen) zur Begründung einer Theorie finanzwirtschaftlicher Entscheidungen (vgl. Neus, W. / Hirth, H. (2001), Sp. 1305ff.). Vgl. dort auch zur konzeptionellen Nähe der investitionstheoretisch begründeten Kapitalwertmethode zum neoklassischen Kapitalmarktideal die Darstellung der Barwertformel als Modell eines vollkommenen Kapitalmarkts bei sicheren Erwartungen (vgl. a.a.O., Sp. 1306). Vgl. auch zu Anwendungsmöglichkeiten des CAPM in der Investitionsrechnung bei risikobehafteten Investiti-
onsentscheidungsproblemen Perridon, L. / Steiner, M. (2002), S. 119ff.

[843] Vgl. zur theoretischen Geschlossenheit des Shareholder Value-Ansatzes etwa Lorson, P.
(1999), S. 1337; Knyphausen, D. zu (1992), S. 348.

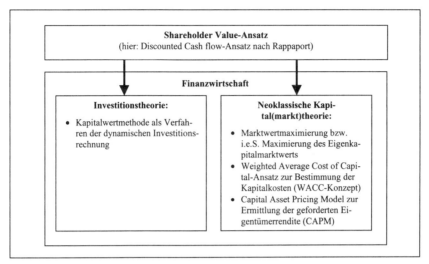

Abbildung 34: Finanzwirtschaftliche Theoriekonzepte als ökonomischer Kern des ShareholderValue-Ansatzes (Quelle: Eigene Darstellung)

b) Ableitung personaler Anwendungsbezüge des finanzwirtschaftlichen Theoriemoduls

Das Aufzeigen personaler Anwendungsbezüge der investitions- und kapitaltheoretischen Wurzeln des Shareholder Value-Konzepts scheint **auf den ersten Blick problematisch**, da die drei identifizierten Theoriekomponenten allesamt in völlig andere Untersuchungszusammenhänge der finanzwirtschaftlichen Disziplin eingebettet sind. In einem zweiten Schritt jedoch lassen sich sehr wohl auf einer fundamentalen, aber auch auf einer gestaltungsorientierten Betrachtungsebene Querverbindungen aufzeigen.

Wie bereits angesprochen, bestehen zwischen den drei Theoriekomponenten enge Verbindungen. Die integrative Klammer hierfür bildet das **neoklassische Ökonomieverständnis**, das die Preisbildung auf (vollkommenen) Märkten auf der Grundlage rationaler Entscheidungskalküle aller Marktteilnehmer (Homo Oeconomicus)[844] als effizienten Koordinationsmechanismus in den Mittelpunkt

---

[844] Unter „Homo Oeconomicus" versteht man das auf die klassische Nationalökonomie zurückgehende Menschenbild des rational-ökonomischen Menschen (vgl. Schweitzer, M. (2000b), S. 44). In diesem Sinne kann der ausschließlich ökonomisch agierende Mensch auch als kognitives Wesen gekennzeichnet werden, das stets rational und überlegt handelt und sich über alle Bestimmungsgrößen seines Verhaltens bewusst ist. Der Mensch ist nutzenoptimierender Entscheidungsträger (vgl. Weinert, A. B. (1995), Sp. 1499).

stellt. Betrachtet man den **Kapitalmarkt**, insbesondere den Markt für Eigenkapital, als Ausgangs- und Bezugsbasis und **existenzielle Rechtfertigungsplattform für ökonomisches Handeln in und von Unternehmen**, dann ergeben sich gezwungenermaßen auch Anwendungsbezüge für die Unternehmens- und damit auch die Personalführung. Aus der Notwendigkeit zur Erfüllung der Renditeerwartungen der Eigenkapitalgeber bzw. Unternehmenseigner, die sich über WACC-Ansatz und CAPM näherungsweise quantifizieren lassen, resultiert die Erfordernis einer marktwertoptimierenden Unternehmensführung, die sich in kapitalwertgenerierenden Führungs- bzw. Investitionsentscheidungen widerspiegelt. Das Shareholder Value-Management und damit auch ein **unternehmenswertorientiertes Personalmanagement ist eine logische Konsequenz.** Das Wertmanagementkonzept kann demnach als *„ökonomietheoretisch stringent"* gekennzeichnete werden. Der teleologisch-normative Gehalt des Shareholder Value-Ansatzes und einer entsprechenden Personalwirtschaft wird dadurch nicht negiert, gewinnt aber durch die integrierten modelltheoretischen Begründungen an rationaler Substanz in der Auseinandersetzung mit alternativen Führungsentwürfen wie dem Stakeholder-Ansatz.

Auf der **Gestaltungsebene der strategischen Personalwirtschaft** resultieren die Konsequenzen einer Übertragung des Marktwertmaximierungsgedankens auf eine Teildisziplin der strategischen Unternehmensführung. Die investitionstheoretische Perspektive des **Kapitalwertansatzes hält Einzug in die personalen Entscheidungsfindungsprozesse.** Damit einher geht ein Wandel in der Betrachtung von personalbezogenen Auszahlungen, die in hohem Maße nicht mehr nur als reine Kostengrößen, sondern als Investitionszahlungen im Sinne von „Investitionen in Humankapital"[845] interpretiert werden.

Wertgrößen (Kapitalwerte, Barwerte, Ertragswerte) und deren Determinanten (Werttreiber) werden also zu essenziellen Steuerungsgrößen auch im Personalbereich und damit halten auch die via WACC / CAPM ermittelbaren Renditeerwartungen der Unternehmenseigner Eingang in die personalstrategische Entscheidungsfindung. Die monetäre Quantifizierung strategischer Entscheidungskonsequenzen wird zur wichtigen Aufgabe eines strategischen Personalmanagements. Ein **wertorientiertes strategisches Personalcontrolling** stellt damit einen bedeutsamen Bestandteil eines strategischen Personal-Wertkonzepts dar. Das hier gezeichnete Bild deckt sich letztlich mit den bei den holistischen Bewertungs- und Kennzahlensteuerungsansätzen bereits umfassend aufgezeigten

---

[845] Vgl. zur personalen Investitionsperspektive Sadowski, D. (1991), S. 135ff.; Backes-Gelllner, U. (1993), S. 517 und exemplarisch Heinzel, W. (1996) sowie die diesbezüglichen Anmerkungen in Kapitel C.I.3.

konzeptionellen Inhalten einer *„quantitativ-monetären Personalführung"*, die verschiedentlich auch humankapitaltheoretische Überlegungen mit ein-schließt.[846]

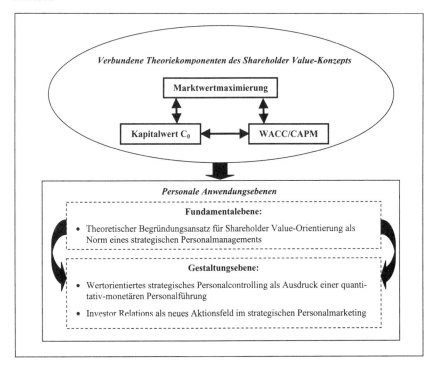

Abbildung 35: Personale Anwendungsbezüge verbundener Theoriekomponenten des Shareholder Value-Konzepts (Quelle: Eigene Darstellung)

Ein weiterer Aspekt auf der Gestaltungsebene ergibt sich aus der dem CAPM und der Marktwertmaximierungsperspektive entnehmbaren Zweckmäßigkeit der Preisgabe möglichst vieler Informationen, da diese unmittelbar den Aktienkurs beeinflussen.[847] Für den Personalbereich heißt dies, dass wertsteigernde perso-nalstrategische Entscheidungen den Investoren am Kapitalmarkt entsprechend kommuniziert werden müssen. Die Bereitstellung von kursrelevanten Personal-

---

[846] Vgl. zur Integration der Humankapitaltheorie z.B. den im Grundlagenteil besprochenen ökonomischen Personalansatz von Odiorne (vgl. Kapitel B.II.1.b)) und ergänzend zu den Implikationen der Humankapitaltheorie für das Personalmanagement Strober, M. H. (1990), S. 60ff.

[847] Vgl. zur Zweckmäßigkeit der Informationspreisgabe nach CAPM Knyphausen, D. zu (1992), S. 337.

informationen wird demnach zum Bestandteil eines umfassenden **Investor Re-lations-Ansatzes** und kann als neues, kapitalmarktorientiertes Betätigungsfeld eines **wertorientierten strategischen Personalmarketings** betrachtet werden.

Die identifizierten personalen Anwendungsbezüge der finanzwirtschaftlichen Theoriemodule sind im Überblick Abbildung 35 entnehmbar.

c) Perspektivische Defizite eines theoretischen Finanzsingularismus

Gegen eine ausschließliche Orientierung an den Theoriekomponenten des Shareholder Value-Ansatzes zur theoretischen Fundierung eines strategischen Personal-Wertkonzepts spricht zunächst in fundamentalkritischer Hinsicht, dass die mit den Finanzmodellen verbundenen Aussagensysteme zur Erklärung nicht-personaler Sachverhalte konzipiert wurden und insofern auch von der Grundintention her **keine unmittelbaren Anwendungsbezüge** für an sich völlig anders gelagerte Personalthemen beinhalten. Die Anwendungsbezüge werden erst durch die Normsetzung für eine wertorientierte Unternehmensführung auf dem Wege einer Zielkonkretisierung erkennbar und plausibel. Dies wurde unter Gestaltungsgesichtspunkten im vorangegangenen Kapitel C.II.1.b) deutlich. Die den Finanzmodellen in ihrer Gesamtheit zugrundegelegten **zentralen Prämissensetzungen** vollkommener Märkte und ausschließlich in ökonomischen Kategorien denkender und handelnder Individuen lassen sich nicht oder nur bedingt auf die realen Gegebenheiten im Personalbereich und auf den Arbeitsmarkt übertragen. Die den Finanzkonzepten vorgeworfene **Realitätsferne** wird durch deren Übertragung auf außerdisziplinäre Gesamtzusammenhänge demnach noch potenziert. Eine ausschließlich auf investitions- und kapitalmarkttheoretische Kalküle rekurrierende Personalkonzeption wäre damit aufgrund ihrer Realitätsferne kaum zur Ableitung von pragmatischen Gestaltungsaussagen geeignet. Beleg hierfür sind die massiven **Akzeptanzprobleme**, mit denen ein ausschließlich auf die finanzielle Dimension konzentriertes Human Resource Accounting von Anfang an zu kämpfen hatte. Die bei der Besprechung der Human Resource Accounting-Ansätze (holistische Bewertungsansätze) angeführten Kritikpunkte lassen sich insofern auch auf die Diskussion einer Übertragbarkeit finanztheoretischer Erkenntnisse auf den Personalbereich transferieren.[848] An der Weiterentwicklung der rein rechnungsbasierten Ansätze in Richtung **managementorientierter Wertkennzahlensteuerungssysteme** (holistische Kennzahlensteuerung) werden weiterhin theoretische Perspektivenweitungen bzw. deren Erfordernis deutlich; so weist etwa das besprochene Managementkonzept

---

[848] Vgl. zum Human Resource Accounting und dessen Kritik Kapitel C.I.3.b)aa). Weitere sehr kritische Einschätzungen zur Adäquanz einer Finanz- und Rechnungsorientierung im Human Resource Management finden sich bei Pfeffer, J. (1997), insbes. S. 360ff.

285

der HR Scorecard von Becker / Huselid / Ulrich auch ressourcentheoretische Anknüpfungspunkte auf.[849] Die wettbewerbsvorteilsbezogene Gewichtsverschiebung zwischen den knappen Ressourcen weg vom Kapital hin zum **Wissen** eines Unternehmens[850] spricht für entsprechende Erweiterungserfordernisse in der theoretischen Perspektive. Die ebenfalls auf der fundamentalkritischen Ebene angesiedelte Infragestellung der in den Theoriekomponenten zum Ausdruck kommenden interessenmonistischen Grundhaltung einer ausschließlichen Eigentümerorientierung bei der Unternehmens- und Personalführung wurde bereits eingehend bei der Besprechung einer teleologisch-normativen ökonomischen Spezifizierung des strategischen Personalmanagements durch das Shareholder Value-Konzept thematisiert und weitgehend entkräftet.[851]

In **detailkritischer Hinsicht** kommen alle in der Literatur vorgetragenen Einzelkritikpunkte der drei finanzwirtschaftlichen Standard-Theoriekomponenten zum Tragen, die über die bereits angeführten restriktiven Prämissensetzungen hinausgehen.[852]

Dem **CAPM** kann in Verbindung mit einer wertorientierten strategischen Unternehmensführung eine exponierte Bedeutung beigemessen werden, da in ihm in besonderem Maße das Spannungsverhältnis zwischen finanzwirtschaftlicher Theorie und strategischer Führung zum Ausdruck kommt.[853] Am CAPM werden neben den **detailkritischen Aspekten** einer adäquaten Bestimmung der Marktrisikoprämie und der Schätzprobleme für Beta-Faktoren von nicht börsennotierten Unternehmen, die vergangenheitsorientierte Ausrichtung dieser auch subjektivitätsbelasteten Verfahren sowie die Grundannahmen effizienter Kapitalmärkte, existierender risikoloser Anlagemöglichkeiten und der alleinigen Heranziehung der Marktrisikoprämie als Erklärungsfaktor für die Renditeerwartungen der Kapitalanleger kritisiert. Weiterhin stellen eine Reihe empirischer Untersuchungen die Gültigkeit des Erklärungsansatzes, insbesondere auch für Deutschland, in Frage.[854] Die aus den Kritikpunkten eruierbare **Beeinträchtigung einer Eig-**

[849] Vgl. zum Konzept von Becker / Huselid / Ulrich Kapitel C.I.3.c)bb).
[850] Vgl. Schmidt, R. H. / Maßmann, J. (1999), S. 13ff.
[851] Vgl. dazu Kapitel B.III. 2.b).
[852] Vgl. dazu die oben angeführten jeweiligen Konzeptdarstellungen in der einschlägigen Literatur. Speziell für den WACC-Ansatz sei hier noch explizit auf das vielfach angesprochene Zirkularitätsproblem hingewiesen, wonach zur Bestimmung der WACC bereits der Marktwert des Eigenkapitals bekannt sein muss. Lösungsansätze für dieses Zirkelproblem sind die iterative Ermittlung der WACC oder die Vorgabe einer konstant gehaltenen Zielkapitalstruktur (vgl. etwa Schwetzler, B. / Darijtschuk, N. (1999), insbes. S. 297f.; Lorson, P. (1999), S. 1336f.; Ballwieser, W. (1993), S. 165).
[853] Vgl. Knyphausen, D. zu (1992), S. 336f.
[854] Vgl. dazu und zu weiteren Kritikpunkten Thissen, S. (2000), S. 88ff.; Brealy, R. A. / Myers, S. C. (2000), S. 199ff.; Ballwieser, W. (1998), S. 83; Börsig, C. (1993), S. 88; Gün-

nung zur Fundierung personalstrategischer Aussagen kann anhand zweier Kristallisationspunkte des eingangs angesprochenen Spannungsverhältnisses von strategischem Management und Finanzierungstheorie verdeutlicht werden.[855] Da das unsystematische, d.h. firmenspezifische Risiko im CAPM nicht berücksichtigt wird und sich nicht im Aktienkurs niederschlägt, bestehen für das Management keine Anreize, das unternehmensspezifische Risiko, z.b. durch personalstrategische Akquisitionen kompetenter Manager für das Führungsteam, zu beeinflussen. Aspekte **personalbezogener Beeinflussungsmöglichkeiten des firmenspezifischen Risikos** werden also **außer Acht** gelassen. Weiterhin kann unter Wettbewerbsgesichtspunkten ein Problem in der im CAPM enthaltenen offensiven Informationsperspektive gesehen werden, die im Widerspruch zu einer **konkurrenzbegründeten Zurückhaltung von Informationen** bei strategischen personalpolitischen Entscheidungen stünde. Beide **Argumentationslinien lassen sich jedoch entkräften.** Kapitaltheoretische Überlegungen sprechen auch für eine implizite Berücksichtigung firmenspezifischer Risiken im Beta-Faktor, und die fehlende Trennschärfe der Begrifflichkeiten „systematisches" und „unsystematisches Risiko" relativiert ebenfalls das vorgetragene Risikoargument. Weiterhin ist gerade bei annähernd effizienten Kapitalmärkten davon auszugehen, dass die Aktionäre die Preisgabe wettbewerbsschädigender Informationen auch entsprechend sanktionieren würden, d.h. eine verbesserte Vorhersagbarkeit künftiger Zahlungen darf nicht durch den Informationsvorteil konterkarierende Verschlechterungen der Wettbewerbspositionen erkauft werden. Dieser Grundsatz muss in einem kapitalmarktbezogenen strategischen Personalmarketingkonzept Berücksichtigung finden.

---

ther, T. (1997), S. 30f., S. 167ff.; Raster, M. (1995), S. 67ff. Vgl. insbesondere zur problematischen Übertragbarkeit des CAPM bzw. der mit ihm verbundenen Wertidee auf deutsche Verhältnisse Grieger, J. (1999), S. 29ff.; (2001), S. 66ff.; Jonas, M. (1995), S. 84, S. 93ff., S. 97; Schmid, S. (1998), S. 228f. Trotz der Schwächen hat sich der Ansatz jedoch, mangels überzeugenderer Alternativen, als gängiges und praktikables Schätzmodell für risikoangepasste Renditen und Kapitalkosten im Finanzmanagement etabliert (vgl. Günther, T. (1997), S. 31, S. 169).

[855] Vgl. zu den zwei Anknüpfungspunkten und deren Relativierung Knyphausen, D. zu (1992), S. 336ff., der diesbezüglich an der Arbeit von Bettis, R. (1983) ansetzt. Personalbezogene Konkretisierungen finden sich dort allerdings nicht. Knyphausen verweist bei der Entkräftung der Problemfelder ergänzend auf eine Reihe von Belegen für die Relevanz des strategischen Managements und des unsystematischen Risikos für die Aktienkurse (vgl. Knyphausen, D. zu (1992), S. 338f.). Neben den restriktiven Annahmen des CAPM sieht er noch weitere Kritikpunkte an einer am Shareholder Value ausgerichteten strategischen Unternehmensführung: angreifbarer Innovationsgrad (Kapitalwertmethode), vage strategische Ausrichtung, Restwertproblematik (Diskontinuitäten außerhalb des Planungszeitraums), Quantifizierung unsicherer Zahlungen (Objektivierungsgefahr), Interessenmonismus (vgl. a.a.O., S. 347ff.).

Insgesamt scheinen die im Shareholder Value-Ansatz Verwendung findenden zentralen investitions- und kapitaltheoretischen Konstrukte angesichts der angeführten kritischen Punkte **primär zur ökonomisch-theoretischen Rahmensetzung** im Sinne einer **paradigmatischen Festlegung** für ein wertorientiertes strategisches Personalmanagement geeignet. Der betreffende Rahmen muss aber um weitere kompatible ökonomische Theoriesysteme ergänzt werden, die den Realitäten eines strategischen Personalmanagements besser Rechnung tragen. Diese Erkenntnis fügt sich stimmig in die bei der Besprechung der explikativ-theoretischen Dimension einer ökonomischen Spezifizierung vorgebrachte Argumentationslinie ein.[856]

2. Agency-Theorie als institutionenökonomische Erweiterung der Shareholder Value-Perspektive eines wertorientierten strategischen Personalmanagements

Als erste perspektivische Erweiterung des ökonomischen Bezugsrahmens bietet sich die Neue Institutionenökonomik und hier insbesondere die **Agency-Theorie** an. Über die Heranziehung der Institutionenökonomie lässt sich dem an den Prämissen vollkommener Kapitalmärkte und ökonomisch-rationaler Verhaltensweisen der Marktteilnehmer ansetzenden Hauptkritikpunkt der **Realitätsferne** am Theoriefundament des Shareholder Value-Ansatzes in einem ersten Schritt durch die Einführung unvollkommener Kapitalmärkte und asymmetrischer Informationsverteilungen[857] sowie der Annahme lediglich beschränkt rationalen Verhaltens relevanter Individuen bzw. Personengruppen mit spezifischen Risikopräferenzen[858] entgegenwirken. Die in Bezugnahme auf das CAPM feststellbare Nichtberücksichtigung von auf die Spezifität von Transaktionsobjekten zurückgehenden Risiken im systematischen Risiko kann ebenfalls durch eine institutionenökonomische Ergänzung korrigiert werden.[859] Weiterhin bietet sich die Agency-Theorie deshalb als spezifische ökonomische Perspekti-

---

[856] Vgl. dazu Kapitel B.III.2.c).

[857] Vgl. Neus, W. / Hirth, H. (2001), Sp. 1305.

[858] Vgl. dazu auch die Erweiterungssicht bezüglich der Neoklassik bei Meuthen, D. (1997), S. 168 sowie die Betonung realitätsnaher Umwelt- und Verhaltensannahmen der Agency-Theorie bei Picot, A. / Neuburger, R. (1995), Sp. 20. Vgl. zur mangelhaften Eignung neoklassischer Modellwelten für eine Anreicherung des ökonomischen Gehalts der (Personal-)Managementlehre und zur alternativen Heranziehung institutionenökonomischer Ansätze Müller, M. (1999), S. 108f. Vgl. ergänzend auch zu institutionellen Defiziten der Neoklassik und zur Möglichkeit von Erkenntnisfortschritten durch die Agency-Theorie Feldmann, H. (1995), S. 11ff., S. 82 bzw. durch neoinstitutionalistische Theorien insgesamt Perridon, L. / Steiner, M. (2002), S. 527ff.

[859] Vgl. hierzu auch Bischoff, J. (1994), S. 118, der allerdings vor allem auf den Transaktionskostenansatz abhebt, welcher aber wiederum eng mit dem Agency-Konzept verbunden ist. Bischoff sieht in dem Zusammenhang auch die Notwendigkeit einer industrieökonomischen Erweiterung.

venweitung an, da sie durch die Fokussierung auf die Anreizthematik **an Verhaltensdimensionen ansetzt**,[860] die in besonderem Maße in einem klassischen Gestaltungsfeld eines strategischen Personalmanagements von Bedeutung sind, nämlich bei der Gestaltung effizienter **Anreiz- und Vergütungsstrukturen** eines Unternehmens.[861] Auf die mehrfach empirisch bestätigte exponierte Relevanz leistungsbezogener Vergütungskonzepte für die Wertsteigerung in Unternehmen wurde bereits bei der Besprechung der empirischen Untersuchungsergebnisse zur personalen Wertorientierung hingewiesen.[862] Das Prinzipal-Agenten-Modell der Agency-Theorie weist jedoch auch noch weit über die Entgeltgestaltung hinausgehende personale Anwendungsbezüge auf, die auf der **universellen Übertragbarkeit des Grundmodells auf nahezu alle Ebenen zwischenmenschlichen Verhaltens** in Unternehmen beruhen. Auf die prinzipielle Eignung institutionenökonomischer Ansätze wie der Agency-Theorie als Erklärungsmodelle für strategische Personalsachverhalte und als Option für eine theoretische Fundierung wurde außerdem bereits an anderer Stelle eingehend hingewiesen.[863]

a) Grundideen der Agency-Theorie

Die Agency-Theorie stellt neben der Property Rights-Theorie und der Transaktionskostenökonomik einen der drei sich wechselseitig ergänzenden theoretischen Kernansätze der **Neuen Institutionenökonomie** dar, die sich im Gegensatz bzw. in Erweiterung zur traditionellen neoklassischen Mikroökonomik mit der Untersuchung institutioneller Rahmensetzungen ökonomischen Handelns befasst.[864] Im Mittelpunkt der Agency-Theorie steht die Analyse von **vertrags-**

---

[860] Insofern kann die Agency-Theorie auch als „Verhaltenstheorie mit ökonomischem Vorzeichen" verstanden werden.

[861] Vgl. hierzu auch die Ausführungen zu ergebnis- und verhaltensorientierten Anreiz- und Kontrollsystemen in der Agency-Theorie in Verbindung mit dem Shareholder Value-Ansatz bei Elschen, R. (1991), S. 210ff.

[862] Vgl. Kapitel C.I.2. Vgl. zur Relevanz der Anreizthematik der Agency-Theorie für das Strategic Human Resource Management auch Becker, B. E. / Huselid, M. A. (1998a), S. 59ff. und Baron, J. N. / Kreps, D. M. (1999), S. 245ff. und zur Bedeutung für ein wertorientiertes strategisches Management Knyphausen, D. zu (1992), S. 346.

[863] Vgl. Kapitel B.III.1.b). Vgl. außerdem zur Relevanz der Agency-Theorie im Kontext einer langfristigen Personalnutzung Sadowski, D. (1991), S. 134 sowie Meuthen, D. (1997), S. 157ff.; Jackson, S. E. / Schuler, R. S. (1995), S. 242f. und zur Neuen Institutionenökonomie als Ausgangsbasis einer theoretischen Grundlage neuerer personalökonomischer Entwürfe Ridder, H.-G. (1999), S. 45ff.; (1996), S. 326ff. Vgl. ergänzend zur Bedeutung der Transaktionskosten- und Agenturtheorie in der Literatur zum strategischen Management Hoskisson, R. E. / et al. (1999), S. 432ff. und Knyphausen-Aufsess, D. zu (1995), S. 90.

[864] Vgl. zum Gegenstandsbereich und zu den Ansätzen der Neuen Institutionenökonomie Göbel, E. (2002), S. 48f., S. 60ff.; Richter, R. (1998), S. 323f., S. 326ff.; Neus, W. (2001), S. 9ff.; Müller, M. (1999), S. 109ff.; Feldmann, H. (1995), S. 44ff.; Kiener, S. (1990), S. 1ff.;

basierten Auftraggeber-Auftragnehmer-Beziehungen. Der Auftraggeber (Prinzipal) offeriert dem Auftragnehmer (Agenten) einen Vertrag, der Regelungen zur Zusammenarbeit und zur Aufteilung des wirtschaftlichen Outputs dieser Zusammenarbeit beinhaltet.[865] Durch die Eigennutzenorientierung (Homo Oeconomicus) und die unterschiedlichen Informationsstände (Informationsasymmetrie) und Risikopräferenzen[866] der Vertragspartner resultieren bei gegebener exogener Unsicherheitssituation Motivations- und Transparenz- bzw. Messprobleme, die informationsstrukturbedingte Kosten nach sich ziehen („**Agency-Kosten**", als theoretische Differenzkosten zwischen dem Idealzustand bei vollständiger und kostenloser Informationssymmetrie und dem Realzustand bei einer vorliegenden asymmetrischen Informationsverteilung)[867] und durch geeignete Maßnahmen zur (partiellen) Beseitigung von Zielkonflikten und zum Abbau der Informationsasymmetrien gelöst werden sollen.[868] Eine Vielzahl ökonomischer Beziehungsebenen kann durch diese vertragliche Grundstruktur dargestellt werden.[869] Vor dem Hintergrund eines **wertorientierten Personalmanagements**, das sich die Generierung von Mehrwert für die Eigenkapitalgeber eines Unternehmens zum vorrangigen Ziel setzt, sind aber insbesondere die Interaktionen und **Arbeitskontrakte** zwischen Unternehmenseignern und Management, sowie zwischen Management (auch i.S.v. Arbeitgeber) und Arbeitnehmern eines Unternehmens von Bedeutung.[870] Es geht hierbei darum, durch adä-

---

Pieper, J. (2000), S. 130ff.; Engerer, H. / Voigt, S. (2002), S. 151ff.; Wolf, J. B. (1999), S. 7ff.; Perridon, L. / Steiner, M. (2002), S. 527ff.; Hax, H. (1991), S. 55ff. und im speziellen Kontext strategischer Unternehmensführung Meuthen, D. (1997) sowie Fabel, O. / Hilgers, B. / Lehmann, E. (2001), S.183ff.

[865] Jensen / Meckling definieren die Agency-Vertragsbeziehung als Delegation von Entscheidunggewalt des Prinzipals an den Agenten (vgl. Jensen, M. C. / Meckling, W. H. (1976), S. 308).

[866] In der Regel wird von einem risikoneutralen Prinzipal und einem risikoaversen Agenten ausgegangen (vgl. Picot, A. (1991), S. 151; Müller, M. (1999), S. 119).

[867] Vgl. zu dieser vorläufigen Agency-Kosten-Definition Picot, A. (1991), S. 150f.

[868] Vgl. zur Grundidee der Agency-Theorie Richter, R. / Furubotn, E. G. (1999), S. 163ff.; Baron, J. N. / Kreps, D. M. (1999), S. 247ff., S. 566ff.; Jost, P. J. (2001), S. 11f.; Göbel, E. (2002), S. 61f., S. 98ff.; Meuthen, D. (1997), S. 157ff.; Ferstl, J. (2000), S. 19ff.; Mensch, G. (1999a), S. 686f.; (1999b), S. 937; Elschen, R. (1991), S. 209f.; Franke, G. (1993), Sp. 38; Hartmann-Wendels, T. (1992), Sp. 72ff.; Picot, A. / Neuburger, R. (1995), Sp. 14ff.; Müller, M. (1999), S. 110; Feldmann, H. (1995), S. 48ff.; Pieper, J. (2000), S. 136ff.; Kleine, A. (1995), S. 29ff.; Krapp, M. (2000), S. 4ff.; Wolf, J. B. (1999), S. 14ff.; Ridder, H.-G. (1999), S. 49ff.; Perridon, L. / Steiner, M. (2002), S. 529ff.; Hax, H. (1991), S. 60f.; Eisenhardt, K. M. (1988), S. 490ff.; Ridder, H.-G. (1996), S. 328f.; Shankman, N. A. (1999), S. 321f.; Godfrey, P. C. / Hill, C. W. L. (1995), S. 521f.; Karmann, A. (1992), S. 557f.; Lambert, R. A. / Larcker, D. F. / Weigelt, K. (1993), S. 442; Gedenk, K. (1998), S. 23f.; Gerum, E. (1992), Sp. 2490.

[869] Vgl. dazu z.B. Göbel, E. (2002), S. 99.

[870] Vgl. dazu auch die bei Picot, A. / Neuburger, R. (1995), Sp. 16 unterschiedenen zwei Führungsebenen in Verbindung mit der Agency-Theorie: Kapitaleigner - Manager / Ge-

quates Personalmanagement die personale Dimension eines Unternehmens, die ja alle Führungskräfte und operativ tätigen Arbeitnehmer und deren formale und informale Arbeitsvertragsbeziehungen mit beinhaltet, an diesem originären Wertschöpfungsziel auszurichten.

Es lassen sich prinzipiell **drei Situationen asymmetrischer Informationsverteilung** bei Prinzipal-Agenten-Beziehungen unterscheiden, hinter denen sich spezifische Problemkonstellationen verbergen:[871]

- Bestimmte persönliche Eigenschaften und Absichten des Agenten können nicht erkannt werden („Hidden Characteristics" bzw. „Hidden Intention").
- Das tatsächliche Verhalten des Agenten kann nach Vertragsabschluss nicht beobachtet werden („Hidden Action").
- Es existieren für den Prinzipal unbeobachtbare Informationen („Hidden Information").

Beim **Hidden Characteristics-Problem** verfügt der Prinzipal bereits vor Vertragsabschluss lediglich über unvollständige Informationen bezüglich der tatsächlichen Handlungsintentionen und der leistungsrelevanten individuellen motivationalen und qualitativen Eigenschaften des Agenten. Hieraus ergibt sich die Gefahr der adversen Selektion („**Adverse Selection**"), d.h. es werden schlechte Vertragspartner ausgewählt.[872] Die Berührungspunkte zum Themenkreis der **Personalselektion** sind offensichtlich: Bewerber versuchen, sich im Bewerbungsprozess aber auch bei unternehmensinternen Karriereselektionsprozessen bestmöglich „zu verkaufen" und verschweigen gegebenenfalls ungünstige Eigenschaften wie Krankheit, mangelhafte Arbeitsmotivation, intellektuelle Unzulänglichkeiten etc. Diesem für den Prinzipal schädigenden Verhalten kann in zweierlei Hinsicht entgegengewirkt werden.[873] Zum einen können dem Agenten optional verschiedene Vertragskonstrukte zur Auswahl angeboten werden. Durch die Auswahl eines spezifischen Vertrags (z.B. Arbeitsvertrag mit hohen variablen und geringen fixen Vergütungsbestandteilen versus Vertrag mit hohem fixen und geringem variablen Entgelt) lässt der Agent essenzielle Typmerkmale erkennen. Diese Vertragsgestaltungsform wird deshalb auch mit dem Begriff

---

schäftsführer und Manager / Geschäftsführer - Mitarbeiter. Vgl. hierzu auch die ebenenbezogenen Anwendungsfelder der Agency-Theorie bei Feldmann, H. (1995), S. 71ff.

[871] Vgl. insgesamt zu den drei Problemtypen eingehender Picot, A. / Neuburger, R. (1995), Sp. 16f.; Jost, P.-J. (2001), S. 23ff.; Göbel, E. (2002), S. 100ff.; Ferstl, J. (2000), S. 20ff.; Mensch, G. (1999a), S. 687; Kiener, S. (1990), S. 19ff.; Krapp, M. (2000), S. 2f.; Ridder, H.-G. (1996), S. 329.

[872] Vgl. speziell zur Adverse Selection-Problematik Franke, G. (1993), Sp. 39; Richter, R. / Furubotn, E. G. (1999), S. 217ff.; Jost, P.-J. (2001), S. 27ff.; Göbel, E. (2002), S. 100; Perridon, L. / Steiner, M. (2002), S. 529f.

[873] Vgl. dazu Jost, P.-J. (2001), S. 28f.

„**Screening**" gekennzeichnet. Signalisiert der Agent andererseits vor Vertragsabschluss auf eigene Initiative hin seine privaten Informationen (z.B. aktives
Ansprechen körperlicher Einschränkungen zur Vermeidung arbeitsbedingter ge-
sundheitlicher Folgeprobleme oder einer juristischen Anfechtbarkeit des Ar-
beitsvertrags), dann wird dies als „**Signalling**" bezeichnet.[874] Die Möglichkeit
eines strategischen Verhaltens des Agenten durch bewusste Fehlinformation relativiert jedoch den potenziellen Lösungsbeitrag dieser Option zur Reduzierung
von Informationsasymmetrien erheblich.

In der Literatur wird teilweise neben dem Problem der Hidden Characteristics
noch ein weiteres Agency-Problem, nämlich das der „**Hidden Intention**" unterschieden, das aber in die gleiche Zielrichtung tendiert und sehr wohl auch als
Spezialfall des Hidden Characteristics-Problems interpretiert werden kann.[875]
Hidden Intention steht für die unzureichende Klarheit des Prinzipals vor und
nach Vertragsabschluss über die künftigen Absichten des Agenten und dessen
Fairness und Ehrlichkeit. Aus dem Problem der Hidden Intention ergibt sich
nach Vertragsabschluss eventuell ein „**Hold Up**"-Folgeproblem (Raubüber-
fall),[876] das darin besteht, dass der Agent aufgrund angeeigneter Faktorspezifi-
täten (spezifische manuelle Fähigkeiten oder spezifisches Know How) die Abhängigkeit des Prinzipals wegen fehlender alternativer Vertragspartner mit identischen Spezifikationen zu seinen Gunsten ausnutzt.

Konsequenz der aus der Nichtbeobachtbarkeit des Ex post-Agenten-Leistungs-
verhaltens resultierenden Informationsasymmetrie („**Hidden Action**") ist das
Problem, dass kein eindeutiger Zusammenhang zwischen Agentenverhalten und
Aufgabenerfüllungsgrad herstellbar ist.[877] So kann bei opportunistischem Verhalten des Agenten dieser gegenüber dem Prinzipal aufgrund seines Informati-
onsvorsprungs exogen verursachte Erfolge als Individualerfolge und selbst verursachte Misserfolge als exogen bedingt darstellen. Diese Gefahr der Nutzung
des kausalen Aktions-Erfolg-Informationsvorsprungs zur persönlichen Besser-
stellung des Agenten durch Lüge bezeichnet man als moralisches Risiko („**Moral Hazard**").[878] Der Prinzipal kann also nicht von einer (nicht) erfolgreichen
Aufgabenerfüllung auf das Agieren und die Arbeitsanstrengung des Agenten

---

[874] Vgl. zum Screening und Signalling auch Milgrom, P. / Roberts, J. (1992), S. 341ff.; Perridon, L. / Steiner, M. (2002), S. 530; Hax, H. (1991), S. 61.
[875] Vgl. dazu und zum Hidden Intention-Problem Göbel, E. (2002), S. 103.
[876] Vgl. zum Hold Up-Problem umfassender Alewell, D. (1994), S. 62ff.
[877] Vgl. hierzu und zu nachfolgenden Ausführungen zur Hidden Action-Problematik Jost, P.-
J. (2001), S. 25ff.; Müller, M. (1999), S. 120; Feldmann, H. (1995), S. 49; Kleine, A.
(1995), S. 34ff.; Perridon, L. / Steiner, M. (2002), S. 531.
[878] Vgl. eingehender zur Moral Hazard-Thematik Richter, R. / Furubotn, E. G. (1999), S.
201ff.; Alewell, D. (1994), S. 69ff.

schließen. Dieses Handeln kann damit auch nicht oder allenfalls bedingt Vertragsgegenstand sein und folglich ist schädigendes Verhalten gegenüber dem Prinzipal nicht automatisch mit Entgelteinbußen des Agenten verknüpft. Eine Möglichkeit zur Reduzierung des Risikos der Vorteilnahme des Agenten, das in der Nichtbeobachtbarkeit seines Verhaltens begründet liegt, ist die Integration solcher verifizierbarer Informationen in die Vertragsgestaltung, die die tatsächliche Aufgabenerfüllung des Agenten erhellen (z.B. für Vertriebsmitarbeiter konjunkturell bedingte Marktschwankungen beim Verkauf der Produkte). Anreizgesichtspunkte sprechen für eine Einbeziehung solcher Informationen in die Vertragsgestaltung, die damit verbundene Überwälzung von (unternehmerischem) Risiko auf den Agenten sprechen jedoch dagegen.[879]

Ein weiterer Grund für Informationsasymmetrien, die zum Moral Hazard-Problem führen können, ist die mangelhafte Evaluierbarkeit beobachtbaren Verhaltens des Agenten durch den Prinzipal (**„Hidden Information"**) nach Vertragsabschluss.[880] Der Agent erlangt hierbei im Laufe der Aufgabenerfüllung Informationen, die zur Beurteilung seines aktuellen und zukünftigen Erfolgs wesentlich sind (z.B. Aufschlüsse über künftige Kaufabsichten wichtiger Kunden eines Vertriebsmitarbeiters). Das Verhalten des Agenten kann in diesem Falle zwar beobachtet und zum Vertragsgegenstand gemacht werden, ist aber nicht richtig im Sinne der Erfolgskausalität bewertbar, da der Einfluss exogener Faktoren für den Prinzipal nicht ersichtlich ist. Die Adäquanz des Arbeitseinsatzes des Agenten kann also nicht korrekt eingeschätzt werden. Auch hier besteht folglich ein Risiko unmoralischen Agierens des Agenten, der bei strategischem Verhalten eventuell gegenüber dem Prinzipal Erfolge sich selbst und Misserfolge exogenen Determinanten zurechnen wird. Analog der Vorgehensweise bei der adversen Selektion sind über die optionale Vorlage typischer Vertragskonstrukte Rückschlüsse auf den privaten Informationsstand des Agenten (z.B. hoher Arbeitseinsatz führt bei gegebenen Umständen zu Erfolg oder hat nur einen geringen Einfluss auf den Erfolg) und eine geeignete Vertragsgestaltung eruierbar.

Aus den drei Informationsasymmetriekonstellationen ergibt sich die Notwendigkeit der Institutionalisierung von Kontrollmechanismen (**„Monitoring"**) und der Fixierung von Garantieleistungen des Agenten für den Fall unzureichender Vertragserfüllung (**„Bonding"**), der diese Kosten wiederum bei der Vergütungsverhandlung als Risikoprämie für risikobehaftete Einkommensbestandteile geltend zu machen versucht. Die daraus resultierenden Kosten (also **Monitoring**

---

[879] Vgl. Jost, P.-J. (2001), S. 27.
[880] Vgl. zur Hidden Information-Thematik Jost, P.-J. (2001), S. 30ff.; Müller, M. (1999), S. 120; Feldmann, H. (1995), S. 49; Kleine, A. (1995), S. 39ff.; Perridon, L. / Steiner, M. (2002), S. 529.

und Bonding Costs) ergeben in Summe mit dem bei gegebener Kontroll- und Garantiekostensituation verbleibenden Residualverlust (verbleibender Wohlfahrtsverlust, der als Opportunitätskosten für entgangene Gewinne des Prinzipals durch suboptimale Entscheidungen des Agenten interpretiert werden kann - „**Residual Loss**") die **Agency-Kosten** einer bestimmten institutionellen Regelung.[881]

In der Literatur werden üblicherweise **zwei Orientierungsrichtungen der Agency-Theorie** unterschieden, der normative und der positive Theoriezweig.[882] Die **normative Grundausrichtung** hat vor allem die Entwicklung mathematischer Modelle zur pareto-optimalen Vertragsgestaltung bei gegebenen Risiko- und Informationsstrukturen zum Gegenstand. Die **positive Agency-Theorie** befasst sich insbesondere verbal mit der Deskription und der Erklärung vertragsbasierter Auftragsbeziehungen und lehnt sich eng an verhaltenswissenschaftliche Erkenntnisse an. Angesichts der erfolgten Kritik am hohen Formalisierungsgrad der ersten Theoriekomponente eines wertorientierten strategischen Personalmanagements erscheint diese zweite Forschungsströmung innerhalb der Agency-Theorie zur **verhaltensorientierten Perspektivenweitung**[883] vorrangig geeignet. Dies schließt jedoch die Einbeziehung von Erkenntnissen der normativen Forschungsströmung nicht aus, da beide Richtungen über die gemeinsame Basis des Forschungsgegenstands in enger Interaktion stehen und sich gegenseitig befruchten. So geht etwa das Konstrukt der Agency-Kosten zwar auf Begründer der formalistischen Theorieorientierung (Jensen / Meckling)[884] zurück, die A-

---

[881] Vgl. zu den drei Bestandteilen der Agency-Kosten auch Jensen, M. C. / Meckling, W. H. (1976), S. 308ff.; Günther, T. (1997), S. 49f.; Picot, A. / Neuburger, R. (1995), Sp. 15; Müller, M. (1999), S.123f.; Kiener, S. (1990), S. 116f.; Wolf, J. B. (1999), S. 19ff.; Perridon, L. / Steiner, M. (2002), S. 532; Ridder, H.-G. (1996), S. 329f.; Godfrey, P. C. / Hill, C. W. L. (1995), S. 522; Gerum, E. (1992), Sp. 2490.

[882] Vgl. hierzu insbes. Meinhövel, H. (1999), S. 23ff., aber auch Ferstl, J. (2000), S. 23ff.; Neus, W. (1989), S. 474; Picot, A. / Neuburger, R. (1995), Sp. 15f.; Feldmann, H. (1995), S. 49f.

[883] Dies passt zum bereits entworfenen Bild der Agency-Theorie, die durch eine „Verhaltensorientierung mit ökonomischem Vorzeichen" gekennzeichnet ist (vgl. dazu die vorangehende Fußnote 860).

[884] Vgl. hierzu v.a. Jensen, M. C. / Meckling, W. H. (1976), S. 305ff. Diese Aussage entspricht der plausiblen Zuordnung der Klassiker als Begründer der finanziellen Agency-Theorie innerhalb der normativen Forschungsströmung (siehe dazu z.B. Thissen, S. (1999), S. 137f.). In der Literatur werden die Agency-Kosten-Überlegungen von Jensen / Meckling jedoch auch der positiven Agency-Theorie zugeordnet (vgl. z.B. Meinhövel, H. (1999), S. 41ff.). Auch diese unterschiedliche Zuordnung und das dahinter stehende Zurechnungsproblem kann als Indiz für die enge Interaktion beider Forschungsströmungen verstanden werden.

gency-Kosten sind aber dem Sachverhalt nach gleichsam auch Element positiver Agency-Konzeptionen.[885]

b) Agency-Theorie und Wertorientierung im strategischen Personalmanagement

Auf die **offensichtlichen Anwendungsbezüge** der Agency-Theorie für die personale Dimension wertorientierter Unternehmensführung und die prinzipielle Eignung zur perspektivischen Erweiterung wertorientierter Personalentscheidungen über den originären Finanzaspekt hinaus wurde bereits hingewiesen. In diesem Zusammenhang kommt den **Agency-Kosten**, trotz aller Kritikmöglichkeiten am Agency-Kostenkonstrukt,[886] **als essenzielles Bindeglied zwischen Wertorientierung und personalen Handlungs- und Entscheidungsfeldern** eine zentrale Bedeutung zu, denn hinter den Agency-Kosten spezifischer Auftraggeber-Auftragnehmer-Arrangements auf der betrieblichen Personalebene verbergen sich letztlich, neben den unmittelbaren agency-kostenbasierten Zahlungseffekten, als personenbezogene Verhaltenskonsequenzen Erhöhungen und Verringerungen betrieblicher Cash flow-Ströme und somit auch reale, wenngleich schwer isolier- und messbare Veränderungen des Shareholder Value. Agency-Kosten lassen sich aber auch als Marktwertverluste interpretieren, „... die aufgrund der Nicht-Homogenität der Nutzenfunktionen der Vertragsparteien entstehen"[887] oder als auf Informationsverteilungsasymmetrien beruhende finanzielle Belastungen der Unternehmenseigner, zur Gewährleistung, dass das Ma-

---

[885] So verweist Neus in Verbindung mit der Erklärung von in der Realität existierenden institutionellen Regelungen durch die positive Agency-Theorie auf einen dieser Forschungsströmung zuzurechnenden Begründungsansatz für die Existenz unterschiedlicher Organisationsformen, wonach diese Strukturlösungen als Ergebnis einer Agency-Kosten-Minimierung zu interpretieren sind (vgl. Neus, W. (1989), S. 474f.).

[886] Vgl. zur kritischen Diskussion des Agency-Kostenkonzepts etwa Neus, W. (1989), S. 474f., der die Kritik im Kapitalmarktkontext in Teilen zu widerlegen bzw. zu relativieren versucht (vgl. dazu insbes. a.a.O., S. 485ff.). Vgl. außerdem Göbel, E. (2002), S. 126ff.

[887] Thissen, S. (1999), S. 149. Vgl. dazu ähnlich auch die dort angeführten Quellen Zajac, E. J. (1990), S. 219f. und Novaes, W. / Zingales, L. (1995), S. 3f. Stimmig hierzu ist die bei Godfrey / Hill aufgezeigte Möglichkeit der Heranziehung abnormaler Returns to Stockholders als Näherungsschätzwert für die mit einer spezifischen Corporate Governance-Struktur verbundenen Agency-Kosten im Rahmen vergleichender empirischer Untersuchungen im Kontext des strategischen Managements (vgl. Godfrey, P. C. / Hill, C. W. L. (1995), S. 529). Vgl. in diesem Zusammenhang als Ergänzung auch die Analyse von Beziehungen zwischen Humankapitalinvestitionen, Corporate Governance-Strukturen und Shareholder Value-Maximierung bei Roberts, J. / Van den Steen, E. (2000), S. 2ff. Die Shareholder Value-Orientierung der Agency-Theorie wird nach Thissen außerdem in der Hervorhebung der Wichtigkeit von Marktmechanismen (Kapitalmarkt und Arbeitsmarkt für Manager) deutlich (vgl. Thissen, S. (1991), S. 150).

nagement im Sinne der Eigenkapitalgeber handelt.[888] Weiterhin kann über die Relevanz der Agency-Kosten für die Kapitalkosten[889] bzw. die mögliche Betrachtung der drei Agency-Kosten-Typen als eigenkapitalstrukturbezogene Kostenblöcke ein Bezug zum Shareholder Value-Ansatz hergestellt werden.[890]

Abbildung 36 zeigt im Überblick auf, wie über die Interaktion zwischen strategischen Personalmanagemententscheidungen und Agency-Kosten auf den Shareholder Value eingewirkt werden kann. Ausgangspunkt sind die **Informationsasymmetrien bei divergierenden Zielausrichtungen** von Prinzipalen und Agenten. Erstere können im personalen Kontext sowohl die Aktionäre als auch die Führungskräfte darstellen, entsprechend sind die Agenten wiederum abhängig von der Betrachtungsebene als Führungskräfte oder Mitarbeiter ohne Führungskompetenzen zu kennzeichnen. Die aus den Informationsasymmetrien resultierenden **Agency-Problemfelder** können durch **personalstrategische Maßnahmen** wie die Gestaltung effizienter Anreiz- und Vergütungssysteme[891] oder den Einsatz adäquater Personalselektionsverfahren reduziert, bei Fehlentschei-

---

[888] Vgl. zu dieser Interpretation Günther, T. (1997), S. 49. Agency-Kosten sind also Kosten, die durch die erforderliche Anweisung, Motivation und Kontrolle der Führungskräfte eines Unternehmens entstehen. Ziel der Eigentümer ist die Minimierung der Agency-Kosten, zur Erhöhung ihres Aktionärsvermögens. Insofern kann eine eindeutige Beziehung zwischen Agency-Kosten als Ausfluss der Agency-Theorie und einem Wertsteigerungsmanagement hergestellt werden (vgl. a.a.O., S. 49f.).

[889] Vgl. Kunz, R. M. (1998), S. 396ff. oder Huber, M. (1998), S. 20, der Agency-Kosten als Risikokosten für die Eigenkapitalgeber interpretiert, die somit kapitalkostenrelevant werden. Huber leitet daraus bzw. aufgrund der Wirkungen von Agency-Kosten auf die Aktienkurse die Notwendigkeit zur Offenlegung von Human Capital-Informationen im Rahmen der Pflege der Investor Relations sowie die Integration von Aktienoptionen in Anreizsysteme für das Top-Management ab (vgl. a.a.O., S. .188ff.). Perridon / Steiner definieren Agency-Kosten des Eigenkapitals als Kosten, die bei einem leichtfertigen Umgang mit den Unternehmensressourcen auftreten bzw. als verhaltensbedingte Marktwertreduzierungen des Eigenkapitals (durch Consumption on the Job, Überinvestitionen und Liquidationsverschleppung durch das Management) (vgl. Perridon, L. / Steiner, M. (2002), S. 531). Diese Definition lässt sich im Prinzip auch auf die nachgelagerte Prinzipal-Agenten-Ebene (Manager-Mitarbeiter) übertragen, wenngleich hier die Formen der Ressourcenverschwendung teilweise anders gelagert sind (Consumption on the Job, nicht wertgenerierendes Arbeitsverhalten).

[890] Vgl. zu dieser Querverbindung die Systematisierung von Agency-Kosten bei Thissen, S. (1999), S. 145ff. Ergänzend sei auch zur Verbindung von Agency-Problemen und finanziellem Unternehmenserfolg auf die entsprechende empirische Untersuchung für deutsche Industrieunternehmen von Wolf, J. B. (1999) hingewiesen.

[891] Nach Elschen gilt: „Verhaltensorientierte Anreiz- und Kontrollsysteme sind in der Regel zumindest als Ergänzung vorzusehen, weil sie aus der Sicht der Anteilseigner die Agency-Costs reduzieren können." (Elschen, R. (1991), S. 211). Vgl. ergänzend zur Beziehung eines am Shareholder Value orientierten Anreizsystems und eines optimalen Anreizsystems im Sinne der Agency-Theorie a.a.O., S. 212f., S. 218ff.

dungen aber auch erhöht werden. Die gewählten Arrangements führen zu spezifischen Agency-Kosten, die wiederum lösungsbedingt mit ganz bestimmten Verhaltensweisen der relevanten Agenten verbunden sind. Über **unmittelbare** (z.B. Zusatzkosten eines Aktienoptionsmodells zur Führungskräftevergütung) und **mittelbare** (verhaltensbedingte) **Zahlungswirkungen** werden die betrieblichen Cash flow-Ströme und damit der Shareholder Value beeinflusst. Agency-Kosten und die mit den spezifischen personalbasierten Lösungsmodellen für Informationsasymmetrien verbundenen Verhaltensweisen können weiterhin als risikorelevante **Determinante der Kapitalkosten** wirksam werden und damit ebenfalls auf diesem Wege auf den Shareholder Value Einfluss nehmen.

Die aus den Informationsasymmetrien (Hidden Characteristics, Hidden Action, Hidden Information) bei gegebener Zielkonfliktsituation resultierenden **Agency-Kosten** als Summe aus Monitoring Costs (Kosten der Institutionalisierung von Kontroll- und Verhaltenssteuerungsmechanismen des Prinzipals), Bonding Costs (Garantieleistungskosten bzw. Kosten zur Reduzierung von Zielkonflikten und Informationsasymmetrien des Agenten) und Residual Loss (Differenz zwischen optimalen, d.h. wertmaximalen und tatsächlichen Aktionen des Agenten)[892] sind im Sinne der Shareholder Value-Orientierung durch entsprechende **Personalentscheidungen zu minimieren**. Zwischen den Monitoring und Bonding Costs auf der einen Seite und dem Residual Loss auf der anderen Seite ist dabei in formaler Hinsicht von einem gegebenen bzw. gewünschten Residual Loss-Niveau auszugehen.[893] Vor diesem Hintergrund kann eine Senkung der Agency-Kosten aus Sicht des Personalwesens durch solche personalen Maßnahmen erreicht werden, welche die Informationsasymmetrien und Zielkonflikte zwischen Eigner und Führungskraft bzw. zwischen Führungskraft und Mitarbeiter mit geringstem Aufwand auf ein gegebenes wertmaximales Niveau reduzieren. Letzteres lässt sich allerdings nur schwerlich bestimmen, so dass im später hier entwickelten Entscheidungsmodell aus Praktikabilitätsgründen auf **vereinfachende Kalküle** zurückgegriffen werden muss. Bei personalstrategischen Entscheidungen stellen sich in diesem Zusammenhang zunächst die Fragen, ob, in welche Richtung und in welchem Umfang eine Alternative auf Informationsasymmetrien und gegebenenfalls auch Zielkonflikte einwirkt und damit zu einer Senkung oder Erhöhung des Residual Loss beiträgt. In einem zweiten Schritt muss die Wirkung der Maßnahme auf die Monitoring und Bonding Costs hinterfragt und dem Residual Loss-Effekt gegenübergestellt werden. Übersteigt das Sinken des Residual Loss einer personalstrategischen Alternative tendenziell die Erhöhung der Monitoring und Bonding Costs, dann ist dies als

---

[892] Vgl. zu den Komponenten der Agency-Kosten die vorangegangenen Ausführungen.

[893] Vgl. zur Erfordernis der Vorgabe eines Residual Loss-Niveaus Göbel, E. (2002), S. 125. Die drei Agency-Kostenkomponenten stehen in einer Trade-Off-Beziehung zueinander und können niemals negative Werte annehmen (vgl. Picot, A. (1991), S. 150).

297

positiv im Sinne des Wertsteigerungsziels zu betrachten (summarische Agency-Kostensenkung). Entsprechendes gilt für Maßnahmen, die zu einem erhöhten Residual Loss führen, dessen Anstieg aber vermutlich durch Senkungen der Monitoring und Bonding Costs überkompensiert wird.[894]

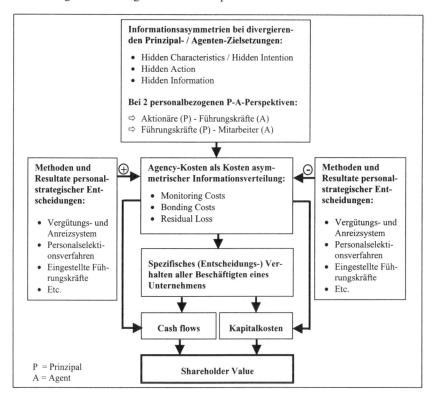

Abbildung 36: Verbindungen zwischen Agency-Theorie, Shareholder Value-Ansatz und strategischem Personalmanagement (Quelle: Eigene Darstellung)

Die **ökonomischen Anwendungsbezüge** der Agency-Theorie für **personalwirtschaftliche Fragestellungen** lassen sich durchgängig von der Personalselektion und -rekrutierung über die Personalqualifizierung und -entlohnung bis zur Freisetzung aufzeigen. Bei allen Gestaltungsfeldern kann die hohe Relevanz von Informationsasymmetrien und resultierender Problemfelder wie Adverse Selection, Holdup oder Moral Hazard aufgezeigt und die Zweckmäßigkeit anreiztheo-

---

[894] Vgl. dazu auch eingehender die nachfolgenden Ausführungen in Kapitel C.IV.2.

retischer Analysen zur Ableitung von Handlungsempfehlungen und plausibler Erklärungen belegt werden.[895] Im Rahmen der **Personalbeschaffung** ist etwa analysierbar, wie durch Screening auf der Grundlage von mit der stellenbezogenen Leistungsfähigkeit korrelierenden Kriterien und Qualifikationsbelegen, durch leistungsabhängige Arbeitsverträge und durch die Einrichtung von Probezeiten mit niedrigerem Vergütungsniveau die Gefahr einer adversen Selektion von Stellenbewerbern reduziert werden kann.[896] Auch bei der Erklärung der ökonomischen **Vorteilhaftigkeit von Qualifizierungsinvestitionen** in allgemeines und nicht nur betriebsspezifisches Humankapital kann auf Erkenntnisse der

---

[895] Vgl. dazu und zu den nachfolgenden Anmerkungen Backes-Gellner, U. / Wolff, B. (2001), S. 435, bzw. umfassend S. 395ff. sowie flankierend die entsprechenden personalökonomischen Ausführungen bei Backes-Gellner, U. / Lazear, E. P. / Wolff, B. (2001) und Wolff, B. / Lazear, E. P. (2001), insbes. S. 74ff., S. 220ff. Vgl. ergänzend in diesem Sinne auch die institutionenökonomischen Analysen interner Arbeitsmärkte bei Wachter, M. L. / Wright, R. D. (1990), S. 86ff. und Ortín-Ángel, P. / Salas-Fumás, V. (1998) oder die die institutionenökonomische Betrachtung der Beziehung zwischen betrieblicher Altersversorgung, Personalwirtschaft und impliziten Anreizen bei Stickel, G. (2001) sowie aktuelle praktische Anwendungsbezüge der Agency-Theorie im Human Resource Management bei Gannon, M. J. / Flood, P. C. / Paauwe, J. (1999), S. 44ff. Vgl. außerdem hierzu die personale Führungsperspektive bei Picot, A. / Neuburger, R. (1995), Sp. 16ff., dort aber insbes. die personalbezogene Matrix zur Begrenzung von Delegationsrisiken in Sp. 16. Göbel gibt weiterhin unter dem Begriff der Personalökonomik einen Überblick über in der Institutionenökonomie, vor allem aber der Agency-Theorie verankerte personale Gestaltungsansätze und -themen der Personalauswahl, -entlohnung sowie -Aus- und -Weiterbildung (vgl. Göbel, E. (2002), S. 290ff.; vgl. zur analogen Begrifflichkeit auch Ridder, H.-G. (1999), S. 45. Der Begriff „Personalökonomik" kann allerdings inhaltlich durchaus auch als über die institutionelle Dimension hinausgehend verstanden werden, wenngleich diese Dimension sicherlich den zentralen Bezugspunkt personalökonomischer Betrachtungen darstellt. So fußen etwa die auf das US-amerikanische Standardwerk Lazear, E. P. (1998) zurückgehenden deutschen Basiswerke zur Personalökonomik Wolff, B. / Lazear, E. P. (2001) und Backes-Gellner, U. / Lazear, E. P. / Wolff, B. (2001) nicht ausschließlich auf dem Gedankengut der Neuen Institutionenökonomie. Vgl. entsprechend auch die weiter gehendere Gegenstandsabgrenzung bei Backes-Gellner, U. (1993), S. 516). Siehe ebenfalls die Kennzeichnung der Personalwirtschaft als funktionales Leistungsfeld der Unternehmung im Kontext einer institutionenökonomisch fundierten Betriebswirtschaftslehre bei Neus, W. (2001), S. 206ff. und die personalwirtschaftlichen Anwendungsbeispiele für Theorieaussagen der Neuen Institutionenökonomie bei Ridder, H.-G. (1999), S. 65f. sowie das Aufzeigen gleich gelagerter Querverbindungen bei Alewell, D. (1994), S. 72ff.; Schauenberg, B. (1996), S. 350ff.; Bühner, R. / Tuschke, A. (1999), S. 510ff. oder beim ökonomischen Klassiker wertmaximierender Unternehmensführung von Milgrom, P. / Roberts, J. (1992), insbes. S. 326ff. (Die dortigen Ausführungen beinhalten in hohem Maße institutionenökonomische bzw. agencytheoretische Basiserkenntnisse und stehen gleichsam für eine Fundierungsmöglichkeit einer wertorientierten Personalwirtschaft durch die Agency-Theorie).

[896] Vgl. Backes-Gellner, U. / Wolff, B. (2001), S. 395ff.

Agency-Theorie zurückgegriffen werden.[897] Das bevorzugte Anwendungsfeld der Agency-Theorie ist jedoch wie bereits gesagt die ökonomische Analyse von **Vergütungs- und Anreizsystemen,**[898] d.h. die Klärung von Fragen wie: Soll die Entlohnung bei bestimmten Gegebenheiten fix oder variabel erfolgen? Was ist beim Einsatz output- bzw. inputbasierter Entlohnungssysteme zu beachten? Welche Möglichkeiten zur Integration relativierender Erfolgsparameter (Veranstaltung von „Leistungsturnieren") in ein anreizkompatibles Entlohnungssystem bestehen? Sind kollektive oder individuelle Anreize zu setzen? Gibt es Argumente, die für eine Anwendung des Senioritätsprinzips bei der Entlohnung sprechen?[899] Aber auch bei der **Beendigung von Beschäftigungsverhältnissen** können agencytheoretische Überlegungen herangezogen werden, wie etwa zur adäquaten Berücksichtigung der Betriebszugehörigkeitsdauer bei der Festlegung optimaler Freisetzungsstrategien, zum Einsatz von Aufhebungsverträgen mit Abfindungszahlungen oder zur Frühverrentung von Arbeitnehmern.[900] Bei den angeschnittenen Themen handelt es sich durchgängig um **Grundsatzentscheidungsfelder des Personalwesens**, die dem strategischen Personalmanagement zuzuordnen sind.

In Summe kann vor dem Hintergrund der formulierten **Theorieselektionskriterien** die **Agency-Theorie als adäquate Perspektivenweitung** eines Shareholder Value-orientierten strategischen Personalmanagementkonzepts angesehen werden. Sie ist in hohem Maße aufgrund ihrer mikroökonomischen Ursprünge in der Ökonomie verhaftet bzw. mit dem Ideal einer ökonomischen Wertorien-

---

[897] Vgl. a.a.O., S. 404ff. Investitionen in allgemeines Humankapital erscheinen aus agencytheoretischer Perspektive dann angezeigt, wenn eine Absicherung durch betriebsspezifisches Humankapital erfolgte oder Weiterbildung als Personalmarketinginstrument zum Aufbau von Reputation praktiziert wird (vgl.a.a.O., S. 409).

[898] Meuthen etwa sieht die Bereitstellung eines ökonomischen Mitarbeitermotivationsmodells, das die Annahmen begrenzter Rationalität und opportunistischen Verhaltens mit einbezieht, neben der effizienten Kombination der Personalressourcen, als zentrale Schnittmenge einer strategischen Personalplanung und der Institutionenökonomik respektive Agency-Theorie (vgl. Meuthen, D. (1997), S. 157). Auch Becker / Huselid betonen das primäre Aufgreifen der Vertrags- bzw. Agency-Theorie durch die Strategic Human Resource Management-Vertreter beim Themenfeld Führungskräftevergütung. Darüber hinausgehend hat die entsprechende Literatur kaum auf deren Erkenntnisse und Denkmodelle zurückgegriffen (vgl. Becker, B. E. / Huselid, M. A. (1998a), S. 60). Vgl. speziell zur Agency-Theorie als Grundlage wertorientierter Vergütungssysteme umfassender Ferstl, J. (2000), S. 19ff.; Schnabel, H. (1998), S. 31ff. sowie Laux, H. / Schenk-Mathes, H. Y. (1992), S. 395ff. als Beispiel für die modelltheoretische Ableitung erfolgsorientierter Belohnungssysteme in der ökonomischen Agency-Theorie und Graßhoff, U. / Schwalbach, J. (1999), S. 437ff. sowie Wagenhofer, A. (1996), insbes. S. 156ff. zur Bestimmung optimaler Anreizsysteme für Manager auf der Basis agencytheoretischer Modelle.

[899] Vgl. Backes-Gellner, U. / Wolff, B. (2001), S. 411ff.

[900] Vgl. dazu a.a.O., S. 427ff.

tierung kompatibel, kann auch auf Personenaggregate (Gruppierungen bzw. Typen von Prinzipalen / Agenten) angewandt werden, verfügt über einen hohen Reifegrad, der Einsatzmöglichkeiten im Rahmen einer gestaltungsorientierten Forschung nahe legt, und weist eine universalistische Grundausrichtung vor, die generalisierbare Aussagen möglich macht.

c) Erweiterungsbedarf einer kombinierten finanz- und agencytheoretischen Perspektive

Die konsistente Erweiterung der finanztheoretischen Kernperspektive des Shareholder Value-Ansatzes um das ökonomische Verhaltensmodell der Agency-Theorie zu einer kombinierten finanz- und agencytheoretischen Perspektive für ein strategisches Personalmanagement, das an der Unternehmenswertschaffung anknüpft, birgt allerdings immer noch **Defizite**,[901] die durch eine zweite strategische Perspektivenweitung aufgehoben werden sollen. Das **Menschenbild** der Agency-Theorie weist eine hohe Übereinstimmung mit dem finanztheoretischen, in der Neoklassik verwurzelten Homo Oeconomicus-Ideal auf. Es erweitert diese Vorstellung vom eigennutzenmaximierenden Menschen zwar um Optionen beschränkt rationalen Handelns und expliziert opportunistische Verhaltensannahmen, bleibt aber insgesamt in einer negativen, nur bedingt realitätsnahen Grundorientierung verhaftet,[902] was das Verhalten ökonomisch agierender Individuen angeht. Das hiermit verbundene Mitarbeiterbild trägt offensichtlich für die eingehend dargelegte Grundorientierung eines strategisch ausgerichteten Personalwesens bzw. eines Strategic Human Resource Management nicht weit genug und entspricht dem Entwicklungsstand zu Beginn der disziplinären Verankerung der Personalwirtschaftslehre in der Betriebswirtschaftslehre. Im Sinne einer weiteren Realitätsannäherung bei der theoretischen Fundierung eines strategischen Personalansatzes ist insofern der ergänzende Einbezug einer Sichtweise von **Arbeitnehmern als qualifizierte, selbstmotivierte und unternehmerisch denkende und agierende Wissensträger** im Prozess betrieblicher Wert-

---

[901] Vgl. in Ergänzung zu den nachfolgenden Ausführungen auch die grundlegenden Kritikpunkte bezüglich der Agency-Theorie bei Meinhövel, H. (1999), S. 107ff.; Ridder, H.-G. (1999), S. 52; Shankman, N. A. (1999), S. 325ff. und Hartmann-Wendels, T. (1992), Sp. 78. Vgl. außerdem die Ausführungen zur Problematik einer einseitigen mikro- und organisationsökonomisch-theoretischen Fundierung eines strategischen Personalmanagements in Kapitel B.III.2.c).

[902] Vgl. zu ähnlich gelagerter Kritik an der Agency-Theorie etwa Gedenk, K. (1998), S. 24f., die ebenfalls auf die unzureichende Realitätsnähe und das herangezogene enge Menschenbild mit stark vereinfachenden Annahmen bezüglich der zugrundeliegenden Nutzenfunktion des Agenten (Einkommen und Arbeitsleid des Agenten als einzige Determinanten - intrinsische Motive werden ausgeklammert) hinweisen.

schöpfung erforderlich.[903] Das negative Menschenbild spiegelt sich auch in der Konzentration der Agency-Theorie auf die **Kostenseite** der Delegation und Arbeitsteilung in Unternehmen, sprich die Agency-Kosten, wider. Die Ertragsseite der Prinzipal-Agenten-Beziehungen wird tendenziell ausgeklammert bzw. allenfalls implizit in die Kostenüberlegungen integriert.[904] Strategische Führung muss sich weiterhin in erheblich größerem Umfang als dies etwa in der positiven Forschungsströmung der Agency-Theorie gegeben ist, auch mit **qualitativen**, bestenfalls äußerst schwer quantifizierbaren, aber wettbewerbs- und damit langfristig auch wertrelevanten **Aspekten des Ressourceneinsatzes** auseinander setzen. Ressourcenbezogene Wettbewerbsaussagen mit langfristigem Zeithorizont bleiben auch nach der Perspektivenweitung um die Agency-Theorie allenfalls in Ansätzen erkennbar.[905] Im Vordergrund agencytheoretischer Überlegungen ste-

---

[903] In Ergänzung hierzu sehen Becker / Huselid die Lösung des Moral Hazard-Problems als Voraussetzung für die Generierung dauerhafter Wettbewerbsvorteile durch ein wertorientiertes Personalsystem. Als „Lösung" wird faktisch aber eine Negierung der Eignung des hinter dem Moral Hazard-Problems liegenden „Shirking"-Menschenbilds angeführt: „However, framing the problem in a context where work has disutility and the employer-employee relationship is one in which „it's the employees's job to shirk and the employer's job to catch them" is not a useful foundation for a HPWS (High Performance Work System - Anm. d. Verf.). Incentives, rewards and „contract compliance mechanisms" in the broadest sense are crucial, but the emphasis on shirking and opportunistic behavior is too narrowly drawn. It not only has a negative connotation, it focuses attention on a form of behavior that, even if substantially diminished, probably has little effect on the competitive advantage of the firm." (Becker, B. E. / Huselid, M. A. (1998a), S. 61). Sinnvolle Anwendungsbezüge der Agency-Theorie werden vor allem bei der Instrumentalisierung von Anreizen und Bewertungsverfahren und bei der Deutlichmachung des Erfordernisses eines Empowerments der Mitarbeiter zur Nutzung ihrer Wissensvorsprünge als Voraussetzung einer Strategieimplementierung gesehen (vgl. a.a.O., S. 60). Vgl. außerdem auch zur Kritik an der Dürftigkeit des Katalogs an Verhaltensannahmen institutionenökonomischer Ansätze Müller, M. (1999), S. 124f. Die mit dem negativen Menschenbild der Agency-Theorie verbundenen Problemfelder bieten sich aber geradezu auch als Anknüpfungspunkte zum Aufzeigen der ökonomischen Relevanz positiver Verhaltensdimensionen wie „Vertrauen" an (vgl. dazu eingehend, Pieper, J. (2000), S. 136ff.).

[904] Vgl. hierzu auch als Ergänzung die in einem kapitalmarktbezogenen modelltheoretischen Zusammenhang angeführte Feststellung, wonach Agency-Kosten zwar messbar sind, „.... das korrekte Ziel bei der Gestaltung von Agency-Beziehungen ist allerdings die Maximierung der Wohlfahrt, nicht die Minimierung der Agency Costs, wenn auch beide Zielsetzungen zum gleichen Erfolg führen." (Neus, W. (1989), S. 489).

[905] Vgl. ergänzend dazu auch die Kritik an der „strategischen Eignung" mikroökonomischer Ansätze bei Steinmann, H. / Hennemann, C. (1993), S. 44ff bzw. bei Rumelt, R. P. / Schendel, D. / Teece, D. J. (1991), S. 19ff. Steinmann / Hennemann sehen in Anlehnung an Rumelt / Schendel / Teece die größte Schwachstelle der Mikroökonomik in einem Bereich, „... wo in Zukunft die entscheidenden strategischen Wettbewerbsvorteile zu suchen sein werden, nämlich bei den Ressourcen der Unternehmung." (Steinmann, H. / Hennemann, C. (1993), S. 45; Kursivsetzung im Original). Dies treffe zu, auch wenn in der Agency-Theorie (und der Transaktionskostentheorie) Bemühungen zur Entwicklung in

hen effiziente Anreizstrukturen gemäß der Prinzipal-Agenten-Perspektive, die durchaus als „strategisch" (bedeutsam) zu qualifizieren sind. Allerdings stehen **wettbewerbsstrategische Überlegungen** im Sinne langfristiger Ressourcen-Produkt-Markt-Strategien in der Regel außerhalb des Diskussionshorizonts der Agency-Theorie.[906] Gleiches gilt für die Berücksichtigung der im strategischen Management stark zum Tragen kommenden **Kontingenzperspektive**, die situative Relativierungen universalistischer Gestaltungsempfehlungen nach sich zieht.[907] Als *„theoretischer Hebel"* zur Korrektur der angesprochenen Defizite erscheint die Konzeption des strategischen Ressourcenansatzes bzw. des **Resource-based View of the Firm** in besonderem Maße geeignet.[908]

Richtung einer Organisationstheorie, allerdings mit einem eher individuellen Fokus, erkennbar wären (vgl. a.a.O., S. 46). Die starke Effizenzorientierung mikroökonomischer Modelle zur Personalpolitik lässt eine Einbettung der Themen in unternehmensstrategische Kontexte vermissen (als Beispiel hierfür werden die Personalpassagen bei Milgrom, P. / Roberts, J. (1992) angeführt) (vgl. Steinmann, H. / Hennemann, C. (1993), S.57f.). Entsprechend verweist auch Gedenk, K. (1998), S. 25 darauf, dass die Agency-Theorie die Langfristigkeit strategischer Entscheidungen kaum berücksichtigt. Der Zukunftsbezug strategischer Investitionen wird in der breiten Masse agencytheoretischer Modelle nicht abgebildet.

[906] Beide strategische „Stoßrichtungen" lassen sich aber sehr wohl miteinander vereinen (vgl. als Beispiel für die Integrierbarkeit von Anreiz- und klassischer Strategieperspektive die Strategie-Struktur-Betrachtung bei Fabel, O. / Hilgers, B. / Lehmann, E. (2001), S. 183ff., insbes. aber S. 192ff.)

[907] Vgl. Becker, B. E. / Huselid, M. A. (1998a), S. 59 zur Schwerpunktsetzung der Agency-Theorie auf die Harmonisierung von Mitarbeiter- und Unternehmensinteressen (vgl. dazu auch Gannon, M. J. / Flood, P. C. / Paauwe, J. (1999), S. 42) im Gegensatz zur strategischen Human Resource Management-Literatur, die sich primär mit Fragen des in- und externen Fits auseinander setzt.

[908] Die thematische Verbundenheit / Nähe von Agency-Theorie und Resource-based View of the Firm kommt vor dem Hintergrund einer strategischen Unternehmensführung in der gemeinsamen Auseinandersetzung mit ökonomischen Phänomenen, die an sich nicht beobachtbar sind (divergierende Nutzenfunktionen auf der einen Seite und idiosynkratische Struktur- bzw. Ressourcenkonstellationen auf der anderen Seite), zum Ausdruck (vgl. dazu auch die Ausführungen bei Godfrey, P. C. / Hill, C. W. L. (1995), S. 520ff., die auf Basis einer realistischen bzw. anti-positivistischen Forschungsperspektive beide Ansätze neben der Transaktionskostentheorie als geeignete Konstrukte zur theoretischen Fundierung des Strategic Management betrachten). Dies spricht unter anderem auch für die Machbarkeit einer integrativen Verknüpfung beider Theoriekonstruktionen. Die Zweckmäßigkeit einer integrativen Verbindung der Agency-Theorie mit anderen theoretischen Erklärungsansätzen wird weiterhin auch durch empirische Studien wie z.B. die Analyse von Unternehmens-Incentive-Strukturen durch Lambert / Larcker / Weigelt (vgl. Lambert, R. A. / Larcker, D. F. / Weigelt, K. (1993), insbes. S. 438, S. 456f.) bestätigt. Vgl. in diesem Zusammenhang auch die hybridisierende Zusammenführung von Agency- und Community-Human Resource-Modellen im Rahmen einer zeitgemäßen Human Resource-Funktion bei Rousseau, D. M. / Arthur, M. B. (1999), S. 7ff.

3. Ressourcenansatz zur qualitativen perspektivischen Erweiterung eines wertorientierten strategischen Personalmanagements

Die zweite ökonomische Perspektivenweitung einer theoretischen Fundierung des eigenen Ansatzes einer wertorientierten Personalwirtschaft erfolgt über den in der strategischen Managementlehre beheimateten Ressourcenansatz. Durch ihn erscheint eine **Integration qualitativer, „softer"**[909] **Sachverhalte und neuer Verhaltensaspekte** in den strategischen Entscheidungshorizont möglich, die durch den finanz- und agencytheoretischen Fokus bislang noch nicht angemessen abgedeckt werden. Der Ansatz erlaubt den Einbezug von Erkenntnissen der traditionalen verhaltenswissenschaftlich geprägten Personalwirtschaft[910] und hierbei insbesondere die Einführung eines realitätsnaheren, zeitgemäßeren **positiven Menschenbilds**, das die Mitarbeiter eines Unternehmens als motivationsfähige essenzielle Wissensträger und Quellen strategischer Effektivität und Effizienz und somit des ökonomischen Erfolgs versteht. Dieses veränderte Menschenbild soll allerdings die eingangs zugrundegelegte ökonomische Sichtweise menschlicher Verhaltensgrundlagen nicht ersetzen, sondern lediglich unter Realitätsgesichtspunkten ergänzen. Strategische Analysen im Personalbereich haben in diesem Sinne stets „negative" und „positive" Verhaltensparadigmen im situativen Kontext gegenüberzustellen und bei der Ableitung von Verhaltensprognosen zu gewichten. Die in der Agency-Theorie bereits ansatzweise zum Ausdruck gekommene verstärkte **Hinwendung zur individuellen Unternehmung und zu internen Fragestellungen**[911] wird durch den Ressourcenansatz forciert, der

---

[909] Scholz nimmt in seiner Gegenüberstellung von Market-based und Resource-based View sogar eine begriffliche Gleichsetzung des Marktansatzes mit „Hard HRM" und des Ressourcenansatzes mit „Soft HRM" vor (vgl. Scholz, C. (2000a), S. 50f.). Diese Synonymisierung muss aber vor dem Hintergrund der vorliegenden Arbeit unter Ausschließlichkeitsgesichtspunkten kritisch gesehen werden, unterstellt sie doch, dass der Ressourcenansatz primär softe Themenstellungen behandelt und nicht relevant für einen harten Personalmanagementansatz ist. Dem ist allerdings nicht so: Neben der Tatsache, dass softe Themen sehr wohl harte Konsequenzen nach sich ziehen können und insofern auch bei „harten" Gestaltungsansätzen zu berücksichtigen sind („Soft is Hard"), spricht auch die ökonomische Dimension des Ressourcenansatzes, d.h. die Behandlung strategischer Hard Fact-Themen (z.B. Wie können kostenbasierte Wettbewerbsvorteile auf Dauer geschützt werden?) gegen eine solche Gleichsetzung.

[910] Der Ressourcenansatz wird von dessen Vertretern als besonders geeignet angesehen, um sozialwissenschaftliche und ökonomische Erklärungsansätze integrativ zusammenzuführen (vgl. Knyphausen, D. zu (1993), Anmerkung [10], S. 786 und die dort angegebenen Verweise). Vgl. auch die entsprechenden Ausführungen in Kapitel B.III.2.c)bb).

[911] Hoskisson / Hitt / Wan / Yiu etwa sehen in ihrer Analyse der theoretischen Entwicklung des strategischen Managements mit dem Aufkommen agency- und transaktionskostentheoretischer Konzepte im strategischen Management ab etwa Mitte der Siebzigerjahre den Forschungsfokus wieder weg von der externen (Industrieökonomik) hin zu einer unternehmenszentrierten Perspektive (vgl. Hoskisson, R. E. / Hitt, M. A. / Wan W. P. / Yiu, D.

darüber hinaus in hohem Maße auch **kontingenztheoretische Grundaussagen** der Strategieforschung (interner Fit als strategische Normsetzung und externer Fit als Restriktion des Handlungsfeldes) integrierbar macht. Hauptzielsetzung des Ressourcenansatzes ist die Erklärung von strategischem Erfolg und die Wirkungsweise von Erfolgspotenzialen aus der Sicht der im Unternehmen verfügbaren Ressourcen, sprich „aus dem Unternehmen heraus". Die Theorieinhalte sind demnach als *„strategisch an sich"* zu charakterisieren, so dass einer Vernachlässigung entsprechender strategischer Aspekte im Theoriegerüst des eigenen Ansatzes entgegengewirkt werden kann. Durch die qualitativ-strategische Grundorientierung des Ressourcenansatzes ist weiterhin eine verstärkte Berücksichtigung langfristig wirksam werdender und nicht oder nur **schwer monetarisierbarer Ertragspotenziale** bei der strategischen Analyse möglich. Insofern findet durch die ergänzende Heranziehung des Resource-based View auch eine Korrektur der (Agency-) Kostendominanz des agencytheoretischen Fundierungsmoduls statt. Trotz signifikanter Unterschiede zu den zwei vorgelagerten Theorieperspektiven, die ja letztlich auch das Optimierungspotenzial des Ansatzes begründen, kann der Ressourcenansatz analog als *„ökonomisch stringent"*[912] und in hohem Maße kompatibel bezüglich der ökonomischen Zielrichtung von Finanz- und Agency-Theorie qualifiziert werden, was unter anderem auch auf die neoklassischen mikroökonomischen Wurzeln des Resource-based View of the Firm rückführbar ist.[913] Die bereits an anderer Stelle vorge-

---

(1999), S. 432ff.). Ein späterer „Pendelschlag" in der theoretischen Grundausrichtung des strategischen Managements geht mit dem Ressourcenansatz in den Neunzigerjahren in die selbe Richtung wie die Agency-Theorie: „Recently, the popularity of the resource-based view of the firm has once again returned our focus inside the black box of the firm." (a.a.O., S. 437). Gemäß Rasche stellen sowohl die institutionelle Ökonomie als auch der Ressourcenansatz die individuelle Unternehmung in den Mittelpunkt der Analyse (vgl. Rasche, C. (1994), S. 31).

[912] Die Zuordnung des Ressourcenansatzes zum Spektrum ökonomischer Theorien ist eindeutig möglich (vgl. z.B. Knyphausen-Aufsess, D. zu (1995), S. 82ff. und Knyphausen, D. zu (1993), S. 775; Festing, M. (1996), S. 45). Rumelt / Schendel / Teece betrachten den Resource-based View als wichtige Perspektivenweitung des strategischen Managements in Richtung ökonomischer Theorie (vgl. Rumelt, R. P. / Schendel, D. / Teece, D. J. (1991), S. 8, S. 13). Reber sieht den strategischen Ressourcenansatz klar als in der Betriebswirtschaftslehre verankert (vgl. Reber, G. (1997), S. 123). Vgl. auch die gleichgerichteten Ausführungen in Kapitel B.III.2.c)bb).

[913] Vgl. zu den neoklassischen und organisationsökonomischen Wurzeln des Ressourcenansatzes etwa Freiling, J. (2000), S. 21f.; Wright, P. M. / McMahan, G. C. / McWilliams, A. (1994), S. 302; Rumelt, R. P. (1997), S. 132ff.; Mahoney, J. T. / Pandian, J. R. (1997), S. 211ff.; (1992), S. 369; Proff, H. (2000), S. 139ff.; Wunderer, R. / Arx, S. von (1998), S. 34. Der Begriff „Wurzel" ist hier auch und vor allem in Bezug auf die kritische Hinterfragung neoklassischer Prämissen zu verstehen, die zur Einführung von Transaktionskosten, beschränkter Rationalität, Unsicherheit, Lernprozessen sowie Preisen als Qualitätssignalen (vgl. Mahoney, J. T. / Pandian, J. R. (1992), S. 369) in die post-neoklassischen Modell-

nommene generelle **Kritik der Eignung mikro- und organisationsökonomischer Theorien** zur ausschließlichen Fundierung eines strategischen Personalmanagements kann aber insgesamt durch eine ressourcenorientierte Horizontweitung entkräftet werden. Die grundlegende Eignung des Ressourcenansatzes zur Perspektivenweitung im Rahmen einer explikativ-theoretischen ökonomischen Spezifizierung des strategischen Personalmanagements wurde ebenfalls bereits an anderer Stelle hervorgehoben.[914]

a) Ressourcen-Paradigma im strategischen Management

Die fundamentalen Anfänge des heutigen Ressourcenansatzes einer strategischen Unternehmensführung werden in der Literatur gemeinhin auf die theoretische Analyse zum Unternehmenswachstum von **Penrose** zurückgeführt, die Unternehmen als produktive Ressourcenkomplexe interpretiert, die sowohl physische als auch menschliche Ressourcen beinhalten.[915] Umfang und Qualität der vorhandenen spezifischen Ressourcen sowie deren Nutzung und Kombination werden als Quellen anhaltender überdurchschnittlicher Gewinne angesehen.[916] In Ergänzung hierzu beinhalten bereits die ersten Ansätze einer strategischen Planung die intern ausgerichtete Analyse von Stärken und Schwächen eines Unternehmens neben der externen Umweltanalyse als **Hauptbestandteil des strategischen Planungsprozesses**.[917] Demgemäß setzt **Wernerfelt** als weiterer prominenter Vertreter des Ressourcenansatzes sogar unternehmensbezogene Stärken und Schwächen mit dem Ressourcenbegriff gleich: „By a resource is meant anything which could be thought of as a strength or weakness of a given firm."[918] Im Gegensatz zur strategischen Forschungsrichtung der auf Porter zu-

---

konstrukte der Organisationsökonomie bzw. der Neuen Institutionenökonomie führte. Vgl. dazu in Ergänzung auch die Darstellung von Ähnlichkeiten und Unterschieden zwischen Neoklassik und der Resource-based Theory bei Conner, K. R. (1991), S. 133. Vgl. insbesondere für Querverbindungen zur Transaktionskostentheorie Müser, M. (2000), S. 29ff.; Kamoche, K. (1996), S. 224; Conner, K. R. / Prahalad, C. K. (1996), S. 477, S. 479ff. sowie Freiling, J. (2000), S. 34.

[914] Vgl. zur Befürwortung des Ressourcenansatzes als Theoriebaustein sowie zur Kritik mikro- / organisationsökonomischer Ansätze Kapitel B.III.2.c)bb).

[915] Vgl. Penrose (1959). Vgl. zur verweisenden Literatur z.B. Ridder, H.-G. (1999), S. 95f.; Bamberger, I / Wrona, T. (1996), S. 131; Wernerfelt, B. (1984), S. 171; Freiling, J. (2000), S. 23.; Graml, R. (1996), S. 152; Olalla, M. F. (1999), S. 85; Müser, M. (2000), S. 27; Kamoche, K. (1996), S. 214; Bea, F. X. / Haas, J. (2001), S. 26f.; Bongartz, U. (1998), S. 384. Vgl. für eine umfassende entwicklungshistorische Betrachtung des Resource-based View insbes. aber Freiling, J. (2000), S. 20ff.

[916] Vgl. Ridder, H.-G. (1999), S. 96; Bamberger, I / Wrona, T. (1996), S. 131; Raub, S. / Büchel, B. (1996), S. 26.

[917] Vgl. Bamberger, I / Wrona, T. (1996), S. 131.

[918] Wernerfelt, B. (1984), S. 172.

rückgehenden Industrieökonomik[919] sieht die Ressourcenperspektive die **Ursache für dauerhafte Wettbewerbsvorteile bzw.** **Überrenditen** auf Produktmärkten nicht primär in strukturellen Markt- / Branchengegebenheiten begründet, sondern in der Qualität und dem Umfang der in einzelnen Unternehmen agglomerierten Ressourcen. Die in historischen Entwicklungsprozessen sukzessive aufgebauten spezifischen Faktorausstattungen sind auf konkurrierende Unternehmen heterogen verteilt und begründen gegebenenfalls über resultierende relative Effizienz- und Effektivitätsvorteile strategische Wettbewerbsvorteile, die sich in Form von Überrenditen niederschlagen.[920] Im Resource-based View of the Firm geht es dabei insbesondere um die **Dauerhaftigkeit oder Nachhaltigkeit** solcher Wettbewerbsvorteile, d.h., es wird hinterfragt, durch welche Maßnahmen Wettbewerbsvorteile auf Dauer bzw. möglichst lange „konserviert", sprich vor der Nachahmung durch Konkurrenten bewahrt werden könnnen. Hauptgrund für die Möglichkeit einer Konservierung von Wettbewerbsvorteilen ist die **Immobilität von Ressourcen**, auf die durch den Einsatz entsprechender **Mobilitätsbarrieren und Isolationsmethoden** zielgerichtet eingewirkt werden kann.[921] Mit auf den Weltmärkten zunehmend beobachtbaren ansteigenden Wettbewerbsintensitäten wird die Verstetigung von auf internen Ressourcenvorteilen basierenden Unternehmensrenten durch adäquate Konservierungsmaßnahmen zu einer immer wichtiger werdenden Determinante der Bewahrung von renditeträchtigen Marktpositionen.[922]

---

[919] Eine Gegensätzlichkeit kann primär für die fokale Schwerpunktsetzung der Betrachtungsperspektive (interne versus externe Orientierung) festgestellt werden. Ansonsten wird vermehrt auf die prinzipielle Integrierbarkeit beider strategischer Perspektiven hingewiesen (vgl. z.B. Mahoney, J. T. / Pandian, J. R. (1992), S. 363, S. 370ff., S. 374f.; Knyphausen, D. zu (1993), S. 781ff., S. 786.; Bamberger, I / Wrona, T. (1996), S. 141, S. 146ff.; Vollert, K. (1999), S. 36f.; Bongartz, U. (1998), S. 400; Rasche, C. (1993), S. 426f.). Vgl. zur Gegenüberstellung markt- und ressourcenorientierter Perspektiven Nolte, H. / Bergmann, R. (1998), S. 3ff.; Rasche, C. (2000), S. 71f.; Proff, H. (2000), S. 139ff.; Steven, M. / Behrens, S. (2000), S. 441ff.; Henselek, H. (2000), S. 469ff.; Bea, F. X. / Haas, J. (2001), S. 24ff.; Vollert, K. (1999), S. 14ff.; Börner, C. J. (2000), S. 689ff.; Conner, K. R. (1991), S. 121ff.

[920] Vgl. dazu umfassender etwa Schneck, M. H. (2000), S. 154ff.; Wernerfelt, B. (1984), S. 172ff.; Bamberger, I / Wrona, T. (1996), S. 131f.

[921] Vgl. eingehender zur Thematik der Nachhaltigkeit und Dauerhaftigkeit ressourcenbasierter Wettbewerbsvorteile z.B. Nolte, H. / Bergmann, R. (1998), S. 16ff. und zu den hierfür erforderlichen Isolationselementen und -prozessen Freiling, J. (2001), S. 104ff.

[922] Vgl. zur gestiegenen Relevanz interner, unternehmensspezifischer Wettbewerbsvorteile Schneck, M. H. (2000), S. 154, S. 159 sowie zur Kennzeichnung und Klassifizierung von Rentengenerierungszusammenhängen im Ressourcenkontext Winter, S. G. (1995), S. 154ff., insbes. S. 163ff.; Peteraf, M. A. (1993), S. 180ff.; Bamberger, I / Wrona, T. (1996), S. 134ff. sowie Williams, J. R. (1994), S. 235ff.

Bezüglich des Ressourcenbegriffs herrscht in der Literatur eine nur noch schwer überschaubare **Vielfalt terminologischer Variationen** und Kategorien vor.[923] *Ressourcen* im Sinne des Ressourcenansatzes können im Kontext der vorliegenden Arbeit jedoch definiert werden als *alle in einem Unternehmen bei der Erstellung von auf Märkten gehandelten Waren oder Dienstleistungen zum Einsatz kommenden unternehmensspezifischen*[924] *Güter, Strukturen, Systeme und Methoden, aus denen prinzipiell strategische Wettbewerbsvorteile entspringen können.* Insbesondere die Unterscheidung tangibler und intangibler Unternehmensressourcen ist für die Übertragung des Ansatzes auf personalstrategische Problemlagen von Bedeutung.[925] **Tangible Ressourcen** sind physisch greifbar, d.h. sie haben materielle Substanz (z.b. Fertigungsanlagen). Entsprechend sind **intangible Ressourcen** nicht greifbar und immateriell. Sie umfassen einerseits Vermögenswerte (Assets), die in der rechtlichen Verfügungsgewalt eines Unternehmens liegen, und andererseits Fähigkeiten und Fertigkeiten des Personalstamms, die allesamt wissensbasiert sind. Vor allem den personalbasierten intangiblen Vermögenswerten (Human Capital) kommt aufgrund ihrer komplexen, vielfach idiosynkratischen[926] Zusammensetzung eine besondere Rolle bei der Begründung anhaltender strategischerWettbewerbsvorteile zu.[927] Weiterhin von Bedeutung im Zusammenhang mit ressourcentheoretischen Überlegungen ist der Begriff der Kernkompetenz. **Kernkompetenzen** resultieren aus dem komplexen

---

[923] Vgl. Bamberger, I / Wrona, T. (1996), S. 132; Kamoche, K. (1996), S. 214 sowie die Übersichtsdarstellung zum Ressourcenbegriff bei Freiling, J. (2001), S. 76. Vgl. ergänzend zum Problem der terminologischen Vielfalt Freiling, J. (2000), S. 35.

[924] Bei der Beschränkung der Betrachtung auf lediglich solche Ressourcen, die eine unternehmensspezifische Komponente beinhalten, findet eine Perspektivenreduzierung gegenüber der neoklassischen Volkswirtschaftslehre statt (vgl. Rasche, C. (1994), S. 38).

[925] Vgl. zur nachfolgenden Unterscheidung tangibler und intangibler Ressourcen z.B. Nolte, H. / Bergmann, R. (1998), S. 11ff sowie ergänzend Olalla, M. F. (1999), S. 85f., S. 87.

[926] Der Begriff wird hier im Sinne des englischen Fachterminus „idiosyncracy" bzw. „idiosyncratic" als „irregulär", „eigenartig", „einzigartig", „in hohem Maße kontextabhängig" verwendet. Eine entsprechende „eingedeutschte" Begriffsverwendung hat sich zusehends in der Literatur im Kontext der Diskussion kontingenztheoretischer Überlegungen durchgesetzt, allerdings bislang noch keinen entsprechenden Eingang in das aktuelle Duden-Fremdwörterbuch gefunden.

[927] Vgl. zur untrennbaren Verbindung von intangiblen Ressourcen mit dem Faktor Mensch z.B. Itami, H. / Roehl, T. W. (1987), S. 14. Diese sehen die wettbewerbsentscheidenden „Invisible Assets" (a.a.O., S. 12ff.; d.h. Kundenvertrauen, Markenimage, Vertriebskontrolle, Unternehmenskultur und Managementfähigkeiten - vgl. ebd.) als dem Menschen eingebettet (embedded) an und betonen deshalb die besondere Wichtigkeit der Mitarbeiter für den Erfolg eines Unternehmens: „People are important resources, ..., but as *accumulators and producers of invisible assets.*" (a.a.O., S. 14 - Kursivsetzung im Original). Vgl. zur besonderen Bedeutung idiosynkratischer intangibler Ressourcen für die Realisierung von Wettbewerbsvorteilen auch McGrath, R. G. / MacMillan, I. C. / Venkataraman, S. (1995), S. 252 oder die ressourcenstrategischen Betrachtungen der Unternehmenskultur bei Fiol, C. M. (1991), S. 191ff. und Barney, J. (1986), S. 656ff.

Zusammenspiel organisationaler Routinen, personalbezogener Fähigkeiten und tangibler Aktivposten und dienen der langfristigen Sicherstellung der Überlebensfähigkeit von Unternehmen.[928] Sie repräsentieren nach Prahalad / Hamel das kollektive Lernpotenzial einer Organisation und können als „strategische Metafähigkeiten" gekennzeichnet werden, die sich durch synergetische Absatzmarktorientierung, Marktnutzenstiftung und Nicht-Imitierbarkeit auszeichnen.[929]

Ausgehend von den essenziellen Prämissen der Ressourcenheterogenität und der Unvollkommenheit von Faktormärkten, die entweder ineffizient oder aber gar nicht vorhanden sein können, lassen sich **vier Hauptmerkmale erfolgspotenzialgenerierender Ressourcen** kennzeichnen, die für die Realisierung nachhaltiger bzw. dauerhafter Wettbewerbsvorteile erforderlich sind und teilweise bereits als Kernkompetenzmerkmale angeführt wurden: Nicht-Imitierbarkeit, Unternehmensspezifität, Nicht-Substituierbarkeit und Fähigkeit zur marktbezogenen Nutzenstiftung.[930] Bezüglich dem **Nicht-Imitierbarkeitskriterium**[931] gilt, dass je schwerer eine Ressource durch Wettbewerber imitiert werden kann, desto höher ihr strategisches Erfolgspotenzial einzustufen ist. Als Determinanten der Nicht-Imitierbarkeit kommen die individuelle Vergangenheitsentwicklung eines Unternehmens, Ressourceninterdependenzen, kausale Ambiguitäten, zeitbe-

---

[928] Vgl. Rasche, C. (1994), S. 149 und in Ergänzung die Definitionen und Merkmale bei Müser, M. (2000), S. 59; Homp, C. (2000), S. 169; Steinle, C. / Bruch, H. / Nasner, N. (1997), S. 2f; Javidan, M. (1997), S. 61ff.; Athey, T. R. / Orth, M. S. (1999), S. 215f. sowie die Gesamtschau zum (Kern-)Kompetenzbegriff in der Literatur mit Ressourcenorientierung bei Freiling, J. (2001), S. 89. Wunderer / von Arx betrachten das Management der Humanressourcen deshalb an sich als Kernkompetenz (vgl. Wunderer, R. / Arx, S. von (1998), 35). Vgl. zu einem kompetenzbasierten Human Resource Management, das an der Interaktion von Kernkompetenzen eines Unternehmens und den individuellen Kompetenzen der Mitarbeiter ansetzt, exemplarisch Bergenhenegouwen, G. J. / Ten Horn, H. F. K. / Mooijman, E. A. M. (1996), S. 29ff.

[929] Vgl. Prahalad, C. K. / Hamel, G. (1990), S. 82ff und ergänzend (1999), S. 57ff.; (1991), S. 69ff.; Hamel, G. (1998), S. 11ff. Prahalad und Hamel definieren den Begriff der Kernkompetenzen als „... a bundle of skills and technology that enable a company to provide benefit to customers." (Hamel, G. / Prahalad, C. K. (1994), S. 199).

[930] Vgl. Rasche, C. (1994), S. 68f. Vgl. auch die entsprechenden Merkmalszusammenstellungen bei Barney, J. (1991), S. 105f.; Lado, A. A. / Wilson, M. C. (1994), S. 699; Peteraf, M. A. (1990), S. 1ff.; Wright, P. M. / McMahan, G. C. / McWilliams, A. (1994), S. 301, S. 303ff (1992), S. 301ff.; Graml, R. (1996), S. 154ff.; Zahn, E. / Foschiani, S. / Tilebein, M. (2000), S. 50f.; Wright, P. M. / McMahan, G. C. (1992), S. 301ff.; Maijoor, S. / Witteloostuijn, A. van (1996), S. 550, Collis, D. J. / Montgomery, C. A. (1995), S. 120ff.; Peteraf, M. A. (1993), S. 180ff. sowie die Gesamtübersicht von Merkmalskatalogen bei Pfroff, H. (2000), S. 144.

[931] Vgl. dazu Rasche, C. (1994), S. 70ff; ergänzend Reed, R. / DeFillippi, R. J. (1990), S. 90ff.; Dierickx, I. / Cool, K. (1989), S. 1507ff.; außerdem im personalen Kontext Becker, B. E. / Huselid, M. A. / Pickus, P. S. / Spratt, M. F. (1997), S. 47; Huselid, M. A. / Becker, B. E. (1997), S. 3; (1995), S. 3.; Wohlgemuth, A. C. (1990), S. 86ff.

dingte Ineffizienzen und Multiplikatoreffekte bei der Ressourcenakkumulation sowie eine Erosion von Ressourcen im Zeitablauf zum Tragen. Die **Unternehmensspezifität**[932] einer Ressource hängt ab vom Ausmaß ihrer organisatorischen Einbindung und ihrem Komplexitätsgrad. Die Unternehmensspezifität ist Grundlage für die Realisierung und Aneignung von Quasi-Renten in Abhängigkeit von der Verhandlungsmacht eventuell opportunistisch agierender Marktpartner und führt zu den Phänomenen spezifische Ressourcenknappheit und Ressourcenheterogenität.[933] Unter **Nicht-Substituierbarkeit**[934] versteht man die nicht mögliche Realisierung identischer Ressourcenwirkungen durch ähnliche bzw. alternative Ressourcen(konstellationen). Die **Fähigkeit zur marktbezogenen Nutzenstiftung**[935] als Voraussetzung dauerhafter strategischer Wettbewerbsvorteile durch spezifische Ressourcen bezieht sich auf die Notwendigkeit einer kundenorientierten Wertgenerierung, die mit einer betrachteten Ressource verbunden sein muss.

Eine **Bestandsaufnahme ressourcentheoretischer Einzelbeiträge der Literatur** zum strategischen Management lässt folgende **wesentlichen Gemeinsamkeiten** für die Perspektive des Ressourcenansatzes erkennen:[936]
- Es erfolgt eine Berücksichtigung von Unsicherheiten im ökonomischen Agieren. In diesem Zusammenhang wird insbesondere auf Ungleichverteilungen von Fähigkeiten und Know How in und zwischen Unternehmen eingegangen.
- Unternehmungen stellen individuelle Ressourcenkombinationen dar, die sich bei vergleichenden Betrachtungen in Ressourcenasymmetrien widerspiegeln, die wiederum in Teilen auf Isolationsmechanismen zurückgeführt werden können.
- Der Wichtigkeit von unternehmerischem Agieren für strategische Wettbewerbsvorteile wird durch einen „gemäßigten Voluntarismus"[937] Rechnung getragen.
- Renditeunterschiede zwischen Unternehmen lassen sich final auf unterschiedliche spezifische Ressourcenausstattungen zurückführen.

---

[932] Vgl. hierzu Rasche, C. (1994), S. 82ff.
[933] So verwenden Wright, P. M. / McMahan, G. C. / McWilliams A. (1994), S. 305, S. 307ff. etwa statt dem Begriff der Spezifität zur Kennzeichnung hiermit verbundener Sachverhalte den Begriff der Knappheit. Spezifität und Heterogenität sind untrennbar miteinander verbundene Begrifflichkeiten, d.h. das Eine folgt jeweils aus dem Anderen.
[934] Vgl. hierfür Rasche, C. (1994), S. 85ff.
[935] Vgl. dazu a.a.O., S. 88ff.
[936] Vgl. Freiling, J. (2000), S. 15ff. Vgl. ergänzend auch den Überblick über die wichtigsten Themenfelder der Ressourcenperspektive bei Foss, N. J. (1997b), S. 8ff. und zu den Erkenntniszielen des Ressourcenansatzes bei Freiling, J. (2001), S. 77ff.
[937] Freiling, J. (2000), S. 17 (Kursivsetzung im Original).

- Bei formalen Planungsempfehlungen wird eine „Inside-Out"-Perspektive eingenommen, während der Managementstil in der Regel integrative Züge aufweist (Verbindung von „Inside-Out"- und „Outside-In"-Orientierung).
- Es erfolgt eine Fokussierung der Betrachtungen auf die aggregierte organisationale Ebene.
- Die Unternehmensumwelt wird bei der Reflexion der internen Situation als externer Kontext berücksichtigt (integrierte kontingenztheoretische Perspektive).

b) Dauerhafte Wertsteigerung durch Humanressourcen

Beim Ressourcenansatz handelt es sich um ein Theoriekonzept der strategischen Unternehmensführung mit organisationsökonomischen Wurzeln. In diesem Strategie-Literatursegment hat sich der Resource-based View zwischenzeitlich als dynamisches theoretisches Entwicklungsfeld etabliert.[938] Vor dem Hintergrund der Entwicklung einer eigenen Konzeption zum Management ökonomischer Humanpotenziale ist nun zu hinterfragen, inwieweit dieser Theorieansatz **Anwendungsbezüge für eine wertorientierte Personalwirtschaft** beinhaltet.

aa)   Ressourcenansatz aus personalwirtschaftlicher Sicht

Trotz der nahe liegenden Übertragbarkeit des Ressourcenansatzes auf personalstrategische Problemstellungen ist die diesbezügliche **Literatur** bis heute noch überschaubar geblieben und konzentriert sich auf den angloamerikanischen Sprachraum.[939] Es wurde bereits an anderer Stelle auf die eher pragmatisch ausgerichteten Arbeiten von Schuler / Mac Millan und Ulrich und auf die ressourcentheoretisch fundierteren Konzeptionen von Wright / McMahan / McWilliams, Boxall, Kamoche und Mueller hingewiesen.[940] Allen Konzeptionen gemein ist die Sichtweise der **Mitarbeiter als Kompetenz- und Wissensträger**, denen beim Aufbau und der Nutzung nachhaltiger Wettbewerbsvorteile eine entscheidende Funktion zukommt,[941] was die Bedeutung personaler Aspekte im Gesamtkontext strategischer Unternehmensführung stark erhöht.

---

[938] Vgl. zur aktuellen Bedeutung des Resource-based View of the Firm für das strategische Management Hoskisson, R. E. / Hitt, M. A. / Wan, W. P. / Yiu, D. (1999), S. 437ff.

[939] Vgl. zu dieser Aussage auch Mueller, F. (1996), S. 776.

[940] Vgl. Kapitel B.III.1.b) sowie Schuler, R. S. / Mac Millan, I. (1984); Ulrich, D. (1991); Wright, P. M. / McMahan, G. C. / Mc Williams, A. (1992); Boxall, P. F. (1996); Mueller, F. (1996); Kamoche, K. (1996). Vgl. darüber hinaus außerdem insbes. auch die Arbeiten von Hagan, C. M. (1996); Coff, R. W. (1997); Cappelli, P. / Crocker-Hefter, A. (1996); Mitrani, A. / Dalziel, M. / Fitt, D. (1994) sowie Lado, A. A. / Wilson, M. C. (1994).

[941] Ergänzend sei hier angemerkt, dass Schmidt / Maßmann im Rahmen ihrer Diskussion des Shareholder Value-Themas auf eine Gewichtsverschiebung der entscheidenden und knappen Ressourcen weg von einer hohen Priorisierung der Kapital- hin zu einer hohen Priori-

Die mit dem Personalbestand untrennbar verbundene Wissensplattform des Unternehmens steht für den wohl größten Teil wettbewerbsrelevanter intangibler Ressourcenpotenziale. Den Mitarbeitern[942] kommt somit als den **wichtigsten Trägern immaterieller Ressourcenpotenziale** eine besondere Rolle für die meisten ressourcenbasierten, anhaltenden Wettbewerbsvorteile zu.[943] Über die Beschaffung, synergetische Entwicklung und Freisetzung geeigneter Personalressourcen legt das Personalmanagement damit die Grundlage für dauerhafte ressourcenbasierte Wettbewerbsvorteile. Neben dieser humankapitalbezogenen Vorteilsrealisierung über den Aufbau und die Bewahrung eines hervorragenden Grundstocks an Fähigkeiten und produktiven Optionen („**Human Capital Advantage**") lassen sich auch Wettbewerbsvorteile unterscheiden, die auf die humanen Prozesse (z.B. Innovation, Lernen, Kooperation) im Unternehmen rekurrieren („**Human Process Advantage**"), die wiederum durch historische Verwachsung, kausale Ambiguitäten und soziale Komplexität nur äußerst schwer von Wettbewerbern imitiert werden können.[944] Ist das Human Resource Management in seiner Gesamtheit anderen Unternehmen gegenüber überlegen, dann lässt sich dies als Produkt aus humankapital- und humanprozessbezogenen Vorteilen auf die Beschäftigung besserer Mitarbeiter in Unternehmen mit besseren Personalprozessen zurückführen („**Human Resource Advantage**").[945] Weiterhin birgt der Einsatz von unternehmensspezifischen **Personalpolitiken und -praktiken** bzw. von integrierten Personalmanagementsystemen die Chan-

---

sierung der Wissens- bzw. Humanressourcen verweisen (vgl. Schmidt, R. H. / Maßmann, J. (1999), S. 13ff.; vgl. dazu passend auch die Sichtweise von Mitarbeitern als strategische Kompetenzträger bei Müller, W. R. 1998), S. 238ff.; das hinter Personalkompetenzen stehende Rationalitätskalkül der Wertschaffung bei Ulrich, D. / Brockbank, W. / Yeung, A. K. / Lake, D. G. (1995), S. 474 und der Pickettsche Verweis auf die Möglichkeit zur Erhöhung des Shareholder Value durch „Putting Competencies to Work" (Pickett, L. (1998), S. 103).

[942] Gemeint sind in diesem Zusammenhang sowohl Führungskräfte als auch Nicht-Führungskräfte. Die Literatur konzentriert sich allerdings vielfach bei Wettbewerbsvorteilsbetrachtungen auf das Segment der Führungskräfte. Aufgrund der hohen Arbeitstransparenz und Mobilität von Führungskräften scheinen jedoch die wichtigeren Quellen ressourcenbasierter Wettbewerbsvorteile im umfangreichen Mitarbeitergesamtpool eines Unternehmens zu liegen (vgl. Wright, P. M. / McMahan, G. C. / McWilliams, A. (1994), S., 313).

[943] Vgl. ähnlich Schneck, M. H. (2000), S. 159; Amit, R. / Schoemaker, P. J. H. (1993), S. 35; Barney, J. (1991), S. 113ff.; Grant, R. M. (1991), S. 103; Hansen, G. S. / Wernerfelt, B. (1989), S. 406ff.

[944] Vgl. dazu auch Mueller, F. (1996), S. 769ff., der dies als Argumentationsgrundlage für die Präferierung einer evolutionstheoretischen Perspektive innerhalb des Ressourcenparadigmas im Strategic Human Resource Management heranzieht. Vgl. außerdem Coff, R. W. (1997), S. 374ff.

[945] Vgl. zur Unterscheidung der drei personalbezogenen Wettbewerbsvorteilstypen Boxall, P. F. (1996), S. 66f.

ce zur Realisierung nachhaltiger Wettbewerbsvorteile durch Humanressourcen, da historische, soziale und kausale Komplexitäten auch hier zum Tragen kommen.[946] Bezogen auf die definierten **Merkmalskriterien erfolgspotenzialgenerierender Ressourcen** kann für die betrieblichen Humanressourcen insgesamt festgehalten werden, dass diese bzw. mit ihnen verbundene Ressourcen, Prozesse und Methoden aufgrund der spezifischen Humanfaktoreigenschaften in einem hohen Umfang als wertgenerierend, in ihrer Spezifität als knapp sowie als schwer bzw. nicht imitierbar und substituierbar gekennzeichnet werden können und somit den idealen Nährboden für dauerhafte Wettbewerbsvorteile darstellen.[947]

bb) Aspekte einer Wertorientierung einer ressourcenbasierten strategischen Personalwirtschaft

Bis auf die Festhaltung der Wertgenerierungseigenschaft von Humanressourcen, die im Übrigen auch durch die vorangegangenen eigenen Literaturanalysen in vollem Umfang bestätigt wird, wurden bei der bisherigen Darstellung von Grundzusammenhängen zwischen strategischem Ressourcenansatz und Personalmanagement **Aspekte der Wertorientierung einer strategischen Personalwirtschaft** bislang noch nicht angesprochen. Dies ist im vorliegenden Kontext gleich bedeutend mit der Frage nach einer Kompatitibilität zum ökonomisch-theoretischen Shareholder Value-Konstrukt.

---

[946] Vgl. Boxall, P. F. (1996), S. 67 und ergänzend Cappelli, P. / Crocker-Hefter, A. (1996), S. 7. Vgl. auch die Hypothesen von Hagan, C. M. (1996), S. 157ff. zur kernkompetenzorientierten Ausgestaltung der Personalpolitikfelder Arbeitsplatzgestaltung bzw. Stellendefinition, Rekrutierung, Training und Entwicklung sowie Vergütung im Rahmen eines Strategic Human Resource Management. Vgl. auch die Beschreibung von Personalpraktiken (Contracting Process, Performance Appraisal, Training and Career Development, Compensation) mit Bezugnahme auf den Resource-based View of the Firm bei Olalla, M. F. (1999), S. 88ff. Im Gegensatz zu den hier vorangegangenen Vertretern eines Strategic Human Resource Management auf der Grundlage des Ressourcenansatzes betrachten Wright / McMahan / McWilliams die Personalpraktiken jedoch nicht als Quellen dauerhafter Wettbewerbsvorteile, sondern lediglich als Gestaltungs- und Einflussgröße auf die eigentlichen Vorteilsquellen Human Capital Pool und Human Resource Behaviour (vgl. Wright, P. M. / McMahan, G. C. / McWilliams, A. (1994), S. 317f.). Die Behauptung, dass Personalpraktiken zwar wertgenerierend, aber nicht knapp, unkopierbar und unsubstituierbar seien und deshalb als Quellen für Wettbewerbsvorteile entfallen (vgl. a.a.O., S. 318), kann allerdings sehr kritisch gesehen werden, wenn man die Kontextabhängigkeit und individuelle Praktibilität von Methoden und Instrumenten des Personalmanagements, einer Hauptkomponente komplexer Personalsysteme, mit in Betracht zieht.

[947] Vgl. dazu umfassend Wright, P. M. / McMahan, G. C. / McWilliams, A. (1994), S. 305ff. Vgl. außerdem Olalla, M. F. (1999), S. 87; Poole, M. / Jenkins, G. (1996), S. 2.

Wegen der ökonomischen Basisorientierung des Ressourcenansatzes erscheint eine Kombination mit der theoretischen Essenz des Shareholder Value-Ansatzes problemlos möglich, ja diese bietet sich geradezu an, denn der Ressourcenansatz schließt bereits eine **immanente Wertorientierung** mit ein.[948] Diese entspringt primär aus dem **Muss-Kritierium** für erfolgspotenzialgenerierende Ressourcen, wonach die Verbindung zu einer marktbezogenen Nutzen- bzw. Wertgenerierung erforderlich ist. Außerdem zielt der Resource-based View darauf ab, unternehmensbezogene **Überrenditen** im Wettbewerb zu erklären,[949] die letztlich gleich bedeutend auch für die Schaffung von Shareholder Value stehen. Setzt man darüber hinaus **Strategie- bzw. Wettbewerbsvorteilsorientierung** gemäß der Logik der vorliegenden Arbeit mit Wertorientierung gleich,[950] so ergibt sich

---

[948] Vgl. zum Testat einer immanenten Wertorientierung auch Freiling, J. (2000), S. 18f. Im Wertzusammenhang stellt Freiling fest: „Der besondere Reiz, sich gerade mit der Ressourcenperspektive zu beschäftigen, liegt erstens in der integrativen Betrachtung von Wertschaffung und Wertminderung als Konsequenz wirtschaftlichen Handelns. Zweitens wird eine zeitraumbezogene Perspektive eingenommen, welche die organisationale Vergangenheitsentwicklung, die sich unter anderem in geschaffenen Werten äußert, ebenso wenig vernachlässigt, wie das Streben, in Zukunft neue attraktive Märkte zu erschließen, auf denen sich die verfügbaren Ressourcen zielführend einsetzen lassen." (a.a.O., S. 19). Graml attestiert im Zusammenhang mit wertorientierten Desinvestitionsentscheidungen eine Stimmigkeit von wertorientierter Unternehmensführung und Ressourcen- respektive Kernkompetenzenansatz (vgl. Graml, R. (1996), S. 180, S. 188). Bei der Darstellung des Ressourcenansatzes von Staehle wird weiterhin auf die Etablierung spezifizierter Humanressourcen als Option einer Wertsteigerung hingewiesen (vgl. Staehle, W. H. (1999), S. 793). Auch für Barney stehen ressourcenbasierte Wettbewerbsvorteile in enger Verbindung zu Wertgenerierungsstrategien. Ressourcenbasierte Wettbewerbsvorteile resultieren gemäß Barney genau dann, „... when a firm is implementing a value creating strategy not simultaneously being implemented by any current or potential competitors." (Barney, J. (1991), S. 102). Vgl. außerdem Becker, B. E. / Huselid, M. A. (1998a), S. 57, die den Ressourcenansatz zur Erklärung dauerhafter Wertschaffung anführen. In Verbindung mit dem Kernkompetenzen-Konzept verweisen Deutsch / Diedrichs / Raster / Westphal auf die Unternehmenswertsteigerung als letztlich am Ende stehende Resultante und Zielgröße eines entsprechenden Managementansatzes (vgl. Deutsch, K. J. / Diedrichs, E. P. / Raster, M. / Westphal, J. (1997), S. 17). Hahn sieht Ressourcen-, Markt- und Wertorientierung als untrennbare Einheit die in einem integrierten strategischen Führungskonzept zum Tragen kommen müssen, das etwa am Balanced Scorecard-Konzept von Kaplan / Norton anknüpfen kann (vgl. Hahn, D. (1998), S. 563, S. 565ff., S. 570ff.). Collis / Montgomery betonen im Zusammenhang mit der Werthaftigkeit von Ressourcen explizit den erforderlichen Marktbezug derselben (vgl. Collis, D. J. / Montgomery, C. A. (1995), S. 120; vgl. hierzu auch Boxall, P. F. (1998), S. 3f.). Vgl. als Beispiel für eine in der Literatur kaum vorfindbare kritische Sichtweise der Vereinbarkeit von Wert- und Ressourcenorientierung die diesbezüglichen Ausführungen bei Müller, W. R. (1998).

[949] Vgl. zur Thematik ressourcenbasierter Überrenditen etwa Schneck, M. H. (2000), S. 155f.

[950] Gut mit dieser Sichtweise vereinbar ist etwa die Definition der Werthaftigkeit einer Ressource bei Black / Boal, die auch die Kontingenzabhängigkeit ressourcenbasierter Wertaussagen deutlich macht: „... value is the fit of the resource or factor to strategy combined

über die Zielsetzung anhaltender Wettbewerbsvorteile ebenfalls, quasi automatisch, eine Integration des Wertideals in den Ressourcenansatz.[951]

Die enge Verbindung zwischen Wertorientierung und Ressourcenansatz kann weiterhin über eine spezifische Interpretation der schon mehrfach angesprochenen Wertsteuerungsgröße **Tobin's Q** als quantitatives Äquivalent der im Unternehmen vorhandenen personengebundenen Kernkompetenzen aufgezeigt werden.[952] Eine andere Möglichkeit, über Shareholder Value-Maßgrößen den Ressourcenansatz in einen Wertzusammenhang zu bringen, besteht in der Heranziehung der fundamentalen **Shareholder Value-Treiber Profitabilität und Wachstumsrate** als Resultanten für die Quantität, Qualität und die künftige Zugänglichkeit identifizierter kritischer (Human-)Ressourcen, die unter Heranziehung verschiedener Bewertungsmethoden durch das betroffene Management zu evaluieren sind.[953] Quantität und zukünftige Verfügbarkeit von Ressourcen stehen dabei in einer engeren Beziehung zur Unternehmenswachstumsrate, während die Profitabilität primär durch die Ressourcenqualität determiniert wird.[954] Das dahinter stehende Ressourcen-Messsystem kann als langfristig ausgerichtete Komponente eines umfassenden Shareholder Value- bzw. Performance-Messsystems interpretiert werden. Je nach Stabilität der Umfeldbedingungen eines Unternehmens sind dann eher kurzfristige Cash flow-Prognosen (stabile Umwelt) oder aber die langfristigen, groberen und unsichereren Ressourcenschätzungen im Gesamtmesssystem bzw. bei der Shareholder Value-Ermittlung zu gewichten.[955] In Verbindung mit der Bewertung von Investitionsentschei-

---

with the fit of the strategy to the external environment" (Black, J. A. / Boal, K. B. (1994), S. 132).

[951] Zu dieser Interpretation passt auch die Darstellung der wertorientierten Unternehmensführung als den Resource-based View of Strategy integrierende, derzeit aktuellste Entwicklungslinie der strategischen Unternehmensführung bei Bruhn, M. (1998), S. 146ff. Die Potenzialorientierung fließt, neben der Marktorientierung, bei veränderten Zielprioritäten und strategischen Stoßrichtungen auch in ein wertorientiertes Management ein (vgl. a.a.O., S. 148).

[952] Vgl. zu dieser Interpretationsoption der Marktwert-Buchwert-Relationskennzahl Becker, B. E. / Gerhart, B. (1996), S. 782 sowie Hamel, G. / Prahalad, C. K. (1994), S. 232. Vgl. ergänzend zu Tobin's Q im Ressourcenkontext Montgomery, C. / Wernerfelt, B. (1997), S. 177ff. Vgl. zur Beziehung zwischen Kernkompetenzen und dem Management der Humanressourcen auch Cappelli, P. / Crocker-Hefter, A. (1996), S. 7ff.; Hagan, C. M. (1996), S. 150ff.; Lado, A. A. / Wilson, M. C. (1994), S. 699ff.

[953] Vgl. dazu umfassend Azzone, G. / Bertelè, U. / Rangone, A. (1995), S. 57ff. Ausgangspunkt ist hierbei die vereinfachte Darstellung der Shareholder Value-Eigenkapital-Relation als *(ROE / k − g / k) / (1 − g / k).* Wobei gilt: ROE = Eigenkapitalrentabilität im Sinne der durchschnittlichen langfristigen Unternehmensprofitabilität; g = Wachstumsrate; k = Kapitalkostensatz (vgl. Azzone, G. / Bertelè, U. / Rangone, A. (1995), S. 58).

[954] Vgl. Azzone, G. / Bertelè, U. / Rangone, A. (1995), S. 59.

[955] Vgl. a.a.O., S. 61.

dungen lassen sich auch zum bei der Shareholder Value-Ermittlung verwendeten **Capital Asset Pricing Model (CAPM)** Resource-based View-Parallelen aufzeigen.[956] Ferner werden finanzielle Erfolgswirksamkeiten spezifischer Ressourcenkonstellationen und die Gültigkeit von Grundaussagen des Ressourcenansatzes auch durch eine Reihe **empirischer Untersuchungen** belegt.[957]

In der **Personalliteratur mit Wertbezug** wird der Ressourcenansatz vor allem durch die empirisch untermauerten Konzeptentwürfe von **Huselid / Becker et al.**[958] propagiert. Diese betonen die Bedeutung von kausalen Ambiguitäten und historischen Pfadabhängigkeiten für die Konstituierung der Einzigartigkeit eines ganzheitlichen und stimmigen („Fit") Personalsystems und daraus ableitbarer dauerhafter Wettbewerbsvorteile, die in Unternehmenswertsteigerungen münden.[959] Über die Pflege- und Erhaltungsfunktion des Personalmanagementsystems für einen leistungfähigen, motivierten und flexiblen Personalstamm, der als Quelle des organisationalen und intellektuellen Kapitals einer Unternehmung dient, kommt dem Personalmanagementsystem eine strategische und kritische Rolle im Hinblick auf eine dauerhafte Wertgenerierung zu. Für hochleistungsfähige Personalsysteme mit dem Potenzial zu anhaltenden Wertsteigerungen wird außerdem eine idiosynkratische Kontingenz oder, anders formuliert, eine hohe unternehmensbezogene Kontextspezifität eingefordert. Insgesamt wird den Humanressourcen eine **strategische Kernkompetenzfunktion mit hohem Wertgenerierungspotenzial** zugeschrieben.[960]

Eine gleich gelagerte Argumentationsführung findet sich in der **Konzeption von Pfeffer**, die zwar die Unternehmenswertsteigerung nicht explizit in den Vorder-

---

[956] „When CAPM is used to assess an investment decision, it considers a portfolio of investments as a cross-sectional point-in-time issue similar to RBV theory and its bundle of resources." (Black, J. A. / Boal, K. B. (1994), S. 133).

[957] Vgl. exemplarisch hierfür die empirische Analyse von Portfolio-Beziehungen und finanzieller Unternehmensperformance auf der Grundlage des Resource-based View of the Firm bei Robins, J. / Wiersema, M. F. (1995). Für spezifische Erkenntnisse zu Performancewirkungen eines Strategic Human Resource Management vor dem Hintergrund des Resource-based View of the Firm sei auf die Publikation von Boxall, P. F. / Steeneveld, M. (1999), S. 443ff. sowie die dort angeführten Veröffentlichungen verwiesen, die „... examine the relationship between a firm's HR strategy and its business outcomes from the perspective of resource-based theory." (Boxall, P. F. / Steeneveld, M. (1999), S. 446): Wright P. M. / Smart, D. / McMahan, G. C. (1995) und Welbourne, T. M. / Cyr, L. A. (1997).

[958] Siehe hierzu auch die eingehende Analyse unter C.I.2.a).

[959] Vgl. Becker, B. E. / Gerhart, B. (1996), S. 782; Becker, B. E. / Huselid, M. A. (1998a), S. 57f; Huselid, M. A. / Becker, B. E. (1997), S. 3; (1995), S. 3.

[960] Vgl. Becker, B. E. / Huselid, M. A. / Pickus, P. S. / Spratt, M. F. (1997), S. 39, S. 40, S. 45. Vgl. außerdem ergänzend Becker, B. E. / Huselid, M. A. (1998a), S. 57ff., (1998b), S. 3; Huselid, M. A. (1995), S. 636ff.

grund stellt,[961] jedoch eine Reihe von Berührungspunkten zu den Wertkonzepten aufweist.[962] Die von Pfeffer in Anlehnung an die Empirie erfolgten Überlegungen zur finanziellen Wirksamkeit effektiver Personalmanagementsysteme bilden den Ausgangspunkt zur Kennzeichnung eines über den Faktor Mensch **profitproduzierenden Systems**, das unter Berücksichtigung von **sieben Prinzipien** aufgebaut wird:[963]

- Gewährleistung von Beschäftigungssicherheit.
- Selektive Personalrekrutierung.
- Einsatz selbst gesteuerter Teams und Dezentralisierung.
- Überdurchschnittlich hohe leistungsbezogene Mitarbeitervergütungen.
- Umfassende Aus- und Weiterbildung.
- Abbau von Statusunterschieden.
- Unternehmensweite Bereitstellung von Finanz- und Leistungsinformationen für alle.

---

[961] Der Ansatz wurde deshalb auch bei der vorangegangenen Besprechung der konzeptionellen Personalbeiträge mit Wertbezug in C.I.3. als „*Grenzfall einer Wertorientierung*" nicht vertiefend behandelt.

[962] Bereits der Untertitel „Building Profits by Putting People First" des Buchs „The Human Equation" (vgl. Pfeffer, J. (1998)) weist darauf hin, dass den Mitarbeitern eines Unternehmens eine hohe ökonomische Relevanz beigemessen wird. Pfeffer beruft sich unter anderem auch auf die Arbeit von Huselid, um die positiven Wirkungen eines ausgebauten Human Resource Management-Systems auf den Unternehmenswert zu belegen. Darüber hinaus verweist er auf eine Vielzahl weiterer Studien, die eine positive Beziehung zwischen der finanziellen Performance eines Unternehmens und der in ihm angewandten Human Resource-Praktiken belegen und kommt unter Anlehnung an Huselid zum Schluss, dass die verfügbare Forschungsliteratur konsistent eine enge positive Beziehung zwischen dem effektiven Einsatz von Human Resource Management-Praktiken und der Unternehmensleistung untermauert (vgl. a.a.O., S. 34ff., S. 59ff.). Vgl. in diesem Zusammenhang auch die Heranziehung von Wertsteigerungsgrößen (Shareholder Return) zur Kennzeichnung ökonomisch erfolgreicher Unternehmen bei a.a.O., S. 5ff. als Beispiel für das „Streifen" der Shareholder Value-Thematik im Konzept von Pfeffer. Ergänzend zur literarischen Zuordnung der Publikation von Pfeffer sei über die Wertthematik hinausgehend auf die Kennzeichnung als Repräsentant einer ressourcenorientierten Vorgehensweise bei Scholz, C. (2000a), S. 50ff. hingewiesen. Vgl. außerdem als weiteres Beispiel für die Integration von Wert- und Ressourcenperspektive den Wertansatz von Hallowell, der Wertschaffungsmöglichkeiten durch Organizational Capabilities analysiert (vgl. Hallowell, R. (1996), insbes. S. 522ff. und für den deutschsprachigen Raum die Ausführungen von Gutschelhofer, der die Orientierung der funktionalen Personalstrategie an der Koevolution von Kernfähigkeiten und Wertkette propagiert (vgl. Gutschelhofer, A. (1996), S. 372ff.).

[963] Vgl. Pfeffer, J. (1998), S. 64ff., S. 301. Die sieben Prinzipien stellen nach Pfeffer einen Extrakt der herangezogenen empirischen Untersuchungen, der relevanten Literatur und der eigenen Beobachtungen und Erfahrungen zum Thema „erfolgreiche Unternehmen" dar (vgl. a.a.O., S. 64).

Pfeffer nennt zwei interdependente Ursachen für die Generierung dauerhafter Wettbewerbsvorteile und anhaltender Profitabilität durch die Implementierung eines an den Basisprinzipien ausgerichteten Human Resource Management. Zum einen sind die empfohlenen **Praktiken** durch die Wettbewerber **schwer zu imitieren** und führen damit zu dauerhaften Wettbewerbsvorteilen.[964] Zum anderen führen die Praktiken zu ökonomischen Vorteilen, da sie das **organisationale Lernen** und die Entwicklung von Fähigkeiten positiv beeinflussen und Innovation, Kundenorientierung, Arbeitsproduktivität, Kostenreduzierung und Flexibilität der Organisation nach sich ziehen. Die Erschließung dieser Quellen des Wettbewerbserfolgs führt in Verbindung mit der schweren Imitierbarkeit der empfohlenen Managementpraktiken zu anhaltender Profitabilität (vgl. hierzu auch Abbildung 37).

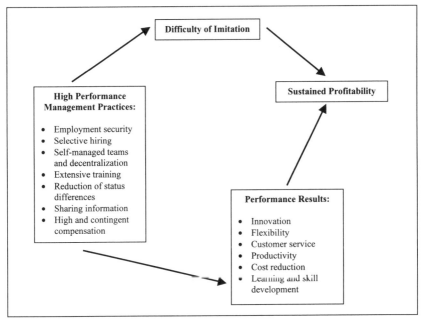

Abbildung 37: What a people-based strategy does - Argumente des Ressourcenansatzes im Profitkonzept von Pfeffer (Quelle: Pfeffer, J. (1998), S. 301)

---

[964] Vgl. dazu ergänzend auch Pfeffer, J. (1994a), S. 17f.

cc) Beziehungen zwischen Ressourcenansatz und Agency-Theorie im Kontext eines wertorientierten strategischen Personalmanagements

Im Zusammenhang mit der **Agency-Theorie** wurde bereits auf die Möglichkeit einer Perspektivenerweiterung durch den Ressourcenansatz hingewiesen. Grundlegende Widersprüche zwischen den beiden Ansätzen sind nicht erkennbar.[965] Es lassen sich stattdessen eine Reihe von **Berührungspunkten und Verflechtungen** ausmachen, die für eine Ansatzkompatibilität sprechen. Die vor allem auf das **Innenleben individueller Unternehmen** gerichtete Grundorientierung beider Theorieentwürfe wurde schon angesprochen. In diesem Zusammenhang kann auch auf die Beschäftigung beider Theorieansätze mit nicht oder nur äußerst bedingt beobachtbaren Sachverhalten hingewiesen werden.[966] Weiterhin lassen sich über die **neoklassischen Wurzeln** beider Ansätze Stimmigkeiten aufzeigen, was im Übrigen auch für die finanzwirtschaftlichen Theoriekomponenten des Shareholder Value-Konzepts zutrifft. Die besondere Bedeutung, die der **Spezifität von Humankapital** für die Realisierung dauerhafter Wettbewerbsvorteile zukommt, entspricht auch der Wichtigkeit des Faktorspezifitätskalküls bei institutionenökonomischen Ansätzen.[967] Insgesamt spricht außerdem einiges dafür, dass personalbezogene Maßnahmen zur Reduzierung eines bestimmten kontextabhängigen **Agency-Kostenniveaus** aufgrund ihrer personalen Eigenheiten zu dauerhaften Erfolgspotenzialen im Sinne des Res-

---

[965] So sehen Gannon / Flood / Paauwe etwa den Ressourcenansatz neben der Agency-Theorie (und der Transaktionskostentheorie) als eine der zentralen ökonomischen Perspektiven für die Zukunft eines strategischen Human Resource Management (vgl. Gannon, M. J. / Flood, P. C. / Paauwe, J. (1999), S. 41ff.). Bamberger / Wrona sehen die Agency- und Transaktionskostentheorie als theoretische Ergänzungsoptionen des Ressourcenansatzes (vgl. Bamberger, I / Wrona, T. (1996), S. 142, S. 150).

[966] Vgl. dazu Godfrey, P. C. / Hill, C. W. L. (1995), S. 521ff., die sich mit dem Problem des Nichtbeobachtbaren in der strategischen Managementforschung auseinander setzen und diesbezügliche Parallelen für die Agency-Theorie (Nichtbeobachtbarkeit der Nutzenfunktionen von Prinzipalen und Agenten sowie von Ex ante-Interessendivergenzen) und den Resource-based View of the Firm (Nichtbeobachtbarkeit von wettbewerbsrelevanten Ressourcen) aufzeigen.

[967] Dies gilt allerdings vor allem für den Transaktionskostenansatz, der aber, was die institutionelle Rahmensetzung angeht, in enger Beziehung zur Agency-Theorie gebracht werden kann (vgl. zur Bedeutung und Kennzeichnung der Faktorspezifität im Kontext der Neuen Institutionenökonomie Richter, R. / Furubotn, E. G. (1999), S. 143., S. 522; Neus, W. (1998), S. 119f. sowie ergänzend zur Bedeutung spezifischen Humankapitals im Shareholder Value-Kontext Roberts, J. / Van den Steen, E. (2000), S. 3ff.). Auch die Humankapitaltheorie betrachtet die Wettbewerbs- bzw. Erfolgsrelevanz des Humankapitals in Abhängigkeit von dessen Spezifität (generelles Humankapital weist eine geringere Erfolgsrelevanz auf).

sourcenansatzes ausgebaut werden können.[968] Ein Beispiel hierfür wäre etwa der langfristige Aufbau von Vertrauensbeziehungen zwischen Prinzipalen (Führungskräften) und Agenten (Mitarbeiter) durch unternehmenskulturelle Aktivitäten wie Supervisionsveranstaltungen, Workshops etc. zur Reduzierung des Risikos opportunistischen Verhaltens. Eine dementsprechende Argumentationslogik findet sich auch in der **Human Asset-Problemanalyse von Coff** wieder, der darauf hinweist, dass die Eigenschaften, die das Humankapital zu strategischen „Human Assets"[969] im Sinne des Ressourcenansatzes werden lassen (Asset Specificity, Social Complexity, Causal Ambiguity),[970] Management-Dilemmas nach

---

[968] In Ergänzung bzw. Erweiterung hierzu sei auf die logische Verbindung von Agency-Theorie und Resource-based View bei Mahoney / Pandian verwiesen: „The resource-based view is linked to agency theory because the resource deployment of the firm is influenced by (minimizing) agency costs." (Mahoney, J. T. / Pandian, J. R. (1997), S. 212; (1992), S. 370. McGrath / MacMillan. / Venkataraman stellen eine Verbindung zwischen Agency- und Transaktionskosten auf der einen Seite und der Existenz von wettbewerbsrelevanten Kompetenzen auf der anderen Seite über das Konstrukt effizienter Teaminteraktionen („Deftness") her, die sowohl das Agency-Kostenniveau als auch das Transaktionskostenniveau über Mechanismen der Vertrauensbildung und der sozialen Kontrolle positiv beeinflussen können (vgl. McGrath, R. G. / MacMillan, I. C. / Venkataraman, S. (1995), S. 256f.). Deftness wird demgemäß definiert als „... a quality in a group which permits heedful interactions to be conducted at minimal cost." (McGrath, R. G. / MacMillan, I. C. / Venkataraman, S. (1995), S. 256). Auch über die Interpretation eines hohen Ausmaßes an Zielkongruenz im Sinne eines Indikators für ein ausgeprägtes Kompetenzniveau (vgl. McGrath, R. G. / MacMillan, I. C. / Venkataraman, S. (1995), S. 254, S. 256) lassen sich Querverbindungen zwischen Ressourcen- und Agency-Perspektive aufzeigen, da Zielkonflikte zwischen Prinzipalen und Agenten wiederum einen wesentlichen Faktor bei der Entstehung von Agency-Kosten darstellen. Vgl. umfassender zur Beziehung zwischen Resource-based Theory und Organisationsökonomie Mahoney, J. T. / Pandian, J. R. (1997), S. 211ff.; (1992), S. 368ff.). Dort werden unter anderem weitere Verbindungen zur Agency-Theorie in Bezugnahme auf das Thema Marktunvollkommenheiten und die methodische Ausrichtung identifiziert: „The transaction cost, property rights, and positive agency theory literatures provide the theoretical underpinnings for the resource-based approach by analyzing the nature of market failure. ...Not only are there substantive areas of overlap between organizational economics and the resource-based view of the firm but there are methodological similarities as well." (Mahoney, J. T. / Pandian, J. R. (1992), S. 370). Vgl. auch zur Notwendigkeit einer integrativen Betrachtung von Resource-based View und Organisationsökonomie bei der Analyse organisationaler Phänomene Combs, J. G. / Ketchen, D. J. (1999), S. 867f., S. 870f., S. 885.

[969] Human Assets definiert Coff als: „... human capital under limited organizational control that have the potential to generate economic rent." (Coff, R. W. (1997), S. 375 - Kursivsetzung im Original).

[970] Die Unternehmensspezifität der Human Assets ist insbesondere für die Bedrohung durch Fluktuation von Bedeutung. Je genereller das aufgebaute Humankapital eines Unternehmens ist, desto höher ist das Risiko der Abwanderung von Ressourcen. Außerdem steht die Faktorspezifität in einer determinierend-kausalen Beziehung zur sozialen Komplexität und zur kausalen Ambiguität (vgl. Coff, R. W. (1997), S. 377f.).

sich ziehen, die außer dem Fluktuationsrisiko auch Informationsasymmetrie-Problemstellungen der Agency-Theorie (Moral Hazard, Adverse Selection, Bounded Rationality)[971] beinhalten, denen mit geeigneten Bewältigungsstrategien begegnet werden muss (Retention, Rent Sharing, Organizational Design,

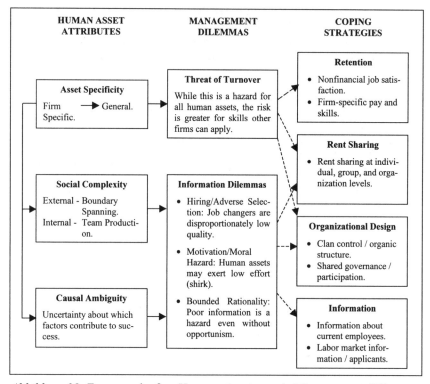

Abbildung 38: Framework for Human Assets and Management Dilemmas (Quelle: In Anlehnung an Coff, R. W. (1997), S. 376)[972]

---

[971] Die durch soziale Komplexität und kausale Ambiguität der Human Assets erhöhten Informationsasymmetrien ziehen die bereits erörterten Agency-Problemlagen der adversen Selektion und des Moral Hazard nach sich. Diesem Themenkreis ebenfalls zurechenbar, sind die informationsasymmetriebedingten Entscheidungsdefizite aufgrund lediglich beschränkter Rationalitäten der Entscheidungsträger zur Schließung von relevanten Informationslücken (vgl. dazu Coff, R. W. (1997), S. 379f.). Vgl. zur Bedeutung von Informationsasymmetrien im Ressourcenkontext auch Brush, T. H. / Kendall, W. A. (1999), S. 223ff.

[972] Durchgezogene Pfeile stehen für kausale Beziehungen, während gestrichelte Pfeile Verbindungen zwischen den aufgezeigten Dilemmas und den angeführten Bewältigungsstrategien dokumentieren.

Information[973] - vgl. hierzu auch die Darstellung des Gesamtbezugsrahmens in Abbildung 38). Damit sich also strategische Kräfte gemäß dem Ressourcenansatz für Human Assets entfalten können, gilt es, die untrennbar mit den Ressourcencharakteristika verbundenen (Agency-)Dilemmas durch personalpolitische Maßnahmen aufzufangen. **Kompatibilität von Ressourcenansatz und Agency-Theorie** heißt in diesem Falle somit nicht, dass die Argumentationsstränge in die selbe Richtung gehen müssen, sondern dass die eine Seite zum Verständnis und zur Bewältigung von Problemfeldern der anderen Seite beitragen kann.

dd) Fazit der Perspektive einer dauerhaften Wertsteigerung durch Humanressourcen

Zusammenfassend eröffnen die im Unternehmen vorhandenen Humanressourcen mit den zugehörigen Wissens- und Verhaltenspotenzialen sowie die im Personalsystem zum Einsatz kommenden kontextabhängigen Instrumente und Methoden aufgrund ihrer Spezifität und Wertrelevanz sowie ihrer Nicht- bzw. Bedingt-Imitierbarkeit und -Substituierbarkeit im Sinne des Ressourcenansatzes ein **hohes Maß an Freiheitsgraden** zur Initiierung und Absicherung dauerhafter Wettbewerbsvorteile, die sich in anhaltend höheren Unternehmenswerten niederschlagen. **Personalstrategische Maßnahmen** der unmittelbaren (z.B.

---

[973] Retentionsstrategien sollen eine dauerhaften Bindung strategischer Human Assets an das Unternehmen gewährleisten, ohne dass dies durch eine Reallokation von Rentenzahlungen erfolgt. Stattdessen soll auf die Arbeitszufriedenheit eingewirkt werden und die Spezifität von Wissen und Routinen durch geeignete Maßnahmen erhöht werden (vgl. Coff, R. W. (1997), S. 381ff.). Rent-Sharing Strategies dienen der Mitarbeiterbindung und Interessenharmonisierung über die Reallokation von anfallenden Renten zugunsten der Arbeitnehmer (Aktien- und Gewinnbeteiligungen, Gruppenincentives und individuelle Einkommenserhöhungen, die möglichst leistungsabhängig sein sollten) (vgl. a.a.O., S. 385ff.; vgl. zur umgekehrten Sichtweise, sprich der Notwendigkeit einer Partizipation des Unternehmens an Renten, die aus humanressourcenbasierten Wettbewerbsvorteilen resultieren, Olalla, M. F. (1999), S. 86f.; vgl. des Weiteren zur Verbindung von Rentengenerierung und Ressourcenansatz auch die Eckpunkte von Wettbewerbsvorteilen bei Peteraf, M. A. (1997), insbes. S. 195ff. sowie die Ausführungen bei Mahoney, J. T. / Pandian, J. R. (1997), S. 205f.; (1992), S. 364f.). Strukturgestaltungsstrategien setzen an partizipativen Veränderungen der Corporate Governance Struktur, an einer Dynamisierung und Flexibilisierung der Aufbauorganisation und an einer bewussten Gestaltung der Unternehmenskultur an - allesamt Handlungsfelder, die keine direkten Reallokationen ökonomischer Renten bedingen (vgl. Coff, R. W. (1997), S. 388ff.). Dem Moral Hazard-Problem kann auch durch die Nutzung von Informationsquellen wie Monitoring durch Beobachter, Mitarbeiterbefragungen, Befragung externer Informanten (z.B. Kunden, Lieferanten) entgegengewirkt werden. Eine Reduzierung der Abhängigkeit vom Arbeitsmarkt (interne Rekrutierung und Mitarbeiterbindung) und eine Verbesserung der Identifikations- und Interpretationskompetenzen für Signale des Arbeitsmarkts ziehen ggf. eine Reduzierung der adversen Selektionsproblematik nach sich (vgl. a.a.O., S. 390ff.).

Einführung eines kostensparenderen Personalinformations- und -abrechnungs-systems) und mittelbaren (z.b. Agency-Kostensenkung über ein neues Anreiz-system) Shareholder Value-Förderung sollten nicht losgelöst von ressourcenthe-oretischen Erkenntnissen erfolgen und auch auf ihre Eignung zur Generierung anhaltender Wettbewerbsvorteile hinterfragt werden. Gleichzeitig resultiert aus der strategischen Perspektive des qualitativen Ressourcentheoriekonzepts heraus ein Bedarf zur Kenntnisnahme und aktiven Beeinflussung gegebenenfalls ent-stehender **Informationsasymmetrien** sowie zur Berücksichtigung der besonde-ren Relevanz des Spezifitätsfaktors für die Mitarbeiterfluktuation; das heißt a-gencytheoretische Erkenntnisse sollten hier wiederum zur Kenntnis genommen werden und in die Gestaltungsentscheidungen einfließen. Die Ressourcenper-spektive schließt implizit die **Wertorientierung** als essenzielles marktorientier-tes Qualifikationsmerkmal für Humanressourcen mit strategischem Erfolgspo-tenzial mit ein. Insofern hat sich der theoretische Zugang des Ressourcenansat-zes der Strategieforschung als wichtige, sinnvolle und kompatible Ergänzung der bislang ausgewählten Theoriekonstrukte erwiesen. Bezogen auf die eingangs formulierten **Kriterien der Theorieselektion** kann weiterhin festgestellt wer-den, dass die ökonomische disziplinäre Analysebasis (Wettbewerbsvorteile als Grundlage dauerhafter Wertschaffung), die strategische Makroorientierung so-wie der hohe Reifegrad mit einer Vielzahl von Anknüpfungspunkten für die Gestaltung und die Heranziehbarkeit sowohl universalistischer als auch kontin-genztheoretischer Aussagen[974] zugunsten eine Heranziehung des Theoriekon-zepts zur qualitativ-strategischen Perspektivenweitung sprechen.

Die wichtigsten Interaktionszusammenhänge ressourcentheoretischer Erkennt-nisse für ein wertorientiertes strategisches Personalmanagement sind in **Abbil-dung 39** zusammengefasst. Ausgangspunkt sind die spezifischen Eigenschafts-merkmale strategischer Humanressourcen (Strategic Assets). Diese müssen im Rahmen des strategischen Personalmanagementsystems bei der Definition per-sonalstrategischer Ziele und Politiken, bei der Festlegung des Methoden- und Instrumenteeinsatzes sowie bei der Entscheidungsfindung für Investitionen oder Desinvestitionen in betriebliches Humankapital berücksichtigt werden. Grund-lage sind dabei die als Orientierungsanker dienenden verbundenen Theoriekom-ponenten des Shareholder Value-Konzepts (Marktwertmaximierungsprinzip, Kapitalwertmodell, WACC / CAPM). Außerdem bestehen aufgrund der Eigen-schaftsmerkmale strategischer Humanressourcen Berührungspunkte zu informa-tionsasymmetriebedingten Agency-Problemen. Dies muss bei Gestaltungsent-scheidungen im Rahmen des strategischen Personalmanagementsystems berück-

---

[974] Auf die Möglichkeit der Integration von für das strategische Management besonders wich-tigen und grundlegenden kontingenztheoretischer Überlegungen wird im sich anschlie-ßenden Kapitel B.II.3.c) noch gesondert eingegangen.

sichtigt werden (Beeinflussung der Agency-Kosten). Gleiches gilt für die exogen auf Produkt- und Arbeitsmärkten vorgegebenen Rahmenbedingungen. Durch die Beeinflussung der strategischen Qualität und des strategischen Verhaltens des im Unternehmen vorhandenen Humankapitals und der mit ihm verbundenen Potenziale können anhaltende ressourcenbasierte Wettbewerbsvorteile auf den Produkt-Märkten generiert werden. Die resultierenden Cash flow-Ströme oder günstigere Kapitalkosten[975] führen zu dauerhaften Überrenditen und somit in letzter Konsequenz auch zu einem höheren Shareholder Value. Über die Manipulation der Agency-Kosten durch strategische Personalentscheidungen besteht weiterhin die Möglichkeit, aufgrund resultierender Effizienz- und Effektivitätswirkungen, auf die Cash flows und gegebenenfalls auch auf die Kapitalkosten einzuwirken. Das Humankapital und die mit ihm verbundenen Potenziale sind mittels Interdependenzbeziehungen mit der internen Informationsasymmetriesituation und den externen Marktgegebenheiten verflochten. Das letztlich für die Werteffekte wirksam werdende strategische Verhalten des Humankapitals hängt außerdem in hohem Maße von der qualitativen Beschaffenheit (Wissen und Fähigkeiten, Motivation) der Humanressourcen ab. Abbildung 39 beinhaltet explizit oder implizit auch Sachverhalte der vorangehend beschriebenen finanzwirtschaftlichen und agencytheoretischen Module einer Konzeptionalisierung einer wertorientierten strategischen Personalwirtschaft sowie nachfolgender kontingenztheoretischer Überlegungen und liefert in Summe einen **weiteren modelltheoretischen Bezugsrahmen** für den eigenen strategischen Personalmanagementansatz.

---

[975] Die Option zur Beeinflussung der Kapitalkosten über die Agency-Kostenstruktur wurde bereits angesprochen. Diese können aber durchaus auch durch die Qualität der Humanressourcen determiniert werden. So vermag etwa ein hochprofessionelles unternehmensspezifisches Finanzteam in hohem Maße Einfluss auf die für ein Unternehmen anfallenden und damit auch für die Diskontierung der Cash flows wirksam werdenden Kapitalkosten zu nehmen.

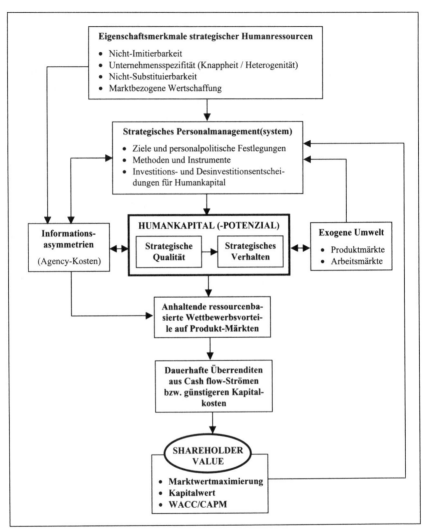

Abbildung 39: Ressourcenansatz und wertorientiertes strategischesPersonalma-
nagement - integrative Gesamtschau (Quelle: Eigene Darstel-
lung)

c) Integration kontingenztheoretischer Grundannahmen im strategischen Personal-Wertkonzept durch Heranziehung des Ressourcenansatzes

Es wurde schon vorangehend angesprochen, dass der Ressourcenansatz implizit
eine kontingenztheoretische Perspektive beinhaltet,[976] die für das strategische
Management und auch für ein strategisches Personalmanagement nach wie vor
von hoher Bedeutung ist. Bereits bei der grundlegenden Kennzeichnung von
Konzeptionen einer strategischen Personalwirtschaft erfolgte eine Charakterisierung des „**strategischen Fit**" (zielorientierte Abstimmung externer und interner
Potenziale) als wichtiger Leitgedanke des strategischen Managements und der
strategischen Personalwirtschaft.[977] Nahezu alle Konzeptionen eines Strategic
Human Resource Management und eines strategischen Personalmanagements
tragen diesem Leitbild über die zumindest partielle Integration kontingenztheoretischer Erkenntnisse Rechnung.[978] Dies wurde entsprechend bei der entwick-
lungshistorischen Gesamtschau strategischer Personalansätze sowie bei allen
vier eingehender behandelten strategischen Personalkonzepten deutlich; am ein-

---

[976] Siehe dazu die vorangegangenen Ausführungen in C.II.3.a) und b). Vgl. für die entsprechende Sichtweise in der Literatur z.B. die Zuordnung des Kontingenzklassikers „Strategy
and Structure" von Chandler, A. D. (1962) als historischer Ursprung des Ressourcenansatzes im Resourc-based View-Reader von Foss, N. J. (1997a), S. 40ff.

[977] Vgl. hierzu die entsprechenden Ausführungen in den Kapiteln B.I und B.II. Vgl. ergänzend
zur immer noch wichtigen Bedeutung des Fit-Konzepts im strategischen Management
Zajac, E. J. / Kraatz, M. S. / Bresser, R. K. F. (2000), S. 429, S. 431ff.; Naman, J. L. / Slevin, D. P. (1993), S. 137; Roth, K. / Morrison, A. J. (1992), S. 473ff.; Chorn, N. H. (1991),
S. 20ff.

[978] Vgl. zur starken Verbreitung der Kontingenzorientierung in der Literatur zur strategischen
Personalwirtschaft auch Boxall, P. F. (1996), S. 61f.; Jennings, P. D. (1994), S. 4; Delery,
J. E. / Doty, D. H. (1996), S. 803, S. 807ff.; Ferris, G. R. / et al. (1999), S. 390; Festing,
M. (1996), S. 19, S. 38; Tyson, S. (1995), S. 22ff.; Becker, B. E. / Huselid, M. A. (1998b),
S. 2; Kamoche, K. (1996), S. 213; Ferris, G. R. et al. (1999), S. 390; Luthans, F. / Marsnik, P. A. / Luthans K. W. (1997), S. 183ff.; Ackermann, K.-F. (1986), S. 65ff. sowie die
diesbezügliche Bemerkung bei Martin, A. / Nienhüser, W. (1998), S. 13. Vgl. zur zwin-
genden Notwendigkeit eines kontextbezogenen Human Resource Management-Verständnisses Jackson, S. E. / Schuler, R. S. (1995), S. 238ff. Vgl. zu empirischen Erkenntnissen
bezüglich der konkreten Bedeutung des Fit-Postulats im Strategic Human Resource Management Becker, B. E. / Huselid, M. A. (1998a), S. 64ff.; Huselid, M. A. (1995), S.
648ff., S. 663ff. Vgl. Itami, H. / Roehl, T. W. (1987) als Beispiel für eine an einem „Dy-
namic Strategic Fit" (a.a.O., S. 1) ausgerichtete Strategie- aber auch Personalkonzeption,
die sich der Ressourcenperspektive zuordnen lässt. Zentrale Handlungsfelder der Herstellung eines dynamischen Fits zwischen Ressource und Umwelt und zur Mobilisierung von
„Invisible Assets" (a.a.O., S. 12ff.) sind Customer, Competitive und Technological Fit als
externe Kontextbedingungen (vgl. a.a.O., S. 32ff.) sowie Resource und Organization Fit
als interne Bedingungsgrößen (vgl. a.a.O., S. 110ff.). Vgl. Balkin, D. B. / Gomez-Mejia,
L. R. (1987), S. 169ff. exemplarisch für einen empirisch begründeten Kontingenzansatz
für Vergütungsstrategien.

dringlichsten zeigte sich die Fit-Orientierung aber am klassischen Michigan-Ansatz. Konsequenz war die Integration des Fit-Gedankens in die **eigene Definition**[979] eines strategischen Personalmanagements als *stark kontextbezogenes, integrativ-ganzheitliches und proaktives Führungskonzept, das sich auf einer grundlegend-konzeptionellen und hochaggregierten Ebene in einem kontinuierlichen Managementprozess mit den Personalpotenzialen eines Unternehmens auseinander setzt, und im Einklang mit in- und externen Gegebenheiten langfristig ausgerichtete personalbezogene Maßnahmenprogramme („Personalstrategien") zur Erreichung der Unternehmensziele entwickelt und umsetzt.* Insofern muss auch bei der theoretischen Fundierung des eigenen Ansatzes eine **explizite Integration der Kontingenzperspektive** erfolgen, die für sich alleine genommen wegen der diagnostizierten Theoriearmut[980] allerdings nicht weit genug tragen würde. Dies geschieht nachfolgend durch die ausdrückliche Hervorhebung kontingenztheoretischer Komponenten des herangezogenen Theoriebausteins „Ressourcenansatz".

Eine Verbindung des strategischen Ressourcenansatzes zur Kontingenztheorie kann zunächst über die hohe Relevanz der **Unternehmensspezifität** von Ressourcen für den Wettbewerbserfolg hergestellt werden. Übersetzt man den Begriff der Spezifität mit „*situativer Adäquanz und Effizienz*" dann wird der Grundzusammenhang zwischen Spezifika und Situation offensichtlich. Ressourcenspezifität führt zu Ressourcenheterogenität und somit zu Unternehmensspezifität und -heterogenität, die wiederum in spezifischen Kontextsituationen begründet sind. Die interne Stimmigkeit der Ressourcen wird als strategische Normsetzung im Ressourcenansatz quasi vorweggenommen, da Wettbewerbsvorteile am Markt nur dann resultieren können, wenn die Ressourcenkonstellation zu relativen Effizienz- bzw. Effektivitätsvorteilen, sprich zu einer verbesserten Kosten- oder Qualitätspositionierung beitragen. Weiterhin sei darauf hingewiesen, dass auch den die **Nicht-Imitierbarkeit und Nicht-Subsitutierbarkeit** begründenden historischen Entwicklungspfaden, kausalen Ambiguitäten und sozialen Komplexitäten starke Kontextabhängigkeiten zuschreibbar sind. Die Erfordernis einer Stimmigkeit mit **externen Gegebenheiten** kommt als Restriktion des ressourcenbezogenen Handlungsfeldes zum Tragen und wird in der Anforderung markt- bzw. kundenbezogener Wertschaffung konkret. Diese (gezwungenermaßene) Berücksichtigung externer Kontexte bei der Reflexion interner Konstellationen wurde eingangs bereits als wesentliches Merkmal aller Re-

---

[979] Vgl. dazu Kapitel B.I.1.b).

[980] Vgl. dazu auch B.III.1.b) und die kritischen Stellungnahmen zum Theoriegehalt des Kontingenzmodells (Matching Model) bei Boxall, P. F. (1996), S. 62f., Festing, M. (1996), S. 19ff. und Picot, A. (1991), S. 156ff.; Windsperger, J. (1997), S. 190, S. 192; Zajac, E. J. / Kraatz, M. S. / Bresser, R. K. F. (2000), S. 429f.; Kieser, A. / Kubicek, H. (1992), S. 410ff.; Scherer, A. G. / Beyer, R. (1998), S. 335f.; Brose, P. (1984), S. 237ff.

source-based View-Ansätze charakterisiert.[981] Abbildung 40 stellt die festgestellten Zusammenhänge im Überblick dar. Ergänzend sei noch darauf hingewiesen, dass auch die **Agency-Theorie** von der Grundausrichtung her die Integration von Kontingenzabhängigkeitsaussagen erlaubt, wenngleich nicht in dem Ausmaß, wie dies beim Ressourcenansatz der Fall ist. Das Propagieren einer situativen Adäquanz von Gestaltungsmaßnahmen des strategischen Personalmanagements steht demnach prinzipiell in keinem Widerspruch zum stärker unita-

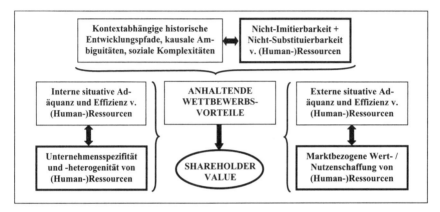

Abbildung 40: Kontingenztheoretische Komponenten des Ressourcenansatzes im Kontext der Shareholder Value-Generierung (Quelle: Eigene Darstellung)

ristischen Ideengefüge der Agency-Theorie.[982] Auch ein strategisches Shareholder Value-Konzept im Sinne des präsentierten Ansatzes von Rappaport erlaubt

---

[981] Vgl. C.II.3.a) bzw. Freiling, J. (2000), S. 15ff. Vgl. auch den weiteren Aspekt der Stimmigkeit von Unternehmens- und Geschäftsbereichsressourcen als Bestimmungsgröße für den Wert eines Ressourcenbündels bei Graml, R. (1996), S. 161f., S. 168, S. 173. In Verbindung mit der Unternehmenswertsteigerung sieht sie höchste Wertsteigerungen bei maximalem Fit zwischen Unternehmens- und Geschäftsbereichsressourcen (vgl. a.a.O., S. 188). Vgl. weiterhin die empirischen Erkenntnisse zu Kontingenzabhängigkeiten im Ressourcenansatz Brush, T. H. / Kendall, W. A. (1999), S. 223ff. („Toward a contingent resource-based theory..." - a.a.O., S. 223).

[982] Picot betrachtet im Übrigen die ökonomischen Theorien der Organisation (Agency-, Property Rights- und Transaktionskostentheorie) dem situativen Ansatz als deutlich überlegen, was das theoretische Fundament, die Gestaltungsvariablen und deren Einflussgrößen angeht. Die ökonomischen Organisationstheorien weisen somit einen höheren Erklärungs- und Prognosegehalt als der situative Ansatz auf (vgl. Picot, A. (1991), S. 156ff., S. 160). Er verweist aber nichtsdestotrotz auf die Gemeinsamkeit von Kontingenztheorie und Organisationsökonomie in der situativen Denkweise, „..., d.h. die Überzeugung, dass es keine absolut beste, sondern jeweils nur eine situationsbedingt bessere Organisationsform

ohne weiteres die Einbettung von Kontingenzannahmen bzw. beinhaltet diese bereits.[983]

4. Zwischenfazit der integrativen Fixierung von Theoriemodulen für ein strategisches Personal-Wertkonzept

Kapitel C.II diente im Sinne eines „*intra-interdisziplinären Vorgehens*" der **Konstruktion eines sukzessive modular-erweiterten theoretischen Bezugsrahmens** für die eigene strategische Personalmanagementkonzeption. Bei der Theoriesegmentauswahl wurden die in Kapitel B.III.1.c) definierten Theorieselektionskriterien herangezogen. Das Ergebnis ist ein im Kern **konsistentes ökonomisches Theoriegebäude** für eine wertorientierte strategische Personalwirtschaft, das die Ableitung sowohl kontingenzabhängiger als auch universalistischer Erklärungs- und Gestaltungsaussagen erlaubt.

In einem ersten Schritt wurden dazu die theoretischen Kernelemente der **Shareholder Value-Formel** (Kapitalwertmethode, Marktwertmaximierung, WACC und CAPM) extrahiert und in personale Anwendungsbeziehungen (Shareholder Value als Norm / Paradigma einer strategischen Personalwirtschaft, wertorientiertes Personalcontrolling und -marketing) gebracht. Eine fundamental- und detailkritische Analyse ergab dabei die Erfordernis einer ersten Perspektivenweitung zur Kompensation festgestellter Kritikpunkte.

---

gibt" (ebd.). Diese Aussage lässt sich ohne weiteres auch auf den Gesamtzusammenhang strategischer Führung übertragen. Im Zusammenhang einer Darstellung von Ideen und Möglichkeiten einer Neuen Institutionenökonomik führt weiterhin Richter im Sinne der Kontingenzperspektive an: „Kasuistik dürfte die Wirtschaftstheorie der Zukunft charakterisieren - wie dies in der älteren Vergangenheit ja auch der Fall war." (Richter, R. (1998), S. 341). Jackson / Schuler wiederum nennen sowohl die Agency-Theorie als auch den Ressourcenansatz als für ein kontextbasiertes Verständnis des Human Resource Management relevante theoretische Perspektive, die die Notwendigkeit zur Berücksichtigung organisationsinterner und -externer Situationsfaktoren betonen (vgl. Jackson, S. E. / Schuler, R. S. (1995), S. 238ff., insbes. S. 242f.). Schwager betont die Kombinierbarkeit von Kontingenztheorie als Grundrahmen und Agency-Theorie, die sich, auf Basis einer ökonomischen Effizienzorientierung als Gemeinsamkeit, in situative Argumentationskonstellationen einbetten lässt (vgl. Schwager, S. (1999), S. 824). Ähnliche Überlegungen finden sich in Bezug auf den eng mit dem Agency-Konzept verbundenen organisationsökonomischen Transaktionskostenansatz bei Windsperger, der in der Organisationsökonomie respektive Transaktionskostentheorie die Möglichkeit einer theoretischen Fundierung des Kontingenzansatzes und gleichzeitig einer Erhöhung der Praktikabilität transaktionskostenbasierter Gestaltungsaussagen sieht (vgl. Windsperger, J. (1997), S. 190, S. 194ff., S. 199).

[983] Vgl. hierzu insbes. C.I.1.a) sowie exemplarisch für einen wertorientierten Kontingenzansatz zur Strukturgestaltung, der in der Argumentationslogik auch auf nicht-organisatorische strategische Themenfelder übertragbar ist Uhde, O. V. (2000), S. 336ff.

Diese erste Perspektivenweitung wurde in einem zweiten Schritt durch die Heranziehung der mit dem Wertsteigerungsideal kompatiblen **Agency-Theorie** durchgeführt, die einen realitätsnäheren und verhaltensbezogenen ökonomischen Zugang zu personalstrategischen Problemfeldern erlaubt. Nach einer Kennzeichnung der wichtigsten Grundideen und Probleme der Agency-Theorie wurde diese wiederum auf ihre Anwendbarkeit im Kontext einer wertorientierten strategischen Personalwirtschaft hinterfragt. Als Dreh- und Angelpunkt für personalstrategische Problemstellungen und Ansatzpunkt für personale Gestaltungsmaßnahmen konnte das Konstrukt der Agency-Kosten ausgemacht werden, das über Cash flow- und Kapitalkosteneffekte mit der Shareholder Value-Formel verbunden ist. Eine kritische Analyse von Defiziten im Anwendungskontext der strategischen Personalwirtschaft ergab die Erfordernis einer nochmaligen Erweiterung der theoretischen Perspektive.

Die zweite und letzte qualitative Perspektivenweitung erfolgte über die Integration der Grundgedanken des **strategischen Ressourcenansatzes**, der die Erklärung anhaltender Wettbewerbsvorteile durch spezifische interne Ressourcenkonstellationen zum Gegenstand hat. Der Ansatz erlaubt den Einbezug schwer quantifizierbarer strategischer Sachverhalte (Soft Facts) und korrigiert vor allem das den vorangehenden Theoriekonzepten zugrundeliegende zu einseitignegative Menschenbild, das in seiner Reinform nicht als Basis eines zeitgemäßen Personalansatzes herangezogen werden kann. Auch hier lassen sich eine Vielzahl von Erklärungs- und Gestaltungsbezügen für ein wertorientiertes strategisches Personalmanagement ausmachen. Die Kompatibilität zum Shareholder Value-Theorieansatz sowie zur Agency-Theorie konnte aufgezeigt werden und spiegelt sich in der Gesamtschau der Abbildung 39 deutlich wider, die als übergreifender modelltheoretischer Bezugsrahmen für das eigene strategische Personal-Wertkonzept interpretierbar ist. Weiterhin ist als Ergebnis der theoretischen Analyse festhaltbar, dass über den Ressourcenansatz die für ein strategisches Personalmanagement zwingend erforderliche Kontingenzperspektive in das Theoriegerüst adäquat einbeziehbar wird.

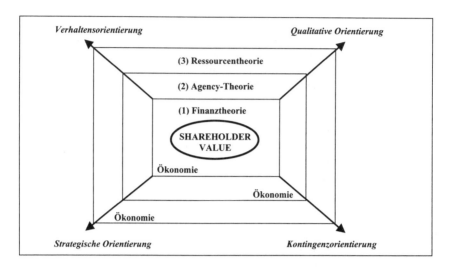

Abbildung 41: Theoretische Perspektivenweitung durch Integration modularer ökonomischer Theorien zur Fundierung des eigenen strategischen Personal-Wertkonzepts (Quelle: Eigene Darstellung)

Insgesamt ist sowohl für das finanzwirtschaftliche als auch für das agency- und ressourcenbasierte Theoriesegment eine enge **Verbundenheit mit dem Shareholder Value-Konzept** nachweisbar. In dem Zusammenhang kann auf die ökonomische Verankerung der drei Ansätze als verbindende Klammer einer Theorieintegration hingewiesen werden. Alle drei Theoriebausteine befinden sich als **„bewährte Theorien"** in einem fortgeschrittenen Entwicklungsstadium und erlauben fundierte Aussagen zu spezifischen Themenfeldern. Durch die integrative Theoriebetrachtung werden darüber hinaus gleichermaßen **„harte", wie auch „weiche" Fragestellungen** angehbar. Der dreistufige Prozess der theoretischen Perspektivenweitung in Richtung Strategie-, Verhaltens- und Kontingenzorientierung sowie in Richtung qualitative Orientierung und das damit verbundene *„Aufspannen eines ökonomischen Theorienraums"* ist in Abbildung 41 zusammenfassend dargestellt.

Auf der Grundlage dieses **ökonomisch-theoretischen Fundaments** kann nun die konzeptionelle Konkretisierung des eigenen Ansatzes eines wertorientierten strategischen Personalmanagements erfolgen, in dessen Mittelpunkt ein integriertes Phasenschema zur Analyse ökonomischer Humanpotenziale steht, das an der Dreistufigkeit der theoretischen Perspektivenweitung anknüpft.

III. Konzeptionelle Eckpunkte des eigenen strategischen Personal-Wert-konzepts

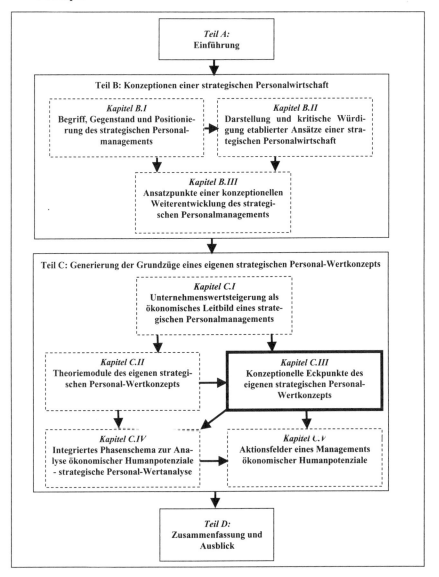

Abbildung 42: Kapitel C.III im Gesamtkontext der Arbeit (Quelle: Eigene Dar-stellung)

1. Zielsetzung: Kennzeichnung eines wertorientierten strategischen Personal-
managements und Entwicklung eines Analyseinstruments zur wertstrategi-
schen Fundierung personaler Entscheidungstatbestände

Als eine wichtige Zielsetzung der vorliegenden Arbeit wurde die Konzipierung eines strategischen Personalmanagementansatzes festgelegt, der explizite Bezüge zu einer Shareholder Value-orientierten Unternehmensführung aufweist.[984] Ein wesentlicher Schritt hierzu, nämlich die Grundlegung eines dementsprechenden theoretischen Fundaments, wurde bereits gemacht. In den Mittelpunkt des avisierten wertorientierten strategischen Personalmanagementansatzes respektive Personal-Wertkonzepts wird nachfolgend ein Analyseinstrumentarium gestellt, das auf die charakterisierten Theoriemodule rekurriert und die Erkenntnisse der vorangegangenen Darstellungen und Untersuchungen mit einbezieht. Es wird somit ein **entscheidungsorientierter Zugang** zum betrachteten Managementproblem gewählt, der theoretische und pragmatische Wissenschaftsziele gleichermaßen zusammenbringen soll.[985]

Gegenstand eines solchen Entscheidungsinstruments, das nachfolgend als *„strategische Personal-Wertanalyse"* bezeichnet wird, ist die *systematische Aufbereitung quantitativer und qualitativer Personalinformationen zur ökonomischen Bewertung von Handlungsalternativen im personalstrategischen Entscheidungsraum.* Die **Systematik** der Informationsaufbereitung steht hierbei für die Verankerung der Methode in theoretischen Erkenntnisfeldern und für die logisch-rationale Ordnung einzelner Analysekomponenten. Jede rationale Entscheidungsfindung basiert letztlich auf der geordneten Verarbeitung entscheidungsrelevanter Informationen. Im Kontext eines strategischen Personalmanagementansatzes handelt es sich hierbei der Sache nach um **personalbezogene Informationen**, die aufgrund der Eigenarten spezifisch gelagerter strategischer Entscheidungsprobleme (Aggregiertheit, Langfristigkeit, Unsicherheit, Dynamik, Komplexität etc.) auch in hohem Maße nicht bzw. nur schwer quantifizierbarer Natur sein können. Es geht also auch und vor allem um die Integration **qualitativer Entscheidungsfaktoren**. Der Bewertungsprozess soll weiterhin **ökonomisch** vonstattengehen. Im Zusammenhang mit der Wertorientierung heißt dies, dass die personale Entscheidungsfindung sich primär am Kriterium der ökonomischen Vorteilhaftigkeit für die Unternehmenseigner auszurichten hat. Die Frage lautet demnach stets, welche Entscheidungsoption zu einer maximalen Generierung von Shareholder Value führt. Bewertet werden Alternativen der Gestaltung bei **strategischen Problemstellungen im Personalbereich**.

---

[984] Vgl. hierzu die Ausführungen in Teil A.

[985] Deskriptive Erkenntnisse der vorangegangen Erörterungen empirischer Studien zu Personal-Wert-Zusammenhängen in C.I.2 werden hierbei natürlich berücksichtigt.

Der Alternativenraum der strategischen Personal-Wertanalyse ist damit definito-
risch relativ klar eingeschränkt.[986]

Die Definition des Gegenstandsbereichs des Analysekonzepts macht deutlich,
dass dieses als **multifunktionales Herzstück eines entscheidungsorientierten
Gesamtansatzes** zum wertorientierten strategischen Personalmanagement zu
verstehen ist, auf das alle funktional ableitbaren Teilaufgaben strategischer Personalführung Bezug nehmen können. In einer erweiterten Perspektive bilden
Analyse- und Managementkonzeption insofern eine untrennbare Einheit: Aus
der strategischen Personal-Wertanalyse folgt die Entscheidung und aus der Entscheidung folgt die spezifische Umsetzung sowie die Steuerung und Kontrolle
der Implementierung. Implementierungsaspekte werden demnach nicht ausgeklammert, sondern sind bei der Entscheidungsfindung und -analyse stets mit zu
berücksichtigen. So resultieren in Konsequenz Merkmale eines wertorientierten
strategischen Personalmanagements, das im weiteren Verlauf noch eingehender
konkretisiert wird. Das Analyseinstrument dient insgesamt der Operationalisierung einer Wertorientierung der strategischen Personalwirtschaft und kann als
praxeologischer Ausdruck einer ökonomischen Spezifizierung des strategischen Personalmanagements verstanden werden.[987] Bezogen auf die formulierte
Dreidimensionalität des generierten Spezifizierungsansatzes heißt dies, dass der
strategischen, der teleologisch-normativen und der explikativ-theoretischen Dimension simultan Rechnung getragen werden muss, was sich auch in der vorangegangenen Definition des Analysegegenstandsbereichs widerspiegelt. Die über
die definitorischen Merkmale und den Spezifizierungsansatz hinausgehenden
Anforderungen an die strategische Analyse und hiermit verbundener Manage-
mentprozesse des Personal-Wertkonzepts werden im Anschluss formuliert.

2. Basisanforderungen an ein strategisches Personal-Wertkonzept

Die Grunddefinition des Gegenstandsbereichs der strategischen Personal-
Wertanalyse und der ökonomische Spezifizierungsansatz sind der Ausgangspunkt für die Begriffsdefinition und Ableitung weiterer Basisanforderungen an
den strategischen Analyse- und Managementprozess des Personal-Wertkonzepts. Anknüpfungspunkte hierfür sind die Erkenntnisse der **konzeptionellen
und empirischen literarischen Bestandsaufnahme** zum Themenfeld „wertorientiertes strategisches Personalmanagement".

---

[986] Der Umfang personalstrategischer Handlungsfelder geht aus der inhaltlichen Kennzeichnung des strategischen Personalmanagements und der Erörterung etablierter Konzeptionen
einer strategischen Personalwirtschaft im Grundlagenteil B hervor.

[987] Vgl. zum Ziel einer ökonomischen Spezifizierung des strategischen Personalmanagements
die eingehenden Ausführungen in B.III.2.

a) Definition eines strategischen Personal-Wertkonzepts und Ableitung von Grundanforderungen aus Erkenntnissen der konzeptionellen Literatur

Aus der Untersuchung allgemeiner Literaturbeiträge zu Konzeptionen des Strategic Human Resource Management und des strategischen Personalmanagements ohne spezifischen Bezug zum Wertkonzept im Grundlagenteil[988] entsprang eine eigene Definition des Begriffs **„strategisches Personalmanagement"** als *stark kontextbezogenes, integrativ-ganzheitliches und proaktives Führungskonzept, das sich auf einer grundlegend-konzeptionellen und hochaggregierten Ebene in einem kontinuierlichen Managementprozess mit den Personalpotenzialen eines Unternehmens auseinander setzt, und im Einklang mit in- und externen Gegebenheiten langfristig ausgerichtete personalbezogene Maßnahmenprogramme („Personalstrategien") zur Erreichung der Unternehmensziele entwickelt und umsetzt.* Diese generalisierbare begriffliche Festlegung ist auch auf ein strategisches Personal-Wertkonzept zu übertragen, sie wird jedoch durch die vorangegangene entscheidungsorientierte Definition des strategischen Analyseprozesses im Personal-Wertansatz sowie durch weitere Basisanforderungen hinsichtlich des Shareholder Value-Kontexts inhaltlich konkretisiert. Aus einer Modifikation weniger Komponenten der Generaldefinition resultiert die Definition eines wertorientierten strategischen Personalmanagements bzw. des **eigenen strategischen Personal-Wertkonzepts** als *stark kontextbezogenes, integrativ-ganzheitliches und proaktives Führungskonzept, das sich auf dem Fundament ökonomischer Theorien auf einer grundlegend-konzeptionellen und hochaggregierten Ebene in einem kontinuierlichen Managementprozess mit den personalen Wertsteigerungspotenzialen eines Unternehmens auseinander setzt, und im Einklang mit in- und externen Gegebenheiten langfristig ausgerichtete personalbezogene Maßnahmenprogramme zur Generierung von Shareholder Value als „Personal-Wertstrategien" entwickelt und umsetzt und durch die den Personal-Wertstrategien zugrundeliegende systematische Aufbereitung quantitativer und qualitativer Personalinformationen für die ökonomische Bewertung von Handlungsalternativen im personalstrategischen Entscheidungsraum (strategische Personal-Wertanalyse) zur Unternehmenswertschaffung beiträgt.*

Die Analyse der Shareholder Value-Konzeption nach **Rappaport** hatte einen ersten Modell- und Orientierungsrahmen für ein Personal-Wertkonzept als Ergebnis, der an dieser Stelle wieder aufgegriffen werden kann.[989] Aus ihm folgt die Notwendigkeit zur Kenntnisnahme und Berücksichtigung von Interessenkonflikten zwischen Unternehmenseignern und Mitarbeitern eines Unterneh-

---

[988] Vgl. dazu Kapitel B.I.1.b).

[989] Vgl. hierzu Kapitel C.I.1., insbes. aber C.I.1.b) und dort vor allem die Darstellung von Personal-Wert-Zusammenhängen in Abbildung 17 sowie die zugehörigen Erläuterungen.

mens durch die prinzipielle Offenheit des Analyse- und Managementansatzes für Optionen einer Interessenharmonisierung (*Konsensmodell* - z.B. über Kapitalbeteiligungen und Anreizsysteme). Weiterhin sollte der Existenz personalspezifischer erlös- oder kostenwirksamer (Mikro-)Werttreiber Rechnung getragen werden. Unter Shareholder Value-Implementierungsgesichtspunkten sind insbesondere die Unternehmenskultur und adäquate Ausbildungsprogramme als Gestaltungsparameter hervorzuheben. Wert- bzw. zielorientierte Anreiz- und Vergütungssysteme für Führungskräfte (z.B. indexbasierte Aktienoptionspläne) und Mitarbeiter (z.B. Management by Objectives unter Heranziehung von Werttreibergrößen) sowie zugehörige Leistungsbeurteilungsverfahren werden als essenziell für die Umsetzung einer wertorientierten Unternehmensführung angesehen und sollten in einem Personal-Wertkonzept Berücksichtigung finden. Weiterhin wird ein adäquater Personalbestand zur betrieblichen Leistungserstellung als Grundvoraussetzung der Wertschaffung definiert. Über die mit den angesprochenen Maßnahmen verbundenen Personalkostenwirkungen oder personalinduzierten Umsatzwachstumsraten sind die betrieblichen Cash flow-Ströme positiv beeinflussbar. Motivation und Qualifizierung zur Wertschaffung stellen die Grundlage für die Implementierbarkeit einer wertorientierten Unternehmensführung dar.

Die **Analyse weiterer Publikationen** zur Shareholder Value-orientierten Unternehmensführung[990] bestätigt die bei Rappaport ausgemachten Zusammenhänge und die abgeleiteten Erfordernisse im Wesentlichen. Zwei ergänzende Aspekte lassen sich jedoch noch festhalten: Zum einen kann in Anlehnung an Günther und Eberhardt[991] auf die exponierte Bedeutung von Personalkennzahlen zur Steuerung und Kontrolle personaler Wertsachverhalte hingewiesen werden, zum anderen, in Bezugnahme auf die entsprechenden Ausführungen bei Löhnert,[992] auf die Notwendigkeit zur Kenntnisnahme, dass Fähigkeiten, Know How und resultierende Verhaltensweisen der Mitarbeiter grundlegend für den Aufbau und Erhalt strategischer Kernkompetenzen sind, die wiederum mit der Schaffung von Shareholder Value in enger Verbindung stehen.

Bei der Untersuchung **konzeptioneller personalwirtschaftlicher Entwürfe mit Wertbezug** konnten Literatursegmente unterschieden werden, die sich wiederum als Reflexionspunkte für die Ableitung weiterer Basisanforderungen an ein strategisches Personal-Wertkonzept eignen. Aus der Perspektive **holistischer**

---

[990] Vgl. dazu die Untersuchung der Ansätze nach Copeland / Koller / Murrin, Bischoff, Raster, Günther, Siegert, Eberhardt und Löhnert in Kapitel C.I.1.c), insbes. auch die zugehörige Gesamtübersicht in Tabelle 7.

[991] Vgl. Günther, T. (1997), S. 270; Eberhardt, (S. 1998), S. 236ff., S. 317ff. bzw. die Erläuterungen in C.I.1.c)cc) und dd).

[992] Vgl. Löhnert, P. (1996), S. 219ff. bzw. C.I.1.c)ee).

Bewertungsansätze[993] heraus kann die Forderung nach einer Verwendung von Kapital- / Ertragswert- bzw. Discounted Cash flow-Verfahren zur Bewertung von strategischen Handlungsalternativen im Personalbereich erhoben werden, sofern diese unter Praktikabilitätsgesichtspunkten und in qualitativer Hinsicht Sinn machen. Die Notwendigkeit einer Segmentierung des Personalbestands und selektiver, zielgruppenspezifischer Maßnahmen und Mitteleinsätze wurde in der eingehend behandelten strategischen Portfolio-Konzeption von Odiorne aktiv aufgegriffen und findet sich auch in fast allen untersuchten Konzepten der anderen Literaturkategorien explizit oder implizit wieder. Die Beiträge des Segments einer **holistischen Kennzahlensteuerung**[994] betonen allesamt die Wichtigkeit wertbezogener Personalkennzahlen(-systeme) und entsprechender Performance-Messsysteme für die wertorientierte Steuerung und Kontrolle der Humanressourcen und des Personalmanagementprozesses sowie für die Implementierung von wertorientierten Unternehmens- und Personalstrategien. Dabei sind auch qualitative Maßgrößen und Zusammenhänge in Verbindung mit der besonderen Bedeutung der Humanressourcen für die strategischen Kernkompetenzen eines Unternehmens zu berücksichtigen. Hieraus kann die Erfordernis eines umfassenden wertorientierten Personalcontrollings als wesentlicher Bestandteil einer strategischen Personal-Wertkonzeption abgeleitet werden. Die **fokalen Vergütungsansätze**[995] betonen wiederum analog zu den Arbeiten zur wertorientierten Unternehmensführung die zentrale Bedeutung wertorientierter Anreiz- und Vergütungsstrukturen für die Implementierung des Shareholder Value-Gedankenguts durch Interessenharmonisierung bzw. Zielkomplementarisierung zwischen Führungskräften, Mitarbeitern und Unternehmenseignern. Die Akteure in den Unternehmen sollen hierdurch zu unternehmerischem Denken und Handeln bewogen werden. Die Wertorientierung spiegelt sich in einer verstärkten Hinwendung zu leistungsabhängigen, variablen Vergütungskomponenten wider und nimmt in Form einer Heranziehung von Werttreiber- und Shareholder Value-Erfolgsgrößen bei der Performanceevaluierung sowie im Einsatz von Belegschaftsaktien, relativierenden Aktienoptionsprogrammen und virtuellen aktienkursbezogenen Entgeltinstrumenten konkrete Gestalt an. Die wesentlichen Spezifika wertorientierter Vergütungskonzepte wurden bereits in Abbildung 31 zusammengefasst.[996]

---

[993] Vgl. dazu C.I.3.b).

[994] Vgl. hierfür C.I.3.c).

[995] Vgl. C.I.3.d).

[996] Vgl. C.I.3.d). Zu den speziellen Aussagen weiterer Beiträge mit fokaler Ausrichtung sei auf die zugehörigen Ausführungen in C.I.3.e), insbes. aber auf die Zusammenfassung in Tabelle 21 verwiesen. Aus der zugrundeliegenden Analyse ergeben sich keine über die bislang gemachten Ausführungen hinausgehenden Basisanforderungen bzw. diese wären auf einer für die hier verfolgten Zwecke zu detaillierten Ebene platziert. Gleiches gilt für die Ergebnisse der Analyse sonstiger Grundsatzpublikationen in C.I.3.f).

b) Ableitung von Grundanforderungen an ein strategisches Personal-Wertkonzept aus Erkenntnissen empirischer Forschungsansätze

Die Erkenntnisse der Empirie, wonach ökonomisch signifikante positive Wirkungsbeziehungen zwischen der Qualität des praktizierten Personalmanagementansatzes und der Entstehung von Unternehmenswert bestehen, wurden insbesondere als Beleg für die **Notwendigkeit einer wertorientierten Personalwirtschaft** herangezogen. Die Relevanz der personalen Komponente bei der Entstehung von Shareholder Value dürfte sich im zweistelligen Prozentbereich bewegen. Darüber hinaus liefern die Forschungsergebnisse wichtige Anhaltspunkte für die tatsächliche Werthaftigkeit und Bedeutsamkeit von personalsystembezogenen Einzelaspekten. Die Untersuchungen von **Becker, Huselid et al.**[997] sprechen in der Tendenz für die wichtige Rolle eines konsistenten und stimmigen Personalsystems (interner Fit), welches Elemente aus der gesamten Bandbreite moderner Personalmanagementmethoden (internes Personalmarketing, Arbeitsplatzanalysen, Mitarbeiterbefragungen und -partizipation, Erfolgsbeteiligung, Performancebewertungen, leistungsbasierte Vergütungskonzepte etc.) beinhaltet und die Mitarbeiter als Quellen dauerhafter Wettbewerbsvorteile betrachtet sowie dessen Abstimmung mit den Anforderungen der äußeren Umwelt, die in der Unternehmensstrategie zum Ausdruck kommen (externer Fit). Weiterhin spricht einiges für eine exponierte Bedeutung leistungsorientierter Vergütungs- und Anreizsysteme bei der Generierung von Shareholder Value. Gleiches gilt für die Funktion des Personalwesens als Katalysator und Beschleuniger für die Implementierung von Unternehmensstrategien, vorausgesetzt natürlich, diese sind auf die Schaffung von Unternehmenswert ausgerichtet.

Der Human Capital Index-Analyse von **Watson Wyatt Worldwide**[998] können besonders wertrelevante personalstrategische Handlungsfelder entnommen werden. Es sind dies in Anlehnung an die nordamerikanische Basisstudie insbesondere die Rekrutierung qualifizierter und leistungsfähiger Mitarbeiter, eine auf Leistungstransparenz setzende Personalbewertungs- und -vergütungspraxis, ein kollegiales und flexibles Arbeitsumfeld, das sich in einer entsprechenden Unternehmenskultur widerspiegelt sowie offene und transparente Informations- und Kommunikationsstrukturen. Bezogen auf die Europa-Studie wird die hervorgehobene Relevanz eines operativ effektiven Personalmanagements, eines integrierten Leadership- bzw. Unternehmenskultur-Ansatzes, der Vergütungsstrategie und eines ausdrücklichen Mitarbeiterfokus für die Entstehung von Shareholder Value europäischer Unternehmen betont. Die Ergebnisse **weiterer empirischer Studien** zu Personal-Wert-Zusammenhängen bestätigen die Kernaussagen der

---

[997] Vgl. Kapitel C.I.2.a).
[998] Vgl. Kapitel C.I.2.b).

Forschungsansätze von Becker, Huselid et al. sowie von Watson Wyatt Worldwide sowie die hier abgeleiteten Konsequenzen in hohem Maße.[999]

c) Ableitung von Grundanforderungen an ein strategisches Personal-Wertkonzept aus den fixierten Theoriemodulen

Weitere Anforderungen an den eigenen strategischen Personal-Wertansatz resultieren aus den ausgewählten Theoriemodulen. Die **finanzwirtschaftlich begründete Theoriekomponente**[1000] legt zunächst auf einer grundlegenden Ebene, sofern realisierbar und ökonomisch sinnvoll, die Heranziehung der Kapitalwert- bzw. Discounted Cash flow-Methode sowie der klassischen WACC- und CAPM-Modelle zur Ermittlung des spezifischen Kapitalkostensatzes bei der Betrachtung strategischer Personalproblemstellungen nahe. Weiterhin muss ein strategisches Personal-Wertkonzept dem Prinzip der Maximierung des Eigenkapitalmarktwerts genügen, was letztendlich mit der Verfolgung einer Shareholder Value-orientierten Personalpolitik gleichzusetzen ist. Daraus ergibt sich die Notwendigkeit einer effizienten Ressourcenallokation auf alternative Verwendungsfelder und Personalsegmente. Darüberhinaus konnten als personale Anwendungsbezüge auf der Gestaltungsebene die Erfordernis einer quantitativ-monetären Personalführung durch ein wertorientiertes strategisches Personalcontrolling[1001] sowie die Pflege der Investor Relations mit personalem Fokus als neues Betätigungsfeld eines strategischen Personalmarketings eruiert werden.[1002]

Die **Agency-Theorie**[1003] als institutionenökonomische Erweiterung der personalen Shareholder Value-Perspektive hebt die Notwendigkeit zur Integration von Informationsasymmetrieüberlegungen (Hidden Characteristics / Hidden Intention, Hidden Action, Hidden Information) bei der Entscheidungsfindung im Personalbereich hervor. Dies wird über das zentrale Konstrukt der auf die Cash flows und Kapitalkosten einwirkenden Agency-Kosten ermöglicht, die als weiteres Entscheidungskriterium in einem personalstrategischen Entscheidungsmodell bei der Personalselektion und -rekrutierung, der Personalqualifizierung und

---

[999] Vgl. hierfür und zu einzelnen Details eingehender die Zusammenfassungen in den Tabellen 16 und 17 in Kapitel C.I.2.c).

[1000] Vgl. dazu Kapitel C.II.1.

[1001] Vgl. dazu ergänzend auch die mögliche Betrachtung des Controllings als Schnittmenge zwischen Personalwirtschaftslehre und Finanzwirtschaft bei Grieger, J. (1999), S. 20, Fußnote 10.

[1002] Auf der Fundamentalebene wurde auf die Heranziehbarkeit der verbundenen Theoriekomponenten zur normativen Begründung eines strategischen Shareholder Value-Personalmanagements hingewiesen. Vgl. dazu und zu den personalbezogenen Anwendungsbezügen auf der Gestaltungsebene insbes. Abbildung 35.

[1003] Vgl. Kapitel C.II.2.

-entwicklung sowie bei der Personalfreisetzung zu berücksichtigen sind.[1004] Auch seitens der Agency-Theorie wird die Schlüsselfunktion von Anreiz- und Vergütungssystemen zur Interessenparallelisierung zwischen Prinzipalen und Agenten und zur Vermeidung opportunistischer Verhaltensweisen als nicht unrealistische Verhaltensannahme von Agenten respektive den Beschäftigten eines Unternehmens betont.

Das über den **Ressourcenansatz**[1005] eingebrachte positivere Menschenbild (Mitarbeiter als selbstmotivierter Kompetenz- und Know How-Träger mit immanentem Wettbewerbsvorteilspotenzial) ist mit dem auf Opportunismus abzielenden Mitarbeiterverständnis der finanzwirtschaftlichen und agencytheoretischen Perspektive im Rahmen eines strategischen Personal-Wertkonzepts zu einem realistischen Bild des im Unternehmen arbeitenden Menschen zusammenzuführen. Sowohl die Mitarbeiter, wie auch der für die Mitarbeiter zuständige Funktionalbereich „Personal" sind als Träger und Vermittler von Kernkompetenzen zu betrachten. Für die Realisierung anhaltender Wettbewerbsvorteile ist die Berücksichtigung der Eigenschaftsmerkmale strategischer Humanressourcen mit Erfolgspotenzial (Nicht-Imitierbarkeit, Unternehmensspezifität, Nicht-Substituierbarkeit, marktbezogene Wertschaffung) bei der Entscheidungsfindung von essenzieller Bedeutung. Die Kriterien sollten bei allen personalstrategischen Entscheidungsproblemen hinterfragt werden. Auch auf die Wichtigkeit kontingenzabhängiger Aussagen wurde bei der Diskussion des Ressourcenansatzes im personalen Zusammenhang hingewiesen.[1006] Insgesamt ist für die Ableitung von Anforderungsmerkmalen eines strategischen Personal-Wertkonzepts aus den drei Theoriemodulen auf die Berücksichtigung des in Abbildung 38 dargestellten modelltheoretischen Bezugsrahmens hinzuweisen, der Ressourcen-, Agency-, Shareholder Value- und implizit auch die Kontingenztheorie in Verbindung mit einem wertorientierten strategischen Personalmanagement integrativ zusammenführt.[1007]

[1004] Vgl. dazu die Ausführungen in C.II.2.b) und insbes. Abbildung 36, die die Verbindungen zwischen Agency-Theorie, Shareholder Value-Ansatz und strategischem Personalmanagement aufzeigt.

[1005] Vgl. zum Ressourcenansatz zur qualitativen perspektivischen Erweiterung eines strategischen Personalmanagements Kapitel C.II.3.

[1006] Vgl. dazu eingehend Kapitel C.II.3.c).

[1007] Vgl. hierzu C.II.3.b)dd).

d) Basisanforderungen an den Analyse- und Managementprozess eines strategischen Personal-Wertkonzepts im Überblick und Hauptaktionsfelder als Konsequenz für die Ausgestaltung

Die vorangegangene Vorgehensweise zur Ableitung von Grundanforderungen an den Analyse-und Managementprozess des Personal-Wertkonzepts war zunächst durch eine Bündelung der Anforderungsmerkmale einer Grunddefinition der strategischen Personal-Wertanalyse als analytisches Herzstück des Personal-Wertkonzepts, des Prinzips der ökonomischen Spezifizierung und der Definition eines strategischen Personalmanagements über die finale Definition des Terminus „strategisches Personal-Wertkonzept" gekennzeichnet (vgl. hierzu auch die Übersicht in Tabelle 23). Dieses definitorische Aggregat von Anforderungsmerkmalen eines strategischen Personal-Wertkonzepts wurde dann in einem weiteren Schritt anhand von Basisanforderungen konkretisiert und erweitert, die die Essenz der Erkenntnisse aus den eingehenden Literaturauswertungen der drei Analysefelder Konzeptionen, Empirie und Theorie beinhalten. Ein Überblick über alle eruierten Einzelanforderungen findet sich in Tabelle 24.

Aus der Überblicksdarstellung der Tabelle 24 geht hervor, dass eine Reihe von Überschneidungen zwischen den Merkmalskriterien der drei Aussagefelder bestehen, die nun durch eine agreggierende Zusammenstellung eliminiert werden sollen. In Ergänzung und Spezifizierung der Grunddefinition eines strategischen Personal-Wertkonzepts lassen sich **summarisch folgende sechs zentralen Anforderungskriterien** unterscheiden, die gleichzeitig als **Konsequenz für die Ausgestaltung** der Personal-Wertkonzeption zu interpretieren sind. (Die in Klammer angegebenen Zahlenwerte beziehen sich auf die in Tabelle 24 vorgenommene Nummerierung der einzelnen Anforderungskriterien und stehen für die Bündelung dieser Kriterien unter dem angeführten summarischen Anforderungsmerkmal. Doppelte Ausweisungen sind hierbei möglich.):

- **Wertorientiertes strategisches Personalcontrolling** mit ökonomischem Analyseinstrumentarium zur Entscheidungsfindung (ökonomischer Personalplanungs- und -entscheidungsprozess für alle Teilfunktionen, Marktwertmaximierung des Eigenkapitals als Leitprinzip, Kapitalwert- bzw. Discounted Cash flow-Verfahren, WACC- und CAPM-Integration, Personalkennzahlen und Werttreibergrößen als Steuerungs- und Kontrollkriterien, Berücksichtigung von Agency-Kosten und Merkmalen erfolgspotenzialgenerierender Humanressourcen bei der Entscheidungsfindung, situative Adäquanz des Entscheidungsverfahrens) als Nukleus eines strategischen Personal-Wertansatzes (besonders relevante Kriterien: (2), (5), (6), (8), (11), (19), (26), (27), (28), (29), (31), (35), 36)).
- **Wertorientiertes Unternehmenskulturmanagement** zur Förderung von unternehmerischem Denken und Handeln der Mitarbeiter, die auf der Grund-

lage eines realitätsnahen Menschenbildes (Mitarbeiter als selbstmotivierter Träger wettbewerbsrelevanter Kernkompetenzen, der aber auch opportunistisch handeln kann) motiviert und geführt (Leadership) werden sollen. Die Unternehmenskultur sollte dabei neben der unternehmerischen Grundausrichtung Elemente wie eine starke Mitarbeiterorientierung, Förderung strategischen Denkens zur Ermöglichung und Erleichterung der Strategieimplementierung, Kollegialität, Flexibilität sowie Offenheit der Information und Kommunikation beinhalten (besonders relevante Kriterien: (1), (3), (10), (17), (21), (23), (25), (33), (34), (35)).

- **Wertorientierte strategische Anreiz- und Vergütungssysteme** auf der Basis transparenter Leistungsbewertungsprozesse zur Interessenharmonisierung zwischen Beschäftigten und Unternehmenseignern und zur Förderung unternehmerischer und strategischer Grundeinstellungen bei den Mitarbeitern aller Ebenen. Die Systeme sollten hierbei durch eine simultane Performanceorientierung und Marktindizierung gekennzeichnet sein, d. h. Integration von operativen Werttreibergrößen und Shareholder Value-Kennzahlen im variablen Vergütungssystem sowie Einsatz von Belegschaftsaktien, relativierenden Aktienoptionsprogrammen und virtuellen aktienkursbezogenen Entgeltinstrumenten (besonders relevante Kriterien: (1), (2), (4), (6), (10), (11), (12), (14), (16), (17), (19), (24), (29), (32), (34), (35)).
- **Zielgruppenorientierte, wertbasierte strategische Personalbeschaffung, -entwicklung und -freisetzung** zur Realisierung der strategischen Unternehmensziele unter Heranziehung moderner Methoden des Personalmanagements (z.B. internes Personalmarketing, Arbeitsplatzanalysen, Mitarbeiterbefragungen und -partizipation, Erfolgsbeteiligung, Performancebewertungen, leistungsbasierte Vergütungskonzepte etc.) und kontinuierlicher Effizienzmessung und -kontrolle beim Methodeneinsatz (besonders relevante Kriterien: (5), (6), (9), (10), (11), (14), (17), (18), (22), (28), (31), (34), (35)).
- **Wertorientiertes strategisches Personalmarketing** zur effizienten Bereitstellung und Beschaffung von Personalinformationen auf Arbeits- und Kapitalmärkten und zur informatorischen Begleitung und Unterstützung aller Aktionsfelder eines strategischen Personal-Wertkonzepts (besonders relevante Kriterien: (1), (3), (7), (10), (13), (14), (15), (17), (20), (21), (25), (30), (34)).
- **Strategische Personalsystemintegration** zur Gewährleistung der Stimmigkeit der Entscheidungen, Maßnahmenprogramme und Methodeneinsätze in den fünf Hauptaktionsfeldern eines strategischen Personal-Wertkonzepts (interner Fit) sowie der Passung zu einer wertorientierten Gesamtunternehmensstrategie (externer Fit) durch integratives Ausbalancieren im Sinne einer kontinuierlichen Fit-Hinterfragung und -Korrektur sowie durch das Setzen übergreifender Methodenstandards und Leitlinien ((10), (13), (17), (22), (34), (35), (36)).

Die ersten fünf zentralen Anforderungskriterien stehen gleichzeitig für die **Hauptaktionsfelder eines strategischen Personal-Wertkonzepts**, die im Rahmen der Ausführungen von Kapitel C.V noch eingehender besprochen werden.[1008] Das sich anschließende letzte Anforderungskriterium steht für eine übergreifende personalsystembezogene in- und externe Stimmigkeitsperspektive, die den gesamten strategischen Personalprozess überlagern muss und seit jeher Bestandteil der meisten Konzeptionen einer strategischen Personalwirtschaft ist.[1009] Sie kann funktional-inhaltlich auch in einen erweiterten wertorientierten strategischen Personalcontrollingansatz eingebunden werden.

Die Vorgehensweise zur Ableitung der wesentlichen Anforderungs- bzw. Eigenschaftsmerkmale eines strategischen Personal-Wertkonzepts kann der Gesamtschau von Abbildung 43 entnommen werden. Die Grunddefinition sowie die eruierten sechs Hauptmerkmale stellen die fundamentale Basis aller weiteren Überlegungen zur konzeptionellen Verfeinerung und Konkretisierung des eigenen Ansatzes in den nachfolgenden Ausführungen dar.

Im Anschluss erfolgt eine Charakterisierung weiterer Eckpunkte der strategischen Personal-Wertkonzeption; der Analyseobjekte, -ebenen und der Träger sowie eines Phasenschemas zur strategischen Personal-Wertanalyse und - weiter gefasst - zum strategischen Personal-Wertmanagement, dem *„Management ökonomischer Humanpotenziale"*.

[1008] Kapitel C.IV dient der Kennzeichnung des ökonomischen Analysekerns, der das erste Hauptaktionsfeld eines wertorientierten strategischen Personalcontrollings dominiert.
[1009] Vgl. dazu die grundlegenden Ausführungen in B.I. und B.II.

Definitionsbezogenes Anforderungsquellsegment	Definition „strategisches Personal-Wertkonzept"
(1) Definition des ökonomischen Analyse kerns – „strategische Personal-Wertanalyse": *Systematische Aufbereitung quantitativer und qualitativer Personalinformationen zur ökonomischen Bewertung von Handlungsalternativen im personalstrategischen Entscheidungsraum* **(2) Prinzip der ökonomischen Spezifizierung:** *Der strategischen, der teleologisch-normativen und der explikativ-theoretischen Dimension einer ökonomischen Spezifizierung muss simultan Rechnung getragen werden.* **(3) Definition „strategisches Personalmanagement":** *Stark kontextbezogenes, integrativ-ganzheitliches und proaktives Führungskonzept, das sich auf einer grundlegend-konzeptionellen und hochaggregierten Ebene in einem kontinuierlichen Managementprozess mit den Personalpotenzialen eines Unternehmens auseinander setzt, und im Einklang mit in- und externen Gegebenheiten langfristig ausgerichtete personalbezogene Maßnahmenprogramme („Personalstrategien") zur Erreichung der Unternehmensziele entwickelt und umsetzt.*	*Stark kontextbezogenes, integrativ-ganzheitliches und proaktives Führungskonzept, das sich auf dem Fundament ökonomischer Theorien auf einer grundlegend-konzeptionellen und hochaggregierten Ebene in einem kontinuierlichen Managementprozess mit den personalen Wertsteigerungspotenzialen eines Unternehmens auseinander setzt, und im Einklang mit in- und externen Gegebenheiten langfristig ausgerichtete personalbezogene Maßnahmenprogramme zur Generierung von Shareholder Value als „Personal-Wertstrategien" entwickelt und umsetzt und durch die den Personal-Wertstrategien zugrundeliegende systematische Aufbereitung quantitativer und qualitativer Personalinformationen für die ökonomische Bewertung von Handlungsalternativen im personalstrategischen Entscheidungsraum (strategische Personal-Wertanalyse) zur Unternehmenswertschaffung beiträgt.*

Tabelle 23: Bündelung von Anforderungsmerkmalen in der Definition eines strategischen Personal-Wertkonzepts (Quelle: Eigene Darstellung)

Quell-Analysefeld	*Basisanforderungen an ein strategisches Personal-Wertkonzept*
A) KONZEPTIONEN:	
a) Ansätze einer wertorientierten Unternehmensführung	(1) Konsensmodell - Harmonisierung von Interessen zwischen Mitarbeitern und Unternehmenseignern. (2) Heranziehung operativer Werttreiber zur Steuerung und Kontrolle. (3) Unternehmenskultur sowie Aus- und Weiterbildung zur Wertmotivation. (4) Wertorientierte Anreizsysteme in Verbindung mit Leistungsbeurteilungskonzept für alle Mitarbeiterebenen. (5) Adäquater Personalbestand (Personalbestandsplanung). (6) Heranziehung von Personalkennzahlen zur Steuerung und Kontrolle. (7) Sicht der Mitarbeiter als Träger von Kernkompetenzen.
b) Unternehmenswertorientierung bei personalwirtschaftlichen Ansätzen	(8) Kapitalwertmethode / Discounted Cash flow-Verfahren als Bewertungsverfahren. (9) Segmentierung des Personals (zielgruppenspezifische Maßnahmen). (10) Beitrag zur Implementierung der Unternehmensstrategie. (11) Einsatz von Personalkennzahlensystemen auch mit qualitativen Größen => wichtige Bedeutung von Personalcontrolling. (12) Anreiz- und Vergütungssystem zur Interessenharmonisierung und Förderung von unternehmerischem Denken und Handeln durch Leistungsorientierung, Werttreiberausrichtung und Shareholder Value-Kennzahlenberücksichtigung, relativierende Aktienoptionsprogramme sowie virtuelle aktienkursbezogene Entgeltkomponenten.
B) EMPIRIE (insbes. 2 in vielerlei Hinsicht bestätigte Hauptstudien):	
a) Forschungsansatz von Becker, Huselid et al.	(13) Hohe Bedeutung des Personalsystems (Systemansatz) und des internen und externen Fits. (14) Einsatz moderner Personalmethoden (internes Personalmarketing, Arbeitsplatzanalysen, Mitarbeiterbefragungen und -partizipation, Erfolgsbeteiligung, Performancebewertungen, leistungsbasierte Vergütungskonzepte etc.). (15) Sicht der Mitarbeiter als Quellen dauerhafter Wettbewerbsvorteile. (16) Einsatz leistungsorientierter Vergütungs- und Anreizsysteme. (17) Beitrag des Personalsystems zur Unternehmensstrategieimplementierung.

Quell-Analysefeld	*Basisanforderungen an ein strategisches Personal-Wertkonzept*
b) *Forschungsansatz von Watson Wyatt International*	(18) Selektion und Rekrutierung qualifizierter und leistungsfähiger Mitarbeiter (Personalbeschaffung). (19) Leistungstransparenz bei Personalbewertung und -vergütung. (20) Kollegiales und flexibles Arbeitsumfeld (Unternehmenskultur). (21) Offene, transparente Mitarbeiterinformation und -kommunikation. (22) Operative Effizienz des Personalmanagements. (23) Integrierter Leadership- und Unternehmenskultur-Ansatz. (24) Hohe Bedeutung der Vergütungsstrategie. (25) Mitarbeiterfokus.
C) THEORIE:	
a) *Finanzwirtschaft / Shareholder Value-Formel*	(26) Kapitalwertmethode, Discounted Cash flow-Verfahren als Entscheidungsinstrumente unter Heranziehung von WACC- und CAPM-Ansatz zur Kapitalkostenermittlung. (27) Maximierung des Eigenkapitalmarktwerts. (28) Effiziente Ressourcenallokation auf alternative Verwendungsfelder / Personalsegmente. (29) Quantitativ-monetäre Personalführung durch wertorientiertes Personalcontrolling (30) Investor Relations als Aufgabe des Personalmarketings.
b) *Agency-Theorie*	(31) Berücksichtigung von Informationsasymmetrien respektive Agency-Kosten bei Personalselektion / -rekrutierung, Personalqualifizierung / -entwicklung, Personalfreisetzung. (32) Zentrale Bedeutung von Anreizsystemen zur Vermeidung opportunistischen Verhaltens.
c) *Ressourcenansatz*	(33) Realitätsnahes Menschenbild durch Erweiterung der Homo Oeconomicus-Perspektive: Mitarbeiter als selbstmotivierter Wissensträger. (34) Mitarbeiter und Personalmanagement als Träger und Vermittler von wettbewerbsentscheidenden Kernkompetenzen. (35) Merkmale erfolgspotenzialgenerierender Humanressourcen (Nicht-Imiterbarkeit, Unternehmensspezifität, Nicht-Substituierbarkeit, marktbezogene Nutzen- / Wertstiftung) als strategische Entscheidungskriterien. (36) Situationsbezug strategischer Personalentscheidungen (Kontingenzkriterium).

Tabelle 24: Basisanforderungen aus den drei Analysefeldern Konzeptionen, Empirie und Theorie (Quelle: Eigene Darstellung)

346

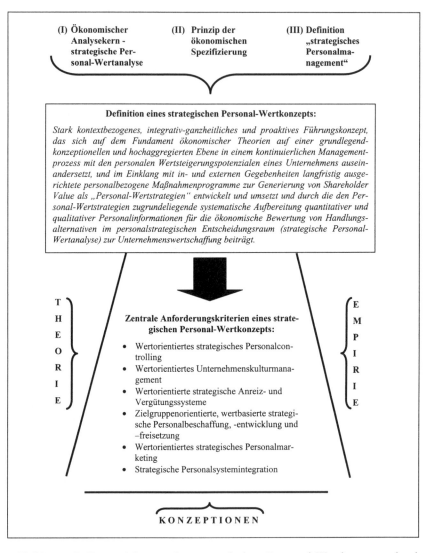

Abbildung 43: Kennzeichnung des strategischen Personal-Wertkonzepts durch Ableitung definitorischer Eigenarten und spezifischer Anforderungsmerkmale (Quelle: Eigene Darstellung)

3. Ökonomische Humanpotenziale als Analyseobjekte des strategischen Personal-Wertkonzepts

Bereits bei der Kennzeichnung des Strategic Human Resource Management bzw. des strategischen Personalmanagements im Grundlagenteil der Arbeit[1010] wurde auf die Potenzialorientierung der Ansätze zur strategischen Personalwirtschaft als wesentliches Merkmal hingewiesen, das auf deren Verwurzelung in der **strategischen Unternehmensführung** zurückzuführen ist. Als wichtigste Aufgabe eines strategischen Managements wurde die zielorientierte Abstimmung umweltbezogener Potenziale (Chancen / Risiken) mit den internen Potenzialen (Stärken / Schwächen) eines Unternehmens gekennzeichnet.[1011] Diese Gleichsetzung des Potenzialbegriffs mit den extern bedingten Chancen und Risiken bzw. den intern begründeten Stärken und Schwächen eines Unternehmens ist jedoch nicht als Definitionsbasis für (Erfolgs-)Potenziale, sondern eher als definitorische Konsequenz zu betrachten. In der deutschsprachigen Literatur zur strategischen Unternehmensführung wird auf einer globaleren Betrachtungsebene vielfach zunächst auf die ursprüngliche Definition von **Erfolgspotenzialen** bei **Gälweiler** verwiesen:[1012] „Ganz allgemein versteht man unter einem Erfolgspotential das gesamte Gefüge aller jeweils produkt- und marktspezifischen erfolgsrelevanten Voraussetzungen, die spätestens dann bestehen müssen, wenn es um die Erfolgsrealisierung geht. Alle dazu gehörenden Voraussetzungen haben vor allem die gemeinsame Eigenschaft, dass für ihre Schaffung eine lange Zeit gebraucht wird, die grundsätzlich nicht beliebig verkürzt werden kann."[1013] Gälweiler betrachtet diese Erfolgspotenziale als Vorsteuergrößen für die finanzwirtschaftlichen Erfolgsmaßstäbe.[1014] Diese noch sehr pauschal formulierten Vorsteuergrößen lassen sich anhand strategischer Erfolgsfaktoren konkreti-

---

[1010] Vgl. B.I.

[1011] Vgl. dazu B.I.2.a) bzw. David, F. R. (1995), S. 9f.; Thompson, A. A. / Strickland, A. J. (1996), S. 49; Bea, F.X. / Haas, J. (2001), S. 104f., 115f.; Thompson, J. L. (1997), S. 4, Kreikebaum, H. (1997), S. 40, 47, 50. Vgl. hierzu außerdem bei der Charakterisierung der strategischen Dimension einer ökonomischen Spezifizierung die Gleichsetzung von Strategieorientierung mit Markt- und Ressourcenpotenzialnutzung im Sinne einer Auseinandersetzung mit den Chancen und Risiken bzw. den Stärken und Schwächen eines Unternehmens (vgl. B.III.2.a). Vgl. zur Potenzialanalyse im Verständnis einer Analyse unternehmerischer Stärken und Schwächen zur Zukunftssicherung Schimke, E. F. (1990), S. 330ff.; Voigt, J. F. (1990), S. 56ff. und in Verbindung mit der strategischen Erfassung von Potenzialen ähnlich Ebert, G. (1991), S. 288.

[1012] Vgl. z.B. Welge, M. K. / Al-Laham, A. (2001), S. 121ff.; Knyphausen-Aufsess, D. zu (1995), S. 360; Bea, F. X. / Haas, J. (2001), S. 109; Ebert, G. (1991), S. 287f; Zettel, W. (1995), S. 6; Bischoff, J. (1994), S. 42.

[1013] Gälweiler, A. (1990), S. 26.

[1014] Vgl. Gälweiler, A. (1990), S. 29ff.

sieren, die den Unternehmenserfolg unmittelbar beeinflussen[1015] und als strategische Entscheidungskriterien aufgefasst werden können. Die Erfolgsfaktoren und deren Wirkungsweisen sind Gegenstand umfassender empirischer Strategieforschungsansätze, deren bekanntester wohl die PIMS(Profit Impact of Market Strategies)-Studie[1016] darstellt. Die Konzentration auf die positive Dimension des Erfolgsbegriffs spiegelt sich in der **Potenzialdefinition** von **Bea / Haas** wider, die vor dem Hintergrund des Ressourcenansatzes Potenzial- und Ressourcenbegriff synonym verwenden: „**Ressourcen** bzw. **Potenziale** stellen Speicher spezifischer Stärken dar, die es ermöglichen, die Unternehmung in einer veränderlichen Umwelt erfolgreich zu positionieren und somit den langfristigen Unternehmenserfolg zu sichern."[1017] Der Speichercharakter von Potenzialen beruht in deren Eigenschaft, dass spezifische Energie- bzw. Mittelzuflüsse während eines Zeitraums die Energie- / Mittelabflüsse übersteigen.[1018] Die Langfristigkeit der Perspektive einer Erfolgssicherung steht für die Zukunftsorientierung als weiteres Wesensmerkmal des Potenzialbegriffs. In Verbindung mit der Zukunftsorientierung lassen sich die Potenziale eines Unternehmens bzw. Teile hiervon auch im Sinne einer zielbezogenen *„strategischen Vorratshaltung"* bzw. in Analogie zur Ersparnisbildung als Verlagerung von Gegenwartserfolg in

---

[1015] Vgl. Welge, M. K. / Al-Laham, A. (2001), S. 124 und eingehender zur Erfolgsfaktoren-Thematik a.a.O., S. 146ff.

[1016] Diese branchenübergreifende Langzeitstudie versucht die Wirkung und Bedeutung von identifizierten Erfolgsfaktoren für die monetären Erfolgsgrößen ROI und Cash flow auf der Ebene strategischer Geschäftseinheiten empirisch zu klären und entsprechende Gesetzmäßigkeiten als Grundlagen für strategisches Handeln abzuleiten. Vgl. zur PIMS-Studie eingehender Welge, M. K. / Al-Laham, A. (2001), S. 147ff. oder Bea, F.X. / Haas, J. (2001), S. 117ff. Vgl. zu einer Darstellung und Kritik (insbes. Überinvestitionsanreize) von Erfolgsfaktoren- bzw. Erfolgspotenzialkonzepten vor dem Hintergrund des Shareholder Value-Ansatzes Bischoff, J. (1994), S. 42ff.

[1017] Bea, F. X. / Haas, J. (2001), S. 27 (Hervorhebungen im Original). Vgl. dazu auch a.a.O., S. 503 sowie Bea, F. X. (1997b), S. 399. Dort werden Potenziale unter anderem auch als „Speicher von Kernkompetenzen" (a.a.O., S. 401) tituliert. Wie bereits dargelegt, versucht der Ressourcenansatz den strategischen Erfolg und die Wirkungsweise von Erfolgspotenzialen aus der Sicht interner Ressourcen zu erklären (vgl. dazu C.II.3. und insbes. die vier Hauptmerkmale erfolgspotenzialgenerierender Ressourcen in C.II.3.a)). Bea / Haas unterscheiden Leistungs- und Führungspotenziale. Erstere beinhalten die Potenziale Technologie, Personal, Kapital und den Leistungsprozess, letztere umfassen Information, Organisation, Planung und Kontrolle. Beide Potenzialkategorien sind Gegenstand einer Stärken-Schwächen-Analyse der strategischen Planung (vgl. Bea, F.X. / Haas, J. (2001), S. 27, S. 109ff., S. 503ff.; Bea, F. X. (1997b), S. 402). Im Rahmen einer strategieorientierten Unternehmensrechnung sind diese Potenziale informatorisch und kalkulatorisch abzubilden (vgl. dazu und zum Beispiel einer strategischen Humanpotenzialrechnung Bea, F. (1997b), S. 402ff.).

[1018] Vgl. Scholz, C. (1987), S. 103. Strategische Potenziale werden dort als statische Bestandteile einer strategischen Kraft verstanden, die aus Zufluss-Abfluss-Differenzen resultieren.

Zukunftserfolg interpretieren. In monetären Kategorien gesprochen heißt dies, dass der mit der Potenzialbildung und erhaltung verbundene Einsatz an Geld durch zukünftige, bei der Potenzialnutzung anfallende Zahlungsströme überkompensiert werden muss. Um dem Shareholder Value-Ziel zu entsprechen, würde dies eine *„Verzinsung der Potenziale"* bzw. der in ihnen gebundenen Finanzmittel voraussetzen, die über dem Kapitalkostensatz liegt.[1019]

In Bezug auf die Humanressourcen eines Unternehmens ist gemeinhin von **Human- oder Personalpotenzialen** die Rede.[1020] Wie bei der eigenen Definition eines strategischen Personalmanagements weisen die untersuchten personalbezogenen strategischen Managementkonzepte nahezu durchgängig ebenfalls explizite Bezüge zu personalbasierten Potenzialen auf. **Drumm** etwa sieht den frühzeitigen Aufbau, den Erhalt, die Nutzung und den Abbau von Personalpotenzialen als generelles Ziel eines strategischen Personalmanagements.[1021] Personalpotenziale sind nach Drumm „... alle Mitarbeiter mit einem Satz gleicher

---

[1019] Vgl. zur Beziehung zwischen Wertpotenzialen und Rendite-Kapitalkosten-Zusammenhängen ergänzend zur eigenen Positionierung auch Günther, T. (1999), S. 366. Dieser sieht interne und externe Nutzenpotenziale als Grundlage für die Ableitung generischer Kostenführer- oder Differenzierungsstrategien aus denen Kosten- und Erlösvorteile abgeleitet werden können, die über niedrigere Kosten, höhere Preise und Wachstum aufgrund von Marktanteilsgewinnen und höherem Kundennutzen dazu führen, dass die Rendite über den Kapitalkosten liegt. Vgl. ergänzend zu einer Potenzialdefinition im organisationsbezogenen Wertzusammenhang, die an Vorratsaspekte anknüpft, auch Zettel, W. (1995), der ein organisationales Wertpotenzial beschreibt als „... eine unternehmerische Chance, die als Nutzungsvorrat erkannt worden ist und durch geeignete Maßnahmen im ökonomischen Transformationsprozess zur Wertsteigerung eingesetzt werden kann." (a.a.O., S. 6). Vgl. auch Wunderer, R. / Jaritz, A. (1999), S. 93, die den Aufbau von Wertschöpfungspotenzialen mit der Zielsetzung einer späteren Ausnutzung im weitesten Sinne als Wertschöpfung verstehen.

[1020] In methodischer Hinsicht wird der Potenzialbegriff im Zusammenhang mit den Verfahren der individuellen Potenzialbeurteilung im Rahmen der Personalselektion und -entwicklung aufgegriffen. Diese Evaluationsverfahren stellen ein wichtiges Element im Instrumentekatalog des Personalmanagements dar, können hier jedoch nicht umfassend vertieft werden. Exemplarisch sei hierzu auf die nachfolgenden Beiträge hingewiesen: Becker, F. (1992), Sp. 1921ff. (Potenzialbeurteilung als Prognose über relative Eignungsaussagen); Freund, D., et al. (1996), S. 34ff. (Orientierungs-Center als Weiterentwicklung des Assessment Centers zur Leistungs- und Potenzialanalyse); Werra, H. von (1992), S. 40ff. (kritische Einschätzung der Messbarkeit von Humanpotenzialen); Kleinmann, M. / Strauß, B. (2000) (Potenzialfeststellung und Personalentwicklung); Rosenstiel, L. von / Lang-von Wins, T. (2000) (Perspektiven der Potenzialbeurteilung); Schuler, H. (2000), S. 53ff. (Potenzialdefinition und -messung).

[1021] Vgl. B.I.1.b) bzw. Drumm, H. J. (2000), S. 635.

oder ähnlicher Kenntnis- bzw. Fähigkeitsmerkmale",[1022] d.h. „... eine Menge von Personen mit bestimmter Qualifikation...".[1023] Personalpotenziale dienen dazu, „... Vorteile gegenüber Konkurrenten wahrzunehmen, Erfolgspotenziale zu sichern oder zu steigern und Risiken von der Unternehmung abzuwenden."[1024] Drumm verbindet damit in seiner Definitionsvariante die interne mit der externen Potenzialausrichtung. Auch die beschriebenen Begriffsfestlegungen bei **Huber, Scholz und Schneck** weisen ähnliche Bezüge zu Erfolgs-, Mitarbeiter-

---

[1022] Drumm, H. J. (2000), S. 635. Vgl. zum Wissens- und Intelligenzaspekt auch die Ausführungen zu einer humanpotenzialorientierten Unternehmensführung bei Perich, der die optimale Ausschöpfung und Entwicklung unternehmerischer Humanpotenziale mit der Gewinnung und Entfaltung von Intelligenzpotenzialen gleichsetzt. Die Mitarbeiter werden als Hauptträger organisationaler Intelligenz betrachtet (vgl. Perich, R. (1993), S. 400ff.). Vgl. über den Wissensaspekt hinaus auch die Interpretation von Humanpotenzial als die Gesamtheit menschlicher Arbeitskraft bei Wohlgemuth. Dieser setzt den Terminus Humanpotenzial mit den Begriffen Human Resources, Humankapital und Humanvermögen gleich. Humanpotenziale repräsentieren dynamische und zukunftsgerichtete personale Leistungsfähigkeiten und sind als Gegenstand des Human Resource Managements allerdings nur bedingt steuerbar (vgl. Wohlgemuth, A. C. (1989), S. 20ff., S. 45ff.). Vgl. weiterhin zu einer Diskussion des Humanpotenzialbegriffs im Kontext der Erfassbarkeit personaler Investitionen im internen Rechnungswesen Fischer, H., (1999), insbes. S. 32ff. Dieser sieht Humanpotenziale als unternehmerischer Anspruch auf die Bereitstellung von Leistungspotenzialen in einer bestimmten Güte, Menge und Art gegenüber den Arbeitnehmern als individuelle Potenzialträger. Die Personalausstattung wird als Gesamtheit personaler Leistungspotenziale interpretiert, die wiederum in Wissens-, Tätigkeits- und Aktivitätspotenziale zerlegbar sind und bestimmte Arbeitsvolumina und -qualitäten repräsentieren (vgl. ebd.). Wunderer / Jaritz sehen im Übrigen das Human Resource Accounting insgesamt als Erfassungs- und Bewertungsmethode für Humanpotenziale (vgl. Wunderer, R. / Jaritz, A. (1999), S. 155). Strategische Rechnungsaspekte von Humanpotenzialen werden im Beitrag von Bea, F. X. (1997b), S. 403ff. aufgegriffen, der ein strategieorientiertes Potenzialbeurteilungssystem und eine hiermit verbundene Potenzialkontenrechnung mit der Portfolio-Methode, dem betrieblichen Kulturinformationssystem und den geläufigen Bestandteilen eines Personalcontrollingsystems in seinem Konzeptentwurf einer strategischen Humanpotenzialrechnung integriert. Marr / Schmidt interpretieren im Einklang mit den obigen Kennzeichnungen bei der Diskussion einer Humanvermögensrechnung den Terminus Humanpotenzial als „... das in den Mitarbeitern verkörperte Leistungspotential..." (Marr, R. / Schmidt, H. (1992), Sp. 1031). Eine umfassendere Darstellung verschiedener Potenzialbegrifflichkeiten im Kontext des betrieblichen Rechnungswesens findet sich im Ansatz einer entscheidungsorientierten Grundrechnung der Potenziale nach Koch (vgl. zum Potenzialbegriff Koch, J. (1991), S. 17ff., S. 22ff., S. 88; vgl. speziell zu Humanpotenzialen S. 215f., S. 234, S. 275).

[1023] Drumm, H. J. (2000), S. 635.

[1024] A.a.O., S. 635.

oder Personalpotenzialen auf.[1025] Insofern kann bei einem strategischen Management auch synonym von einem „Management der Humanpotenziale" gesprochen werden. Bezogen auf die **eigene Begriffsfestlegung** hinsichtlich eines strategischen Personal-Wertkonzepts ist jedoch konkreter die Rede von „personalen Wertsteigerungspotenzialen",[1026] d.h. der Potenzialbegriff wird ausdrücklich in Beziehung zum Ziel der Unternehmenswertsteigerung gesetzt, was, wie bereits oben angeführt, eine adäquate „*Potenzialverzinsung*" oberhalb der Kapitalkosten voraussetzt. Es erfolgt somit eine Relativierung des Potenzialbegriffs hinsichtlich einer Shareholder Value-orientierten Unternehmens- und Personalführung.

Eine andere Begrifflichkeit für den fixierten Wertzusammenhang stellt in Verbindung mit dem eigenen ökonomischen Spezifizierungsansatz auch der Terminus *„ökonomisches Humanpotenzial"* dar. Dieser Begriff wird nachfolgend für personale Wertsteigerungspotenziale verwendet und steht für *personalstrategi-*

[1025] Huber sieht in der Identifikation, dem Aufbau und der Pflege bestehender Erfolgspotenziale und dem Schaffen von Handlungsoptionen für zukünftige Erfolgspotenziale die Aufgabe eines strategischen Personalmanagements. Scholz verweist auf den direkten Bezug des strategischen Personalmanagements zu Erfolgspotenzialen und Schneck sieht in der Integration von Mitarbeiterpotenzialen und -einsatz eine Kernfunktion des strategischen Personalmanagements (vgl. Kapitel B.I.1.b)). Am eingehender untersuchten Michigan-Ansatz waren Potenzialbezüge im Zusammenhang mit der Leistungsbeurteilung von Bedeutung, wenngleich die Eigenständigkeit strategischer Potenziale aufgrund der Implementierungsorientierung vernachlässigt wurde (vgl. B.II.1.a)). Erdenberger stellt den Potenzialbezug seines Ansatzes über die Kennzeichnung seines zentralen Terminus „Erfolgsressourcen" als Mitarbeiterqualifikationen im Sinne von Wollen, Kennen und Können her, die für die Sicherung und für den Aufbau von Erfolgspotenzialen erforderlich sind (vgl. dazu Kapitel B.II.2.a).

[1026] Hier lassen sich auch Bezüge zum Potenzialverständnis im eingangs umfassend dargestellten strategischen Portfolio-Ansatz nach Odiorne herstellen, der Mitarbeiterpotenziale mit Wahrscheinlichkeitsaussagen bezüglich zukünftiger Wertbeiträge von Arbeitnehmern gleichsetzt und seinen Potenzialbegriff eng mit dem finanzwirtschaftlichen Gegenwartswert verknüpft. Mitarbeiterpotenziale finden als zukünftige Leistungsbeiträge bzw. Entwicklungspotenziale Eingang als eine Achsendimension in sein Human Resources-Portfolio (vgl. B.II.1.b). Vgl. zur Wertpotenzialität auch die Kennzeichnung des Shareholder Value Added bei Rappaport als langfristig realisierbares Wertpotenzial einer Strategie (vgl. C.I.1.a)bb) und die Verknüpfung von Wertgeneratoren mit personalen Nutzenpotenzialen in der Valcor-Matrix von Gomez / Weber (vgl. C.I.1.c)aa)). Weitere Bezüge zum vorangegangenen Ausführungen über Wertpotenzialität im personalen Kontext finden sich bei der Besprechung der Untersuchung von Löhnert in C.I.1.c)ee)) und der Human Resource Accounting-Konzeptionen in C.I.3.b)aa), bei der Untersuchung des Human Capital-Bewertungsansatzes nach Huber in C.I.3.b)dd), der kennzahlenorientierten Mitarbeiterführung nach Bühner und weiterer kennzahlenbezogener Steuerungsansätze in C.I.3.c)dd) und ee) sowie bei der Formulierung von Anforderungen an ein wertorientiertes Personalmanagement durch Eigler, die sich in C.I.3.e) wiederfinden.

sche Optionen einer ökonomischen Wertsteigerung in der Zukunft. Das strategische Personal-Wertkonzept kann somit bei Betonung der Managementperspektive inhaltlich auch mit dem *„Management ökonomischer Humanpotenziale"* gleichgesetzt werden. Die Betonung der positiven Grundorientierung in der
eigenen Definition ökonomischer Humanpotenziale heißt nicht, dass die Existenz negativer Potenziale verneint wird.[1027] Diese *„disökonomischen Humanpotenziale"*, die für potenzielle Wertvernichtung im Unternehmen stehen, sind
ebenfalls als prinzipiell möglich zur Kenntnis zu nehmen. Eine strategische Personal-Wertanalyse muss für eine solche denkbare Option offen sein. Jedoch
richtet sich der strategische Fokus wertorientierter Unternehmens- und Personalführung primär in Richtung rentables Unternehmenswachstum, sprich Shareholder Value-Generierung. Die Verfolgung eines solchermaßen positiven Wert-
schaffungsziels schließt aber implizit das Ziel der Vermeidung von Wertvernichtung mit ein. Konkret folgt hieraus, dass bei der Bestimmung von Kapitalwerten für strategische Alternativen negative Ausprägungen bei Wertvernich-
tungsoptionen denkbar sind, die allerdings als ineffizient ausgeschlossen werden. Anders formuliert heißt dies, dass durch den Abbau von personalen Wert-
vernichtungspotenzialen (z.B. Freisetzung eines „Zuviels" an Humanpotenzial
durch betriebsbedingte Kündigungen) Shareholder Value Added generiert werden kann, und die Reduzierung von Wertvernichtung mit der ökonomischen
Wertsteigerung einhergeht. Die gewählte Definition ökonomischer Humanpotenziale ist insoweit für Aspekte personaler Wertvernichtung als perspektivisch
offen anzusehen.

Weiterhin besteht Offenheit für **alle denkbaren Ausprägungsformen von
Quellen personalbasierter Wettbewerbsvorteile.** Personalbasierung heißt
hierbei, dass humane Wertfaktoren / -treiber als wertspezifische Erfolgsfaktoren
und Determinanten von wertbezogenen Erfolgspotenzialen auch außerhalb der
physio-kognitiven Einheit Mensch liegen können (z.B. spezifisches Anreizsystem, spezifische Kombination von Personalinstrumenten, spezifische Form der
Interaktion von strategischer Unternehmens- und Personalführung etc.), wenngleich sie sich stets auf diese Elementareinheit eines strategischen Personalmanagements respektive der personalen Wertentstehung zurückführen lassen.

Es wurde bewusst auf den **Begriffszusatz „anhaltend"** in Verbindung mit der
Wertsteigerung verzichtet, da dieser lediglich den Idealzustand der Dauerhaftigkeit einer Wertschaffung repräsentieren würde. Im Verständnis des Ressourcenansatzes spielen diese anhaltenden Wettbewerbs- und Renditevorteile zwar eine

---

[1027] Dies trifft im Übrigen auch auf die oben exemplarisch angeführte positive Potenzialdefinition bei Bea / Haas zu, die negative Potenzialkonstellationen (Schwächen) keinesfalls
automatisch negiert.

besondere Rolle und sollten im Analysekonzept stets hinterfragt werden, jedoch heißt dies nicht, dass temporäre Wertsteigerungen nicht entscheidungsrelevant wären. Auch eine temporäre Wertschaffung im Sinne außerordentlicher Rückflüsse erhöht den Gesamtwert bzw. Barwert eines Unternehmens „dauerhaft". Lediglich bei der Entscheidung über spezifische Alternativen der Wertschaffung wird die Dauerhaftigkeit einer Wertsteigerung in der Denkart des Ressourcenansatzes zum strategisch bedeutsamen relativierenden Entscheidungskriterium. Deshalb muss eine Betrachtung humaner Wertpotenziale auch für zeitlich begrenzte Wertsteigerungsoptionen, die ökonomisch relevant sind, offen sein. Diese Argumentation verweist außerdem auf die Relativiertheit des Dauerhaftigkeitsbegriffs: Letztlich sind auch anhaltende Wettbewerbsvorteile bei einer entsprechenden Ausweitung des Betrachtungshorizonts stets durch eine, wenn auch spät gelagerte „**Endlichkeit**" gekennzeichnet; dies ist insbesondere auch vor dem Hintergrund dynamischer Umwelten zur Kenntnis zu nehmen. Unendlichkeit mag in der Mathematik ihre Existenzberechtigung haben, erscheint aber bei den heute vorherrschenden globalen Wettbewerbsbedingungen als gewagte Begrifflichkeit im Kontext strategischer Erfolgspotenziale. Stattdessen sei auf den *„Dauerhaftigkeits-Grundsatz"* einer ökonomisch-rationalen Entscheidungsfindung hingewiesen, wonach eine strategische Wertsteigerungsoption als umso vorteilhafter anzusehen ist, je dauerhafter ihre Wertsteigerung zum Tragen kommt bzw. je länger die Periode überdurchschnittlicher Zahlungseffekte ausgeprägt ist. Dieser Grundsatz ist bei der vollständigen Berechenbarkeit von Kapitalwerten unter Sicherheit nicht entscheidungsrelevant, da hier ein Vergleich sicherer Kapitalwerthöhen ausreichend ist und die unterschiedlichen Zeitstrukturen im dynamischen Berechnungsverfahren berücksichtigt werden. Bei unsicheren Prognosen / Kapitalwerten und in hohem Maße qualitativen Entscheidungssachverhalten, wie dies bei strategischen Entscheidungsproblemen und ganz besonders im Personalbereich der Fall ist, kann jedoch die Berücksichtigung der Dauerhaftigkeit voraussichtlicher Wertsteigerungen ein wichtiges strategisches Korrektiv im Entscheidungsprozess darstellen.

Ein weiterer wichtiger Aspekt von Humanpotenzialen ist deren **Verbindung zur verfolgten Unternehmens- / Marktstrategie**. Die Potenzialität[1028] interner Ressourcen ist stets im Zusammenhang mit einer verfolgten langfristigen Wertsteigerungsstrategie zu sehen, die aktuelle und zukünftige Marktgegebenheiten berücksichtigt; d.h. der hier verwendete Wertpotenzialbegriff beinhaltet, analog zur Kennzeichnung erfolgspotenzialgenerierender Ressourcen bei der Besprechung des Ressourcenansatzes, automatisch auch eine Ausrichtung interner Res-

---

[1028] Vgl. ergänzend zur Möglichkeit der Betrachtung von Potenzialität als „strategisches Grundvermögen" (Hervorhebung im Original) und als strategische Ziel- und Steuerungsgröße zur Gewährleistung einer dauerhaften Rentabilität und Liquidität und damit einer Existenzsicherung des Unternehmens Ebert, G. (1991), S. 288.

sourcen an externen Gegebenheiten. Eine Wertprognose für Humanpotenziale ist ohne die Integration kapital- (Kapitalkosten) und absatzmarktbezogener (kundenorientierte Kosten- und Qualitätskalküle als Grundlage einer Realisierung von Wettbewerbsvorteilen durch Cash flow-Wachstum) Überlegungen, nicht denkbar.

Eine **Kategorisierung humaner Wertsteigerungspotenziale** soll hier zum einen in Anlehnung an das Kriterium *„formal-prognostische Nähe zum Wertkonstrukt"* und zum anderen unter Heranziehung des Kriteriums *„inhaltlicher Wertkontext"* erfolgen. Beim Kriterium *„formal-prognostische Nähe zum Wertkonstrukt"* werden die Humanpotenziale hinsichtlich ihrer prognostischen Operationalisierbarkeit in Bezug auf die Shareholder Value-Formel, sprich ihrer monetären Quantifizierbarkeit unterschieden. In Anlehnung an die Dreistufigkeit der ökonomischen Perspektivenweitung lassen sich damit drei grundsätzliche Humanpotenzialkategorien unterscheiden: *Originäre Human-Wertpotenziale* mit unmittelbarem Bezug zu den Komponenten der Shareholder Value-Gleichung, die eine monetäre Prognose für den gewählten Planungszeitraum erlauben, *humane Agency-Kostensenkungspotenziale* die auch in hohem Maße mittelbare und allenfalls bedingt operationalisierbare Werteffekte nach sich ziehen sowie *humane Ressourcenpotenziale*, die aus den Merkmalseigenschaften erfolgspotenzialgenerierender Ressourcen ableitbar sind und sich einer Monetarisierung weitgehend entziehen. Letztere schließen, wie dargelegt, kontingenzbasierte Erfolgspotenzialaspekte (interne und externe Fit-Qualitäten - *humane Stimmigkeitspotenziale*) mit ein, die im Rahmen einer Personal-Wertanalyse aber sinnvollerweise explizit offen gelegt und transparent gemacht werden sollten. In Bezugnahme auf den *inhaltlichen Wertkontext* lassen sich unmittelbar personenbezogene *humane Individual- und Kollektivpotenziale*, lediglich mittelbaren Personenbezug aufweisende *humane Instrumental- und Systempotenziale* sowie dem Potenzialgegenstand nach *humane Wissens-, Leistungs- und Motivationspotenziale* unterscheiden. *Humane Individualpotenziale* beziehen sich auf Einzelpersonen und sind im strategischen Kontext vor allem bei Konstellationen zu berücksichtigen, die existenzielle Abhängigkeiten eines Unternehmens von spezifischen „Köpfen" (z.B. charismatischer und erfolgbehafteter Vorstandsvorsitzender / Chief Executive Officer, herausragende Forscherpersönlichkeit) bedingen. Bei *humanen Kollektivpotenzialen* wird die Potenzialität von Personengruppen (Teams) oder Personalsegmenten betrachtet (z.B. Vorstand, leitende Führungskräfte, Führungskräfte, Mitarbeiter; Angestellte, Arbeiter; Vertriebsteam, Marketingteam, Controllingteam etc.). *Humane Instrumentalpotenziale* beziehen sich auf einzelne zum Einsatz kommende Instrumente und Methoden des (strategischen) Personalmanagements (z.B. Einsatz eines wertorientierten Anreizsystems, Durchführung von Assessment Centern zur Personalselektion,

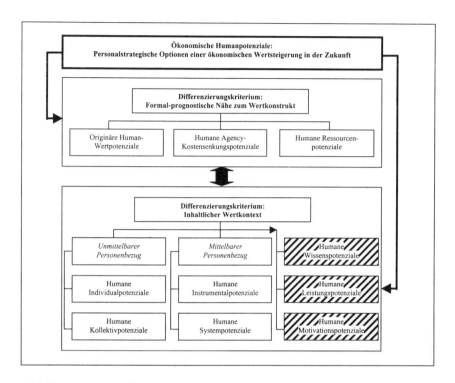

Abbildung 44: Grundkategorien ökonomischer Humanpotenziale (Quelle: Eigene Darstellung)[1029]

Gewährung bestimmter betrieblicher Sozialleistungen) oder auf Instrumentegruppen (z.B. Aktionsfelder des Personal-Wertkonzepts), während die ***humanen Systempotenziale*** aus der wechselseitigen Stimmigkeit der eingesetzten Instrumente im Personalgesamt- oder teilsystem bzw. aus der *„systemischen Qualität"* derselben resultieren. Die in Anlehnung an den sachlichen Potenzialgegenstand unterschiedenen ***humanen Wissenspotenziale*** beinhalten die personal-kognitive Dimension ökonomischen Erfolgs (Wertsteigerung durch Wissensvorsprünge), während sich ***humane Leistungspotenziale*** auf die personal-physischen Komponenten betrieblicher Leistungserstellung beziehen (Wertsteigerung durch optimierte physische Personalausstattung) und ***humane Motivationspotenziale*** die

---

[1029] Der Pfeil zwischen den beiden Kategoriegruppen steht für denkbare inhaltliche Überschneidungen. Die Pfeilverknüpfung und Hervorhebung der humanen Wissens-, Leistungs- und Motivationspotenziale steht für deren Sonderstellung als nachgelagerte Größen im inhaltlichen Wertkontext mit unmittelbarer Nähe zur Wertentstehung respektive marktfähigen Leistungsresultaten.

psychologische Ebene personaler Leistungsbereitschaft (Wertsteigerung durch den „*Willen zur Wertsteigerung*") repräsentieren. Die bezüglich des inhaltlichen Wertkontexts unterschiedenen Potenzialtypen sind verschiedentlich miteinander kombinierbar, wobei die humanen Wissens-, Leistungs- und Motivationspotenziale als „*personale Brücken der Wertschaffung*" den Personalbezugsklassen nachgelagert sind. Die unterschiedenen Kategorien ökonomischer Humanpotenziale sind in Abbildung 44 im Überblick dargestellt.

Eng verbunden mit den unterschiedlichen Kategorien der Analyseobjekte eines strategischen Personal-Werktonzepts sind dessen Untersuchungsebenen und die Träger des strategischen Analyse- und Gestaltungsprozesses, die im nächsten Schritt betrachtet werden.

4. Analyseebenen und Träger des strategischen Personal-Wertkonzepts

a) Analyseebenen des strategischen Personal-Wertkonzepts

Die **Grundkategorien ökonomischer Humanpotenziale** reflektieren gleichzeitig auch die denkbaren wertanalytischen Zugangsoptionen im Rahmen eines strategischen Personal-Wertkonzepts, das sich mit strategischen Entscheidungsproblemen im Personalbereich befasst. Das Differenzierungskriterium „formalprognostische Nähe zum Wertkonstrukt" steht für die verschiedenen theoretischen Analyseebenen mit unterschiedlichen Operationalisierbarkeitsperspektiven. So können strategische Analysen auf der Basis der monetären Bestimmungsgrößen der Shareholder Value-Formel vorgenommen werden und lassen sich Agency-Kostenanalysen sowie Ressourcenanalysen auf der Grundlage von Erkenntnissen des Ressourcenansatzes durchführen. Bezüglich des inhaltlichen Wertkontexts können personenbezogene Einzeluntersuchungen vorgenommen oder kollektive Analysewege eingeschlagen werden. Die Analysen können sich weiterhin auf einzelne Personalinstrumente, Personalsubsysteme oder das gesamte Personalmanagementsystem eines Unternehmens beziehen und kognitive, physische oder psychologische Fokussierungen vornehmen. Das Schema ökonomischer Humanpotenziale schließt auch die bei der Ableitung von Basisanforderungen an den Management- und Analyseprozess eines strategischen Personal-Wertkonzepts ermittelten zentralen **konzeptionellen Anforderungskriterien** bzw. die unterschiedlichen Hauptaktionsfelder mit ein. Diese sind als Analysesegmente mit spezifischen aggregatorischen, instrumentellen, systemischen, kognitiven, physischen und psychischen Eigenschaftsfeldern interpretierbar. An diesem Aspekt wird die prinzipielle Möglichkeit der Kombinierbarkeit oder Schwerpunktsetzung unterschiedlicher Analyseebenen deutlich. Betrachtet man etwa das Thema **wertorientierte strategische Anreiz- und Vergütungssysteme** als zentrales Anforderungskriterium und Hauptaktionsfeld des eigenen Personal-Wertkonzepts, so wäre eine analytischer Einstieg in die Materie über die Erkenntnisfelder der Agency-Theorie denkbar und nahe liegend. Schwerpunktsetzungen im inhaltlichen Wertkontext würden sich auf einer kollektiven Betrachtungsebene (z.B. leitende Führungskräfte) sowohl in instrumenteller als auch in systemischer Hinsicht anbieten. Im Kern geht es darum, humane Motivationspotenziale durch spezifische Anreizstrukturen zur Wertsteigerung zu aktivieren und zu nutzen. Damit wäre ein *„priorisierendes Potenzialanalysemuster"* (vgl. hierzu auch Tabelle 25) definiert, das der Spezifität des Analysethemas gerecht wird und noch hinsichtlich **unternehmensspezifischer Gegebenheiten** bzw. konkreter Aufgabenstellungen angepasst werden kann. Dies kann sich auch in einer ergänzenden Heranziehung der nicht priorisierten Potenzialanalysefelder niederschlagen, die bei allen strategischen Analysen auf ihre spezifische Relevanz hin überprüft werden sollten. Wenn etwa ein auf die Person bezogenes Anreiz- und Vergütungsmodell für den Vorstandsvorsitzenden einer Aktiengesellschaft zu entwickeln ist, das, bei ausreichender Flexibilität, eventuell zukünftig Bestandteil aller entsprechenden Beschäftigungsverträge werden soll, dann müsste anstelle einer aggregierten Betrachtung eine Individualanalyse vorgenommen werden, was wiederum eine Reduzierung der Relevanz der systemischen Analyseebene nach sich ziehen würde. Je nach finanzieller Bedeutsamkeit des Vertrags für das Unternehmen sollten dabei auch monetäre Auswirkungen (finanzwirtschaftliche Analyseebene für originäre Human-Wertpotenziale) in die analytischen Überlegungen eingebunden werden. Losgelöst von den kategorial definierten Potenzialanalyseebenen kann in strategischer Hinsicht natürlich auch eine **gesamtunternehmens- oder eine geschäftsfeldbezogene Untersuchungsperspektive** zugrundegelegt werden.

Ausprägung / Ebene	Ausprägung 1 der Analyseebene	Ausprägung 2 der Analyseebene	Ausprägung 3 der Analyseebene
Analyseebene 1: Unternehmen / Geschäftsfeld	Gesamtunternehmen	Strategisches Geschäftsfeld	Keine Ausprägung
Analyseebene 2: Formal-prognostische Nähe zum Wertkonstrukt	Originäre Human-Wertpotenziale (hohe Monetarisierbarkeit)	Humane Agency-Kostensenkungspotenziale	Humane Ressourcenpotenziale
Analyseebene 3: Individual / Kollektiv	Humane Individualpotenziale	Humane Kollektivpotenziale	Keine Ausprägung
Analyseebene 4: Instrumental / Systemisch	Humane Instrumentalpotenziale	Humane Systempotenziale	Keine Ausprägung
Analyseebene 5: Sachlicher Potenzialgegenstand	Humane Wissenspotenziale	Humane Leistungspotenziale	Humane Motivationspotenziale

Tabelle 25: Beispiel eines priorisierenden Potenzialanalysemusters für das Thema wertorientiertes strategisches Anreiz- und Vergütungssystem (Quelle: Eigene Darstellung)

b) Träger des strategischen Personal-Wertkonzepts

Bei der Frage nach den Trägern eines strategischen Personal-Wertkonzepts geht es um die **organisatorische Fixierung und Einbettung** der strategischen Personalwirtschaft. Diese wird in der Literatur zum strategischen Personalmanagement eher rudimentär behandelt. So greift bei den eingangs besprochenen etablierten Ansätzen einer strategischen Personalwirtschaft allenfalls Erdenberger das Thema etwas eingehender auf. Er betont auf der Grundlage einer situativen Strukturgestaltungsperspektive die Erfordernis einer hierarchischen Gleichstellung des Funktionalbereichs Personal mit den anderen Funktionalbereichen und plädiert für einen informationsorientierten Beratungsansatz, in dem strategische Personalaufgaben zentralisiert und operative Personalfunktionen dezentralisiert werden.[1030] Geht man für den Regelfall bzw. für Unternehmen mit hoher Bedeutung und somit Wertrelevanz von Qualität und Quantität der Personalausstattung analog zu den Darlegungen im Grundlagenteil[1031] von einer **integrativ-simultanen Interaktionsbeziehung** zwischen Unternehmens- und Personalstrategie bzw. zwischen strategischer Unternehmensführung und strategischem Personalmanagement als rational begründbarster Beziehungsperspektive aus, so liegt eine **zentrale Bündelung und Konzentration** personalstrategischer Auf-

---

[1030] Vgl. dazu Kapitel B.II.2.a) bzw. Erdenberger, C. (1997), S. 87ff.
[1031] Vgl. Kapitel B.2.b).

gabenstellungen als Basis einer strategische Partnerschaft mit der Unternehmensführung auf der Hand. Auf dieser Basis lassen sich vor dem Hintergrund der vorangegangenen Ausführungen aus der Sicht des strategischen Personal-Wertkonzepts noch weitere Grundsätze der Strukturgestaltung für die spezielle Planungs- und Gestaltungsaufgabe ableiten. Die hohe Priorisierung der Personalfunktion für die betriebliche Wertsteigerung und für die Implementierung wertorientierter Unternehmensstrategien legt eine institutionelle Repräsentanz des Personalressorts in der Unternehmensleitung durch die Benennung eines **Personalvorstands** nahe, der gleichzeitig als Leiter eines *„personalstrategischen Kompetenzzentrums"* fungiert, in dem sich die Hauptaktionsfelder des strategischen Personal-Wertkonzepts inhaltlich wiederfinden sollten. Je nach Größe des Unternehmens und verfügbarer Ressourcenausstattung sind diese Aktionsfelder als eigenständige Struktureinheiten mit Stabsfunktion zu führen oder gegebenenfalls auch in aggregierten Einheiten zu bündeln. Im Extremfall bilden das personalstrategische Kompetenzzentrum und der Personalvorstand eine Ein-Personen-Einheit. Bei entsprechender Unternehmensgröße wäre auch die Einrichtung einer Führungsfunktion für das personalstrategische Kompetenzzentrum unterhalb der Position des Personalsvorstands denkbar. Über die Beteiligung und Verantwortungsübernahme der Stabsmitarbeiter bei **strategischen Projekten** zur personalen Wertschaffung soll eine Verbindung von strategischer Konzeptionierung und Implementierung gewährleistet sein und die Distanz zur personalen Linie reduziert werden. Zur Beauftragung und Koordination der strategischen Projekte bietet sich die Einrichtung eines Lenkungsausschusses an, dem die Leitungsinstanzen des personalstrategischen Kompetenzzentrums sowie Führungskräfte operativer Personalbereiche und von Kunden-Fachbereichen angehören. Strategisches Projektmanagement ist somit als integraler Bestandteil eines wertorientierten strategischen Personalmanagements zu betrachten. Damit wird der nachgewiesenermaßen besonderen Relevanz von Implementierungsaspekten für die Wertentstehung Rechnung getragen.

Die erforderliche **Qualifikation der Träger** eines strategischen Personal-Wertkonzepts ist abhängig von der wahrgenommenen Teilfunktion im Aktionsgefüge. Die Beherrschung des Instrumentariums wertorientierter Unternehmensführung und die Kenntnis grundlegender Personal-Wert-Zusammenhänge bilden jedoch die Voraussetzung einer erfolgreichen Aufgabenerfüllung und fundieren generelle strategische Schlüsselqualifikationen wie konzeptionelle Stärke, strategisches Denken, breite Unternehmenskenntnisse, Linien- und Projekterfahrung etc. im Qualifikationsprofil der Mitarbeiter eines personalstrategischen Kompetenzzentrums. Die wichtigsten Aspekte einer Organisation der strategischen Personalwirtschaft im Personal-Wertkonzept finden sich in Abbildung 45 wieder. Abbildung 46 enthält ein **idealtypisches Organigramm für ein personalstra-**

tegisches Kompetenzzentrum[1032] zur Darstellung von Strukturbeziehungen eines strategischen Personal-Wertkonzepts: Der Personalvorstand ist hier in Personalunion Leiter des personalstrategischen Kompetenzzentrums, des Lenkungsausschusses für strategische Personalprojekte sowie der operativen Personalfunktionen des Unternehmens. Die ihm unterstellten Leiter der Teilfunktionen des personalstrategischen Kompetenzzentrums sind ebenfalls als Mitglieder im Projektlenkungsausschuss vertreten, dem auch der Vorstand „Betriebswirtschaft" und die Leiter der operativen Personalteilfunktionen angehören.

- Unternehmenswertsteigerung als ökonomisches Leitbild
- Theoriemodule eines strategischen Personal-Wertkonzepts

- Definition und Basisanforderungen des strategischen Personal-Wertkonzepts
- Ökonomische Humanpotenziale als Analyseobjekte und resultierende Analyseebenen

Strategische Partnerschaft mit der Unternehmensführung
für integrativ-simultane Strategiefindung auf Unternehmens- und Personalebene

Prinzipien der Strukturgestaltung eines strategischen Personal-Wertkonzepts:

- Zentrale Bündelung und Konzentration von Aufgaben in einem personalstrategischen Kompetenzzentrum.
- Institutionelle Repräsentanz des Personalressorts (Leitung personalstrategisches Kompetenzzentrum) im Vorstand.
- Hauptaktionsfelder des strategischen Personal-Wertkonzepts als Strukturierungsbasis für das personalstrategische Kompetenzzentrum.
- Einrichtung eines Stabsbereichs mit Verantwortung für die Implementierung strategischer Projekte.
- „*Wert-qualifizierte*" Strategen als Träger des strategischen Personal-Wertkonzepts.

Abbildung 45: Ableitung von Prinzipien der Strukturgestaltung eines strategischen Personal-Wertkonzepts (Quelle: Eigene Darstellung)

[1032] Idealtypisch heisst in diesem Fall, dass die aufgestellten Strukturierungsprinzipien eines strategischen Personal-Wertkonzepts zur Anwendung kommen, dass aber eine grundsätzliche Offenheit für spezifische Gestaltungserfordernisse im Einzelfall vorliegt (Kontingenzorientierung).

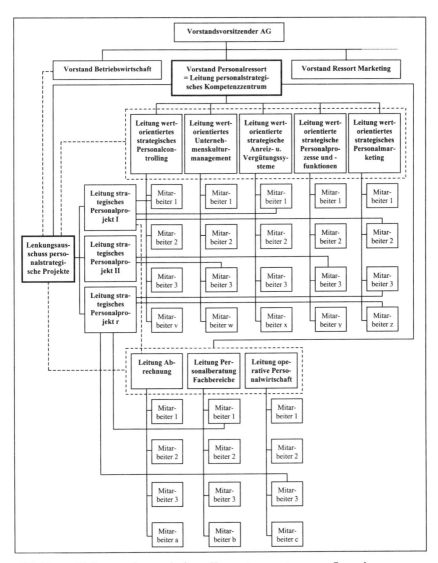

Abbildung 46: Personalstrategisches Kompetenzzentrum - Organigramm zur Strukturfestlegung im strategischen Personal-Wertkonzept (Quelle: Eigene Darstellung)[1033]

[1033] Durchgezogene Linien stehen für disziplinarische Weisungsbefugnisse bzw. ein Instanzenverhältnis, während gestrichelte Linien lediglich eine Mitgliedschafts- bzw. Fachbe-

Den Leitern der einzelnen strategischen Personalprojekte sind Mitarbeiter sowohl der strategischen als auch der operativen Personalfunktionen zugeordnet. Wichtigstes Ziel der idealtypischen organisatorischen Strukturierung ist die Verhinderung von Bruchstellen zwischen Unternehmensstrategie, Personalstrategie und Personaloperation, um eine bestmögliche Implementierung betrieblicher Wertstrategien jeglicher Provenienz zu gewährleisten.

5. Phasenschema des strategischen Analyse- und Managementprozesses im Personal-Wertkonzept

Auf der Grundlage der vorangegangenen Ausführungen[1034] lässt sich ein Phasenschema für den strategischen Analyse- und Managementprozess im Personal-Wertkonzept eruieren, welches die wesentlichen Inhaltselemente eines Managements ökonomischer Humanpotenziale abdeckt. Ausgangspunkt ist dabei der in Kapitel B.I favorisierte **integrativ-simultane Strategiegenerierungsansatz**, aus dem eine Parallelisierung von Unternehmens- und Personalstrategiefindungs- und -umsetzungsprozessen abgeleitet werden kann.

Gemeinsame Basis für Unternehmens- und Personalstrategieprozesse ist das als gesetzt zu betrachtende **Globalziel einer kontinuierlichen Shareholder Value-Steigerung** zur Bindung und Akquirierung wertmaximierender Eigenkapitalgeber. Die erste Phase des strategischen Analyse- und Managementprozesses dient der strategischen Analyse ökonomischer (Human-)Potenziale durch situationsbezogene Reflexionen auf dem Fundament ökonomischer Erklärungs- und Gestaltungsansätze. Umwelt- und Unternehmensanalysen liefern im interaktiven Austausch mit der strategischen Personal-Wertanalyse unternehmensstrategische Alternativen einer ökonomischen Wertsteigerung. Die **strategische Personal-Wertanalyse** zur Identifikation ökonomischer Humanpotenziale vollzieht sich hierbei in Anlehnung an die drei ausgewählten Theoriemodule[1035] in folgenden intra-inter-disziplinären Stufen: Zunächst erfolgt bezogen auf die verschiedenen Hauptaktionsfelder eines Managements ökonomischer Humanpotenziale eine **Analyse originärer Human-Wertpotenziale** zur Untersuchung hinreichend

---

ziehung verdeutlichen. Kleingeschriebene Einzelbuchstaben dienen der Kennzeichnung quantitativer Offenheit.

[1034] Vgl. dazu neben den Darstellungen in Kapitel C.III insbes. auch die in B.I und B.II erfolgten Kennzeichnungen personalstrategischer Planungs- und Kontrollaspekte bzw. -systeme.

[1035] Diese sind wie dargelegt eng mit dem Shareholder Value-Konzept verbunden oder stellen sinnvolle Perspektivenerweiterungen des Wertansatzes dar. Sie befinden sich allesamt in einem fortgeschrittenen Entwicklungsstadium und ergänzen sich vor dem Hintergrund des Analyseproblems (Berücksichtigung von Hard und Soft Facts). Gemeinsame Klammer der Theoriemodule ist deren Verankerung in der Ökonomie (vgl. dazu insbes. Kapitel C.II).

plan- und analysierbarer finanzwirtschaftlicher Aspekte strategischer Personaloptionen. Bei der Unternehmens- und Umweltanalyse des Unternehmensstrategieprozesses angefallene Informationen und Vorgaben sind hier, aber auch in den nachgelagerten Phasen, zu berücksichtigen. Je nach Operationalisierbarkeit werden spezifische Cash flow-Untersuchungen durchgeführt und werttreiberbasierte Kennzahlen als Analyseeckpunkte fixiert. Die auf die agencytheoretischen Erkenntnisse rekurrierende zweite Personal-Wertanalysephase versucht im Sinne einer ökonomischen Perspektivenweitung alternativenbezogene **humane Agency-Kostensenkungspotenziale** auszumachen, und diese in den strategischen Bewertungsprozess mit einzubringen. Im Mittelpunkt der Stufe 3 der strategischen Personal-Wertanalyse steht die Untersuchung **humaner Ressourcenpotenziale** vor dem Hintergrund der Erkenntnisse des Resource-based View of the Firm. In einer vierten Stufe werden die Ergebnisse der drei vorange-gangenen Analysephasen in der Portfoliodarstellung einer *„Matrix ökonomischer Humanpotenziale"* zusammengeführt, die als Grundlage für die Personal-Wertstrategieentscheidung(en) herangezogen wird. Die strategische Personal-Wertanalyse stellt den konzeptionellen Nukleus eines Managements ökonomischer Humanpotenziale dar.

Die der Analyse nachgelagerte **Entscheidungsphase** beinhaltet unternehmensseitig die Auswahl konkreter wertorientierter Unternehmensstrategien und personalseitig die Festlegung auf aktionsfeldbezogene strategische Programme bzw. personale Einzelstrategien zur Wertsteigerung (Personal-Wertstrategien), die in der Summe die wertbasierte Personalgesamtstrategie des Unternehmens determinieren. In der **Implementierungsphase** werden analog zur Definition von strategischen Projekten auf der Gesamtunternehmensebene personalstrategische Projekte zur Strategieumsetzung abgeleitet und mittels konkreter Maßnahmen umgesetzt. Die **strategische Kontrolle** der Projektdurchführung, der Wertwirksamkeit umgesetzter Maßnahmenprogramme sowie der Effizienz des praktizierten Planungs- und Kontrollprozesses schließt das Phasenschema ab bzw. leitet neue Analyse-, Entscheidungs- und Implementierungsschritte ein und sichert diese ab, so dass das Management ökonomischer Humanpotenziale auch als *„personalstrategischer Kreislauf der Wertschaffung"* charakterisiert werden kann, der für eine dynamische und kontinuierliche Auseinandersetzung mit den personalen Wertsteigerungspotenzialen eines Unternehmens steht. Die synoptische Darstellung des Planungs-, Implementierungs- und Kontrollprozesses muss nicht gezwungenermaßen der Schrittfolge in der Realität entsprechen. Diese kann auch durch zeitliche Versetzungen innerhalb des Phasenschemas und situative Variationen gekennzeichnet sein. Weiterhin ist analog dem Sachverhalt auf unternehmensstrategischer Ebene von Vor- und Rückkopplungen im Informationsgewinnungs-, -verarbeitungs- und -speicherungsprozess auszugehen.

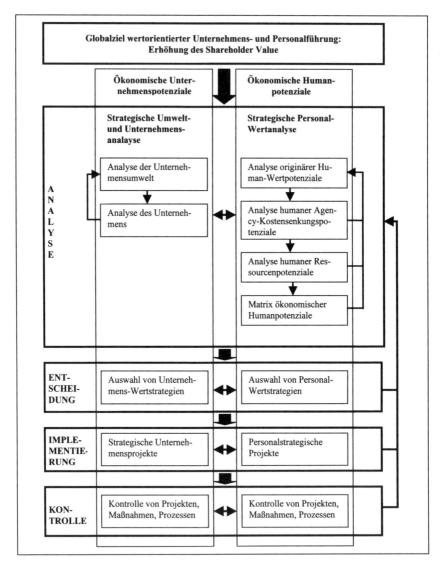

Abbildung 47: Strategischer Analyse- und Managementprozess im Personal-Wertkonzept als personalstrategischer Kreislauf der Wertschaffung (Quelle: Eigene Darstellung)

Träger des personalen Analyse- und Managementprozesses sind das bereits gekennzeichnete personalstrategische Kompetenzzentrum, unter Federführung des Aktionsfelds wertorientiertes strategisches Personalcontrolling für die Analyse-, Entscheidungs- und Kontrollphase, sowie die personalstrategischen Projekte bzw. der diese steuernde Lenkungsausschuss für die Implementierungsphase. Der Analyse- und Managementprozess des eigenen strategischen Personal-Wertkonzepts ist in seiner Gesamtheit in Abbildung 47 dargestellt.

IV. Integriertes Phasenschema zur Analyse ökonomischer Humanpotenziale - strategische Personal-Wertanalyse

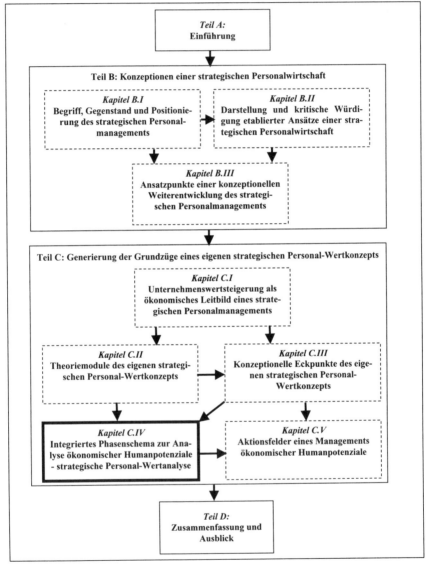

Abbildung 48: Kapitel C.IV im Gesamtkontext der Arbeit (Quelle: Eigene Darstellung)

Eine wichtige Zielsetzung der vorliegenden Untersuchung ist die in den nachfolgenden Passagen des Kapitels C.IV erfolgende **Konzipierung eines Analyseinstruments zur Bewertung ökonomischer Humanpotenziale** und damit zur Entscheidungsfindung bei personalstrategischen Problemstellungen. Dieses bereits als *„strategische Personal-Wertanalyse"* und als multifunktionales Herzstück des eigenen Personal-Wertkonzepts gekennzeichnete Analyseinstrument besteht in Bezugnahme auf die drei charakterisierten Shareholder Value-kompatiblen Theoriemodule entsprechend aus drei Analyseteilphasen, denen sich eine vierte Entscheidungsstrukturierungs- und Visualisierungsphase anschließt.[1036] Die **strategische Personal-Wertanalyse** dient definitionsgemäß der systematischen Aufbereitung von quantitativen und qualitativen Personalinformationen zur Evaluierung personalstrategischer Entscheidungsoptionen bzw. von Personal-Wertstrategien und ist als pragmatischer Ausdruck des vorgeschlagenen dreidimensionalen ökonomischen Spezifizierungskonzepts für strategisches Personalmanagement interpretierbar.[1037]

Ökonomische Humanpotenziale sind im Sinne personalstrategischer Optionen für in der Zukunft liegende Wertsteigerungen und somit als Untersuchungsobjekte der strategischen Personal-Wertanalyse inhaltlich vielfältig belegbar, wie die vorangegangene Potenzialkategorisierung gezeigt hat, so dass von einer objektbezogenen Multifunktionalität des zu generierenden Analyseschemas auszugehen ist.

1. Phase 1 der strategischen Personal-Wertanalyse: Analyse originärer Human-Wertpotenziale

Die erste Phase der strategischen Personal-Wertanalyse befasst sich mit der **Identifikation, Systematisierung und Konkretisierung originärer Human-Wertpotenziale**, die durch eine sehr enge formal-prognostische Nähe zum Shareholder Value-Wertkonstrukt gekennzeichnet sind und für die Zielrichtung einer Monetarisierung von personalen Entscheidungsparametern stehen, wie sie ansatzweise auch in den holistischen Bewertungs- und Kennzahlensteuerungsansätzen der Personalwirtschaft zum Tragen kommt.[1038]

[1036] Vgl. hierzu auch die Darstellung des strategischen Analyse- und Managementprozesses im vorangegangenen Kapitel C.III.5.

[1037] Vgl. dazu insbes. Kapitel C.III.1.

[1038] Vgl. hierzu auch die Ausführungen zur Kategorisierung humaner Wertsteigerungspotenziale in Kapitel C.III.3. Vgl. zu den holistischen Monetarisierungsbestrebungen insbes. Kapitel C.I.3.b) und c).

a) Finanzwirtschaftliche Verankerung der Analysephase

Theoretische Basis der ersten Analysestufe ist die formalanalytische Festlegung der **Shareholder Value-Formel**, die bei der Besprechung des Rappaportschen Wertansatzes (Discounted Cash flow Modell / Gesamtkapitalansatz) grundlegend erörtert[1039] und später auf ihre theoretischen Bestandteile hin untersucht wurde. Dabei konnten die Kapitalwert- bzw. Barwert-Methode, der WACC-Ansatz und das CAPM-Modell sowie das Marktwertmaximierungsprinzip für Eigenkapital als dem Shareholder Value-Gedanken innewohnende Schlüsseltheoriekomponenten ausgemacht werden.[1040] Eine Analyse ökonomischer Humanpotenziale sollte vor diesem theoretischen Hintergrund zunächst mit Untersuchungen starten, die einen unmittelbaren Bezug zum finanzwirtschaftlich begründeten Shareholder Value-Basismodell aufweisen. In Anlehnung an die identifizierte finanzwirtschaftliche Essenz des Wertansatzes können dabei folgende **theoriebasierten Anforderungen an die erste Phase der strategischen Personal-Wertanalyse** formuliert werden:[1041]

- Strategische Personalentscheidungen bezüglich Aufbau, Entwicklung und Nutzung ökonomischer Humanpotenziale sind als Investitionsentscheidungen auf ihre finanzwirtschaftlichen Folgewirkungen hin zu untersuchen.
- Soweit machbar und ökonomisch vertretbar, sollte für die Bewertung aller strategischen Personalentscheidungsalternativen eine dynamische Investitionsrechnung erfolgen, die dem Vorgehen des gesamtunternehmensbezogenen Discounted Cash flow-Verfahrens bzw. der mit ihr verbundenen Kapitalwertmethode entspricht.
- Für die auf die personalspezifischen betrieblichen Cash flows einwirkenden Personalkosten und das personalinduzierte Umsatzwachstum sind hierbei die wesentlichen Werttreiber zu identifizieren und hinsichtlich Wirkungsweise und Wirkungsgrad zu beurteilen.
- Für jede strategische Option (bestimmte Ausprägung eines ökonomischen Humanpotenzials) sind für den zugrundegelegten Planungszeitraum spezifische Kapital- und gegebenenfalls auch Residualwerte zu ermitteln.
- Als Näherungswert für die Renditeerwartungen der Eigenkapitalgeber dient der gemäß WACC-Ansatz ermittelte Kapitalkostensatz, der als Diskontierungsgröße herangezogen wird.

[1039] Vgl. dazu Kapitel C.I.1.

[1040] Vgl. hierzu eingehender Kapitel C.II.1.

[1041] Einzelne Aspekte der nachfolgend formulierten Anforderungen wurden bereits bei der Definition von Grundanforderungen an ein strategisches Personal-Wertkonzept in Kapitel C.III.2.c) angesprochen und dem Anforderungscluster für ein wertorientiertes strategisches Personalcontrolling zugeordnet (vgl. dazu Kapitel C.III.2.d) sowie insbes. Tabelle 24).

• Als Entscheidungsregel gilt, dass diejenige personalstrategische Alternative als optimal anzusehen ist, die zu einer maximalen Verbesserung der Vermögensposition der Eigenkapitalgeber führt, sprich den höchsten Kapitalwert generiert.

b) Holistische Bewertungsansätze und Kennzahlensteuerungskonzepte als weitere methodische Bezugspunkte

Außer den aus dem finanzwirtschaftlichen Theoriemodul abgeleiteten Erfordernissen lassen sich in Verbindung mit der monetären Grundausrichtung der ersten Analysephase auch die Erkenntnisse der Untersuchung **holistischer Literatursegmente mit Personal-Wert-Bezügen** einbinden. Neben einer Untermauerung der aus der Theoriebetrachtung abgeleiteten Anforderungen für eine erste Auseinandersetzung mit ökonomischen Humanpotenzialen kann die Beschäftigung mit den ganzheitlichen Bewertungs- und Kennzahlensteuerungsansätzen auch eine Reihe von Anhaltspunkten für das konkrete Wie einer dynamischen Geldflussbetrachtung im Personalbereich und für ergänzende Controllinginstrumentarien liefern.

Die **holistischen Bewertungsansätze**[1042] bieten neben der Notwendigkeitsbestätigung für geldbezogene Nutzenbarwertbetrachtungen insbesondere Referenzstrukturen und -modelle für die inhaltliche Ausgestaltung von Kapitalwert- bzw. Ertragswertverfahren im Personalbereich, vor allem was die monetäre Gesamtbewertung des Personalbestands bzw. von Mitarbeitersegmenten angeht. Trotz oder gerade wegen der dem Human Resource Accounting gegenüber vorgebrachten Kritikpunkte sollten die bis dato verfügbaren Konzeptionen analog der Vorgehensweise von Huber[1043] auf Modifizierbarkeit und pragmatische Übertragbarkeit für personalstrategische Planungsszenarien hin geprüft werden. So erscheinen etwa direkte Value Accounting-Verfahren aus dem unmittelbaren personenbezogenen Kontext herausgelöst und auf andere ökonomische Humanpotenziale übertragen, wie sie zum Beispiel aus spezifischen Ausprägungsformen von Anreizsystemen resultieren, durchaus plausibel und auch praktikabel. Auch das Arbeiten mit Belegschaftslohnsummen zur indirekten Schätzung von Nutzwerten mag im Einzelfall besser sein, als auf monetäre Evaluierungen ganz zu verzichten. Für das zumindest partielle Wiederaufgreifen des alten und neuen Erfahrungswissens der Literatur zur Humankapitalbewertung spricht auch die in jüngerer Vergangenheit wieder erkennbare zunehmende Dynamik des lange Zeit brachliegenden Forschungsfelds.

[1042] Vgl. hierzu umfassend Kapitel C.I.3.b).
[1043] Vgl. zu den von Huber vorgeschlagenen modifizierten Substanzwert-, Ertragswert- und Discounted Cash flow-Verfahren eingehender die Ausführungen in Kapitel C.I.3.b)bb).

Die als managementorientierte Weiterentwicklungen des Human Resource Accounting vorgestellten **Konzeptionen holistischer Kennzahlensteuerungen**[1044] stellen weiterhin einen Methodenpool zur Spezifizierung monetärer Analysefelder zur Verfügung. Die entsprechenden Beiträge machen vor allem die Notwendigkeit einer informatorischen Entscheidungsfundierung sowie einer Prozesssteuerung und -kontrolle mittels wertbezogener Kennzahlen(-systeme) deutlich. Die aus der finanztheoretischen Betrachtung abgeleiteten Anforderungen sind demnach um eine **zusätzliche Forderung** zu erweitern: Der Informationsgehalt der bei der Analyse von strategischen Personalentscheidungsalternativen zunächst zu ermittelnden Kapitalwerte sollte durch aussagefähige und themenabhängige Kennzahlenkonstrukte ergänzt und relativiert werden, die auch bei der Projektimplementierung einer gewählten Option zur Erschließung ökonomischer Humanpotenziale als Steuerungsgrößen heranziehbar sind. Verwendbare Systematiken finden sich hierfür etwa im HR Contribution Model nach Phillips,[1045] im HR Scorecard-Ansatz nach Becker / Huselid / Ulrich,[1046] im Human Capital-ROI-Konzept nach Fitz-enz[1047] sowie im kennzahlenorientierten Mitarbeiterführungsansatz von Bühner.[1048] Die genannten Konzeptionen wurden alle bereits eingehend besprochen und einer Bewertung unterzogen.

Analog zum finanzwirtschaftlichen Theoriemodul machen die zwei holistischen Konzeptionscluster die Erfordernis eines **wertorientierten strategischen Personalcontrollings** deutlich. Durch den Einsatz der strategischen Personal-Wertanalyse, die methodische Elemente der holistischen Ansätze zusammenführt, soll dieser Forderung im eigenen Personal-Wertkonzept entsprochen werden, dem darüber hinaus eine entsprechende Personalcontrollingfunktion auch schon als Hauptaktionsfeld mit Sonderstellung bei der Umsetzung einer Shareholder Value-orientierten strategischen Personalwirtschaft zugeordnet wurde.[1049]

c) Analysemodul 1: Entwicklung eines Schemas zur Erfassung originärer Human-Wertpotenziale

Aus den aus dem finanzwirtschaftlichen Theoriemodul und den holistischen Konzeptentwürfen abgeleiteten Anforderungen an eine erste strategische Analysephase resultiert ein eindeutiges Handlungsmuster für die Untersuchung „ur-

---

[1044] Vgl. hierzu die Analyse holistischer Kennzahlensteuerungsansätze in Kapitel C.I.3.c).

[1045] Vgl. dazu Kapitel C.I.3.c)aa).

[1046] Vgl. Kapitel C.I.3.c)bb).

[1047] Vgl. Kapitel C.I.3.c)cc).

[1048] Vgl. Kapitel C.I.3.c)dd). Eine Bestandsaufnahme weiterer kennzahlenbezogener Steuerungsansätze findet sich in Kapitel C.I.3.c)ee).

[1049] Vgl. hierzu insbes. die Anmerkungen zu einem wertorientierten strategischen Personalcontrolling in Kapitel C.III.2.d).

sprünglicher" monetärer Fakten, sprich für die Erfassung originärer Human-Wertpotenziale. Die einzelnen Schritte des ersten Analysemoduls werden nachfolgend beschrieben und summarisch in Abbildung 49 dargestellt.

Schritt 1 - Beschreibung des personalstrategischen Problems bzw. der zu untersuchenden ökonomischen Humanpotenziale: Der Einstieg in die Analyse erfolgt durch eine klare Umschreibung des Potenzialtyps bzw. des mit ihm verbundenen personalen Sachverhalts. Zur Klärung der Analyseebenen und eventueller analytischer Schwerpunktsetzungen ist zunächst ein priorisierendes Potenzialanalysemuster[1050] für die Kennzeichnung der Entscheidungssituation zu erstellen, aus dem unter anderem auch die Wichtigkeit eines finanzanalytischen Problemzugangs erkennbar wird. Im Rahmen der Problembeschreibung sollten weiterhin Reflexionen des potenzialbezogenen Ist-Zustands bezüglich der verfolgten Unternehmens- bzw. Geschäftsfeldstrategien erfolgen und wünschenswerte Änderungsrichtungen für eine Wertsteigerung inhaltlich aufgezeigt werden.

Schritt 2 - Ermittlung spezifischer Werttreiber für die selektierte ökonomische Humanpotenzialkategorieausprägung: Die Situations- und Potenzialbeschreibung des ersten Schritts ist Ausgangspunkt für die Identifizierung spezifischer Werttreiber, d.h. für Steuerungsgrößen, die Kosten- und / oder Umsatzwachstumseffekte nach sich ziehen. Für die einzelnen Werttreiber sind denkbare Ausprägungsformen festzulegen und für die verschiedenen Ausprägungen Wirkungsprognosen vorzunehmen, die beispielsweise in Form prozentualer Deltaaussagen festgehalten werden können. Im Idealfall können auf der Basis historischer Datenverfügbarkeiten statistische Wertveränderungsschätzungen für Standardabweichungen erfolgen.

Schritt 3 - Festlegung und Beschreibung alternativer spezifischer Potenzialgenerierungsformen: Nach der Klärung in Frage kommender Werttreibergrößen wird der Alternativenraum definiert, d.h. es werden spezifische Ausprägungsformen zur Potenzialgenerierung anhand der identifizierten Werttreibergrößen beschrieben. Gemäß der Darstellungslogik des morphologischen Kastens[1051] lassen sich Potenzialalternativen als ausgewählte Kombinationen spezifizierter Werttreiberausprägungen definieren.

[1050] Vgl. zum priorisierenden Potenzialanalysemuster die Erörterungen in Kapitel C:IV.a) und dort vor allem die beispielhafte Darstellung in Tabelle 25.
[1051] Vgl. zur Methode des morphologischen Kastens etwa Jungbluth, V. (1998), S. 136ff.

Humanpotenzialbezoge- ner Werttreiber	Spezifische Ausprägungen des Werttreibers		
Werttreiber 1	A	B	C
Werttreiber 2	I	II	III
Werttreiber 3	1)	2)	
Werttreiber 4	X	Y	
Werttreiber 5	a	b	c

Legende: Der schraffierte Bereich steht für eine spezifische Ausprägungskombination (Alternative) der in alphanumerischen und numerischen Kürzeln symbolhaft angeführten Werttreiberausprägungen

Tabelle 26: Morphologischer Kasten zur Ermittlung spezifischer ökonomischer Humanpotenzialausprägungen im Alternativenraum (Quelle: Eigene Darstellung)[1052]

Schritt 4 - Entscheidung über die Durchführung bzw. Durchführbarkeit einer **Kapitalwertvergleichsrechnung** und gegebenenfalls Auswahl eines anderweitigen monetären Bewertungsverfahrens: Die bis zum Schritt 4 gesammelten Informationen sind als Basis für eine Entscheidung über die Adäquanz eines Kapitalwertvergleichs für die ermittelten Potenzialauspägungsformen zu betrachten, der idealtypisch anzustreben ist. Sollten die zur hierfür erforderlichen Informationsbeschaffung anfallenden Aufwändungen in keinem Verhältnis zum erwarteten Analysenutzen stehen, dann ist von einer detaillierten Kapitalwertermittlung abzusehen. Bei strategischen Problemstellungen im Personalbereich muss mit dieser Situation aufgrund der äußerst schwer ermittelbaren Ertragseffekte personaler Maßnahmen oder Eigenschaften gerechnet werden. Wenn dies der Fall ist, dann ist auf eine praktikablere Monetarisierungsoption auszuweichen. Hier dürften insbesondere dynamische Kostenvergleichsrechnungen zum Tragen kommen.

Schritt 5 - Festlegung eines adäquaten **Prognosezeitraums** und gegebenenfalls einer geeigneten **Residualwertregel**: Je nach zugrundeliegender Potenzialkategorie ist ein strategischer Prognosezeitraum festzulegen, für den im Falle einer Kapitalwertermittlung Zahlungsstromprognosen vorgenommen werden müssen. Weiterhin ist aufgrund der strategischen Ausrichtung der Personal-Wertanalyse das Thema Residualwert potenzialbezogen zu klären. Wie bei der Besprechung des Rappaportschen Wertansatzes angeführt,[1053] kann der Residualwert bei Un-

---

[1052] Die in der Tabelle abgebildete Beispielalternative ist durch die Wertfaktorenausprägungskombination AI2)Yc charakterisierbar.

[1053] Vgl. zu den Themenkreisen Prognosezeitraum und Residualwertermittlung die entsprechenden Ausführungen in Kapitel C.I.1.a).

ternehmensbewertungen einen Großteil des Gesamtunternehmenswerts ausmachen. Dies trifft gleichermaßen auf nachgelagerte wertbezogene Betrachtungsebenen zu, wie sie ökonomische Humanpotenziale darstellen. Denkbar sind dabei etwa eine vollständige Nichtberücksichtigung von Residualwerten oder die Heranziehung der für Wachstumssituationen empfohlenen Annuitätenmethode, die im Regelfall von einer nachgelagerten Zukunftsrendite in Höhe des Kapitalkostensatzes ausgeht. Über prognosebasierte Renditevariationen oberhalb oder unterhalb des Kapitalkostensatzes bei der Residualwertbestimmung mittels eines ewigen Rentenmodells lassen sich weitere Zukunftskonstellationen berücksichtigen. Dies führt jedoch bei Fehlprognosen zu erheblichen Wertverzerrungen und eröffnet im Einzelfall hohe Manipulationsspielräume für das Schön- oder Totrechnen strategischer Optionen.

Schritt 6 - Ermittlung des heranzuziehenden **Kapitalkostensatzes**: Für die Operationalisierung originärer Human-Wertpotenziale wird auf denselben Kapitalkostensatz zurückgegriffen, der auch bei der Gesamtunternehmensbewertung zum Einsatz kommt. Die Bestimmung des Diskontierungssatzes erfolgt mittels dem vorgestellten WACC-Modell.[1054]

Schritt 7 - **Berechnung spezifischer Kapitalwerte** für alternative Ausprägungsformen ökonomischer Humanpotenziale: Für die im Alternativenraum liegenden Humanpotenzialausprägungen werden nun unter Verwendung der Kapitalwertformel[1055] spezifische Kapitalwerte errechnet, die zur Fundamentalbewertung einzelner Strategieoptionen herangezogen werden. Die Standardformel für die Kapitalwertermittlung ist dabei in Abhängigkeit von der Residualwertentscheidung zu modifizieren und würde für den Fall des Annuitätenansatzes wie folgt aussehen:

$$C_0(HP_j) = \sum_{t=0}^{T}(E(HP)_{j(t)} - A(HP)_{j(t)}) \cdot \frac{1}{(1+i)^t} + \frac{(E(HP)_{j(T+1)} - A(HP)_{j(T+1)})}{i}$$

$$= \sum_{t=0}^{T} CF(HP)_{j(t)} \cdot \frac{1}{(1+i)^t} + \frac{CF(HP)_{j(T+1)}}{i} \quad ; \text{für alle j}$$

[1054] Vgl. zum WACC-Ansatz genauer Kapitel C.I.1.a)aa) sowie Kapitel C.II.1.a).
[1055] Vgl. zur Formaldarstellung des Kapitalwertverfahrens Kapitel C.II.1.a).

Dabei gilt:

$C_0(HP)_j$ = Kapitalwert einer spezifischen Humanpotenzialausprägung j zum Entscheidungszeitpunkt t = 0,

T = zugrundegelegter Planungs- bzw. Prognosezeitraum (hier: Wertsteigerungszeitraum),

i = Kapitalkostensatz gemäß WACC,

$E(HP)_{j(t)}$ = erwartete humanpotenzialspezifische Einzahlungen in Periode t,

$A(HP)_{j(t)}$ = erwartete humanpotenzialspezifische Auszahlungen in Periode t,

$CF(HP)_{j(t)}$ = erwarteter humanpotenzialspezifischer Cash flow in Periode t.

Für den Fall einer situationsbedingten dynamischen Kostenvergleichsrechnung erfolgt entsprechend eine Diskontierung humanpotenzialspezifischer Kostenwerte im Analysezeitraum T ebenfalls zum Kapitalkostensatz.

Schritt 8 - Ermittlung einer **Alternativen-Rangreihe** nach dem Kriterium Kapitalwerthöhe: Im Anschluss an die Ermittlung humanpotenzialspezifischer Kapitalwerte (bzw. Kostengrößen) werden die Potenzialausprägungen in Abhängigkeit von der Kapitalwerthöhe (Kostenhöhe) in eine Rangreihe gebracht, die als erste und grundlegende Orientierung für die Entscheidungsfindung dient.

Schritt 9 - Auswahl und Prognose ergänzender **Wertkennzahlen** und eventuelle Neuordnung der Alternativen-Rangreihe: Für die betrachteten Humanpotenzialausprägungen werden ergänzend geeignete Kennzahlen mit mittelbarem oder unmittelbarem Wertbezug bestimmt. Hier bieten, wie bereits angeführt, die kennzahlenorientierten Steuerungsansätze einen breiten Fundus für eine situationsadäquate Auswahl.[1056] Die Kennzahlen sollten einzelperiodenbezogen, aber auch als Durchschnittswerte über alle Perioden hinweg ermittelt und dargestellt werden. Die Kapitalwertausprägungen sind unter Heranziehung der ermittelten Personalkennzahlen dann zu relativieren. Dies kann zum Beispiel durch die Vergabe von situationsabhängigen Gewichtungsfaktoren für die Kapitalwerte und Einzelkennzahlen und die Ergebnistransformation mittels eines Scoring-Modells[1057] erfolgen. Die Punktwerte lassen sich dabei umgekehrt proportional zur Position in der kapitalwert- oder kennzahlenbezogenen Rangreihe ermitteln.

[1056] Vgl. die vorangegangenen Ausführungen in Kapitel C.IV.1.b) und C.I.3.c).

[1057] Vgl. zum auch nachfolgend erneut aufgegriffenen Konzept des Scoring-Modells (bzw. Nutzwertanalyse oder Punktbewertungsmodell) Rinza, P. / Schmitz, H. (1992), insbes. S. 36, S. 207ff.; Dinkelbach, W. (2002), Sp. 1312ff.; Lillich, L. (1992), insbes. S. 9ff.; Berndt, R. (1995), S. 22, S. 368f., S. 467f., S. 472ff.; Bechmann, A. (1978), insbes. S. 20ff.

Weiterhin käme die Durchführung von kennzahlenabhängigen Zu- oder Abschlägen für die Residualwertgrößen der humanpotenzialspezifischen Kapitalwerte in Betracht. Eine mögliche Orientierungsgröße hierfür wäre die durchschnittliche prozentuale Abweichung aller einer bestimmten Humanpotenzialausprägung zugeordneten Kennzahlen vom arithmetischen Mittel der Kennzahlen aller unterschiedenen Humanpotenzialalternativen. Diese sind im Anschluss an die kennzahlenorientierte Relativierung der Kapitalwertinformationen in eine neue Rangordnung zu bringen.

Schritt 10 - Favorisierung effizienter bzw. **Eliminierung ungeeigneter Handlungsoptionen**: Die Rangreihe der spezifischen Humanpotenzialausprägungen nach der kennzahlenorientierten Neusortierung ist Grundlage für die Entscheidung über eine untersuchungsaufwandsreduzierende Favorisierung von wenigen Alternativen, die im Rahmen der nachgeschalteten Analysemodule 2 und 3 noch eingehender betrachtet werden sollen. Anders formuliert sind Alternativen, die offensichtlich nach den durchgeführten Bewertungsschritten allen anderen Alternativen unterlegen sind, eliminierbar, sofern das priorisierende Potenzialanalysemuster nicht drastische Verschiebungen in den nachgelagerten Analysemodulen erwarten lässt.

Die **konkreten Anwendungsbezüge** der einzelnen Schritte des ersten Moduls der strategischen Personal-Wertanalyse werden zusammen mit den anderen Modulen bei der Besprechung der Aktionsfelder eines Managements ökonomischer Humanpotenziale[1058] noch anhand aktionsfeldbezogener Fallbeispiele verdeutlicht.

[1058] Vgl. hierfür Kapitel C.V.

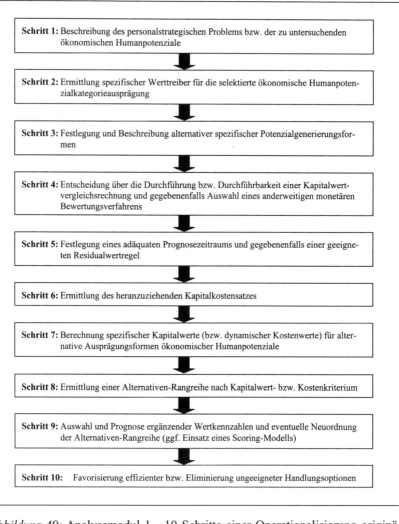

Abbildung 49: Analysemodul 1 - 10 Schritte einer Operationalisierung originärer Human-Wertpotenziale (Quelle: Eigene Darstellung)

2. Phase 2 der strategischen Personal-Wertanalyse: Analyse humaner Agency-Kostensenkungspotenziale

Die zweite Phase der Personal-Wertanalyse beinhaltet in Anlehnung an die vorgenommene qualitative Perspektivenweitung bei der Diskussion theoretischer Ansätze zur Fundierung eines wertorientierten strategischen Personalmanagements[1059] eine an den theoriebedingten Defiziten der monetären Analysephase ansetzende und diese ergänzende Untersuchung und Bewertung von mit ökonomischen Humanpotenzialausprägungen verbundenen humanen Agency-Kostensenkungspotenzialen. Die strategische Personal-Wertanalyse wird damit auf ein breiteres und „strategischeres" Fundament aufgebaut, was in Folge zu einer Erhöhung der Realitätsnähe und zur Einbeziehung erweiterter Verhaltensperspektiven führt.

a) Theoretische Verwurzelung in der Agency-Theorie: Bedeutung der Agency-Kosten im Personal-Wertkonzept

Bei der Diskussion agencytheoretischer Kernaussagen konnte das Konstrukt der **Agency-Kosten** als Dreh- und Angelpunkt für eine personalstrategische Analyse mit Wertbezug ausgemacht werden, das über direkte, aber vor allem auch über indirekte Cash flow- und Kapitalkosteneffekte mit dem Shareholder Value-Modell verbunden ist.[1060] Je nach Betrachtungsebene sind in einem Unternehmen alle Führungskräfte und alle Beschäftigten ohne Führungsaufgaben als Agenten zur Aufgabenerfüllung gegenüber den Prinzipalen (Eigentümer oder zwischengeschaltete Manager) verpflichtet. Die Prinzipal-Agenten-Thematik betrifft insofern den gesamten Mitarbeiterbestand eines Unternehmens und kann als essenzielle Personalproblemstellung mit strategischer Tragweite aufgefasst werden. Agency-Kosten wurden einerseits als Differenzkosten zwischen Ideal- und Realzustand bei vollkommener Informationssymmetrie bzw. bei Informationsasymmetrie definiert und andererseits als Summe aus Monitoring Costs (Kontrollkosten des Prinzipals), Bonding Costs (Kosten des Agenten für eventuelle Garantieleistungen bzw. für die Reduzierung von Informationsasymmetrien und Zielkonflikten, die dieser wiederum auf den Prinzipal zu verlagern sucht) und Residual Loss (resultierende Wertdifferenz zwischen optimalen und tatsächlichen Aktionen des Agenten im Sinne von Opportunitätskosten des Prinzipals). Agency-Kosten sind als Marktwertverluste und somit als Vermögensverluste für die Unternehmenseigner interpretierbar und erhöhen als Risikokosten für die Eigenkapitalgeber die für die Shareholder Value-Bestimmung maßgebli-

---

[1059] Vgl. hierzu Kapitel C.II.2.

[1060] Vgl. dazu und zu den nachgelagerten Ausführungen Kapitel C.II.2, insbes. aber C.II.2.b) und die Darstellung von Verbindungen zwischen Agency-Theorie, Shareholder Value-Ansatz und strategischem Personalmanagement in Abbildung 36.

chen Kapitalkosten. Die mit einer bestimmten Agency-Kostenausprägung und -struktur verbundenen informationssymmetrierenden oder -asymmetrierenden **institutionellen Regelungen** führen zu Veränderungen des Shareholder Value über mit diesen Regelungen verbundene Entscheidungs- und Verhaltenskonsequenzen für die Agenten, die wiederum die betrieblichen Cash flow-Ströme bzw. dahinter stehende Umsatzwachstums- und Kostengrößen beeinflussen. Weiterhin sind die implementierten Lösungen zur Behandlung von Informationsasymmetrieproblemen (Hidden Characteristics / Hidden Intention, Hidden Action, Hidden Information) auch mit unmittelbaren Zahlungswirkungen verbunden (z.b. externe Beratungskosten für die Einführung eines neuen variablen Vergütungskonzepts für Führungskräfte).

Wie bereits an anderer Stelle angeführt,[1061] muss unter Praktikabilitätsgesichtspunkten bei der Integration von Agency-Kostenüberlegungen in einem personalstrategischen Entscheidungsfindungsansatz auf **vereinfachende Kalküle** zurückgegriffen werden. Diese werden nachfolgend im Modul 2 der strategischen Personal-Wertanalyse zusammengeführt, so dass die Agency-Theorie als zweiter Theoriebaustein neben den finanzwirtschaftlichen Grundüberlegungen und als weitere Bewertungskomponente für ökonomische Humanpotenziale in der eigenen Personal-Wertkonzeption zum Tragen kommt.

b) Analysemodul 2: Darstellung eines Schemas zur Analyse von humanen Agency-Kostensenkungspotenzialen

Die Identifikation von humanen Agency-Kostensenkungspotenzialen setzt auf den **Ergebnissen der Analyse originärer Human-Wertpotenziale** auf, d.h. es sind zum Startzeitpunkt der zweiten Personal-Wertanalysephase spezifische Ausprägungsformen ökonomischer Humanpotenziale definiert, fundamental hinsichtlich monetärer Wirkungszusammenhänge bewertet und vorselektiert worden. Eine Beschreibung auch der unternehmensstrategieseitig gegebenen Rahmenbedingungen und der wichtigsten Werttreiberbeziehungsketten liegt vor. Weiterhin ist eine Unterscheidung von engem (fixierter Planungszeitraum T der ersten Analysephase) und weitem (zeitlich dem engen Planungszeitraum nachgelagerte Zukunft t > T) Planungshorizont erfolgt.

Für potenzialanalytische Zwecke bietet sich nun die Heranziehung der **summarischen Agency-Kostendefinition** an. Ein sinnvoller Einstieg in die Agency-Kostenanalyse wird durch die Hinterfragung des Residual Loss als erstes Analysefeld ermöglicht. In diesem Zusammenhang ist zuerst zu klären, ob mit einer

[1061] Vgl. Kapitel C.II.2.b), in dem auch das anschließend in C.IV.2.b) angeführte Vorgehen des zweiten Analysemoduls ansatzweise bereits angesprochen wurde.

alternativen Humanpotenzialausprägung Veränderungen im Informationsasymmetrie- oder Zielkonfliktgefüge des Unternehmens bzw. der Geschäftseinheit verbunden sind. Falls ja, dann sind Richtung (Erhöhung / Verringerung) und Ausmaß (hoch / niedrig) dieser Veränderungen näherungsweise zu bestimmen. Gleiches wird in einem zweiten und dritten Schritt für die Monitoring und Bonding Costs durchgeführt, wobei gegebenenfalls eine Unterscheidung einzelner Agency-Subkostenkategorien vorgenommen werden kann. In einem vierten Analyseschritt erfolgt anschließend die Fragestellung, ob die Summe der Monitoring und Bonding Cost-Effekte die Residual Loss-Veränderungen über- oder unterschreitet, so dass eine Schätzung des wertwirksamen Gesamteffekts hinsichtlich der Agency-Kosten (Anstieg versus Senkung und hoch versus gering) möglich wird. Die Analyse sollte sich dabei ausschließlich auf die **mittelbaren** und eher **langfristig** wirksam werdenden **Agency-Kosteneffekte** konzentrieren, da direkte Agency-Kostenwirkungen (Cash flow- und Kapitalkostenbeeinflussung im fixierten Planungshorizont) einer spezifischen Humanpotenzialausprägung bereits im Rahmen der Zahlungsstromprognosen der ersten Personal-Wertanalysephase berücksichtigt werden. Ergebnis der zweiten Analysephase ist damit eine grundlegende Einschätzung der (mittelbaren) Agency-Kostenwirkungen personalstrategischer Alternativen oder anders formuliert eine Transparentmachung der mit einer Alternative verbundenen indirekten humanen Agency-Kostensenkungspotenziale. In diesem Zusammenhang sei darauf hingewiesen, dass sowohl bei der Analyse von humanen Agency-Kostensenkungspotenzialen als auch bei der vorgelagerten Finanzanalyse und der nachgelagerten Ressourcenanalyse auch **negative Potenzialitäten** denkbar sind, selbst wenn die positive, wachstumsorientierte Grundausrichtung der hier zugrundegelegten Definition ökonomischer Humanpotenziale dies nicht expliziert. Die Möglichkeit einer Existenz disökonomischer Humanpotenziale und die Notwendigkeit der Berücksichtigung dieser Möglichkeit bei der personalstrategischen Analyse wurde jedoch bereits an anderer Stelle deutlich gemacht.[1062]

Eine Gesamtdarstellung des Ablaufschemas der zweiten Personal-Wertanalysephase findet sich nachfolgend in Abbildung 50.

Tabelle 27 enthält weiterhin ein **Analyseraster zur systematischen Evaluierung mittelbarer humaner Agency-Kostensenkungspotenziale**. Im Analyseraster findet sich zum einen eine vereinfachte verbale Hoch-Niedrig-Evaluierung, zum anderen aber auch ein detaillierteres Punktbewertungsschema mit Gewichtung der Agency-Kostenkomponenten und -subkategorien sowie denkbaren positiven und negativen Punktwertausprägungen wieder. Die Wertgesamteffektschätzung beinhaltet in diesem Fall eine gewichtete Gesamtpunktzahl

---

[1062] Vgl. dazu die diesbezüglichen Ausführungen in Kapitel C.III.3.

als Endergebnis. Beim Scoring-Modell wurde eine Bewertungsskala von +3 (höchste bzw. beste Ausprägung) bis -3 (niedrigste bzw. geringste Ausprägung) zugrundegelegt. Bei der Schritt-Gewichtung ist lediglich eine Differenzierung von Schritt 2 und Schritt 3 erforderlich. Abweichend von der Standardvorgehensweise eines Punktbewertungsmodells wird in einem Zwischenschritt zunächst die für die Wertaufrechnung mit Schritt 1 erforderliche Gesamteffektausprägung von Schritt 2 und 3 als gewichtete Summe aus Monitoring Cost- und Bonding Cost-Effekt berechnet. Die Gegenüberstellung bzw. Aufrechnung der Residual Loss-Analyseergebnisse mit den Monitoring und Bonding Cost-Analyseergebnissen erfolgt gleichgewichtig. Die Unterscheidungsmöglichkeit von Kostensubkategorien erhöht die Flexibilität des Bewertungsmodells, die Zweckmäßigkeit und Praktikabilität muss allerdings im Einzelfall geprüft werden.

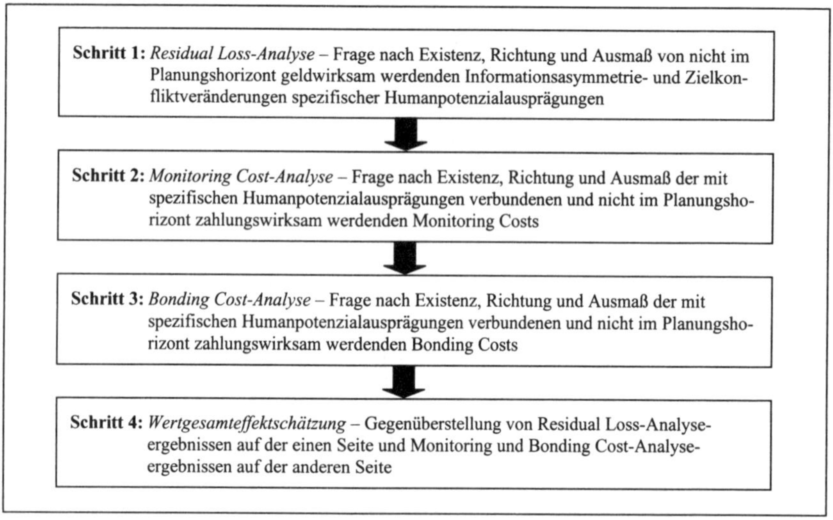

Schritt 1: *Residual Loss-Analyse* – Frage nach Existenz, Richtung und Ausmaß von nicht im Planungshorizont geldwirksam werdenden Informationsasymmetrie- und Zielkonfliktveränderungen spezifischer Humanpotenzialausprägungen

Schritt 2: *Monitoring Cost-Analyse* – Frage nach Existenz, Richtung und Ausmaß der mit spezifischen Humanpotenzialausprägungen verbundenen und nicht im Planungshorizont zahlungswirksam werdenden Monitoring Costs

Schritt 3: *Bonding Cost-Analyse* – Frage nach Existenz, Richtung und Ausmaß der mit spezifischen Humanpotenzialausprägungen verbundenen und nicht im Planungshorizont zahlungswirksam werdenden Bonding Costs

Schritt 4: *Wertgesamteffektschätzung* – Gegenüberstellung von Residual Loss-Analyseergebnissen auf der einen Seite und Monitoring und Bonding Cost-Analyseergebnissen auf der anderen Seite

---

Abbildung 50: Analysemodul 2 - 4 Schritte einer Analyse humaner Agency-Kostensenkungspotenziale (Quelle: Eigene Darstellung)

Formal lässt sich die Bestimmung des gewichteten Gesamtpunktwerts als Maßgröße für das Agency-Kostensenkungspotenzial einer spezifischen Humanpotenzialausprägung wie folgt darstellen:

$$GPZ(HP_j) = \sum_{k=1}^{2} x_{jk} \cdot g_k + \sum_{s=1}^{2}\sum_{k=1}^{Ns} y_{jsk} \cdot g_{sk} \cdot g_s \quad ; \text{ für alle } j$$

Dabei gilt:

$GPZ(Hp_j)$ = Gewichtete Gesamtpunktzahl einer spezifischen Humanpotenzialausprägung j,

x_{jk} = Einzelpunktwerte der 2 Subkategorien der Residual-Loss-Analyse (k=1 für Zielkonfliktveränderungen und k = 2 für Informationsasymmetrieveränderungen; $-3 \leq x_{jk} \leq +3$),

g_k = Gewichtung der Einzelpunktwerte der Residual Loss-Subkategorien (k = 1, 2 und $\sum\limits_{k=1}^{2} g_k = 1$),

N_s = Anzahl von Subkategorieausprägungen (s = 1 für Monitoring Cost und s = 2 für Bonding Costs),

y_{jsk} = Subkategorienbezogene Einzelpunktwerte der Monitoring und Bonding Cost-Analyse (s = 1 für Monitoring Costs und s = 2 für Bonding Costs; k = 1,...,N_s; $-3 \leq y_{jsk} \leq +3$),

g_{sk} = Gewichtung der subkategorialen Einzelpunktwerte von Monitoring und Bonding Cost-Analyse (s = 1 für Monitoring Costs und s = 2 für Bonding Costs; $\sum\limits_{k=1}^{Ns} g_{sk} = 1$),

g_s = Gewichtung der Gesamtpunktwerte von Monitoring und Bonding Cost-Analyse ($\sum\limits_{s=1}^{2} g_s = 1$).

Der gewichtete Gesamtpunktwert in Tabelle 27 (*GPZ(HP)*) errechnet sich gemäß der erfolgten Formalvorgabe als Summe aus Schritt (1) = 1,5 +1,5 = +3 und Schritt (2) + (3) = 0,5 • (-1,5 – 1,5) + 0,5 • (-3) = -3 und ergibt damit den Wert 0 für eine Neutralausprägung (keine Wertwirksamkeit).

Analyse-schritt	Schritt-Gewich-tung (g_s)	Kostensub-kategorien	Gewich-tung Subkate-gorien (g_k bzw. g_{sk})	Exi-stenz (Ja / Nein)	Richtung (Positiv / Negativ bzw. Punktwert-vorzeichen)	Ausmaß (Hoch / Nied-rig / Mittel bzw. Teil-punktwerte)	Gewichtete Punktwerte
(1) Residual Loss-Analyse	Bei Wertge-samtef-fekt-schät-zung analog (2) + (3)	Zielkonflikt-veränderun-gen	0,5	Ja	Positiv (Plus)	Hoch (+3)	+1,5
		Informati-onsasymme-trieverände-rungen	0,5	Ja	Positiv (Plus)	Hoch (+3)	+1,5
(2) Monito-ring Cost-Analyse	0,5	Kontrollko-stentyp A	0,5	Ja	Negativ (Minus)	Hoch (-3)	-1,5
		Kontrollko-stentyp B	0,5	Ja	Negativ (Minus)	Hoch (-3)	-1,5
(3) Bonding Cost-Analyse	0,5	Garantielei-stungskosten I (durch Agenten einforderbar)	1	Ja	Negativ (Minus)	Hoch (-3)	-3
		Garantielei-stungskosten II (durch Agenten einforderbar)	0	Nein	Keine Aus-prägung	Keine Ausprä-gung	0
(4) Wert-gesamtef-fektschätz-ung					Keine Aus-prägung	**Neutral**	0

Tabelle 27: Analyseraster zur systematischen Evaluierung humaner Agency-Kostensenkungspotenziale (Quelle: Eigene Darstellung)[1063]

[1063] Die zu füllenden Matrixfelder wurden exemplarisch für eine spezifische ökonomische Humanpotenzialausprägung belegt. Für die Analyseschritte (1) bis (3) sind bei der Be-wertung der Effektausmaße Hoch- und Niedrig-Ausprägungen sowie Punktwerte vorge-geben. Bei der Wertgesamteffektschätzung ist aufgrund möglicher wechselseitiger Kom-pensationswirkungen auch eine neutrale Ausprägung (keine Wertwirksamkeit) denkbar, so wie dies in der beispielhaften Darstellung hier der Fall ist.

3. *Phase 3 der strategischen Personal-Wertanalyse: Analyse humaner Ressourcenpotenziale*

a) Der Ressourcenansatz als Ausgangspunkt: Relevanz humaner Ressourcenpotenziale im Personal-Wertkonzept

Bezugsbasis für die dritte Phase der strategischen Personal-Wertanalyse ist die bei der Theoriediskussion vorgenommene **zweite ökonomische Perspektivenweitung**[1064] durch die Integration des als kompatibel erwiesenen strategischen Ressourcenansatzes in das dem eigenen Personal-Wertkonzept zugrundeliegende Theoriegefüge. Dies erlaubt die Verwendung eines zeitgemäßen, dem heutigen Entwicklungsstand der Personalwirtschaftslehre entsprechenden realitätsnäheren Menschenbilds, den Einbezug innenorientierter qualitativ-strategischer Aussagensysteme mit geringem Monetarisierbarkeitsgrad und kontingenztheoretischer Erkenntnisse sowie eine Verlagerung des Fokus weg von der in der zweiten Analysephase stattfindenden (Agency-)Kostenfokussierung hin zur Analyse der Voraussetzungen für eine Generierung dauerhafter Wettbewerbsvorteile auf den Gütermärkten.

Gegenstand der dritten Analysephase ist die **Erfassung und Bewertung humaner Ressourcenpotenziale**, die von den drei der Personal-Wertanalyse zugrundeliegenden Potenzialtypen die größte formal-prognostische Distanz zum Wertkonstrukt aufweisen, d.h. kaum in monetären Kategorien darstellbar sind.[1065] Humane Ressourcenpotenziale schließen durch die definitorische Bezugnahme auf die festgestellten Merkmalseigenschaften erfolgspotenzialgenerierender Ressourcen implizit auch kontingenzbasierte Erfolgspotenzialaspekte (*„humane Stimmigkeitspotenziale“*) mit ein, die wie bereits dargelegt, in der strategischen Analyse jedoch expliziert werden sollten. Die Kennzeichnungsmerkmale humaner Ressourcenpotenziale[1066] Nicht-Imitierbarkeit, Unternehmensspezifität, Nicht-Substituierbarkeit und Fähigkeit zur marktbezogenen Nutzenstiftung stellen zusammen mit dem geforderten in- und externen Kontingenzbezug[1067] die Referenzpunkte für das dritte Analysemodul der strategischen Personal-Wertanalyse dar.

[1064] Vgl. zu den diesbezüglichen Ausführungen Kapitel C.II.3.

[1065] Vgl. zu den in Anlehnung an das Kriterium „formal-prognostische Nähe zum Wertkonstrukt" unterschiedenen Typen ökonomischer Humanpotenziale Kapitel C.III.3.

[1066] Vgl. dazu eingehender Kapitel C.II.3.a).

[1067] Vgl. zur Diskussion einer Integrierbarkeit kontingenztheoretischer Grundannahmen in das strategische Personal-Wertkonzept Kapitel C.II.3.c).

b) Analysemodul 3: Generierung eines Schemas zur Analyse von humanen Ressourcenpotenzialen

Das dritte Analyseschema besteht aus den zwei Untersuchungsfeldern *„Ressourcenpotenzialität"* und *„Kontingenzadäquanz"*. Der Terminus **Ressourcenpotenzialität** steht für die Ermittlung und Bewertung spezifischer Ausprägungen ökonomischer Humanpotenziale hinsichtlich der Erfüllung von Anforderungen an dauerhaft erfolgs- bzw. wertgenerierende Ressourcen. Beschreibungs- und Bewertungskriterien sind die genannten Kennzeichnungsmerkmale, so dass insgesamt vier Analyseschritte resultieren, im Rahmen derer für jedes Kriterium dessen Existenz und das Ausmaß der Ausprägung ermittelt wird. Bezüglich des Kriteriums **Nicht-Imitierbarkeit** wird hinterfragt, ob und in welchem Umfang eine Humanpotenzialvariante durch Konkurrenten kopiert werden kann. Dies hängt davon ab, inwieweit historische Pfadabhängigkeiten, Ressourceninterdependenzen, zeitbezogene Ressourcenerosionen und Ineffizienzen, akkumulationsbasierte Multiplikatoreffekte oder kausale Ambiguitäten wirksam werden können. Bei der Bewertung der **Unternehmensspezifität** stellt sich die Frage nach dem Ausmaß einer organisationalen Potenzialeinbindung und der Struktur- und Prozesskomplexität einzelner Humanpotenzialausprägungen. Weiterhin ist zu untersuchen, inwieweit bestimmte Humanpotenzialvarianten durch **Potenzialsubstitute** seitens der Wettbewerber ersetzt werden können. Bei der Analyse der **Fähigkeit zur marktbezogenen Nutzenstiftung** wird schließlich gefragt, ob und wie umfangreich seitens der Kunden eines Unternehmens durch die Aktivierung einer Humanpotenzialausprägung mittelbar Wertverbesserungen durch Preisnachlässe oder qualitative Nutzensteigerungen realisierbar werden.

Der Begriff **Kontingenzadäquanz** charakterisiert den zweiten Analyseblock des Personal-Wertanalysemoduls. Die Kontingenzadäquanz-Analyse dient der Erfassung und Evaluierung humanpotenzialspezifischer Situationsentsprechungen durch Bewertung der internen, humanpotenzialsystem- und -umsystembezogenen sowie der externen, arbeits- und gütermarktbezogenen Angemessenheit verschiedener Potenzialausprägungen (Stimmigkeitsanalyse). Trotz des ebenfalls vorhandenen Potenzialitätscharakters wird die Kontingenzbetrachtung sozusagen als *„Ressourcenpotenzialitäts-Analyse im weiteren Sinne"* aus analysedidaktischen Gründen nicht einfach unter der vorangehenden Ressourcenpotenzialitäts-Untersuchung (im engeren Sinne) subsummiert, sondern stellt, auch aufgrund der empirisch belegten Sonderstellung für die personalbasierte Wertentstehung, einen eigenständigen Analyseblock dar (vgl. hierzu auch die schematische Darstellung aller Schritte beider Analyseblöcke in Abbildung 51). Beide Analyseblöcke werden abschließend in einer Gesamtbewertung der humanen Ressourcenpotenziale zusammengeführt.

Die bei der Phase 2 der Personal-Wertanalyse erfolgte **Beschränkung** auf die Betrachtung nicht in Geldgrößen fassbarer und primär außerhalb des monetären Prognosehorizonts liegender Potenzialerfolgswirkungen gilt auch für die Untersuchung humaner Ressourcenpotenziale, ergibt sich hier aber aufgrund des Untersuchungszusammenhangs nahezu von alleine. Weiterhin ist für alle Teilschritte der Ressourcenpotenzialitäts- und der Kontingenzadäquanz-Analyse eine Berücksichtigung der bei der **strategischen Unternehmensplanung** ermittelten Erkenntnisse über konkurrenzbezogene interne Stärken und Schwächen (Unternehmensanalyse) und markt- bzw. kundenbezogenen Chancen und Risiken (Umweltanalyse) unabdingbar.

Zur Gewährleistung einer Integrierbarkeit der einzelnen Phasen der strategischen Personal-Wertanalyse erfolgt in der **Analyse- und Bewertungsmatrix** für humane Ressourcenpotenziale (siehe Tabelle 28) eine Anlehnung an die Struktur des bei der Untersuchung humaner Agency-Kostensenkungspotenziale verwendeten Erfassungs- und Bewertungstableaus. Auch hier ist alternativ zu einer vereinfachten verbalen Bewertungsdarstellung (hoch, niedrig, mittel) eine Detaillierung durch die Einführung eines Punktbewertungsschemas mit Gewichtung der einzelnen Analysekomponenten möglich. Diese wurde in Tabelle 28 wiederum exemplarisch integriert. Die dort ersichtliche Ermittlung von Punktwerten lehnt sich stärker an das Scoring-Standardschema an, als dies bei der Analyse von Agency-Kostensenkungspotenzialen der Fall war, wo Negativausprägungen und Kompensationswirkungen bewusst in das Bewertungsschema integriert wurden. Im Gegensatz dazu wird bei der Analyse humaner Ressourcenpotenziale ein Standardbewertungsraster von 1 (geringste / schlechteste Ausprägung) bis 6 (höchste / beste Ausprägung) gewählt. Die transparenzfördernde Unterscheidung von zwei Analyseblöcken wirkt sich nicht auf die Berechnung des gewichteten Gesamtpunktwerts aus. Die unterschiedlichen Priorisierungsbedarfe können aufgrund von gleich gelagerten Analysestoßrichtungen über alle Schritte anhand eines Zielgewichtungsfaktors abgebildet werden. In der angeführten Subkategoriespalte lassen sich bei Bedarf und Zweckmäßigkeit für alle Untersuchungsfelder Teilsegmente heranziehen, die als Bewertungskriterien in die Gesamtpunktwertermittlung eingehen. Gegebenenfalls kann im Einzelfall auf diese Differenzierungsoption auch verzichtet werden.

Für die **formale Darstellung** der Gesamtpunktwertermittlung bei der Evaluierung humaner Ressourcenpotenziale ergibt sich folgender Term:

$$GPZ(HP_j) = \sum_{p=1}^{6}\sum_{r=1}^{Np} x_{jpr} \cdot g_{pr} \cdot g_p \quad ; \text{für alle j}$$

Wobei gilt:

$GPZ(HP_j)$ = Gewichtete Gesamtpunktzahl einer spezifischen Humanpotenzialausprägung j,

x_{jpr} = Subkategorienbezogene Einzelpunktwerte der 6 Bewertungsschritte ($p = 1,...,6$ für die verschiedenen Schritte; $r = 1,...,N_p$ gemäß der schrittbezogenen Anzahl N_p von Subkategorien; $1 \leq x_{jpr} \leq 6$),

N_p = schrittbezogene Anzahl von Subkategorieausprägungen,

g_{pr} = Gewichtung der schrittbezogenen Subkategorialwerte ($\sum_{r=1}^{Np} g_{pr} = 1$),

g_p = Gewichtung der schrittbezogenen Gesamtpunktwerte ($\sum_{p=1}^{6} g_p = 1$).

Der gewichtete Gesamtpunktwert in Tabelle 28 bestimmt sich nach dieser Formel als $GPZ(HP) = (0,5 \bullet (6 + 5)) \bullet 0,2 + ((0,8 \bullet 6) + (0,2 \bullet 5)) \bullet 0,2 + ((0,4 \bullet 5) + (0,6 \bullet 4)) \bullet 0,2 + (0,5 \bullet (6 + 6)) \bullet 0,2 + ((0,6 \bullet 5) + (0,4 \bullet 2)) \bullet 0,1 + ((0,6 \bullet 3) + (0,4 \bullet 1)) \bullet 0,1 = 1,1 + 1,16 + 0,88 + 1,2 + 0,38 + 0,22$. Es resultiert somit ein Wert von 4,94 für ein geschätztes hohes humanes Ressourcenpotenzial der betrachteten spezifischen ökonomischen Humanpotenzialausprägung.

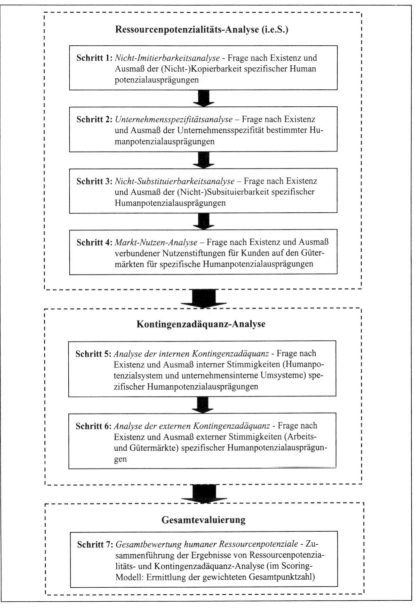

Abbildung 51: Analysemodul 3 - 7 Schritte einer Analyse humaner Ressourcenpotenziale (Quelle: Eigene Darstellung)

Analyse-block	Analyse-schritt	Subkategorien	Gewich-tung Subka-tegorien (g_r)	Ausmaß (Hoch / Nied-rig / Mittel bzw. Teil-punktwerte)	Gewich-tung Analyse-schritt (g_p)	Schritt-Punkt-wert
Ressourcen-potenziali-täts-Analyse	*(1) Nicht-Imitierbar-keitsanalyse*	Nicht-Imitierbarkeitskriterium 1 (z.B. starke kausale Ambiguitäten)	0,5	Hoch (6)	0,2	1,1
		Nicht-Imitierbarkeitskriterium 2 (z.B. starke historische Pfadabhängigkeit)	0,5	Hoch (5)		
	(2) Unter-nehmensspe-zifitätsanaly-se	Unternehmensspezifitätskriterium 1 (z.B. hohe Potenzialeinbindung)	0,8	Hoch (6)	0,2	1,16
		Unternehmensspezifitätskriterium 2 (z.B. hohe Komplexität)	0,2	Hoch (5)		
	(3) Nicht-Substituier-barkeits-analyse	Subsitutierbarkeitskriterium 1 (z.B. geringe Anzahl potenzieller Substitute)	0,4	Hoch (5)	0,2	0,88
		Substituierbarkeitskriterium 2 (z.B. schlechte Qualität potenzieller Substitute)	0,6	Mittel (4)		
	(4) Markt-Nutzen-Analyse	Markt-Nutzenkriterium 1 (Preisvorteile für Kunden)	0,5	Hoch (6)	0,2	1,2
		Markt-Nutzenkriterium 2 (Qualitätsvorteile für Kunden)	0,5	Hoch (6)		
Kontingenz-adäquanz-Analyse	*(5) Analyse interner Kontingenz-adäquanz*	Stimmigkeit mit Human-potenzialsystem	0,6	Hoch (5)	0,1	0,38
		Stimmigkeit mit Human-potenzialumsystemen	0,4	Niedrig (2)		
	(6) Analyse externer Kontingenz-adäquanz	Arbeitsmarktbezogene Stimmigkeit	0,6	Mittel (3)	0,1	0,22
		Gütermarktbezogene Stimmigkeit	0,4	Niedrig (1)		
Gesamtbe-wertung humaner Ressourcen-potenziale	*(7) Gesamt-bewertung*			Hoch	Summe $g_p = 1$	4,94

Tabelle 28: Analyseraster zur systematischen Evaluierung humaner Ressourcenpotenziale (Quelle: Eigene Darstellung)[1068]

[1068] Die zu füllenden Matrixfelder wurden erneut exemplarisch für eine spezifische ökonomische Humanpotenzialausprägung belegt. Die Gewichtungsfaktoren seien im Rahmen einer Expertenbefragung ermittelt worden.

4. Phasenintegration – Matrix ökonomischer Humanpotenziale

Nach dem Durchlaufen der drei analytischen Hauptphasen der Personal-Wertanalyse stellt sich das Problem der systematischen Zusammenführung und integrativen Visualisierung der Analyseresultate. Für ausgewählte Ausprägungen ökonomischer Humanpotenziale sind nun spezifische Kapitalwertgrößen (bzw. scoringbasierte „*Wertnutzengrößen*") und die ermittelten Ausmaße humaner Agency-Kostensenkungs- und humaner Ressourcenpotenziale in Relation zueinander zu setzen, um im Rahmen der nachgelagerten Entscheidungs-, Implementierungs- und Kontrollphasen des Personal-Wertkonzepts eine fundierte strategische Alternativenauswahl und -umsetzung zu gewährleisten. Als geeignete Methode bietet sich hierfür ein klassisches und bewährtes Instrument der strategischen Unternehmensplanung, die **Portfolio-Analyse**,[1069] an. Bei den vorangegangenen Diskussionen von Konzepten einer strategischen Personal-wirtschaft wurde deutlich, dass nicht nur Odiorne[1070] diese Darstellungsform strategischer Analyseresultate favorisiert hat, sondern auch andere Vertreter ökonomisch ausgerichteter Strategieansätze die Vorteile der Matrixdarstellung erkannten,[1071] die es erlaubt zwei und mehr Dimensionen eines Analysesachverhalts eingängig miteinander zu kombinieren und entscheidungsorientiert zu präsentieren.

Die drei Untersuchungsfelder lassen sich problemlos in einer übersichtlichen zweidimensionalen Achsenmatrixdarstellung zusammenführen, die als dritte Dimensionalausprägung unterschiedliche Radien / Umfänge von in Kreisform abgebildeten Entscheidungsobjekten mit beinhaltet. Die „*Matrix ökonomischer Humanpotenziale*" ist demnach folgendermaßen konstruiert: Jedes Entscheidungsobjekt, sprich jede eingehender untersuchte Ausprägung eines ökonomischen Humanpotenzials, wird in Form eines **Kreises** in der Analysematrix abgebildet. Der Kreisradius bzw. -umfang steht dabei für das Ergebnis der ersten Personal-Wertanalysephase, also die Höhe des ermittelten monetären Entscheidungsparameters. Kreisumfänge und Kapitalwerthöhen (bzw. Kostenvolumina als Resultate einer eventuell nur möglichen dynamischen Kostenanalyse) verhalten sich proportional zueinander, d.h. hohe Kapital- bzw. Kostenwerte spiegeln sich in entsprechend großen Kreisumfängen wider. Erfolgt die Kennzahlenrelativierung der Geldwertgrößen durch ein Scoring-Modell, so sind die ermit-

---

[1069] Vgl. zur Portfolio-Analyse als Instrument der strategischen Planung aktuell z.B. Bea, F. X. / Haas, J. (2001), S. 131ff. sowie die sehr umfassende und grundlegende Gesamtschau von Vollmer, T. (1984) aus der Zeit der „Portfolio-Hochkonjunktur".

[1070] Vgl. zum Portfolio-Ansatz von Odiorne Kapitel B.II.1.a).

[1071] Vgl. dazu z.B. den Überblick über etablierte Personal-Portfolio-Konzepte bei Amling, T. K. (1997), S. 63ff. sowie die Ausführungen bei Staehle, W. H. (1999), S. 813ff.; Ciupka, D. (1991), S. 63; Erdenberger, C. (1997), S. 208ff. und (1999).

telten Punktwertausprägungen („*Wertnutzen*") als Bezugsgröße für die Kreisradien heranzuziehen. Bei einer kennzahlenbedingten Kapitalwert-Rangverschiebung ohne eigenständige Integrationsrechnung kann der veränderte Rang in der Portfolio-Kreisdarstellung mit angeführt werden. Die monetären Analyseergebnisse werden über die Platzierung im Portfolio relativiert. Das Portfolio selbst besteht aus zwei Achsen mit unterschiedlichen Skalierungen.

Die **Vertikalachse** dient der Abbildung humaner Agency-Kostensenkungspotenziale und ist zwei- bzw. viergeteilt. Der obere Bereich steht für positive Kostensenkungspotenziale, die hoch oder niedrig ausgeprägt sein können, der untere Achsenbereich steht für negative Agency-Kostensenkungspotenziale und repräsentiert Situationen, in denen mit einer geringen oder sogar starken Erhöhung von zukünftigen Agency-Kosten zu rechnen ist. Die Operationalisierung der vertikalen Matrixdimension erfolgt analog zum Analyseraster der zweiten Personal-Wertanalysephase und umfasst Werte von +3 (hohes Agency-Kostensenkungspotenzial) bis –3 (starke zukünftige Agency-Kostenerhöhung). Die Trennlinie zwischen positiven und negativen Potenzialausprägungen wird bei der Punktwertgröße 0 gezogen. Mit dem im Analyseraster ermittelten Ausprägungswert humaner Agency-Kostensenkungspotenziale ist damit die vertikale Positionierung eines Wertkreises fixiert.

Die **horizontale Matrixachse** steht für die dritte Personal-Wertanalysephase und ist dreigeteilt in einen Bereich rechts der Mitte, der hohe Ressourcenpotenziale repräsentiert, einen Bereich links der Mitte, der für niedrige human Ressourcenpotenziale steht und in einen mittleren Bereich, der für dem entsprechende mittlere Potenzialausprägungen steht. Es wird auch hier die Operationalisierungsskala aus dem Evaluierungsraster des zugehörigen Analysemoduls verwendet, d.h. hohe Potenzialwerte entsprechen den Punktwerten 6 und 5, mittlere Werte entsprechen der Punktzahl 4 und 3 und niedrige Potenzialausprägungen werden durch die Werte 2 und 1 dargestellt. Damit ergibt sich eine Gesamtportfoliomatrix, die in zwölf Segmente unterteilt werden kann, die gleichsam als Bereiche mit hoher, geringer und kompensatorischer „*hochstrategischer Potenzialität*" gekennzeichnet werden können.

Der Begriff der *hochstrategischen Potenzialität* repräsentiert die integrierte Betrachtung humaner Agency-Kostensenkungs- und Ressourcenpotenziale. Der Terminus „hochstrategisch" steht dabei für die Nicht- bzw. Kaum-Monetarisierbarkeit dahinter stehender strategischer Effekte. Die hochstrategische Potenzialität nimmt in der Portfoliomatrix von links unten nach rechts oben zu. Starke hochstrategische Potenzialität liegt dann vor, wenn Ressourcen- und Ageny-Kostensenkungspotenziale gleichermaßen positiv bzw. hoch ausgeprägt sind, eine niedrige hochstrategische Potenzialität besteht, wenn die Ressourcenpotenziale gering / mäßig und die Agency-Kostensenkungspotenziale negativ ausgeprägt sind. Werden negative humane Agency-Kostensenkungspotenziale mit hohen Ressourcenpotenzialen oder geringe Ressourcenpotenzialwerte mit hohen positiven Agency-Kostensenkungspotenzialwerten kombiniert, dann liegt ein Bereich *„kompensatorischer Potenzialität"* vor, der für das Wirksamwerden kompensierender strategischer Effekte steht. Dieser Bereich beinhaltet darüber hinaus auch noch weitere zur Indifferenz tendierende Kombinationen von achsenbezogenen Potenzialbewertungen. Unter **normstrategischen Gesichtspunkten** sind bei der Abbildung von potenzialbezogenen Kapitalwertgrößen im Portfolio und bei annähernd gleich hohen Kapitalwerten Alternativen mit stark ausgeprägter hochstrategischer Potenzialität zu favorisieren. Entscheidungsoptionen mit geringer hochstrategischer Potenzialität kommen allenfalls dann zum Tragen, wenn die monetären Prognosewerte der in diesem Bereich positionierten Potenzialausprägungen die anderweitig positionierten Alternativen übersteigen. Eine Positionierung in einem Bereich kompensatorischer Potenzialität spricht aufgrund vorliegender gegenläufiger strategischer Effekte für eine primäre Entscheidungsausrichtung an den geschätzten Geldgrößen. Die Grundstruktur der Matrix sowie die unterscheidbaren Matrixsegmente sind in Abbildung 52 dargestellt. Tabelle 29 enthält eine Kennzeichnung des Begriffs der hochstrategischen Potenzialität anhand der unterschiedenen Matrixcluster.

Die **Bedeutung** der zwei **nicht-monetären Strategiedimensionen** für die Bewertung von abgebildeten Humanpotenzialen wird umso geringer, je höher die monetären Differenzen zwischen bester und zweitbester Alternative ausfallen, da sehr hohe Kapitalwerte im quantitativ planbaren Prognosezeitraum kaum durch bedingt operationalisierbare strategische Potenzialitätsaussagen für Alternativen mit geringen Kapitalwertresultaten kompensierbar sind. Eine Entscheidungsunterstützung durch die Matrixdarstellung kommt also insbesondere bei ähnlichen Geldwertprognosen für spezifische Humanpotenzialausprägungen zum Tragen. Für den Fall einer Abbildung von dynamischen Kostenwerten im Portfolio bzw. bei einem priorisierenden Potenzialanalysemuster, das die Analysephasen zwei und / oder drei favorisiert, ist allerdings von einer wesentlich erhöhten Bedeutung der zwei Strategiedimensionen auszugehen, da eine Betrachtung von Ertragseffekten, wie dies bei der für den Regelfall empfohlenen Kapitalwertermittlung erfolgt, im Planungszeitraum unterbleibt, und dieses Defizit durch die Ergebnisse der zweiten und dritten Personal-Wertanalysephasen ausgeglichen werden muss.

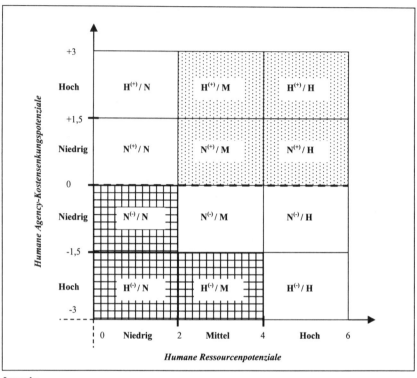

Abbildung 52: Matrix ökonomischer Humanpotenziale - Grundstruktur und Matrixsegmente (Quelle: Eigene Darstellung)[1072]

[1072] Die 12 unterscheidbaren Matrixsegmente sind anhand der Kombinationsmerkmale in Kurzform charakterisierbar. Der erste Buchstabe des in den Matrixfeldern angeführten Kürzels steht hierbei für die Bewertung des humanen Agency-Kostensenkungspotenzials (Hoch = H, Niedrig = N), wobei positive Veränderungen mit einem Pluszeichen und negative Veränderungsprognosen mit einem Minuskennzeichen kenntlich gemacht werden. Der nach dem Trennstrich angeführte zweite Buchstabe steht für die Evaluierung der humanen Ressourcenpotenziale (Hoch = H, Mittel = M, Niedrig = N). Die Einzelsegmente, die den Bereich starker hochstrategischer Potenzialität kennzeichnen wurden grau hinterlegt; die Segmente einer geringen hochstrategischen Potenzialität sind grau schraffiert abgebildet und die weiß dargestellten Matrixsegmente stehen für den Portfolio-Bereich mit kompensatorischen Potenzialitäten.

Ausprägungsgrad der hochstrategischen Potenzialität	Segmentcluster in der Matrix ökonomischer Humanpotenziale	Beschreibung / Bewertungsregel
Stark	$H^{(+)}$ / M; $H^{(+)}$ / H; $N^{(+)}$ / M; $N^{(+)}$ / H	Komplementäre Agency-Kostensenkungseffekte und ressourcenstrategische Effekte sind über den quantitativen Planungszeitraum hinaus in signifikantem Umfang für eine spezifische ökonomische Humanpotenzialausprägung zu erwarten. Aufwertung einer Alternative mit gleichem oder ähnlichem Kapitalwertniveau. Gegebenenfalls auch als Grund für die Bevorzugung einer Alternative mit deutlich schlechterer Kapitalwertprognose denkbar.
Gering	$N^{(-)}$ / N; $H^{(-)}$ / N; $H^{(-)}$ / M	Negative oder keine positiven strategischen Effekte sind für eine spezifische ökonomische Humanpotenzialausprägung zu erwarten. Abwertung einer Alternative mit gleichem oder ähnlichem Kapitalwertniveau.
Kompensatorisch	$H^{(+)}$ / N; $N^{(+)}$ / N; $N^{(-)}$ / M; $N^{(-)}$ / H; $H^{(-)}$ / H	Kompensationswirkungen gegenläufiger strategischer Effekte der beiden Achsenbewertungskriterien sprechen für eine Fokussierung auf die monetären Ergebnisse der ersten Analysephase.

Tabelle 29: Ausprägungsformen hochstrategischer Potenzialität in der Matrix ökonomischer Humanpotenziale (Quelle: Eigene Darstellung)

Ein idealtypisches, **exemplarisches Humanpotenzial-Portfolio** findet sich in Abbildung 53. Das Portfolio enthält insgesamt vier alternative Ausprägungsformen eines spezifischen ökonomischen Humanpotenzials, die jeweils unterschiedliche Potenzialitätsniveaus hinsichtlich vermuteter Geldwertentwicklungen, Agency-Kostenentwicklungen und strategischer Ressourcenentwicklungen aufweisen. Aufgrund der hohen kapitalwertbezogenen Radialdifferenzen der Humanpotenzialalternativen HP_1 und HP_2 im Vergleich zu den Alternativen HP_3 und HP_4 werden letztere als suboptimal aus dem engeren Entscheidungsfeld eliminiert. Die reine Kapitalwertdarstellung im Beispiel-Portfolio beruht auf der Annahme, dass durch die Kennzahlenrelativierung der Kapitalwerte keine Alternativen-Rangverschiebungen stattgefunden haben. Eine Entscheidung zugunsten der ökonomischen Humanpotenzialalternative HP_1 liegt im vorgestellten Fall wegen der weitaus günstigeren Positionierung in der strategischen Potenzialmatrix bei nur marginaler prognostischer Kapitalwertdifferenz auf der Hand. Es bietet sich an, die für den Planungszeitraum errechneten Kapitalwerthöhen, wie erfolgt, in die Darstellung der Kapitalwertkreise zu integrieren. Bei einer kennzahlenbasierten Rangverschiebung der Alternativen ließe sich der neue Rang in die Kreisdarstellung und visualisierte Entscheidungsfindung gleichermaßen durch eine Wertangabe als Zusatzinformation problemlos einbinden. Über spezifische Farbgebungen für die Kapitalwertkreise wäre bei Bedarf außerdem eine weitere Visualisierungsmöglichkeit für zusätzlich zu berücksichtigende Entscheidungsaspekte denkbar, etwa zur Kennzeichnung favorisierter Potenzialoptionen oder unternehmensinterner bzw. -externer Lösungsansätze.

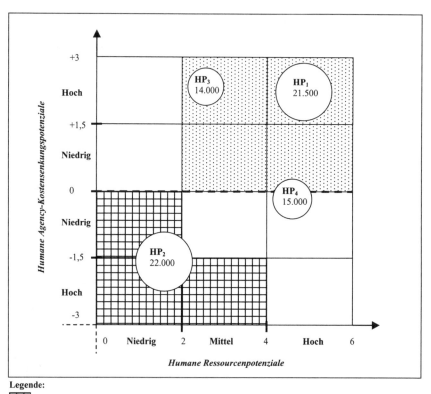

Legende:

▦ = Gering ausgeprägte hochstrategische Potenzialität
▨ = Stark ausgeprägte hochstrategische Potenzialität
☐ = Kompensatorisch ausgeprägte hochstrategische Potenzialität

Abbildung 53: Matrix ökonomischer Humanpotenziale - Anwendungsbeispiel eines Humanpotenzial-Portfolios (Quelle: Eigene Darstellung)

5. Kritische Bewertung des personalstrategischen Ansatzes zur Analyse ökonomischer Humanpotenziale

Das entwickelte Schema der strategischen Personal-Wertanalyse weist neben einer Reihe von Anwendungsvorzügen auch Problemfelder auf, die im Rahmen einer fundamental- und detailkritischen Bewertung des eigenen entscheidungsorientierten Analyseansatzes nachfolgend diskutiert werden.

a) Fundamentalkritische Evaluierung des Analysegesamtansatzes

Die fundamentalkritische Bewertung beinhaltet eine Betrachtung des Analysekonzepts in seiner Gesamtheit und hinterfragt dieses auf einer grundsätzlichen Ebene hinsichtlich potenzieller Problemaspekte.

Erster Ansatzpunkt einer Fundamentalkritik ist die **theoretische Fundierung** des Verfahrens. Die Personal-Wertanalyse baut auf drei Theoriekonzepten auf, die, vor dem Hintergrund der Zielsetzung der Personal-Wertkonzeption, einer eingehenden Eignungs- und Kompatibilitätsprüfung unterzogen wurden. Diese ist für alle drei Komponenten positiv ausgefallen. Die Bezüge zwischen Analysemethode und theoretischen Kernaussagen sind eindeutig, wenngleich aufgrund des hohen Aggregationsgrads der strategischen Analyse keine ausführlichen Kausalitäts- und Wirkungsketten dargestellt wurden, sondern lediglich grundlegende Wirkungshypothesen integriert werden konnten.

Der Ablauf des analytischen Phasenschemas entspricht der logischen Reihenfolge der ökonomisch-theoretischen Perspektivenweitung: Vom ökonomischen Kern zu verstärkt qualitativ-strategischen, verhaltens- und kontingenzbezogenen Analysefeldern. Für die einzelnen Bausteine selbst kommen natürlich eine Vielzahl der in der jeweiligen Literatur und der im spezifischen Kontext der vorliegenden Arbeit ausgemachten Kritikpunkte zum Tragen. Dies ist jedoch für jede gewählte Theoriekonzeption unvermeidbar. Die integrative Theorieperspektive hat insofern, neben den hier im Vordergrund gesehenen Kritikentkräftungseffekten für die Einzeltheorien aufgrund der Heranziehung ergänzender Theoriekonstrukte, auch durch die quantitative Theorienausweitung resultierende negative Kritikvolumeneffekte zur Konsequenz.

Eng verbunden mit der theoretischen Grundausrichtung der Personal-Wertanalyse ist deren **ökonomischer Gehalt**, der in Verbindung mit dem gewählten eigenen ökonomischen Spezifizierungsansatz ebenfalls stringent nachweisbar ist. Die **stimmige Einbettung der Personal-Wertanalyse in ein umfassendes Personal-Wertkonzept** ist durch die explizite Bezugnahme auf die vorab fixierten konzeptionellen Eckpunkte gewährleistet: Die Personal-Wertanalyse ist essenzieller Bestandteil der konzeptionellen Hauptzielsetzung. Sie lässt sich eindeutig in Beziehung zu den formulierten Basisanforderungen an den strategischen Analyse- und Managementprozess setzen und beinhaltet durch die Integration in den Gesamtprozess auch über die Analysephase hinausgehende Implementierungs- und Kontrollperspektiven. Die unterschiedenen Analyseobjekte, -ebenen und -träger lassen sich plausibel miteinander verknüpfen.

Bei der Bewertung der **Praktikabilität** des Personal-Wertanalyseverfahrens kann einerseits auf die in der gewählten Dreistufigkeit und der Verwendung eines Portfolio-Modells beruhende methodische Transparenz und evaluative Vereinfachung verwiesen werden, andererseits kommen gezwungenermaßen auch alle mit einer Simplifizierung und Transparenzschaffung verbundenen inhaltlichen Reduzierungen zur Geltung. Für eine fundamentalkritische Bewertung des **Portfolio-Konzepts an sich** sei auf die einschlägige Literatur verwiesen.[1073] Das bei allen konzeptionellen Entwürfen holistischer Provenienz festgestellte **Grundproblem der Quantifizierung und Prognose** monetärer und qualitativer Ausprägungen von personalstrategischen Bewertungskriterien konnte auch in der vorliegenden Analysekonzeption nicht gelöst werden, dürfte aber vermutlich auch nicht abschließend lösbar sein. Am Sachverhalt, dass ein Bewertungsmodell nur die Ergebnisqualität liefern kann, die durch die Qualität des Prognose- und Evaluierungsinputs der beteiligten Experten determiniert wird, kann weiterhin kein Analyseverfahren etwas ändern. Durch die flexible Grundausrichtung des gewählten Drei-Phasen-Portfolio-Modells kann die konkrete Analyseausgestaltung aber zumindest situativen prognostischen Möglichkeiten angepasst werden.

Die **Flexibilität und Multifunktionalität** in der tatsächlichen Durchführung ist sicherlich eine der wichtigsten Stärken der Personal-Wertanalyse. Dies wird bei der sich anschließenden anwendungsorientierten Betrachtung der Aktionsfelder ökonomischer Humanpotenziale noch deutlicher werden. **Risikoaspekte** sind in der Personal-Wertanalyse nicht explizit, aber implizit über die Negativausprägungen der Achsendimensionen sowie über eine, wenn auch stark komplexitätserhöhende, mögliche Integration von Wahrscheinlichkeitsparametern bei der Bestimmung periodenbezogener Kapital- bzw. Kostenwertgrößen einbezogen bzw. noch umfassender einbeziehbar. Das Problem der bei den klassischen strategischen Portfolio-Modellen und auch bei der besprochenen strategischen Personal-Portfolio-Konzeption nach Odiorne kritisierbaren **idealtypischen Balance** zwischen Cash-Bringern und Cash-Verbrauchern stellt sich wegen der im Vor-

---

[1073] Vgl. z.B. Bea, F. X. / Haas, J. (2001), S. 158f.; Mauthe, K.D. / Roventa, P. (1982), S. 191ff. sowie die verteilten kritischen Anmerkungen bei Vollmer, T. (1984), S. 75ff., S. 151ff.

dergrund stehenden Bewertung von ökonomischen Humanpotenzialen im Sinne strategischer Entscheidungsalternativen gemeinhin nicht. Lediglich, wenn humane Individual- oder Kollektivpotenziale unmittelbar im Portfolio abgebildet werden sollen, um eine vergleichende Bewertung von Mitarbeitergruppen oder Individuen durchzuführen, wäre eine Kritik der Balanceperspektive denkbar. Es besteht jedoch kein Zwang, eine Cash-Balance als Idealzustand bei der Bewertung von Einzelpersonen und Personengruppen, der wohl schwierigsten aller Anwendungsmöglichkeiten der strategischen Personal-Wertanalyse, zugrundezulegen. Hierbei geht es primär darum, ein Gespür für ökonomisch darstellbare personale Verteilungen im Unternehmen zu bekommen und Handlungs- und Entwicklungsbedarfe aufzuzeigen.

b) Detailkritik am Analysemodell

Bei der detailkritischen Betrachtung des generierten Schemas der strategischen Personal-Wertanalyse werden die einzelnen Phasen und Teilschritte auf ihre Stimmigkeit und mögliche Problemaspekte hin untersucht und bewertet.

Bei der Erfassung originärer Humanpotenziale durch die zehn Analyseschritte der **ersten Personal-Wertanalysephase** kann auf die mit dem kombinierten Einsatz der verschiedenen Analyse- und Bewertungsverfahren wie morphologischer Kasten, Rangreihenverfahren, WACC-Modell, Kapitalwertmethode oder Scoring-Modell gezwungenermaßen verbundenen bekannten verfahrensbezogenen Kritikpunkte verwiesen werden (Vereinfachung, Subjektivität der Bewertung, Prognoseproblem, Nivellierungstendenzen etc.). Weiterhin ist die ins Detail gehende Beschreibung der einzelnen Schritte durch die teils hohe Einzelproblemkomplexität nur bedingt möglich (z.B. detailliertes Vorgehen bei der Ermittlung und Prognose spezifischer Werttreiber). Diesbezüglich kann jedoch ein Verweis auf bei der Literaturanalyse vorgestellte Konzeptionen, wie etwa die an die Balanced Scorecard anknüpfenden Ansätze, erfolgen. Auf starke Manipulationsmöglichkeiten durch Variationen bei der Residualwertregel (z.B. prozentuale Zu- und Abschläge) wurde bereits hingewiesen.

Die **Analyse humaner Agency-Kostensenkungspotenziale** ist methodisch wiederum über das zum Einsatz kommende Scoring-Modell kritisierbar, themenspezifisch kann aber insbesondere die in ihm vorgenommene stark vereinfachende kompensatorische Verrechnung von Monitoring Cost- und Bonding Cost-Punktwerten mit den Residual Loss-Punktwerten als Zugeständnis an die Intention einer noch praktikablen Operationalisierung von Agency-Kostengrößen hinterfragt werden. Darüber hinaus stellt sich das vorangehende Problem der schwierigen Ermittlung von Schätzwerten für die Agency-Kostenkomponenten. Weiterhin dürfte sich die Ausklammerung monetarisierbarer Agency-Kostenwirkungen innerhalb des Planzungszeitraums der ersten Personal-Wertanalysephase als nicht einfach erweisen.

In der dritten Phase der strategischen Personal-Wertanalyse zur **Untersuchung humaner Ressourcenpotenziale** werden, analog zur Phase 2, nutzwertanalytische Methodenprobleme und die gegebenenfalls schwierige Ausklammerung von planungszeitraumbezogenen Geldeffekten wirksam. Die in der Blockbildung von Ressourcenpotenzialitäts-Analyse (im engeren Sinn) und Kontingenzadäquanz-Analyse zum Ausdruck kommende analysedidaktische Separierung dient der Transparenzerhöhung, kommt aber methodisch bei der Gesamtpunktwertermittlung (bewusst) nicht zum Tragen.

Die summarische Zusammenführung der Analyseergebnisse in der Portfolio-Darstellung einer **Matrix ökonomischer Humanpotenziale** schließt analog zum Sachverhalt bei der erfolgten Fundamentalkritik detailkritische Problemlagen der Portfolio-Konzeption an sich mit ein.[1074] Das Problem der strategischen Segmentierung ist hier inhaltlich jedoch anders gelagert als bei der Bildung strategischer Geschäftsfelder oder Geschäftseinheiten. Die strategische Personal-Wertanalyse schafft die Möglichkeit einer Abbildung ökonomischer Humanpotenziale unterschiedlichster Ausprägung. Die Potenzialsegmentierung erfolgt entscheidungsorientiert und ist somit abhängig vom zugrundeliegenden Analysesachverhalt, was einerseits zwar die Flexibilität beim Vorgehen erhöht, andererseits jedoch die Vorgabe klarer Segmentierungsregeln verhindert.[1075] Hilfestellung hierfür bietet jedoch die vorgenommene Kategorisierung ökonomischer Humanpotenziale sowie das hieran anknüpfende Schema eines priorisierenden Potenzialanalysemusters. Weiterhin kann die im Portfolio über die Achsenverteilung zum Ausdruck kommende Gleichbehandlung der Resultate der zweiten und dritten Analysephase und die via Segmentspezifizierung wirksam werdende Dominanz der Kapitalwertanalyse kritisch reflektiert werden. Die vorgenommene Priorisierung bzw. Gleichbehandlung liegt allerdings im Argumentationsspektrum der vorangegangenen Untersuchungen und passt stimmig zum ökonomischen Perspektivenweitungsprinzip. Bezüglich der hochstrategischen Potenzialität könnte die in Tabelle 29 erfolgte Zuordnung von Matrixsegmenten zu begrifflichen Ausprägungsclustern im Einzelfall in Frage gestellt werden, da die Zuordnung primär über plausibilitätslogische Argumentationsstränge begründbar ist, und damit in Einzelfällen, insbesondere was das Segmentcluster kompensatorischer hochstrategischer Potenzialität angeht, auch entgegengerichtete Argumentationen anführbar wären. Eine detaillierte Vorgabe

---

[1074] Vgl. zur Detailkritik an der Portfolio-Analyse exemplarisch Bea, F. X. / Haas, J. (2001), S. 156ff.

[1075] So dürfte etwa die Abbildung von mit spezifischen Unternehmenskulturen verbundenen Potenzialitäten (und Kapitalwerten) nicht trivial sein (vgl. dazu aber Kapitel C.V.2.).

eindeutiger portfoliobereichsspezifischer, generalisierbarer Normstrategien fand bewusst nicht statt, da dies aufgrund der Offenheit des gewählten Entscheidungsmodells nicht zweckmäßig und auch nicht durchführbar erscheint. Die angeführten situativ zu modifizierenden Verhaltensempfehlungen können jedoch bei einer ersten Orientierung herangezogen werden.

Insgesamt ist vor dem Hintergrund der erfolgten fundamental- und detailkritischen Bewertung der strategischen Personal-Wertanalyse, trotz der angesichts des hohen Anspruchs auch anführbaren Kritikpunkte, das Analysekonzept als **theoretisch fundierter und praktikabler Zugang zur evaluativen Erschließung ökonomischer Humanpotenziale** zu kennzeichnen. Wie bei der Bewertung der Portfolio-Analyse an sich scheint bei der Anwendung der strategischen Personal-Wertanalyse vor allem auch der Grundsatz zu gelten, wonach der mit ihr verbundene Diskussions- und Analyseprozess das Entscheidende darstellt. Dieser zwingt die Personalexperten dazu, sich mit der Existenz ökonomischer Humanpotenziale und den enthaltenen Analysefeldern eingehend auseinander zu setzen.[1076]

[1076] Bea / Haas sprechen im Zusammenhang mit einer Gesamtbewertung der Portfolio-Analyse hier vom Grundsatz „Der Weg ist das Ziel" (Bea, F. X. / Haas, J. (2001), S. 160, Hervorhebung im Original).

V. Aktionsfelder eines Managements ökonomischer Humanpotenziale

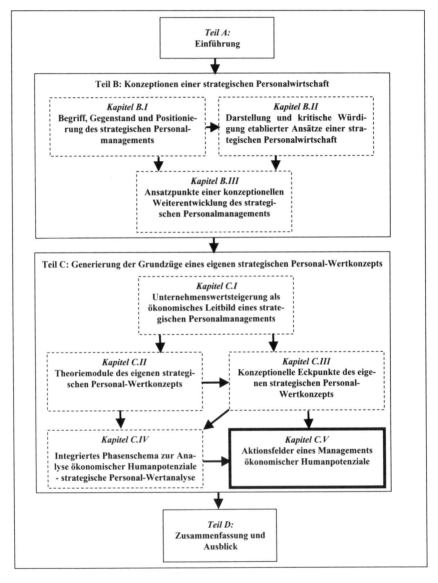

Abbildung 54: Kapitel C.V im Gesamtkontext der Arbeit (Quelle: Eigene Darstellung)

Auf Basis der erfolgten theoretischen, konzeptionellen und instrumentellen Fundierung des eigenen, aus dem ökonomischen Spezifizierungsansatz heraus entwickelten strategischen Personal-Wertkonzepts[1077] werden nun dessen bereits definierte **Hauptaktionsfelder** eingehender charakterisiert. Es handelt sich hierbei um ein ganzheitlich-integratives und wertorientiertes strategisches Personalcontrolling (strategisches Controlling ökonomischer Humanpotenziale), ein wertorientiertes Unternehmenskulturmanagement, an der Shareholder Value-Zielsetzung ausgerichtete strategische Anreiz- und Vergütungssysteme, eine zielgruppenbezogene, wertbasierte strategische Personalbeschaffung, -entwicklung und -freisetzung sowie ein wertorientiertes strategisches Personalmarketing.[1078] Über die praxeologische Konkretisierung der gleichzeitig als zentrale Anforderungskriterien an eine pragmatische, wertorientierte Konzeption einer strategischen Personalwirtschaft gekennzeichneten Aktionsfelder sollen auch die **Anwendungsbezüge** des generierten, auf ökonomische Humanpotenziale ausgerichteten Untersuchungs- und Entscheidungsinstrumentariums der **strategischen Personal-Wertanalyse**[1079] noch stärker verdeutlicht werden. Die Hauptaktionsfelder wurden dem entsprechend bereits als spezifizierte kognitive, systemische, physische, psychische und instrumentelle Analyseaggregate interpretiert,[1080] die institutionell als Strukturierungsprinzip eines personalstrategischen Kompetenzzentrums[1081] ihren Niederschlag finden.

1. Strategisches Controlling ökonomischer Humanpotenziale

Das strategische Controlling ökonomischer Humanpotenziale respektive ein wertorientiertes strategisches Personalcontrolling wurde schon aufgrund seiner Nähe zum ökonomischen Kern des Shareholder Value-Ansatzes und seiner ganzheitlich-integrativen Ausgestaltbarkeit als Hauptaktionsfeld mit Sonderstatus bzw. als **Nukleus eines strategischen Personal-Wertkonzepts** bezeichnet,[1082] das steuerungsbezogen und methodisch alle anderen Aktionsfelder un-

---

[1077] Vgl. dazu die Kapitel C.II, C.III und C.IV.

[1078] Vgl. insbes. C.III.2.d). Vgl. ergänzend zu typischen Gestaltungsfeldern anderer, nicht explizit wertorientierter ökonomischer Konzepte einer strategischen Personalwirtschaft, die bereits eingehender besprochen wurden, exemplarisch etwa die beim Michigan-Ansatz angeführten Komponenten des Human Resource Cycle (vgl. B.II.1.a)), die im internationalen Personalstrategiekonzept nach Festing enthaltenen Charakterisierungen internationaler Personalstrategien (vgl. B.II.2.b)), die Politikfelder des Human Capital-ROI-Ansatzes nach Fitz-enz (vgl. C.I.3.c)cc)) sowie die sieben Prinzipien profitproduzierender Systeme in der Pfefferschen Konzeption (vgl. C.II.3.b)bb)).

[1079] Vgl. hierzu Kapitel C.IV.

[1080] Vgl. C.III.3.

[1081] Vgl. zum personalstrategischen Kompetenzzentrum bzw. zur organisatorischen Ausgestaltung des strategischen Personal-Wertkonzepts Kapitel C.III.5.

[1082] Vgl. dazu insbes. Kapitel C.III.2.d) sowie C.IV.1.b).

402

mittelbar oder mittelbar tangiert und von besonderer Bedeutung für ein stimmiges Zusammenwirken aller Handlungsbereiche ist.

a) Aufgaben des strategischen Controllings ökonomischer Humanpotenziale

Bei der Ableitung von Basisanforderungen an eine strategische Personal-Wertkonzeption aus den konzeptionellen, empirischen und theoretischen Analysefeldern der vorliegenden Untersuchung wurden unter besonderer Bezugnahme auf die dargelegten finanztheoretischen Begründungsmuster und die holistischen Bewertungs- und Kennzahlensteuerungskonzepte wesentliche Merkmalseigenschaften eines ganzheitlich ausgerichteten wertorientierten strategischen Personalcontrollings identifiziert,[1083] aus denen sich **zwei Controlling-Hauptaufgaben**[1084] im Personal-Wertkonzept ableiten lassen:

- Die Bereitstellung und der strukturierte Einsatz eines ökonomischen Analyseinstrumentariums zur Fundierung strategischer Personalentscheidungen (***Entscheidungsfundierungsfunktion***).
- Die strategische Personalsystemintegration, d.h. die übergreifende und integrative Planung, Steuerung und Kontrolle aller personalbezogener Prozesse, Systeme und Methoden (***integrativ-koordinierende Führungsfunktion***).

Die **Entscheidungsfundierung** erfolgt durch eine ökonomische Ausrichtung des Personalplanungs- und -entscheidungsprozesses über die folgenden prinzipiellen und methodischen Festlegungen:

- Grundorientierung am Leitbild der Marktwertmaximierung des Eigenkapitals.
- Einsatz von Discounted Cash flow- bzw. Kapitalwertverfahren zur Investitionsbewertung durch quantitative Operationalisierungen personalstrategischer Konsequenzen.

[1083] Vgl. C.III.2.d).

[1084] Vgl. zu anderen in der Literatur für das (strategische) Personalcontrolling angeführten Aufgaben- / Funktionsbeschreibungen exemplarisch etwa Tonnesen, C. T. (2002), S. 20ff., insbes. S. 34ff.; Huber, S. (1998), S. 37ff.; Wunderer, R. / Jaritz, A. (1999), S. 11ff.; Amling, T. K. (1997), S. 4ff.; Drumm, H. J. (2000), S. 663ff., insbes. S. 673ff.; Scholz, C. (2000a), S. 138ff. Vgl. zur Aufgabenstellung eines gesamtunternehmensbezogenen strategischen Controllings Baum, H.-G. / Coenenberg, A. G. / Günther, T. (1999), S. 5ff.; Bea, F. X. / Haas, J. (2001), S. 218. Vgl. ergänzend zu den Aufgaben und Inhalten einer marktwertorientierten strategischen Controllingkonzeption Richter, F. (1996), S. 56ff., S. 211ff. sowie zu den personalbezogenen Komponenten der wertorientierten Controlling-Konzepte nach Günther und Siegert Kapitel C.I.1.c)cc). Vgl. außerdem auch die holistischen Ansätze nach Phillips (Accountability-Konzept – vgl. C.I.3.c)aa)) und das Kennzahlen-Führungskonzept nach Bühner (vgl. C.I.3.c)dd)) als Beispiele für Personalmanagementkonzeptionen mit exponierter Controllingausrichtung.

- Heranziehung des WACC- und CAPM-Ansatzes zur Gewinnung einer Rentabilitäts- und Diskontierungsbezugsbasis für die Bewertung strategischer Optionen.
- Verwendung von wertorientierten Personalkennzahlen(systemen) und Werttreibergrößen als Planungs-, Steuerungs- und Kontrollkriterien.
- Integration von Agency-Kostenbetrachtungen bei der Evaluierung von personalstrategischen Handlungsalternativen.
- Berücksichtigung von Merkmalen erfolgspotenzialgenerierender Ressourcen bei der strategischen Entscheidungsfindung.
- Situative Adäquanz und Flexibilität beim Einsatz von Bewertungsverfahren.

Diese Festlegungen spiegeln sich allesamt im konstruierten Verfahren der **strategischen Personal-Wertanalyse** wider, dem damit eindeutig eine methodische Schlüsselfunktion innerhalb des wertorientierten strategischen Personalcontrollingansatzes zukommt. Die instrumentelle Fokussierung auf die Personal-Wertanalyse heißt jedoch nicht, dass darüber hinausgehende etablierte Methoden des strategischen Personalcontrollings (z.B. Lückenanalyse, Frühwarnsysteme, Szenario-Analyse, Mitarbeiterbefragungen etc.)[1085] nicht zum Einsatz kommen. Diese sind vielmehr, dort wo es Sinn macht, unterstützend in das über die Scoring-Methodik offen angelegte Analyse- und Bewertungstool zu integrieren oder gegebenenfalls als eigenständige Instrumentalblöcke zu führen.

In der **integrativ-koordinierenden Führungsfunktion** des strategischen Controllings ökonomischer Humanpotenziale kommt ein erweitertes Controlling-Begriffsverständnis zum Ausdruck, das in erheblichem Maße über die Kontrolldimension hinausgeht. Das strategische Personalcontrolling trägt in diesem Sinne die primäre Verantwortung für die Sicherstellung eines internen Fits der Aktionsfelder des strategischen Personal-Wertkonzepts und damit für in sich stimmige Entscheidungen, Handlungsprogramme und Methodeneinsätze in den Aktionsfeldern. Weiterhin ist die Stimmigkeit mit der wertorientierten Unternehmensstrategie zu gewährleisten und somit die Voraussetzung für einen externen Umwelt-Strategie-Fit personaler Strukturen und Prozesse zu schaffen. Insgesamt beinhaltet das strategische Controlling ökonomischer Humanpotenziale damit auch die Federführung und Weiterentwicklung des strategischen Analyse- und Managementprozesses und dessen Erfüllung mit Leben. Deshalb sollte das wertorientierte strategische Personalcontrolling auch institutionell eng mit der

---

[1085] Vgl. zum umfangreichen Methodenkatalog des (strategischen) Personalcontrollings beispielhaft auch Tonnesen, C. T. (2002), S. 41ff.; Huber, S. (1998), S. 46ff.; Amling, T. K. (1997), S. 28ff., 41ff.; Drumm, H. J. (2000), S. 676ff. sowie die verschiedenen Messperspektiven bei Wunderer, R. / Jaritz, A. (1999), S. 103ff., S. 178ff., S. 221ff., S. 254ff., S. 281ff.

Leitung des personalstrategischen Kompetenzzentrums, gegebenenfalls über eine Personalunion, verbunden sein.

Die Entscheidungsfundierungsfunktion und die integrative Führungsfunktion machen die besondere Rolle deutlich, die dem strategischen Controlling als **Dreh- und Angelpunkt eines ökonomisch-quantitativen Führungsansatzes** innerhalb des Personal-Wertkonzepts zukommt.

b) Die strategische Personal-Wertanalyse als Implementierungskonzept für ein ganzheitliches, wertorientiertes strategisches Personalcontrolling

Die **strategische Personal-Wertanalyse** stellt als Analyseinstrument zur Evaluierung ökonomischer Humanpotenziale die wesentliche methodische Dimension eines wertorientierten strategischen Personalcontrollings mit ganzheitlichem Führungsanspruch dar. Sie beinhaltet in ihrer instrumentalen Essenz die wichtigsten Erkenntnisse aus den vorangehenden Untersuchungen zu Personal-Wert-Zusammenhängen; insofern ist sie auch als Konkretisierung der Entscheidungsfundierungsfunktion des wertorientierten strategischen Personalcontrollings zu vestehen. Aufgrund der analytisch-methodischen Ausrichtung auf ökonomische Humanpotenziale kann somit zugleich von einem strategischen Controlling ökonomischer Humanpotenziale gesprochen werden. Durch die exponierte Einbettung in den personalstrategischen Analyse- und Managementprozess und den alle Aktionsfelder umfassenden instrumentellen Einsatzbereich (Integration und Koordination mittels durchgängiger Methodik) wird ferner in hohem Maße die zweite Hauptaufgabe eines wertorientierten Personalcontrollings mit strategischer Grundausrichtung tangiert. Damit kann die strategische Personal-Wertanalyse auch als **methodisches Implementierungskonzept einer wertorientierten Personalcontrollingidee** verstanden werden. Durch die Einführung, unterstützende Einsatzbegleitung und Weiterentwicklung der strategischen Personal-Wertanalyse in den Aktionsfeldern wird die Grundlage für die Umsetzung einer wertorientierten strategischen Personalwirtschaft in einem Unternehmen geschaffen. Die Verbreitung und Vertiefung des instrumentellen Gedankenguts der strategischen Personal-Wertanalyse steht als **personalstrategisches Projekt** zur Umsetzung eines wertorientierten Controllingideals somit ganz am Anfang einer Personal-Wertkonzeptimplementierung.

Bei der projektbasierten **Einführung der strategischen Personal-Wertanalyse** zur Implementierung eines wertorientierten strategischen Personalcontrollings sind insbesondere folgende Sachverhalte inhaltlich zu klären:

- **Festlegung der institutionellen Rahmenbedingungen** eines wertorientierten strategischen Personalcontrollings, d.h. Positionierung, Besetzung und Aufgabenklärung der Controllingfunktion im personalstrategischen Kompetenzzentrum und Definition der Beziehungsstruktur zur strategischen Unternehmensführungsfunktion. (Beispiel *„Vorstandssekretariatsansatz"*: Der Personalvorstand ist gleichzeitig Leiter der wertorientierten strategischen Controllingfunktion, die den anderen Aktionsfeldern als Steuerungs- und Koordinationsinstanz auch hierarchisch vorgelagert wird und einen festen Mitarbeiterstamm mit hoher *„Wertkompetenz"* umfasst. Die Methodenvorgabe, die personalstrategische Entscheidungsfindung und die Initialisierung von personalstrategischen Projekten erfolgt im strategischen Personalcontrollingbereich. Die Abstimmung mit den Prämissen und Strategieentscheidungen der strategischen Unternehmensplanung erfolgt über die Mitwirkung des Personalvorstands im Unternehmensstrategiefindungs- und -implementierungsprozess. Lediglich die Entscheidungsvorbereitung und die spätere Umsetzung strategischer Optionen wird inhaltlich innerhalb der anderen Aktionsfelder abgedeckt.)

- **Ermittlung situativer Modifikationserfordernisse der strategischen Personal-Wertanalyse** vor dem Hintergrund der unternehmensbezogenen internen und externen Umweltbedingungen (Beispiele: Modifikation des WACC-Ansatzes zur Kapitalkostenermittlung aufgrund der im Finanzbereich festgelegten unternehmensbezogenen Vorgaben; Festlegung eines unternehmensspezifischen strategischen Regel-Planungszeitrahmens, von dem nur mit expliziter Begründung abgewichen werden darf; Vorgabe eines unternehmensbezogenen Personalkennzahlensystems, das zur Relativierung von Kapitalwerten herangezogen werden soll; Formulierung spezifischer Monitoring und Bonding Cost-Subkategorien; Definition von Subkategorien der Analyseschritte bei der Ressourcenpotenzialitäts-Analyse; Abstimmung und Prüfung auf Integrierbarkeit von Analysekomponenten mit dem vorhandenen Anreiz- und Vergütungssystem und den unternehmenskulturellen Gegebenheiten).
- Auswahl eines geeigneten **Informations- und Kommunikationssystems für den personalstrategischen Führungs- und Evaluierungsprozess** unter Heranziehung der strategischen Personal-Wertanalyse (Beispiel: Erweiterung der vorhandenen Standardsoftware um ein integriertes und intranetbasiertes Strategieanalyse- und Controlling-Tool, das auf der Struktur der strategischen Personal-Wertanalyse aufsetzt und im Vergleich zu anderen strategischen Optionen die höchsten ökonomischen Humanpotenzialwerte in einer erstellten Bewertungsmatrix aufgewiesen hat).
- **Festlegung der Projektbedingungen** für die Einführung des Evaluierungsinstrumentariums, also Projektauftrag, Projektablauf- und -aufbauorganisation, Projektzeit- und -budgetplan, Projektcontrolling (Beispiel: Der Projektauftrag ist die stufenweise Einführung des Analysetools in allen personalstrategischen Aktionsfeldern und der Aufbau der hierfür erforderlichen Fach- und Methodenkompetenz. Die Projektleitung erfolgt durch die Leitung des wertorientierten strategischen Personalcontrollingbereichs. Das Projektteam setzt sich

aus Vertretern der anderen Aktionsfelder und aus dem Finanz- und Unternehmenscontrolling sowie aus dem Bereich der strategischen Unternehmensplanung zusammen. Die Projektabläufe lehnen sich an die Systematik des Analyse- und Managementprozessschemas im Personal-Wertkonzept an. Der Projektzeitrahmen umfasst ein Jahr, das Budget 20 Prozent des Jahresgesamtbudgets für den Personalstrategiebereich. Das Projektcontrolling erfolgt mittels monatlicher Lagereports und quartalsweiser Meilensteinkontrollen).

- **Initialisierung eines regelmäßigen System- und Analysereviews,** bei dem die fixierten Festlegungen kritisch reflektiert werden (*„strategisches Metacontrolling"* – Beispiel: Alle zwei Jahre werden im Rahmen eines *„Personalsystem- und -controlling-Audits"* monetäre Effekte und Entscheidungserfolge des Verfahrenseinsatzes hinterfragt und die methodischen Prämissen diskutiert).

Mit der institutionellen Verankerung eines strategischen Controllings ökonomischer Humanpotenziale und dem untrennbar hiermit verbundenen Methodentransfer in alle Aktionsfelder eines strategischen Personal-Wertkonzepts ist die **Voraussetzung für die wertorientierte strategische Ausgestaltung der anderen Aktionsfelder** geschaffen, die nachfolgend im Kontext der strategischen Personal-Wertanalyse grundlegend beschrieben werden.

2. Wertorientierte Unternehmenskultur - Vom Mitarbeiter zum Mitunternehmer

Begründungen für die Aufnahme des Themenkreises Unternehmenskultur als Hauptaktionsfeld des Personal-Wertkonzepts finden sich bereits bei der eingangs erfolgten Analyse des Gegenstands eines strategischen Personalmanagements wieder.[1086] Ein Großteil der Ansätze einer strategischen Personalwirtschaft betrachtet die Unternehmenskultur, also die Gesamtheit der in einem Unternehmen gelebten, handlungsleitenden Werte und Normen,[1087] seit jeher als charakteristisches Gestaltungsareal, das aufgrund seiner Eigenheiten einer schweren Fassbarkeit und allenfalls mittel- bis langfristigen Änderbarkeit als „typisch strategisch" zu kennzeichnen ist. Dies und die vermutete hohe Erfolgsrelevanz der Unternehmenskultur erklärt auch die Aufnahme des Themas in na-

---

[1086] Vgl. dazu Kapitel B.I.

[1087] Vgl. dazu die ähnliche Charakterisierung bei Hentze, J. / Brose, P. / Kammel, A. (1993), S. 141. Vgl. außerdem ergänzend hierzu auch andere inhaltliche Kennzeichnungen der Unternehmenskultur als ideelles Metasystem für das Gesamtsystem Unternehmung (vgl. Heinen, E. (1987), S. 25), kognitive und normative Orientierungsmuster, die das System zusammenhalten (vgl. Klimecki, R. G. / Probst, G. J. B. (1990), S. 42), „aggregate normative behaviour" (Schumacher, T. C. (1990), S. 270) oder als überindividuelles Sinn-, Wissens- und Erkenntnissystem (vgl. Göbel, E. (1993), S. 394).

hezu alle Fit-Konzeptionen strategischer Unternehmensführung, die isolierte und unreflektierte Veränderungen von Strategie, Kultur und Struktur wegen vorhandener Interdependenzen negieren.[1088] Interessanterweise wird, wie gezeigt, im Kontext marktwertorientierter Führung die innerbetriebliche Kultur insbesondere auch von den klassischen Shareholder Value-Protagonisten Rappaport und Copeland / Koller / Murrin ins Felde geführt, die eine wertorientierte Ausrichtung der Unternehmenskultur und die hiermit verbundene Interessenharmonisierung zwischen Unternehmenseignern, Führungskräften und Mitarbeitern für eine wichtige Voraussetzung zur Implementierung von Wertstrategien betrachten, was auch von anderen Verfechtern des Shareholder Value-Ansatzes so oder ähnlich gesehen wird.[1089] Konkretisierungen der „Werte" von Wertkulturen erfolgen jedoch allenfalls ansatzweise. Weiterhin belegen eine Reihe der angeführten empirischen Studien zu Personal-Finanz-Zusammenhängen die ökonomische Relevanz unternehmenskultureller Sachverhalte, sprich deren Wertwirksamkeit.[1090] Insofern war die Aufnahme einer wertorientierten Ausrichtung der Unternehmenskultur als Basisanforderung an ein strategisches Personal-Wertkonzept und die gleichzeitige Kennzeichnung des Themengebiets als Hauptaktionsfeld einer wertstrategischen Personalwirtschaft nahe liegend.[1091]

a) Intrapreneurship als Leitbild einer wertorientierten Unternehmenskultur

In den bereits analysierten Literaturbeiträgen, die das Thema *„Wert durch Werte"* tangierten, und die zur Grundlegung der eigenen Personal-Wertkonzeption herangezogen wurden, finden sich Anhaltspunkte für die Zielrichtung der Ausgestaltung einer unternehmensspezifischen **Shareholder Value-Unternehmenskultur**, die intentional eine Interessenangleichung von Eigenkapitalgebern und Arbeitnehmern und damit auch die Reduzierung von In-

[1088] Vgl. hierfür auch B.I.2.a).

[1089] Vgl. Kapitel C.I.1.b), insbes. aber C.I.1.b)cc) für die Rappaportsche Konzeption, C.I.1.c)aa) für das McKinsey-Konzept sowie C.I.1.c)ff) als Fazit der Analyse zur Behandlung von Personalaspekten in weiteren wertorientierten Unternehmensführungskonzepten.

[1090] Vgl. Kapitel C.I.2, insbes. aber C.I.2.b) (Human Capital Index-Analyse von Watson Wyatt International) und C.I.2.c) (weitere empirische Studien zu Personal-Wert-Zusammenhängen im deutschen und englischen Sprachraum). Exemplarisch genannt seien die auch in der Zusammenfassung von C.I.2.c) angeführten Studien von Chatterjee, S. / Lubatkin, M. H. / Schweiger, D. M. / Weber, Y. (1992) oder die Studien der Boston Consulting Group zum Thema Wertschaffung und Beschäftigung (vgl. Wetzker, K. / Strüven, P. / Bilmes, L. J. (1998); Bilmes, L. / Wetzker, K. / Xhonneux, P. (1997)).

[1091] Vgl. dazu Kapitel C.III.2.d), insbes. auch Tabelle 24. Vgl. ergänzend zur hohen Relevanz unternehmenskultureller Aspekte für den Shareholder Value in Verbindung mit Unternehmensakquisitionen auch die Analyse von Olbrich, M. (1999), der eine modellbasierte Heuristik zum Einbezug der Unternehmenskultur in die Wertfindung entwickelt.

408

formationsasymmetrien und hiermit verbundener Agency-Konflikte nach sich ziehen sollen. Es sind dies vor allem:[1092]

- Förderung von unternehmerischem Denken und Handeln im Unternehmen (Intrapreneurship im Sinne einer durchgängigen unternehmerischen Grundausrichtung der Belegschaft).
- Führung und Motivation zu Leistung (Leadership) auf der Grundlage eines realistischen Menschenbilds, das von der Existenz unternehmerischer Eigeninitiative und Selbstmotivation bei Arbeitnehmern ausgeht, opportunistisches Verhalten aber ebenfalls als möglich erscheinen lässt.
- Unterstützung strategischer Denkweisen zur Erleichterung und Ermöglichung der Implementierung von Personal- und Unternehmensstrategien.
- Berücksichtigung von Mitarbeiterbelangen / -interessen bei der strategischen Entscheidungsfindung.
- Gewährleistung von Offenheit und Transparenz in den Informations- und Kommunikationsprozessen und -strukturen.
- Institutionalisierung und aktive Begünstigung eines kooperativen und kollegialen Arbeitsumfelds, das konfliktreduzierend wirkt.
- Förderung und Forderung einer geistigen Reagibilität und Flexibilität der Mitarbeiter zur Erleichterung von kontinuierlich stattfindenden Veränderungsprozessen.

Die Initialisierung, intensive Propagierung und aktive Förderung von unternehmerischem Denken und Agieren der Belegschaft zur Parallelisierung von Eigner- und Arbeitnehmerinteressen ist das wohl wichtigste Handlungsfeld, dem sich ein wertorientiertes Unternehmenskulturmanagement zu widmen hat, und das alle anderen Ansatzpunkte zur Implementierung einer Shareholder Value-Unternehmenskultur überlagert und integriert. Der „**Mitunternehmer"** **(Intrapreneur)**[1093] wird damit zum Ideal und Leitbild eines entsprechenden Kulturmanagements.

Ob und in welchem Umfang bzw. mit welchen Resultaten ein solches **Management der Unternehmenskultur** praktiziert werden kann, ist Gegenstand kontroverser Diskussionen,[1094] deren Tenor sich allerdings, untermauert von den in

---

[1092] Vgl. hierfür Kapitel C.III.2.d).
[1093] Vgl. zum Konzept des Intrapreneurs bzw. Intrapreneuring umfassender Neugebauer, L. (1997); Süssmuth Dyckerhoff, C. (1995); Pinchot, G. (1988); Johnson, S. / McMillan, J. / Woodruff, C. (1999); Hornsby, J. S. et al. (1993), S. 29ff.; Shatzer, L. / Schwartz, L. (1991), S. 15ff.; Brockmann, M. (1998), S. 88ff.
[1094] Vgl. zur Position einer *„paradigmatischen Machbarkeitsverneinung"* v.a. Wicher, H. (1994), S. 329; Schreyögg, G. (1993), S. 322; (1992), Sp. 1534; (1991), S. 202 und Greipel, P. (1990), S. 326 sowie zum Thema einer tendenziellen Befürwortung der Gestaltbarkeit von Unternehmenskultur Hentze, J. / Brose, P. / Kammel, A. (1993), S. 181;

der Unternehmenspraxis Eingang gefunden habenden Gestaltungskonzepten, in Richtung einer *„tendenziellen Machbarkeit"* bewegt. Gegenstand eines solchen Kulturmanagements, das im Falle des strategischen Personal-Wertkonzepts nicht nur werte-, sondern auch wertorientiert ausgerichtet ist, sind der Aufbau, die Pflege und Veränderung der gesamten Unternehmenskultur (Kulturevolution), gegebenenfalls aber auch die Durchführung von „Kulturrevolutionen" als *„gesamtkulturelles Krisenmanagement"* zur Implementierung dauerhafter wertorientierter Verhaltensweisen der Belegschaft. Weiterhin sind im Rahmen eines *„Subkultur-Managements"* auf der inter-subkulturellen Ebene vor allem nationale und internationale Akquisitionen und Fusionen zu bewältigen und auf der intra-subkulturellen Ebene vertikal-hierarchische und horizontal-funktionale Subkulturen vor dem Hintergrund der auf konstruktives Unternehmertum abzielenden Normsetzung aufeinander abzustimmen (vgl. dazu auch Abbildung 55).

Der **Prozess des wertorientierten betrieblichen Kulturmanagements** vollzieht sich in drei Phasen.[1095] Bei der Kultur-Analyse geht es um die Erhebung und Darstellung von Bedeutung und Ausprägungen der Kulturinhalte, um das grundlegende Verstehen und Hinterfragen der vorhandenen Ist-Kultur im Kontext einer eignerorientierten Unternehmenswertsteigerung. In der Beurteilungsphase wird die erhobene Ist-Kultur einer Kritik unterzogen, die auf einem konstruierten Soll-Kulturprofil für eine Shareholder Value-Unternehmenskultur aufbaut, das an den formulierten wertbezogenen Anknüpfungspunkten bzw. am Intrapreneur-Ideal ansetzt und das sich im Unternehmensleitbild, in der Unternehmensphilosophie oder den Unternehmensgrundsätzen widerspiegeln sollte oder mit diesen sogar identisch ist. In der Gestaltungsphase des Kulturmanage-

---

Schein, E. H. (1995); Bleicher, K. (1991), S. 125; Pümpin, C. / Kobi, J.-M. / Wüthrich, H. A. (1985), S. 21f. und Hoffmann, F. (1989), S. 170ff. Auch die normative Rechtfertigung unternehmenskultureller Gestaltungsversuche (soll / darf Kultur gestaltet werden?) war und ist Gegenstand eines kontroversen kritischen Diskurses (vgl. entsprechend zu kritischen Aspekten einer Kulturgestaltung insbes. Schreyögg, G. (1991), S. 202ff., Wicher, H. (1994), S. 334; Wenger, E. (1989), S. 110; Körner, M. (1993), S. 94; Osterloh, M. (1991), S. 23; Bahnmüller, R. (1991), S. 6; Breisig, T. (1990), S. 93ff.; Deutschmann, C. (1989), S. 384f., S. 392). Vgl. weiterhin zu einer kritischen Diskussion bzw. zu den Defiziten herkömmlicher Unternehmenskulturkonzepte Prabitz, G. (1996), S. 204ff.

[1095] Nahezu alle Kulturmanagementkonzepte laufen im Wesentlichen auf die drei Kernphasen eines allgemeinen Problemlösungsprozesses hinaus. Es handelt sich hierbei um die bei Planungsprozessen übliche Unterscheidung von Analyse-, Bewertungs- und Gestaltungsphasen (vgl. losgelöst von der Wertthematik weitere analoge bzw. ähnliche Phasenkonzepte bei Hoffmann, F. (1989), S. 171ff.; Dill, P. / Hügler, G. (1987), S. 166; Pümpin, C. / Kobi, J.-M. / Wüthrich, H. A. (1985), S. 9; Rühli, E. (1990), S. 190; (1994), S. 347ff.; Rühli, E. / Keller, A. (1989), S. 688ff.; Schnyder, A. B. (1991), S. 264ff.; Scholz, C. (1988), S. 82ff.; Blattmann, U. (1991), S. 82; Bea, F.X. / Haas, J. (2001), S. 487ff.).

410

ments wird versucht, über die Auswahl und Durchführung von geeigneten Gestaltungsmaßnahmen und gegebenenfalls durch die Initiierung von Projekten zum kulturellen Wandel, ermittelte kulturelle Abweichungsdistanzen zwischen Soll-Wert- und Ist-Kultur zu reduzieren bzw. zu beseitigen. Berücksichtigt man phasenübergreifende Interdependenzen, dynamische Aspekte der Kulturentwicklung und die Notwendigkeit eines kulturellen Kontrollmechanismusses, dann lässt sich ein *„zyklisches Kreislaufschema des unternehmenswertorientierten Kulturmanagements"* konstruieren. Hierbei wird davon ausgegangen, dass im Zeitablauf, je nach situativen Bedingungen, unterschiedliche Intensitätsgrade des Durchlaufens der drei Grundphasen zweckmäßig sind.

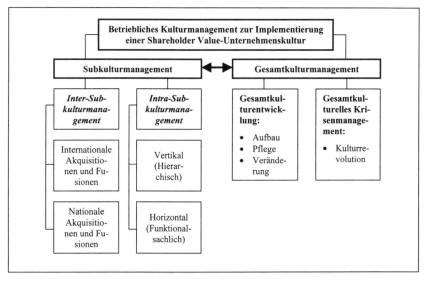

Abbildung 55: Teilbereiche eines betrieblichen Kulturmanagements zur Implementierung einer Shareholder Value-Unternehmenskultur (Quelle: Eigene Darstellung)[1096]

Es können somit in Mehrjahreszyklen stattfindenden Intensiv- und stetig ablaufende Standardphasen des wertorientierten Kulturmanagements unterschieden

---

[1096] Die Darstellung spiegelt eine denkbare Strukturierung der Vielzahl an literarischen Einzelbausteinen zum Thema Kulturmanagement wider. Vgl. z.B. zu Subkultur-Aspekten Dierkes, M. (1988), S. 563f.; zu Akquisitionen / Fusionen Schmidt-Dorrenbach, H. (1991), S. 232ff.; Schneider, S. C. (1990), S. 174ff.; Schmid, C.-H. (1995), S. 279; vgl. weiterhin zu Kulturentwicklung und -revolution Bea, F. X. / Haas, J. (2001), S. 486f.; Kobi, J.-M. / Wüthrich, H. A. (1988), S. 74f.; Dierkes, M. (1988), S. 566 sowie Kasper, H. (1987), S. 446.

werden, die sich in Art und Ausmaß der in den Basisphasen eingesetzten Ressourcen und Instrumente unterscheiden. Die Grundphasen sind dabei in einen kontinuierlichen und Idiosynkrasie produzierenden Kreislaufprozess eingebettet, der durch den laufenden Phasenwiederholungsvorgang und die hierbei sich entwickelnde „*wertkulturelle Sensitivität*" im Unternehmen, einem allgemeinen Gespür für kulturelle Prozesse in Verbindung mit einer Shareholder Value-orientierten Unternehmenskultur, die nötigen Kontrollvorgänge implizit beinhaltet. Das konzipierte Kreislaufschema ist in Abbildung 56 dargestellt. Abbildung 57 enthält mögliche in den drei Phasen zum Einsatz kommende **Instrumente des Kulturmanagements**.

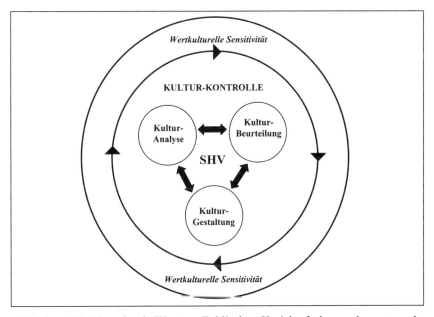

Abbildung 56: Wert durch Werte - Zyklisches Kreislaufschema des unternehmenswertorientierten Kulturmanagements (Quelle: Eigene Darstellung)

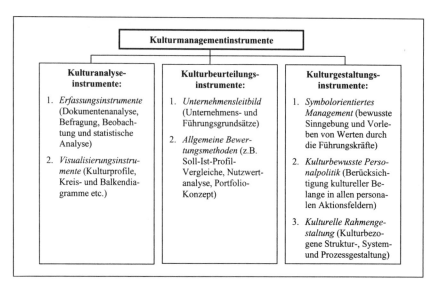

Abbildung 57: Phasenbezogene Instrumente des betrieblichen Kulturmanagements (Quelle: Eigene Darstellung)[1097]

[1097] Die Erfassungsinstrumente der Unternehmenskultur setzen gemeinhin an deren sichtbarer Oberfläche an und umfassen wesentliche Standardmethoden der empirischen Sozialforschung. Die ermittelten Daten werden dann, soweit möglich, mittels statistischer Methoden ausgewertet und interpretiert und mit Visualisierungsinstrumenten zur Kommunikation aufbereitet (vgl. hierzu und zu kritischen Aspekten wesentlich umfassender Kasper, H. / Holzmüller, H. H. (1990), S. 212ff.; Schein, E. H. (1995), S. 36, S. 148ff.; Schmid, C.-H. (1995), S. 148; Drumm, H. J. (1991), S. 164ff.; Schwarz, G. (1989), S. 193ff. Bei den Kulturbeurteilungsinstrumenten ist als zentraler Orientierungspunkt für den eigentlichen Bewertungsprozess das Unternehmensleitbild mit den daraus abgeleiteten Unternehmensgrundsätzen hervorzuheben. Das Leitbild dient als Basis für die mögliche Anwendung der angeführten allgemein gängigen Bewertungshilfsmittel, die zuvor auf kulturmanagementspezifische Belange ausgerichtet werden müssen (vgl. zum Themenkreis Unternehmensleitbild etwa Langen, A. (1990), S. 42ff.; Müller, C. / Stahl, P. (1994), S. 187ff.; Schanz, G. (1994), S. 413; vgl. beispielhaft für ein Kulturmanagement-Portfolio-Konzept Schwarz, G. (1989) und für den Einsatz von Soll-Ist-Profilen Pümpin, C. / Kobi, J.-M. / Wüthrich, H. A. (1985), S. 40ff.). Das symbolorientierte Management umfasst ein auf das gesamte sichtbare Symbolsystem ausgerichtetes bewusstes Erzeugen von Sinnpotenzialen im Unternehmen und beinhaltet schwerpunktmäßig das überlegte Einsetzen des Mediums Sprache, das Schaffen und Verbreiten von kulturrelevanten Geschichten, Legenden und Mythen und die „symbolische Repräsentation" über Riten, Rituale und Zeremonien, jedoch auch das bewusste Vorleben und kulturkonsistente Handeln der wichtigen Kulturträger oberer Hierarchieebenen, deren Verhaltensweisen selbst eine starke symbolische Wirkung zukommt (vgl. hierzu umfassender Dill, P. (1986), S. 279ff.; Schwarz, G. (1989), S. 263ff.; Körner, M. (1993), S. 87ff.; Kieser, A. (1991), S. 267 sowie Apekte von Scheins entwicklungsphasenabhängigen sekundären und primären Me-

Im Zusammenhang mit dem zyklischen Kreislaufmodell zum Unternehmens-kulturmanagement kann auch das Instrument der strategischen Personal-Wertanalyse als kulturbezogene Evaluationsmethode zum Tragen kommen. Die Möglichkeiten des Einsatzes der strategischen Personal-Wertanalyse in Verbindung mit einem betrieblichen Kulturmanagement werden nachfolgend exemplarisch erörtert.

b) Einsatz und Modifikation des Modells zur Analyse ökonomischer Humanpotenziale im unternehmenskulturellen Kontext

Im Rahmen eines Shareholder Value-orientierten Unternehmenskulturmanagements steht die **Erschließung kollektiver humaner Motivationspotenziale** zur Unternehmenswertsteigerung im Vordergrund. Ein Einsatz der Personal-Wertanalyse kann dabei in zweierlei Hinsicht erfolgen: Zum einen bei der Bewertung humaner Instrumentalpotenziale, zum anderen bei der Evaluierung humaner Systempotenziale. Die Instrumentalanalyse unterzieht die angeführten möglichen Kulturmanagementinstrumente einer Bewertung hinsichtlich der Wirksamkeit bei der Implementierung des Intrapreneur-Leitbilds, während die Systemanalyse spezifische Managementgesamtkonzepte oder aber die Unternehmenskultur an sich im Sinne von (wertorientierten) Kulturtypvariationen[1098] evaluiert. Eine *„systemische Kultur-Wertanalyse"* dürfte sich hierbei einer Monetarisierung weitgehend entziehen, während für die Managementsystem- und Instrumentalbetrachtung zumindest Kostenprognosen denkbar erscheinen. Aufgrund des ausgeprägt qualitativ-komplexen Charakters des Unternehmenskulturthemas kommt der ressourcentheoretischen Analyseebene eine besondere Be-

---

chanismen zur Kulturverankerung bei Schein, E. H. (1995), S. 186, S. 203, S. 235ff. Bei der kulturbewussten Personalpolitik handelt es sich im Grunde um nichts anderes als um das Ergreifen von bekannten personalpolitischen Maßnahmen unter Berücksichtigung unternehmenskultureller Belange, wobei auch das gesamte Spektrum von Organisationsentwicklungsinstrumenten mit einbezogen werden kann (vgl. dazu auch Schanz, G. (1994), S. 305ff.; Deutschmann, C. (1994), S. 385ff.; Krell, G. (1993), S. 49). Unter der kulturellen Rahmengestaltung werden hier alle Maßnahmen subsummiert, die eine strukturale und prozessuale Ausgestaltung aller betrieblichen Anreiz- und Sanktions-, Führungs- und Organisations-, Planungs- und Kontrollsysteme unter dem Aspekt einer geeigneten Umfeldschaffung für das betriebliche Kulturmanagement zum Gegenstand haben (vgl. dazu auch die in der Literatur ähnlichen, aber anders strukturierten und oft auf Einzelaspekte begrenzten Ausführungen bei Schumacher, T. C. (1990), S. 273; Hinterhuber, H. H. / Winter, L. G. (1991), S. 179f.; Schanz G. (1994), S. 303f.). Dies macht gleichzeitig auch die besondere Bedeutung des Kulturmanagements für die Integration aller personalstrategischen Aktionsfelder deutlich.

[1098] Vgl. exemplarisch zur strategischen Typologisierung von Unternehmenskulturen etwa die klassische Kategorisierung von Ansoff, H. I. (1979), S. 120ff. oder die empirischen Kulturcluster bei Meffert, H. / Hafner, K. / Poggenpohl, M. (1990), S. 56ff.

deutung zu.[1099] Auch strategische Agency-Kostenüberlegungen sind angesichts der Anreizrelevanz kultureller Normen in der Analyse mit höherer Priorität zu gewichten. In Tabelle 30 wird dies in einem entsprechenden **priorisierenden Potenzialanalysemuster**[1100] für die ökonomische Beurteilung von Wertkulturvarianten deutlich, für die nachfolgend exemplarisch die mögliche Ausgestaltung der Personal-Wertanalyse in Grundzügen aufgezeigt werden soll.

Ebene \ *Ausprägung*	*Ausprägung 1 der Analyseebene*	*Ausprägung 2 der Analyseebene*	*Ausprägung 3 der Analyseebene*
Analyseebene 1: Unternehmen / Geschäftsfeld	Gesamtunternehmen	Strategisches Geschäftsfeld	Keine Ausprägung
Analyseebene 2: Formal-prognostische Nähe zum Wertkonstrukt	Originäre Human-Wertpotenziale (hohe Monetarisierbarkeit)	Humane Agency-Kostensenkungspotenziale	Humane Ressourcenpotenziale
Analyseebene 3: Individual / Kollektiv	Humane Individualpotenziale	Humane Kollektivpotenziale	Keine Ausprägung
Analyseebene 4: Instrumental / Systemisch	Humane Instrumentalpotenziale	Humane Systempotenziale	Keine Ausprägung
Analyseebene 5: Sachlicher Potenzialgegenstand	Humane Wissenspotenziale	Humane Leistungspotenziale	Humane Motivationspotenziale

Legende: Der schraffierte Bereich steht für die relevanten ebenenbezogenen Potenzialanalyseschwerpunkte.

Tabelle 30: Priorisierendes Potenzialanalysemuster zur Evaluierung von Wertkulturvarianten (Quelle: Eigene Darstellung)

Eine unternehmenskulturbezogene Personal-Wertanalyse (genauer hier: „systemische Kultur-Wertanalyse") startet definitionsgemäß im ersten Analysemodul mit der **Untersuchung originärer Human-Wertpotenziale**,[1101] auch wenn diese beim gewählten Untersuchungsgegenstand nur ansatzweise möglich erscheint. Die in Schritt 1 stattfindende personalstrategische Problembeschreibung ist auf alle Fälle, unabhängig von der Monetarisierbarkeitsperspektive, durchzuführen. Es stellt sich dabei vor dem Hintergrund einer gewählten Unternehmensstrategie die Frage, ob für ein Unternehmen alternative kulturelle Humanpoten-

---

[1099] Vgl. eingehender zur Betrachtung der Unternehmenskultur als Quelle anhaltender Wettbewerbsvorteile im Sinne des Resource-based View z.B. Fiol, C. M. (1991), S. 191ff. und Barney, J. (1986), S. 656ff.
[1100] Vgl. dazu auch die Ausführungen zu ökonomischen Humanpotenzialen als strategische Analyseobjekte in C.III.3 sowie zu den Analyseebenen in C.III.4.
[1101] Vgl. dazu Kapitel C.IV.1.

zialausprägungen bzw. Wertkulturtypen in Betracht kommen. Sieht man die wertstrategische Stoßrichtung eines Unternehmens und die angeführten Merkmale wertorientierter Unternehmenskultur als Kriterien einer Kulturevaluierung bzw. als kulturelle Werttreiber mit potenziellen Kostensenkungs- oder Umsatzwachstumswirkungen und differenzierbaren Ausprägungsgraden (Schritt 2), so lassen sich mittels der Heuristik des morphologischen Kastens spezifizierte Wertkulturtypen als Potenzialalternativen „konstruieren". Die in Schritt 4 erfolgende Machbarkeitsanalyse für eine dynamische Monetarisierung der Kulturtypen kommt im vorliegenden Beispiel aufgrund der eingeschlagenen Bewertungsrichtung zum Ergebnis, dass eine Geldwertbetrachtung als sachlich und ökonomisch nicht durchführbar erscheint. Für den Fall einer bewussten Verbindung instrumenteller Lösungen mit den generierten Kulturtypen sähe dies jedoch anders aus. Es würden sich dann dynamische Kostenvergleichsrechnungen für die unterschiedlichen Kulturtyp-Instrumental-Kombinationen anbieten. Die weitere Untersuchung der generierten und im vorhandenen strategischen Kontext als stimmig angezeigten Wertkulturtypen konzentriert sich im betrachteten Beispiel auf die zwei nachgelagerten Analysemodule.

Unterstellt man, dass als Ergebnis des ersten Analysemoduls der strategischen Personal-Wertanalyse drei potenziell in Betracht kommende Wertkulturtypen mit spezifischen Kriterienausprägungen resultieren, für die allerdings keine Geldwerte ermittelt werden konnten, dann erfolgt im Rahmen des **Analysemoduls 2**[1102] der Versuch, eine Evaluierung der drei Alternativen anhand von Agency-Kostenüberlegungen vorzunehmen. Hierzu wird im Rahmen der Residual Loss-Analyse untersucht, inwieweit Ziel- und Informationsasymmetrieveränderungen kulturtypspezifisch variieren. Die Ergebnisse werden im entwickelten Analyseraster[1103] mit Punktwerten fixiert und mit den Resultaten der Monitoring- und Bonding Cost-Analyse zu einer Wertgesamteffektschätzung zusammengeführt, so dass die erste Achsendimension der Matrix ökonomischer Humanpotenziale für alle Wertkulturtypen mit konkreten Ausprägungen definiert ist.

Das **dritte Analysemodul** befasst sich mit der Untersuchung humaner Ressourcenpotenziale der identifizierten Wertkulturtypen. Dazu wird in einem ersten Schritt für jeden der drei Kulturtypen eine Ressourcenpotenzialitäts-Analyse (i.e.S.) durchgeführt, d.h. es wird hinterfragt, inwieweit spezifische Kulturausprägungen mit Nicht-Imitierbarkeit, Unternehmensspezifität, mit Nicht-Substitutierbarkeit und spezifischen Markt-Nutzenwerten in Verbindung ge-

---

[1102] Vgl. dazu Kapitel C.IV.2.
[1103] Vgl. Tabelle 27.

Unternehmenskulturelle Werttreiber	Spezifische Ausprägungen des Werttreibers		
Wertstrategische Stoß-richtung	Umsatzwachstum durch Qualität	Gewinnspannenoptimierung durch Kostensenkung	—
Unternehmerisches Denken und Handeln	Durch Wettbewerb	Durch Überzeugung	Durch Geld
Menschenbild als Füh-rungsgrundlage	Eigeninitiative und Selbstmotivation	Opportunismus und Homo Oeconomicus	Selbstmotivation und Opportunismus
Strategisches Denken	Durch Information	Durch strategische Partizipation	Durch Information und strategische Partizipation
Berücksichtigung von Mitarbeiterinteressen	Hohe Priorität	Entscheidungsabhängig	Geringe Priorität
Information und Kom-munikation	Offensiv	Situativ	Defensiv
Kollegialität und Ko-operation	Konsensfixierung	Kooperativer Wettbewerb	—
Reagibilität und Flexi-bilität	Durch Wettbewerb	Durch Überzeugung	Durch Geld

Legende: Der schraffierte Bereich steht für eine spezifische Werttreiberausprägungskombination

Tabelle 31: Morphologischer Kasten zur Ermittlung spezifischer Wertkulturty-pen als Potenzialalternativen (Quelle: Eigene Darstellung)[1104]

[1104] Die schwarz schraffierte Beispielalternative ist als eine generell gehaltene kriterienbezo-gene Idealausprägung interpretierbar, die auf der Grundlage des unternehmensspezifi-schen strategischen Kontexts modifiziert werden kann, so dass zwei und mehr denkbare Wertkulturtypen resultieren können. Ausgangspunkt der Matrix sind die zwei möglichen Wertstrategiestoßrichtungen einer Qualitäts- oder Kostenorientierung des Unternehmens. Das in jedem Fall erforderliche unternehmerische Denken und Handeln der Mitarbeiter kann durch interne Wettbewerbsprozesse, durch Überzeugungsarbeit (Kommunikation) der Unternehmensleitung und der Führungskräfte oder durch die Setzung geeigneter mo-netärer Incentives gefördert werden (ggf. auch durch Kombinationen der möglichen Kri-terienausprägungen, was im Übrigen auch für die anderen Kriterienausprägungen zu-trifft). Das im Führungsprozess zugrundegelegte Menschenbild kann eher positiv-vertrauensvoll (Eigeninitiative und Selbstmotivation), kritisch-distanzierend (Opportu-nismus und Homo Oeconomicus) ausgeprägt sein oder eine „Sowohl als auch"-Perspektive (Selbstmotivation und Opportunismus) beinhalten. Strategisches Denken lässt sich durch bewusste Streuung strategischer Informationen, durch die Mitwirkung im Strategieprozess oder durch die Verknüpfung beider Ansätze realisieren. Die explizite Berücksichtigung von Mitarbeiterinteressen bei der unternehmerischen Entscheidungs-findung ist hoch oder gering priorisierbar oder kann im Einzelfall differenzierend, also entscheidungabhängig erfolgen. Kommunikations- und Informationsprozesse sind eher offensiv (Empfehlung der Generalbetrachtung), defensiv oder situativ ausgestaltbar. Ko-

bracht werden können. Die Punktwerte der untersuchten Einzelaspekte gehen wiederum in das hierfür entwickelte Analyseraster[1105] ein und werden dort mit den Ergebnissen der Kontingenzadäquanz-Analyse (Analyse der internen und externen Kontingenzadäquanz) verrechnet, so dass eine Gesamteinschätzung der humanen Ressourcenpotenzialität für jeden Wertkulturtyp resultiert und die zweite Achsendimension der Matrix ökonomischer Humanpotenziale mit Punktwerten fixiert ist.

Das Gesamtergebnis der strategischen Analyse generierter alternativer Wertkulturtypen wird nun in der Darstellung der Humanpotenzialmatrix visualisiert, die in diesem speziellen Fall als **Wertkulturtyp-Portfolio** zu interpretieren ist (siehe dazu das beispielhafte Portfolio in Abbildung 58). Die Kreisradien der hierin enthaltenen Kulturtypsegmente sind deckungsgleich, da eine Geldwertschätzung in der Analysephase 1 ja bewusst unterblieb. Im präsentierten Beispiel dürfte sich der Wertkulturtyp C als für das Unternehmen anzustrebende Shareholder Value-Unternehmenskultur anbieten, da dieser den Potenzialalternativen A und B sowohl unter Agency-Kostengesichtspunkten als auch unter Ressourcenpotenzialitätsgesichtspunkten eindeutig überlegen ist.

---

operation und Kollegialität ist über Konsenorientierung bei der Personalführung oder die Einrichtung kooperativer Wettbewerbsprozesse implementierbar; während die Reagibilität und Flexibilität im Denken und Handeln der Mitarbeiter analog zur Förderung des Mitunternehmertums durch Geld, Überzeugungsarbeit oder innerbetriebliche Wettbewerbsmechanismen erfolgen kann.

[1105] Vgl. Tabelle 28.

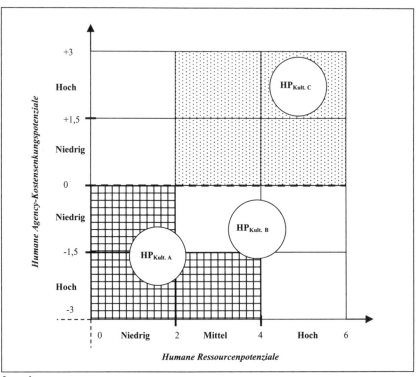

Legende:

⊞ = Gering ausgeprägte hochstrategische Potenzialität

⊡ = Stark ausgeprägte hochstrategische Potenzialität

☐ = Kompensatorisch ausgeprägte hochstrategische Potenzialität

Abbildung 58: Matrix ökonomischer Humanpotenziale - Anwendungsbeispiel eines Wertkulturtyp-Portfolios (Quelle: Eigene Darstellung)

3. Wertorientierte strategische Anreiz- und Vergütungssysteme

In enger Verbindung mit der Etablierung einer Shareholder Value-Unternehmenskultur steht die Implementierung wertorientierter Anreiz- und Entgeltstrukturen für die Beschäftigten eines Unternehmens. Bereits bei der Besprechung von **renommierten Konzeptionen einer strategischen Personalwirtschaft** wurde auf die exponierte Rolle von Anreiz- und Vergütungssystemen bei ökonomisch intendierten Personalkonzepten wie dem Michigan-Ansatz[1106] oder dem internationalen strategischen Personalmanagementansatz

---

[1106] Vgl. dazu Kapitel B.II.1.a).

nach Festing[1107] hingewiesen. Diese hervorgehobene Bedeutung der Incentivierung für die betriebliche Leistungserstellung bestätigte sich auch und ganz besonders bei der Untersuchung von Konzepten einer **wertorientierten Unternehmensführung**. Sowohl im als Referenzbasis gewählten Shareholder Value-Ansatz nach Rappaport,[1108] als auch in der Konzeption nach Copeland / Koller / Murrin[1109] werden Vorschläge zur Interessenharmonisierung von Unternehmenseignern und Führungskräften bzw. Mitarbeitern durch eine spezifische Ausgestaltung der Anreiz- und Entgeltstrukturen unterbreitet und auch in weiteren Wertkonzepten mit angeführt.[1110] Daneben spricht eine Reihe von **empirischen Belegen** für die signifikante Relevanz von leistungs- bzw. wertorientierten Vergütungs- und Anreizsystemen bei der Generierung überdurchschnittlicher Shareholder Value-Zuwächse. So wird dies durch beide eingehend analysierten zentralen Shareholder Value-Forschungskonzepte nach Huselid / Becker und nach Watson Wyatt International bestätigt. Huselid / Becker sehen kompensationsabhängige Pro-Kopf-Marktwertsteigerungspotenziale von bis zu 19 Prozent und attestieren, dass mittels einer fokalen Vergütungs- und Anreizstrategie vermutlich am schnellsten und einfachsten spürbare Wertsteigerungen realisierbar sein dürften.[1111] Die Human Capital Index-Analyse von Watson Wyatt International kommt gleichermaßen in der Nordamerika-[1112] wie in der Europa-Studie[1113] zum Testat einer Schlüsselfunktion von Anreiz- und Vergütungssystemen für die Generierung von Unternehmenswert („Clear Reward and Accountability" in der Nordamerika-Studie mit 9,2 Prozent Marktwertrelevanz[1114] bzw. „Money still matters" mit 3,7 Prozent Markwertrelevanz in der Europa-Studie[1115]). Die Wertrelevanz-Erkenntnisse der beiden Forschungskonzepte werden durch andere Untersuchungen unterstützt.[1116] Ein strategisches Personal-Wertkonzept kommt demnach nicht umhin, die strategische, sprich wertorien-

---

[1107] Vgl. Kapitel B.II.2.b).

[1108] Vgl. C.I.1., insbes. aber C.I.1.b)dd).

[1109] Vgl. Kapitel C.I.1.c)aa).

[1110] Vgl. zu entsprechenden Aspekten in weiteren Konzepten wertorientierter Unternehmensführung Kapitel C.I.1.c)bb) bis ff).

[1111] Vgl. zum Forschungsprogramm von Huselid / Becker et al. Kapitel C.I.2.a) und zur hier angesprochenen Studie insbes. C.I.2.a)bb) bzw. Becker, B. E. / Huselid, M. A. (1998a), S. 77ff. sowie (1998b), S. 14.

[1112] Vgl. hierzu Kapitel C.I.2.b)aa).

[1113] Vgl. Kapitel C.I.2.b)bb).

[1114] Vgl. dazu auch Tabelle 11 bzw. Watson Wyatt Worldwide (1999), S. 6; (2000a), S. 6; (2001c), S. 2f.; O.V. (2001a), S. 1; (2001c), S. 2; (2000a), S. 4; (2000c), S. 13.

[1115] Vgl. hierzu Tabelle 14 bzw. Watson Wyatt Worldwide (2000d), S. 5ff.; O.V. (2001), S. 1ff. und ergänzend Whiteley, P. (2000).

[1116] Vgl. Tabelle 16 und besonders die dort auch angeführten Studien von Welbourne, T. M. / Andrews, A. O. (1996); Cooke, W. (1994); Ichniowski, C. (1990) oder Schuster, F. E. (1986).

420

tierte Ausrichtung der Vergütungs- und Anreizstrukturen als essenzielles Hauptgestaltungsfeld zu thematisieren.[1117]

a) Leistungsorientierung bei Anreiz- und Vergütungsstrukturen

Als wesentliche Prinzipien der Ausgestaltung wertorientierter strategischer Anreiz- und Entgeltsysteme zur Interessenparallelisierung zwischen Unternehmenseignern, Führungskräften und Mitarbeitern bzw., um im Vokabular der Agency-Theorie zu sprechen, zwischen Prinzipalen und Agenten[1118] wurden bei der Darstellung und Bewertung fokaler Vergütungsansätze eine **zunehmende Leistungsorientierung** durch besondere Hervorhebung variabler Vergütungskomponenten und die Verknüpfung von Entlohnungsmodellen mit externen Kapitalmarkt- und internen Shareholder Value-Kenngrößen erkannt. Durch gleichzeitige Marktindizierung und Performanceorientierung sollen stimmige Incentives zur Wertsteigerung gesetzt werden. Dies kann durch die kombinierte und ebenenabhängige Verwendung operativer Werttreibergrößen und Kennzahlen des innerbetrieblichen wertorientierten Rechnungswesens in variablen Vergütungsmodellen und den Einsatz relativierender Aktienoptionsprogramme, virtueller aktienkursabhängiger Vergütungsinstrumente sowie durch die Ausgabe von Belegschaftsaktien geschehen. Entsprechende Anreiz- und Vergütungssysteme auf der Grundlage transparenter Leistungsevaluierungsprozesse[1119] dienen auch, wie bereits angedeutet, der Förderung unternehmerischer und strategischer Grundhaltungen der Beschäftigten auf allen hierarchischen Ebenen im Sinne eines wertorientierten Unternehmenskulturmanagements.[1120] Die wichtigsten inhaltlichen Konkretisierungen zum Thema wertorientierte strategische Anreiz- und Vergütungssysteme sind bereits umfassend in Kapitel C.I.3.d) erfolgt und in Abbildung 31 zusammengefasst.[1121]

[1117] Vgl. dazu auch Kapitel C.III.2.d), insbes. auch Tabelle 24.

[1118] Vgl. zur besonderen Bedeutung von Anreizstrukturen im Kontext der Agency-Theorie auch die Erörterungen in Kapitel C.II.2.

[1119] Eine leistungs- bzw. wertorientierte Incentivierung / Vergütung ist untrennbar mit einer an entsprechenden stimmigen und transparenten Kriterien ansetzenden Leistungsbewertung verbunden.

[1120] Vgl. hierzu auch die Formulierung von Basisanforderungen an den Analyse- und Managementprozess des strategischen Personal-Wertkonzepts in Kapitel C.III.d).

[1121] Vgl. außerdem die dort angeführten Literaturbeiträge (insbes. auch Schnabel, H. (1998) und Ferstl, J. (2000)) und ergänzend die vertiefenden Ausführungen bei Plaschke, F. J. (2003); Kaplan, S. N. (1999), S. 3ff.; Conyon, M. J. / Schwalbach, J. (1999), S. 13ff.; Milbourn, T. T. (1999), S. 47ff.; Newman, J. M. / Waite, M. (1998), S. 78ff.; Kühnberger, M. / Keßler, J. (1999), S. 453ff.; Laux, H. (1988), S. 24ff.; Kossbiel, H. (1994), S. 75ff.; Kruse, K.-O. (1994), S. 86ff.; Welge, M. K. / Hüttemann, H. H. / Al-Laham, A. (1996), S. 80ff.; Luber, T. (1999), S. 38ff.; Hegner, F. (1999), S. 403ff.

b) Einsatz und Modifikation des Analysemodells ökonomischer Humanpotenziale zur Bewertung von Anreiz- und Vergütungsstrukturen

Die strategische Personal-Wertanalyse kann auch bei der Bewertung von spezifischen Anreiz- und Vergütungssystemen und der hiermit verbundenen kollektiven humanen Motivationspotenziale zur Verwendung kommen. Die konkrete Einsatzmöglichkeit sei am Beispiel folgender **Evaluierungsaufgabe** aufgezeigt: Ein bestehendes leistungsorientiertes Vergütungsmodell für leitende Führungskräfte ist hinsichtlich einer Variation der festgelegten Stellparameter und damit verbundener Alternativkonstellationen des Vergütungssystems monetärstrategisch zu bewerten.

Im **ersten Analysemodul** zur Erfassung der monetären Folgewirkungen alternativer Potenzialausprägungsformen[1122] im engeren Planungszeitraum erfolgt wiederum zunächst eine genaue Problembeschreibung und die Erstellung eines priorisierenden Potenzialanalysemusters (Schritt 1). Das bestehende Vergütungsmodell für leitende Führungskräfte sei durch folgende Relationen gekennzeichnet:
1) Die Basisrelation zwischen fixer und variabler Vergütung wurde mit 70:30 für alle leitenden Führungskräfte festgelegt.
2) Die variable Vergütung splittet sich in der Relation 60:40 in eine von der individuellen Zielerreichung abhängige persönliche Tantieme der Führungskraft und in eine vom Unternehmens- bzw. Geschäftsfeldergebnis abhängige Erfolgsbeteiligung.
3) Das Verhältnis von Unternehmens- und Geschäftsfeldergebnisabhängigkeit bei der Bestimmung der Erfolgsbeteiligung beträgt für alle leitenden Führungskräfte 50:50.

Es soll ermittelt werden, ob Alternativkonstellationen der fixierten Relationen mit höheren Wertpotenzialen verbunden sind. Vermutete Wachstums- und Ergebniszahlen der einzelnen Geschäftsfelder für den festgelegten Planungszeitraum liegen aus der strategischen Unternehmensplanung vor. Für die formulierte Problemstellung und den festgelegten Analysezweck resultiert das in Tabelle 32 abgebildete priorisierende Potenzialanalysemuster.[1123]

[1122] Vgl. hierzu wiederum Kapitel C.IV.1.
[1123] Vgl. dazu auch das ähnliche beispielhafte Analysemuster der Tabelle 25 in Kapitel C.III.4.a).

Ebene \ Ausprägung	Ausprägung 1 der Analyseebene	Ausprägung 2 der Analyseebene	Ausprägung 3 der Analyseebene
Analyseebene 1: Unternehmen / Geschäftsfeld	Gesamtunternehmen	Strategisches Geschäftsfeld	Keine Ausprägung
Analyseebene 2: Formal-prognostische Nähe zum Wertkonstrukt	Originäre Human-Wertpotenziale (hohe Monetarisierbarkeit)	Humane Agency-Kostensenkungspotenziale	Humane Ressourcenpotenziale
Analyseebene 3: Individual / Kollektiv	Humane Individualpotenziale	Humane Kollektivpotenziale	Keine Ausprägung
Analyseebene 4: Instrumental / Systemisch	Humane Instrumentalpotenziale	Humane Systempotenziale	Keine Ausprägung
Analyseebene 5: Sachlicher Potenzialgegenstand	Humane Wissenspotenziale	Humane Leistungspotenziale	Humane Motivationspotenziale

Legende: Der schraffierte Bereich steht für die relevanten ebenenbezogenen Potenzialanalyseschwerpunkte

Tabelle 32: Priorisierendes Potenzialanalysemuster für die wertstrategische Analyse eines Vergütungsmodells für leitende Führungskräfte (Quelle: Eigene Darstellung)

Die festgelegten drei Vergütungsrelationen lassen sich als motivatorische Werttreiber im Sinne des Schritts 2 interpretieren, so dass in Schritt 3 die Potenzialalternativen mittels des morphologischen Kastens ermittelt werden können (vgl. Tabelle 33).

Motivatorisch Werttreiber	Spezifische Ausprägungen des Werttreibers		
1) Basisrelation fix zu variabel	70:30	60:40	50:50
2) Relation Tantieme zu Erfolgsbeteiligung	70:30	60:40	50:50
3) Relation Unternehmensergebnis- zu Geschäftsfeldergebnisrelevanz	70:30	60:40	50:50

Legende: Der Istzustand des Vergütungsmodells ist im morphologischen Kasten schwarz schraffiert hinterlegt

Tabelle 33: Morphologischer Kasten zur Ermittlung spezifischer Vergütungsmodellvarianten für leitende Führungskräfte (Quelle: Eigene Darstellung)

Die Expertenanalyse ergibt unter Heranziehung des morphologischen Kastens folgende fünf in Betracht kommenden **Relationskombinationen**, die spezifische Humanpotenzialitäten verkörpern:

$HP_{Vergüt. A} = \{1)\ 70{:}30;\ 2)\ 60{:}40;\ 3)\ 50{:}50\}$,

$HP_{Vergüt. B} = \{1)\ 60{:}40;\ 2)\ 70{:}30;\ 3)\ 60{:}40\}$,

$HP_{Vergüt. C} = \{1)\ 50{:}50;\ 2)\ 70{:}30;\ 3)\ 50{:}50\}$,

$HP_{Vergüt. D} = \{1)\ 60{:}40;\ 2)\ 60{:}40;\ 3)\ 60{:}40\}$,

$HP_{Vergüt. E} = \{1)\ 50{:}50;\ 2)\ 50{:}50;\ 3)\ 50{:}50\}$.

Da eine Monetarisierung der positiven Motivationseffekte alternativer Modellkonstruktionen nicht möglich erscheint, wird statt der Kapitalwertvergleichsrechnung eine dynamische Kostenvergleichsrechnung auf der Basis vergangener und prognostizierter Parameterkonsequenzen und der durch die strategische Unternehmensplanung vorgegebenen Rahmenbedingungen durchgeführt (Verfahrensentscheidung in Schritt 4). Nach Festlegung des fallbezogen angemessenen Prognosezeitraums von fünf Jahren (Schritt 5) sowie der WACC-basierten Bestimmung des für die Diskontierung der Kosten heranzuziehenden Kapitalkostensatzes von zehn Prozent (Schritt 6), werden die potenzialbezogenen Kostenvergleichswerte für die Alternativausprägungen berechnet (Schritt 7). Aus der **Diskontierung** der prognostizierten Kostenwerte (Vergütungssummen) innerhalb des Planungszeitraums resultieren folgende Einzelwerte, die bereits unter dem Gesichtspunkt einer möglichst geringen Kostenbelastung in eine Rangreihe (Schritt 8) gebracht wurden:

1) $K(HP_{Vergüt. B}) = 150$ Mio. EUR,

2) $K(HP_{Vergüt. A}) = 152$ Mio. EUR,

3) $K(HP_{Vergüt. D}) = 160$ Mio. EUR,

4) $K(HP_{Vergüt. E}) = 180$ Mio. EUR,

5) $K(HP_{Vergüt. C}) = 190$ Mio. EUR.

Auf der Grundlage der Erfahrungen in der Vergangenheit werden für alle Varianten **durchschnittliche Fluktuationswerte** für die leitenden Führungskräfte (Fluktuation in Prozent des Gesamtbestands an leitenden Führungskräften) bei unterschiedlichen Vergütungsmodellen prognostiziert (Schritt 9). Die errechneten Kennzahlen erlauben über die Kostenerfahrungswerte je Fluktuationsfall eine Korrektur der ausschließlich auf Vergütungslohnsummen basierenden Kostenvergleichswerte: Jedes Prozent an Fluktuation sei mit zusätzlichen Fluktuationskosten im Prognosezeitraum in Höhe von 5 Mio. EUR verbunden. Aus den korrigierten Kostenwerten resultiert dann folgende neue Rangordnung:

1) $K_{Ges.}(HP_{Vergüt. B})$ = 160 Mio. EUR (2 % Fluktuation),

2) $K_{Ges.}$ $(HP_{Vergüt. D})$ = 165 Mio. EUR (1 % Fluktuation),

3) $K_{Ges.}$ $(HP_{Vergüt. A})$ = 172 Mio. EUR (4 % Fluktuation),

4) $K_{Ges.}$ $(HP_{Vergüt. E})$ = 195 Mio. EUR (3 % Fluktuation),

5) $K_{Ges.}$ $(HP_{Vergüt. C})$ = 210 Mio. EUR (4 % Fluktuation).

Wegen des vorgegebenen, für den Planungszeitraum zwingend einzuhaltenden maximalen Vergütungsbudgets von 200 Mio. EUR wird die Potenzialalternative $HP_{Vergüt. C}$ in der weiteren Analyse nicht mehr berücksichtigt und als ineffizient eliminiert (Schritt 10).

Die über die monetäre Betrachtung der Analyse originärer Human-Wertpotenziale hinausgehende Untersuchung von Agency-Kostensenkungspotenzialen in der **Analysephase 2**,[1124] der gemäß dem priorisierenden Potenzialanalyseraster ebenfalls eine besondere Bedeutung zukommt, vollzieht sich analog dem bei der Unternehmenskulturbetrachtung aufgezeigten Vorgehen in den vier Schritten Residual Loss-, Monitoring Cost-, Bonding Cost-Analyse und Wertgesamteffektschätzung. Für die vier verbliebenen Alternativen konnten mittels Expertenbefragung folgende Agency-Kostenpunktwerte ermittelt werden:

$HP_{Vergüt. B}$ = +1,5; $HP_{Vergüt. D}$ = +1; $HP_{Vergüt. A}$ = 0; $HP_{Vergüt. E}$ = -1,5.

Die Einschätzung humaner Ressourcenpotenziale innerhalb des **Analysemoduls 3**[1125] kommt zum Ergebnis, dass hinsichtlich der Ressourcenpotenzialität im engeren Sinne (Analyseschritte 1 bis 4) kaum Unterschiede zwischen den Alternativausprägungen erkennbar sind. Differenzen lassen sich vor allem bezüglich der internen und der externen Kontingenzadäquanz erkennen (Analyseschritte 5 und 6), so dass diese zwei Kriterien in die Gesamtbewertung der humanen Ressourcenpotenzialität (Schritt 7) mit einer höheren Gewichtung eingebracht werden. Für die einzelnen Potenzialausprägungsformen resultieren folgende Gesamtpunktwerte:

$HP_{Vergüt. B}$ = 3; $HP_{Vergüt. D}$ = 2; $HP_{Vergüt. A}$ = 1; $HP_{Vergüt. E}$ = 1.

[1124] Vgl. dazu Kapitel C.IV.2.
[1125] Vgl. dazu Kapitel C.IV.3.

Humanpotenzialoption	Dynamisierter Gesamtkostenwert	Agency-Kostenpunktwert	Gesamtbewertung Ressourcenpotenzial
HP$_{\text{Vergüt. B}}$	160 Mio. EUR	+1,5	3
HP$_{\text{Vergüt. D}}$	165 Mio. EUR	+1	2
HP$_{\text{Vergüt. A}}$	172 Mio. EUR	0	1
HP$_{\text{Vergüt. E}}$	195 Mio. EUR	-1,5	1

Tabelle 34: Ermittelte Wertgrößen der strategischen Personal-Wertanalyse zur Evaluierung alternativer Vergütungsmodelle für leitende Führungskräfte (Quelle: Eigene Darstellung)

Die ermittelten Bewertungsgrößen (vgl. im Überblick hierzu auch Tabelle 34) lassen sich wiederum in der letzten Phase der strategischen Personal-Wertanalyse in die **Matrix ökonomischer Humanpotenziale**[1126] transferieren, die damit zu einem Portfolio alternativer Vergütungsmodelle wird (vgl. Abbildung 59). Als effizientes Gesamtvergütungsmodell wird im Beispielfall die Humanpotenzialalternative B vorgeschlagen, die auch den stärksten Ausprägungsgrad hochstrategischer Potenzialität aufweist.

[1126] Vgl. hierfür Kapitel C.IV.4.

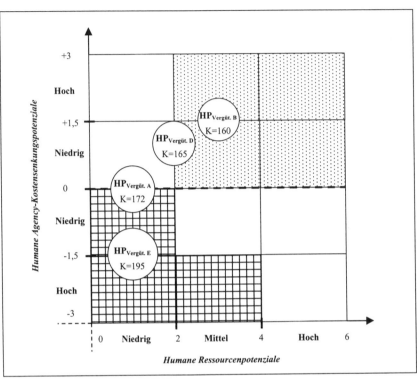

Legende:

⊞ = Gering ausgeprägte hochstrategische Potenzialität

▦ = Stark ausgeprägte hochstrategische Potenzialität

□ = Kompensatorisch ausgeprägte hochstrategische Potenzialität

Abbildung 59: Matrix ökonomischer Humanpotenziale - Anwendungsbeispiel eines Vergütungsmodell-Portfolios für leitende Führungskräfte (Quelle: Eigene Darstellung)

4. Zielgruppenorientierte, wertbasierte strategische Personalbeschaffung, -entwicklung und -freisetzung

Als weiteres Hauptaktionsfeld, das aus den Grundanforderungen an ein strategisches Personal-Wertkonzept abgeleitet werden kann, wurde eine wertorientierte, auf personale Zielgruppen fokussierte strategische Ausgestaltung der Funktionsbereiche Personalbeschaffung, -entwicklung und -freisetzung identifiziert. Diese Funktionsfelder finden sich in allen Konzeptionen einer strategischen Personalwirtschaft wieder, unabhängig davon, ob eine Wertorientierung expliziert wird oder nicht. Die **Wertwirksamkeit** dieser zentralen Bestandteile des strategischen Personalmanagements wird, wie die vorangegangene empirische Literaturanalyse gezeigt hat, durch eine Fülle von Studien belegt. So kommt etwa die Nordamerika-Studie und in reduzierterem Umfang auch die Europa-Studie von Watson Wyatt Worldwide zur Ermittlung einer herausragenden Relevanz der Personalrekrutierung („Recruiting Excellence") für die Generierung von Shareholder Value.[1127]

a) Strategische Segmentierung als Grundlage einer effizienten Ressourcenallokation

Die **Notwendigkeit einer strategischen Segmentierung** im Personalbereich kam bereits bei der Darstellung und Bewertung des strategischen Personal-Portfolio-Ansatzes von Odiorne zum Ausdruck, der eine Kategorisierung der Belegschaft unter Heranziehung seiner Portfolio-Dimensionen Mitarbeiterpotenzial und Mitarbeiterleistung vornimmt, und für diese Personalsegmente spezifische Politiken empfiehlt. Aktuelle empirische Anhaltspunkte für die Erfordernis einer Fokussierung finden sich beispielsweise wiederum in der Europa-Studie von Watson Wyatt Worldwide, die die Existenz von „Wissensarbeitern" als personale Subkategorie positiv und die nicht-fokussierte Personalbewahrung bzw. die unspezifische Gewährleistung von Arbeitsplatzsicherheit negativ mit dem Shareholder Value eines Unternehmens in Verbindung bringt.[1128] Außerdem stimmt die strategische Segmentierung in theoretischer Hinsicht auch mit der aus der Agency-Theorie abgeleiteten Differenzierungserfordernis bezüglich einer Prinzipal- und einer Agenten-Perspektive und mit der bei der Diskussion des Ressourcenansatzes zum Ausdruck kommenden Notwendigkeit einer Kontingenzrelativierung von Entscheidungsalternativen überein. Die Negierung des „Gießkannenprinzips" entspricht weiterhin einem Grundprinzip des strategischen und ökonomischen Handelns, das der effizienten Allokation von Ressourcen die vorherige Abgrenzung relevanter Allokationsbezugsfelder voraussetzt.[1129] Die im Rahmen des strategischen Personal-Wertkonzepts propagierte strategische Segmentierung geht jedoch über die Erfordernis der Bildung von

---

[1127] Vgl. dazu Kapitel C.I.2, insbes. dort die Tabellen 10 und 14 und die zugehörigen Ausführungen sowie Watson Wyatt Worldwide (1999), S. 5; (2000a), S. 5; (2000d), S. 5ff.; O.V. (2001), S. 1ff. Vgl. zu weiteren Studien, die Aspekte der Personalbeschaffung, -entwicklung und -freisetzung finanzorientiert empirisch validieren auch Kapitel C.I.2.c) bzw. die Synopse in Tabelle 16. Vgl. zu den hierüber hinausgehenden Begründungen zur Aufnahme des Themenkreises in ein strategisches Personal-Wertkonzept vor allem aber auch Kapitel C.III.2.d), insbes. auch Tabelle 24.

[1128] Vgl. C.I.2.b)bb), vor allem Tabelle 14, sowie die dort angeführten Quellen.

[1129] In der strategischen Unternehmensführung kommt dieses Prinzip in der Bildung strategischer Geschäftsfelder oder Geschäftseinheiten als Planungsobjekte zum Ausdruck. Vgl. zur strategischen Segmentierung im Kontext des strategischen Managements und der Portfolio-Analyse z.B. Bea, F. X. / Haas, J. (2001), S. 135ff.

Belegschaftskategorien[1130] weit hinaus. Der **Segmentierungsanspruch** bezieht sich auf alle der strategischen Personal-Wertanalyse unterziehbaren Themenkreise und beinhaltet letztlich sämtliche definierten Humanpotenzialklassen sowie die aus diesen ableitbaren themenspezifischen instrumentellen oder systemischen Subkategorien. Dies ist eine logische Konsequenz des Multifunktionalitätsanspruchs des konzipierten Analysemodells.

Die Abgrenzung geeigneter Entscheidungsobjekte für die strategische Personal-Wertanalyse ist zwar eine notwendige, jedoch nicht hinreichende Voraussetzung für die effiziente und somit wertschaffende Abwicklung der personalen Basisfunktionen. Hierfür konnten in inhaltlicher Hinsicht weiterhin prinzipiell der Einsatz **fortschrittlicher Methoden** des Personalmanagements[1131] und die Notwendigkeit einer **fortlaufenden Effizienzmessung und -kontrolle** bei der Ressourcenallokation und beim Methodeneinsatz ausgemacht werden. Letzteres lässt sich vor allem durch die Heranziehung der strategischen Personal-Wertanalyse zur Methodenevaluierung im Rahmen eines wertorientierten strategischen Personalcontrollings gewährleisten.

b) Einsatz und Modifikation des Analysemodells ökonomischer Humanpotenziale bei zielgruppenorientierten Personalprozessen

Die Einsatzmöglichkeiten der strategischen Personal-Wertanalyse im Rahmen der angeführten Personalprozessfelder seien nachfolgend exemplarisch an der Vorbereitung einer **Personalfreisetzungsentscheidung** verdeutlicht.

[1130] Bei der Bildung von Belegschaftskategorien können über die in der Matrix ökonomischer Humanpotenziale angeführten monetären, agency-kosten- und ressourcenbasierten Segmentierungs- bzw. Bewertungskriterien hinaus auch situationsabhängig weitere Abgrenzungsmerkmale zum Tragen kommen. Methodisch kann eine Segmentierung mittels bekannter statistischer Verfahren wie der linearen Diskriminanzanalyse, den Logit-Modellen, dem Chi-Squared Automatic Interaction Detector-Ansatz oder dem linearen Wahrscheinlichkeitsmodell erfolgen (vgl. zu diesen Verfahren der Zielgruppenselektion eingehender Musiol, G. (1999), S. 39ff.).

[1131] Es sei hierzu einerseits auf die bei den vorangehenden wertfokalen Literaturanalysen ermittelten in Frage kommenden Politik- und Methodenkomponenten verwiesen und andererseits ergänzend auf die für die einzelnen Handlungsfelder verfügbare Standard- (vgl. z.B. die entsprechenden Passagen bei Drumm, H. J. (2000); Scholz, C. (2000a); Ridder, H.-G. (1999); Bratton, J. / Gold, J. (1999) oder Baron, J. N. / Kreps, D. M. (1999)) und Spezialliteratur (vgl. z.B. speziell zur Personalbeschaffungsthematik Winter, S. (1997), S. 247ff.; Kompa, A. (1989); zum Thema (strategische) Personalentwicklung Rother, G. (1996); Neumaier, W. (1995), S. 920ff.; Becker, M. (2002) und Riekhof, H.-C. (1989), S. 293ff.; zu Personalfreisetzung und Downsizing Park, Y-K. (1999); Baeckmann, S. von (1998); Otremba, H. / Piringer-Gottschalk, G. / Gottschalk, S. (1997), S. 160ff.; Mayer, W. (1995), S. 506ff.). Eine detaillierte inhaltliche Ausarbeitung der drei unterschiedlichen Personalteilbereiche würde den Rahmen der vorliegenden Arbeit bei weitem sprengen.

Die Analyse startet wiederum im **ersten Modul** mit einer Abgrenzung der personalstrategischen Problemstellung (Schritt 1): Vor dem Hintergrund einer Revision der Vertriebsstrategie auf Unternehmensebene soll jedes strategische Geschäftsfeld eine Überprüfung des im Vertriebsbereich eingesetzten Bestands an Führungskräften vornehmen. Jedes Geschäftsfeld hat gemäß der personalstrategischen Vorgabe auf Unternehmensebene sein Vertriebsführungsteam um eine Person zu reduzieren und diese freizusetzen. Maßgeblich für die Auswahl der freizusetzenden Führungskraft sollen primär die mit ihr verbundenen monetären Leistungserwartungen (originäre Human-Wertpotenziale) innerhalb eines engeren Planungshorizonts von fünf Jahren, aber auch deren darüber hinausgehendes ökonomisch-strategisches Potenzial sein. Aus der Aufgabenstellung ergibt sich für ein spezifisches Geschäftsfeld, das im Zusammenhang insgesamt sechs Vertriebsleiter zu evaluieren hat, das in Tabelle 35 dargestellte **priorisierende Potenzialanalysemuster**. Es macht die analytische Kernaufgabe deutlich, die humanen Leistungspotenziale der Vertriebsleiter eines Geschäftsfelds auf der Individualebene monetär zu bewerten.

Ebene \ Ausprägung	Ausprägung 1 der Analyseebene	Ausprägung 2 der Analyseebene	Ausprägung 3 der Analyseebene
Analyseebene 1: Unternehmen / Geschäftsfeld	Gesamtunternehmen	Strategisches Geschäftsfeld	Keine Ausprägung
Analyseebene 2: Formal-prognostische Nähe zum Wertkonstrukt	Originäre Human-Wertpotenziale (hohe Monetarisierbarkeit)	Humane Agency-Kostensenkungspotenziale	Humane Ressourcenpotenziale
Analyseebene 3: Individual / Kollektiv	Humane Individualpotenziale	Humane Kollektivpotenziale	Keine Ausprägung
Analyseebene 4: Instrumental / Systemisch	Humane Instrumentalpotenziale	Humane Systempotenziale	Keine Ausprägung
Analyseebene 5: Sachlicher Potenzialgegenstand	Humane Wissenspotenziale	Humane Leistungspotenziale	Humane Motivationspotenziale

Legende: Der schraffierte Bereich steht für die relevanten ebenenbezogenen Potenzialanalyseschwerpunkte

Tabelle 35: Priorisierendes Potenzialanalysemusters zur wertstrategischen Evaluierung von Personalfreisetzungsoptionen bei Führungskräften im Vertriebsbereich eines Geschäftsfelds (Quelle: Eigene Darstellung)

Die Werttreiberanalyse (Schritt 2) kann im vorliegenden Fall auf für den Vertriebsbereich vorliegendes umfassendes historisches Zahlenmaterial zurückgreifen, das in Verbindung mit den für den Planungszeitraum von fünf Jahren von der Unternehmensplanung vorgegebenen Marktparametern eine hinreichend fundierte Prognose führungskraftspezifischer Zahlungsströme (zurechenbarer Vertriebsumsatz und personenbezogene Vergütungskosten) ermöglicht. Die Potenzialalternativen sind gemäß der Aufgabenstellung mit den Vertriebsleitern des Geschäftsfelds identisch und müssen nicht erst noch abgeleitet werden (Schritt 3). Aufgrund der verfügbaren Daten erscheint eine Kapitalwertvergleichsrechnung ökonomisch sinnvoll und praktikabel (Schritt 4). Der Planungszeitraum ist vorgegeben und braucht nicht explizit bestimmt zu werden. Eine Residualwertbetrachtung, die über den Planungshorizont hinausgeht, wird bei der gegebenen Themenstellung für nicht sinnvoll betrachtet (Schritt 5). Die Bewertung des über den Planungshorizont hinausgehenden ökonomischen Humanpotenzials soll vielmehr ausschließlich über die nachgelagerten Analysemodule gewährleistet werden. Der Kapitalkostensatz ergibt sich gemäß WACC in Höhe von 10 Prozent ($i = 0,1$ - Schritt 6). Die für die sechs Vertriebsleiter mittels der Kapitalwertgleichung errechneten **gerundeten Kapitalwerte** (Schritt 7) sind Tabelle 36 entnehmbar und wurden dort gemäß der Kapitalwerthöhen bereits in eine **erste Rangreihe** (Schritt 8) gebracht, die die Vertriebsleiter D und E als Freisetzungskandidaten mit einem negativen originären Human-Wertpotenzial favorisiert.

Vertriebslei-ter	Cash flow Periode 1	Cash flow Periode 2	Cash flow Periode 3	Cash flow Periode 4	Cash flow Periode 5	Kapitalwert (C_0); $i = 0,1$
1) HP_B	300	300	350	350	400	$C_{0B} = 1.271$
2) HP_A	300	350	300	300	350	$C_{0A} = 1.209$
3) HP_C	250	300	100	100	50	$C_{0C} = 649$
4) HP_F	100	100	100	-150	-150	$C_{0F} = 53$
5) HP_D	250	-100	-150	0	-200	$C_{0D} = -92$
6) HP_E	100	-100	0	-150	-100	$C_{0E} = -156$

Tabelle 36: Kapitalwert-Rangreihe zur personenbezogenen Evaluierung originärer Human-Wertpotenziale - Tabellenwerte in Tsd. EUR (Quelle: Eigene Darstellung)

Die ermittelten personenbezogenen Kapitalwerte werden in einem nächsten Schritt anhand der Kennzahl Betriebszugehörigkeit in Jahren und der voraussichtlich zum Entscheidungsbezugszeitpunkt t = 0 fälligen Abfindungszahlung relativiert und in eine neue Rangreihe gebracht (Schritt 9 - vgl. dazu Tabelle 37). Ab einer Betriebszugehörigkeit von 20 Jahren kann ein Mitarbeiter des Unternehmens vertragsgemäß nicht mehr gekündigt werden.

Vertriebsleiter	Betriebszugehörigkeit	Abfindungszahlung	Kapitalwert (C_0); $i = 0,1$	Unternehmenswertänderung bei Freisetzung
1) HP_E	25	0	$C_{0E} = -156$	Keine Freisetzung
2) HP_B	15	-100	$C_{0B} = 1.271$	-1.371
3) HP_A	15	-100	$C_{0A} = 1.209$	-1.309
4) HP_C	5	-50	$C_{0C} = 649$	-699
5) HP_F	1	0	$C_{0F} = 53$	-53
6) HP_D	5	-50	$C_{0D} = -92$	+42

Legende: Bei den grau schraffiert hinterlegten Zeilen handelt es sich um die Wertreihen der potenziellen Freisetzungskandidaten, für die die nachgelagerten Phasen der strategischen Personal-Wertanalyse durchgeführt werden sollen. Die weiß hinterlegten Humanpotenzialoptionen scheiden aus.

Tabelle 37: Relativierung der Kapitalwert-Rangreihe durch Betriebszugehörigkeit und fällige Abfindungszahlungen (Quelle: Eigene Darstellung)

Durch die Betriebszugehörigkeit von 25 Jahren scheidet Vertriebsleiter E als potenzieller Freisetzungskandidat aus. Angesichts des hoch negativen Humanpotenzialwerts sollte für diesen Mitarbeiter jedoch über alternative Verwendungszwecke nachgedacht werden. Aufgrund der Kapitalwerthöhen und der angeführten Abfindungszahlungen kommen die Vertriebsleiter B, A, und C im Vergleich mit den Alternativen F und D als freizusetzende Führungskräfte eindeutig nicht in Betracht (Schritt 10). In monetärer Hinsicht ist die Freisetzung des Kandidaten F mit einem Wertverlust von 53 Tsd. EUR verbunden, während aus dem Ausscheiden des Vertriebsleiters D eine Wertsteigerung bzw. Wertverlustreduzierung in Höhe von 42 Tsd. EUR resultiert. Die Analyse originärer Human-Wertpotenziale favorisiert demnach eindeutig die **Führungskraft D als Freisetzungskandidaten**. Sowohl für den Potenzialträger D als auch für F sollen die Geldargumente jedoch noch einmal mittels der nachgelagerten Schritte der strategischen Personal-Wertanalyse reflektiert werden.

Vertriebsleiter	Unternehmenswertänderung bei Ausscheiden (entscheidungsspezifischer monetärer Humanpotenzialwert)	Wertgesamteffektschätzung der summarischen Agency-Kostenanalyse	Gesamtbewertung humaner Ressourcenpotenziale (Ressourcenpotenzialität und Kontingenzadäquanz)
HP_F	-53	1	3
HP_D	+42	-1	1

Tabelle 38: Inputwerte des Führungskräfte-Portfolios zur Personalfreisetzungsentscheidung (Quelle: Eigene Darstellung)

Die auf die beiden Einzelpersonen rekurrierende Untersuchung potenzieller **Agency-Kostenwirkungen** (Ermittlung personenspezifischer Residual Loss-,

Monitoring Cost und Bonding Cost-Werte) und **Ressourceneffekte** (Ermittlung personenspezifischer Ressourcenpotenzialitäts- und Ressourcenadäquanzwerte) kommt mittels Expertenbefragung zu den in Tabelle 38 angeführten Ergebnissen.

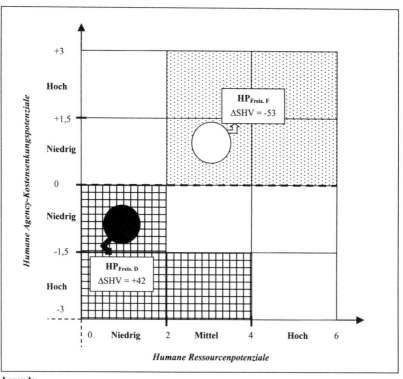

Legende:

⊞⊞ = Gering ausgeprägte hochstrategische Potenzialität

▦ = Stark ausgeprägte hochstrategische Potenzialität

☐ = Kompensatorisch ausgeprägte hochstrategische Potenzialität

Abbildung 60: Matrix ökonomischer Humanpotenziale - Anwendungsbeispiel eines Führungskräfte-Portfolios im Kontext einer Personalfreisetzungsentscheidung (Quelle: Eigene Darstellung)

Die Gesamtergebnisse werden wiederum in der Matrix ökonomischer Humanpotenziale, hier als Sonderfall eines individualisierten Führungskräfte-Portfolios, zusammengeführt (vgl. Abbildung 60).[1132] Die Portfolio-Darstellung bestätigt die sich bereits bei der Finanzanalyse abzeichnende Entscheidung zur Freisetzung des Vertriebsleiters D. Statt der standardmäßig vorgesehenen Darstellung der Kreisradien in Abhängigkeit von den Kapitalwerten, wurde hier zur Verdeutlichung des Entscheidungssachverhalts die Unternehmenswertänderung bei Freisetzung als Maßstab für Radialwerte vorgezogen, was wiederum als Beleg für die flexible, entscheidungsabhängige Ausgestaltbarkeit des Analysemodells aufgefasst werden kann.

5. Wertorientiertes strategisches Personalmarketing

Die **Notwendigkeit einer Personalmarketingkonzeption**, die den strategischen Erfordernissen eines wertorientierten Personalmanagements gerecht wird, konnte in Kapitel C.III.2.d) in Bezugnahme auf die konzeptionellen, theoretischen und empirischen Analysefelder der vorliegenden Arbeit aufgezeigt werden.[1133] Im wertorientierten Personalmarketing[1134] kommt die auf den Shareholder Value-Ansatz rückführbare Marktorientierung des strategischen Personal-Wertkonzepts zum Ausdruck, was an der nachfolgenden inhaltlichen Konkretisierung deutlich wird.

a) Informations- und Kommunikationsmanagement auf Arbeits- und Kapitalmärkten und informatorische Begleitung und Unterstützung der anderen Aktionsfelder

Ein wertorientiertes strategisches Personalmarketing beinhaltet **drei wesentliche marktbezogene Gestaltungsfelder**: Arbeitsmärkte, Kapitalmärkte und die Schnittmenge der beiden Faktormärkte, die sich in den anderen Aktionsfeldern

---

[1132] Auf eine detaillierte Darstellung der Berechnungsprocedere von Analysemodul Zwei und Drei wird hier bewusst verzichtet, da dies bereits bei der Modulkonzeptionierung in Kapitel C.IV.2 und C.IV.3 anhand von Beispielzahlen erfolgt ist.

[1133] Vgl. zu den empirischen Anknüpfungspunkten insbes. die in Tabelle 16 und 17 angeführten Studien von Welbourne, T. M. / Andrews, A. O. (1996); Hendricks, K. / Singhal, V. (1994); Worrell, D. L. / Davidson, W. N. / Sharma, V. M. (1991); Abowd, J. M. / Milkovich, G. T. / Hannon, J. M. (1990); Huber, M. (1998); Nölting, A. (1998), S. 174, S. 176f.

[1134] Eine geläufige Definition des Personalmarketings, die losgelöst ist von der hier eingenommenen Shareholder Value-Perspektive, liefert z.B. Scholz, C. (2000a), S. 417: „Personalmarketing ist die bewusste und zielgerichtete Anwendung personalpolitischer Instrumente zur Akquisition von zukünftigen und Motivation von gegenwärtigen Mitarbeitern." Diese Definition trägt allerdings in Verbindung mit einer Wertorientierung nicht weit genug.

eines Managements ökonomischer Humanpotenziale widerspiegelt (vgl. dazu und zu den nachfolgenden Ausführungen auch die Gesamtschau in Abbildung 61).

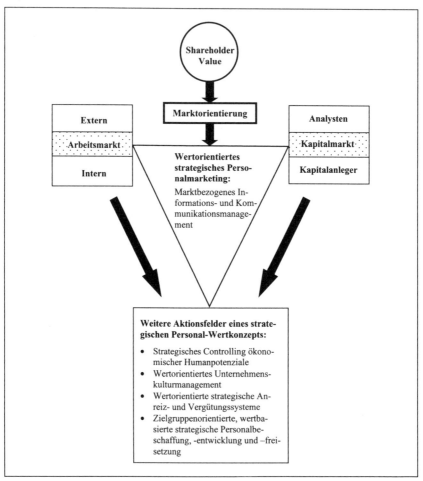

Abbildung 61: Marktorientierung eines Shareholder Value-orientierten strategischen Personalmarketings (Quelle: Eigene Darstellung)

Arbeitsmärkte sind als klassische Domäne gängiger Personalmarketingkonzepte[1135] zielgruppenorientiert mit Informationen zu versorgen, die mittel- bis langfristig zu einer **Erhöhung der Attraktivität des Unternehmens** als potenzieller und realer Arbeitgeber führen. Es soll hiermit die Akquisition und Retention wertgenerierender Mitarbeiter und Führungskräfte als personifizierte ökonomische Humanpotenziale sichergestellt werden. Typische **Teilgebiete** des arbeitsmarktorientierten (strategischen) Personalmarketings mit einer Vielzahl von Einzelinstrumenten sind die Personalforschung (Beschaffung und Analyse von arbeitsmarktbezogenen Personalinformationen), das externe (Informationsbereitstellung und Kommunikation auf externen Arbeitsmärkten) und das interne (Informationsbereitstellung und Kommunikation auf internen Arbeitsmärkten) Personalmarketing.[1136]

Das Erfordernis einer Bedienung von **Analysten, institutionellen und privaten Kapitalanlegern**[1137] mit kapitalmarktrelevanten Personalinformationen konnte unmittelbar aus dem finanzwirtschaftlich begründeten Theoriemodul des Personal-Wertkonzepts abgeleitet werden. Es folgt auch direkt aus der vielfach attestierten wachsenden **Bedeutung intangibler Aktiva** für unternehmensbezogene Wertschätzungen.[1138] Wertsteigernde Maßnahmen im Personalbereich müssen zur Entfaltung der Wertwirkung an der Börse (Kursanstieg bzw. Senkung des unternehmensspezifischen Kapitalkostensatzes) angemessen kommuniziert wer-

---

[1135] Vgl. zu etablierten Konzepten eines Personalmarketings Scholz, C. (2000a), S. 420ff. sowie Dietmann, F. (1993), S. 105ff. und dort insbes. auch die strategischen Personalmarketingansätze von Staude, J. (1989) und Fröhlich (1987). Vgl zu Personalmarketing-Strategien weiterhin Reich, K.-H. (1993), S. 170ff. Vgl. zu branchenspezifischen Beispielen für angewandtes Personalmarketing Hummel, T. R. / Wagner, D. (Hrsg.) (1996), S. 255ff.

[1136] Vgl. zu dieser Dreiteilung auch die Teile I, II und III im Handbuch Personalmarketing von Strutz, H. (Hrsg.) (1993), S. 17ff., S. 147ff., S. 421ff. bzw. den Überblick auf S. 7ff.

[1137] Vgl. zu den Investor Relations-Zielgruppen Diehl, U. / Loistl, O. / Rehkugler, H. (1998), S. 59ff.; Brandt, O. (2000), S. 7ff.; Nix, P. (2000), S. 35ff.

[1138] Vgl. zur Wertrelevanz von Intangibles und Bedeutung von Nonfinancials im Kontext Value-Reporting etwa Labhart, P. A. (1999), insbes. S. 183ff., S. 238ff. Labhart versteht unter dem Begriff „Value Reporting" Folgendes: „Value Reporting ist die offizielle, externe Berichterstattung eines Unternehmens, die (1) geeignet ist, die Informationsasymmetrie zwischen interner und externer Sicht des Value Based Managements zu reduzieren und (2) selbst Teil des Value Based Managements ist." (a.a.O., S. 30f.; Hervorhebung im Original durch Kursivsetzung).

den.[1139] Dieser Notwendigkeit wird in den etablierten Personalmarketingkonzepten im Regelfall keine Rechnung getragen. Auch die traditionellen Investor Relations-Konzepte vernachlässigen tendenziell das Informationsfeld Personal oder reduzieren dieses auf Personalkostenprognosen.[1140] Erst in jüngerer Zeit wird der Relevanz von Informationen bezüglich intangibler Wertkomponenten eines Unternehmens bei der Gestaltung der Investor Relations vermehrt Aufmerksamkeit gewidmet.[1141] In **instrumenteller Hinsicht** kann im Rahmen des wertorientierten strategischen Personalmarketings auf das gesamte Methodenspektrum professioneller Kapitalmarktkommunikation zurückgegriffen werden (Hauptversammlung, Pressekonferenz, Geschäftsbericht, Analystenkonferenzen, Roadshows, fall- / situationsbezogene Berichterstattung etc.).[1142] Beim Instrumenteeinsatz ist eine enge Abstimmung und Kooperation mit dem Corporate Investor Relations-Bereich erforderlich.

Eine Überschneidung beider informatorisch zu bedienender bzw. zu bearbeitender Markttypen findet in allen **anderen Hauptaktionsfeldern eines Managements ökonomischer Potenziale** (Personalcontrolling, Unternehmenskultur, Anreiz- / Vergütungssysteme, Personalprozesse) statt, die das wertorientierte strategische Personalmarketing **informationsseitig zu fundieren und zu unter-**

[1139] Angemessen heißt dabei auch, dass die für die angesprochenen Kapitalmarktzielgruppen verbesserte Prognostizierbarkeit künftiger Zahlungsströme nicht durch mit dieser Informationsverbesserung verbundene Wettbewerbspositionsverschlechterungen (Information der Konkurrenten) konterkariert werden darf (vgl. die entsprechende Argumentationsführung bei der Diskussion perspektivischer Defizite eines theoretischen Finanzsingularismus in Kapitel C.II.1.c).)

[1140] Vgl. z.B. Deutscher Investor Relations Kreis e.V. (Hrsg.) (2000) oder Diehl, U. / Loistl, O. / Rehkugler, H. (1998). Eine geläufige Kurzdefinition des Begriffs „Investor Relations" findet sich z.B. bei Diehl, U. / Loistl, O. / Rehkugler, H. (1998), S. 1: Investor Relations umfassen „... die auf die Kapitalgeber bezogene Unternehmenskommunikation." (Hervorhebung durch Fettdruck im Original). Eine ergänzende interne Perspektive wird in der Definition von Mindermann, H.-H. (2000), S. 27 integriert: „Investor Relations sind sämtliche kommunikativen Maßnahmen eines Emittenten, mit dem Ziel der Senkung der eigenen Kapitalkosten. Bei den externen Zielgruppen sind sie auf die Beeinflussung von Investitionsentscheidungen in vom Emittenten begebenen Wertpapieren gerichtet, während sie internen Zielgruppen im Sinne kapitalmarktorientierten Denkens und Handelns die Erwartungen externer Zielgruppen als wichtige Entscheidungsgrundlage für die Unternehmensführung vermitteln." Diese ergänzende interne Perspektive dürfte vor allem auch im Rahmen eines wertorientierten strategischen Personalmarketingansatzes von Bedeutung sein.

[1141] Vgl. hierzu wiederum exemplarisch den Value Reporting-Ansatz nach Labhart, der entsprechende Informationen in sein Investor Relations-Konzept über den bereits mehrfach erwähnten Balanced Scorecard-Ansatz nach Kaplan / Norton integriert (vgl. Labhart, P. A. (1999), S. 195, S. 252ff.).

[1142] Vgl. zum Investor Relations-Methodenkatalog Diehl, U. / Loistl, O. / Rehkugler, H. (1998), S. 59ff.; Schmidt, H. (2000), S. 45ff.; Peters, J. (2000), S. 59ff.

stützen hat. Letzteres wird damit zu einem wichtigen Partner der im strategischen Personal-Wertkonzept exponierten Personalcontrollingfunktion, die sich ebenfalls, jedoch mit einer anders gelagerten fokalen Ausrichtung auf Planung, Steuerung und Kontrolle, mit der Beschaffung, Verarbeitung, Bewertung und Bereitstellung spezifischer Personalinformationen auseinander setzt. Beide Informationsdrehscheiben spielen bei der Integration aller Aktionsfelder (Fit) eine wichtige Rolle. Für sämtliche Maßnahmen des wertorientierten strategischen Personalmarketings kommt das **Postulat ökonomischer Effizienz** zum Tragen, dem durch den Einsatz der strategischen Personal-Wertanalyse bei der Entscheidungsfindung analog zu den anderen Aktionsfeldern entsprochen wird.

b) Einsatz und Modifikation des Modells zur Analyse ökonomischer Humanpotenziale im strategischen Personalmarketing

Analog zu den anderen Aktionsfeldern des strategischen Personal-Wertkonzepts kann und sollte auch beim wertorientierten strategischen Personalmarketing das Entscheidungsinstrument der **strategischen Personal-Wertanalyse** angewandt werden. Denkbar wären für den **arbeitsmarktorientierten Aktionsbereich** beispielsweise die Evaluierung alternativer Inter- und Intranetauftritte des Personalbereichs zum Aufbau virtueller interner und externer Arbeitsmärkte oder die Bewertung verschiedener operativer Personalinformationssysteme zur Prozessabwicklung im Rahmen der Business to Employee-Aktivitäten eines Unternehmens. In Richtung **Kapitalmarkt** ließen sich etwa grundlegende zielgruppenorientierte personale Kommunikationsstrategien mit unterschiedlichen Schwerpunktsetzungen in einer Matrix ökonomischer Humanpotenziale positionieren. Für die **anderen Aktionsfelder** wäre exemplarisch für das wertorientierte Kulturmanagement mittels dem Analysemodell bewertbar, welche Corporate Identity-Ausprägungsformen am besten zum angestrebten Leitbild einer Shareholder Value-Unternehmenskultur passen. Auf eine detaillierte Darstellung des Vorgehens bei der Durchführung der strategischen Personal-Wertanalyse kann an dieser Stelle verzichtet werden, da dies bereits bei der Beschreibung der anderen Aktionsfelder eines Managements ökonomischer Humanpotenziale hinlänglich über das gesamte methodische Spektrum hinweg erfolgt ist. Die Aktionsfelder des eigenen strategischen Personal-Wertkonzepts wurden damit durchgängig inhaltlich konkretisiert und als Anwendungsbereiche der strategischen Personal-Wertanalyse umfassend gekennzeichnet.

D. Zusammenfassung und Ausblick

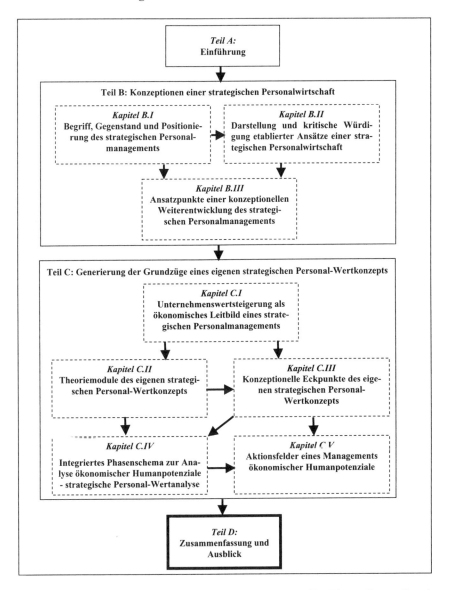

Abbildung 62: Teil D im Gesamtkontext der Arbeit (Quelle: Eigene Darstellung)

Abschließend werden das Vorgehen und die wichtigsten Ergebnisse der vorliegenden Untersuchung zusammengefasst und hinsichtlich der eingangs gestellten Hauptzielsetzungen noch einmal reflektiert. Weiterhin findet ein Ausblick auf die zukünftige Weiterentwicklung des Themas wertorientiertes strategisches Personalmanagement statt.

In der **Einführung** erfolgte eine eingehende Beschreibung der Problemstellung und der Ziele der Untersuchung, die pauschalisiert als theoretische und ökonomische Fundierung der Disziplin strategisches Personalmanagement zusammengefasst werden können, sowie ein Ausblick auf das systematisch-analytische Vorgehen.

Der **Grundlagenteil B** war zunächst der fundamentalen Kennzeichnung von Begriff, Gegenstand und Positionierung des Themenkreises strategisches Personalmanagement vorbehalten **(Kapitel B.I)**. Es wurden im Rahmen einer Parallelbetrachtung der Entwicklungsrichtungen für das Thema „strategische Personalwirtschaft" im anglo-amerikanischen (vom Personnel Management zum Strategic Human Resource Management) und deutschen Sprachraum (vom Personalwesen zum strategischen Personalmanagement) für das Grundverständnis wichtige terminologische und inhaltliche Vorabfixierungen vorgenommen.

Mittels vier beispielhaft selektierter Ansätze einer strategischen Personalwirtschaft erfolgte im nächsten Schritt **(Kapitel B.II)** eine weitere Konkretisierung und kritische Reflexion des Gegenstandsbereichs. Die ausgewählten Ansätze zeichnen sich einerseits durch einen historisch hohen literarischen Einfluss aus oder sind andererseits auf einem aktuellen Erkenntnisniveau. Ferner wurde darauf geachtet, dass alle selektierten Konzepte starke ökonomische Bezüge aufweisen und sowohl deutsch- als auch englischsprachige Literatursegmente vertreten sind.

Auf dieser inhaltlichen Basis fand eine eingehende Analyse potenzieller Anknüpfungspunkte für eine konzeptionelle Weiterentwicklung des strategischen Personalmanagements statt **(Kapitel B.III)**. Es konnten dabei in einem ersten Schritt offensichtliche theoretische Defizite der Fachdisziplin nachgewiesen und mögliche Fundierungsoptionen aufgezeigt werden. Das hiermit verbundene Auswahlproblem spezifischer Theorieansätze wurde systematisiert und verschiedene Forschungsperspektiven wurden als Kriterien der Theorieselektion eingeführt. In einem zweiten Schritt erfolgte die Generierung eines dreidimensionalen Begriffskonstrukts, das die systematische Analyse des ökonomischen Entwicklungsbedarfs des strategischen Personalmanagements erlaubt. Der gewählte „*ökonomische Spezifizierungsansatz*" unterscheidet strategische, teleologisch-normative und explikativ-theoretische Analyseebenen einer ökonomischen

Verankerung der strategischen Personalwirtschaft, zeigt entsprechende Entwicklungsbedarfe auf und ist zentraler Anknüpfungspunkt für die Entwicklung des eigenen strategischen Personalmanagementkonzepts, dessen disziplinäre Analysebasis eindeutig in der Ökonomie verankert ist.

Der **Hauptteil C** der vorliegenden Arbeit beinhaltet die Generierung von Grundzügen eines eigenen strategischen Personalmanagementansatzes, der begrifflich als *„strategisches Personal-Wertkonzept"* bzw. als *„Management ökonomischer Humanpotenziale"* gekennzeichnet wurde. Die in der terminologischen Konzeptfixierung zum Ausdruck kommende explizite Wertorientierung des entwickelten Ansatzes wurde einleitend in **Kapitel C.I** sehr umfassend begründet und hergeleitet. Ausgangspunkt war die Darstellung und kritische Bewertung des klassischen Rappaportschen Konzepts einer am Shareholder Value orientierten strategischen Unternehmensführung, der sich eine detaillierte Analyse personaler Apekte im Rappaport-Ansatz anschloss, die in einem ersten konsensorientierten, kausallogischen Modell- und Orientierungsrahmen für das eigene strategische Personal-Wertkonzept ihren Niederschlag fand. Die Rappaport-Betrachtung wurde durch eine Analyse der Behandlung von Personalaspekten in weiteren Konzeptionen wertorientierter Unternehmensführung, die den eruierten Modellrahmen im Kern bestätigen, auf ein breiteres Fundament gestellt. Anschließend erfolgte der Zugang zum Themenkomplex Wertorientierung und (strategisches) Personalmanagement von der personalwirtschaftlichen Seite aus. Über eine in Umfang und Ausmaß zum gegenwärtigen Zeitpunkt wohl einzigartige Bestandsaufnahme und kritische Diskussion empirischer Untersuchungsergebnisse und konzeptioneller Entwürfe und Diskussionsbeiträge zur Thematik Unternehmenswert und Personalmanagement, welche die Wertrelevanz eines strategischen Personalmanagements stringent belegen, wurde eine weitere wichtige Basis für das selbst entwickelte strategische Personal-Wertkonzept geschaffen.

Die theoretische Fundierung des eigenen Ansatzes erfolgte in **Kapitel C.II** durch die Abgrenzung und integrative Verknüpfung von drei gemäß dem eingangs konzipierten Theorieselektionsmodell ausgewählten Theoriemodulen, die in enger Verbindung zum Shareholder Value-Konzept stehen bzw. aus diesem abgeleitet werden können und sich wechselseitig ergänzen. Die theoretische Ausgangsplattform für ein strategisches Personal-Wertkonzept konnte in den investitions- und kapitalmarkttheoretischen Grundlagen der Shareholder Value-Formel ausgemacht werden. Nach dem Aufzeigen spezifischer personaler Anwendungsbezüge des finanzwirtschaftlichen Theoriemoduls wurden Defizite einer singulär-finanzökonomischen Herangehensweise für ein strategisches Personalmanagementkonzept aufgezeigt, an denen das zweite ökonomische Theoriemodul, die Agency-Theorie, als institutionenökonomisches Erweiterungsfeld der personalen Shareholder Value-Perspektive ansetzt. Auch hier konnten personalspezifische Anwendungsbezüge, aber auch Defizite und in Konsequenz der Erweiterungsbedarf einer kombinierten finanz- und agencytheoretischen Perspektive belegt werden. Als dafür geeignetes letztes und drittes Theoriemodul wurde der strategische Ressourcenansatz identifiziert und festgelegt, der in hohem Maße auch die Einbeziehung qualitativ-komplexer Strategieaspekte und kontingenztheoretischer Erkenntnisse in die Analyse personaler Problemlagen erlaubt.

Nach der Fixierung und Justierung des theoretischen Fundaments des eigenen strategischen Personal-Wertansatzes erfolgte in **Kapitel C.III** die Ableitung maßgeblicher konzeptioneller Eckpunkte aus der auf die vorangegangenen konzeptionellen, empirischen und theoretischen Analen rekurrierenden Formulierung von Basisanforderungen an ein strategisches Personal-Wertkonzept, welche in die Abgrenzung von fünf Hauptaktionsfeldern mündete. Weiterhin wurden ökonomische Humanpotenziale als Analyse- und Managementobjekte des strategischen Personal-Wertkonzepts definiert, systematisiert und die maßgeblichen Analyseebenen und Träger des strategischen Personalmanagementansatzes abgegrenzt. Die Konzeptklärung fand mit einer ablauforganisatorischen Phasenübersicht des personalstrategischen Analyse- und Managementprozesses ihren Abschluss.

Kapitel C.IV war der Entwicklung eines integrierten Phasenschemas zur Analyse ökonomischer Humanpotenziale gewidmet. Die *„strategische Personal-Wertanalyse"* wurde als multifunktionales Herzstück des strategischen Personal-Wertkonzepts charakterisiert, das aus drei auf die Shareholder Value-kompatiblen Theoriemodule bezugnehmenden Analyseteilphasen und einer vierten Entscheidungsstrukturierungs- und Visualisierungsphase besteht (*„Matrix ökonomischer Humanpotenziale"* als personalstrategischer Portfolio-Ansatz). Die strategische Personal-Wertanalyse dient der systematischen Aufbereitung qualitativer und quantitativer Personalinformationen zur Bewertung von spezifischen Personal-Wertstrategien bzw. personalstrategischer Entscheidungsalternativen und stellt eine pragmatische Konsequenz des formulierten ökonomischen Spezifizierungsmodells dar. Das Analysemodell selbst wurde aufgrund seiner Schlüsselrolle für den generierten wertorientierten strategischen Personalmanagementansatz einer fundamental- und detailkritischen Analyse unterzogen, die als Ergebnis die positive Einschätzung einer prinzipiellen Eignung als theoretisch begründeter und praktikabler Zugang zur evaluativen Erschließung ökonomischer Humanpotenziale nach sich zog.

Die bei der Ableitung konzeptioneller Eckpunkte des strategischen Personal-Wertkonzepts abgegrenzten Haupaktionsfelder eines Managements ökonomischer Humanpotenziale (wertorientiertes strategisches Personalcontrolling, wertorientiertes Unternehmenskulturmanagement, wertorientierte strategische Anreiz- und Vergütungssysteme, zielgruppenorientierte, wertbasierte strategische Personalprozesse, wertorientiertes strategisches Personalmarketing) wurden in **Kapitel C.**V vertiefend charakterisiert und für jedes Aktionsfeld Anwendungsbezüge in Form spezifischer Varianten der strategischen Personal-Wertanalyse aufgezeigt, was die Multifunktionalität des Analyse- und Entscheidungsmodells deutlich machte.

Der Zusammenfassung ist entnehmbar, dass **alle in der Einführung formulierten Hauptzielsetzungen der vorliegenden Arbeit erreicht** wurden (vgl. hierzu auch die Zielübersicht in Tabelle 39 mit den hinsichtlich der Zielerreichung zugehörigen Passagenverweisen).

Für die **Zukunft** ist zu erwarten, dass dem Thema Unternehmenswertorientierung und strategisches Personalmanagement in Wissenschaft und Praxis eine erhöhte Bedeutung beigemessen werden wird. Analog dem Sachverhalt auf der Ebene der Gesamtunternehmung dürfte die Popularität einer Shareholder Value-orientierten Ausgestaltung betriebswirtschaftlicher Handlungsfelder im deutschen Sprachraum sich auch für das Forschungsfeld einer strategischen Personalwirtschaft den Gegebenheiten des anglo-amerikanischen Raumes annähern. In konzeptioneller, aber vor allem auch in empirischer Hinsicht besteht hier noch erheblicher Forschungsbedarf. Hinsichtlich des selbst entwickelten strategischen Personal-Wertkonzepts ist vor allem auf die Möglichkeit und Notwendigkeit einer intensiven Analyse und Konkretisierung der einzelnen Aktionsfelder eines wertorientierten strategischen Personalmanagements als eigenständige Subforschungsbereiche hinzuweisen, die allesamt in mehr (z.B. wertorientiertes Unternehmenskulturmanagement) oder weniger (z.B. wertorientierte Anreiz- und Entgeltsysteme) großem Umfang noch ein erhebliches eigenständiges Klärungspotenzial beinhalten.

Hauptziele der vorliegenden Untersuchung	Zielerfüllung in Passage
1) Aktuelle Klärung des Gegenstandsbereichs eines modernen strategischen Personalmanagements auf der Grundlage existierender Publikationen.	• B.I und B.II
2) Aufzeigen theoretischer und ökonomischer Defizite bisheriger Konzeptionen.	• B.III
3) Analyse bestehender Unternehmenswertansätze auf ihren personalwirtschaftlichen Gehalt.	• C.I.1
4) Umfassende Bestandsaufnahme und Bewertung der wichtigsten derzeit verfügbaren Erkenntnisse empirischer Studien zu ökonomischen Personal-Wert-Zusammenhängen.	• C.I.2
5) Eingehende Analyse und Evaluation der aktuell in der personalwirtschaftlichen Literatur existierenden konzeptionellen Entwürfe zu einem unternehmenswertorientierten (strategischen) Personalmanagement.	• C.I.3
6) Entwicklung einer eigenständigen Konzeption eines am Leitbild des Shareholder Value-Ansatzes ausgerichteten strategischen Personalmanagements auf der Basis der literarischen Bestandsaufnahme, das heißt insbesondere	• C.II bis C.V
- Integration adäquater ökonomischer Theoriekonstrukte zur Generierung eines kausallogischen Bezugsrahmens;	• C.II
- grundlegende Kennzeichnung eines wertorientierten strategischen Personalmanagements anhand der Fixierung konzeptioneller Eckpunkte (konzeptionelles Gerüst);	• C.III
- Konstruktion eines integrativen und multifunktionalen Phasenschemas zur Analyse ökonomischer Humanpotenziale (Analyseinstrumentarium);	• C.IV
- Formulierung und Kennzeichnung von Aktionsfeldern eines wertorientierten Managements ökonomischer Humanpotenziale (Gestaltungsfelder).	• C.V

Tabelle 39: Hauptzielsetzungen der vorliegenden Untersuchung und passagenbezogene Zielerreichung (Quelle: Eigene Darstellung)

Literaturverzeichnis

Abowd, J. M. / **Milkovich**, G. T. / **Hannon**, J. M. (1990): The Effects of Human Resource Management Decisions on Shareholder Value, in: Industrial and Labor Relations Review, Vol. 43, Special Issue, February 1990, pp. 203-236.

Ackermann, K.-F. (1986): A Contingency Model of HRM-Strategy. Empirical Research Findings Reconsidered, in: Management Forum, 6. Jg., 1986, Heft 1, pp. 65-83.

Ackermann, K.-F. (1987): A Contingency Model of HRM-Strategy. Empirical Research Findings Reconsidered, in: Personal-Management und Strategische Unternehmensführung, hrsg. v. Lattmann, C., Heidelberg 1987, S. 65-83.

Albert, M. (1989): Die strategische Bedeutung der Personalführung, in: Strategisches Personalmanagement, hrsg. v. Weber, W. / Weinmann, J., Stuttgart 1989, S. 17-47.

Aleweld, T. / **Hölscher**, C. (1999): Aktienoptionspläne bei unterschiedlichen Unternehmensstrategien, in: Personal, 1999, Heft 5, S. 228-232.

Alewell, D. (1993): Interne Arbeitsmärkte. Eine informationsökonomische Analyse, Hamburg 1993.

Alewell, D. (1994): Informationsasymmetrien in Arbeitsverhältnissen. Ein Überblick über Anwendungsmöglichkeiten der Informationsökonomie in der Personalwirtschaftslehre, in: Zeitschrift für Betriebswirtschaft, 64. Jg., 1994, S. 57-79.

Alewell, D. (1996): Zum Verhältnis von Arbeitsökonomik und Verhaltenswissenschaften, in: Die Betriebswirtschaft, 56. Jg., 1996, S. 667-683.

Alewell, D. (1998a): Warum finanzieren Arbeitgeber transferierbare Weiterbildung?, in: Zeitschrift für betriebswirtschaftliche Forschung und Praxis, 50. Jg., 1998, Heft 4, S. 315-335.

Alewell, D. (1998b): Rückzahlungsklauseln für Fort- und Weiterbildungsmaßnahmen. Eine kritische Würdigung der Rechtsprechung auf der Grundlage einer ökonomischen Analyse, in: Zeitschrift für Betriebswirtschaft, 68. Jg., 1998, S. 1121-1142.

Alewell, D. (2000): Ökonomische Analyse der Regelungen des Mutterschutzes in Deutschland, in: Zeitschrift für Personalforschung, 2000, Heft 4, S. 312-333.

Alewell, D. / **Hackert**, B. (1998): Betriebliche Personalpolitik im Lichte des Transaktionskostenansatzes - Überlegungen zum Erklärungspotential einer vertragsorientierten Perspektive, in: Personalpolitik. Wissenschaftliche Erklärung und Personalpraxis, hrsg. v. Martin, M. / Nienhüser, M., München, Mering 1998, S. 31-60.

Allan, P. / **Loseby**, P. H. (1993): No-Layoff Policies and Corporate Financial Performance, in: S.A.M. Advanced Management Journal, Vol. 58, 1993, No. 1, pp. 44-48.

Alpander, G. (1982): Human Resource Planning in U.S. Corporations, in: Columbia Management Review, Vol. 22, 1982, No. 3, pp. 24-33.

Amit, R. / **Schoemaker**, P. J. H. (1993): Strategic Assets and Organizational Rent, in: Strategic Management Journal, Vol. 14, 1994, pp. 33-46.

Amling, T. K. (1997): Ansatzpunkte und Instrumente des Personal-Controlling auf der strategischen und operativen Problemebene im Industriebetrieb, Frankfurt a.m., Berlin, Bern 1997 (zugl., Erlangen / Nürnberg, Univ., Diss., 1997).

Ansoff, H. I. (1979): Strategic Management, London 1979.

Ansoff, H. I. (1984): Implanting Strategic Management, Englewood Cliffs 1984.

Ansoff, H. I. (1985): Corporate Strategy: An Analytic Approach to Business Policy for Growth and Expansion, Harmondsworth 1985.

Ansoff, H. I. / **Declerck**, R. P. / **Hayes**, R. L. (Eds.) (1976): From Strategic Planning to Strategic Management, London et al. 1976.

Anthony, W. P. / **Perrewé**, P. L. / **Kacmar**, K. M. (1999): Human Resource Management. A Strategic Approach, 3rd. Ed., Fort Worth et al. 1999.

Arndt, N. (1986): Betriebliches Personalwesen, 2., erg. Aufl., Wiesbaden 1986.

Arthur, J. B. (1994): Effects of Human Resource Systems on Manufacturing Performance and Turnover, in: Academy of Management Journal, Vol. 37, 1994, No. 3, pp. 670-687.

Arthur, J. B. (1995): Testing the Strategic Human Resource Perspective: Contingency and Configurational Approaches, Paper presented at the 55th Academy of Management Annual Meeting in Vancouver (Can.), August 1995.

Artis, C. R. / **Becker**, B. E. / **Huselid**, M. A. (1999): Strategic Human Resource Management at Lucent, in: Human Resource Management, Vol. 38, Winter 1999, No. 4, pp. 309-313.

Arx, S. von (1995): Das Wertschöpfungs-Center-Konzept als Strukturansatz zur unternehmerischen Gestaltung der Personalarbeit – Darstellung aus Sicht der Wissenschaft, in: Innovatives Personalmanagement: Theorie und Praxis unternehmerischer Personalarbeit, hrsg. v. Wunderer, R. / Kuhn, T., Neuwied, Kriftel, Berlin 1995, S. 423-441.

Aßmann, K. / **Eimer**, H. (1989): Personalwesen, 6., überarb. Aufl., Stuttgart 1989.

Athey, T. R. / **Orth**, M. S. (1999): Emerging Competency Methods for the Future, in: Human Resource Management, Vol. 28, Fall 1999, No. 3, pp. 215-226.

Azzone, G. / **Bertelè**, U. / **Rangone**, A. (1995): Measuring Resources for Supporting Resourc-based Competition, in: Management Decision, Vol. 33, 1995, No. 9, pp. 57-62.

Baan, W. (1994): Die Rolle des Shareholder-Value-Konzeptes in der strategischen Planung des RWE-Konzerns, in: Der Shareholder Value Report. Erfahrungen, Ergebnisse, Entwicklungen, hrsg. v. Bühner, R., Landsberg/Lech 1994, S. 127-143.

Backes-Gellner, U. (1993): Personalwirtschaftslehre - eine ökonomische Disziplin?!. Diskussionsbeitrag zur Personalwirtschaftslehre im deutschsprachigen Raum, in: Zeitschrift für Personalforschung, 1993, Heft 4, S. 513-529.

Backes-Gellner, U. (1996): Personalwirtschaftslehre - eine ökonomische Disziplin?!. Diskussionsbeitrag zur Personalwirtschaftslehre im deutschsprachigen Raum, in: Grundlagen der Personalwirtschaft, hrsg. v. Weber, W., Wiesbaden 1996, S. 297-315.

Backes-Gellner, U. (1996a): Betriebliche Bildungs- und Wettbewerbsstrategien im deutsch-britischen Vergleich. Ein Beitrag der Personalökonomie zur internationalen Betriebswirtschaftslehre, München, Mering 1996.

Backes-Gellner, U. / **Krings**, A. / **Berkel**, A. (1997): Theoretische Grundlagen der Personalökonomie, WISU-Studienblatt, April 1997.

Backes-Gellner, U. / **Lazear**, E. P. / **Wolff**, B. (2001): Personalökonomik: Fortgeschrittene Anwendungen für das Management, Stuttgart 2001.

Backes-Gellner, U. / **Pull**, K. (1999): Betriebliche Sozialpolitik und Maximierung des Shareholder Value: ein Widerspruch? Eine empirische Analyse alternativer Erklärungsansätze, in: Zeitschrift für Betriebswirtschaft, 69. Jg., 1999, Heft 1, S. 51-70.

Backes-Gellner, U. / **Wolff.**, B. (2001): Personalmanagement, in: Die Prinzipal-Agenten-Theorie in der Betriebswirtschaftslehre, hrsg. v. Jost, P.-J., Stuttgart 2001, S. 395-437.

Baeckmann, S. von (1998): Downsizing - Zwischen unternehmerischer Notwendigkeit und individueller Katastrophe: eine Studie zum Personalabbau in deutschen Unternehmen, München, Mering 1998 (zugl., München, Univ., Diss., 1998).

Bahnmüller, R. (1991): „Kontrolle ist gut, Vertrauen ist billiger". Beteiligungsorientierte Managementkonzepte, in: express 1991, Heft 12, S. 1-7.

Baird, L. / **Meshoulam**, I. / **De Give**, G. (1983): Meshing Human Resources Planning with Strategic Business Planning: A Model Approach, in: Personnel, Sept.-Oct. 1983, pp. 14-25.

Baitsch, C. / **Delbrouck**, I. / **Jutzi**, K. (1998): Wertorientierte Unternehmensführung durch Förderung von Organisationalem Lernen, in: Wertorientierte Unternehmensführung: Perspektiven und Handlungsfelder für die Wertsteigerung von Unternehmen, hrsg. v. Bruhn, M. / Lusti, M. / Müller, W. R. / Schierenbeck, H. / Studer, T., Wiesbaden 1998, S. 251-261.

Balkin, D. B. / **Gomez-Mejia**, L. R. (1987): Toward a Contingency Theory of Compensation Strategy, in: Strategic Management Journal, Vol. 8, 1987, pp. 169-182.

Ballwieser, W. (1993): Methoden der Unternehmensbewertung, in: Handbuch des Finanzmanagements, hrsg. v. Gebhardt, G. / Gerke, W. / Steiner, M., München 1993, S. 151-176.

Ballwieser, W. (1998): Unternehmensbewertung mit Discounted Cash Flow-Verfahren, in: Die Wirtschaftsprüfung, 51. Jg., 1998, Heft 3, S. 81-92.

Bamberger, I / **Wrona**, T. (1996): Der Ressourcenansatz und seine Bedeutung für die Strategische Unternehmensführung, in: Zeitschrift für betriebswirtschaftliche Forschung und Praxis, 48. Jg., 1996, Heft 2, S. 130-153.

Barber, D. / **Huselid**, M. A. / **Becker**, B. E. (1999): Strategic Human Resource Management at Quantum, in: Human Resource Management, Vol. 38, Winter 1999, No. 4, pp. 321-328.

Baron, J. N. / **Kreps**, D. M. (1999): Strategic Human Resources. Frameworks for General Managers, New York 1999.

Barney, J. (1986): Organizational Culture: Can it Be a Source of Sustained Competitive Advantage?, in: Academy of Management Review, Vol. 11, 1986, No. 3, pp. 656-665.

Barney, J. (1991): Firm Resources and Sustained Competitive Advantage, in: Journal of Management, Vol. 17, 1991, No. 1, pp. 99-120.

Barney, J. (1992): Integrating Organizational Behavior and Strategy Formulation Research: A Resource-Based Analysis, in: Advances in Strategic Management, Vol. 8, 1992, pp. 69-96.

Bartel, A. (1994): Productivity Gains from the Implementation of Employee Training Programs, in: Industrial Relations, Oct. 1994, pp. 411-425.

Baum, H.-G. / **Coenenberg**, A. G. / **Günther**, T. (1999): Strategisches Controlling, 2., völlig neu gestaltete Aufl., Stuttgart 1999.

Bea, F.X. (1997a): Einleitung: Führung, in: Allgemeine Betriebswirtschaftslehre. Band 2: Führung, hrsg. v. Bea, F.X. / Dichtl, E. / Schweitzer, M., 7., neubearb. Aufl., Stuttgart 1997, S. 1-19.

Bea, F. X. (1997b): Grundkonzeption einer strategieorientierten Unternehmensrechnung, in: Das Rechnungswesen im Spannungsfeld zwischen strategischem und operativem Management, Festschrift für Marcell Schweitzer zum 65. Geburtstag, hrsg. v. Küpper, H.-U. / Troßmann, E., Berlin 1997, S. 395-412.

Bea, F. X. (2001): Einleitung: Führung, in: Allgemeine Betriebswirtschaftslehre. Band 2: Führung, hrsg. v. Bea, F.X. / Dichtl, E. / Schweitzer, M., 8., neubearb. u. erw. Aufl., Stuttgart 2001, S. 1-15.

Bea, F. X. / **Göbel**, E. (2002): Organisation, 2., neubearb. Aufl., Stuttgart 2002.

Bea, F.X. / **Haas**, J. (2001): Strategisches Management, 3., neubearb. Aufl., Stuttgart 2001.

Bea, F. X. / **Thissen**, S. (1996): Institutionalisierung des Shareholder Value-Konzepts bei der GmbH, in: Der Betrieb, 50. Jg., Heft 16, S. 787-792.

Beatty, R. W. / **Schneier**, C. E. (1997): New HR Roles to Impact Organizational Performance: From „Partners" to „Players", in: Human Resource Management, Vol. 36, Spring 1997, No. 1, pp. 29-37.

Bechmann, A. (1978): Nutzwertanalyse, Bewertungstheorie und Planung, Bern, Stuttgart 1978.

Becker, B. E. / **Gerhart**, B. (1996): The Impact of Human Resource Management on Organizational Performance: Progress and Prospects, in: Academy of Management Journal, Vol. 39, 1996, No. 4, pp. 779-801.

Becker, B. E. / **Huselid**, M. A. (1996): Managerial Compensation Systems and Firm Performance, Paper presented at the 1996 Academy of Management Annual Meeting, Cincinnati, Ohio 1996.

Becker, B. E. / **Huselid**, M. A. (1998a): High Performance Work Systems and Firm Performance: A Synthesis of Research and Managerial Implications, in: Research in Personnel and Human Resources Management, Vol. 16, 1998, pp. 53-101.

Becker, B. E. **Huselid**, M. A. (1998b): Human Resources Strategies, Complementarities, and Firm Performance, overworked version of the paper, submitted to the 1997 Academy of Management Annual Meeting, July 1998, [http://www.rci.rutgers.edu] (printed 15.10.1999), pp. 1-18.

Becker, B. E. / **Huselid**, M. A. (1999): Overview: Strategic Human Resource Management in Five Leading Firms, in: Human Resource Management, Vol. 38, Winter 1999, No. 4, pp. 287-301.

Becker, B. E. / **Huselid**, M. A. / **Ulrich**, D. (2001): The HR Scorecard. Linking People, Strategy and Performance, Boston (MA) 2001.

Becker, B. E. / **Huselid**, M. A. / **Pickus**, P. S. / **Spratt**, M. F. (1997): HR as a Source of Shareholder Value: Research and Recommendations, in: Human Resource Management, Vol. 36, Spring 1997, No. 1, pp. 39-47.

Becker, F. (1992): Potentialbeurteilung, in: Handwörterbuch des Personalwesens, hrsg. v. Gaugler, E. / Weber, W., 2., neubearb. u. ergänzte Aufl., Stuttgart 1992, Sp. 1921-1929.

Becker, F. G. (1993): Strategische Ausrichtung von Beteiligungssystemen, in: Entgeltsysteme: Lohn, Mitarbeiterbeteiligungen und Zusatzleistungen, hrsg. v. Weber, W., Stuttgart 1993, S. 313-338.

Becker, M. (2002): Personalentwicklung: Bildung, Förderung und Organisationsentwicklung in Theorie und Praxis, 3., überarb. u. erw. Aufl., Stuttgart 2002.

Beer, M. / **Spector**, B. / **Lawrence**, P. R. / **Mills**, D. Q. / **Walton**, R. E. (1984): Managing Human Assets, New York, London 1984.

Bergenhenegouwen, G. J. / **Ten Horn**, H. F. K. / **Mooijman**, E. A. M. (1996): Competence Development - A Challenge for HRM Professionals: Core Competences of Organizations as Guidelines for the Development of Employees, in: Journal of European Industrial Training, Vol. 20, 1996, No. 9, pp. 29-35.

Berndt, R. (1995): Marketing 2. Marketing-Politik, 3., vollst. überarb. u. erw. Aufl., Berlin et al. 1995.

Bernhardt, W. / **Witt**, P. (1997): Stock Options and Shareholder Value, in: Zeitschrift für Betriebswirtschaft, 67. Jg., 1997, Heft 1, S. 85-101.

Bensel, N. (1997): Shareholder Value - wertorientierte Unternehmensführung in der Praxis, in: Forum Wirtschaftsethik, 5. Jg., Juli 1997, Nr. 2, S. 8-11.

Bettis, R. (1983): Modern Financial Theory, Corporate Strategy, and Public Policy, in: Academy of Mangement Journal, Vol. 33, 1983, pp. 520-533.

Bilmes, L. / **Wetzker**, K. / **Xhonneux**, P. (1997): Value in Human Resources, in: Financial Times, 10.02.1997, p. 10.

Bisani, F. (1982): Betriebliche Sozialindikatoren aus der Arbeitswirtschaft als Bestandteil der Humanvermögensrechnung, in: Humanvermögensrechnung. Instrumentarium zur Ergänzung der unternehmerischen Rechnungslegung - Konzepte und Erfahrungen, hrsg. v. Schmidt, H., Berlin, New York 1982, S. 577-598.

Bisani, F. (1995): Personalwesen und Personalführung: der State of the Art der betrieblichen Personalarbeit, 4., vollst. überarb. u. erw. Aufl., Wiesbaden 1995.

Bischoff, J. (1994): Das Shareholder Value-Konzept. Darstellung - Probleme - Handhabungsmöglichkeiten, Wiesbaden 1994 (zugl. München, Univ., Diss., 1994).

Bischoff, J. / **Speckbacher**, G. (2001): Personalmanagement und Balanced Scorecard - theoretischer Anspruch und praktische Realität, in: Balanced Scorecard im Human Resources Management. Strategie, Einsatzmöglichkeiten, Praxisbeispiele, hrsg. v. Grötzinger, M. / Uepping, H., Neuwied, Kriftel 2001, S. 3-20.

Black, J. A. / **Boal**, K. B. (1994): Strategic Resources: Traits, Configurations and Paths to Sustainable Competitive Advantage, in: Strategic Management Journal, Vol. 15, 1994, pp. 131-148.

Blattmann, U. (1991): Unternehmenskultur. Ein strategisches Führungselement, in: io Management Zeitschrift, 60. Jg., 1991, Heft 12, S. 80-82.

Bleicher, K. (1991): Zum Verhältnis von Kulturen und Strategien der Unternehmung, in: Organisationokultur Phänomen - Philosophie - Technologie, hrsg. v. Dülfer, E., 2., erw. Aufl., Stuttgart 1991, S. 111-128.

Börner, C. J. (2000): Porter und der „Resource-based View", in: Das Wirtschaftsstudium, 2000, Heft 5, S. 689-693.

Börsig, C. (1993): Unternehmenswert und Unternehmensbewertung, in: Zeitschrift für betriebswirtschaftliche Forschung, 45. Jg., 1993, Heft 1, S. 79-91.

Bötzel, S. (1999): Shareholder Value und harte oder weiche Constraints in der Führung des Unternehmens, in: Shareholder Value und die Kriterien des Unternehmenserfolgs, hrsg. v. Koslowski, P., Heidelberg 1999, S. 236-254.

Bongartz, U. (1998): Unternehmensspezifische Ressourcen und strategische Gruppen im US-Luftverkehrsmarkt. Eine empirische Betrachtung, in: Zeitschrift für Betriebswirtschaft, 68. Jg., 1998, Heft 4, S. 381-407.

Borman, W. C. (1991): Job Behavior, Performance, and Effectiveness, in: Handbook of Industrial and Organizational Psychology, ed. by Dunnette, M. D. / Hough, L. M., 2nd Ed., Palo Alto 1991, pp. 271-326.

Born, K. (1995): Unternehmensanalyse und Unternehmensbewertung, Stuttgart 1995.

Boudreau, J. W. (1991): Utility Analysis in Human Resource Management Decisions, in: Handbook of Industrial and Organizational Psychology, ed. by Dunnete, M. D. / Hough, L. M., 2nd Ed., Palo Alto 1991, pp. 621-745.

Boudreau, J. W. / **Dunford**, B. B. / **Ramstad**, P. M. (2001): The Human Capital Impact on E-Business: The Case of Encyclopedia Britannica, in: Pushing the Digital Frontier, ed. by Pal, N. / Ray, J. M., New York 2001, pp. 192-221.

Boudreau, J. W. / **Ramstad**, P. M. (2001): Strategic I/O Psychology and Utility Analysis, final chapter to appear in the forthcoming Handbook of Industrial and Organizational Psychology, ed. by Borman, W. / Klimoski, R. / Ilgen, D., Working Draft, October 12, 2001, pp. 1-44.

Boxall, P. F. (1992): Strategic Human Resource Management: Beginnings of a New Theoretical Sophistication?, in: Human Resource Management Journal, Vol. 2, 1992, No. 3, pp. 60-80.

Boxall, P. F. (1996): The Strategic HRM Debate and the Resource-based View of the Firm, in: Human Resource Management Journal, Vol. 6, 1996, No. 3, pp. 59-75.

Boxall, P. F. (1998): Achievien Competitive Advantage through Human Resource Strategy: Towards a Theory of Industry Dynamics, in: Human Resource Management Review, Vol. 8, Fall. 98, Iss. 3, pp. 265-289 (Business Source Premier Database, text print, 22.10.1999, pp. 1-20).

Boxall, P. / **Steeneveld**, M. (1999): Human Resource Strategy and Competitive Advantage: A Longitudinal Study of Engineering Consultancies, in: Journal of Management Studies, Vol. 36, July 1999, No. 4, pp. 444-463.

Brandhoff, J. (1999): Anreizkompatible Stock Option-Pläne, in: Personal, 1999, Heft 5, S. 222-227.

Brandt, O. (2000): Inhalte von Investor Relations, in: Investor Relations. Professionelle Kapitalmarktkommunikation, hrsg. v. Deutscher Investor Relations Kreis e.V., Wiesbaden 2000, S. 117-130.

Bratton, J. / **Gold**, J. (1999): Human Resource Management. Theory and Practice, 2nd. Ed., Houndmills, Basingstoke, Hampshire, London 1999.

Breuer, W. (1997): Die Marktwertmaximierung als finanzwirtschaftliche Entscheidungsregel, in: Wirtschaftswissenschaftliches Studium, Mai 1997, Heft 5, S. 222-226.

Braun, G. E. (1985): Kapitalwertmethode, in Das Wirtschaftsstudium, 1985, Heft 10, S. 473-475.

Brealy, R. A. / **Myers**, S. C. (2000): Principles of Corporate Finance, 6th Ed., Boston et al. 2000.

Breisig, T. (1990): Unternehmenskultur. Vom kometenhaften Aufstieg eines Schlagwortes... oder: Was hoch steigt, fällt bekanntlich tief!, in: Zeitschrift Führung und Organisation, 1990, Heft 2, S. 93-100.

Brockmann, M. (1998): Intrapreneurship. Unternehmer in die Konzerne, Impulse, 1998, Heft 4, S. 88-92.

Brose, P. (1984): Konzeptionen, Varianten und Perspektiven der Kontingenztheorie, in: Journal für Betriebswirtschaft, 34. Jg., 1984, Heft 5, S. 230-243.

Bruhn, M. (1998): Balanced Scorecard: Ein ganzheitliches Konzept der Unternehmensführung?, in: Wertorientierte Unternehmensführung: Perspektiven und Handlungsfelder für die Wertsteigerung von Unternehmen, hrsg. v. Bruhn, M. / Lusti, M. / Müller, W. R. / Schierenbeck, H. / Studer, T., Wiesbaden 1998, S. 145-167.

Bruhn, M. / **Lusti**, M. / **Müller**, W. R. / **Schierenbeck**, H. / **Studer**, T. (1998) (Hrsg.): Wertorientierte Unternehmensführung: Perspektiven und Handlungsfelder für die Wertsteigerung von Unternehmen, Wiesbaden 1998.

Brummet, R. L. (1982): Die Erfassung des Humankapitals im Unternehmen - Ziele, Aufgaben, Bedeutung, in: Humanvermögensrechnung. Instrumentarium zur Ergänzung der unternehmerischen Rechnungslegung - Konzepte und Erfahrungen, hrsg. v. Schmidt, H., Berlin, New York 1982, S. 61-72.

Brunner, J. / **Hessing**, M. (1998): Shareholder Value und Balanced Scorecard: Wertorientiertes Management, in: Gablers Magazin, 1998, Heft 9, S. 22-25.

Brunner, J. / **Sprich**, O. (1998): Performance Management und Balanced Scorecard. Zur Verbesserung wertschöpfungsorientierter Leistungs-Indikatoren, in: io management, 1998, Nr. 6, S. 30-36.

Brush, T. H. / **Kendall**, W. A. (1999): Toward a Contingent Resource-based Theory: The Impact of Information Asymmetry on the Value of Capabilities in Veterinary Medicine, in: Strategic Management Journal, Vol. 20, 1999, No. 3, pp. 223-250.

Bühner, R. (1989): Möglichkeiten der unternehmerischen Gehaltsvereinbarung für das Top-Management – Mit Puts und Calls zu aktionärsfreundlichen Tantiemeregelungen, in: Der Betrieb, 42. Jg., 1989, Heft 44, S. 2181-2186.

Bühner, R. (1990): Das Management-Wert-Konzept: Strategien zur Schaffung von mehr Wert im Unternehmen, Stuttgart 1990.

Bühner, R. (1994a): Mehr Schlagkraft im Controlling und höhere Ergebnisse - Shareholder-Value-Management: Unternehmensführung am Kapitalmarkt ausrichten, in: Blick durch die Wirtschaft, 73. Jg., 18.01.1994, Nr. 12, S. 7.

Bühner, R. (1994b): Unternehmerische Führung mit Shareholder Value, in: Der Shareholder Value Report. Erfahrungen, Ergebnisse, Entwicklungen, hrsg. v. Bühner, R., Landsberg/Lech 1994, S. 11-75.

Bühner, R. (1995): Mitarbeiter mit Kennzahlen führen, in: Harvard Business Manager, 1995, Heft 3, S. 55-63.

Bühner, R. (1996): Kapitalmarktorientierte Unternehmenssteuerung. Grundidee und Varianten des Shareholder Value, in: Wirtschaftswissenschaftliches Studium, August 1996, Heft 8, S. 392-396.

Bühner, R. (1997a): Mitarbeiter mit Kennzahlen führen. Der Quantensprung zu mehr Leistung, 2. Aufl., Landsberg/Lech 1997.

Bühner, R. (1997b): Increasing Shareholder Value through Human Asset Management, in: Long Range Planning, Oct. 1997, pp. 710-717.

Bühner, R. (1997c): Personalmanagement, 2., überarb. Aufl., Landsberg/Lech 1997.

Bühner, R. / **Sulzbach**, K. (1999) (Hrsg.): Wertorientierte Steuerungs- und Führungssysteme. Shareholder Value in der Praxis, Stuttgart 1999.

Bühner, R. / **Tuschke**, A. (1999): Wertmanagement - Rechnen wie ein Unternehmer, in: Wertorientierte Steuerungs- und Führungssysteme. Shareholder Value in der Praxis, hrsg. v. Bühner, R. / Sulzbach, K., Stuttgart 1999, S. 3-41.

Cahn von Seelen, C. (1998): HCM: Eine innovative Methode zur Standortbestimmung des Human Capital, in: Wertorientiertes Personalmanagement. Human Resource-Beratung, hrsg. v. PwC Deutsche Revision, Frankfurt a.M. 1998, S. 13-23.

Cappelli, P. / **Crocker-Hefter**, A. (1996): Distinctive Human Resources are Firms' Core Competencies, in: Organizational Dynamics, Vol. 24, 1996, pp. 7-21.

Carpenter, J. / **Yermack**, D. (Eds.) (1999): Executive Compensation and Shareholder Value. Theory and Evidence, Dordrecht, Boston, London 1999.

Cascio, W. F. (1991): Costing Human Resources: The Financial Impact of Behavior in Organizations, 3rd Ed., Boston 1991.

Cascio, W. F. / **Young**, C. E. / **Morris**, J. R. (1997): Financial Consequences of Employment-Change Decisions in Major U.S. Corporations, in: Academy of Management Journal, vol. 49, 1997, No. 5, pp. 1175-1189.

Chambers, D. R. / **Lacey**, R. J. (1996): Corporate Ethics and Shareholder Wealth Maximization, in: Financial Practice and Education, Vol. 6, 1996, pp. 93-96.

Chandler, A. D. (1962): Strategy and Structure. Chapters in the History of the American Industrial Enterprise, Cambridge (Mass.), London 1962.

Chatterjee, S. / **Lubatkin**, M. H. / **Schweiger**, D. M. / **Weber**, Y. (1992): Cultural Differences and Shareholder Value in Related Mergers: Linking Equity and Human Capital, in: Strategic Management Journal, Vol. 13, 1992, pp. 319-334.

Chorn, N. H. (1991): The „Alignment" Theory: Creating Strategic Fit, in: Management Decision, Vol. 29, 1991, No. 1, pp. 20-24.

Ciupka, D. (1991): Strategisches Personalmanagement und Führungskräfteentwicklung, Hamburg, 1991.

Clauß, G. / **Finze**, F.-R. / **Partzsch**, L. (1999): Statistik für Soziologen, Pädagogen, Psychologen und Mediziner. Grundlagen, 3., überarb. u. erw. Aufl., Frankfurt a.M. 1999.

Coase, R. H. (1937): The Nature of the Firm, in: Economica, Nov. 1937, pp. 386-405.

Conyon, M. J. / **Schwalbach**, J. (1999): Corporate Governance, Executive Pay and Performance in Europe, in: Executive Compensation and Shareholder Value: Theory and Evidence, ed. by Carpenter, J. / Yermack, D., Dordrecht, Boston, London 1999, pp. 13-33.

Coff, R. W. (1997): Human Assets and Management Dilemmas: Coping with Hazards on the Road to Resource-based Theory, in: Academy of Management Review, Vol. 22, 1997, No. 2, pp. 374-402.

Collis, D. (1991): A Resource-Based Analysis of Global Competition: The Case of the Bearings-Industry, in: Strategic Management Journal, Vol. 12, 1991, Special Issue (Summer), pp. 49-68.

Collis, D. J. / **Montgomery**, C. A. (1995): Competing on Resources: Strategy in the 1990s, in: Harvard Business Review, July-August 1995, pp. 118-128.

Combs, J. G. / **Ketchen**, D. J. (1999): Explaining Interfirm Cooperation and Performance: Toward a Reconciliationof Predictions from the Resource-based view and Organizational Economics, in: Strategic Management Journal, Vol. 20, 1999, No. 9, pp. 867-888.

Comeau-Kirschner, C. (2000): The Employee-Market Value Connection, in: Management Review, February 2000, p. 7.

Conner, K. R. (1991): A Historical Comparison of Resource-based Theory and Five Schools of Thought Within Industrial Organization Economics: Do We Have a New Theory of the Firm?, in: Journal of Management, Vol. 17, 1991, No. 1, pp. 121-154.

Conner, K. R. / **Prahalad**, C. K. (1996): A Resource-based Theory of the Firm: Knowledge versus Opportunism, in: Organization Science, Vol. 7, 1996, No. 5, pp. 477-501.

Conrad, P. (1991): Human Resource Management - eine „lohnende" Entwicklungsperspektive? Anmerkungen zu einem Konzept, in: Zeitschrift für Personalforschung, 1991, Heft 4, S. 411-445.

Conrads, M. (1974): Human Resource Accounting. Ein Versuch der aufgaben-orientierten Abbildung des betrieblichen Humanvermögens in Unternehmensrechnungssystemen, in: Betriebswirtschaftliche Forschung und Praxis, 26. Jg., 1974, S. 378-391.

Conrads, M. / **Kloock**, J. (1982): Humankapitalerhaltungsrechnungen und deren Bedeutung für die Jahresabschlußrechnung als extern orientierte Rechnungslegung, in: Humanvermögensrechnung. Instrumentarium zur Ergänzung der unternehmerischen Rechnungslegung - Konzepte und Erfahrungen, hrsg. v. Schmidt, H., Berlin, New York 1982, S. 657-673.

Conrads, M. / **Goetzke**, W. / **Sieben**, G. (1982): Human Resource Accounting: Entscheidungsrechnung über das betriebliche Humanvermögen, in: Humanvermögensrechnung. Instrumentarium zur Ergänzung der unternehmerischen Rechnungslegung - Konzepte und Erfahrungen, hrsg. v. Schmidt, H., Berlin, New York 1982, S. 493-506.

Cooke, W. (1994): Employee Participation, Group-based Incentives, and Company Performance: A Union-Nonunion Comparison, in: Industrial and Labor Relations Review, July 1994, pp. 595-609.

Copeland, T. / **Koller**, T. / **Murrin**, J. (1990): Valuation: Measuring and Managing the Value of Companies, New York et al. 1990.

Copeland, T. / **Koller**, T. / **Murrin**, J. (1998): Unternehmenswert. Methoden und Strategien für eine wertorientierte Unternehmensführung (Valuation: Measuring and Managing the Value of Companies), deutsch von Schmidt, T. / Mader, F., 2., aktualisierte u. erweiterte Aufl., Frankfurt, New York 1998.

Copeland, T. / **Koller**, T. / **Murrin**, J. (2000): Valuation: Measuring and Managing the Value of Companies, 3$^{rd.}$ Ed., New York et al. 2000.

Cornell, B. / **Shapiro**, A. C. (1987): Corporate Stakeholders and Corporate Finance, in: Financial Management, Spring 1987, pp. 5-14.

Cyert, R. M. / **March**, J. G. (1963): A Behavioral Theory of the Firm, Englewood Cliffs, New York 1963.

David, F. R. (1995): Concepts of Strategic Management, 5th Ed., Englewood Cliffs, New Jersey 1995.

Dawson, C. (1994): Human Resource Accounting: From Prescription to Description, in: Management Decision, Vol. 32, 1994, No. 6, pp. 35-40.

Deipenbrock, M. (1999): Shareholder Value bei Tengelmann - Operationalisierter Ansatz, in: Wertorientierte Steuerungs- und Führungssysteme. Shareholder Value in der Praxis, hrsg. v. Bühner, R. / Sulzbach, K., Stuttgart 1999, S. 155-163.

Delaney, J. T. / **Huselid**, M. A. (1996): The Impact of Human Resource Management Practices on Perceptions of Organizational Performance, in: Academy of Management Journal, Vol. 39, 1996, No. 4, pp. 949-969.

Delery, J. E. / **Doty**, D. H. (1996): Modes of Theorizing in Strategic Human Resource Management: Tests of Universalistic, Contingency and Configurational Performance Predictions, in: Academy of Management Journal, Vol. 39, 1996, No. 4, pp. 802-835.

Deutsch, K. J. / **Diedrichs**, E. P. / **Raster**, M. / **Westphal**, J. (1997): Kernkompetenzen - Jungbrunnen für das Unternehmen, in: Gewinnen mit Kernkompetenzen. Die Spielregeln des Marktes neu definieren, hrsg. v. Deutsch, K. J. / Diedrichs, E. P. / Raster, M. / Westphal, J., München, Wien 1997, S. 15-19.

Deutscher Investor Relations Kreis e.V. (Hrsg.) (2000): Investor Relations. Professionelle Kapitalmarktkommunikation, Wiesbaden 2000.

Deutschmann, C. (1989): Reflexive Verwissenschaftlichung und kultureller „Imperialismus" des Managements, in: Soziale Welt, 1989, Heft 3, S. 374-396.

Deutschmann, C. (1994): Lean Production. Der kulturelle Kontext, Beitrag zum Workshop an der Akademie für Technikfolgenabschätzung, Stuttgart, 05.01.1993, unveröff., überarb. Fassung vom 21.02.1994, S. 1-17.

Devanna, M. A. / **Fombrun**, C. J. / **Tichy**, N. M. (1984): A Framework for Strategic Human Resource Management, in: Strategic Human Resource Management, ed. by Fombrun, C. J., Noel, M. T., Devanna, M. A., New York, et al. 1984, pp. 33-51.

Diehl, U. / **Loistl**, O. / **Rehkugler**, H. (1998): Effiziente Kapitalmarktkommunikation, Stuttgart 1998.

Dierkes, M. (1988): Unternehmenskultur und Unternehmensführung. Konzeptionelle Ansätze und gesicherte Erkenntnisse, in: Zeitschrift für Betriebswirtschaft, 58. Jg., 1988, Heft 5 / 6, S. 554-575.

Dierickx, I. / **Cool**, K. (1989): Asset Stock Accumulation and Sustainability of Competitive Advantage, in: Management Science, Vol. 35, December 1989, No. 12, pp. 1504-1513.

Dietmann, E. (1993): Personalmarketing. Ein Ansatz zielgruppenorientierter Personalpolitik, Wiesbaden 1993 (zugl., Innsbruck, Univ., Diss., 1992).

Dill, P. (1986): Unternehmenskultur. Grundlagen und Anknüpfungspunkte für ein Kulturmanagement, Bonn 1986 (zugl., München, Univ., Diss., 1986).

Dill, P. / **Hügler**, G. (1987): Unternehmenskultur und Führung betriebswirtschaftlicher Organisationen. Ansatzpunkte für ein kulturbewußtes Management, in: Unternehmenskultur. Perspektiven für Wissenschaft und Praxis, hrsg. v. Heinen, E., et al., München 1987, S. 141-210.

Dobs, K. / **Gordon**, J. / **Kiser**, K. / **Stamps**, D. (2000): Human Capital and the Bottom Line, in: Training, January 2000, pp. 20-21.

Dolmat-Connell, J. (1999): Developing a Reward Strategy that Delivers Shareholder and Employee Value, in: Compensation and Benefits Review, March/April 1999, pp. 46-53.

Domsch, M. / **Harms**, M. (1997): Key Issues in HR Strategy in Germany, in: The Practice of Human Resource Strategy, ed. by Tyson, S., London et al. 1997.

Drucker, P. (1963): Managing for Business Effectiveness, in. Harvard Business Review, Vol. 41, 1963, No.3, pp. 53-60.

Drukarczyk, J. (1997): Wertorientierte Unternehmenssteuerung - Besprechung des Buches von A. Rappaport, Shareholder Value, Wertsteigerung als Maßstab für die Unternehmensführung, in: Regensburger Diskussionsbeiträge zur Wirtschaftswissenschaft, hrsg. v. der wirtschaftswissenschaftlichen Fakultät der Universität Regensburg, Nr. 296, Regensburg 1997.

Drumm, H. J. (1991): Probleme der Erfassung und Messung von Unternehmenskultur, in: Organisationskultur. Phänomen - Philosophie - Technologie, hrsg. v. Dülfer, E., 2., erw. Aufl., Stuttgart 1991, S. 163-172.

Drumm, H. J. (1992): Theoretical Foundation of Personnel and Human Resource Management - A Problem Without a Solution, in: Regensburger Diskussionsbeiträge zur Wirtschaftswissenschaft, hrsg. v. der wirtschaftswissenschaftlichen Fakultät der Universität Regensburg, Nr. 251, Regensburg 1992.

Drumm, H. J. (1993): Personalwirtschaftslehre - Auf dem Weg zu einer theoretisch-empirischen Personalwirtschaftslehre?, in: Ergebnisse empirischer betriebswirtschaftlicher Forschung. Zu einer Realtheorie der Unternehmung, hrsg. v. Hauschildt, J. / Grün, O., Stuttgart 1993, S. 673-712.

Drumm, H. J. (1995): Personalwirtschaftslehre, 3., neubearb. u. erw. Aufl., Berlin, et al. 1995.

Drumm, H. J. (1996): Theoretische und verantwortungsethische Grundlagen des Pesonalmanagements, in: Grundlagen der Personalwirtschaft, hrsg. v. Weber, W., Wiesbaden 1996, S. 1-18.

Drumm, H. J. (2000): Personalwirtschaftslehre, 4., überarb. u. erw. Aufl., Berlin, Heidelberg, New York 2000.

Drumm, H. J. / **Scholz**, C. (1988): Personalplanung, Planungsmethoden und Methodenakzeptanz, 2. Aufl., Bern, Stuttgart 1988.

Dyer, L. (1993): Human Resources as a Source of Competitive Advantage, Kingston, in: Industrial Relations Centre Press, Queen's University 1993.

Dyer, L. / **Reeves**, T. (1995): Human Resource Strategies and Firm Performance: What Do We Know and Where Do We Need to Go?, Paper presented at the 10th World Congress of the International Industrial Relations Association, May 31- June 4, Washington 1995.

Easton, G. / **Jarrell**, S. (1994): The Effects of Total Quality Management on Corporate Performance: An Empirical Investigation, Mimeo, Indiana University, Dec. 1994.

Eberhardt, S. (1998): Wertorientierte Unternehmensführung. Der modifizierte Stakeholder-Value-Ansatz, Wiesbaden 1998 (zugl., Hohenheim, Univ., Diss., 1998).

Ebert, G. (1991): Einflüsse des strategischen Controlling auf die Entwicklung des Rechnungswesens, in: Controlling, 1991, Heft 6, S. 287-291.

Eckey, H.-F. / **Kosfeld**, R. / **Dreger**, C. (2000): Statistik: Grundlagen - Methoden - Beispiele, 2., überarb. Aufl., Wiesbaden 2000.

Eigler, J. (1999): Bedeutung und Implikationen des Shareholder value-Ansatzes für das Personalmanagement, in: Zeitschrift für Planung, 11. Jg., 1999, Heft 3, S. 231-254.

Eisenhardt, K. M. (1988): Agency- and Institutional-Theory Explanations: The Case of Retail Sales Compensation, in: Academy of Management Journal, Vol. 31, 1988, No. 3, pp. 488-511.

Elschen, R. (1991): Shareholder Value und Agency-Theorie - Anreiz- und Kontrollsysteme für Zielsetzungen der Anteilseigner, in: Betriebswirtschaftliche Forschung und Praxis, 1991, Heft 3, S. 209-220.

Elsik, W. (1992): Strategisches Personalmanagement. Konzeptionen und Konsequenzen, München 1992 (zugl. Wien, Wirtschaftsuniv., Diss., 1991).

Engelen-Kefer, U. (1982): Humankapitalrechnung und Arbeitnehmerinteressen - Ein Beitrag aus der Sicht der deutschen Gewerkschaften, in: Humanvermögensrechnung. Instrumentarium zur Ergänzung der unternehmerischen Rechnungslegung - Konzepte und Erfahrungen, hrsg. v. Schmidt, H., Berlin, New York 1982, S. 283-297.

Engerer, H. / **Voigt**, S. (2002): Institutionen und Transformation - Mögliche Politikimplikationen der Neuen Institutionenökonomik, in: Neue Entwicklungen in der Wirtschaftswissenschaft, hrsg. v. Zimmermann, K. F., Heidelberg 2002, S. 149-215.

Englert, J. / **Scholich**, M. (1998): Shareholder Value und Human Capital: Ein Widerspruch in sich?, in: Wertorientiertes Personalmanagement. Human Resource-Beratung, hrsg. v. PwC Deutsche Revision, Frankfurt a.M. 1998, S. 7-12.

Erdenberger, C. (1997): Strategisches Personal-Management. Determinanten und Prozeßstufen unter besonderer Berücksichtigung partizipativer Aspekte, Frankfurt a.M., et al. 1997 (zugl. Siegen, Univ., Diss., 1996).

Erdenberger, C. (1999): Die Personal-Portfolio-Analyse (PPA) als Instrument des Strategischen Personal-Managements, in: Zeitschrift für Personalforschung, 1999, Heft 3, S. 287-294.

Esser, A. / **Van Donk**, P. (1991): Human Resources and Strategy. The Relation Between Middle Management and Strategy Formation, in: Die Unternehmung, 45. Jg., 1991, Nr. 4, S. 255-269.

Evans, P. (1986): The Strategic Outcomes of Human Resource Management, in: Human Resource Management, Vol. 25, Spring 1986, pp. 149-167.

Evans, P. (1987): The Context of Strategic Human Resource Management Policy in Complex Firms, in: Personal-Management und Strategische Unternehmensführung, hrsg. v. Lattmann, C., Heidelberg 1987, S.105-117.

Evans, P. / **Doz**, Y. / **Laurent**, A. (Eds.) (1989): Human Resource Management in International Firms - Change, Globalization, Innovation, London 1989.

Fabel, O. / **Hilgers**, B. / **Lehmann**, E. (2001): Strategie und Organisationsstruktur, in: Die Prinzipal-Agenten-Theorie in der Betriebswirtschaftslehre, hrsg. v. Jost, P.-J., Stuttgart 2001, S. 183-216.

Fama, E. F. / **Schwert**, G. W. (1977): Human Capital and Capital Market Equilibrium, in: Journal of Financial Economics, Vol. 4, 1977, pp. 95-125.

Fama, E. F. / **Jensen**, M. C. (1983): Separation of Ownership and Control, in: Journal of Law and Economics, Vol. 26, 1983, Iss. 2, pp. 301-325.

Feldmann, H. (1995): Eine institutionalistische Revolution? Zur dogmenhistorischen Bedeutung der modernen Institutionenökonomik, Berlin 1995.

Ferris, G. R. / **Arthur**, M. M. / **Berkson**, H. M. / **Kaplan**, D. M. / **Harrell-Cook**, G. / **Frink**, D. D. (1998): Toward a Social Context Theory of the Human Resource Management-Organization Effectiveness Relationship, in: Human Resource Management Review, Vol. 8, Fall 1998, Iss. 3, pp. 235-265.

Ferris, G. R. / **Hochwarter**, W. A. / **Buckley**, M. R. / **Harrell-Cook**, G. / **Frink**, D. D. (1999): Human Resources Management: Some New Directions, in: Journal of Management, Vol. 25, 1999, No. 3, pp. 385-415.

Ferstl, J. (2000): Managervergütung und Shareholder Value. Konzeption einer wertorientierten Vergütung für das Top-Management, Wiesbaden 2000 (zugl. Regensburg, Univ., Diss. 1999).

Festing, M. (1996): Strategisches internationales Personalmanagement. Eine transaktionskostentheoretisch fundierte Analyse, München, Mering 1996 (zugl. Paderborn, Univ., Diss., 1995).

Festing, M. / **Groening**, Y. / **Weber**, W. (1998): Die theoretische Erklärung der Personalpolitik aus der Perspektive des Harvard-Ansatzes, Festing, M. / Groening, Y. / Weber, W. (1998), S. 407-431.

Feudner, B. W. (1999): Zur arbeitsrechtlichen Wertigkeit des „Shareholder Value", in: Der Betrieb, 09.04.1999, Heft 14, S. 742-745.

Fey, C. F. / **Björkman**, I. / **Pavlovskaya**, A. (2000): The Effect of Human Resource Management Practices on Firm Performance in Russia, in: International Journal of Human Resource Management, Vol. 11, February 2000, No. 1, pp. 1-18.

Fiol, C. M. (1991): Managing Culture as a Competitive Resource: An Identity-based View of Sustainable Competitive Advantage, in: Journal of Management, Vol. 17, 1991, No. 1, pp. 191-211.

Fischer, G. (1998): Betriebliche Altersversorgung und Shareholder Value: Traditionelle Systeme versus moderne Lösungsansätze, in: Wertorientiertes Personalmanagement. Human Resource-Beratung, hrsg. v. PwC Deutsche Revision, Frankfurt a.m. 1998, S. 39-48.

Fischer, H. (1990): Führung durch innovative Unternehmenskultur. Entwicklung und Gestaltung eines praxisorientierten Dialoges, in: Unternehmenskultur und Praxis. Aspekte und Beispiele einer Neuorientierung, hrsg. v. Empter, S. / Kluge, N., Gütersloh 1990.

Fischer, H. (1997): Interne Bilanzierung von Personalinvestitionen. Ein Instrument zur Lenkung von Profit-Centern, Frankfurt a.m. et al. 1997.

Fischer, H. (1999): Zur Erfassbarkeit von Personalinvestitionen im internen Rechnungswesen, in: Zeitschrift für Personalforschung, 13. Jg., 1999, S. 29-66.

Fitz-enz, J. (1990): Human Value Management. The Value-Adding Human Resource Management Strategy for the 1990s, San Francisco 1990.

Fitz-enz, J. (1995): How to Measure Human Resources Management, 2nd Ed., New York et al. 1995.

Fitz-enz, J. (2000a): The ROI of Human Capital, New York 2000.

Fitz-enz, J. (2000b): Proven Change, in: Workforce, May 2000, pp. 82-89.

Flamholtz, E. G. (1971): A Model for Human Resource Valuation: A Stochastic Process with Service Rewards, in: Accounting Review, Vol. 46, 1971, No. 2, pp. 253-267.

Flamholtz, E. G. (1973): Human Resource Accounting. Measuring Positional Replacement Costs, in: Human Resource Management, Spring 1973, pp. 8-16.

Flamholtz, E. G. (1982): Rechnungslegung über Kosten und Wert des Humankapitals, in: Humanvermögensrechnung. Instrumentarium zur Ergänzung der unternehmerischen Rechnungslegung - Konzepte und Erfahrungen, hrsg. v. Schmidt, H., Berlin, New York 1982, S. 73-98.

Flamholtz, E. G. (1985): Human Resource Accounting, 2nd Ed., San Francisco 1985.

Flamholtz, E. G. (1999): Human Resource Accounting: Advances in Concepts, Methods, and Applications, 3rd Ed., Boston 1999.

Fombrun, C. J. (1984): The External Context of Human Resource Management, in: Strategic Human Resource Management, ed. by Fombrun, C. J., Noel, M. T., Devanna, M. A., New York, et al. 1984, pp. 3-18.

Fombrun, C. J. / **Tichy**, N. M. / **Devanna**, M. A. (1982): Strategic Human Resource Management, in: Sloan Management Review, Vol. 23, 1982, pp. 47-61.

Fombrun, C. J. / **Tichy**, N. M. / **Devanna**, M. A. (Eds.) (1984): Strategic Human Resource Management, New York, et al. 1984.

Foss, N. J. (1997a) (Ed.): Resources, Firms, and Strategies. A Reader in the Resource-Based Perspective, Oxforde et al. 1997.

Foss, N. J. (1997b): Resources and Strategy: A Brief Overview of Themes and Contributions, in: Resources, Firms, and Strategies. A Reader in the Resource-Based Perspective, ed. by Foss, N. J., Oxford et al. 1997, pp. 3-18.

Foulkes, F. K. / **Livernash**, E. R. (1982): Human Resource Management: Texts and Cases, Englewood Cliffs, NJ 1982.

Franke, G. (1993): Agency-Theorie, in: Bd. 1. Handwörterbuch der Betriebswirtschaft. Teilbd. 1. A-H, 5., hrsg. v. Wittmann, W. / Kern, W. / Köhler, R. / Küpper, H.-U. / v. Wysocki, K, 5., völlig neu gestaltete Aufl., Stuttgart 1993, Sp. 37-49.

Franke, G. / **Hax**, H. (1990): Finanzwirtschaft des Unternehmens und Kapitalmarkt, 2. Aufl., Berlin et al. 1990.

Franke, G. / **Hax**, H. (1994): Finanzwirtschaft des Unternehmens und Kapitalmarkt, 3., neubearb. Aufl., Berlin et al. 1994.

Freeman, E. (1983): Strategic Management: A Stakeholder Approach, Marshfield/Mass. 1983.

Freiling, J. (2000): Entwicklungslinien und Perspektiven des Strategischen Kompetenz-Managements, in: Die Ressourcen- und Kompetenzperspektive des Strategischen Managements, hrsg. v. Hammann, P. / Freiling, J., Wiesbaden 2000, S. 13-45.

Freiling, J. (2001): Ressourcenorientierte Reorganisationen Problemanalyse und Change Management auf der Basis des Resource-based View, Wiesbaden 2001 (zugl. Bochum, Univ., Habil.-Schr., 2000).

Freund, D / **Galinski**, K. / **Sternecker**, P. / **Wollsching-Strobel**, P. (1996): Potential- und Leistungsanalyse: Suche nach innovativen Instrumenten, in: Gablers Magazin, 1996, Heft 9, S. 34-36.

Friederichs, P. (1998): Konsequentes Führungscontrolling durch den Employee-Value-Index, in: Personalführung, Heft 4, 1998, S. 70-75.

Friedman, A. / **Lev**, B. (1974): A Surrogate Measure for the Firm's Investment in Human Resources, in: Journal of Accounting Research, Autumn 1974, pp. 235-250.

Friedman, B. S. / **Hatch**, J. A. / **Walker**, D. M. (1998): Delivering on the Promise. How to Attract, Manage and Retain Human Capital, New York, London, Toronto, Singapore, Sydney 1998.

Friedman, B. S. / **Hatch**, J. A. / **Walker**, D. M. (1999): Mehr-Wert durch Mitarbeiter. Wie sich Human Capital gewinnen, steigern und halten läßt (Delivering On the Promise. How to Attract, Manage and Retain Human Capital), deutsch v. Lorenz, J. U., Neuwied, Kriftel 1999.

Friedman, M. (1970): The Social Responsibility of Business is to Increase its Profits, in: The New York Times, 13.09.1970, pp. 32-33, 122, 126.

Fröhlich, W. (1987): Strategisches Personalmarketing. Kontinuierliche Unternehmensentwicklung durch systematische Ausnutzung interner und externer Qualifikationspotentiale, Düsseldorf 1987.

Fruhan, W. E. (1979): Financial Strategy – Studies in the Creation, Transfer, and Destruction of Shareholder Value, Homewood 1979.

Fürstenberg, F. (1992): Betriebs- und Organisationssoziologie, in: Handwörterbuch des Personalwesens, hrsg. v. Gaugler, E. / Weber, W., 2., neubearb. u. ergänzte Aufl., Stuttgart 1992, Sp. 625-635.

Fyock, C. D. (2000): Gauge Your Human Capital, in: HR Magazine, July 2000, pp. 161-163.

Gach, K. (1976): Marktwertmaximierung und Gewinnmaximierung, Meisenheim am Glan 1972.

Gälweiler, A. (1990): Strategische Unternehmensführung, 2. Aufl., zsgest., bearb. u. erg. v. Schwaninger, M., Frankfurt a. M., New York 1990.

Galpin, T. J. (1998): Creating Shareholder Value through People, in: The Human Resources Professional, March/April 1998, pp. 3-6.

Gannon, M. J. / **Flood**, P. C. / **Paauwe**, J. (1999): Managing Human Resources in the Third Era: Economic Perspectives, in: Business Horizons, May-June 1999, pp. 41-47.

Ganz, P. (1999): Shareholder Value als Analyse- und Portfolioinstrument dargestellt anhand des PREMIUM-Konzeptes der Preussag AG, in: Wertorientierte Steuerungs- und Führungssysteme. Shareholder Value in der Praxis, hrsg. v. Bühner, R. / Sulzbach, K., Stuttgart 1999, S. 67-93.

Gaugler, E. (1997): Shareholder Value und Personalmanagement, in: Personal, 1997, Heft 4, S. 168-175.

Gaugler, E. (1999): Shareholder Value und Unternehmensführung, in: Shareholder Value und die Kriterien des Unternehmenserfolgs, hrsg. v. Koslowski, P., Heidelberg 1999, S. 175-186.

Gaugler, E. / **Weber**, A. (1995): Perspektiven des Human Resource Management, in: Personal – Personalführung, Technik, Organisation, 1995, Heft 1, S. 4-9.

Gedaliahu, H. H. / **Tzafrir**, S. S. (1999): The Effect of Human Resource Management Practices on the Perceptions of Organizational and Market Performance of the Firm, in: Human Resource Management, Vol. 38, Fall 1999, No. 3, pp. 185-200.

Gedenk, K. (1998): Agency-Theorie und die Steuerung von Geschäftsführern, in: Die Betriebswirtschaft, 58. Jg., Heft 1, 1998, S. 22-37.

Gerlach, K. / **Lorenz**, W. (1992): Arbeitsmarkttheorie/ökonomie, in: Handwörterbuch des Personalwesens, hrsg. v. Gaugler, E. / Weber, W., 2., neubearb. u. ergänzte Aufl., Stuttgart 1992, Sp. 169-179.

Gentner, A. (1999): Wertorientierte Unternehmenssteuerung - die Verbindung von Shareholder Value und Performance Management zu einem permanenten Führungs- und Steuerungssystem, in: Wertorientierte Steuerungs- und Führungssysteme. Shareholder Value in der Praxis, hrsg. v. Bühner, R. / Sulzbach, K., Stuttgart 1999, S 42-63.

Gerhart, B. / **Milkovich**, G. T. (1992): Employee Compensation: Research and Practice, in: Handbook of Industrial and Organizational Psychology, ed. by Dunnette, M. D. / Hough, L. M., 3rd Ed., Palo Alto 1992, pp 481-569.

Gerhart, B. / **Wright**, P. M. / **McMahan**, G. C. (2000): Measurement Error in Research on the Human Resources and Firm Performance Relationship: Further Evidence and Analysis, in Personnel Psychology, Vol. 53, 2000, pp. 855-872.

Gerhart, B. / **Wright**, P. M. / **McMahan**, G. C. / **Snell**, S. A. (2000): Measurement Error in Research on Human Resources and Firm Performance: How Much Error is There and How Does it Influence Effect Size Estimates?, in: Personnel Psychology, Vol. 53, 2000, pp. 803-834.

Gerum, E. (1992): Unternehmungsverfassung, in: Handwörterbuch der Organisation, hrsg. v. Frese, E., 3., völlig neu gestaltete Aufl., Stuttgart 1992, Sp. 2480-2502.

Gibbons, A. (1998): HR-Spectrum: Ein integrierter Ansatz zum Human Capital Management, in: Wertorientiertes Personalmanagement. Human Resource-Beratung, hrsg. v. PwC Deutsche Revision, Frankfurt a.M. 1998, S. 49-54.

Giles, W. / **Robinson**, D. (1972): Human Asset Accounting, IPM and ICMA, 1972.

Godfrey, P. C. / **Hill**, C. W. L. (1995): The Problem of Unobservables in Strategic Management Research, in: Strategic Management Journal, Vol. 16, 1995, pp. 519-533.

Göbel, E. (1993): Selbstorganisation. Ende oder Grundlage rationaler Organisationsgestaltung?, in: Zeitschrift Führung und Organisation, 1993, Heft 6, S. 391-395.

Göbel, E. (1995): Der Stakeholderansatz im Dienste der strategischen Früherkennung, in: Zeitschrift für Planung, 6. Jg., 1995, Heft 1, S. 55-67.

Göbel, E. (1999): Theorie und Gestaltung der Selbstorganisation, Berlin 1998 (zugl. Tübingen, Univ., Habil., 1997).

Göbel, E. (2002): Neue Institutionenökonomik. Konzeption und betriebswirtschaftliche Anwendungen, Stuttgart 2002.

Golden, K. W. / **Ramanujam**, V. (1985): Between a Dream and a Nightmare: On the Integration of the Human Resource Management and Strategic Planning Processes, in: Human Resource Management, Vol. 24, 1985, pp. 429-452.

Gomez, P. (1993): Wertmanagement. Vernetzte Strategien für Unternehmen im Wandel, Düsseldorf, Wien, New York, Moskau 1993.

Gomez, P. / **Weber**, B. (1989): Akquisitionsstrategie. Wertsteigerung durch Übernahme von Unternehmungen, Stuttgart, Zürich 1989.

Graml, R. (1996): Unternehmenswertsteigerung durch Desinvestition. Eine Analyse unter Berücksichtigung des Management Buy-Out, Frankfurt a.M. 1996.

Grant, R. M. (1991): Contemporary Strategy Analysis, Oxford 1991.

Graßhoff, U. / **Schwalbach**, J. (1999): Agency-Theorie, Informationskosten und Managervergütung, in: Zeitschrift für betriebswirtschaftliche Forschung, 51. Jg., 1999, Heft 5, S. 437-453.

Gratton, L. / **Hailey**, V. H. / **Stiles**, P. / **Truss**, C. (1999): Strategic Human Resource Management. Corporate Rhetoric and Human Reality, Oxford, New York 1999.

Greipel, P. (1990): Unternehmenskultur - Ansatzpunkte für ein erweitertes Verständnis strategischen Managements?, in: Die Unternehmenskultur. Ihre Grundlagen und ihre Bedeutung für die Führung der Unternehmung, hrsg. v. Lattmann, C., Heidelberg 1990, S. 319-338.

Grieger, J. (1999): Umorientierung der Personalwirtschaftslehre? Personalwirt-schaftliche Ziele im Lichte der Shareholder Value- und Corporate Governance-Diskussion, Arbeitspapiere des Fachbereichs Wirtschaftswissen-schaft der Universität Wuppertal, Nr. 185, Wuppertal 1999.

Grieger, J. (2001): Shareholder Value und Mitbestimmung in Deutschland: Theoretische Perspektiven und normative Implikationen, in: Zeitschrift für Personalforschung, 2001, Heft 1, S. 62-96.

Grötzinger, M. (2001): Nutzen und Einsatzmöglichkeiten der Balanced Score-card im Unternehmen, in: Balanced Scoreceard im Human Resources Ma-nagement. Strategie, Einsatzmöglichkeiten, Praxisbeispiele, hrsg. v. Gröt-zinger, M. / Uepping, H., Neuwied, Kriftel 2001, S. 21-42.

Grötzinger, M. / **Uepping**, H. (2001) (Hrsg.): Balanced Scorecard im Human Resources Management. Strategie, Einsatzmöglichkeiten, Praxisbeispiele, Neuwied, Kriftel 2001.

Grossman, R. J. (2000): Measuring Up. HR Prove ist Worth, in: HR Magazine, January 2000, pp. 29-35.

Groth, U. / **Kammel**, A. (1993): Personal-Controlling. Von der Konzptionali-sierung zur Implementierung, in: Zeitschrift für Personalforschung, 7. Jg., 1993, Heft 4, S. 468-488.

Guatri, L. (1994): Theorie der Unternehmungswertsteigerung. Ein europäischer Ansatz (La teoria di creazione del valore), deutsch von Spalt, A., Wiesba-den 1994.

Gubman, E. L. (1995): People are More Valuable than Ever, in: Compensation & Benefits Review, Vol. 27, Jan./Feb. 1995, Iss. 1, pp. 7-14.

Günther, T. (1997): Unternehmenswertorientiertes Controlling, München 1997.

Günther, T. (1999): State-of-the-Art des Wertsteigerungsmanagements, in: Controlling, August / September 1999, Heft 8 / 9, S. 361-370.

Guldin, A. (1997): Kundenorientierte Unternehmenssteuerung durch die Balan-ced Scorecard, in: Das neue Steuerungssystem des Controlling, hrsg. v. Horváth, P., Stuttgart 1997, S. 289-302.

Gutenberg, E. (1979): Grundlagen der Betriebswirtschaftslehre. Erster Band. Die Produktion, 23., unveränderte Aufl., Berlin, Heidelberg, New York 1979.

Gutschelhofer, A. (1996): Die Ausrichtung der Funktionalstrategie-Personal an der Koevolution von Wertkette und Kernfähigkeiten, in: Zeitschrift für Per-sonalforschung, 1996, Heft 4, S. 372-384.

Hackstein, R. / **Nüßgens**, K.-H. / **Uphus**, P. H. (1971): Personalwesen in systemorientierter Sicht, in: Fortschrittliche Betriebsführung, 20. Jg., 1971, S. 27-41.

Hagan, C. M. (1996): The Core Competence Organization: Implications for Human Resource Practices, in: Human Resource Management Review, Vol. 6, 1996, No. 2, pp. 147-164.

Hagemann, H. (1998): Vorwort zur ersten deutschen Auflage, in: Copeland, T. / Koller, T. / Murrin, J., Unternehmenswert. Methoden und Strategien für eine wertorientierte Unternehmensführung (Valuation: Measuring and Managing the Value of Companies), deutsch von Schmidt, T. / Mader, F., 2., aktualisierte u. erweiterte Aufl., Frankfurt, New York 1998, S. 11-21.

Hahn, D. (1998): Konzepte strategischer Führung. Entwicklungstendenzen in Theorie und Praxis unter besonderer Berücksichtigung der Globalisierung, in: Zeitschrift für Betriebswirtschaft, 68. Jg., 1998, Heft 6, S. 563-579.

Hahn, D. (1999): Stand und Entwicklungstendenzen der strategischen Planung, in: Strategische Unternehmensplanung - strategische Unternehmensführung: Stand und Entwicklungstendenzen, hrsg. v. Hahn, D. / Taylor, B., 8., aktualis. Aufl., Heidelberg 1999, S. 1-27.

Hahn, D. (1999a): Strategische Unternehmensführung - Grundkonzept, in: Strategische Unternehmensplanung - strategische Unternehmensführung: Stand und Entwicklungstendenzen, hrsg. v. Hahn, D. / Taylor, B., 8., aktualis. Aufl., Heidelberg 1999, S. 28-50.

Hailey, V. H. (1999): Managing Culture, in: Strategic Human Resource Management. Corporate Rhetoric and Human Reality, ed. by Gratton, L. / Hailey, V. H. / Stiles, P. / Truss, C., Oxford, New York 1999, pp. 101-116.

Hale, J. / **Bailey**, G. (1998): Seven Dimensions of Successful Reward Plans, in: Compensation & Benefits Review, Jul./Aug. 1998, pp. 71-77.

Hall, B. J. (1999): A Better Way to Pay CEOs?, in: Executive Compensation and Shareholder Value. Theory and Evidence, ed. by Carpenter, J. / Yermack, D., Dordrecht, Boston, London 1999, pp. 35-46.

Hallowell, R. (1996): Southwest Airlines: A Case Study Linking Employee Needs Satisfaction and Organizational Capabilities to Competitive Advantage, in: Human Resource Management, Vol. 35, Winter 1996, No. 4, pp. 513-534.

Hamel, W. (1992): Zielsysteme, in: Handwörterbuch der Organisation, hrsg. v. Frese, E., 3., völlig neu gestaltete Aufl., Stuttgart 1992, Sp. 2634-2652.

Hamel, G. (1998): The Concept of Core Competence, in: Competence-Based Competition, Hamel, G. / Heene, A., Chichester et al. 1998, pp. 11-33.

Hamel, G. / **Prahalad**, C. K. (1994): Competing for the Future, Boston (MA) 1994.

Hansen, G. S. / **Wernerfelt**, B. (1989): Determinants of Firm Performance: The Relative Importance of Economic and Organizational Factors, in: Strategic Management Journal, Vol. 10, 1989, No. 5, pp. 399-411.

Hardes, H.-D. / **Wickert**, H. (2000): Erfolgsabhängige Beteiligungsentgelte in vergleichender europäischer Perspektive: Empirische Befunde und Erklärungsansätze, in: Zeitschrift für Personalforschung, 2000, Heft 1, S. 52-77.

Harris, B. R. / **Huselid**, M. A. / **Becker**, B. E. (1999): Strategic Human Resource Management at Praxair, in: Human Resource Management, Vol. 38, Winter 1999, No. 4, pp. 315-320.

Hartmann-Wendels, T. (1992): Agency Theorie, in: Handwörterbuch der Organisation, hrsg. v. Frese, E., 3., völlig neu gestaltete Aufl., Stuttgart 1992, Sp. 72-79.

Hauser, M. (1995): Strategische Neuorientierung der Personalentwicklung für global tätige Großbanken, Bern, Stuttgart 1995.

Hax, H. (1991): Theorie der Unternehmung - Information, Anreize und Vertragsgestaltung, in: Betriebswirtschaftslehre und ökonomische Theorie, hrsg. v. Ordelheide, D. / Rudolph, B. / Büsselmann, E., Stuttgart 1991, S. 51-71.

Hax, H. (1993): Unternehmensethik - Ordnungselement der Marktwirtschaft?, in: Zeitschrift für betriebswirtschaftliche Forschung, 45. Jg., 1993, Heft 9, S. 769-779.

Hax, H. (1995): Unternehmensethik. Fragwürdiges Ordnungselement in der Marktwirtschaft, in: Zeitschrift für betriebswirtschaftliche Forschung, 47. Jg., 1995, Heft 2, S. 180-181.

Hax, A. C. / **Majluf**, N. S. (1991): Strategisches Management. Ein integratives Konzept aus dem MIT, Frankfurt a.M., New York 1991.

Hegner, F. (1999): Grob- und Feinsteuerung der Humanressourcen durch ein zielorientiertes Entgeltsystem, in: Personal, 1999, Heft 8, S. 403-409.

Heinen, E. (1987): Unternehmenskultur als Gegenstand der Betriebswirtschaftslehre, in: Unternehmenskultur. Perspektiven für Wissenschaft und Praxis, hrsg. v. Heinen, E., München 1987, S. 1-48.

Heinzel, W. (1996): Optimale Verträge bei Investitionen in Humankapital, Frankfurt a.M. 1996 (zugl. Tübingen, Univ., Diss., 1995).

Hekimian, J. / **Jones**, C. (1967): Put People on Your Balance Sheet, in: Harvard Business Review, January-February 1967, pp. 105-133.

Hellwig, K. (1997): Was leistet die Kapitalwertmethode?, in: Die Betriebswirtschaft, 59. Jg., 1997, Heft 1, S. 31-37.

Hendricks, K. / **Singhal**, V. (1994): Quality Awards and the Market Value of the Firm: An Empirical Investigation, Mimeo, Georgia Institute of Technology, Oct. 1994.

Hendry, C. (1998): Human Resource Management. A Strategic Approach to Employment, Oxford et al. 1998 (Reprinted 1998).

Henselek, H. (2000): Konfigurationseigenschaft als strategische Ressource - Konfigurationsmanagement als Metakompetenz, in: Die Ressourcen- und Kompetenzperspektive des Strategischen Managements, hrsg. v. Hammann, P. / Freiling, J., Wiesbaden 2000, S. 465-489.

Hentze, J. / **Brose**, P. / **Kammel**, A. (1993): Unternehmensplanung, 2. Aufl., Bern 1993.

Hentze, J. / **Kammel**, A. / **Lindert**, K. (1997): Personalführungslehre, 3., vollst. überarb. Aufl., 1997.

Herdina, M. (1998): Aktienoptionspläne für Führungskräfte. Ergebnisse einer Umfrage des DAI, in: Aktienkultur + BHV-News, 1998, Heft 3, S. 12.

Hermanson, R. (1964): Accounting for Human Assets, Occasional Paper No. 14, East Lancing, Bureau of Business and Economic Research, Michigan State University 1964.

Herter, R. N. (1994): Unternehmenswertorientiertes Management - Strategische Erfolgsbeurteilung von dezentralen Organisationseinheiten auf der Basis der Wertsteigerungsanalyse, München 1994 (zugl. Stuttgart, Univ., Diss., 1994).

Herzhoff, S. (1991): Innovations-Management: Gestaltung von Prozessen und Systemen zur Entwicklung und Verbesserung der Innovationsfähigkeit von Unternehmungen, Bergisch-Gladbach, Köln 1991.

Heskett, J. L. / **Jones**, T. O. / **Loveman**, G. W. / **Sasser**, W. E. Jr. / **Schlesinger**, L. A. (1994): Putting the Service-Profit-Chain to Work, in: Harvard Business Review, Vol. 72, 1994, No. 2, pp. 164-174.

Hinterhuber, H. (1992a): Strategische Unternehmensführung. Bd.I. Strategisches Denken, 5., neubearb. u. erw. Aufl., Berlin, New York 1992.

Hinterhuber, H. (1992b): Strategische Unternehmensführung. Bd.II. Strategisches Handeln, 5., neubearb. Aufl., Berlin, New York 1992.

Hinterhuber, H. H. / **Winter**, L. G. (1991): Unternehmenskultur und Corporate Identity, in: Organisationskultur. Phänomen - Philosophie - Technologie, hrsg. v. Dülfer, E., 2., erw. Aufl., Stuttgart 1991, S. 189-200.

Hölscher, R. (1997): Marktorientiertes Investitionscontrolling, in: Wirtschaftswissenschaftliches Studium, Februar 1997, Heft 2, S. 54-61.

Hörter, F. (1999): Das Shareholder Value-Konzept bei Banken und Versicherungen, in: Shareholder Value und die Kriterien des Unternehmenserfolgs, hrsg. v. Koslowski, P., Heidelberg 1999, S. 160-172.

Hofer, C. W. / **Schendel**, D. (1978): Strategy Formulation. Analytical Concepts, St. Paul, et al. 1978.

Hoffmann, F. (1989): Erfassung, Bewertung und Gestaltung von Unternehmenskulturen. Von der Kulturtheorie zu einem anwendungsorientierten Ansatz, in: Zeitschrift Führung und Organisation, 1989, Heft 3, S. 168-173.

Holbeche, L. (1999): Aligning Human Resources and Business Strategy, Oxford et al. 1999.

Homp, C. (2000): Aufbau von Kernkompetenzen: Ablauf und Vorgehen, in: Die Ressourcen- und Kompetenzperspektive des Strategischen Managements, hrsg. v. Hammann, P. / Freiling, J., Wiesbaden 2000, S. 167-190.

Hopfenbeck, W. (1993): Allgemeine Betriebswirtschafts- und Managementlehre, 7. Aufl., Landsberg a.L. 1993.

Hornsby, J. S. / **Naffziger**, D. W. / **Kuratko**, D. F. / **Montagno**, R. V. (1993): An Interactive Model of the Corporate Entrepreneurship Process, in: Entrepreneurship Theory and Practice, Vol. 17, 1993, No. 2, pp. 29-38.

Hoskisson, R. E. / **Hitt**, M. A. / **Wan**, W. P. / **Yiu**, D. (1999): Theory and Research in Strategic Management: Swings of a Pendulum, in: Journal of Management, Vol. 25, 1999, No. 3, pp. 417-456.

Hummel, T. R. / **Wagner**, D. (Hrsg.) (1996): Differentielles Personalmarketing, Stuttgart 1996.

Huber, M. (1998): Bewertung von Dienstleistungsunternehmen. Das Human Capital als wertbestimmender Faktor in Theorie und Praxis, Bern, Stuttgart, Wien 1998 (zugl. Zürich, Univ., Diss., 1998).

Huber, S. (1998): Strategisches Personalcontrolling als Unterstützungsfunktion des strategischen Personalmanagements, München, Mering 1998 (zugl. Potsdam, Univ., Diss., 1998).

Huselid, M. A. (1995): The Impact of Human Resource Management Practices on Turnover, Productivity, and Corporate Financial Performance, in: Academy of Management Journal, Vol. 38, 1995, No. 3, 635-672.

Huselid, M.A. / **Becker**, B. E. (1995): The Strategic Impact of High Performance Work Systems, Working Paper, School of Management and Labor Relations, Rutgers University, 1995, [http://www.rci.rutgers.edu] (printed 15.10.1999), pp. 1-27.

Huselid, M. A. / **Becker**, B. E. (1996): Methodological Issues in Cross-Sectional and Panel Estimates of the HR-Firm Performance Link, in: Industrial Relations, Vol. 35, 1996, pp. 400-422.

Huselid, M. A. / **Becker**, B. E. (1997): The Impact of High Performance Work Systems, Implementation Effectiveness, and Alignment with Strategy on Shareholder Wealth, Study, submitted to the 1997 Academy of Management Annual Meetings, Human Resource Management Division, Jan. 1997, [http://www.rci.rutgers.edu] (printed 15.10.1999), pp. 1-23.

Huselid, M. A. / **Becker**, B. E. (2000): Comment on „Measurement Error in Research on Human Resources and Firm Performance: How Much Error Is There and How Does It Influence Effect Size Estimates?" by Gerhart, Wright, McMahan, and Snell, in: Personnel Psychology, Vol. 53, 2000, pp. 835-854.

Huselid, M. A. / **Jackson**, S. E. / **Schuler**, R. S. (1997): Technical and Strategic Human Resource Management Effectiveness as Determinants of Firm Performance, in: Academy of Management Journal, Vol. 40, 1997, No. 1, pp. 171-188.

Huselid, M. A. / **Rau**, B. L. (1996): The Determinants of High Performance Work Systems: Cross-Sectional and Longitudinal Analyses, Paper, submitted to the 1997 Academy of Management Annual Meetings, Human Resource Management Division, Jan. 1996, [http://www.rci.rutgers.edu] (printed 15.10.1999), pp. 1-29.

Hussey, D. E. (1996): Business Driven Human Resource Management, Chichester et al. 1996.

Ichniowski, C. (1990): Human Resource Management Systems and the Performance of U.S. Manufacturing Businesses, NBER (National Bureau of Economic Research) Working Paper No. 3449, Cambridge (MA), Sept. 1990.

Ichniowski, C. / **Shaw**, K. (1999): The Effects of Human Resource Management Systems on Economic Performance: An International Comparison of U.S. and Japanes Plants, in: Management Science, Vol. 45, May 1999, No. 5, pp. 704-721.

Ichniowski, C. / **Shaw**, K. **Prennushi**, G. (1997): The Effects of Human Resource Management Practices on Productivity, in: American Economic Review, Vol. 87, 1997, pp. 291-313.

Ichniowski, C. / **Kochan**, T. / **Levine**, D. / **Olson**, C. / **Strauss**, G. (1996): What Works at Work: Overview and Assessment, in: Industrial Relations, Vol. 35, 1996, No. 3, pp. 299-333.

Institut der deutschen Wirtschaft Köln (Hrsg.) (2001): Lohnstückkosten. Die Richtung stimmt, in: iwd, Informationsdienst des Instituts der deutschen Wirtschaft Köln, 27. Jg., 30.08.2001, Nr. 35, S. 2.

Itami, H. / **Roehl**, T. W. (1987): Mobilizing Invisible Assets, Cambrigde (Mass.) 1987.

Jackson, S. E. / **Schuler**, R. S. (1995): Understanding Human Resource Management in the Context of Organizations and their Environments, in: Annual Review of Psychology, Vol. 46, 1995, pp. 237-264.

Jacobs, S. / **Thiess**, M. / **Söhnholz**, D. (1987): Human-Ressourcen-Portfolio - Instrument der strategischen Personalplanung, in: Die Unternehmung, 41. Jg., 1987, Heft 3, S. 205-218.

Jaggi, B. / **Lau**, H.-S. (1974): Towards a Model of Human Resource Valuation, in: The Accounting Review, 1974, pp. 321-329.

Javidan, M. (1997): Core Competence: What Does it Mean in Practice?, in: Long Range Planning, Vol. 31, 1997, No. 1, pp. 60-71.

Jennings, P. D. (1994): Viewing Macro HRM from Without: Political and Institutional Perspectives, in: Research in Personnel and Human Resources Management, Vol. 12, 1994, pp. 1-40.

Jensen, M. C. / **Meckling**, W. H. (1976): Theory of the Firm: Managerial Behavior, Agency Costs and Ownership Structure, in: Journal of Financial Economics, Vol. 3, 1976, pp. 305-360.

Jensen, M. C. (1991): Corporate Control and the Politics of Finance, in: Journal of Applied Corporate Finance, Sept.-Oct. 1991, pp. 13-33.

Johnson, S. / **McMillan**, J. / **Woodruff**, C. (1999): Property Rights, Finance, and Entrerpreneurship, ifo Institute, Center for Economic Studies, Working Paper No. 212, München 1999.

Jonas, M. (1995): Unternehmensbewertung: Zur Anwendung der Discounted-Cash-flow-Methode in Deutschland, in: Betriebswirtschaftliche Forschung und Praxis, 1995, Heft 1, S. 83-98.

Jones G. R. / **Hill**, C. W. L. (1988): Transaction Cost Analysis of Strategy-Structure Choice, in: Strategic Management Journal, Vol. 9, 1988, No. 2, pp. 159-172.

474

Jones, G. R. / **Wright**, P. M. (1992): An Economic Approach to Conceptualizing the Utility of Human Resource Management Practices, in: Research in Personnel and Human Resource Management Practices, Vol. 10, 1992, pp. 271-291.

Jorzik, H. (1993): Interessenkoordination durch Mitbestimmung?, Fuchsstadt 1993.

Jost, P.-J. (2001): Die Prinzipal-Agenten-Theorie im Unternehmenskontext, in: Die Prinzipal-Agenten-Theorie in der Betriebswirtschaftslehre, hrsg. v. Jost, P.-J., Stuttgart 2001, S. 11-43.

Jungbluth, V. (1998): Denktechniken. Der Weg zum genialen Einfall, in: c't Magazin für Computertechnik, 1998, Heft 20, S. 136-138.

Kahle, E. (1998): Systemische Strukturkräfte und ihre Bedeutung für die Herausbildung personalpolitischer Entscheidungen, in: Personalpolitik. Wissenschaftliche Erklärung und Personalpraxis, hrsg. v. Martin, M. / Nienhüser, M., München, Mering 1998, S. 353-371.

Kalleberg, A. L. / **Moody**, J. W. (1994): Human Resource Management and Organizational Performance, in: American Behavioral Scientist, Vol. 37, June 1994, No. 7, pp. 948-962.

Kamoche, K. (1994): A Critique and a Proposed Reformulation of Strategic Human Resource Management, in: Human Resource Management Journal, Vol. 4, Summer 1994, No. 4, pp. 29-43.

Kamoche, K. (1996): Strategic Human Resource Management within a Resource-Capability View of the Firm, in: Journal of Management Studies, Vol. 33, March 1996, Iss. 2, pp. 213-233.

Kanter, R. (1990): Globalism/Localism: A New Human Resource Agenda, in: Harvard Business Review, Vol. 69, March/April 1990, pp. 9-10.

Kaplan, R. S. / **Norton**, D. P. (1992): The Balanced Scorecard - Measures that Drive Performance, in: Harvard Business Review, January / February 1992, pp. 71-79.

Kaplan, R. S. / **Norton**, D. P. (1996a): The Balanced Scorecard. Translating Strategy into Action, Boston 1996.

Kaplan, R. S. / **Norton**, D. P. (1996b): Using the Balanced Scorecard as a Strategic Management System, in: Harvard Business Review, Vol. 74, 1996, No. 1, pp. 75-85.

Kaplan, R. S. / **Norton**, D. P. (1997a): Balanced Scorecard. Strategien erfolgreich umsetzen, deutsch von Horváth, P., Stuttgart 1997.

Kaplan, R. S. / **Norton**, D. P. (1997b): Strategieumsetzung mit Hilfe der Balanced Scorecard, in: Die Kunst des Controlling, hrsg. v. Gleich, R. / Seidenschwarz, W., München 1997, S. 313-342.

Kaplan, R. S. / **Norton**, D. P. (2001): Die strategiefokussierte Organisation. Führen mit der Balanced Scorecard, deutsch von Horváth, P., Stuttgart 2001.

Kaplan, S. N. (1999): Top Executive Incentives in Germany, Japan and the USA: a Comparison, in: Executive Compensation and Shareholder Value: Theory and Evidence, ed. by Carpenter, J. / Yermack, D., Dordrecht, Boston, London 1999, pp. 3-12.

Katterle, S. (1991): Methodologischer Individualismus and Beyond, in: Das Menschenbild der ökonomischen Theorie. Zur Natur des Menschen, hrsg. v. Biervert, B. / Held, M., Frankfurt a.M., New York 1991, S. 132-152.

Karmann, A. (1992): Principal-Agent-Modelle und Risikoallokation. Einige Grundprinzipien, in: Wirtschaftswissenschaftliches Studium, November 1992, Heft 11, S. 557-562.

Kasper, H. (1987): Organisationskultur. Grundzüge der Kulturperspektive von Organisationen, in: Das Wirtschaftsstudium, 1987, Heft 8 / 9, S. 441-447.

Kasper, H. / **Holzmüller**, H. H. (1990): Organisationskulturelle Muster als Determinanten des Exporterfolges, in: Die Unternehmenskultur. Ihre Grundlagen und ihre Bedeutung für die Führung der Unternehmung, hrsg. v. Lattmann, C., Heidelberg 1990, S. 206-240.

Kay, I. T. (1998): CEO Pay and Shareholder Value, in: Compensation & Benefits Management, Summer 1998, pp. 51-57.

Kay, I. T. (1999): Growing Shareholder Value: Why Executive Stock Ownership Works, in: Compensation and Benefits Review, Jan./Febr. 1999, pp. 32-37.

Kiener, S. (1990): Die Principal-Agent-Theorie aus informationsökonomischer Sicht, Heidelberg 1990 (zugl. Regensburg, Univ., Diss., 1989).

Kieser, A. (1991): Von der Morgenansprache zum „Gemeinsamen HP-Frühstück". Zur Funktion von Werten, Mythen, Ritualen und Symbolen. „Organisationskulturen" in der Zunft und im modernen Unternehmen, in: Organisationskultur. Phänomen - Philosophie - Technologie, hrsg. v. Dülfer, E., 2., erw. Aufl., Stuttgart 1991, S. 253-272.

Kieser, A. (1992): Organisationstheoretische Grundlagen der Personalarbeit, in: Handwörterbuch des Personalwesens, hrsg. v. Gaugler, E. / Weber, W., 2., neubearb. u. ergänzte Aufl., Stuttgart 1992, Sp. 1507-1524.

Kieser, A. / **Kubicek**, H. (1992): Organisation, 3. Aufl., Berlin 1992.

Kirn, S. P. / **Rucci**, A. J. / **Huselid**, M. A. / **Becker**, B. E. (1999): Strategic Human Resource Management at Sears, in: Human Resource Management, Vol. 38, Winter 1999, No. 4, pp. 329-335.

Klein, D. A. (Ed.) (1998): The Strategic Management of Intellectual Capital, Boston et al. 1998.

Klein, H.-G. (1998): Einleitung, in: Wertorientiertes Personalmanagement. Human Resource-Beratung, hrsg. v. PwC Deutsche Revision, Frankfurt a.m. 1998, S. 5-6.

Klein, W. (1999): Vorwort des Übersetzers, in: Shareholder Value. Ein Handbuch für Manager und Investoren (Creating Shareholder Value: A Guide for Managers and Investors), Rappaport, A., 2., vollst. überarb. u. aktualisierte Aufl., deutsch von Klien, W., Stuttgart 1999, S. XVIII-XX.

Kleine, A. (1995): Entscheidungstheoretische Aspekte der Principal-Agent-Theorie, Heidelberg 1995.

Kleinmann, M. / **Strauß**, B. (2000) (Hrsg.): Potentialfeststellung und Personalentwicklung, 2., überarb. u. erw. Aufl., Göttingen et al. 2000.

Klimecki, R. G. / **Gmür** M. (2001): Personalmanagement. Strategien, Erfolgsbeiträge, Entwicklungsperspektiven, 2., neubearb. u. erw. Aufl., Stuttgart 2001.

Klimecki, R. G. / **Probst**, G. J. B. (1990): Entstehung und Entwicklung der Unternehmungskultur, in: Die Unternehmenskultur. Ihre Grundlagen und ihre Bedeutung für die Führung der Unternehmung, hrsg. v. Lattmann, C., Heidelberg 1990, S. 41-66.

Kling, J. (1995): High Performance Work Systems and Firm Performance, in: Monthly Labor Review, May 1995, pp. 29-36.

Klingebiel, N. (1998): Performance Management - Performance Measurement, in: Zeitschrift für Planung, 1998, Heft 1, S. 1-15.

Knight, D. J. (1999): Performance Measures for Increasing Intellectual Capital, in: Strategic Leadership, March/April 1999, pp. 23-25.

Knyphausen, D. zu (1992): Wertorientiertes Strategisches Management, in: Zeitschrift für Planung, 1992, Heft 4, S. 331-352.

Knyphausen, D. zu (1993): Why are Firms Different? Der "Ressourcenorientierte Ansatz" im Mittelpunkt einer aktuellen Kontroverse im Strategischen Management, in: Die Betriebswirtschaft, Jg. 53, 1993, Heft 6, S. 771-792

Knyphausen-Aufsess, D. zu (1995): Theorie der strategischen Unternehmensführung. State of the Art und neue Perspektiven, Wiesbaden 1995 (zugl. München, Univ., Habil., 1994).

Kobi, J.-M. / **Wüthrich**, H. A. (1988): Kulturbewußtes Management. Von der Idee her so einfach - in der Realisierung so schwer, in: io Management Zeitschrift, 57. Jg. 1988, Heft 2, S. 74-76.

Koch, J. (1991): Die Grundrechnung der Potentiale im entscheidungsorientierten Rechnungswesen, Frankfurt a.m. 1991 (zugl. Frankfurt a.m., Univ., Diss., 1991).

Koch, M. J. / **McGrath**, R. G. (1996): Improving Labor Productivity: Human Resource Management Policies Do Matter, in: Strategic Management Journal, Vol. 17, 1996, pp. 335-354.

Körner, M. (1993): Corporate Identity und Unternehmenskultur. Ganzheitliche Strategie der Unternehmensführung, 2., erw. Aufl., Stuttgart 1993.

Kolbinger, J. (1961): Das betriebliche Personalwesen. Band I - Grundlagen, Stuttgart 1961.

Kolbinger, J. (1962): Das betriebliche Personalwesen. Band II - Hauptgestaltungsbereiche, Stuttgart 1962.

Kolbinger, J. (1966): Soziale Betriebsführung: Betriebswirtschaftslehre als Sozialwissenschaft, Berlin 1966.

Kompa, A. (1989): Personalbeschaffung und Personalauswahl, 2., durchges. Aufl., Stuttgart 1989.

Korintenberg, W. (1997): Strategisches Personalmanagement für die öffentliche Verwaltung. Erfolgs- und Mißerfolgsfaktoren im Reformprozeß, Wiesbaden 1997 (zugl. Speyer, Hochsch. f. Verwaltungswiss., Diss., 1997).

Koslowski, P. (1999): Shareholder Value und der Zweck des Unternehmens, in: Shareholder Value und die Kriterien des Unternehmenserfolgs, hrsg. v. Koslowski, P., Heidelberg 1999, S. 1-32.

Kossbiel, H. (1994): Überlegungen zur Effizienz betrieblicher Anreizsysteme, in: Die Betriebswirtschaft, 54. Jg., 1994, Heft 1, S. 75-93.

Kosub, B. (2000): Fortbildungscontrolling als ein Instrument der Wertsteigerung, in: Personalführung, 2000, Heft 11, S. 24-30.

Kräkel, M. / **Schauenberg**, B. (1998): Personalpolitik und Spieltheorie, in: Personalpolitik. Wissenschaftliche Erklärung und Personalpraxis, hrsg. v. Martin, M. / Nienhüser, M., München, Mering 1998, S. 80-107.

Krag, J. / **Kasperzak**, R. (2000): Grundzüge der Unternehmensbewertung, München 2000.

Kramar, R. (1992): Strategic Human Resource Management: Are the Promises Fulfilled? in: Asia Pacific Journal of Human Resources, Vol. 30, Autumn 1992, No. 1, pp. 1-15.

Krapp, M. (2000): Kooperation und Konkurrenz in Prinzipal-Agent-Beziehungen, Wiesbaden 2000 (zugl. Augsburg, Univ., Diss., 2000).

Kreikebaum, H. (1995): Strategische Führung, in: Handwörterbuch der Führung, hrsg. v. Kieser, A. / Reber, G. / Wunderer, R., 2., neu gestaltetet u. ergänzte Aufl., Stuttgart 1995, Sp. 2006-2014.

Kreikebaum, H. (1997): Strategische Unternehmensplanung, 6., überarb. u. erw. Aufl., Stuttgart, Berlin, Köln 1997.

Krell, G. (1993): Vergemeinschaftung durch symbolische Führung, in: Profitable Ethik – effiziente Kultur. Neue Sinnstiftungen durch das Management?, hrsg. v. Müller-Jentsch, W., München 1993, S. 39-56.

Krell, G. (1996): Orientierungsversuche einer Lehre vom Personal, in: Grundlagen der Personalwirtschaft, hrsg. v. Weber, W., Wiesbaden 1996, S. 19-37.

Krieg, H.-J. / **Ehrlich**, H. (1998): Personal. Lehrbuch mit Beispielen und Kontrollfragen, Stuttgart 1998.

Kropp, W. (1997): Systemische Personalwirtschaft: Wege zu vernetzt-kooperativen Problemlösungen, München, Wien, Oldenbourg 1997.

Krulis-Randa, J. S. (1987): Personalmanagement und Strategische Unternehmensführung, in: Personal-Management und Strategische Unternehmensführung, hrsg. v. Lattmann, C., Heidelberg 1987, S. 3-12.

Kruschwitz, L. (1999): Finanzierung und Investition, 2., überarb. Aufl., München, Wien 1999.

Kruse, K.-O. (1994): Zur Flexibilisierung von strategischen Anreizsystemen, in: Zeitschrift Führung und Organisation, 1996, Heft 2, S. 86-89.

Kühnberger, M. / **Keßler**, J. (1999): Stock Option Incentives - Betriebswirtschaftliche und rechtliche Probleme eines anreizkompatiblen Vergütungssystems, in: AG, 1999, Heft 10, S. 453-464.

Kumar, B. (1993): Globalisierung und internationale Personalpolitik, in: Wirtschaftswissenschaftliches Studium, Okt. 1993, Heft 10, S. 486-490.

Kunz, R. M. (1998): Das Shareholder-Value-Konzept. Wertsteigerung durch eine aktionärsorientierte Unternehmensstrategie, in: Wertorientierte Unternehmensführung: Perspektiven und Handlungsfelder für die Wertsteigerung von Unternehmen, hrsg. v. Bruhn, M. / Lusti, M. / Müller, W. R. / Schierenbeck, H. / Studer, T., Wiesbaden 1998, S. 391-412.

Labhart, P. A. (1999): Value Reporting. Informationsbedürfnisse des Kapitalmarktes und Wertsteigerung durch Reporting, Zürich 1999 (zugl. Zürich, Univ., Diss., 1999).

Lado, A. A. / **Wilson**, M. C. (1994): Human Resource Systems and Sustained Competitive Advantage: A Competency-based Perspective, in: Academy of Management Review, Vol. 19, 1994, No. 4, pp. 699-727.

Lambert, R. A. / **Larcker**, D. F. / **Weigelt**, K. (1993): The Structure of Organizational Incentives, in: Administrative Science Quarterly, Vol. 38, 1993, pp. 438-461.

Lang, H. (1976): Human Resource Accounting - Vorteile bei der Einstellungspolitik, in: Der Betrieb, 22.10.1976, Nr. 42, S. 1982-1983.

Lang, H. (1977): Human Resource Accounting, in: Wirtschaftswissenschaftliches Studium, Januar 1977, Heft 1, S. 33-35.

Langen, A. (1990): Leitbild und Unternehmenskultur. Die Rolle des Topmanagements, in: Herausforderung Unternehmenskultur, hrsg. v. Simon, H., Stuttgart 1990, S. 41-46.

Lattmann, C. (1987): Die Stellung der Pesonalfunktion in der Strategischen Führung der Unternehmung, in: Personal-Management und Strategische Unternehmensführung, hrsg. v. Lattmann, C., Heidelberg 1987, S. 25-34.

Lattmann, C. (1998): Wissenschaftstheoretische Grundlagen der Personallehre, Bern, Stuttgart, Wien 1998.

Lau, A. / **Lau**, H.-S. (1978): Some Proposed Approaches to Writing Off Capitalized Human Resource Assets, in: Journal of Accounting Research, Vol. 16, 1978, No. 1, pp. 80-102.

Lau, R. S. M. / **Bruce**, E. M. (1998): A Win-Win Paradigm for Quality of Work Life and Business Performance, in: Human Resource Development Quarterly, Vol. 9, 1998, No. 3, pp. 211-226.

Laux, H. (1988): Grundprobleme der Ermittlung optimaler erfolgsabhängiger Anreizsysteme, in: Zeitschrift für Betriebswirtschaft, 58. Jg., 1988, Heft 1, S. 24-36.

Lawler, E. E. (1982): Entwicklung und Anwendung von Bewertungsmaßstäben für das Humankapital in Organisationen, in: Humanvermögensrechnung. Instrumentarium zur Ergänzung der unternehmerischen Rechnungslegung - Konzepte und Erfahrungen, hrsg. v. Schmidt, H., Berlin, New York 1982, S. 191-222.

Lazear, E. P. (1998): Personnel Economics for Managers, New York 1998.

Laux, H. / **Schenk-Mathes**, H. Y. (1992): Erfolgsorientierte Belohnungssysteme mit und ohne Verlustbeteiligung, in: Zeitschrift für betriebswirtschaftliche Forschung, 44. Jg., 1992, Heft 5, S. 395-424.

Laux, H. / **Liermann**, F. (1997): Grundlagen der Organisation. Die Steuerung von Entscheidungen als Grundproblem der Betriebswirtschaftslehre, 4., vollst. überarb. Aufl., Belin et al. 1997.

LeBlanc, P. V. (1999): Improving Returns on Human Capital through People Strategies, in: ACA News, May 1999, pp. 14-17.

LeBlanc, P. V. / **Mulvey**, P. W. / **Rich**, J. T. (2000): Improving the Return on Human Capital: New Metrics, in: Compensation & Benefits Review, January / February 2000, pp. 13-20.

Lechner, K. / **Egger**, A. / **Schauer**, R. (1997): Einführung in die Allgemeine Betriebswirtschaftslehre, 17., überarb. Aufl., Wien 1997.

Legge, K. (1989): Human Resource Management: A Critical Analysis, in: New Perspectives on Human Resource Management, ed. by Storey, J., London 1989.

Lengnick-Hall, C. A. / **Lengnick-Hall**, M. L. (1988): Strategic Human Resources Management: A Review of the Literature and a Proposed Typology, in: Academy of Management Review, Vol. 13, 1988, No. 3, pp. 454-470.

Lengnick-Hall, C. A. / **Lengnick-Hall**, M. L. (1990): Interactive Human Resource Management and Strategic Planning, New York, Westport (Conn.), London 1990.

Lev, B. / **Schwartz**, A. (1971): On the Use of the Economic Concept of Human Capital in Financial Statements, in: The Accounting Review, Vol. 46, 1971, No. 1.

Lewin, D. / **Mitchell**, D. J. B. (1995): Human Resource Management. An Economic Approach, 2nd Ed., Cincinnati/Ohio 1995.

Lewis, T. / **Grisebach**, R. / **Nelle**, A. (1995): Kapitalbeteiligung und Vergütungsregelung zur Förderung von Unternehmertum in Großunternehmen, in: Zeitschrift Führung und Organisation, 1995, Heft 2, S. 105-110.

Lezius, M. (2000): Arbeitnehmer-Shareholder-Value für mehr Partnerschaft, in: Der Betriebswirt, 2000, Heft 1, S. 10-13.

Lichtenberger, B. / **Domsch**, M. E. / **Scholtz**, G. J / **Sticksel**, P. (Hrsg.) (1998): Managing in a Global World. Case Studies in Intercultured Human Resource Management, Wiesbaden 1998.

Lichtsteiner, R. A. (1997): Maßgrößen zur strategischen Führung im Personalmanagement, in: Personal als Strategie. Mit flexiblen und lernbereiten Humanressourcen Kernkompetenzen aufbauen, hrsg. v. Klimecki, R. / Remer, A., Neuwied et al. 1997, S. 319-337.

Lichtsteiner, R. / **Arx**, S. von (1995): Varianten von Wertschöpfungs-Centern für das Personal-Management bei ABB Schweiz, in: Innovatives Personalmanagement: Theorie und Praxis unternehmerischer Personalarbeit, hrsg. v. Wunderer, R. / Kuhn, T., Neuwied, Kriftel, Berlin 1995, S. 442-471.

Liebel, H. J. / **Oechsler** W. A. (1994): Handbuch Human Resource Management, Wiesbaden 1994.

Likert, R. (1967): The Human Organization: Its Management and Value, Maidenhead 1967.

Lillich, L. (1992): Nutzwertverfahren, Heidelberg 1992.

Lindemann, P. (1982): Der Firmenwert eines Unternehmens bei Berücksichtigung seines Humankapitals, in: Humanvermögensrechnung. Instrumentarium zur Ergänzung der unternehmerischen Rechnungslegung - Konzepte und Erfahrungen, hrsg. v. Schmidt, H., Berlin, New York 1982, S. 481-491.

Ling, B. (1989): Zusammenhänge zwischen strategischer Personalplanung und Unternehmensstrategie aus der Sicht des Personalwesens, in: Strategisches Personalmanagement, hrsg. v. Weber, W. / Weinmann, J., Stuttgart 1989, S. 49-62.

Löhnert, P. (1996): Shareholder Value: Reflexion der Adaptionsmöglichkeiten in Deutschland; eine Untersuchung unter Berücksichtigung strategischer Implikationen, München 1996 (zugl. Erlangen, Nürnberg, Univ., Diss., 1995).

Lorange, P. / **Murphy**, D. (1984): Bringing Human Resources Into Strategic Planning: Systems Design Considerations, in: Strategic Human Resource Management, ed. by Fombrun, C. J. / Tichy, N. M. / Devanna, M. A., New York, et al. 1984, pp. 275-296.

Lorson, P. (1999): Shareholder Value-Ansätze. Zweck, Konzepte und Entwicklungstendenzen, in: Der Betrieb, 52. Jg., 09.07.1999, Heft 26/27, S. 1329-1339.

Luber, T. (1999): Incentives für Manager, in: Capital, 1999, Heft 4, S. 38-45.

Lundy, O. (1994): From Personnel Management to Strategic Human Resource Management, in: International Journal of HRM, Vol. 5, Sept. 1994, pp. 687-720.

Lundy, O. / **Cowling**, A. (1997): Strategic Human Resource Management, London, Boston (MA) 1997 (Reprinted 1997).

Luthans, F. / **Marsnik**, P. A. / **Luthans** K. W. (1997): A Contingency Matrix Approach to HRM, in: Human Resource Management, Vol. 36, Summer 1997, No. 2, pp. 183-199.

Lutz, D. W. (1999): Kritik des Shareholder- und des Stakeholder-Ansatzes, in: Shareholder Value und die Kriterien des Unternehmenserfolgs, hrsg. v. Koslowski, P., Heidelberg 1999, S. 187-200.

Maasch, J. (1996): Strategische Personalplanung. Instrumente und Praxisbeispiele, Wiesbaden 1996.

Mabey, C. / **Salaman**, G. (1996): Strategic Human Resource Management, Oxford, Cambridge (Mass.), 1996 (Reprinted 1996).

Macduffie, J. P. (1995): Human Resource Bundles and Manufacturing Performance: Organizational Logic and Flexible Production Systems in the World Auto Industry, in: Industrial & Labor Relations Review, Vol. 48, January 1995, Issue 2, pp. 197-221.

Mahoney, J. T. / **Pandian**, J. R. (1992): The Resource-based View Within the Conversation of Srategic Management, in: Strategic Management Journal, Vol. 13, 1992, pp. 363-380.

Mahoney, J. T. / **Pandian**, J. R. (1997): The Resource-based View Within the Conversation of Strategic Management, in: Resources, Firms, and Strategies. A Reader in the Resource-Based Perspective, ed. by Foss, N. J., Oxford et al. 1997, pp. 204-231 (Reprint: Original published in: Strategic Management Journal, Vol. 13, 1992, pp. 363-380).

Maijoor, S. / **Witteloostuijn** A. van (1996): An Empirical Test of the Resource-based Theory: Strategic Regulation in Ducth Audit Industry, in: Strategic Management Journal, vol. 17, 1996, pp. 549-569.

Marr, R. (1982a): Humanvermögensrechnung oder Personalindikatorensysteme? - Die Ermittlung von Informationen über den Wert des Humanvermögens von Organisationen mit Hilfe der innerbetrieblichen Meinungsforschung, in: Humanvermögensrechnung. Instrumentarium zur Ergänzung der unternehmerischen Rechnungslegung - Konzepte und Erfahrungen, hrsg. v. Schmidt, H., Berlin, New York 1982, S. 549-576.

Marr, R. (1982b): Humanvermögensrechnung - Entwicklung von Konzepten für eine erweiterte Rechenschaftslegung der Unternehmen, in: Humanvermögensrechnung. Instrumentarium zur Ergänzung der unternehmerischen Rechnungslegung - Konzepte und Erfahrungen, hrsg. v. Schmidt, H., Berlin, New York 1982, S. 45-55.

Marr, R. (1986): Strategisches Personalmanagement - des Kaisers neue Kleider? Kritische Anmerkungen zum derzeitigen Diskussionsstand, in: Management Forum, Bd. 6, 1986, S. 13-23.

Marr, R. / **Schmidt**, H. (1992): Humanvermögensrechnung, in: Handwörterbuch des Personalwesens, hrsg. v. Gaugler, E. / Weber, W., 2., neubearb. u. ergänzte Aufl., Stuttgart 1992, Sp. 1031-1042.

Martell, K. / **Carroll** S. J. (1995): How Stratic *Is* HRM?, in: Human Resource Management, Vol. 34, Summer 1995, No. 2, pp. 253-267.

Martin, A. (1994): Personalforschung, 2. Aufl., München, Wien, Oldenbourg 1994.

Martin, A. / **Nienhüser**, W. (1998a): Ziele und Inhalte des Bandes, in: Personalpolitik. Wissenschaftliche Erklärung und Personalpraxis, hrsg. v. Martin, M. / Nienhüser, M., München, Mering 1998, S. 1-7.

Martin, A. / **Nienhüser**, W. (1998b): Die Erklärung der Personalpolitik von Organisationen, in: Personalpolitik. Wissenschaftliche Erklärung und Personalpraxis, hrsg. v. Martin, M. / Nienhüser, M., München, Mering 1998, S. 9-27.

Martin, A. / **Nienhüser**, W. (1998c) (Hrsg.): Personalpolitik. Wissenschaftliche Erklärung und Personalpraxis, München, Mering 1998.

Martocchio, J. J. (1998): Strategic Compensation. A Human Resource Management Approach, New Jersey et al. 1998.

Mayer, W. (1995): Personalabbau als Chance. Verfahren zur Sicherung der Leistungsfähigkeit eines Unternehmens, in: Personalführung, 1995, Heft 6, S. 506-513.

Mayo, E. (1946): The Human Problems of an Industrial Civilization, 2nd Ed., Boston 1946.

McCowan, R. A. / **Bowen**, U. / **Huselid**, M. A. / **Becker**, B. E. (1999): Strategic Human Resource Management at Herman Miller, in: Human Resource Management, Vol. 38, Winter 1999, No. 4, pp. 303-308.

McGrath, R. G. / **MacMillan**, I. C. / **Venkataraman**, S. (1995): Defining and Developing Competence: A Strategic Process Paradigm, in: Strategic Management Journal, Vol. 16, 1995, pp. 251-275.

McGregor, D. (1961): The Human Side of Enterprise, New York 1961.

McKinsey Global Institute (1992): Service Sector Productivity, Washington, D.C., October 1992.

McKinsey Global Institute (1993): Manufacturing Productivity, Washington, D.C., October 1993.

McMahan, G. C. / **Bell**, M. P. / **Virick**, M. (1998): Strategic Human Resource Management: Employee Involvement, Diversity, and International Issues, in: Human Resource Management Review, Vol. 8, Fall 1998, Iss. 3, pp. 193-214 (Business Source Premier Database, text print, 26.10.1999, pp. 1-20).

Mauthe, K. D. / **Roventa**, P. (1982): Versionen der Portfolio-Analyse auf dem Prüfstand. Ein Ansatz zur Auswahl und Beurteilung strategischer Analysemethoden, in: Zeitschrift Führung und Organisation, 51. Jg., 1982, Heft 4, S. 191-204.

Meffert, H. / **Hafner**, K. / **Poggenpohl**, M. (1990): Unternehmenskultur und Unternehmensführung. Ergebnisse einer empirischen Untersuchung, in: Herausforderung Unternehmenskultur, hrsg. v. Simon, H., Stuttgart 1990.

Meier, H. B. (1998): Controlling im Roche Konzern, in: Wertorientierte Unternehmensführung. Perspektiven und Handlungsfelder für die Wertsteigerung von Unternehmen, hrsg. v. Bruhn, M. / Lusti, M. / Müller, W. R. / Schierenbeck, H. / Studer, T., Wiesbaden 1998, S. 97-143.

Meinhövel, H. (1999): Defizite der Principal-Agent-Theorie, Lohmar, Köln 1999 (zugl. Bochum, Univ., Diss., 1998).

Mensch, G. (1999a): Grundlagen der Agency-Theorie, in: Das Wirtschaftsstudium, Heft 5, 1999, S. 686-688.

Mensch, G. (1999b): Agency-Theorie - Modelle und Aussagen, in: Das Wirtschaftsstudium, Heft 7, 1999, S. 937-940.

Meszaros, J. R. (1988): Stakeholder versus Stockholder Management: Theory, Attitudes, and Decision-Making Behaviors, Ann Arbor/Mich. 1988 (zugl. Pennsylvania, Univ., Diss. 1988).

Meuthen, D. (1997): Neue Institutionenökonomik und strategische Unternehmensführung, Aachen 1997 (zugl. Münster, Univ., Diss., 1997).

Michel, U. (1997): Strategien zur Wertsteigerung erfolgreich umsetzen - Wie die Balanced Scorecard ein wirkungsvolles Shareholder Value Management unterstützt, in: Das neue Steuerungssystem des Controlling, hrsg. v. Horváth, P., Stuttgart 1997, S. 273-287.

Milbourn, T. T. (1999): The Winner-Takes-All: An Alternative View of CEO Incentives, in: Executive Compensation and Shareholder Value: Theory and Evidence, ed. by Carpenter, J. / Yermack, D., Dordrecht, Boston, London 1999, pp. 47-52.

Miles, R. / **Snow**, C. (1984): Designing Strategic Human Resources Systems, in: Organizational Dynamics, Summer 1984, pp. 36-52.

Milgrom, P. / **Roberts**, J. (1992): Economics, Organization, and Management, Englewood Cliffs, New Jersey 1992.

Milkovich, G. (1992): Strengthening the Pay Performance Relationship: The Research, in: Compensation and Benefits Review, Vol. 26, 1992, No. 6, pp. 53-62.

485

Mindermann, H.-H. (2000): Investor Relations - Eine Definition, in: Investor Relations. Professionelle Kapitalmarktkommunikation, hrsg. v. Deutscher Investor Relations Kreis e.V., Wiesbaden 2000, S. 25-27.

Mintzberg, H. / **Waters**, J. A. (1985): Of Strategies, Deliberate and Emergent, in: Strategic Management Journal, Vol. 6, 1985, pp. 257-272.

Mitchell, L. (1995): Human Resource Management. An Economic Approach, 2nd Ed., Cincinnati, Ohio 1995.

Mitchell, D. J. B. / **Zaidi**, M. A. (1990) (Eds.): The Economics of Human Resource Management, Oxford, Cambridge Mass. 1990.

Mitrani, A. / **Dalziel**, M. / **Fitt**, D. (1994) (Eds.): Competency Based Human Resource Management. Value-Driven Strategies for Recruitment, Development and Reward, London 1994 (Reprinted 1994).

Montgomery, C. / **Wernerfelt**, B. (1997): Diversification, Ricardian Rents, and Tobin's q, in: Resources, Firms, and Strategies. A Reader in the Resource-Based Perspective, ed. by Foss, N. J., Oxford et al. 1997, pp. 173-186 (Reprint: Original published 1988 in: RAND Journal of Economics, Vol. 19, 1988, No. 4, pp. 623-632).

Morse, W. J. (1973): A Note on the Relationship Between Human Resource Assets and Human Capital, in: The Accounting Review, 1973, pp. 589-593.

Mowday, R. T. (1984): Strategies for Adapting to High Rates of Employee Turnover, in: Human Resource Management, Vol. 23, 1984, No. 4, pp. 365-380.

Muche, G. (1996): Realitätsnähe der Personalwirtschaftslehre, in: Die Betriebswirtschaftslehre, 56. Jg., 1996, Heft 6, S. 858-863.

Mueller, F. (1996): Human Resources as Strategic Assets: An Evolutionary Resource-Based Theory, in: Journal of Management Studies, Vol. 33, 1996, No. 6, pp. 757-785.

Müller, M. (1999): Institutionenökonomische Ansätze, in: Management: Theorien-Führung-Veränderung, hrsg. v. Eckardstein, D. von, Stuttgart 1999, S. 107-125.

Müller, C. / **Stahl**, P. (1994): Entwicklung und Umsetzung sinngebender Unternehmensziele. Die Voraussetzung für ein motivierendes Controlling, in: Controlling, hrsg. v. Eschenbach, R., Stuttgart 1994, S. 175-203.

Müller, W. R. (1987): Thesen zur Neuorientierung der Personalpolitik, in: Organisationsentwicklung, 1987, Heft 1, S. 1-16.

Müller, W. R. (1998): Welche Welten sollen gelten? - oder: Was ist der Mitarbeiter wert?, in: Wertorientierte Unternehmensführung: Perspektiven und Handlungsfelder für die Wertsteigerung von Unternehmen, hrsg. v. Bruhn, M. / Lusti, M. / Müller, W. R. / Schierenbeck, H. / Studer, T., Wiesbaden 1998, S. 232-249.

Müser, M. (2000): Ressourcenorientierte Unternehmensführung. Zentrale Bestandteile und ihre Gestaltung, Lohmar, Köln 2000 (zugl. Siegen, Univ., Diss., 1999).

Naman, J. L. / **Slevin**, D. P. (1993): Entrepreneurship and the Concept of Fit: A Model and Empirical Test, in: Strategic Management Journal, Vol. 14, 1993, No. 2, pp. 137-153.

Neubauer, F.-F. (1974): Neuere Entwicklungen im amerikanischen Rechnungswesen: Das Human Resource Accounting, in: Die Unternehmung, 28. Jg., 1974, S. 261-280.

Neuberger, O. (1977): Organisation und Führung, Stuttgart 1977.

Neugebauer, L. (1997): Unternehmertum in der Unternehmung. Ein Beitrag zur Intrapreneurship-Diskussion, Göttingen 1997.

Neumaier, W. (1995): Strategische Personalentwicklung: Plan statt Zufall, in: Personalführung, 1995, Heft 11, S. 920-923.

Neus, W. (1989): Die Aussagekraft von Agency Costs. Eine Untersuchung anhand von Finanzierungsbeziehungen im Kapitalmarktzusammenhang, in: Zeitschrift für betriebswirtschaftliche Forschung, 41. Jg., 1989, Heft 6, S. 472-490.

Neus, W. (1998a): Shareholder-Value aus der Sicht der Theorie, Tübinger Diskussionsbeitrag Nr. 142, Wirtschaftswissenschaftliche Fakultät der Eberhard-Karls-Universität Tübingen, Juli 1998.

Neus, W. (1998b): Einführung in die Betriebswirtschaftslehre aus institutionenökonomischer Sicht, Tübingen 1998.

Neus, W. (2001): Einführung in die Betriebswirtschaftslehre aus institutionenökonomischer Sicht, 2., erg. Aufl., Tübingen 2001.

Neus, W. / **Hirth**, H. (2001): Kapitalmarktmodelle, in: Handwörterbuch des Bank- und Finanzwesens, 3., völlig überarb. u. erw. Aufl., hrsg. v. Gerke, W. / Steiner, M., Stuttgart 2001.

Newman, J. M. / **Waite**, M. (1998): Do Broad-based Stock Options Create Value?, in: Compensation and Benefits Review, Vol. 30, 1998, Iss. 4, pp. 78-86.

Nienhüser, W. (1989): Arbeitsbeziehungen als strategische Variable, in: Strategisches Personalmanagement, hrsg. v. Weber, W. / Weinmann, J., Stuttgart 1989, S. 139-164.

Nienhüser, W. (1996): Die Entwicklung theoretischer Modelle als Beitrag zur Fundierung der Personalwirtschaftslehre. Überlegungen am Beispiel der Erklärung des Zustandekommens von Personalstrategien, in: Grundlagen der Personalwirtschaft, hrsg. v. Weber, W., Wiesbaden 1996, S. 39-88.

Nienhüser, W. (1998): Macht bestimmt die Personalpolitik! Erklärung der betrieblichen Arbeitsbeziehungen aus macht- und austauschtheoretischer Perspektive, in: Personalpolitik. Wissenschaftliche Erklärung und Personalpraxis, hrsg. v. Martin, M. / Nienhüser, M., München, Mering 1998, S. 239-261.

Nix, P. (2000): Die Zielgruppen von Investor Relations, in: Investor Relations. Professionelle Kapitalmarktkommunikation, hrsg. v. Deutscher Investor Relations Kreis e.V., Wiesbaden 2000, S. 35-43.

Nkomo, S. M. (1988): Strategic Planning for Human Resources - Let´s Get Started, in: Long Range Planning, Vol. 21, 1988, No. 1, pp. 66-72.

Nölting, A. (1998): Unter Wert verkauft, in: manager magazin, April 1998, S. 173-181.

Nolte, H. / **Bergmann**, R. (1998): Ein Grundmodell des ressourcenorientierten Ansatzes der Unternehmensführung, in: Aspekte ressourcenorientierter Unternehmensführung, hrsg. v. Nolte, H., München, Mering 1998, S. 1-27.

Noon, M. (1992): HRM: A Map, Model or Theory?, in: Reassasing Human Resource Management, ed. by Blyton, P. / Tumbull, P., London 1992, pp. 16-32.

Novaes, W. / **Zingales**, L. (1995): Capital Structure Choice when Managers are in Control. Entrenchment versus Efficiency, ed. by National Bureau of Economic Research, Working Paper No. 5384, Cambridge (MA).

Nowak, T. (1999): Strategischer Managementprozeß bei Hoechst, in: Wertorientierte Steuerungs- und Führungssysteme. Shareholder Value in der Praxis, hrsg. v. Bühner, R. / Sulzbach, K., Stuttgart 1999, S. 93-119.

Nüßgens, K.-H. (1975): Führungsaufgabe Personalwesen, Berlin, New York 1975.

Obermeier, G. (1994): Die Umsetzung des Wertsteigerungskonzepts in einem Holding-Konzern, in: Der Shareholder Value Report. Erfahrungen, Ergebnisse, Entwicklungen, hrsg. v. Bühner, R., Landsberg/Lech 1994, S. 77-90.

Odiorne, G. S. (1969): Management Decisions by Objectives, Englewood Cliffs, N.J. 1969.

488

Odiorne, G. S. (1985): Strategic Management of Human Resources. A Portfolio Approach, San Francisco, London 1985.

Ogan, P. (1976): A Human Resource Value Model for Professional Service Organizations, in: The Accounting Review, 1976, pp. 306-320.

Olbrich, M. (1999): Unternehmungskultur und Unternehmungswert, Wiesbaden 1999 (zugl., Greifswald, Univ., Diss. 1998).

Olfert, K. (2001): Finanzierung, 11., durchges. u. aktualis. Aufl., Ludwigshafen 2001.

Olalla, M. F. (1999): The Resource-Based Theory and Human Resources, in: International Advances in Economic Research, Vol. 5, February 1999, Iss. 1, pp. 84-92.

Olian, J. D. / **Schnell**, E. R. / **Scully**, J. A. / **Sims**, J. P. Jr. / **Smith**, K. G. / **Smith**, K. A. (1995): Human Resource Systems and Financial Performance: A Cybernetic Perspective Applied to Top Management Teams, Paper presented at the 55th Academy of Management Annual Meeting in Vancouver (Can.), August 1995.

Ortín-Ángel, P. / **Salas-Fumás**, V. (1998): Agency-Theory and Internal-Labor-Market Explanations of Bonus Payments: Empirical Evidence from Spanish Firms, in: Journal of Economics & Management Strategy, Vol. 7, Winter 1998, No. 4, pp. 573-613.

Osterloh, M. (1991): Unternehmenskultur und Unternehmensethik. Japanisierung oder Politisierung der Arbeitswelt?, in: Unternehmenskultur und -ethik. Bollwerk gegen Individualisierung?, hrsg. v. Becker, T. A. / Braczyck, H.-J., Zürich 1991, S. 19-40.

Ostroff, C. (1995): Human Resource Management: Ideas and Trends, in: Personnel, June 21 1995, No. 356.

Otremba, H. / **Piringer-Gottschalk**, G. / **Gottschalk**, S. (1997): Handlungsalternativen für die Praxis: Proaktives Personalmanagement und Personalfreisetzung, in: Personalführung, 1997, Heft 2, S. 160-164.

Ouchi, W. G. (1980): Markets, Bureaucracies and Clans, in: Administrative Science Quarterly, Vol. 25, 1980, No. 2, pp. 129-141.

O.V. (1994): Effective People Management Helps the Bottom Line, in: Personnel Journal, Dec. 1994, p. 17.

O.V. (1999): Wertorientiertes Personalmanagement, in: Personalwirtschaft, Heft 8, 1999, S. 57-58.

O.V. (1999a): The Human Capital Dividend Program. How to Make HR Measures a Force for Strategic Change, in: hrSpectrum, March-April 1999, pp. 2-3.

O.V. (2000a): Increasing Human Capital Increases Shareholder Returns, in: HR Focus, January 2000, p. 4.

O.V. (2000b): Shareholder Returns are Better for Companies that Value Employees, in: Investor Relations Business, January 24th. 2000, p. 9.

O.V. (2000c): Valuing Human Capital. Better People Practices Lead to Higher Shareholder Returns, in: CMA Management, March 2000, pp. 12-13.

O.V. (2000d): Companies Get What They Pay For With Senior-Level Stock Ownership, in: HR Focus, Febr. 2000, pp. 3-4.

O.V. (2000e): More Workers Get Stock Options, in: HR Focus, March 2000, p. 12.

O.V. (2001a): Human Resource Practices Linked with Shareholder Value, [http:// www.srinews.com/article.cgi?sfArticleId=493] (printed 31.08. 2001), pp. 1-2.

O.V. (2001b): UK: Insight – Careers – Invest in Human Capital, in: Accountancy Age, January 3d 2001, p. 24, [http://starting-blocks.com/news/biblio] (printed 31.08.2001).

O.V. (2001c): Elementary, Says Watson Wyatt, December 29th - January 4th 2001, [http:// www.economictimes.com/291200/] (printed 31.08.2001), pp. 1-3.

Paauwe, J. / **Richardson**, R. (1997): Introduction to Special Issue: Strategic Human Resource Management and Performance, in: International Journal of Human Resource Management, Vol. 8, 1997, No. 3, pp. 257-262.

Packard, D. (1995): The HP Way. How Bill Hewlett and I Built Our Company. New York 1995.

Pape, U. (1999): Wertorientierte Unternehmensführung und Controlling, 2., überarb. Aufl., Sternenfels, Berlin 1999 (zugl. Berlin, Techn. Univ., Diss., 1996).

Park, Y.-K. (1999): Personalfreisetzungsstrategien und Personalfreisetzungsalternativen: eine transaktionskostentheoretische Untersuchung, München, Mering 1999 (zugl. Paderborn, Univ., Diss., 1998).

Paschen, K. (1988): Formen der Personalorganisation: Von der funktionalen Organisation zum Integrationsmodell, in: Zeitschrift Führung und Organisation, 1988, Heft 4, S. 237-241.

Penrose, E. T. (1959): The Theory of the Growth of the Firm, Oxford 1959.

Perich, R. (1993): Unternehmungsdynamik. Zur Entwicklungsfähigkeit von Organisationen aus zeitlich-dynamischer Sicht, 2., erw. Aufl., Bern, Stuttgart, Wien 1993.

Perridon, L. / **Steiner**, M. (2002): Finanzwirtschaft der Unternehmung, 11., überarb. u. erw. Aufl., München 2002.

Pernicky, R. (1999): Arbeitsplätze und Shareholder Value - ein Gegensatz?, in: technologie & management, 48. Jg., Heft 3, 1999, S. 24-25.

Peteraf, M. A. (1990): The Resource-Based Model: An Emerging Paradigm for Strategic Management, Working Paper Nr. 90-29, Northwestern University, Chicago 1990.

Peteraf, M. A. (1993): The Cornerstone of Competitive Advantage: A Resource-based View, in: Strategic Management Journal, Vol. 14, 1993, pp. 179-191.

Peteraf, M. A. (1997): The Cornerstone of Competitive Advantage: A Resource-Based View, in: Resources, Firms, and Strategies. A Reader in the Resource-Based Perspective, ed. by Foss, N. J., Oxford et al. 1997, pp. 187-203 (Reprint: Original published 1988 in:Strategic Management Journal, Vol. 14, 1993, pp. 179-191).

Peters, J. (2000): IR-Techniken und zielgruppengerechte Ansprache, in: Investor Relations. Professionelle Kapitalmarktkommunikation, hrsg. v. Deutscher Investor Relations Kreis e.V., Wiesbaden 2000, S. 59-72.

Pfeffer, J. (1994): Competitive Advantage through People: Unleashing the Power of the Work Force, Boston (MA) 1994.

Pfeffer, J. (1994a): Competitive Advantage through People, in: California Management Review, Winter 1994, pp. 28.

Pfeffer, J. (1997): Pitfalls on the Road to Measurement: The Dangerous Liaison of Human Resources with the Ideas of Accounting and Finance, in: Human Resource Management, Vol. 36, Fall 1997, No. 3, pp. 357-365.

Pfeffer, J. (1998): The Human Equation. Building Profits by Putting People First, Boston, Mass. 1998.

Pfroff, H. (2000): Ableitung ressourcenorientierter Wettbewerbsvorteile und -strategien aus einem „Modell der Ressourcenveredelung", in: Die Ressourcen- und Kompetenzperspektive des Strategischen Managements, hrsg. v. Hammann, P. / Freiling, J., Wiesbaden 2000, S. 137-166.

Phillips, J. J. (1996): Accountability in Human Resource Management, Houston 1996.

Pickett, L. (1998): Competencies and Managerial Effectiveness: Putting Competencies to Work, in: Public Personnel Management, Vol. 27, Spring 1998, No. 1, pp. 103-115.

Picot, A. (1981): Der Beitrag der Theorie der Verfügungsrechte zur ökonomischen Analyse von Unternehmensverfassungen, in: Unternehmensverfassung als Problem der Betriebswirtschaftslehre, hrsg. v. Bohr, K. / Drukarczyk, J. / Drumm, H., Scherrer, G., Berlin 1981, S. 153-197.

Picot, A. (1982): Transaktionskostenansatz in der Organisationstheorie: Stand der Diskussion und Aussagewert, in: Die Betriebswirtschaft, 42. Jg., 1982, Heft 2, S. 267-284.

Picot, A. (1987): Ökonomische Theorien und Führung, in: Handwörterbuch der Führung, hrsg. v. Kieser, A., Reber, G., Wunderer, R., Stuttgart 1987, Sp. 1583-1595.

Picot, A. (1991): Ökonomische Theorien der Organisation - Ein Überblick über neuere Ansätze und deren betriebswirtschaftliches Anwendungspotential, in: Betriebswirtschaftslehre und ökonomische Theorie, hrsg. v. Ordelheide, D. / Rudolph, B. / Büsselmann, E., Stuttgart 1991, S. 143-170.

Picot, A. / **Lange**, B. (1978): Strategische Planung: Synoptisch oder inkremental? Wirkungsanalyse zweier Planungskonzeptionen im Laborexperiment, Hannover 1978.

Picot, A. / **Lange**, B. (1979): Synoptische vs. inkrementale Gestaltung des strategischen Planungsprozesses, in: Zeitschrift für betriebswirtschaftliche Forschung, 31. Jg., 1979, S. 569-596.

Picot, A. / **Neuburger**, R. (1995): Agency Theorie und Führung, in: Handwörterbuch der Führung, hrsg. v. Kieser, A. / Reber, G. / Wunderer, R., 2., neu gestaltet u. ergänzte Aufl., Stuttgart 1995, Sp. 13-21.

Pieper, J. (2000): Vertrauen in Wertschöpfungspartnerschaften: Eine Analyse aus Sicht der Neuen Institutionenökonomie, Wiesbaden 2000 (zugl. Koblenz, Wiss. Hoschsch. für Unternehmensführung, Diss., 1999).

Pies, I. (1993): Normative Institutionenökonomik. Zur Rationalisierung des politischen Liberalismus, Tübingen 1993.

Pietsch, T. / **Martiny**, L. (1998): Strategisches Informationsmanagement. Bedeutung und organisatorische Umsetzung, 3., vollst. überarb. Aufl., Berlin 1998.

Pinchot, G. (1988): Intrapreneuring. Mitarbeiter als Unternehmer, Wiesbaden 1998.

Plaschke, F. J. (2003): Wertorientierte Management-Incentivesysteme auf Basis interner Wertkennzahlen, Wiesbaden 2003 (zugl., Dresden, Techn. Univ., Diss., 2002).

Pohl, H.-R. (1998): Shareholder Value-orientierte Vergütung: Motivation durch Partizipation? in: Wertorientiertes Personalmanagement. Human Resource-Beratung, hrsg. v. PwC Deutsche Revision, Frankfurt a.M. 1998, S. 25-37.

Poole, M. (1990): Editorial: Human Resource Management in an International Perspective, in: International Journal of Human Resource Management, Vol. 1, 1990, No. 1, pp. 1-15.

Poole, M. / **Jenkins**, G. (1996): Competitiveness and Human Resource Management Policies, in: Journal of General Management, Vol. 22, Winter 1996, No. 2, pp. 1-19.

Porter, M. E. (1980): Competitive Strategy. Techniques for Analyzing Industries and Competitors, New York, London 1980.

Porter, M. E. (1985): Competitive Advantage. Creating and Sustaining Superior Performance, New York, London 1985.

Porter, M. E. (1989): Wettbewerb auf globalen Märkten: Ein Rahmenkonzept, in: Globaler Wettbewerb, hrsg. v. Porter, M. E., Wiesbaden 1989, S. 17-68.

Porter, M. E. (1992): Wettbewerbsvorteile (Competitive Advantage). Spitzenleistungen erreichen und behaupten, deutsch von Jaeger, A., 3. Aufl., Frankfurt a.M. 1992.

Prabitz, G. (1996): Unternehmenskultur und Betriebswirtschaftslehre. Eine Untersuchung zur Kontinuität betriebswirtschaftlichen Denkens, Wiesbaden 1996 (zugl., Innsbruck, Univ., Diss., 1995).

Prahalad, C. K. / **Hamel**, G. (1990): The Core Competence of the Corporation, in: Harvard Business Review, Vol. 68, May / June 1990, pp. 79-91.

Prahalad, C. K. / **Hamel**, G. (1991): Nur Kernkompetenzen sichern das Überleben, in: Harvard Manager, 1991, Heft 2, S. 66-78.

Prahalad, C. K. / **Hamel**, G. (1999): Nur Kernkompetenzen sichern das Überleben, in: Strategisches Human Resource Management, hrsg. v. Ulrich, D., München, Wien 1999, S. 52-73.

Pümpin, C. (1989): Das Dynamik-Prinzip - Wegweisungen für Unternehmer und Manager, Düsseldorf 1989.

Pümpin, C. / **Kobi**, J.-M. / **Wüthrich**, H. A. (1985): Unternehmenskultur. Basis strategischer Profilierung erfolgreicher Unternehmen, Bern 1985.

Pümpin, C. / **Pritzl**, R. (1991): Unternehmenseigner brauchen eine ganz besondere Strategie, in: Harvard Manager, 13. Jg., 1991, Heft 3, S. 44-50.

Pull, K. (1994): Risikoallokation im Arbeitsvertrag, in: Managementforschung, Band 4. Dramaturgie des Managements - laterale Steuerung, hrsg. v. Schreyögg, G. / Conrad, P., 4. Bd., 1994, S. 219-266.

PwC Deutsche Revision (Hrsg.) (1998): Wertorientiertes Personalmanagement. Human Resource-Beratung, Frankfurt a.M. 1998.

Pyle, W. (1970): Monitoring Human Resources - On Line", in: Michigan Business Review, July 1970, pp. 19-32.

Raub, S. / **Büchel**, B. (1996): Organisationales Lernen und Unternehmensstrategie - „Core Capabilities" als Ziel und Resultat organisationalen Lernens, in: Zeitschrift Führung und Organisation, 1996, Heft 1, S. 26-31.

Rappaport, A. (1981): Selecting Strategies that Create Shareholder Value, in: Harvard Business Review, Vol. 59, May/June 1981, pp. 139-149.

Rappaport, A. (1986): Creating Shareholder Value. The New Standard for Business Performance, New York, London 1986.

Rappaport, A. (1987): Linking Competitive Strategy and Shareholder Value Analysis, in: Journal of Business Strategy, Vol. 7, Spring 1987, Iss. 4, pp. 58-67.

Rappaport, A. (1995): Shareholder Value. Wertsteigerung als Maßstab für die Unternehmensführung (Creating Shareholder Value. The New Standard for Business Performance), deutsch von Klien, W., Stuttgart 1995.

Rappaport, A. (1998a): Creating Shareholder Value: A Guide for Managers and Investors, 2$^{nd.}$ rev. and updated ed., New York, London 1998.

Rappaport, A. (1998b): Competitive Advantage and Shareholder Value, in: Dircetors & Boards, Vol. 22, Winter 1998, pp. 36-39.

Rappaport, A. (1999a): Shareholder Value. Ein Handbuch für Manager und Investoren (Creating Shareholder Value: A Guide for Managers and Investors), 2., vollst. überarb. u. aktualisierte Aufl., deutsch von Klien, W., Stuttgart 1999.

Rappaport, A. (1999b): New Thinking on How to Link Executive Pay with Performance, in: Harvard Business Review, Vol. 78, March/April 1999, pp. 91-101.

Rasche, C. (1993): Kernkompetenzen, in Die Betriebswirtschaft, 53. Jg., 1993, Heft 3, S. 425-427.

Rasche, C. (1994): Wettbewerbsvorteile durch Kernkompetenzen. Ein ressourcenorientierter Ansatz, Wiesbaden 1994 (zugl. Bayreuth, Univ., Diss., 1994).

494

Rasche, C. (2000): Der Resource Based View im Lichte des hybriden Wettbewerbs, in: Die Ressourcen- und Kompetenzperspektive des Strategischen Managements, hrsg. v. Hammann, P. / Freiling, J., Wiesbaden 2000, S. 69-125.

Raster, M. (1995): Shareholder-Value-Management: Ermittlung und Steigerung des Unternehmenswertes, Wiesbaden 1995 (zugl. Hamburg, Univ. d. Bundeswehr, Diss., 1995).

Raffée, H. (1993): Gegenstand, Methoden und Konzepte der Betriebswirtschaftslehre, in: Vahlens Kompendium der Betriebswirtschaftslehre, Band 1, hrsg. v. Bitz, M. / Dellmann, K. / Domsch, M. / Egner, H., 3. Aufl., München 1993, S. 1-46.

Reber, G. (1997): Ökonomie vs. Person (Verhalten) und wo bleibt der Betrieb?, in: Die Betriebswirtschaft, 57. Jg., 1997, Heft 1, S. 121-123.

Reed, R. / **DeFillippi**, R. J. (1990): Causal Ambiguity, Barriers to Imitation, and Sustainable Competitive Advantage, in: Academy of Management Review, Vol. 15, 1990, No. 1, pp. 88-102.

Reich, K.-H. (1993): Personalmarketing-Konzeption, in: Handbuch Personalmarketing, hrsg. v. Strutz, H., 2., erw. Aufl., Wiesbaden 1993, S. 164-178.

Reichardt, U. (1999): Wertbeitragsmanagement im Thyssen-Konzern, in: Wertorientierte Steuerungs- und Führungssysteme. Shareholder Value in der Praxis, hrsg. v. Bühner, R. / Sulzbach, K., Stuttgart 1999, S. 121-138.

Reischauer, C. (1996): Teure Stars. In den Vereinigten Staaten regt sich zunehmend Kritik an den Spitzenverdiensten von Topmanagern, in: Wirtschaftswoche, 16.05.1996, Nr. 21, S. 95-96.

Remer, A. (1992): Personalcontrolling, in: Handwörterbuch des Personalwesens, hrsg. v. Gaugler, E. / Weber, W., 2., neubearb. u. ergänzte Aufl., Stuttgart 1992, Sp. 1642-1652.

Reupert, D. / **Wenisch**, S. (2000): Die Balanced Scorecard als Steuerungsinstrument. Einführung einer Balanced Scorecard als Instrument im Rahmen einer werteorientierten Personalarbeit bei der Lufthansa Cargo AG, in: Personalführung, 2000, Heft 11, S. 38-43.

Reuter, E. (1982) Möglichkeiten und Grenzen betrieblicher Vermögensrechnung und Berichterstattung im Bereich des Humankapitals aus der Sicht der Praxis, in: Humanvermögensrechnung. Instrumentarium zur Ergänzung der unternehmerischen Rechnungslegung – Konzepte und Erfahrungen, hrsg. v. Schmidt, H., Berlin, New York 1982, S. 242-256.

Richter, F. (1996): Konzeption eines marktwertorientierten Steuerungs- und Monitoringsystems, Frankfurt a.M. 1996 (zugl., Regensburg, Univ., Diss., 1996).

Richter, R. (1998): Neue Institutionenökonomik - Ideen und Möglichkeiten, Johann-Heinrich-von-Thünen-Vorlesung 1996, in: Schriften für Socialpolitik, Band 256, Jahrestagung 1996, Berlin 1998, S. 323-355.

Richter, R. / **Furubotn**, E. G. (1999): Neue Institutionenökonomik. Eine Einführung und kritische Würdigung, übersetzt v. Streissler, M., 2., durchges. u. erg. Aufl., Tübingen 1999.

Ridder, H.-G. (1996): Personalwirtschaftslehre als ökonomische Theorie, in: Grundlagen der Personalwirtschaft, hrsg. v. Weber, W., Wiesbaden 1996, S. 317-339.

Riekhof, H.-C. (1989): Die Personalentwicklung strategisch ausrichten, in: Zeitschrift Führung und Organisation, 1989, Heft 5, S. 293-300.

Ridder, H.-G. (1999): Personalwirtschaftslehre, Stuttgart, Berlin, Köln 1999.

Rinza, P. / **Schmitz**, H. (1992): Nutzwer-Kosten-Analyse. Eine Entscheidungshilfe, 2. Aufl., Düsseldorf 1992.

Roberts, J. / **Van den Steen**, E. (2000): Shareholder Interests, Human Capital Investment and Corporate Governance, Research Paper No. 1631, Research Paper Series, Graduate School of Business, Stanford University, April 2000, pp. 1-26.

Robins, J. / **Wiersema**, M. F. (1995): A Resource-based Approach to the Multibusiness Firm: Empirical Analysis of Portfolio Interrelationships and Corporate Financial Performance.

Roeder, H. (1994): Personalcontrolling: Der Stand der Dinge, in: Personal, 46. Jg., 1994, Heft 6, S. 272-275.

Roethlisberger, F. J. / **Dickson**, W. J. (1939): Management and the Worker, Cambridge (Mass.) 1939.

Rogers, E. W. / **Wright**, P. M. (1998): Measuring Organizational Performance in Strategic Human Resource Management: Problems, Prospects, and Performance Information Markets, in: Human Resource Management Review, Vol. 8, Fall 1998, No. 3, pp. 311-331.

Roller, K. R. (2000): Die Vergütung des Aufsichtsrats in Abhängigkeit vom Aktienkurs, Frankfurt a.M. et al. 2000 (zugl. Frankfurt a.M., Univ., Diss., 1999).

496

Ropo, A. (1993): Towards Strategic Human Resource Management. A Pilot Study in a Finnish Power Industry Company, in: Personnel Review, Vol. 22, 1993, No. 4, pp. 35-53.

Rosenstiel, L. von / **Lang-von Wins**, T. (2000) (Hrsg.): Perspektiven der Potentialbeurteilung, Göttingen et al. 2000.

Roth, K. / **Morrison**, A. J. (1992): Business-Level Competitive Strategy: A Contingency Link to Internationalization, in: Journal of Management, Vol. 18, 1992, No. 3, pp. 473-487.

Rother, G. (1996): Personalentwicklung und Strategisches Management. Eine systemtheoretische Analyse, Wiesbaden 1996 (zugl. Duisburg, Univ., Diss., 1996).

Rousseau, D. M. / **Arthur**, M. B. (1999): The Boundaryless Human Resource Function: Building Agency and Community in the New Economic Era, in: Organizational Dynamics, Spring 1999, pp. 7-18.

Rowland, K. M. / **Summers**, S. L. (1981): Human Source Planning: A Second Look, in: Personnel Administrator, Vol. 26, 1981, No. 12, pp. 73-80.

Rühle, A. (1999): Die Beurteilung strategischer Personalinvestitionen. Kritische Analyse traditioneller Verfahren der Investitionsbeurteilung und Entwurf eines eigenen ganzheitlichen Ansatzes, Berlin 1999 (zugl. Duisburg, Univ., Diss., 1998).

Rühli, E. (1990): Ein methodischer Ansatz zur Erfassung und Gestaltung von Unternehmenskulturen, in: Die Unternehmenskultur. Ihre Grundlagen und ihre Bedeutung für die Führung der Unternehmung, hrsg. v. Lattmann, C., Heidelberg 1990, S. 189-206.

Rühli, E. (1994): Das Corporate Culture-Konzept als Herausforderung für die Führungslehre, in: Betriebswirtschaftslehre als Management- und Führungslehre, hrsg. v. Wunderer, R., 3., überarb. u. ergänzte Aufl., Stuttgart 1994, S. 338-352.

Rühli, E. (1996): Unternehmenspolitik, in: Die Unternehmung, 50. Jg., 1996, Nr. 6, S. 391-409.

Rühli, E. / **Keller**, A. (1989): Unternehmungskultur im Zürcher Ansatz, in: Das Wirtschaftsstudium, 1989, Heft 12, S. 685-691.

Rumelt, R. P. (1997): Towards a Strategic Theory of the Firm, in: Resources, Firms, and Strategies. A Reader in the Resource-Based Perspective, ed. by Foss, N. J., Oxford et al. 1997, pp. 131-145 (Reprint: Original published 1984 in: Competitive Strategic Management, ed. by Lamb, R. B.).

Rumelt, R. P. / **Schendel**, D. / **Teece**, D. J. (1991): Strategic Management and Economics, in: Strategic Management Journal, Vol. 12., Winter 1991, Special Issue, pp. 5-29.

Russel, J. S. / **Terborg**, J. R. / **Powers**, M. L. (1985): Organizational Performance and Organizational Level Training and Support, in: Personnel Psychology, Vol. 38, 1985, No. 4, pp. 849-863.

Sadler, T. (1997): Human Resource Management. Developing a Strategic Approach, London 1997 (Reprinted 1997).

Sadowski, D. (1991): Humankapital und Organisationskapital - Zwei Grundkategorien einer ökonomischen Theorie der Personalpolitik in Unternehmen, in: Betriebswirtschaftslehre und ökonomische Theorie, hrsg. v. Ordelheide, D. / Rudolph, B. / Büsselmann, E., Stuttgart 1991, S. 127-141.

Sadowski, D. / **Backes-Gellner**, U. / **Frick**, B. / **Brühl**, N. / **Pull**, K. / **Schröder**, M. / **Müller**, C. (1994): Weitere 10 Jahre Personalwirtschaftslehren - ökonomischer Silberstreif am Horizont, in: Die Betriebswirtschaft, 54. Jg., 1994, Heft 3, S. 397-410.

Sanders, G. (2001): Incentive Alignment, CEO Pay Level, and Firm Performance: A Case of „Heads I Win, Tails You Lose"?, in: Human Resource Management, Vol. 40, Summer 2001, No. 2, pp. 159-170.

Sattelberger, T. / **Weiss**, R. (1999) (Hrsg.): Humankapital schafft Shareholder Value. Personalpolitik in wissensbasierten Unternehmen, Köln 1999.

Schätzle, R. J. / **Prechtel**, A. (1998): Performance-Management und erfolgsorientierte Vergütung: Unternehmenswert langfristig steigern, in: Gablers Magazin, 1998, Heft 6-7, S. 50-53.

Schaich, E. (1998): Schätz- und Testmethoden für Sozialwissenschaftler, 3., verb. Aufl., München 1998.

Schanz, G. (1994): Organisationsgestaltung. Management von Arbeitsteilung und Koordination, 2., neu bearb. Aufl., München 1994.

Schanz, G. (2000): Wissenschaftsprogramme der Betriebswirtschaftslehre, in: Allgemeine Betriebswirtschaftslehre. Band 1: Grundfragen, hrsg. v. Bea, F.X. / Dichtl, E. / Schweitzer, M., 8., neubearb. Aufl., Stuttgart 2000, S. 80-158.

Schauenberg, B. (1996): Personalwirtschaftslehre und ökonomische Theorie, in: Grundlagen der Personalwirtschaft, hrsg. v. Weber, W., Wiesbaden 1996, S. 341-372.

Schawilye, R. (1998): Belegschaftsaktien in der mittelständischen Aktiengesellschaft: Analyse am Beispiel von Softwareunternehmen, Wiesbaden 1998 (zugl. Mannheim, Univ., Diss., 1998).

Schein, E. H. (1995): Unternehmenskultur. Ein Handbuch für Führungskräfte (Organizational Culture and Leadership), übersetzt v. Mader, F., Frankfurt a.M. 1995.

Scherer, A. G. / **Beyer**, R. (1998): Der Konfigurationsansatz im Strategischen Management - Rekonstruktion und Kritik, in: Die Betriebswirtschaft, 58. Jg., 1998, Heft 3, S. 332-347.

Schimke, E. F. (1990): Potentialermittlung als unternehmerische Aufgabe zur Zukunftssicherung, in: Zeitschrift für wirtschaftliche Fertigung und Automatisierung, 85. Jg., 1990, Heft 6, S. 330-333.

Schmalen, H. (1977): Human-Resource-Accounting und Ausbildungsfinanzierung, in: Zeitschrift für betriebswirtschaftliche Forschung, 29. Jg., 1977, S. 805-816.

Schmeisser, W. (2001): Flexibles Vergütungsmanagement im Rahmen des Shareholder Value-Ansatzes, in: Strategisches Personalmanagement in Globalen Unternehmen, hrsg. v. Clermont, A. / Schmeisser, W. / Krimphove, D., München 2001, S. 811-819.

Schmid, C.-H. (1995): Planung von Unternehmenskultur, Wiesbaden 1995 (zugl., Stuttgart, Univ., Diss., 1993).

Schmid, F. / **Seger**, F. (1998): Arbeitnehmermitbestimmung, Allokation von Entscheidungsrechten und Shareholder Value, in: Zeitschrift für Betriebswirtschaft, 68. Jg., Heft 5, 1998, S. 453-473.

Schmid, S. (1998): Shareholder-Value-Orientierung als oberste Maxime der Unternehmensführung? - Kritische Überlegungen aus der Perspektive des Strategischen Managements, in: Zeitschrift für Planung, 1998, Heft 9, S. 219-238.

Schmidt, F. L. / **Hunter**, J. E. / **McKenzie**, R. C. / **Muldrow**, T. W. (1979): Impact of Valid Selection Procedures on Work-Force Productivity, in: Journal of Applied Psychology, Vol. 64, 1979, pp. 609-626.

Schmidt, H. (1982a) (Hrsg.): Humanvermögensrechnung. Instrumentarium zur Ergänzung der unternehmerischen Rechnungslegung - Konzepte und Erfahrungen, Berlin, New York 1982.

Schmidt, H. (1982b): Humanvermögensrechnung der Unternehmen - Einzel- und gesamtwirtschaftliche Argumente zur Ergänzung der betrieblichen Rechnungslegung, in: Humanvermögensrechnung. Instrumentarium zur Ergänzung der unternehmerischen Rechnungslegung - Konzepte und Erfahrungen, hrsg. v. Schmidt, H., Berlin, New York 1982, S. 3-44.

Schmidt, H. (2000): Die IR-Instrumente, in: Investor Relations. Professionelle Kapitalmarktkommunikation, hrsg. v. Deutscher Investor Relations Kreis e.V., Wiesbaden 2000, S. 45-58.

Schmidt, J. G. (1995): Die Discounted Cash-flow-Methode - nur eine kleine Abwandlung der Ertragswertmethode?, in: Zeitschrift für betriebswirtschaftliche Forschung, 47. Jg., 1995, Heft 12, S. 1088-1118.

Schmidt, R. H. (1990): Grundzüge der Investitions- und Finanzierungstheorie, 2., durgesehene Aufl., Wiesbaden 1990.

Schmidt, R. H. / **Maßmann**, J. (1999): Drei Mißverständnisse zum Thema „Shareholder Value", Working Paper Series: Finance & Accounting der Johann Wolfgang Goethe-Universität Frankfurt am Main, No. 31, Februar 1999.

Schmidt, R. H. / **Terberger**, E. (1999): Grundzüge der Investitions- und Finanzierungstheorie, 4., aktualis. Aufl., Wiesbaden 1999 (Nachdruck 1999).

Schmidt-Dorrenbach, H. (1991): Erfahrungen mit Organisationskulturen in einem internationalen Joint Venture. Eine Fallstudie, in: Organisationskultur. Phänomen - Philosophie - Technologie, hrsg. v. Dülfer, E., 2., erw. Aufl., Stuttgart 1991, S. 231-240.

Schnabel, H. (1998): Wertorientierte Vergütung von Führungskräften, Wiesbaden 1998 (zugl. Köln, Univ., Diss. 1998).

Schneck, M. H. (2000): Strategische Personalführung. Entwicklungen eines integrativen Managementkonzepts, Berlin 2000 (zugl. Tübingen, Univ., Diss., 1999).

Schneider, D. (1992): Investition, Finanzierung und Besteuerung, 7., vollst. überarb. u. erw. Aufl., Wiesbaden 1992.

Schneider, S. C. (1990): Nationale Kultur versus Unternehmenskultur. Implikationen für das Personalmanagement, in: Herausforderung Unternehmenskultur, hrsg. v. Simon, H., Stuttgart 1990, S. 174-188.

Schnyder, A. B. (1991): Unternehmenskultur und Corporate Identity. Modell, Methode und Prozeß zur Erreichung einer kulturellen Identität, in: Zeitschrift Führung und Organisation, 1991, Heft 4, S. 260-266.

Scholz, C. (1982): Zur Konzeption einer Strategischen Personalplanung, in: Zeitschrift für betriebswirtschaftliche Forschung, 43. Jg., 1982, S. 979-994.

Scholz, C. (1987): Strategisches Management. Ein integrativer Ansatz, Berlin, New York 1987 (zugl. Regensburg, Univ., Habil.-Schr., 1985).

Scholz, C. (1988): Management der Unternehmenskultur, in: HARVARDmanager, 1988, Heft 1, S. 81-91.

Scholz, C. (1994): Personalmanagement. Informationsorientierte und verhaltenstheoretische Grundlagen, 4. Aufl., München 1994.

Scholz, C. (2000a): Personalmanagement. Informationsorientierte und verhaltenstheoretische Grundlagen, 5. Aufl., München 2000.

Scholz, C. (2000b): Editorial: Personalforschung - wohin, warum und wie?, in: Zeitschrift für Personalforschung, 2000, Heft 2, S. 309-311.

Schreyögg, G. (1991): Kann und darf man Unternehmenskultur ändern?, in: Organisationskultur. Phänomen - Philosophie - Technologie, hrsg. v. Dülfer, E., 2., erw. Aufl., Stuttgart 1991, S. 201-214.

Schreyögg, G. (1992): Organisationskultur, in: Handwörterbuch der Organisation, hrsg. v. Frese, E., 3., völlig neu gestaltete Aufl., Stuttgart 1992, Sp. 1525-1535.

Schreyögg, G. (1993): Organisationskultur, in: Das Wirtschaftsstudium, 1993, Heft 4, S. 313-322.

Schuler, H. (2000): Das Rätsel der Merkmals-Methoden-Effekte: Was ist „Potential" und wie läßt es sich messen?, in: Perspektiven der Potentialbeurteilung, Göttingen et al. 2000, S. 53-71.

Schuler, R. S. (1992): Strategic Human Resource Management: Linking the People with the Strategic Needs of the Business, in: Organizational Dynamics, Summer 1992, pp. 18-31.

Schuler, R. / **Huselid**, M. (1997): HR Strategy in the United States - Examples of Key Issues Identification and Execution, in: The Practice of Human Resource Strategy, ed. by Tyson, S., London et al. 1997, pp. 174-202.

Schuler, R. S. / **Jackson**, S. E. (1987): Linking Competitive Strategies with Human Resource Management Practices, in: The Academy of Management Executive, Vol. 1, 1987, Iss. 3, pp. 207-219.

Schuler, R. S. / **Mac Millan**, I. (1984): Gaining Competitive Advantage through Human Resource Practices, in: Human Resource Management, Vol. 23, 1984, No. 3, pp. 241-256.

Schultze, W. (2001): Methoden der Unternehmensbewertung. Gemeinsamkeiten, Unterschiede, Perspektiven, Düsseldorf 2001 (zugl., Augsburg, Univ., Diss., 2000).

Schumacher, T. C. (1990): Change and Corporate Culture, in: Die Unternehmenskultur. Ihre Grundlagen und ihre Bedeutung für die Führung der Unternehmung, hrsg. v. Lattmann, C., Heidelberg 1990, S. 261-276.

Schuster, F. E. (1986): The Schuster Report. The Proven Connection between People and Profit, New York 1986.

Schwager, S. (1999): Kontingenz-Theorie versus Principal/Agent-Theorie?, in: Das Wirtschaftsstudium, 1999, Heft 6, S. 822-824.

Schwarz, G. (1989): Unternehmungskultur als Element des Strategischen Managements, Berlin 1989 (zugl., Giessen, Univ., Diss., 1989).

Schweitzer, M. (2000a): Einleitung: Grundfragen, in: Allgemeine Betriebswirtschaftslehre. Bd. 1: Grundfragen, hrsg. v. Bea, F.X. / Dichtl, E. / Schweitzer, M., 8., neubearb. u. erw. Aufl., Stuttgart 2000, S. 1-22.

Schweitzer, M. (2000b): Gegenstand und Methoden der Betriebswirtschaftslehre, in: Allgemeine Betriebswirtschaftslehre. Bd. 1: Grundfragen, hrsg. v. Bea, F.X. / Dichtl, E. / Schweitzer, M., 8., neubearb. u. erw. Aufl., Stuttgart 2000, S. 23-79.

Schweitzer, M. (2001): Planung und Steuerung, in: Allgemeine Betriebswirtschaftslehre. Band 2: Führung, hrsg. v. Bea, F.X. / Dichtl, E. / Schweitzer, M., 8., neubearb. u. erw. Aufl., Stuttgart 2001, S. 16-126.

Schwetzler, B. (1989): Mitarbeiterbeteiligung und Unternehmensfinanzierung, Wiesbaden 1989 (zugl. Regensburg, Univ., Diss., 1989).

Schwetzler, B. (1999): Shareholder Value Konzept, Managementanreize und Stock Option Plans, in: Die Betriebswirtschaft, 59. Jg., 1999, Heft 3, S. 332-350.

Schwetzler, B. / **Darijtschuk**, N. (1999): Unternehmensbewertung mit Hilfe derr DCF-Methode - eine Anmerkung zum „Zirkularitätsproblem", in: Zeitschrift für Betriebswirtschaft, 69. Jg., 1999, Heft 3, S. 295-318.

Scott, C. (1998): Shareholder Value-Ansatz. Von der Gewinnmaximierung zur Marktwertmaximierung, in: bialnz & buchhaltung, 1998, Heft 2, S. 63-66.

Serfling, K. / **Pape**, U. (1996): Strategische Unternehmensbewertung und Discounted Cash Flow-Methode, in: Das Wirtschaftsstudium, 1996, Heft 1, S. 57-64.

Shankman, N. A. (1999): Reframing the Debate Between Agency and Stakeholder Theories of the Firm, in: Journal of Business Ethics, Vol. 19, May 1999, pp. 319-334.

Shatzer, L. / **Schwartz**, L. (1991): Managing Intrapreneurship, in: Management Decision, Vol. 29, 1991, No. 8, pp. 15-18.

Sheppek, M. A. / **Militello**, J. (2000): Strategic HR Configurations and Organizational Performance, in: Human Resource Management, Vol. 39, Spring 2000, No. 1, pp. 5-16.

Sickles, M. W. (1999): Managing the Workforce to Assure Shareholder Value, in: HR Focus, August 1999, pp. 1, 14-15.

Siegert, T. (1994): Marktwertorientierte Unternehmenssteuerung, in: Der Shareholder Value Report. Erfahrungen, Ergebnisse, Entwicklungen, hrsg. v. Bühner, R., Landsberg/Lech 1994, S. 107-126.

Siegert, T. (1995): Shareholder-Value als Lenkungsinstrument, in: Zeitschrift für betriebswirtschaftliche Forschung und Praxis, 47. Jg., 1995, Heft 6, S. 580-607.

Siegwart, H. / **Dubs**, R. / **Mahari**, J. (1997) (Hrsg.): Meilensteine im Management. Human Resource Management, Stuttgart, Zürich, Wien 1997.

Snell, S. A. (1992): Control Theory in Strategic Human Resource Management: The Mediating Effect of Administrative Information, in: Academy of Management Journal, Vol. 35, 1992, No. 2, pp. 292-327.

Spremann, K. (1991): Probleme der Erfolgsmessung, in: Wirtschaftswoche, 20.09.1991, S. 90-96.

Spremann, K. (1992): Projekt-Denken versus Perioden-Denken, in: Informationssysteme im Controlling, hrsg. v. Spremann, K. / Zur, E., Wiesbaden 1992, S. 363-380.

Spremann, K. / **Sach**, A. (1992): Wie hoch ist das Eigenkapital bei Lebensversicherungsgesellschaften?, in: Informationssysteme im Controlling, hrsg. v. Spremann, K. / Zur, E., Wiesbaden 1992, S. 671-688.

Staehle, W. H. (1999): Management. Eine verhaltenswissenschaftliche Perspektive, 8. Aufl., überarb. v. Conrad, P. / Sydow, J., München 1999.

Staehle, W. H. / **Karg**, P. W. (1981): Anmerkungen zur Entwicklung und Stand der deutschen Personalwirtschaftslehre, in: Die Betriebswirtschaft, 41. Jg., 1981, S. 83-90.

Staffelbach, B. (1986): Strategisches Personalmanagement, Bern 1986 (zugl. Zürich, Univ., Diss., 1986).

Staffelbach, B. (1986): Strategisches Personalmanagement, Bern, Stuttgart 1986.

Stahl, H. (1999): Shareholder Value und die Kriterien des Unternehmenserfolgs aus Sicht der Politik, in: Shareholder Value und die Kriterien des Unternehmenserfolgs, hrsg. v. Koslowski, P., Heidelberg 1999, S. 35-46.

Stamps, D. (2000): Measuring Minds. Who Creates the Value in Your Organization?, in: Training, May 2000, pp. 76-84.

Staude, J. (1989): Strategisches Personalmarketing, in: Strategisches Personalmanagement, hrsg. v. Weber, W. / Weinmann, J., Stuttgart 1989, S. 167-178.

Steinle, C. / **Bruch**, H. / **Nasner**, N. (1997): Kernkompetenzen - Konzepte, Ermittlung und Einsatz zur Strategieevaluation, in: Zeitschrift für Planung, 1997, Heft 8, S. 1-23.

Steinmann, H. / **Hennemann**, C. (1993): Personalmanagementlehre zwischen Managementpraxis und mikro-ökonomischer Theorie - Versuch einer wissenschaftstheoretischen Standortbestimmung, in: Entgeltsysteme. Lohn, Mitarbeiterbeteiligung und Zusatzleistungen, hrsg. v. Weber, W., Stuttgart 1993, S. 41-78.

Steinmann, H. / **Hennemann**, C. (1996): Personalmanagementlehre zwischen Managementpraxis und mikro-ökonomischer Theorie - Versuch einer wissenschaftstheoretischen Standortbestimmung, in: Grundlagen der Personalwirtschaft, hrsg. v. Weber, W., Wiesbaden 1996, S.223-277.

Steven, M. / **Behrens**, S. (2000): Kernkompetenzen aus produktionstheoretischer Sicht, in: Die Ressourcen- und Kompetenzperspektive des Strategischen Managements, hrsg. v. Hammann, P. / Freiling, J., Wiesbaden 2000, S.439-463.

Steves, F. / **Tauber**, J. L. (1999): Erfolgshonorierung nach dem wertorientierten Ansatz, in: Personalführung, 1999, Heft 7, S. 16-21.

Stewart, G. B. (1990): The Quest for Value. The EVA^{TM} Management Guide. New York 1990.

Stickel, G. (2001): Betriebliche Altersversorgung, Personalwirtschaft und implizite Anreize, Aachen 2001 (zugl. Tübingen, Univ., Diss., 2001).

Stopp, U. (1998): Betriebliche Personalwirtschaft. Zeitgemäße Personalwirtschaft - Notwendigkeit für jedes Unternehmen, 22. Aufl., Renningen-Malmsheim, Stuttgart 1998.

Storey, J. (1992): Developments in the Management of Human Resources, Oxford 1992.

Streim, H. (1993): Humanvermögensrechnung, in: Handwörterbuch der Betriebswirtschaft, hrsg. v. Wittmann, W. / Kern, W. / Köhler, R. / Küpper, H.-U. / Wysocki, K. von, 5., völlig neu gestaltete Aufl., Stuttgart 1993.

Strober, M. H. (1990): Human Capital Theory: Implications for HR Managers, in: The Economics of Human Resource Management, ed. by Mitchell, D. J. B. / Zaidi, M. A., Oxford, Cambridge (MA) 1990, pp. 60-85.

Strutz, H. (Hrsg.) (1993): Handbuch Personalmarketing, 2., erw. Aufl., Wiesbaden 1993.

Süssmuth Dyckerhoff, C. (1995): Intrapreneuring. Ein Ansatz zur Vitalisierung reifer Groß-Unternehmen, Bern, Stuttgart, Wien 1995 (zugl. St. Gallen, Hochsch. für Wirtschafts-, Rechts- und Sozialwiss., Diss., 1995).

Sunoo, B. P. (1999): Shareholders Revolt: Is Your CEO Worth $ 39 Million?, in: Workforce, Jan. 1999, pp. 38-45.

Sutton, J. (1991): Sunk Costs and Market Structure. Price Competition, Advertising, and the Evolution of Concentration, Cambridge (Mass.), London, 1991.

Tallman, S. (1991): Strategic Management Models and Resource-Based Strategies among MNEs in a Host Marktet, in: Strategic Management Journal, Vol. 12, 1991, Special Issue (Summer), pp. 69-82.

Tatò, F. (1999): Shareholder Value und das Unternehmen als Idee und kreativer Prozeß, in: Shareholder Value und die Kriterien des Unternehmenserfolgs, hrsg. v. Koslowski, P., Heidelberg 1999, S. 231-236.

Terpstra, D. E. / **Rozell**, E. J. (1993): The Relationship of Staffing Practices to Organizational Level Measures of Performance, in: Personnel Psychology, Vol. 46, 1993, pp. 27-48.

Thiess, M. / **Jacobs**, S. (1987): Der Einsatz des Human-Ressourcen-Portfolios im Rahmen der strategischen Personalplanung, in: Wirtschaftswissenschaftliches Studium, 16. Jg., 1987, Heft 9, S. 467-470.

Thissen, S. (2000): Strategisches Desinvestitionsmanagement: Entwicklung eines Instrumentariums zur Bewertung ausgewählter Desinvestitionsformen, Frankfurt a.M. et al., 2000 (zugl. Tübingen, Univ., Diss., 1999).

Thom, N. (1999): Beitrag des Personalmanagements zur Steigerung des Unternehmenswertes. Stellenwert der Humanressourcen in der Shareholder-Stakeholder-Debatte, in: Unternehmensethik und die Transformation des Wettbewerbs. Shareholder Value - Globalisierung - Hyperwettbewerb, hrsg. v. Kuma, B. N. / Osterloh, M. / Schreyögg, G., Stuttgart 1999, S. 205-223.

Thompson, J. L. (1997): Strategic Management. Awareness and Change. Lecturer's Resource Manual, 3rd Ed., 1997.

Thompson, A. A. / **Strickland**, A. J. (1996): Strategic Management. Concepts and Cases, 9th Ed., Boston et al. 1996.

Tichy, N. M. / **Fombrun**, C. J. / **Devanna**, M. A. (1982): Strategic Human Resource Management, in: Sloan Management Review, Winter 1982, pp. 47-60.

Tichy, N. M. / **Fombrun**, C. J. / **Devanna**, M. A. (1984): The Organizational Context of Strategic Human Resource Management, in: Strategic Human Resource Management, ed. by Fombrun, C. J., Noel, M. T., Devanna, M. A., New York, et al. 1984, pp. 19-31.

Tonnesen, C. T. (2002): Die Balanced Scorecard als Konzept für das ganzheitliche Personalcontrolling. Analyse und Gestaltungsmöglichkeiten, Wiesbaden 2002 (zugl., Stuttgart, Univ., Diss., 2001).

Truss, C. (1999): Soft and Hard Models of Human Resource Management, in: Strategic Human Resource Management. Corporate Rhetoric and Human Reality, Gratton, L. / Hailey, V. H. / Stiles, P. / Truss, C., Oxford, New York 1999, pp. 40-58.

Truss, C. / **Gratton**, L. (1994): Strategic Human Resource Management: A Conceptual Approach, in: International Journal of Human Resource Management, Vol. 5, Sept. 1994, Iss. 3, pp. 663-686.

Tyson, S. (1995): Human Resource Strategy. Towards a General Theory of Human Resource Management, London 1995.

Tyson, S. (1997): The Theory and Practice of Human Resource Management, in: The Practice of Human Resource Strategy, ed. by Tyson, S., London, et al. 1997, pp. 340-347.

Uckermann, E. Freiherr von (1999): Shareholder Value als Grundlage einer erfolgreichen Unternehmensführung, in: Shareholder Value und die Kriterien des Unternehmenserfolgs, hrsg. v. Koslowski, P., Heidelberg 1999, S. 149-159.

Uhde, O. V. (2000): Structure follows Shareholder Value? Merkmale und Kennzeichen wertorientierter Unternehmensstrukturen in der deutschen Chemischen Industrie, in: Zeitschrift für Betriebswirtschaft, 70. Jg., Heft 3, 2000, S. 331-357.

Ulrich, D. (1991): Using Human Resources for Competitive Advantage, in: Making Organizations Competitive, ed. by R. Kilmann, I. Kilmann & Associates, San Francisco 1991, pp. 129-155.

Ulrich, D. / **Brockbank**, W. / **Yeung**, A. K. / **Lake**, D. G. (1995): Human Resource Competencies: An Empirical Assessment, in: Human Resource Management, Vol. 34, Winter 1995, pp. 473-495.

U.S. Department of Labor (Ed.) (1993): High Performance Work Practices and Firm Performance, Washington D.C., August 1993.

Van Mechelen R. (1996): Strategic Human Resource Management, in: Public Manager, Vol. 25, Summer 1996, Iss. 2, pp. 37-39.

Voigt, J. F. (1990): Unternehmensbewertung und Potentialanalyse. Chancen und Risiken von Unternehmen treffsicher bewerten, Wiesbaden 1990.

Vollert, K. (1999): Unternehmensinterne Quellen von Wettbewerbsvorteilen, Diskussionspapier, hrsg. v. Fachbereich der Wirtschaftswissenschaften der Hochschule Mittweida (FH), Juni 1999.

Vollmer, T. (1983): Kritische Analyse und Weiterentwicklung ausgewählter Portfolio-Konzepte im Rahmen der strategischen Planung, Frankfurt a.M., Bern, New York 1983 (zugl. Dortmund, Univ., Diss., 1983).

Wachter, M. L. / **Wright**, R. D. (1990): The Economics of Internal Labor Markets, in: The Economics of Human Resource Management, ed. by Mitchell, D. J. B. / Zaidi, M. A., Oxford, Cambridge (MA) 1990, pp. 86-108.

Wächter, H. (1992): Vom Personalwesen zum Strategic Human Resource Management. Ein Zustandsbericht anhand der neueren Literatur, in: Managementforschung 2, hrsg. v. Staehle, W. H. / Conrad, P., Berlin, New York 1992, S. 313-340.

Wächter, H. / **Koch**, T. (1993): Erfolgsbedingungen für die Kapitalbeteiligung von Arbeitnehmern am Beispiel der „Employee Stock Ownership Plans (ESOPs)", in: Entgeltsysteme: Lohn, Mitarbeiterbeteiligungen und Zusatzleistungen, hrsg. v. Weber, W., Stuttgart 1993, S. 285-312.

Wagenhofer, A. (1996): Anreizsysteme in Agency-Modellen mit mehreren Aktionen, in: Die Betriebswirtschaft, 56. Jg., 1996, Heft 2, S. 155-165.

Wagner, D. (1989): Zentralisation oder Dezentralisation der Personalfunktion in der Unternehmung? Organisatorisch-institutionelle Aspekte und konzeptionelle Aspekte und konzeptionelle Perspektiven des Personalmanagements, in: Zeitschrift Führung und Organisation, 1989, Heft 3, S. 179-185.

Wagner, D. / **Domnik**, E. / **Seisreiner**, A. (1995): Professionelles Personalmanagement als Erfolgspotential eines holistisch-voluntaristischen Managementkonzepts, in: Professionalisierte Personalarbeit?, hrsg. v. Wächter, H / Metz, T., München, Mering 1995, S. 111-138.

Walgenbach, P. (1998): Personalpolitik aus der Perspektive des Institutionalistischen Ansatzes, in: Personalpolitik. Wissenschaftliche Erklärung und Personalpraxis, hrsg. v. Martin, M. / Nienhüser, M., München, Mering 1998, S. 267-290.

Watson Wyatt Worldwide (Ed.) (1999): The Human Capital Index[TM]. Linking Human Capital and Shareholder Value, Survey Report 2000, Bethesda (Maryland, U.S.A), Reigate (UK) 1999.

Watson Wyatt Worldwide (Ed.) (2000a): Human Capital Index[TM]. Linking Human Capital and Shareholder Value, [http://www.watsonwyatt.com/homepage/Human_Capital_Index] (printed 10.03.2000), pp. 1-10.

Watson Wyatt Worldwide (Ed.) (2000b): Companies with Superior Human Capital Practices Provided 70 Percent Return to Shareholders in 1999, [http://www.watsonwyatt. com/homepage/us/new/pres_rel/feb00] (printed 10.03.2000), p. 1.

Watson Wyatt Worldwide (Ed.) (2000c): Europaweite Studie von Watson Wyatt zeigt: Deutlich höherer Shareholder-Value bei Unternehmen mit professionellem Human Resources Management, Press Release Watson Wyatt, 15.11.2000, [http://www.watsonwyatt.com/homepage/services/hci] (printed 13.03.2001), pp. 1-4.

Watson Wyatt Worldwide (Ed.) (2000d): The Human Capital Index^{TM}. European Survey Report 2000, Washington D.C., Reigate (UK) 2000.

Watson Wyatt Worldwide (Ed.) (2001a): Human Capital Index^{TM}. WW Launches European HCI Survey Results 2000, [http://www.watsonwyatt.com/homepage/services/ hci] (printed 13.03.2001), p. 1.

Watson Wyatt Worldwide (Ed.) (2001b): Human Capital Index^{TM}. North American Survey Report, [http://www.watsonwyatt.com/homepage/services/ hci/HCIusReport] (printed 13.03.2001), p. 1.

Watson Wyatt Worldwide (Ed.) (2001c): Human Capital Index^{TM}. Better People Practices Lead to Higher Shareholder Returns Says Watson Wyatt Study, [http://www.watsonwyatt.com/homepage/services/hci/hciM/hci] (printed 13.03.2001), pp. 1-4.

Watson Wyatt Worldwide (Ed.) (2001d): Human Capital Index^{TM}. Europaweite Studie von Watson Wyatt zeigt: Deutlich höherer Shareholder Value bei Unternehmen mit professionellem Human Resource Management, [http://www.watsonwyatt.com/homepage/services/hci/PRs] (printed 13.03. 2001), pp. 1-4.

Watson Wyatt Worldwide (Ed.) (2001e): Human Capital Index^{TM}. Highlights from the European Survey Report, [http://www.watsonwyatt.com/ homepage/services/hci/ HCIeureport] (printed 13.03.2001), pp. 1-7.

Watson Wyatt Worldwide (Ed.) (2001f): Human Capital Index^{TM}. A Giant Leap for Watson Wyatt!, [http://www.watsonwyatt.com/homepage/ services/hci/articles/2000] (printed 13.03.2001), p. 1.

Watson Wyatt Worldwide (Ed.) (2001g): Human Capital Index^{TM}. Media Coverage December 2000, [http://www.watsonwyatt.com/homepage/services/ hci/press/2000] (printed 13.03.2001), pp. 1-4.

Weber, J. / **Schäffer**, U. (1998): Balanced Scorecard - Gedanken zur Einordnung des Konzepts in das bisherige Controlling-Instrumentarium, in: Zeitschrift für Planung, 1998, Heft 9, S. 341-365.

Weber, W (1995): Personalcontrolling im strategischen Kontext, in: Strategisches Personalmanagement, hrsg. v. Scholz, C., Djarrahzadeh, M., Stuttgart 1995, S. 93-103.

508

Weber, W. (1996): Fundierung der Personalwirtschaftslehre durch Theorien menschlichen Verhaltens, in: Grundlagen der Personalwirtschaft, hrsg. v. Weber, W., Wiesbaden 1996, S. 279-296.

Weber, W. (1989): Betriebliche Personalarbeit als strategischer Erfolgsfaktor der Unternehmung, in: Strategisches Personalmanagement, hrsg. v. Weber, W. / Weinmann, J., Stuttgart 1989, S. 3-15.

Weibler, J. (1995): Personalwirtschaftliche Theorien - Anforderungen, Systematisierungsansätze und konzeptionelle Überlegungen, in: Zeitschrift für Personalforschung, 1995, Heft 2, S. 113-134.

Weibler, J. (1996): Ökonomische vs. verhaltenswissenschaftliche Ausrichtung der Personalwirtschaftslehre - Eine notwendige Kontroverse?, in: Die Betriebswirtschaft, 56. Jg., 1996, S. 649-665.

Weibler, J. (1997): Personalwirtschaftslehre auf der Suche nach Identität, in: Die Betriebswirtschaft, 57. Jg., 1997, S. 113-134.

Weinert, A. B. (1995): Menschenbilder und Führung, in: Handwörterbuch der Führung, hrsg. v. Kieser, A. / Reber, G. / Wunderer, R., 2., neu gestaltet u. ergänzte Aufl., Stuttgart 1995, Sp. 1495-1510.

Welbourne, T. M. / **Andrews**, A. O. (1996): Predicting the Performance of Initial Public Offerings: Should Human Resource Management be in the Equation?, in: Academy of Management Journal, Vol. 39, 1996, No. 4, pp. 891-919.

Welbourne, T. M. / **Cyr**, L. A. (1999a): The Human Resource Executive Effect in Initial Public Offering Firms, in: Academy of Management Journal, Vol. 42, 1999, No. 6, pp. 616-629.

Welbourne, T. M. / **Cyr**, L. A. (1999b): Using Ownership as an Incentive. Does The „Too Many Chiefs" Rule Apply in Entrepreneurial Firms?, in: Group & Organization Management, Vol. 24, No. 4, Dec. 1999, pp. 438-460.

Welge, M. K. / **Al-Laham**, A. (2001): Strategisches Management: Grundlagen - Prozess - Implementierung, 3., aktualisierte Aufl., Wiesbaden 2001.

Welge, M. K. / **Hüttemann**, H. H. / **Al-Laham**, A. (1996): Strategieimplementierung, Anreizsystemgestaltung und Erfolg, Zeitschrift Führung und Organisation, 1996, Heft 2, S. 80-85.

Wenger, E. (1989): Zurück zur Urhorde. Management-Gurus verkaufen Corporate Culture als Erfolgsgeheimnis. Für Mitarbeiter und Aktionäre ist ihr Produkt von zweifelhaftem Wert, in: Wirtschaftswoche, 13.10.1989, Heft 42, S. 109-114.

Wernerfelt, B. (1984): A Resource-based View of the Firm, in: Strategic Management Journal, Vol. 5, 1984, pp. 171-180.

Werra, H. von (1992): Nutzung des Humanpotentials, in: io Management Zeitschrift, 61. Jg., 1992, Nr. 2, S. 40-45.

Weston, J. F. / **Copeland**, T. E. (1994): Managerial Finance, 2nd British edition adapted from the 8th American edition by Limmack, R. J. / Fox, A. F., London 1994.

Wetzker, K. / **Strüven**, P. / **Bilmes**, L. J. (1998): Gebt uns das Risiko zurück. Strategien für mehr Arbeit, München, Wien 1998.

Wheeler, D. / **Sillanpää**, D. (1997): The Stakeholder Corporation. A Blueprint for Maximizing Stakeholder Value, London et al. 1997.

Whitehead, T. N. (1938): The Industrial Worker, London 1938.

Whiteley, P. (2000): Why Better Pay Will Mean More Profits, in: The Times, December 7th 2000, [http://www.watsonwyatt.com/homepage/services/ hci/press/2000] (printed 13.03.2001), pp. 1-2.

Wicher, H. (1994): Unternehmenskultur, in: Das Wirtschaftsstudium, 1994, Heft 4, S. 329-341.

Wickel-Kirsch, S. (2001): Balanced Scorecard - Philosophie und Methodik im Lichte des HR-Management, in: Balanced Scoreceard im Human Resources Management. Strategie, Einsatzmöglichkeiten, Praxisbeispiele, hrsg. v. Grötzinger, M. / Uepping, H., Neuwied, Kriftel 2001, S. 43-50.

Wiedemeyer, G. R. (1993): Das Personalwesen braucht die strategische Dimension, in: Personalwirtschaft, 1993, Heft 3, S. 33-39.

Wilhelm, J. (1983): Marktwertmaximierung - Ein didaktisch einfacher Zugang zu einem Grundproblem der Investitions- und Finanzierungstheorie, in: Zeitschrift für Betriebswirtschaft, 53. Jg., 1983, Heft 6, S. 516-534.

Williams, J. R. (1994): Strategy and the Search for Rents: The Evolution of Diversity among Firms, in: Fundamental Issues in Strategy. A Research Agenda, ed. by Rumelt, R. P. / Schendel, D. / Teece, D. J., Boston 1994, pp. 229-246.

Williamson, O. E. (1975): Markets and Hierarchies. Analysis and Antitrust Implications. A Study in the Economics of International Organizations, London 1975.

Williamson, O. E. (1981): The Economics of Organization: The Transaction Cost Approach, in: American Journal of Sociology, Vol. 87, 1981, pp. 548-577.

Williamson, O. E. (1984): Efficient Labour Organization, in: Firms, Organization and Labour. Approaches to the Economics of Work Organization, ed. by Stephen, F. H., London 1984, pp. 87-118.

Williamson, O. E. (1985): The Economic Institutions of Capitalism, New York, London 1985.

Windsperger, J. (1997): Beziehung zwischen Kontingenz- und Transaktions-kostenansatz der Organisation, in: Journal für Betriebswirtschaft, 1997, Heft 4, S. 190-202.

Winter, S. (1997): Personalbeschaffung durch Mitarbeiter, Selbstselektion und Vetternwirtschaft, in: Zeitschrift für Personalforschung, 1997, Heft 3, S. 247-261.

Winter, S. (1998): Zur Eignung von Aktienoptionsplänen als Motivationsin-strument für Manager, in: Zeitschrift für betriebswirtschaftliche Forschung, 50. Jg., 1998, Heft 12, S. 1120-1142.

Winter, S. (2000): Optionspläne als Instrument wertorientierter Management-vergütung, Frankfurt a.M. et al. 2000 (zugl. Berlin, Humboldt-Univ., Ha-bil.-Schr., 1999)

Winter, S. G. (1995): Four Rs of Profitability: Rents, Resources, Routines, and Replication, in: Resource-Based and Evolutionary Theories of the Firm. Towards a Synthesis, ed. by Montgomery, C. A. (1995), pp. 147-178.

Witt, F.-J. (1987): Personalportfolios, in: Controller Magazin, 1987, Heft 6, S. 271-295.

Wittmann, E. (1998): Wertorientierte Unternehmensführung durch Verbindung von Strategieentwicklung mit operativer Steuerung, in: Wertorientierte Unternehmensführung: Perspektiven und Handlungsfelder für die Wert-steigerung von Unternehmen, hrsg. v. Bruhn, M. / Lusti, M. / Müller, W. R. / Schierenbeck, H. / Studer, T., Wiesbaden 1998, S. 81-96.

Wittmann, E. (1999): Umsetzung wertorientierter Strategien mit Scorecards, in: Wertorientierte Steuerungs- und Führungssysteme. Shareholder Value in der Praxis, hrsg. v. Bühner, R. / Sulzbach, K., Stuttgart 1999, S. 164-180.

Wittmann, S. (1998): Wertorientiertes Personalmanagement: Welche Werte sollen für wen geschaffen werden?, in: Wertorientierte Unternehmensfüh-rung: Perspektiven und Handlungsfelder für die Wertsteigerung von Unter-nehmen, hrsg. v. Bruhn, M. / Lusti, M. / Müller, W. R. / Schierenbeck, H. / Studer, T., Wiesbaden 1998, S. 264-284.

Wohlgemuth, A. C. (1987): Human Resource Management aus unternehmungs-politischer Sicht, in: Personal-Management und Strategische Unterneh-mensführung, hrsg. v. Lattmann, C., Heidelberg 1987, S. 85-103.

Wohlgemuth, A. C. (1989): Unternehmungsdiagnose in Schweizer Unternehmungen. Untersuchungen zum Erfolg mit besonderer Berücksichtigung des Humanpotentials, Bern et al. 1989 (zugl. Zürich, Univ., Habil.-Schr., 1989).

Wohlgemuth, A. C. (1990): Wettbewerbsvorteile schaffen durch Human Resource Management. Denkanstöße für die Personalentwicklung und für ein systematisches Management Development, in: Zeitschrift für betriebswirtschaftliche Forschung, 42. Jg. 1990, Heft 1, S. 84-96.

Wolf, J. B. (1999): The Effects of Agency Problems on the Financial Behavior, Performance, and Efficiency of German Industrial Stock Corporations, Frankfurt a.M. et al., 1999 (zugl. Augsburg, Univ., Diss., 1998).

Wolff, B. / **Lazear**, E. P. (2001): Einführung in die Personalökonomik, Stuttgart 2001.

Woodruff, R. L. (1970): Human Resource Accounting, in: Canadian Chartered Accountant, September 1970.

Woodruff, R. L. (1982): Die Humankapitalrechnung der R. G. Barry Corporation - Konzepte und Erfahrungen, in: Humanvermögensrechnung. Instrumentarium zur Ergänzung der unternehmerischen Rechnungslegung - Konzepte und Erfahrungen, hrsg. v. Schmidt, H., Berlin, New York 1982, S. 99-126.

Worrell, D. L. / **Davidson**, W.N. / **Sharma**, V. M. (1991): Layoff Announcements and Stockholder Wealth, in: Academy of Management Journal, Vol. 34, 1991, pp. 662-678.

Wunderer, R. (1992): Von der Personaladministration zum Wertschöpfungs-Center. Vision, Konzeption und Realisation unternehmerischer Personalarbeit, in: Die Betriebswirtschaft, 52. Jg., 1992, Heft 2, S. 201-215.

Wunderer, R. (1998): Personalmanagement in der Dienstleistungs- und Informationsgesellschaft. Charakteristika, Steuerungs- und Organisationskonzepte, in: io management, 1998, Nr. 3, S. 90-96.

Wunderer, R. / **Arx**, S. von (1998): Personalmanagement als Wertschöpfungscenter. Integriertes Organisations- und Personalentwicklungskonzept, Wiesbaden 1998.

Wunderer, R. / **Dick**, P. (2001): Personalmanagement - Quo vadis? Analysen und Prognosen zu Entwicklungstrends bis 2010, 2. Aufl., Neuwied, Kriftel 2001.

Wunderer, R. / **Jaritz**, A. (1999): Unternehmerisches Personalcontrolling. Evaluation der Wertschöpfung im Personalmanagement, Neuwied, Kriftel 1999.

Wunderer, R. / **Mittmann**, J. (1983): 10 Jahre Personalwirtschaftslehren - von Ökonomie nur Spurenelemente, in: Die Betriebswirtschaft, 43. Jg., 1983, Heft 4, S. 623-655.

Wright, P. M. (1998): Introduction: Strategic Human Resource Management Research in the 21st Century, in: Human Resource Management Review, Vol. 8, Fall 1998, No. 3, pp. 187-191. (Business Source Premier-Database, text print, 22.10.1999, pp. 1-5).

Wright, P. M. / **McCormick**, B. / **Sherman**, W. S. / **McMahan**,G. C. (1995): The Role of Human Resource Practices in Petro-Chemical Refinery Performance, Paper presented at the 55th Academy of Management Annual Meeting in Vancouver (Can.), August 1995.

Wright, P. M. / **McMahan**, G. C. (1992): Theoretical Perspectives for Strategic Human Resource Management, in: Journal of Management, vol. 18, 1992, No. 2, pp. 295-320.

Wright, P. M. / **McMahan**, G. C. / **Mc Williams**, A. (1992): Human Resources as a Sustained Competitive Advantage,: A Resource Based Perspective, Working Paper, Department of Management, Texas A&M University, 1992.

Wright, P. M. / **McMahan**, G. C. / **Mc Williams**, A. (1994): Human Resources and Sustained Competitive Advantage,: A Resource-based Perspective, in: International Journal of Human Resource Management, Vol. 5, May 1994, No. 2, pp. 301-326..

Wright, P. M. / **Rowland**, K. / **Weber**, W. (1992): Konzeptionen des Personalwesens, in: Handwörterbuch des Personalwesens, hrsg. v. Gaugler, E. / Weber, W., 2., neubearb. u. ergänzte Aufl., Stuttgart 1992, Sp. 1139-1154.

Wright, P. M. / **Rowland**, K. M. / **Ferris**, G. R. (1994): Perspectives on Human Resources Management, in: Zeitschrift für Personalforschung, 1994, Heft 10, S. 336-352.

Wright, P. M. / **Smart**, D. / **McMahan**, G. C. (1995): Matches Between Human Resources and Strategy Among NCAA Basketball Teams, in: Academy of Management Journal, Vol. 38, 1995, No. 4, pp. 1052-1074.

Wright, P. M. / **Snell**, S. A. (1991): Toward an Integrative View of Strategic Human Resource Management, in: Human Resource Management Review, Vol. 1, Fall 1991, Iss. 3, pp. 203-225.

Yeung, A. K. / **Berman**, B. (1997): Adding Value through Human Resources: Reorienting Human Resource Measurement to Drive Business Performance, in: Human Resource Management, Vol. 36, Fall 1997, No. 3, pp. 321-335.

Youndt, M. A. / **Snell**, S. A. / **Dean**, J. W. Jr. / **Lepak**, D. P. (1995): Human Resource Management, Manufacturing Strategy, and Operational Performance, Paper presented at the 55th Academy of Management Annual Meeting in Vancouver (Can.), August 1995.

Young, C. (1998): Trends in Executive Compensation, in: Journal of Business Strategy, March/April 1998, pp. 21-24.

Zahn, E. / **Foschiani**, S. / **Tilebein**, M. (2000): Wissen und Strategiekompetenz als Basis für die Wettbewerbsfähigkeit von Unternehmen, in: Die Ressourcen- und Kompetenzperspektive des Strategischen Managements, hrsg. v. Hammann, P. / Freiling, J., Wiesbaden 2000, S. 47-68.

Zajac, E. J. (1990): CEO Selection, Succession, Compensation and Firm Performance. A Theoretical Integration and Empirical Analysis, in: Strategic Management Journal, Vol. 11, 1990, No. 3, pp. 217-230.

Zajac, E. J. (1992): Relating Economics and Behavioral Perspectives in Strategy Research, in: Advances in Strategic Management, Vol. 8, 1992, pp. 69-96.

Zajac, E. J. / **Kraatz**, M. S. / **Bresser**, R. K. F. (2000): Modeling the Dynamics of Strategic Fit: A Normative Approach to Strategic Change, in: Strategic Management Journal, Vol. 21, 2000, pp. 429-453.

Zettel, W. (1995): Wertsteigerung durch Organisation, Stuttgart, Zürich 1995.

Zwell, M. / **Ressler**, R. (2000): Powering the Human Drivers of Financial Performance, in: Strategic Finance, May 2000, pp. 41-45.

SCHRIFTEN ZUR UNTERNEHMENSPLANUNG

Peter Lang · Europäischer Verlag der Wissenschaften

Katja Neubauer

Zur Wettbewerbsfähigkeit der Personalentwicklungsfunktion

Eine empirische Analyse des aktuellen Funktionswandels der Personalentwicklung

Frankfurt am Main, Berlin, Bern, Bruxelles, New York, Oxford, Wien, 2002.
323 S., 26 Abb., 32 Tab.
Europäische Hochschulschriften: Reihe 5, Volks- und Betriebswirtschaft. Bd. 2917
ISBN 3-631-39329-6 · br. € 56.50*

Personalentwickler sind heute verstärkt gefordert, sich als interne Dienstleister bei der Gestaltung organisationaler Lernprozesse zu legitimieren. Bislang wurde jedoch nicht analysiert, mit welchem Erfolg sie dieser Forderung nachkommen. Auf Basis des ressourcenorientierten Ansatzes wurde ein Modell zur Wettbewerbsfähigkeit der Personalentwicklungsfunktion entwickelt, das Aspekte eines erweiterten Leistungsspektrums und dessen Bewertung aus Sicht der internen Kunden (Unternehmensleitung, Management, Mitarbeiter) einschließt. Anhand einer schriftlichen Befragung von Kunden der Personalentwicklung konnte das Modell bestätigt und eine Reihe empirisch begründeter Hinweise für das Management und Marketing der Personalentwicklung abgeleitet werden.

Aus dem Inhalt: Einbindung der Personalentwicklung (PE) in die Diskussion interner Märkte · Anwendung des ressourcenorientierten Ansatzes auf die Personalentwicklungsfunktion · Analyse aktueller Strategien und Leistungen der Personalentwicklung bei der Gestaltung organisationaler Lernprozesse · Empirische Analyse des Beitrags einzelner PE-Leistungen zur wahrgenommenen Wettbewerbsfähigkeit der PE-Funktion · Befragung interner Kunden der Personalentwicklung (Unternehmensleitung, Linienmanagement, Mitarbeiter)

Frankfurt am Main · Berlin · Bern · Bruxelles · New York · Oxford · Wien
Auslieferung: Verlag Peter Lang AG
Moosstr. 1, CH-2542 Pieterlen
Telefax 00 41 (0) 32 / 376 17 27

*inklusive der in Deutschland gültigen Mehrwertsteuer
Preisänderungen vorbehalten
Homepage http://www.peterlang.de